宋史研究

论文集（2023）

李华瑞　姜锡东　主编

河北大学出版社

·保定·

出 版 人：刘相美
责任编辑：王红梅
装帧设计：赵 谦
责任校对：王亚薇
责任印制：常 凯

图书在版编目（CIP）数据

宋史研究论文集．2023 / 李华瑞，姜锡东主编．
保定：河北大学出版社，2024.8．--ISBN 978-7-5666-2474-1

Ⅰ．K244.07-53

中国国家版本馆 CIP 数据核字第 20242WC100 号

宋史研究论文集（2023）
SONGSHI YANJIU LUNWENJI（2023）

出版发行：河北大学出版社
地址：河北省保定市七一东路2666号 邮编：071000
电话：0312-5073003 0312-5073029
网址：www.hbdxcbs.com
邮箱：hbdxcbs818@163.com
印 刷：保定市北方胶印有限公司
幅面尺寸：170 mm × 240 mm
字 数：550千字
印 张：37.5
版 次：2024年8月第1版
印 次：2024年8月第1次印刷
书 号：ISBN 978-7-5666-2474-1
定 价：188.00 元

目　　录

纪念漆侠先生诞辰一百周年国际宋史研讨会暨中国宋史研究会第二十届年会致辞

李华瑞

各位来宾、各位代表、各位朋友：

我作为中国宋史研究会的会长，也作为漆侠先生的一名入室弟子，谨代表中国宋史研究会，代表漆侠师所有的弟子和再传弟子们，向“纪念漆侠先生诞辰一百周年国际宋史研讨会暨中国宋史研究会第二十届年会”的顺利召开表示祝贺，向前来参加此次盛会的海峡两岸暨香港、澳门地区以及日本、韩国等国家的专家学者和嘉宾致以崇高的敬意，向承办此次盛会和提供学术支持的河北大学宋史研究中心、《河北大学学报（哲学社会科学版）》表示由衷的感谢。

漆侠先生是 20 世纪中国宋史研究的一代宗师，是继邓广铭先生之后的又一泰斗。漆侠先生在宋代经济、政治、学术思想研究上都有卓越贡献，去年年初我在一篇纪念文章里说，20 世纪 20 年代以来，特别是 80 年代以来，国内宋史研究取得了长足进步，在宋代经济史、政治史、典章制度、军事史、法制史、文化史、文献整理等专门、专题、部门领域取得不俗成就的名家或佼佼者应当说不乏其人，但是若从研究水平之高、研究内容之深、研究范围之广、研究格局之大的论著来衡量，当属漆侠先生独步，迄今无人企及。

今天我们在漆侠先生生活、工作过的地方，在他亲手创立的河北大学宋史研究中心纪念他的百年诞辰，我们感到很亲切很有意义，纪念漆侠先生的最好方式就是继承他开创的不朽事业。进入 21 世纪以来，宋史研究的范式、方法和议题都与此前有了很大的变化，虽然专题研究在认识宋代历史发展的深度和细节上都取得了可喜的进步，但是毋庸讳言，那种见树不见林的研究格局也在相当大程度上限制了国内宋史研究有更大的进步。2011 年，河北大学宋史研究中心纪念漆侠先生逝世十周年时，有学者对纪念会的会标和后来出版的纪念论文集名称“漆侠与历史学”评论说，在当今中国史学圈里能以个人的名字与“历史学”相提并论者，漆侠先生是当之无愧的。斯言甚是，漆侠先生治宋史的最大特点是贯通与旁通，亦即始终将宋代历史置于数千年历史长河上下纵横的交汇点上，既考察汉唐到元明的变化，又关照与辽、西夏、金、蒙元错综复杂的交集，所以漆侠先生所建立的宋史研究水平和规模是他所生活的那个时代难以逾越的高峰。在大力呼吁和提倡打通唐宋史，全面关照 10—13 世纪“大宋史”的今天，漆侠先生的贯通和旁通就特别具有借鉴和学习的现实意义。

中国宋史研究会从 1980 年在上海召开第一次年会，到今天已满二十届。因而今天也成为中国宋史研究会发展历程中的一个重要节点。2020 年在纪念中国宋史研究会成立四十年时，我奉包伟民教授之命撰写的《中国宋史研究会四十年历程的见证》就是从年会的召开和年会的十八部编刊《宋史研究论文集》入手进行纪念的。我从六个方面做了回顾和总结：年会编刊的编辑、出版，年会编刊与国际宋史研究平台的形成，年会编刊与 10—13 世纪的中国史研究，年会编刊与四十年宋史研究的学风导向，见证四十年来宋史研究议题的变化，见证四代学人薪火相传。今天我们所有与会代表都能拿到第 19 部年会编刊，本届年会之后也将编辑第 20 部年会编刊。年会既是中国宋史研究会会员及广大宋史爱好者、国际宋史研究同仁两年一度的联谊盛会，更是宋史研究者交流学术心得、学术思想碰撞、扩大学术视野、荟萃学术精品的盛会。

我们希望借助年会这个平台，欢迎辽、西夏、金、蒙元史的学者共享学术盛宴，也希望借助年会这个平台，一如既往地欢迎国际上研究宋代历史的专家学者和朋友为我们传经送宝，共襄宋史未来。由此希望国际宋史交流不断拓展和进步。

最后预祝大会圆满成功，祝各位女士/先生心情愉快。谢谢大家！

怀念·传承·求新

——纪念漆侠先生诞辰一百周年国际宋史研讨会暨中国宋史研究会第二十届年会学术总结

何玉红

尊敬的主持人，各位师友：

大家好！“纪念漆侠先生诞辰一百周年国际宋史研讨会暨中国宋史研究会第二十届年会”就要闭幕了，会议秘书处要我做此次会议的“学术总结”，深感荣幸，诚惶诚恐！说实话，短短的时间没有办法阅读完所有的论文，也不可能听完所有论坛的研讨，确实很难做一个全面到位的学术总结。在此谨向大家汇报参会学习的感受，请批评指正。我的感受主要有三点：一是怀念与增信；二是传承与深耕；三是拓展与求新。

先谈第一点，怀念与增信。

我们这次会议，一个重要的特点，就是以中国宋史研究会年会的形式，纪念漆侠先生诞辰一百周年。漆侠先生是20世纪宋史研究的一代宗师。会议第一组名称为“漆侠先生与宋代经济史”，还设有一个专门的论坛“漆侠先生与辽宋夏金史研究”。我们怀念漆侠先生，即在于“不忘初心”。在宋史年会上重温漆侠先生宋史研究的经典论著，旨在找寻前辈治学的密码，在先生坚守50余年的宋史研究中心的现场，体悟前辈治史的精神，总结前辈治史的经验，反思这些年来我们走过的道路，会议研讨确实做到了这一点，如学者提交《漆侠先生与辽金史研究》《漆侠先生与宋学研究》《漆侠先生的历史人物研究和评价》《漆侠先生史家道路的前行历程》等文章。王晓龙教授怀念漆侠先生的论文题目是《唯有春风最相惜，一年一度一归来——怀念漆侠先生》，情真意切。我在想，是什么样的力量，吸引海内外350余名专家学者来到保定？是什么样的动力，使学者为大会提交了290余篇论文？我觉得重要的一点是受到漆侠先生治学精神的感召。这让我们看到宋史研究代代薪火相传，后继有人，宋史研究的阵营越来越大，这是我们可以告慰漆侠先生的。当我们继续往前走的时候，当我们走得越来越快的时候，再一次回想先辈们出发时的场景，会更加坚定继续走下去的信心。

哲人已逝，精神永传。史金波先生在开幕式致辞中特别称颂漆侠先生《辽宋西夏金代通史》中多民族构建中华民族共同体的思想，这是多么具有前瞻性。李华瑞会长在开幕式中讲道：漆先生宋史研究的水平高、内容深、范围广、格局大，其治学中的贯通与旁通之法更值得借鉴。在研究日趋碎片化的时代，这一点尤为重要。王瑞来先生致辞说，漆侠先生等前辈的工作是“后辈起跳的基础”。面对漆侠先生留下来的150余篇论文、12卷《漆侠全集》、里程碑式的《宋代经济史》，我们没有任何理由选择躺平。怀念与增信，就是在怀念漆侠先生中增强研治宋史的信心。这是第一点感受。

二是传承与深耕。

这是一个变化的时代，学术研究也是这样，变得越来越快。在此背景下，做好传承和坚守的工作就显得非常重要。传承就是把之前做的事情继续做下去，坚持到底。这就要求我们做好接力跑，此次会议提交的论文中明显地体现出传承、坚守与深耕的特点。比如在经济史中继续讨论役法、交子，在政治史中继续讨论皇权、太后听政，在军事史中继续讨论将兵法、西北边将，在制度史中继续讨论科举、馆阁，在民族史中继续讨论党项社会、契丹族源、金朝军制，在思想史、学术史、社会史中继续讨论胡安国《春秋》大义、苏氏蜀学、朱熹论《孝经》、社仓救济等。

浏览会议论文集收录论文的标题，我觉得有个突出的地方，就是很少有“初探”这样的字眼，而是反复出现“新探”二字。“初探”表明我们在涉猎问题之初、发现问题的开端那种尝试解决的状态，而“新探”“再探”“再论”“发微”“辨析”“新观察”等则反映出，我们的研究不是“照着讲”，而是“接着讲”，乃至“对着讲”。这也说明，我们在既有研究的基础上走向精耕细作，研究更为精密、更为细致、更为深刻，在前人止步的地方又往前迈了一步，乃至几步。有兴趣的老师看看这样的标题究竟有多少。我数了一下，比例还真不小。

传承与深耕，还体现在学者回到历史场景中对史料的细读和对史事的再解读。如学者讨论宋仁宗“仁孝宽裕”的特点及其对朝政的影响，解读宋代“燕人思汉”话语的政治含义，分析司马光的“三代”汉唐史论及现实观照，等等。这些研究的共同点就是力求在“原生态”的历史场景中观察当事人的说法与做法，所谓“同情之理解”。

会议期间我有幸收到河北大学王菱菱老师惠赠的新著《采冶集》。之所以用“采冶”为题，是王老师研究宋代矿冶业和金属制造的缘故，重要的是体现出研究中孜孜以求的“采冶”态度和精神，也体现出那种从历史事实和材料中提出真知灼见的淬炼过程。治学境界，当如此也！今天早上在电梯又见到王老师，再次向她求证，王老师说我理解得对。“采冶”二字，分量很重。在当下略显急躁的治学环境下，“采冶”精神弥足珍贵，值得发扬光大。还是朱熹说得好：“旧学商量加邃密，新知培养转深沉。”这是第二点感受：传承与深耕。

第三个感受是拓展与求新。

真正体现学术研讨水平的是创新。王瑞来先生在开幕式致辞中说，在宋史研究中要思考如何走出就事论事的局限，体现出思想的力量。本次年会提交的论文中拓展与求新处处可见。那么新在哪里？如何求新？主要表现在新的问题意识、新语境、新视角、新史料、新议题、新方法诸方面。迭出的新意，我举例说明。

关于新的问题意识，程民生先生《宋代君臣殿上间距考论》提醒我们，如何把一个很具体的君臣殿上间距有多远的问题，变成讨论皇帝与士大夫治天下的大选题。这种“见微知著”之法，尤其给我们深刻的启示。这不仅仅是“授之以”鲜活的大鱼小鱼，更是“授之以”我们钓鱼之术。特别期待这样的研究越来越多。

关于新语境，如学者发表《十至十二世纪党项西夏在东亚贸易圈中的角色》《10—12 世纪政权分立下复数五台山的多维“光谱”》等。我们常说“长时段”，其意义即在于把具体问题放置在历史变迁大背景下去把握。显然，在研究中，我们是使用作为政治意义上的“宋朝”，还是作为时间意义上的“宋代”，还是直接说与国际接轨的“10—13世纪”，背后的关怀不同，据此为语境发现的历史现象和揭示出的历史意义当然就不一样。

关于新视角，在历史书写、形象塑造、故事流传、集体记忆等视角下，让我们看到宋代历史的丰富面向。如学者以苏轼诗文为中心讨论宋朝的动物书写；以医书中的“虫病”书写为线索分析宋代医学的继承与转型；通过韩国古籍《三纲行实忠臣图》观察岳飞的形象变迁，讨论狄青故事的演变特色及其历史因素；等等。

关于新史料，会议有一个论坛是“文物·文献·文化：‘大宋史’研究资料的拓展与反思”。这个论坛中的论文，研究对象虽多，但思考聚焦，即反思我们如何对待史料的“新”与“旧”问题。论坛的标题“文物·文献·文化”，字词间的细微变化，体现出我们追问不同语境下的史料多元化与复杂意义的学术自觉。

关于新议题，在“‘欧阳修学’理论构建研究”的论坛上，学者提交的论文《关于构建“欧阳修学”的思考》，很是醒目，很有启发。我就在想，成为一门“学”的标准是什么？如何才能推进我们的研究？

关于新方法，韩国学者提交《北宋使行路线的GIS复原与分析》的报告，顾名思义，这是地理学和计算机方法对传统问题的解读。我在想，在数字时代，研究宋史究竟是容易了，还是更难了？挑战真的很大，需要我们共同面对，做出回答。

要之，学术研讨中新的问题意识、新语境、新视角、新史料、新议题、新方法等，表明学者对既有研究现状的不满和处处创新的追求，就像保定的天气一样越来越热。

最后总结一下，在缅怀漆侠先生诞辰一百周年之时，我们接续前辈们留下的宋史研究的优良传统，在此基础上深深耕耘，并努力做出不同层面的创新。以此三方面来衡量两天来密集和热烈的研讨，此次学术会议是卓有成效和成功的。

谢谢！

中国马克思主义经济史学方法论的思考

——以《中国经济通史·宋代经济卷》为中心

刘秋根

一、问题的提出

20世纪80年代初，全国哲学社会科学“七五”规划中曾有一个重点项目“中国古代经济史断代研究”，经过十多年的惨淡经营，终于2000年左右，以《中国经济通史》为名，分九卷由经济日报出版社出版。在这套书的总序中，中国经济史学会前会长、著名经济史专家吴承明教授说：“各卷都以马克思主义基本原理为指导，有基本一致的世界观和历史观。并通过研讨，对中国古代社会发展的总线索和经济发展的总趋势有大体一致的认识。”① 这话是完全正确的。可以这么说，该书的出版，一定程度上反映了当代中国马克思主义史学在中国古代经济史研究方面所达到的水平及其方法特色。但是基本一致的世界观、历史观及对古代社会发展总线索和经济发展总趋势的大体一致的看法并不否定史学家在方法方面的差异及特色。对此认真做些分析、总结，对认识中国马克思主义史学方法的中国特色应该是有所裨益的。其中，唯一一种由一位作者独立完成的是《中国经济通史·宋代经济卷》(以下简称《宋代经济卷》，经济日报出版社1999年版)，此书尤其明显地表现出了作者——漆侠先生鲜明的、前后一贯的

① 漆侠：《中国经济通史·宋代经济卷》“总序”，经济日报出版社1999年版，第2页。

马克思主义史学方法论特色。[①] 这里便以《宋代经济卷》为例对这一问题做些探讨。

二、马克思主义经济史学方法论的主要特点

大体上说，以《中国经济通史·宋代经济卷》为代表的马克思主义经济史学方法论特色可以从以下几个方面予以把握：

第一，辩证的史料考据方法。可能是受陈寅恪先生的影响，漆侠先生对宋代史学十分推崇，认为宋代不但是中国古代史学发展的第二个高峰，而且是中国古代史学发展的顶峰，元明以后走向衰落，至18世纪，乾嘉学派虽在史籍考证及补订方面做出了巨大的贡献，但史书的修纂，尤其是当代史的修纂就大不如宋了。清代史学家以经学方法治史，虽考订精审，但取材不广，故而不能与以《资治通鉴》《续资治通鉴长编》为代表的宋代史学相比。而以通鉴考异法为代表的宋代史学方法，第一大特点便是取材广博。漆侠先生的宋代经济史研究及写作，便体现了这种精神。由该书后记可见，20世纪70年代，漆先生决定集中精力研究宋代经济史时，首先根据宋代所遗原始文献资料的整体状况，给自己定下了一个不读七百种书不动笔的目标，不但在河北大学图书馆读书，且到北京大学图书馆读李木斋丛书中的文集，又去北京图书馆柏林寺分馆查书。从《宋代经济史》[②]所引资料看，举凡宋代正史、文集、笔记小说乃至诗词等，都有大量引用。《宋代经济史》完成以后，漆先生还撰写了以宋代农事诗、宋元话本小说为材料研究宋代农民经济及商品经济的论文，对宋代经济史的材料范围进行了新的开拓。

---

① 《宋代经济卷》的作者漆侠先生是新中国培养起来的第一代马克思主义史学家，在五十多年的教学与研究中，将马克思等经典作家揭示的历史发展及历史学本身的普遍性原理与中国古代的历史实际相结合，对宋代政治史、军事史、学术思想史、宋代及中国古代经济史、中国古代农民战争史、中国古代史学史等多个领域都进行了深入的研究，形成了有说服力的解释体系，显示了自己独特的方法特点。而《宋代经济卷》正比较集中地显示出了这些特点。

② 《宋代经济卷》先以《宋代经济史》为名，由上海人民出版社1988年出版。

对一代经济史的撰述，首要的当然是要有宏观的把握，但这种把握又应该建立在坚实的原始材料基础之上。而要达到这一目的，光有取材的广泛是不够的。虽然中国有着悠久的官方修史制度，流传下来汗牛充栋的古代史籍文献，但古代经济史的史料却极其匮乏，史料本身也错漏百出。这不光是因为史料载体的自然流失，更是由于封建史书修撰中难以避免的、人为的客观性陷阱——有意遮蔽。故而任何一种类型的史学研究，对材料的考订，从而对历史事实的确定，都是最基本的工作。早期马克思主义史学曾被讥为史观派，但不久以后，马克思主义史学家们纷纷重视起史料来，其对史料的强调和运用与史料派或所谓的科学史学派并无二致。漆侠先生在史学界曾以马列主义理论修养深厚、有关论著理论色彩浓厚而著称，但漆先生同样重视史料、重视史料的考订。他早期在邓广铭先生指导下研究王安石变法，不但广泛征引了北宋有关材料，更对有关新法的材料进行精心考证，附于《王安石变法》之后。[①] 晚年在给研究生讲授历史研究法课程时，除了强调对马克思主义哲学、政治经济学及其他学科理论的学习之外，更将史料考据的方法说成是一切史学流派（包括马克思主义史学或唯物史观历史学）的最基本的方法，强调从第一手材料出发，并且要不断地扩大自己的史料范围，对材料进行尽量精确的考证。

以乾嘉考据法为代表的传统考据方法重音韵、训诂、文字，其主体的方法是以音训方法探求语义，即“因声求义”，或“一声之转”。[②]但是，一般说来，乾嘉考据学虽细致、精审，但囿于正史、经书，取材不广，其局限性是非常明显的，也就是说，它是将史料的考证与史料的搜集割裂开来了。[③] 20世纪以来，王国维、陈寅恪等人在地下文献及实物资料的促进下，运用二重证据法，将地下材料与地上文献材料相结合，使历史考据学

---

① 漆侠：《王安石变法》，上海人民出版社1959年第一版，1979年第二版。

② 如漆侠先生运用这一方法考证过河北鸭梨。认为：明以前鸭梨的故乡——河间属瀛州，瀛梨后讹为牙梨，又讹作鸭梨，瀛、牙、鸭乃是一音之转。参见漆侠《知困集》，河北教育出版社1992年版，第293页。

③ 参见漆侠《论历史科学研究的基本方法——历史方法论探索之一》，载《探知集》，河北大学出版社1999年版，第83页。

得到了新的发展。20世纪50年代以后，大批史料总集的编纂，大量档案、民间文书契约及新的考古材料的发掘整理，使历史考据学更是得到长足发展。但是整体说来，这种方法作为一种归纳的方法，也有一个最大的缺点："除非规定范围，所得结论都是单称命题，难以概括全体。"① 这样就形成了一个难以解开的史学悖论：一方面必然应用归纳法；另一方面，归纳法又有着明显的缺陷。

那么怎样解决这一矛盾呢？从漆侠先生对宋代经济史暨中国古代经济史某些问题的考证中，我们可以得到一些启示。作为第三代中国经济史研究的代表人物之一②，漆侠先生对宋代经济史乃至中国经济史、社会史的基本材料是非常熟悉的，对马克思主义辩证法及历史唯物主义又有深入系统的学习及长期应用，二者融会贯通，使漆侠先生在史料考订方面往往出人意表，超越前人，从而弥补了归纳考据法的某些缺陷。如归纳法在历史研究中的应用，要求尽量多地搜集证据，尤其反对孤证，而漆侠先生却指出：这种观点一般来说是正确的，但也不能绝对化。因为，从史料的实质看，"如果是假象的孤证，则不可应用；如果内涵包蕴普遍性，这个孤证形式上是孤证，是'一'，但实质上不孤"③。不但不孤，反而一叶知秋，万绿丛中一点红，反映了事物某一方面的本质和普遍现象。也就是说，对这一问题也要进行辩证的分析。一个著名的例子是漆侠先生对宋代"计租定价"问题的考证。有关这一经济现象的记载相当缺乏，但漆侠先生引用了《宋会要辑稿》中的一条记载，虽只有一个材料，但却比较完整地体现了宋代"计租定价"现象的存在及其主要内容。④ 这样以一窥多，大体证实了宋代这一现象的存在及其大体发展的水平。另外对唐代元稹《织妇词》中"东家头白双女儿，为解挑纹嫁不得（原注：予掾荆时，目击贡绫

---

① 吴承明：《论历史主义》，《中国经济史研究》1993年第2期。

② 在中国，近代科学意义上的中国经济史研究或可以说已经经历了三代：第一代是以郭沫若、吕振羽、梁方仲、吴晗、陶希圣等人为代表；第二代以严中平、李文治、李埏、汪敬虞、吴承明、王毓铨等人为代表；第三代则可以上述《中国经济通史》各卷主编为代表。

③ 漆侠：《历史研究法》第四讲，河北大学出版社2003年版，第44页。

④ 参见漆侠《宋代经济卷》第九章，经济日报出版社1999年版，第433—434页。

户有终老不嫁之女）”的考证也是如此。对于此诗，有些学者认为是因为家族技术保密的缘故而使女儿头白不嫁。但实际上，漆先生指出，如果从生产方式变革的长过程考察来看，这乃是因为这些在政府应役的工匠仍然处于受国家劳役支配的农奴身份与地位，他们与封建国家之间还存在着较为严重的人身隶属关系才导致家有头白不嫁之女。[①] 由此两例可以发现：如果我们将搜集来的历史记载置于中国古代经济制度及部门经济发展的全过程中加以考察，透过现象揭示事物发展的本质，孤证便不孤了。这也为我们克服归纳法的局限，考证经济制度及部门经济本质开拓了更广泛的空间。

第二，具备通识，诠释历史——富于卓见的经济史论。如上所述，受陈寅恪、傅斯年、姚从吾等前辈及导师邓广铭教授的影响，漆先生在宋代暨中国古代经济史的研究中是十分重视史料及史料的考证的，认为史料的收集考证是任何史学流派都不可或缺的根本性方法。但是搜集、考订了史料，确定了历史事实，并不等于完成了历史科学研究的任务。作为马克思主义史学家，漆侠先生是主张在此基础上进一步弄清事实之间的联系，从而认识历史发展的规律的。而要达到这一目的，必然对史料加以阐释。我想正是在这一意义上，漆侠先生将历史科学定义为是“对史料（包括文献的和实物的）诠释和运用的一门学问”[②]。

而要解释历史，除具备上述扎实的史料功夫之外，最为重要的是要具有“通识”。以《宋代经济卷》为例，是书征引丰富的宋代文献，与理论相结合，建构起概念化的历史事实，不但比较全面地描述了宋代经济制度、部门经济的具体状况，而且将它置于中国封建社会经济演变的全过程之中，给其生产力水平提高、生产关系变化以恰当的定位，分析其何以得到较大发展的原因及其演变的趋势。而漆侠先生之所以能够做到这一点，就是因为他在马克思辩证唯物主义理论、历史唯物主义理论、社会形态理论，即波兰著名史学理论家托波尔斯基所说马克思主义的“历史进程普遍

① 参见漆侠《宋代经济卷》“代绪论 关于中国封建经济制度发展的阶段问题”，经济日报出版社 1999 年版，第 43 页。

② 漆侠：《历史研究法》第三讲，河北大学出版社 2003 年版，第 22 页。

理论”[1] 的指导下，通过对宋代乃至中国古代社会经济史资料的诠释、考订，形成了自己对宋代乃至中国古代社会经济史的“通识”。这里所谓“通识”，不是能解释一切、超乎具体历史事实的某种哲学模式，也不只是对某些个别的或少数几个历史事实加以解释的观点，而是介乎二者之间的某种中观理论与原理。它能帮助人们注意经济发展中的某些重要因素，指引人们较快地认识两类历史事实之间的联系或揭示某些历史现象背后的本质，等等。这些通识，如宋代庄园农奴制残余论、中小地主阶级论、宋代资本主义条件成熟论[2]、中国古代经济演变的两个马鞍形理论等，总而言之，或可总称之为“宋代经济史论”。[3] 正是因为富有多方面的通识，漆侠先生形成了对宋代社会经济发展状况、发展原因的独到的分析解释体系，在整个《中国经济通史》九卷之中风格独特、卓成一家。这里仅举一例为证，如学术界近年来相当关注的唐宋变革论，漆先生也是基本认可的，但对于日本学者所提出的近世论却提出了不同的意见，认为这一观点对宋代社会性质的认识是不准确的，因为宋代与产业革命以后的欧洲相比，差距甚大，很难说具有近世的含义。[4] 而要正确把握宋代社会性质，应该“从特定的历史时代诸阶级在生产中所结成的经济关系中进行考察”，只有这样，才能“透视这些现象的本质，从而作出恰如其分的论断”。[5] 为此漆先生主要对唐宋变革中的社会经济关系侧面做了三个方面的探讨：首先，唐中叶以来作为土地国有制的均田制及屯田、营田等国有土地形态走向衰落，至宋代以后，土地私有制占据绝对的优势地位；与此相适应的是，新兴的以庶族地主为代表的土地兼并势力开始取代以山东士族为代表的旧的土地兼并势力，爬上社会的顶峰，这些新的土地兼并势力还包括武将、大

---

① ［波兰］哲塞·托波尔斯基：《经济史中理论和计量法之作用》，载《历史研究国际手册》，华夏出版社 1989 年版，第 52 页。

② 但是漆先生并未提出宋代资本主义萌芽的观点。

③ 这些通识，或可总称之为“宋代经济史论”。

④ 漆侠：《唐宋之际社会经济关系的变革及其对文化思想领域所产生的影响》，《中国经济史研究》2000 年第 1 期。

⑤ 漆侠：《宋代经济卷》，经济日报出版社 1999 年版，第 40 页。

商人、大高利贷者等。而另一方面，均田制下的农民逐步获得比较完整的土地所有权，成为名副其实的自耕农，这些农民也成为中唐以后至宋代农业生产发展的主力。其次，是封建租佃制关系取代农奴制逐步居于支配地位，而这一变化，又是土地国有制衰落、地主土地私有制居于绝对支配地位的必然结果；再次，随着土地制度的变化及商品货币经济的发展，中唐以后，两税法取代租庸调制成为主要的税法，而随着两税法的推行，封建国家与地主及农民的关系亦发生了本质的变化，演变为国家与地主阶级共同瓜分农民的地租，即农民的剩余劳动。而在这种瓜分中，国家便与地主阶级形成了新的矛盾，其外在的表现就是：地主阶级隐田漏税和封建国家清丈土地以制止隐漏。而作为封建经济制度自我推移的这次经济关系的大变革，从土地所有权到分配制度，其范围之广、规模之大，实为历史上所罕见。这些变革适应了劳动生产者的积极性，推动了生产力的发展，故从唐中叶至宋代，实是中国封建时代经济突出发展的时代。①

第三，辩证逻辑的历史叙述方法。近代科学发展到18世纪时，随着各门学科材料储备的大体齐全，尤其随着达尔文进化论的发表与传播，人们逐渐形成了一个伟大的思想，即认为“世界不是既成事物的集合体，而是过程的集合体”②。这一伟大的科学发现，促进了哲学的变革，辩证逻辑方法随之形成。马克思、恩格斯吸收了黑格尔辩证法的合理内核和费尔巴哈唯物主义的基本内核，形成了辩证唯物主义和历史唯物主义思想。马克思主义的辩证逻辑方法，虽然一般说来是一种最高层次的指导原则，但实际上，在进行具体历史研究的过程中，它也可以作为某种有具体操作意义的方法，对我们分析历史材料、叙述历史事实有很好的指导意义。因为，在一定意义上说，科学是对概念之间关系的理性研究，科学研究、科学成果的表述也是概念的形成、运动的过程。同样，历史研究也是在读懂原始材料、确定历史事实、根据事实的外部特征进行分类的基础上，通过概念的运动揭示事实之间的联系及事物发展的某种共同法则。那么我们该怎样表

---

① 漆侠：《唐宋之际社会经济关系的变革及其对文化思想领域所产生的影响》，《中国经济史研究》2000年第1期。

② 《马克思恩格斯选集》第四卷，人民出版社2012年版，第250页。

述这些不同的概念及其之间的关系呢？这里有两种选择：一是根据概念所反映的事物外部特征，将这些概念毫无关联地排列起来；二是运用辩证逻辑中逻辑与历史结合的方法，即根据这些概念所反映的事物发展的程度，使他们互相隶属地排列，这样，概念内部即表现出从低级向高级发展的运动。如第五章漆侠先生考察了整个宋代空间范围内所存在的经济制度，共划分了五种经济制度。为了表明几种制度的历史发展，漆侠先生将它们依以下的顺序加以叙述，即原始土地共耕公有制度—村社土地制度基础上的奴隶占有制—庄园农奴制残余—封建租佃制—封建租佃制的高度发展。另外，第九章对地租形态发展的叙述也是如此，在这里，漆侠先生依据劳动地租—产品分成租—产品定额租—货币地租—土地买卖中的计租定价的顺序予以论述，从而通过这两个系列概念的运动，反映了整个宋朝区域内社会经济制度、地租形态发展的内在本质，真实地呈现了其发展的阶段性。

第四，规律性判断研究与价值性研究完美结合。[①] 一般说来，中国经济史的研究，有经济史及社会经济史之分，前者比较严格、比较规范地依据经济学的理论模式概括材料，分析经济发展变动的因素；而后者对经济学理论的运用则比较松散，但是重视社会因素对经济发展的影响，如社会阶级变动，各种经济制度政策变动，家族、家庭、社会伦理道德习惯、社会文化等。前者更多的是经济学家的经济史，后者则更多的是历史学家的经济史。而马克思主义的中国经济史研究无疑属于社会经济史类型，这种类型的中国经济史研究能够较好地体现规律性研究与价值性研究的结合。

马克思指出，“社会经济形态的发展是一种自然历史过程”[②]，所谓中国经济史规律性判断研究是指将中国古代经济当作一个“自然历史过程”，透过历史的偶然现象、表面现象去探讨历史发展的必然现象及本质现象，揭示历史发展的客观规律。客观规律是不以人的主观意志为转移的，因而

---

① 依严中平先生所论，所谓规律性判断研究是指对事物发展变化本身的客观规律的研究；而价值性研究，是指事物发展变化对人的利害关系的研究。参见严中平《规律性判断研究和价值性研究》，《中国经济史研究》1992 年第 2 期。又见《严中平文集》，中国社会科学出版社 1996 年版，第 413—426 页。

② 《资本论》第一版“序言”。

这种规律性判断研究也是无所谓利害，也不用其褒贬的；但是从另一个角度看，“历史什么事情也没有做，它‘并不拥有任何无穷无尽的丰富性’，它并没有在任何战斗中作战！创造这一切、拥有这一切并为这一切而斗争的，不是‘历史’，而正是人，现实的、活生生的人。历史并不是把人当做达到自己目的的工具来利用的某种特殊人格。历史不过是追求着自己目的的人的活动而已”①。也就是说，历史是人的历史，是有着理想、追求、激情的人或者说是“现实的个人”的历史，而“现实的个人”与他们的活动及其物质生活条件，包括他们得到的现成的和由他们自己的活动所创造出来的物质生活条件是一致的。② 从这个意义上说，历史研究不是对抽象的冷冰冰的所谓规律的研究，而是对现实的、鲜活的人的研究。因而历史的研究在进行规律性判断研究的同时，必然要进行价值性研究。就经济史而言，我们必然要探讨经济的发展、经济形态的转换对于人的利害关系，而且因为在阶级社会里，人是划分为阶级的，因而必然考察经济发展对于不同阶级的利害关系。这里尤其需要注意的是：我们虽然要肯定不同社会形态下剥削阶级的暂时历史正当性，比如说对于早期资产阶级促进生产力发展、促进世界市场形成的历史性贡献，我们必然要充分肯定。但是与此同时，我们更应该肯定劳动阶级的历史创造作用，更应该考察劳动者的感受，分析经济发展、社会经济形态变化对于劳动者阶级、被剥削阶级的利害关系，这不仅在于追求某种抽象的社会公平、正义，更在于客观的历史发展所要求历史工作者应该采取的人民立场，或者说无产阶级的革命的立场。总而言之，对历史发展必然性规律的探讨，不能陷入为历史必然性事实做辩护的庸俗立场上去，尤其不能为历史上支配当时经济制度的阶级做辩护。

那么在《宋代经济卷》中，漆侠先生是如何处理这一历史学的悖论的呢？应该说《宋代经济卷》对于宋代经济发展水平的评价是相当高的，包

① 〔德〕马克思、恩格斯：《神圣家族》，《马克思恩格斯全集》第三卷，人民出版社 1975 年版，第 118—119 页。

② 参见〔德〕马克思、恩格斯《德意志意识形态》，《马克思恩格斯全集》第三卷，人民出版社 1975 年版，第 23 页。

括生产力水平，如冶铁及农具制造、矿冶业生产技术、亩产量、地区分工、技术分工及各部门经济发展等；生产关系的发育和变化，包括各项经济制度，如租佃制度、土地制度、赋役制度；生产方式，如自耕农、佃农的小生产方式，国家劳役制生产方式的变革，庄园农奴制生产向租佃制生产的演变，乡村客户人身依附关系的变化等。另外，漆先生还对宋代经济思想做了全面的考察，认为宋代经济整体上达到了整个中国封建社会经济的顶峰，但是这一发展对各个社会阶级、阶层的利害关系并不是一致的。《宋代经济卷》依据财产占有尤其是土地的占有对宋代人口做了阶级、阶层的分析，然后在研究每一项经济制度、每一部门经济乃至经济思想时，均分析了它们对于社会各阶级、阶层的利害关系，揭示各阶级、阶层在制度形成、变迁过程中的表现，尤其揭露豪强地主阶级的种种不良表现，呈现农民阶级乃至中小地主在这一过程中所受到的压迫、痛苦及受到的不公正待遇等。而对于地主阶级，一方面肯定了他们，尤其是中小地主阶级的历史进步作用，如他们将地租再投入，开展商品生产，进行商业贸易，甚至部分投入社会公益事业及生产过程，从而支撑了宋代商品经济及市场的繁荣，推动社会经济制度变革及北宋以来的政治改革；但是另一方面，地主阶级尤其是其中的官僚特权地主及大地主、大商贾、大高利贷者又疯狂兼并土地，欺压下层百姓，与封建官府勾结，攫占社会财富，破坏水利工程，耗费社会财富，隐田漏税，转嫁赋役负担，侵占佃户人身自由等。对于广大农民手工业者而言，宋代经济发展、经济制度变迁，一方面使他们的人身依附性削弱、人身地位有所提高，能够自由地发展自己的经济，使农民经济尤其是佃农经济得到充实，从而能为社会提供更多的商品。另一方面，广大的农民阶级仍处在封建赋役及地租的沉重剥削之下，经常受到吏胥豪强的欺压、敲诈，过着困苦的生活；即使是自耕农，也只有五七亩至二三十或四五十亩的土地①，在诸种剥削之下，常常走向破产，沦为无产税户，多数只能维持简单再生产而谈不上扩大再生产。这样一种价值性研究，对宋代封建统治集团、地主阶级多所揭露与批判，而对农民、手工

---

① 参见漆侠《宋代经济卷》，经济日报出版社 1999 年版，第 329—334 页。

业者、中小商人乃至中小地主、富农则多所同情、肯定。但是这并不是从抽象的阶级义愤出发去进行价值性研究，而是具体地分析具体的问题。而在中唐以后社会经济变革的实际背景中，分析被剥削阶级的实际利益这一点对当时经济史的研究又是不可或缺的。因为与近代大工业前提下社会化、企业化生产方式不一样，在古代，生产者是其土地及工具的所有者，劳动家庭既是生产单位，又是消费单位，同时还得应付来自国家及社会的各种赋役负担、人情往来。家庭成员生活的好坏、生活水平的高低，实乃经济发展、经济运行良窳的关键问题。故而对中国经济史的研究，若不注意价值性研究，是不易追寻到经济发展的本质的。

第五，政治经济学方法的应用。如上所述，《宋代经济卷》主要是以实证史学的方法治经济史，力图比较全面而详尽地再现宋代经济史的面貌。但其亦以一种特殊的方法应用了经济学的方法，即以《资本论》为代表的马克思政治经济学的方法，并受到法国重农学派及德国以李斯特为代表的历史学派政治经济学的影响。① 如其十分重视对宋代经济分工的研究，重视分工对经济发展的影响，在中国宋史界及经济史界最早对种植业的专业化、手工业内部技术分工、城乡产业分工即作坊手工业的发展等进行了系统探讨；重视农业在当时国民经济中的主体地位及基础地位，认为任何一种经济形态，都必须以一定的农业劳动剩余为基础；重视对生产力发展的研究。如在研究宋代人口时，重视对劳动人口因素的探讨，重视封建经济制度对劳动人口制约的研究，因为劳动人口的供给及质量是古代经济发展的关键因素；专门对生产力的骨骼系统——农业劳动生产工具及相关冶炼技术的进步做了研究；重视劳动者阶级——农民、手工业者个人经济力量的充实，个人自由的获得，对社会财富占有多少的探讨。这些因素均可归入综合生产力的范畴，表明了《宋代经济卷》对生产力发展的重视。

当然《宋代经济卷》并未严格按照某种经济学的模式去概括、分析经济史事实，而是松散地运用政治经济学的概念及分析路径，一切从事实出

---

① 漆侠先生曾经多次阅读马克思的《资本论》，对马克思的其他政治经济学著作及恩格斯、列宁的相关著作也是十分熟悉的。晚年他还多次表示希望系统阅读古典政治经济学家的著作。

发，主要运用描述的方法，再现宋代经济的全貌，让理论为材料服务。这种方法在一定程度上，或亦可称之为向历史做调查的方式，即根据自己搜集到的史料状况，向史料提出问题。① 在提出问题之后，注意挖掘史料内含的历史事实，并对事实进行概念化的加工，根据概念化的事实，考察一个事实与另一个事实之间的联系，从而再现当时经济发展的本来面貌。

三、余论

以上以《宋代经济卷》为中心，从广征博引、求真求实，具备通识、诠释历史，辩证逻辑的历史叙述方法，规律性判断研究与价值性研究，政治经济学方法的运用等五个方面简略地论述了漆侠先生经济史学方法论的几个侧面。这一论述当然是既不全面亦不详尽的，但似乎也能说明马克思主义史学方法在中国古代经济史研究中运用的某些重要侧面。如果将《宋代经济卷》暨整个《中国经济通史》置于现代史学发展的长过程中予以观察，我们还可以得到以下几点认识：

第一，自20世纪初以来，尤其是第二次世界大战结束之后，西方新史学兴起并在史学研究中占有了不可忽视的重要地位。这些新史学流派表现出了与19世纪以来西方传统史学完全不同的方法论特色，是一种崭新的史学范式。而新史学流派中的许多代表人物是受马克思主义理论影响的。“马克思主义在许多方面如跨学科、结构分析、总体研究、注重群众作用、长时段考察等方面都同‘新史学’有一致之处，并对新史学范型的形成以极大的启示。”② 作为最能反映中国马克思主义史学方法论特点及认识水平的中国经济史研究，虽然一段时间以来缺乏与国际学术界的交流，但也表现出了类似的方法论倾向。③

笔者在另一篇文章中曾谈到，中国古代经济史研究目前大体有三大范

---

① 类似于社会学中依一定的理论体系，设计好调查的项目，向社会做调查的方法。

② 陈启能：《史学理论与历史研究》，团结出版社1993年版，第120页。

③ 当然也有许多不同之处，如马克思主义的结构分析、长时段分析与年鉴学派的结构分析及长时段理论便有本质的区别。

式：一是历史主义方法范式；二是唯物史观方法范式；三是社会科学方法范式暨经济学范式。① 有趣的是，在《历史研究国际手册》中刊载的波兰著名史学理论专家、经济史专家托波尔斯基（Jerzy Topolski）的一篇评论西方包括东欧、苏联20世纪六七十年代经济史研究的论文，其所言之流派与笔者所言颇有契合之处。他指出，这些国家对经济史研究的流派可做如下划分：

“A. 受到历史进程普遍理论影响的研究；

B. 受到经济理论影响的研究；

C. 受到社会理论影响的研究。”②

托波尔斯基是从评论战后西方③经济史学界出现的新变化的角度出发的，故而其评论既未包括传统史学方法，亦未论及中国。而其所说的三种流派正相当于上引拙作所说的第二种、第三种范式，其中A即相当于唯物史观范式；B、C即相当于社会科学范式。这一划分显然不是偶然的巧合，它说明中西经济史的研究确实显示出了相当类似的方法论特点。

第二，九卷本《中国经济通史》虽然都以马克思主义基本原理为指导，但各卷及各卷主编、各卷供稿者在方法论方面均表现出了各自的特色，有的以分析见长，有的以描述见长，有的以经济学的理论分析见长，有的以历史学的精细考订见长。但大体不出这三种流派之外，如《先秦经济卷》《秦汉经济卷》《宋代经济卷》似更多地属于第二种范式，《元代经济卷》《明代经济卷》更多地属于第一种范式，《清代经济卷》则表现出了不少第三种范式的特色。当然也不能以书、以人严格对应，因为各卷无疑是或多或少地综合运用了三种范式的方法的。

第三，近代科学意义上的中国经济史研究，若从20世纪二三十年代算起，尚不足百年，而马克思主义理论与方法的传播及应用与这一进程几乎是同步的。未来的中国经济史研究肯定是百花齐放、百家争鸣的，以上笔

① 刘秋根：《评〈中国经济通史·元代经济卷〉》，《中国经济史研究》2002年第2期。

② 〔波兰〕哲塞·托波尔斯基：《经济史中理论和计量法之作用》，载《历史研究国际手册》，华夏出版社1989年版，第52页。

③ 包括苏联及东欧各国。

者所概括的三种范式都有其发展的空间。但在这里要指出的是：如果我们能够紧扣时代主题，在马克思主义理论指导下，继续对中国经济史的事实做出新的概括、新的综合、新的分析，并大力吸收其他范式，尤其是注意吸收西方经济学理论及分析方法中的优长之处，马克思主义的经济史学是有其强大的生命力的。尚不满百年的中国马克思主义经济史，难道就已经将经济发展演变的广大、精微之处都发掘殆尽了吗？我坚决不相信，将拭目以待之。

附记：本文撰写完成之后，曾请大连大学毛曦教授，我的同事河北大学王菱菱教授、王茂华副研究员，我的研究生柴英昆看过，都提出了很好的意见，本文吸收了其中的大部分，谨此表示谢忱。当然，文责自负。

漆侠先生与宋学研究

王书华
（华侨大学　新闻与传播学院）

漆侠先生是新中国培养的第一代马克思主义史学家，是继邓广铭先生之后宋史研究领域的又一代表性人物。20 世纪 90 年代初，漆侠先生以古稀之年开辟新的研究领域——宋学研究①。这令当时师从先生读书的我感到非常好奇，曾冒昧地问先生："先生，您这个年纪，为什么又要开辟新的研究领域？"漆侠先生说："一则宋学在中国古代学术史上占有重要的地位，而以往的研究没有把它放在应有的地位上，并且以往的研究方法也存在着种种偏颇。一则我要写辽宋夏金断代史，这就涉及思想文化部分，涉及对宋学诸学派的分析与评价，这就要求有自己的独到见解，我不能人云亦云。"② 漆侠先生以古稀之年开辟新的研究领域，一方面是出于当时学术界不够重视宋学研究、宋学研究中存在着诸多问题以及构建个人学术体系的需要；另一方面是完成邓广铭先生的愿望。邓先生原本计划写一部宋代断代史，但天不假年，未能完成这一心愿，于是漆先生继承邓先生的遗志，为完成宋代断代史的撰写，从 1994 年起，将自己的研究重点放在了宋代学术思想史方面。

---

① 1994 年 7 月，漆侠先生申请的国家社会科学基金项目"宋学的发展和演变"获批立项。漆侠先生所撰《宋学的发展和演变》一文，发表于《文史哲》1995 年第 1 期。

② 王书华：《缅怀恩师》，本书编委会编：《漆侠先生纪念文集》，河北大学出版社 2002 年版，第 660 页。

一、漆侠先生宋学研究的学术背景

20 世纪以来，宋学研究成为学术界研究的热点。陈植锷先生指出："宋学是一个十分宽泛的概念：从横的方面讲，它相当于包括哲学、宗教、政治、文学、艺术、史学以及教育等在内的具有划时代意义的赵宋一代之文化；从纵的方面讲，它是中国儒家传统文化在 11 世纪初期兴起的一个新流派，一种跨时代的文化模式。"① 许道勋、徐洪兴先生则认为，目前学术界对于"宋学"的意义有三种不同的看法：其一是专指两宋三百余年间的学术文化之全部，包括哲学、史学、文学、艺术、教育、宗教、科技等在内。如宋史专家邓广铭、陈植锷等人持此看法。其二是专指在中国经学史或中国学术史上，与汉唐训诂之学、清代考据之学不同的宋元明清时期的义理之学。这在经学史、学术史的研究中比较常用。其三是专指流行于宋明期间的哲学主流，包括程朱的"道问学"和陆王的"尊德性"之学，以及张载等的"气学"，邵雍等的"象数学"，吕祖谦、叶适、陈亮等的"浙东之学"，等等。在这个意义上，"宋学"基本上等同于"道学""理学"，以及国外学术界所习用的"新儒学"这些概念。这主要是从哲学史的角度来讲的。②

20 世纪中期，陈寅恪先生重提"宋学"研究。在论及我国学术的现状及发展趋势时，陈先生说："吾国近年之学术，如考古历史文艺及思想史等，以世局激荡及外缘薰习之故，咸有显著之变迁。将来所止之境，今固未敢断论。惟可一言蔽之曰，宋代学术之复兴，或新宋学之建立是已。"③ 陈寅恪先生认为，中国学术的发展趋势是建立适应时代要求的"新宋学"。所谓"新"是相对于清代学者所称的"旧宋学"而言的；所谓"宋学"，从涵盖面而言，殆即"宋代学术"的同义语，举凡宋代考古、宋代史学、

---

① 陈植锷：《宋学通论》，《中国社会科学》1988 年第 4 期。

② 许道勋、徐洪兴：《中国经学史》，上海人民出版社 2006 年版，第 178 页。

③ 陈寅恪：《邓广铭宋史职官志考证序》，《金明馆丛稿二编》，生活·读书·新知三联书店 2011 年版，第 277 页。

宋代文艺、宋代思想史，等等，均属于宋代学术之研究对象，都属“宋学”范畴。可见，陈寅恪先生所说的“新宋学”是个广义的范畴。邓广铭先生在《略谈宋学》一文中对“宋学”给出了明确的定义：“宋学是作为汉学的对立物而出现的，它乃是汉学所引起的一种反动。”① 从该文看，邓先生关于宋学的观点可以概括为：第一，宋学是新儒家学派，这个学派萌生于唐代中后期，兴盛于北宋建国之后；第二，宋学的外延大于理学，宋学包含理学，理学是宋学的一个支派，理学不能代替宋学；第三，宋学是迥异于汉学的治经思路、治经方法，宋学是汉学的对立物，是汉学引起的一种反动。邓先生所说的“宋学”，显然是指上述狭义的“宋学”，即陈植锷所云“中国儒家传统文化在11世纪初期兴起的一个新流派，一种跨时代的文化模式”。可见，宋学并非有宋一代儒学之总称，而是指迥异于宋初汉学的新经学。蒙文通先生指出：“及至宋仁宗庆历以后，新学才走向勃然兴盛的坦途，于是无论朝野都是新学的天下了。但是，新学的幼苗，却是发芽和生长在中唐时期。”② 这里的“新学”，即指宋代新儒学而言，并非后来所言王安石的“新学”。

漆侠先生指出：“新宋学和宋学两个概念的涵义是很不相同的：新宋学包括了哲学（主要是经学）、史学、文学艺术多个方面，涵盖面是较为宽广的；而宋学则指的是，在对古代儒家经典的探索中，与汉学迥然不同的一种新思路、新方法和新学风。”③漆侠先生进一步从方法论上厘清了宋学与汉学的区别：“以义理之学的宋学代替了汉学的章句之学，其主要的、基本的区别在于：汉儒治经，从章句训诂方面入手，亦即从细微处入手，达到通经的目的；而宋儒则摆脱了汉儒章句之学的束缚，从经的要旨、大义、义理之所在，亦即从宏观方面着眼，来理解经典的涵义，达到通经的目的。总之，从方法论上说，汉学属于微观类型，而宋学则属于宏观类型。在我国古代学术发展史上，宋学确实开创了学术探索的新局面，并表

① 邓广铭：《略谈宋学》，《邓广铭治史丛稿》，北京大学出版社1997年版，第165页。

② 蒙文通：《中国历代农产量的扩大和赋役制度及学术思想的演变》，《蒙文通全集》第三册《古礼甄微》，巴蜀书社2015年版，第457页。

③ 漆侠：《宋学的发展和演变》，河北人民出版社2002年版，第3页。

现了它独特的新思路和新方法。”① 2002 年，漆侠先生所著《宋学的发展和演变》一书出版。从结构上看，该书是就有宋一代新儒家学派的整体面貌而布局的；从内容上看，该书把苏氏蜀学作为宋学的一个重要组成部分，并且对于苏学给出了明确的定义：“苏学，按本书论述范围，主要是经（哲）学方面。”② 漆侠先生还以“中国哲学史研究走向何处去”作为代序。可见，漆侠先生所说的宋学是指迥然不同于汉学的宋代新儒学，其核心是宋代新儒家的哲学思想。

漆侠先生晚年将时间与精力专注于宋学研究，一方面是其构建学术体系的需要，另一方面也是基于回答时代提出的问题。20 世纪 80 年代末，中国社会的发展遇到了一些困难，社会各界对改革开放也产生了一些模糊认识，存在着一些不同意见。“中国向何处去”成为当时思想理论界必须思考的一个方向性、根本性问题。是继续改革还是走回头路，成为当时思想理论界必须回答的时代之问。经过一番讨论与思考，历史选择了继续推动改革开放。改革开放的时代呼唤辩证法哲学，而以王安石为代表的宋代新儒家们富有辩证法思想，所以加强对宋代新儒家的研究不仅具有学术意义，而且具有一定的理论价值和现实意义。

首先，加强宋学研究是中华优秀传统文化复兴的时代要求。在中国古代社会，宋代是一个物质文明和精神文明高度发展的时代。陈寅恪先生说：“华夏民族之文化，历数千载之演进，造极于赵宋之世。”③ 邓广铭先生说：“宋代是我国封建社会发展的最高阶段。两宋期内的物质文明和精神文明所达到的高度，在中国整个封建社会历史时期之内，可以说是空前绝后的。”④ 漆侠先生说：“在我国古代经济文化发展的总过程中，宋代不

---

① 漆侠：《宋学的发展和演变》，河北人民出版社 2002 年版，第 5 页。

② 漆侠：《宋学的发展和演变》，河北人民出版社 2002 年版，第 454 页。

③ 陈寅恪：《邓广铭宋史职官志考证序》，《金明馆丛稿二编》，生活·读书·新知三联书店 2011 年版，第 277 页。

④ 邓广铭：《谈谈有关宋史研究的几个问题》，《邓广铭全集》第七卷，河北教育出版社 2005 年版，第 61 页。

仅它的社会经济发展到最高峰，而且它的文化也发展到登峰造极的地步。”① 又说：“宋学在中国古代学术史上虽然占有重要地位，受到许多学者如陈寅恪等的重视，但在学术的研究上还没放在它应当放在的位置上。”② 宋学在我国古代学术史上占有极为重要的地位，因而是一个值得深入研究的领域。然而，自南宋中后期起，程朱理学上升到专制国家意识形态领域的主导地位，成为统治阶级的意识形态。长期以来，受理学意识形态的影响，学术界重视对程朱理学与陆氏心学的研究，忽视或漠视活跃于北宋中后期的荆公新学、苏氏蜀学。这种状况给人们一种错觉，似乎有宋一代只有程朱理学和陆氏心学，原本百花齐放的宋代学术思想园地，却成了程朱陆氏一系的一枝独秀。因此，要复兴中华优秀传统文化必须走出这种误区，充分重视宋学的研究，并从中汲取有益于中国思想文化发展的有利因素。

其次，既往的宋学研究存在着认识和方法上的不足。如果说既往的宋学研究对于宋学概念的定义过窄，未能充分反映有宋一代丰富多彩的学术面貌的话，那么既往的宋学研究在研究方法上也存在着从思想到思想，缺乏与宋代社会政治、经济相联系的弊端。在《宋学的发展和演变》中，漆侠先生指出：“七八十年来，我国哲学史、思想史的研究有着突出的成就和贡献，但其中也有不少的弱点和不足。其中一个主要的弱点和不足是，由于研究者们自身与政治的脱节，因此在考察古代学术思想的发展过程中，往往习惯于沿着从思想到思想的认识路线进行，割断了这些思想同社会经济关系的联系。这样一个研究结果，就只能寻找到这种思想同那种思想的联系，而找不到形成这种思想的政治经济诸关系，以至使这种思想成为无源之水、无本之木。”③ 在《历史研究法》中，漆侠先生更是直言不讳地指出：“当前学术思想界研究思想史的，大都从思想到思想，而没有把思想同其产生的经济基础联系起来，因而这种研究同样是无源之水、无本之木，不能够切中肯綮。搞中国哲学史研究的学者，有这样一种见解，过

---

① 漆侠：《宋学的发展和演变》，河北人民出版社 2002 年版，第 3 页。

② 漆侠：《宋学的发展和演变》，河北人民出版社 2002 年版，第 5 页。

③ 漆侠：《宋学的发展和演变》，河北人民出版社 2002 年版，第 49 页。

去思想家都是地主士大夫，好像出身没有什么差异，因而无法同经济关系、基础联系起来，这是不对的。”① 漆侠先生运用马克思主义社会存在决定社会意识的原理，分析宋代学术思想产生的社会基础和历史条件，指出：“意识形态、思想都是由特定的经济基础决定，并在此基础上建立起来的，因而各种思想无不打上经济基础的、阶级的烙印。”② 我们固然不能完全以经济基础与阶级地位来判断思想家的学术立场，但思想家的学术立场受经济基础与阶级地位的影响也是不言而喻的。

最后，开展宋学研究是漆侠先生构建其学术体系的需要。漆侠先生的宋代学术思想史研究是其宋代政治史、宋代经济史研究的延伸；也就是说，漆侠先生的宋学研究是建基于他的宋代政治史、宋代经济史研究。正如漆侠先生所说：“由于我有研究宋代社会经济史的基础，所以我在研究宋代学术思想史的时候，就能够摆脱以往研究思想史的局限，把思想史的研究与社会政治、经济情况紧密联系起来，按照一个新的路径去研究。”③ 漆侠先生早年曾致力于王安石变法的研究，其《王安石变法》一书受到学术界的高度评价。在研究王安石变法的过程中，漆侠先生不免要对王安石变法产生的思想根源有所思考、有所探索，20 世纪 70 年代后期，他便撰写了《王安石的哲学思想》④ 一文，对作为王安石变法理论基础的王安石的哲学思想做了初步的探索。到 20 世纪 90 年代中期，漆侠先生对宋代政治史、宋代经济史的研究已达到相当高度，为了回答时代提出的问题，为了构建独立而完整的学术体系，为了完成先师邓广铭先生未尽的学术事业，漆侠先生不顾年事已高，开辟宋学研究新领域。可以说，宋学研究是漆侠先生晚年用力最勤、持续最久的学术领域，也是其一生学术贡献最为显著的领域之一，他的《宋学的发展和演变》必将作为开启宋学研究新局面的奠基之作而影响后世。

---

① 漆侠：《历史研究法》，《漆侠全集》第十卷，河北大学出版社 2009 年版，第 94 页。

② 漆侠：《历史研究法》，《漆侠全集》第十卷，河北大学出版社 2009 年版，第 94 页。

③ 邹兆辰：《变革时代的学问人生——对话当代历史学家》，首都师范大学出版社 2011 年版，第 76 页。

④ 漆侠：《王安石的哲学思想》，《河北大学学报》1978 年第 3 期。

二、漆侠先生宋学研究的学术贡献

新中国成立后，学术思想研究取得了长足的进步，但长期以来，理学成为我国宋代学术思想的主流甚至核心，却对北宋中后期居于意识形态领域主导地位达60年之久的荆公新学以及颇受南宋朝野喜爱的苏氏蜀学漠然视之，这一状况迟迟未能改变。

1985年，邓广铭先生在《略谈宋学》一文中，开门见山地指出："我在此首先纠正我自己的一个错误提法……支配两宋三百多年的哲学思想，是理学。两宋理学是佛教哲学和道家思想渗透到儒家哲学以后出现的一个新儒家学派。我现在必须说，上面的这几句话是完全说错了的，是亟应加以纠正的。把理学家们称作一个新儒家学派，并没有什么不可以的，但是，出现在理学家们以前和以后，或与理学家们同时，而却都不属于理学家流派的一些宋代学者，也同样可以称作新儒家学派，这样就容易把他们混同起来了。"① 邓先生旗帜鲜明地纠正了20世纪80年代中期以前学术界忽视理学之外其他学派存在的现实，批评了此前学术界把原本一个"百花齐放"的宋学时代解读成了"一枝独秀"的理学时代，指出这远远不能反映那个时代学术思想的真实面貌。对此，何俊先生评论道："在《略谈宋学》中，邓广铭有着否定理学为宋学主流的隐意识，约20年后漆侠在《宋学的发展和演变》中力挺荆公新学是将这种隐意识完全显性化了。但邓广铭文章的基调仍在强调宋学的广阔性，这在陈植锷的《北宋文化史述论》中得到了充分具体的展开。它突破了道统的窠臼，对北宋思想文化进行了纵横交织的梳理，至今仍堪称此一领域的重要论著。概言之，此后关于宋学的研究，虽然对于谁为宋学主流各有见解，但宋学决不限于理学，无论在意识上，还是在具体的研究中，应该是无歧义的。"② 可见，经过陈寅恪、邓广铭、漆侠等先生的努力，学术界对宋代学术思想的面貌开始有了

① 邓广铭：《略谈宋学》，《邓广铭治史丛稿》，北京大学出版社1997年版，第163页。

② 何俊：《知宋：宋代之儒学·导论》，浙江人民出版社2023年版，第3页。

新的认识。

漆侠先生指出："从过去的研究来看，大体上存在两个偏向。一个偏向是，用理学代替宋学……第二个偏向是，大多数的研究者贬低了荆公学派。"① 实际上，过去的研究者视理学为宋学的核心和主流，不仅贬低了荆公学派，同样也贬低了苏氏蜀学。漆侠先生在其宋学研究中，为扭转这几个偏向做出了不懈的努力。

首先，努力扭转以理学代替宋学的错误倾向。钱穆先生论两宋学术云："宋学精神，厥有两端：一曰革新政令，二曰创通经义，而精神之所寄则在书院。革新政令，其事至荆公而止；创通经义，其业至晦庵而遂。"② "革新政令"与"创通经义"是宋学的基本精神，这二者是相辅相成、不可分割的。"革新政令"需要某种理论作指导，而"创通经义"也需要某种实践作检验，所以，作为宋初三先生的胡瑗率先将二者结合起来，提倡"创通经义"与"革新政令"相结合，这样就使儒学由汉唐的有体无用之学转变为宋学的有体有用之学。故钱穆先生指出："北宋诸儒实已为自汉以下儒统中之新儒，而北宋之理学家，则尤当目为新儒中之新儒。"③ 邓广铭先生受钱穆先生的启发与影响，他指出："理学是从宋学中衍生出来的一个支派，我们却不应该把理学等同于宋学。"④ 在澄清了理学与宋学的区别之后，邓广铭先生进一步将宋学家和理学家做了区分，其划分的标准就是内圣与外王是否统一。"王安石公开地吸取释老诸家的义理以阐释儒家的经典，而又用这样的'经术'去经理世务，即付诸政治实践，这才是真正的内圣外王之学，单就这点而论，他与宋代正宗的理学家程、朱等人就是大有区别的。程、朱一派的理学家们，虽然有时也把内圣外王的主张挂在嘴上，实际上他们却是专讲求内圣而不讲求外王。"⑤

---

① 漆侠：《宋学的发展和演变》，河北人民出版社 2002 年版，第 5 页。

② 钱穆：《中国近三百年学术史》，商务印书馆 1997 年版，第 7 页。

③ 钱穆：《朱子学提纲》，生活·读书·新知三联书店 2014 年版，第 18 页。

④ 邓广铭：《略谈宋学》，《邓广铭治史丛稿》，北京大学出版社 1997 年版，第 165 页。

⑤ 邓广铭：《王安石在北宋儒家学派中的地位》，《邓广铭治史丛稿》，北京大学出版社 1997 年版，第 190 页。

漆侠先生沿着邓广铭先生指明的学术路径，继续矫正用理学代替宋学的错误倾向，进一步辨明了宋学和理学的区别与联系。“宋学和理学之间的关系是，宋学可以包蕴理学，而理学则仅仅是宋学的一个支派。”① 在此基础上，漆侠先生还明确提出了区分宋学和理学的标准，那就是学术理论与社会实践是否结合。这一标准的明确提出，固然得益于邓广铭先生的学术启迪，更重要的是其从马克思主义实践观得出的必然结论。“宋学不仅为学术的探索开创了新局面，它的强大的生命力和突出的特点还表现在，把学术探索同社会实践结合起来，力图在社会改革上表现经世济用之学。宋学从创始阶段到发展阶段，亦即从范仲淹到王安石，一再把经世济用的经学放在社会实践上，实际上这也就是把儒生们所尊奉的‘内圣外王之道’这一最高理想，不是托诸空言，而是通过社会实践付诸实现。宋学之所以在北宋取得蓬勃的发展，这是一个重要的原因；宋学之所以在南宋逐步衰落，宋学之所以蜕变为理学，也就在于经世致用之学与社会政治生活日益脱节，仅限于‘道德性命’之类的空谈，仅限于著书立说。”② 一言以蔽之，实践是检验真理的唯一标准。学术理论与社会实践相结合的是宋学，学术理论与社会实践相脱离的是理学。漆侠先生这一观点可谓抓住了问题的根本，对于我们判断什么是宋学、什么是理学，具有根本的学术理论价值和鲜明的方法论意义。在此基础上，漆侠先生完全突破了此前以理学为主体的哲学史的旧框架，恢复了宋学的本来面目。

其次，漆侠先生高度评价了荆公学派的学术贡献。用理学代替宋学，必然导致理学一家独大，且使既往的研究者常常忽略其他学派的存在，尤其是忽略荆公新学的学术地位与影响，把产生于北宋中期并在北宋中后期居于意识形态主导地位的新学，视作理学的附庸。从南宋后期到清朝末年的数百年里，受理学意识形态的支配以及传统儒家道统观的影响，封建社会的政治家和思想家大都对王安石变法和荆公新学持否定态度。改革开放以来，王安石变法的研究成了学术界的热门课题，随着对王安石变法研究

---

① 漆侠：《宋学的发展和演变》，河北人民出版社 2002 年版，第 5 页。

② 漆侠：《宋学的发展和演变》，河北人民出版社 2002 年版，第 6 页。

的日益深入，荆公新学也受到学术界的关注。1978年漆侠先生在《河北大学学报》发表《王安石的哲学思想》一文。1980年，王曾瑜先生发表《王安石变法简论》一文，认为用荆公新学“一道德”，乃是禁锢思想的反动措施。① 1985年，邓广铭先生发表《略谈宋学》一文，对于王安石在宋学建立过程中的作用给予充分肯定。1991年，邓广铭先生又发表《王安石在北宋儒家学派中的地位》一文，对荆公新学给予高度评价。

“20世纪特别是20世纪80年代以来，宋代学术思想研究最大的进展，是荆公新学在北宋中期的主流地位及至南宋宁宗朝以前仍占据重要的地位〔的认知〕得以恢复。毋庸讳言，这种恢复在宋史学界得到大多数人的肯定，但是在中国思想史学界，仍然把程朱理学视作宋代的主流思想。”② 虽然未能从根本上扭转学术界重理学、轻新学的错误认识，但在邓广铭先生与漆侠先生的倡导与指引下，21世纪以来，一批荆公新学研究的新成果如雨后春笋相继出现，如：李祥俊著《王安石学术思想研究》（北京师范大学出版社2000年版）、萧永明著《北宋新学与理学》（陕西人民出版社2001年版）、刘成国著《荆公新学研究》（上海古籍出版社2006年版）、杨倩描著《王安石易学研究》（河北大学出版社2006年版）、王书华著《荆公新学及其兴替》（中华书局2021年版）、张钰翰著《北宋新学研究》（北京师范大学出版社2022年版）。这些著作的问世，标志着荆公新学的研究迈上了新的台阶，新学遭遇蔑视甚至抑制的情况得到有效改善。

邓广铭先生对于王安石在北宋儒学复兴过程中的贡献曾给予高度评价：“在北宋一代，对于儒家学说中有关道德性命的义蕴的阐释和发挥，前乎王安石者实无人能与之相比。由于他曾一度得君当政，他的学术思想在士大夫间所产生的影响，终北宋一代也同样无人能与之相比……王安石援诸子百家学说中的合乎‘义理’的部分以入儒，特别是援佛老两家学说中的合乎‘义理’的部分以入儒，这就使得儒家学说中的义理大为丰富和充实，从而也就把儒家的地位提高到佛道两家之上。因此，从其对儒家学

① 王曾瑜：《王安石变法简论》，《中国社会科学》1980年第3期。

② 李华瑞语，参见刘成国《荆公新学研究》（增订版）“序言”，上海古籍出版社2023年版，第2页。

说的贡献及其对北宋后期的影响来说，王安石应为北宋儒家学者中高踞首位的人物。”① 纵观一部儒学史，荆公新学对北宋儒学的复兴乃至儒学战胜佛道、回归专制国家意识形态的主导地位来讲，邓先生的评价是中肯而切合实际的。

在《宋学的发展和演变》第三编中，漆侠先生主要介绍了荆公新学、温公朔学、苏氏蜀学和二程洛学等北宋四大学派。“由此摒弃了此前以理学为主体的旧的学术框架，形成了一个更富有内容，更切合宋代学术实际的新框架。”②但在北宋四大学派中，漆侠先生最重视的当属荆公学派。“在宋学的大发展阶段，荆公学派是四个学派中占主导地位的一个学派，对社会对学术思想界有着广泛的、深刻的影响。”③ 而他之所以最重视荆公学派，在于其勇敢地适应社会变革的需要，创建了非常丰富的辩证法思想。“这正是荆公学派继承以范仲淹为核心的前期宋学把社会变革放在突出地位的具体表现，自然熙宁变法的规模远远超出了庆历新政，而荆公学派的辩证法思想也多于前期宋学，当然也多于其他诸学派。”④ “放眼熙丰一代的变法，王安石在辩证法思想方面不仅成就最高，而且起着带头的推动作用。”⑤ 不仅如此，漆侠先生还高度赞扬新学学派以辩证法思想指导变法的社会实践，“以王安石为代表的变法派，正是在辩证法思想指导下，把巨大的社会变革付诸实践的”⑥。漆侠先生充分肯定了荆公新学对儒家辩证法的理论贡献与实践应用，改变了荆公新学几百年来被忽视甚至被蔑视的状况，进一步明确了荆公新学在宋代儒学史上应有的地位。

由于邓广铭、漆侠先生的引领，学术界对荆公新学的学术贡献与学术

---

① 邓广铭：《王安石在北宋儒家学派中的地位》，《邓广铭治史丛稿》，北京大学出版社 1997 年版，第 189 页。

② 李华瑞：《漆侠与 20 世纪中国马克思主义历史学》，姜锡东主编：《漆侠与历史学》，河北大学出版社 2012 年版，第 191 页。

③ 漆侠：《宋学的发展和演变》，河北人民出版社 2002 年版，第 23 页。

④ 漆侠：《宋学的发展和演变》，河北人民出版社 2002 年版，第 19 页。

⑤ 漆侠：《宋学的发展和演变》，河北人民出版社 2002 年版，第 321 页。

⑥ 漆侠：《宋学的发展和演变》，河北人民出版社 2002 年版，第 19 页。

地位及其评价也越来越清晰、越来越中肯。就文学艺术、经济文化而言，北宋是中国历史上最具活力的时代之一，“其文学艺术、经济文化所取得的成就与空谈‘天理’的洛学没有太多的关系，北宋中期儒学复兴，内圣外王都有明显的大进展，这一时期的经学及学术思想也呈现出在内汲取佛道之心性，在外高扬经世济民的理念。这种开放性的学术思想，产生了范仲淹、欧阳修、李觏以及洛学、蜀学（苏学）、司马温公之学〔等并存〕的繁荣局面，荆公新学则在官府扶持下达到高峰，而北宋文学艺术和经济文化达到中国古代的高峰，是与北宋的经学及学术思想的繁荣发展密不可分的”①。王曾瑜先生指出：“在宋学诸多流派中，先后占据支配和主导地位的，则是王安石的王学和程朱理学。两派尽管有尖锐的分歧，但在尊孟方面，却有其共同性。正是在两派的倡导下，孟子在宋代由诸子之一而被提到亚圣的地位，儒学开始了孔孟并称的新阶段。”② 北宋与南宋的学术文化呈双峰并峙状态，在北宋达到学术文化高峰的是荆公新学，而南宋达到学术文化高峰的是程朱理学，这一点正逐渐成为宋史学界和中国思想史学界的共识。

最后，漆侠先生矫正了从思想到思想的不良学风。过去的思想史、哲学史研究常常流于对思想家、哲学家或思想派别、哲学派别的诠释，至于这一学派和那一学派的深层联系，尤其是各个学派与北宋社会政治、经济的联系，常常是漠不关心的。而漆侠先生的宋学研究则克服了这一不足，他着重描述宋学形成、发展和演变的历史进程以及各学派之间的逻辑关系，对于厘清学术发展的脉络具有启迪意义。在《宋学的发展和演变》中，漆侠先生将宋学的发展历程概括为三个阶段：形成、发展和演变阶段。宋学形成于宋仁宗统治时期，庆历新政前后是宋学的形成阶段。“宋学的建立与庆历新政有着内在的、本质的联系，这一点是研究者们需认真注意的，不容有任何的忽略。在宋学建立阶段，范仲淹有其不可磨灭的重大作用。范仲淹不仅是庆历新政中的核心人物，而且也是宋学建立阶段的

---

① 李华瑞语，参见刘成国《荆公新学研究》（增订版）“序言”，上海古籍出版社 2023 年版，第 3 页。

② 王曾瑜：《宋代文明的历史地位》，《河北学刊》2006 年第 5 期。

组织者和带头人。”① 范仲淹之外，欧阳修、胡瑗、孙复、石介、李觏等都是这一阶段的代表人物。宋仁宗、英宗之际，亦即嘉祐、治平年间，为宋学的发展阶段。这一阶段形成了以王安石为代表的“荆公学派”、以司马光为代表的“温公学派”、以苏轼为代表的“蜀学派”和以程颢、程颐为代表的“洛学派”以及以张载为代表的“关学派”，北宋中期的学术呈现出“百花齐放”的繁荣景象，远非过去学术界所津津乐道的理学的一家独大。南宋初年是宋学发展的第三阶段，即宋学的演变阶段。在这个阶段中，从宋学中演变而来的理学兴盛起来，成为占主导地位的学派。以程颢、程颐为代表的理学，形成于熙丰之际，由于该学派的领军人物一直处于脱离政治、游离于变革的社会之外的状态，从而形成了该学派脱离社会实践，把内心反省工夫放在首位，以静、诚、敬等向自己身上使劲的学术特色，由内圣外王并重的宋学转变为重内圣、轻外王的理学。

三、漆侠先生宋学研究的治学特点

既往的宋学研究之所以存在诸多不足，原因在于一方面研究者缺乏马克思主义理论素养，不善于用普遍的、联系的、发展的观点看待宋代学术思想及其与宋代政治、经济、社会、文化的联系；另一方面研究者缺乏对宋代政治、经济、社会、文化的全面而系统的研究。由于漆侠先生具有良好的马克思主义理论素养，又具有对宋代政治、经济、社会、文化全面、系统而深入的研究，从而克服了前人只见树木不见森林、只见现象不见本质的局限。

其一，坚持以唯物史观为指导，具有鲜明的马克思主义理论色彩。漆侠先生不愧为“一位真诚的马克思主义史学家”②，他对马克思主义是真信、真学、真用，“经过这么多年的研究实践，我始终认为辩证法、历史

---

① 漆侠：《宋学的发展和演变》，河北人民出版社 2002 年版，第 15 页。

② 王曾瑜：《一位真诚的马克思主义史学家》，本书编委会编：《漆侠先生纪念文集》，河北大学出版社 2002 年版，第 593—596 页。

唯物主义是我们深入认识历史的最有效、最有力的理论工具”①。在《宋学的发展和演变》中，漆侠先生很少引用马克思主义经典作家的语录，但其思想观点、研究方法处处体现着马克思主义的世界观和方法论，从而也处处闪烁着历史唯物主义与唯物辩证法的思想火花。

漆侠先生注重将对宋代思想文化等上层建筑领域的考察建基于对宋代政治、经济等社会存在的考察之上，反对脱离社会政治、经济背景而空谈思想文化。“哲学史、思想史的研究，静态研究是必要的，但不是惟一的，似应放在社会生活、政治生活中去探索。这是因为，哲学史或思想史，是思想斗争史、思想更替史，只有放在社会经济生活、政治生活中，从动态中更容易看到这个时代思想的风貌。”② 漆侠先生对宋代政治史、宋代经济史等有着精湛的研究，因此看问题的独到性、深刻性往往超出其他学者之上。在论述宋学的形成时，漆侠先生分析了唐中叶以来封建农奴制的衰落，封建租佃制到宋代成为占主导地位的经济制度。经济基础的这种变化必然导致上层建筑的变化，这种变化给社会各方面带来生机与活力，封建礼法及其道德规范对社会的控制有所削弱，从而在一定程度上打破了束缚人们头脑的枷锁，封建士大夫获得了更多思考自由和言论自由的空间，于是出现了疑传甚至疑经的社会思潮。“惟其如此，在经学的探索上，宋人敢于疑经，敢于否定汉儒的家法，亦敢于充分发挥自己的见解，从而以勃勃有生气的义理之学代替了烦琐不堪的章句之学，建立了与汉学对立的宋学。”③ 在论述宋学的发展时，漆侠先生紧密结合北宋中期的社会变革来分析，使得社会意识的发展建基于社会存在之上，从而克服了以往宋学研究从思想到思想的弊端。“他们力图把从古典经学探索来的经世安邦之学同社会现实中的具体问题结合起来，通过政治实践，革除政治上的保守主义以及由此带来的种种积弊，从而使宋王朝走上富强的道路。庆历新政和熙宁新法，便是宋学家们的两次著名的政治实践，虽然这两次实践的内容以

① 邹兆辰：《变革时代的学问人生——对话当代历史学家》，首都师范大学出版社 2011 年版，第 78 页。

② 漆侠：《宋学的发展和演变》，河北人民出版社 2002 年版，第 340 页。

③ 漆侠：《宋学的发展和演变》，河北人民出版社 2002 年版，第 47 页。

及深度和广度都有所差别。这两次政治实践，对宋学的创建者和发展者来说，目的便是施展其学术上通经致用的才能，实现其‘先天下之忧而忧，后天下之乐而乐’的政治抱负，亦即所谓‘达则兼善天下，穷则独善其身’。而这样做的结果，也就是实现儒生们始为儒生、终为圣人，成德、立功这一‘内圣外王之道’的最高理想。”[①] 在论述宋学的演变时，漆侠先生从南宋以来的政治局势、社会变革出发分析宋学之所以演变为理学的社会历史背景与社会心理基础。“汉学之向宋学演变，不仅是在学术上以义理之学代替了章句之学，而且由于宋学之重实际、务实效，与社会现实生活紧密结合，使宋学得到了蓬蓬勃勃的发展。宋学之向理学演变，亦即是与现实结合的义理之学，向与现实脱节的性理之学或道德性命之学演变。演变的关键在于是否务实，在于是否与现实结合，因而这个演变是极其深刻的。宋学之所以发生如此深刻的演变，同两宋社会历史的演变是息息相关的。只有从两宋社会历史演变中才能寻找宋学演变的内在的、深刻的原因。”[②] 又说：“宋学之向理学的演变，亦即从务实、从与社会现实结合，向尚空谈、与社会现实脱节的演变，也是宋代社会经济演变的结果。”[③] 当然，理学是否完全脱离社会现实，学术界是有不同看法的；但理学创始人程颐晚年的确有闭门静坐、空谈心性、不切实际、脱离事功的不良倾向。北宋灭亡后，南宋社会的主要矛盾由北宋时期变法与反变法的矛盾转变为抵抗外敌还是妥协投降之间的矛盾。“从最本质、最根本的方面来看，由宋高宗—秦桧一小撮当权者集团制订的、实质上是卖国投降的对金和议，是宋高宗一朝的总方针和总政策……为实现其卖国投降的主张，在政治上不遗余力地打击抗战派，逐步地把军队纳诸宋高宗—秦桧卖国投降的政治轨道上，加强对内的控制和镇压。最后在时机成熟之际，惨杀岳飞等爱国将领，签订卖国投降的和议。为实现这个卖国投降的反动政策，宋高宗—秦桧集团便十分需要在舆论上、思想上乃至学术上与这个反动政策来相配

---

① 漆侠：《宋学的发展和演变》，河北人民出版社 2002 年版，第 47 页。

② 漆侠：《宋学的发展和演变》，河北人民出版社 2002 年版，第 46 页。

③ 漆侠：《宋学的发展和演变》，河北人民出版社 2002 年版，第 47 页。

合、呼应。”① “自绍兴和议以后，轰轰烈烈的抗金斗争被压制下去。尽管‘中原父老望旌旗’，但是以宋高宗、秦桧为代表的反动统治阶级却沉浸在罪恶的糜烂生活之中，到处是灯红酒绿，到处是歌舞升平。在这样空虚的时代里，就只有空洞无物的‘道德性命’的说教，来装饰这个时代。这是理学得以发展的客观环境。”② 可见，漆侠先生对于宋学的形成、发展和演变的探讨，都是结合两宋社会主要矛盾的转变来分析的，认为包括思想文化在内的上层建筑是随着社会经济基础的变化而变化的。纵观《宋学的发展和演变》，我们发现将马克思主义唯物史观与中国历史文献的丰富材料相结合，是漆侠先生治史的本质特征。可以说，漆侠先生的宋学研究是将马克思主义基本原理与中国古代思想文化的丰富材料相结合的典范。

在坚持历史唯物主义的基础上，漆侠先生还坚持以唯物辩证法为指导，深入开掘宋学的形成、发展和演变的规律。对于唯物辩证法的三大法则——对立统一法则、量变质变法则、否定之否定法则，漆侠先生非常熟稔，常常信手拈来，运用自如。漆侠先生在评价王安石的辩证法思想的局限时，就贯穿了对立统一法则。“王安石受传统看法的影响，在静动的问题上退回到形而上学，但他的有关‘耦’‘对’无穷发展的论述，以及事物转化的思想，则坚持了对立统一法则。”③ 在阐述儒家的中庸之道与佛家的中道义的联系与区别时，漆侠先生采用了量变质变法则中“度”的原理。“孔夫子提出的中庸之道也同样具有辩证法的因素。做成任何事物，亦即达到成其为这一事物的‘度’（亦即质）；‘不及’则达不到成其为这一事物的‘度’，不能做成这一事物；‘过’则超过了成其为这一事物的‘度’，同样不是这一事物。孔夫子反对‘过犹不及’，中庸之道的辩证法因素即寓存于此！当然，对中庸之道寓有辩证法因素的肯定也应适可而止，‘过’与‘不及’都是不恰当的。”④ 漆侠先生还运用否定之否定法则，分析并描述了我国古代学术发展的历程。“我国自汉到清两千多年以来的

---

① 漆侠：《宋学的发展和演变》，河北人民出版社 2002 年版，第 33 页。

② 漆侠：《宋学的发展和演变》，河北人民出版社 2002 年版，第 37 页。

③ 漆侠：《宋学的发展和演变》，河北人民出版社 2002 年版，第 410 页。

④ 漆侠：《宋学的发展和演变》，河北人民出版社 2002 年版，第 177 页。

经学发展，经历了一个否定之否定的曲折道路。两汉的章句之学，由于陷入繁琐哲学的困境，被生机勃勃的宋代义理之学所代替，这是宋学对汉学的否定。宋学演变为理学之后，日益走上空洞无物的道路，于是清代的乾嘉考据之学对宋学否定，以恢复汉学的治学方法，这是否定之否定。从这个否定之否定的学术发展历程中可以看到，否定了汉学的宋学，把经学的发展推进到一个新的水平；而否定了宋学的考据之学，不是对汉学的一个简单重复，而是在文字训诂方面突破了汉人的成就，足以弥补宋学之不足。但就规模、成就而论，乾嘉之学则不能与宋学相提并论。否定之否定这就是从汉历宋到清经学探索上的辩证法的发展。"①

漆侠先生在宋学研究中，除了重视唯物辩证法基本原理的运用外，还重视对宋代诸儒的辩证法思想的探究。王安石所处的时代是"合变时节"②，变革的时代呼吁辩证法理论作指导，而以王安石为代表的新学学派正是为了适应时代的需要，继承传统儒家和道家的辩证法思想，结合自己的独立思考，创立了新学的辩证法思想。可见，社会实践是新学的辩证法思想的来源，反过来以王安石为代表的变法派又用这种辩证法思想指导社会实践，"称熙宁一代的变法与辩证法思想有密不可分的关系，甚至说是辩证法思想的一个产物，也并不过分"③。在指导社会变革的实践中，新学的辩证法思想得到充实和发展，"正是在变法实践过程中，社会各个层面都不能'袭故而守常'的情况下，辩证法思想随着变法革新而得到发展"④。由于荆公学派对辩证法的巨大贡献，漆侠先生对其在宋代学术史上的地位与影响予以充分肯定。"在宋学的大发展阶段，荆公学派是四个学派中占主导地位的一个学派，对社会对学术思想界有着广泛的、深刻的影响。"⑤ 漆侠先生还认为，重视辩证法并将辩证法思想运用于社会实践，是

① 漆侠：《宋学的发展和演变》，河北人民出版社 2002 年版，第 49 页。

② 黎靖德编，王星贤点校：《朱子语类》卷 130《自熙宁至靖康用人》，中华书局 1986 年版，第 3097 页。

③ 漆侠：《宋学的发展和演变》，河北人民出版社 2002 年版，第 335 页。

④ 漆侠：《宋学的发展和演变》，河北人民出版社 2002 年版，第 334 页。

⑤ 漆侠：《宋学的发展和演变》，河北人民出版社 2002 年版，第 23 页。

包括王安石在内的新学学派的共同特点，也是新学学派对儒家学说的杰出贡献。“从孔夫子以来的儒家思想，唯物论倒是有一些，如荀子、王充、柳宗元等等，但有关辩证法的思想甚少，以辩证法畅论自然界发展变化则从来未有。确如蔡卞所说，王安石‘奋乎百世之下’，大量地吸收消化了《老子》哲学中的朴素辩证法，用来观察自然界及一些社会现象，给儒家学说注射了新的血液，使之产生了新的升华。无怪乎王安石的‘道德性命之理’一经提出，即征服了许多士大夫，认为‘与孟轲相上下’，声名远远超出了胡安定。在荆公学派中，不仅荆公富有辩证法的思想，荆公之子王雱也注有《老子》、解释庄子，对老庄思想有着自己的独到见解，……王安石的同事吕惠卿等对老庄也很有研究。”① 由王安石对朴素辩证法的贡献，漆侠先生关注到荆公学派其他思想家对朴素辩证法的贡献，如王雱、吕惠卿等，尤其是对王雱这位早慧的才华四溢的思想家的关注，填补了学术思想史研究的一个空白。

漆侠先生之所以对荆公新学评价如此之高，我认为有以下几个方面的因素：漆侠先生具备良好的马克思主义理论素养，他高度重视用唯物辩证法观点分析宋代各学派的理论贡献，从而对为我国古代辩证法思想做出杰出贡献的新学学派给予高度评价。漆侠先生高度赞赏传统儒家内圣外王的思想，他评价古人的标准之一就是内圣与外王相统一。在漆侠先生看来，王安石无论在内圣方面还是外王方面，都接近或达到了儒家所谓“止于至善”的境界，远比后世的儒家学者或重视内圣、或重视外王对儒家学说做出的贡献更大。最为重要的是，漆侠先生不仅就学术而论学术，他继承了梁启超结合现实政治的需要来考察学术的做法，他是站在20世纪90年代改革开放的角度来考察宋学对于现实社会的意义的，从而比那些就学术论学术的学问家显得更加高瞻远瞩。

其二，漆侠先生站在陈寅恪、邓广铭等前辈的肩膀上，在借鉴吸收前人优秀成果的基础上进行了融合创新。漆侠先生的宋学研究如同草蛇灰线、伏脉千里，与陈寅恪、邓广铭先生有着明显的学术缘起与学脉传承关系。

---

① 漆侠：《宋学的发展和演变》，河北人民出版社2002年版，第19页。

陈寅恪先生考察中国古代文化流变，将唐代中期的韩愈视为“唐代文化学术史上承先启后转旧为新关捩点之人物”①。陈先生认为，韩愈是“奠定后来宋代新儒学之基础……而开启宋代新儒学家治经之途径者”②，“卒开后来赵宋新儒学新古文之文化运动”③。邓广铭先生也指出：“儒学家们把研究、思考和探索的对象，由章句训诂而转向义理，是从唐代后期就已开始了的。”④ 受陈寅恪、邓广铭先生影响，漆侠先生也高度重视唐代中叶以来的社会政治、经济、文化的变迁，指出：“如果从经济、文化思想领域作一整体全面的考察，唐中叶是我国古代真正变革的历史时代……如果从宋学发展加以推断，更可以看出唐中叶文化思想领域里的变革所具有的重大意义！”⑤ 他从“唐宋之际社会经济关系的变革”入手，考察唐宋儒学复兴运动产生的政治、经济、社会文化背景，探讨了唐代中叶以来思想文化领域里的变化，并且着重分析了以韩愈、李翱为代表的唐代中期儒家学者对北宋儒学复兴运动所产生的影响。但漆侠先生并不是照抄照搬陈寅恪、邓广铭先生的结论，他按照陈寅恪、邓广铭先生的问题线索去思考，用陈寅恪、邓广铭先生指明的学术路径去探研，从而得出了自己独到的结论，在某些问题上继承并发展了陈寅恪、邓广铭先生的观点。邓广铭先生曾说：“理学家这一学术流派的出现，是在程颢、程颐逝世之后，在他们的及门弟子和私淑弟子们大力宣扬其师说之后的事。因此也可以说，是在南宋前期，亦即在十二世纪的中叶，才形成了理学家这一学术流派的。”⑥ 又说：“程颢、程颐兄弟更把儒家学说向着抽象的方向和玄妙精深的方向

---

① 陈寅恪：《论韩愈》，《金明馆丛稿初编》，生活·读书·新知三联书店 2011 年版，第 332 页。

② 陈寅恪：《论韩愈》，《金明馆丛稿初编》，生活·读书·新知三联书店 2011 年版，第 322 页。

③ 陈寅恪：《论韩愈》，《金明馆丛稿初编》，生活·读书·新知三联书店 2011 年版，第 332 页。

④ 邓广铭：《略谈宋学》，《邓广铭治史丛稿》，北京大学出版社 1997 年版，第 165 页。

⑤ 漆侠：《宋学的发展和演变》，河北人民出版社 2002 年版，第 81 页。

⑥ 邓广铭：《略谈宋学》，《邓广铭治史丛稿》，北京大学出版社 1997 年版，第 163 页。

以及专从事于个人身心修养的方向推进，更由其一传再传的门弟子们推波助澜，到南宋便形成了理学这一学术流派。”[①] 邓广铭先生认为，理学成为学术流派，则是宋室南渡以后的事。漆侠先生则认为：“程氏兄弟的‘洛学’形成于熙丰之间的十七八年间，程颢自变法派中游离出来，因而程学处于民间。”[②] 可见，漆侠先生并没有匍匐在邓先生面前亦步亦趋，而是在借鉴邓先生观点的基础上将研究向前做了推进。

北宋中期以来，学术思想界出现儒释道三教融合的文化思潮，其中释智圆是佛教徒向儒家靠拢的代表，而晁迥是儒生汲取佛教思想的代表。陈寅恪先生较早关注释智圆在宋学产生过程中的先驱作用，“北宋之智圆提倡中庸，甚至以僧徒而号中庸子，并自为传以述其义。其年代犹在司马君实作《中庸广义》之前，似亦于宋代新儒家为先觉”[③]。邓广铭先生则注意到儒家学者晁迥在宋学形成过程中的融合释道的领先作用，“晁迥确实是熔冶了儒释道三家学说于一炉的一个人；而他却始终是以一个儒家学者的面目出现的”[④]。在陈寅恪、邓广铭先生的启发下，漆侠先生对释智圆、晁迥做了进一步的个案研究。漆侠先生阐发了释智圆在三教融合思潮中的先驱作用：一方面释智圆认为儒释两家“言异而理贯”。儒释两家表面上虽然不同，但道理是相通的，儒释两家可以互相借鉴、互相吸收。另一方面释智圆不仅看到了儒释两家的相通之处，而且看到了儒释两家的相合之处。通过强调儒释两家的相通与相合，释智圆把儒释两家思想绾连了起来，使二者得到了有效互补，成为佛教徒向儒家借鉴的典范。漆侠先生还阐述了晁迥在宋学创立过程中的先驱作用。一方面晁迥于周世宗灭佛之后，继承唐代士大夫向释道学习的遗风，给宋代士大夫树立了向释道学习的典范；另一方面晁迥指明了静坐这一修心方法在佛学中的重要地位，从

---

① 邓广铭：《略谈宋学》，《邓广铭治史丛稿》，北京大学出版社 1997 年版，第 174 页。

② 漆侠：《宋学的发展和演变》，河北人民出版社 2002 年版，第 30 页。

③ 陈寅恪：《冯友兰〈中国哲学史〉下册审查报告》，《金明馆丛稿二编》，生活·读书·新知三联书店 2011 年版，第 284 页。

④ 邓广铭：《王安石在北宋儒家学派中的地位》，《邓广铭治史丛稿》，北京大学出版社 1997 年版，第 178 页。

而在修行方式上启迪了此后的宋学家尤其是理学家。此外，漆侠先生还高度重视道家、道教思想在宋学形成和发展过程中的作用。他在分析荆公新学与苏氏蜀学时，都注意到道家、道教对新学和蜀学的影响。“儒佛道三家互相渗透、互相汲取是时代学术潮流，不仅二苏如此，王安石亦是如此，而王安石以前许多学者也是如此。洛学创建者二程——朱熹的祖师爷不是也吸收佛家思想吗？连朱熹自己不是也吸收道家思想吗？王安石、二苏等之汲取佛老思想，坦率地承认此事，而从二程到朱熹对佛老思想的汲取，却阳拒阴习，且死不认账，由此来证明只有他们才是纯而又纯的正统派儒家。”① 可见，漆侠先生对宋学各个学派的考察是放在宋代三教融合的视域下进行审视的。

陈寅恪先生说：“窃疑中国自今日以后，即使能忠实输入北美或东欧之思想，其结局当亦等于玄奘唯识之学，在吾国思想史上，既不能居最高之地位，且亦终归于歇绝者。其真能于思想上自成系统、有所创获者，必须一方面吸收输入外来之学说，一方面不忘本来民族之地位。此二种相反而适相成之态度，乃道教之真精神，新儒家之旧途径，而二千年吾民族与他民族思想接触史之所昭示者也。”② 邓广铭先生说：“宋学又是儒释道三家的学说，经过长时期的互相交流、互相斗争、互相排斥、互相渗透、互相摄取的一个产物。他们从佛道两家所摄取的，笼统说来是偏重在义理方面和心性修养方面的一些东西，而对儒家的主张一直坚守不变的，则是那个经世致用的原则。”③ 漆侠先生继陈寅恪、邓广铭先生之后，进一步澄清了所谓三教融合的观点，认为“三教融合”，是以儒为主，借鉴、吸收释道两家的合理因素而形成新的思想，这新的思想保留了儒家的学术宗旨和基本观点，并没有改变其为儒学的性质。“两种或两种以上的思想，在其接触过程中，彼此之间发生相互影响、相互渗透或相互作用，这是正常的现象。但它们之间是否能够合流呢？合流有两种不同情况，一种情况是乙

① 漆侠：《宋学的发展和演变》，河北人民出版社 2002 年版，第 452 页。

② 陈寅恪：《冯友兰〈中国哲学史〉下册审查报告》，《金明馆丛稿二编》，生活·读书·新知三联书店 2011 年版，第 284 页。

③ 邓广铭：《略谈宋学》，《邓广铭治史丛稿》，北京大学出版社 1997 年版，第 165 页。

种思想融于甲种思想，失去了乙的原有特征，这种合流是乙综合于甲，或甲吃掉乙。再一种情况是，多种思想融合在一起，产生新的升华，形成更高级的思想形态。”[①] 漆侠先生以王安石为例，说明宋学家是“以我为主、博采众长，用来发展儒家思想”[②]。虽然漆侠先生也主张宋代新儒学是儒释道三教融合的产物，但是他更强调新儒学以儒为主，援释入儒，援道入儒，而不是儒释道的简单融合。

结　语

漆侠先生非常重视学术发展规律的探讨。他指出：“任何一门学问或思想，只要固步自封，陷入烦琐哲学的泥淖，就会失去它的生命力，就会被另一门学问或思想所代替。因此，学术史或者思想史，也就形成了它自己不断更新的历史，即一门学术或思想战胜取代另一门学术或思想的历史。”[③] 漆侠先生看到了融合创新是学术发展的基本规律，以王安石、苏轼等为代表的宋学家大胆借鉴、吸收佛道思想，从而丰富、发展了儒家学说，并且还公开承认这一点，他们的做法是符合融合创新的学术规律的；而程颢、程颐等理学家虽然也曾借鉴、吸收佛道思想，但拒不承认，“王安石立足于‘惟理之求’的立场上，敢于公然宣布自己的拿来主义，推动了宋学的发展；而吸收禅宗和道教思想的理学诸派，对此却讳莫如深，不敢面对事实，迫使理学陷于固步自封的境地，只有枯萎凋谢下去了”[④]。可见，兼容并包、融合创新是学术发展的一般规律。遵循这一规律，学术就能持续而健康地发展；违背这一规律，学术就会停滞不前，甚至倒退。我们应该遵循学术发展的一般规律，坚持马克思主义基本原理与中华优秀传统文化相结合，推动我国学术文化事业的发展不断迈上新的台阶。

（原载《国际儒学》2024 年第 3 期）

---

① 漆侠：《宋学的发展和演变》，河北人民出版社 2002 年版，第 159 页。

② 漆侠：《宋学的发展和演变》，河北人民出版社 2002 年版，第 20 页。

③ 漆侠：《宋学的发展和演变》，河北人民出版社 2002 年版，第 4 页。

④ 漆侠：《宋学的发展和演变》，河北人民出版社 2002 年版，第 20 页。

唯有春风最相惜，一年一度一归来
——怀念漆侠先生

王晓龙
（河北大学　宋史研究中心）

2001年11月2日，著名马克思主义史学家，宋史学界泰斗，河北大学宋史研究中心创始人漆侠先生遽然离世，离开了他倾尽一生心血创办的这一宋史研究领域唯一的教育部人文社科重点研究基地，离开了他那一生奋笔疾书的书案而去了。不得不说明的是，漆先生的去世是一个悲剧，是一场庸医误人的悲剧，虽然先生已经78岁高龄，但是精神状态尚好，虽有咳嗽哮喘等痼疾，但不影响日常生活起居，如果一切正常，先生至少还可再持续十年的学术研究事业，这就使得这位德高望重、经历坎坷的学术大师的离去，更让人难以释怀。在求学以及后续在中心工作这二十余年里，漆侠先生的音容笑貌不时浮现在脑海中，我作为中心的后学晚辈，值此先生诞辰百年之际，特撰写此文，以表达对漆侠先生深深的怀念之情。

一

我是宋史研究中心2000级研究生，同届的还有张春生、袁良勇、周国平、李华、郑颖慧几人，还有这一年招收的唯一的博士马玉臣。我们几个硕士是漆侠先生的再传弟子，有幸于2000年9月考入河北大学宋史研究中心学习，当时还叫历史研究所，在这短短的一年多时间里，聆听了漆侠先生的“宋学”“历史研究法”等课程，在日常学习生活中也多次向先生请教，先生那渊博的知识，凛然的正气，对学生的关心、耐心，使我们获益良多。特别是先生对中国古代史料和马克思主义理论的纯熟，根本不用看书和讲稿，大段的史料随口而出，分析鞭辟入里，让我们非常惊讶和钦佩，也使我们明白了“学博为师，德高为范”的真正含义。正是在漆侠先生的言传身教下，我们也学着先生的样子，每天来宋史小院读书学习，虽然当时正是二十多岁的年纪，对外界的诱惑难免心动，许多没有标点的古书看起来也枯燥乏味，但是在先生的感染之下，我们还是认认真真读了一些书，抄录了数量不少的卡片，也用所里发的大幅的稿纸完成了课程作业和毕业论文，虽然水平不高、思考不深，但是态度还是认真的，也是当年对自己学术基础的一个良好的训练。

我们与漆侠先生在一起的时间虽然不多，但还是感触很深的，特别是我这些年在行政工作中遇到困难、委屈时，也会不时想到先生。我曾经在2013—2022年担任中心副主任、执行主任，这将近十年当中大多数时间忙于和学科建设、人才引进、学术研究、学生培养等相关的各类会议和材料表格的填报，并不时与学校和省厅各级领导、学界专家沟通协调，再加上日常处理中心各类事务，还需要兼顾自己的科研和研究生培养等工作，因而特别能体会在20世纪80年代，先生在河北大学创办这样一个独立的宋史研究机构是多么不易。

在没到中心之前，就听说漆侠先生的大名，听说他脾气很大，爱训人，当面批评人毫不留情。见到漆侠先生之后，可能我们又隔了一辈的原因，先生始终和我们是和颜悦色的，在学术上有出错的地方也只是平和地指出来，没有骂过我们。记得唯一一次漆先生发火，就是2001年春天小院周边进行下水道改造，工人们把路挖断了，有个两米来宽的深沟，急着到办公室做研究的漆先生没法过去，于是和工人们发生了争执，先生的眉毛都立起来了，真是感觉如雷霆之怒，我们几个学生正好也到了小院，赶紧让工人们搭了几块木板，让先生过去了，这才没有引起更大的矛盾。漆先生家在河大一区，虽然也在校园里，但是离着中心有比较长的一段路，对于一个七十多岁的老人，特别是有呼吸系统疾病的人，这并不是一个轻松就能走完的路程，每次先生要走二十多分钟才能到中心，中间还要在小花园里歇上一段时间，这也才有了漆侠先生纪念室里那张先生在花园小憩的经典照片。即便如此，先生不管阴天下雨、严寒酷暑，总是坚持到中心读书、写作，这里不仅是他办公的地方，也是先生精神上的一个家园，特别是在先生夫人万老师去世后，先生在中心工作的时间就更多了，为了抓紧时间完成《宋学的发展和演变》一书，先生还让人在办公室里放了张床，这样中午就不用来回走了，省了不少时间，先生就是这样抓紧时间，从事学术研究的。身教胜于言传，先生只要天天来中心，我们就不好意思不来，也就基本每天来中心学习，甚至中心主体在2001年初搬到河北大学南院主楼十楼后，漆先生也因为上下楼不便，没有到主楼办公，我们一些研究生也就还是在小院里看书，没有上楼，直到先生去世后，才搬到主楼。在小院先生的办公室里，他能够摆脱各种烦恼，专心地写作，与学生交流。印象最深的是2001年夏天的一个傍晚，突降大雨，中心小路积了很多水，我因为没带雨伞被困在教室里，到走廊一看，先生屋里的灯还亮着，他还在写作，我试着敲门走进去，果然如我所想，我就问："漆先生，天这么晚，您还没回去吗?"漆先生笑着说："不行啊，要抓紧时间啊，今天的事情要今天完成，怎么样，你看书看得怎么样?"我只好惭愧地说："正在看南宋理学家的文集，还有《宋元学案》，感觉没什么头绪。"漆先生说："不要着急，慢慢看，多看几遍自然就有感觉了。"真是惭愧，我们这些年轻人，心浮气躁，随便什么事情就可以使我们离开书案，走出书房，和先生相比有天壤之别。漆先生有他宏大的计划和安排，也在不同场合和老师同学们提起，即使在年轻老师看来，这些目标也不是能轻易完成的，更不用说质量保证了。漆先生讲："第一，要在年底把《宋学的发展和演变》书稿写完。"（本书40余万字，河北人民出版社2002年出版，宋学在南宋的演变部分和历史成因等因先生猝然离世而未能完成，但是好在《文史哲》1995年第1期刊登了先生《宋学的发展和演变》一文，所以他对宋学的发展及其内在原因的认识，我们后人也基本可以了解。）"第二，再用五年时间写一部贯通的辽宋夏金史，大概一百万字左右，以填补学界的空白。"（这一任务后来在姜锡东老师的主持联络和学界六十余位专家学者的努力下共同完成，出版了七卷八册的《辽宋西夏金代通史》，人民出版社

2010 年版，总字数达到 380 余万字，全面反映了这一时期各王朝的发展脉络和政治、经济、文化、军事、科技等成就，充分体现了 21 世纪初宋辽夏金史的研究水平。）“第三，最后用五年的时间总结自己的治史经验，写出一部二十万字左右新的历史研究法。”（这一工作后来也在中心王晓薇老师等的共同整理下，以漆侠先生“历史研究法”讲稿为基础，加上之前发表的有关历史研究方法论的文章，2003 年由河北大学出版社出版了《历史研究法》一书。）“最后一项，就是培养五到六位学有成就的青年学者，留到所里，充实研究队伍力量。”这一任务确实没有办法再完成了，漆侠先生挑选和培养研究生的眼光和能力，确实不是一般老师能比的。漆先生的猝然离世，成了中心乃至宋史学界的一大损失。

二

通过实际接触和阅读漆侠先生的著作以及大量的纪念文章，结合自己二十年在中心学习工作的体会，我认为漆侠先生作为中心的开创者和中国宋史学界的泰斗，有以下几方面的品质尤为值得我们珍视和学习：

第一，漆侠先生重视理论对研究的指导作用，选题难度大，敢于针对重大问题、热点问题提出自己的见解。

这一点我深有体会。入学之初，所里老师就给我们开列了一个书单，包括细读和浏览的十余种马列经典著作，包括《家庭、私有制和国家的起源》《反杜林论》《共产党宣言》《资本论》《矛盾论》《实践论》等。最初我们是难以理解的，感到这些经典论著和时代发展是有些脱节的，是不是已经过时了？这成为我们一开始共同的疑虑。但是漆先生以他渊博的学识、高深的理论见解，逐渐改变了我们的想法。漆侠先生提出：“马克思主义理论是不断发展的，只有与生活、社会变革结合起来，才能显示旺盛的生命力。‘理论是暗淡的，生活之树是长青的。’马克思主义是个实践问题，只有在实践中才能解决问题，空谈理论，除了重复马克思主义的原理外，于解决实际问题无补，所以马克思主义理论是在实践中同生活之树紧密结合，从而获得不断丰富和发展的。”① 漆先生常说的一句话就是：“要想游泳，就要先跳到水里，要想骑马，你首先要跳到马背上。”学历史要讲方法，但首先要认真读书，他最反感的就是那种不读书、不学习，却整天舞文弄墨，批判马列主义以标新立异的人。我们刚入学的新生，基础差，读的书少，有时候很怕漆先生提问题，怕他不高兴。但是漆先生不是这样，他总是热心而认真地回答你提出的问题，但首先是你对这个问题认真思考了，该看的基础书你已经看了。有一次，先生在小院里散步，我向先生提问，我说：“漆先生，为什么我学习马列思想总感觉用不上呢？用也是摘抄几句，学习理论和我写作的时候总感觉是两张皮。”先生笑着说：“哪有那么容易呢，你才看了几本书，就想用上了。我学了好几十年了，也不敢说自己完全掌握了马克思主义理论的精华，学理论不要着急，先认真地学，学了一点用一点，活学活用，开始的时候不能理解，生吞活剥，逐渐地你就能领会一些，把它试着变成自己的想法，当年我重写王安石变法，很不容易哩，受了那么多传统教育，再学习新的理论，总是需要一个时间和过程的，不要着急，慢慢来，但是我敢肯定，你只要学好马列，不断地应用在你的写作中，肯定比那些不学马列，只看史料的人见识高得多。”漆侠先生这些话深深地印在我脑海中，指导我们读书、治学，甚至在日常生活中，看待和处理某些问题，也是有积极作用的。

漆先生读书、写作气魄很大，敢于向险峰、高峰攀登和挑战，同时也有思想的深度，在继承传统史学考证功夫的优良传统基础上，也善于用马克思主义理论来分析辨别一些历史难题。因此，他既能写作一些考证性的文章，比如《中国古代史记编撰形式探源》《宋代植棉考》《释“鏖糟陂里叔孙通”》等，更是勇于向那些已经有颇多论述，但是值得进一步探索的难题、险峰挑战，比如《王安石变法》《宋代经济史》《宋学的发展和演变》等。我记得先生去世后出版的《宋学的发展和演变》序言，只留下短短几行写作提纲，是先生对宋代思想史乃至整个中国哲学史发展方向的思考，他写道：“以《中国哲学史研究走向何处去?》为题，我打算写出以下

① 漆侠：《我的学习路程》，《漆侠全集》第12卷，河北大学出版社2008年版，第673页。

几个问题，即：一、我是如何从史学的学习走向中国哲学史的学习的；二、对近八十年中国哲学史研究取得巨大成就的认识；三、当前中国哲学史研究所面临的困境；四、中国哲学史研究的广阔道路；五、结论。这些想法是否恰当，请加评正。”① 这是何等的气魄，相关问题哲学史学界已经留下大量的著述，先生仍然不畏惧艰险，继续探索和挑战，并发表精彩的真知灼见。他经常教导我们，读书选题，不要选那些小的不重要的题目，要站得高一些，要用发展的眼光看问题，“不能单就这一问题来看，要联系到其他有关的各个问题，在通的基础上专，在专的基础上通。同时，在大题大作的同时，你也会接触到一些小问题，因为你有大的知识背景，能比别人理解得更深刻、更透彻”。比如漆先生写《宋代经济史》，近百万字的专著，涉及宋代经济、政治、社会各个方面，许多方面没有前人成果可以借鉴，特别是如制瓷、矿冶等方面涉及科技史知识，需要从头开始啃硬骨头，同时还要认真分析，把脑子里那些传统士大夫论述的一些偏见去掉，用新的马克思主义理论指导，在方法论上有一个提高，把政治、经济、社会变革各方面的影响连起来考察研究，这是非常困难的。可是漆先生毫不畏惧，读书、抄卡片，积累了几百万字的资料，加上用马克思主义理论进行分析指导，终于完成了这部宋代也是中国古代经济史研究的巨著。

第二，漆侠先生具有自强不息、百折不挠的精神毅力和乐观主义感染力。

漆先生并非死读书、不通世情的书呆子，他年轻的时候喜欢体育运动，打球、打牌，关心国家大事，品评人物事件，有时和二三知己喝酒、抽烟、聊天（这一习惯一直保持到晚年，我们同学中就有喜欢吸烟的同学得到过漆先生给的将军牌香烟）。日常先生看书累了，也会从他办公室出来，到我们读书的教室或者小院里和大家一起聊天，聊聊最近发生的国家大事、体育赛事等。老先生喜欢看体育比赛，特别是喜欢看那些对抗性强的激烈比赛，比如拳击、足球、排球、乒乓球等，这让我颇为意外。记得

① 漆侠：《宋学的发展和演变》，《漆侠全集》第6卷，河北大学出版社2008年版，第2页。

2001年世乒赛，先生和我们在小院办公室一起观看，那么激烈的争夺，我们都怕老先生的心脏承受不了，先生却笑着说："不要紧，你们要仔细看，打球就是要有一种气势，先在精神上战胜对手，再在技术上灵活应变，打败对手。打球是这样，做学问做人也是这样。"漆先生和我们年轻人一样，目不转睛地看着比赛，直到中国队以3∶2获得比赛的胜利。在历史研究所学习，我们学业上学到很多东西，同时也在为人处世上学到很多，特别是先生那种大无畏气魄和乐观主义精神，也是留给我们后人的宝贵财富。先生在青年、中年时期经历很多坎坷，多次遭到批判和诬告，但是先生从来没有屈服过，也没有就此消沉，而是依靠自己的能力和人格魅力，获得令人景仰的成就。我记得有学者在回忆漆先生的文章里写到，河大的一位老师评职称，担心遭到评委会领导的不公正打压，漆先生在表示会支持他的同时，也明确提出："你如果有本事，别人想压也压不住，如果你是个怂包软蛋，别人压你也是活该。"这话虽然粗糙，但是道理却简单明了，打铁还需自身硬，是金子总会发光的。

漆侠先生撰写《宋代经济史》和创建宋史研究中心，亦是其百折不挠精神的生动体现。先生从年轻时写《王安石变法》就注意收集经济史资料，"文革"时材料全部被抄，可是先生毫不气馁，从头做起，读书、抄卡片，积累了几百万字的资料，我想这种大无畏的气魄和与困难做斗争的坚强意志，是漆先生留给我们最宝贵的财富之一。我常常对照漆先生生活中各个年龄段的工作和成绩，我想，如果是我在五十多岁被强行没收了准备了近二十年的史料，断然不会再有信心和精力重新开始，完成百万字的书稿，更不用说在六十岁的时候创建一个新的宋史研究机构，重打锣鼓另开张，购置图书、招聘人才、培养学生、申报课题、撰写论文专著，筚路蓝缕，开辟河北大学宋史研究的新天地。先生的执着精神和顽强毅力值得我们终身学习。

漆侠先生乐观、自信，精神上坚强不屈，但他的内心深处其实也有悲伤和不如意之处，爱人万老师在2001年夏天去世，尽管已卧病在床十年，但她的离去对漆先生还是有很大影响的，先生常对我们说，《宋学的发展和演变》写完，一定要把它作为祭品献给自己的老伴。这件心愿后来也得到实现，在出版的《宋学的发展和演变》扉页上就有“献给师母万瑞兰女士”的题字，火化在漆先生和夫人墓前。其他包括孙子的学习、家庭成员的关系等，这些他从来没有和我们这些晚辈提起，但是在回忆漆先生的文章里，看到过他和其他老师提到，我想人都是立体的、多面的，不会永远是一个面相。但是漆先生展现在我们面前的，永远是精力充沛、勤奋进取的一面，在我们眼中，漆先生就像一面迎风飘扬的红旗，永远那么醒目，催人上进，自强不息。

第三，漆侠先生扶植奖掖后学，重视学术平台和梯队建设，心系中国宋史研究事业发展。

漆先生一个特别值得我们钦佩的方面就是他挑选和培养人才的眼光和水平，先生一生培养博士 23 名、硕士 38 人，桃李满天下，培养的许多学生都是当今中国宋史学界的中坚力量。不知道先生是如何从数量众多的报考者中选择出具有培养前途的人才，我想主要是通过前期相关发表论文的审查和报考面试时候的提问吧，这也是值得我一生探索的重要方面。能够培养出合格乃至优秀的学术人才，也是先生的一大乐事，俗话说“千里马常有，而伯乐不常有”，我想能够有幸遇到漆先生这样的伯乐，也是很多学者包括我们人生中的一大幸事。人才挑选不容易，培养起来其实更费心。青年人的成长路上会遇到各种各样的困难，学业上的困难可以通过自己读书、思考或向老师请教来解决，很多职业、生活上的困难，如果没有人帮助，也容易让人半途而废。漆侠先生对学生关怀无微不至，他总是替学生着想，把你思考的问题当成是他自己的问题，把自己想到的问题和相关史料都告诉你，启发你的思想，还经常无私地把自己抄录的卡片送给学生。在生活上先生也给予学生很多帮助，从生活费到路费，从评职称到出书，先生总是尽量帮助，很多学生著作出版时，漆先生总是热情饱满地作序予以鼓励和推荐。在《我的学习路程》一文中，漆侠先生就提出：“史学的未来在于年轻人，希望年轻人早成才多出成果，要有超过老师的勇气和雄心。对前辈学者大师当然要有足够的崇敬，但是把他们在学术上的业绩看做为只能向往而不可高攀，那种自甘落后，也不是前辈大师所嘉许的，做学问要有点傲气和豪气。”① 也不仅是自己的学生，只要漆先生认为是人才，或者对学术发展有利的事情，经常仗义执言，打抱不平，因此也得罪了一些人，但是相比于淡薄人情、不问世事的学者，还是漆先生这样充满热情，能够与老师、学生坦诚交流，真心相待的学者更让人尊敬和热爱，也更让人怀念。

漆先生认真治史、执教、育人，他的《坚持以马克思主义理论治史、执教、育人》荣获国家级教学成果特等奖，这也是对他一生教育事业最大的肯定，在先生去世前两天，还带病为我们讲授《历史研究法》，当时在小院一间狭长的教室里，先生一边讲一边咳嗽，声音也变得沙哑而低沉，有时气喘得厉害，还需要掏出一小瓶药放在鼻子边猛吸几口以缓解症状。我们都劝先生不要讲了，先生也不听，我们实在是不知道先生病得如此沉重，否则我们是不会让他去上那些课的。漆先生本来联系好天津的医院去治病，却因为课程和其他一些事情耽搁了，改成由保健医生在家输液治疗，想来还不如早点去天津，那样就能免去这一劫难了。之前先生讲“宋学”课的时候，也是因为冬天教室太冷，只能在他办公室里教授，从中也可以看出先生对教学事业的责任感，不到万不得已坚决不会放弃。

宋史研究室的创建，乃至发展成为教育部人文社科重点研究基地，是漆侠先生重视学术平台和梯队建设的重要体现，中心也是在漆侠先生的培养和爱护下一点点发展壮大的。从《宋史研究论丛》前几辑的序言中，就能感受到先生对这个平台倾注的心血和期盼。他在第一辑序言中写道：“河北大学宋史研究室成立于 1982 年，当时全室工作人员不过三人，书仅数架而已。在河北省教育委员会和河北大学领导的关怀、支持下，七八年来宋史研究室有了极其显著的发展。”首先，他拥有教授一人、副教授二人、讲师三人和助教二人，由老中青结合而成的学术梯队，新生力量日益成长起来。其次，“设备也日益完善，它不仅拥有包括影印文渊阁四库全书、四部丛刊三编、丛书集成、宋元方志丛书等万余册资料，初步具备了研究宋史的基本资料，而且还购置了微机，准备开发《宋代资料库》工

① 漆侠：《我的学习路程》，《漆侠全集》第 12 卷，河北大学出版社 2008 年版，第 679 页。

程，向现代化研究手段发展。这些设备在国内文科研究室来说，当属于第一流的”[①]。在第二辑序言中，漆侠先生再次表达了学术梯队建设对一个研究机构发展的重要性，“历史研究所成立之前，规模略有扩大，从本辑的作者看，增加了李华瑞、高聪明两位同志，就是规模扩大的一个证明。一个学术研究机构的扩大，有若干个方面，但最重要的是研究人才的增加。历史研究所培养的人才大都分配到外地和其他单位，能够留下两位，也就很不错了。当然，我们希望有更多的人才留到本所中，使研究力量进一步加强”[②]。我想漆侠先生对研究人才的培育和重视、挽留，对当今任何研究机构的发展，仍然是适用的。

漆侠先生除了关注学术、关注宋史研究室的发展之外，还心系中国宋史研究整体事业的发展。漆先生具有尊师重道的中国知识分子优良传统，对自己的老师、中国宋史研究事业的奠基人——北京大学的邓广铭先生始终尊敬爱戴，执弟子礼甚严。多位老师撰写的回忆文章都提到漆侠先生经常去北京看望自己的老师，每次到邓先生家里都是战战兢兢、毕恭毕敬，仔细聆听邓先生的教诲，坐椅子只坐前三分之一部分，往往出了邓先生家的门才能恢复常态，也经常托人给邓先生带一些土特产和营养品，充分体现了漆先生对邓先生的尊敬。漆先生继邓先生之后担任中国宋史研究会会长，自1992—2001年，组织筹办了多届中国宋史研究会的年会，促进了国内外学术交流和发展。我自2014年8月开始，担任中国宋史研究会秘书长，直至2022年8月卸任，也协助包伟民会长和理事会为学会发展做了一些事情，深知一个研究会的发展，会长是最为重要的，包括学术会议筹办、地点选择、会议论文的编选、入会会员资格的审定、会议讨论是否认真务实，都会影响国内外学者对一个研究会的认识和评判，而这些方面理事会尤其是会长责任重大。漆侠先生在《中日宋史研讨会中方论文选编》序言和《宋史研究论文集》（1998年年会编刊）序言中都对研究会的发展

---

① 漆侠：《宋史研究论丛（第一辑）》“序”，《漆侠全集》第12卷，河北大学出版社2008年版，第602页。

② 漆侠：《宋史研究论丛（第二辑）》“序”，《漆侠全集》第12卷，河北大学出版社2008年版，第615页。

和学风问题提出期望，他提出："就论文的作者情况来说，多数是宋史研究方面的老手，但也有不少的新秀。这一事实深刻地说明了，宋史研究的队伍由于新的血液输入而扩大了，值得宋史学界庆幸和祝贺。就论文的情况看，不论是老手还是新秀，研究的课题虽各自不同，但有一个共同的基本点，即：大家都是在认真搜集材料，认真思考问题，克尽自己最大的努力，提出自己研究的结论来的。这种优良的实事求是的学风，从来都是可贵的，而在当前不读书、不学习、靠转抄别人的材料并掉转头来同别人商榷（人们呼之为'商榷派'）这类歪风邪气面前，就更加觉得它的难能可贵了。"① 中国宋史研究会从 1980 年成立，发展至今已经有 43 年的历史了，会员也从最初的八十余人发展到如今的六百余人，年会基本固定为两年举行一届，从分组讨论到分组和论坛相结合，包括编印《宋史研究通讯》，出版年会论文选集，每年举行一次理事会讨论重要事宜，中国宋史研究会的长期发展和良好运行也离不开邓先生、漆先生和后继的诸位会长对良好会风、学风的坚持和传承。

三

漆侠先生离开我们已经二十二年了，离开了他倾注一生心血创办的宋史研究中心，留给了我们无限的哀思，今年是漆侠先生诞辰百年，在这二十二年里，在姜锡东老师的带领下，在宋史研究中心广大同仁和学生的共同努力下，在学界专家朋友的热情支持和鼓励下，宋史研究中心还是取得了一系列的发展和成绩。我们从主楼搬迁到了校史馆一楼，办公面积从五百多平方米扩展到一千四百余平方米，图书资料也从最初的几千册逐渐积累到现在的六万余册。招收的学生从最初的一届一两人到现在的每届三四十人，中心的老师数量也从 2000 年的十几人扩展到现在的三十八人。中心出版了《漆侠全集》《辽宋西夏金代通史》等代表性著作，获得教育部社

① 漆侠：《中日宋史研讨会中方论文选编》"序言"，《漆侠全集》第 12 卷，河北大学出版社 2008 年版，第 604 页。

科优秀成果奖，河北省社会科学特别奖、一等奖等十余项重要奖项；编辑的《宋史研究论丛》也从最初的不定期出版，到现在连续出版到三十二辑，一年出版两辑到出版四辑，连续多年入选 CSSCI 来源集刊目录。中心老师每年出版著作年均十余种，发表论文六十余篇，有国家级、省级人才称号专家四人，河北大学坤舆优秀学者六人，教授、博士生导师近十人，担任中国宋史研究会副会长、理事、秘书长四人，培养的多位学生获得教育部“长江学者”特聘教授、国家“万人计划”哲学社会科学领军人才等国家级荣誉称号，这些足以告慰先生在天之灵。

在学校的政策支持下，在广大校友的捐资帮助下，中心所在的校史馆一楼大厅矗立起漆侠先生的雕像，先生眼神坚定，目视前方，仿佛一直在关注着中心的成长和发展。“唯有春风最相惜，一年一度一归来。”春天总是能带给人们生机和希望，希望在先生精神指引下，宋史研究中心能够继续迎来发展的春天，我相信有漆侠先生、姜老师他们打下这样一个良好的基础，有漆侠先生优良学风的影响，中心一定能够在未来继续发展壮大，以优异的发展成绩告慰先生在天之灵。

浮云不足畏：漆侠先生马克思主义史家思想研究

贾文龙
（河北大学　宋史研究中心）

1923年3月，漆侠先生出生于山东省菏泽市巨野县龙锢集，是新中国成立后培养的第一代杰出的马克思主义历史学家之一。综观漆侠先生的学术与人生，才能全面了解漆侠先生的信仰与学术高度。

一、何刃可解天下忧？——漆侠先生的史家标识

清代赵翼曾有诗曰："国家不幸诗家幸。"其实，"国家不幸史家幸"也是成立的，见证过历史的顿挫与狰狞，会使历史学者在社会现实中得到更多的职业关切，促使其深度思考。

（一）以史论为入世之学

漆侠先生的少年时代，经历了家国破碎的历史，亲身经历过的痛苦和困厄促使先生形成了喜议时政的日常话题风格。

1937年，抗战全面爆发，山东沦陷。15岁的漆侠先生参加了国民党的抗日游击队，参加了几次战斗。"日本人打到山东，在一个亲戚的介绍下参加了抗日游击队，当文书，而且经过几次战斗，头一次打仗嘴都是苦

的，大概是紧张，胆汁分泌多，以后就好了。”① 执行任务途中，曾遭遇日寇盘查，幸而搜查时同伴的随身信件未被发觉而顺利返回。

此后，家人认为漆侠先生年纪太小，还不适宜参加战斗，辗转找回，漆侠先生全家踏上向南的逃难之路。过黄河和坐火车时发生的两件事，尤令漆先生兄弟印象深刻：

> 这时许多难民也都在等待船只过来，其中有一对带京腔的夫妇，带着两个小孩，一个约三岁，一个五岁左右。只是女的一直低声数落着男的，直到上了船仍不停息，反而声音更大了，数落、埋怨、指责不绝于口，船行河中，其父让其住口，却捅了马蜂窝似的，迎来了更多连珠炮般的指责，说带她出来，逃难受罪，简直无法活了……进而反又相激，其夫像是甚感无颜见众，低着头，也不回顾就跳进了黄河。这时其妻傻了，半晌才喊救人啊！
>
> 火车往西行驶途中，突然听有人喊：有大耗子（老鼠）。众人不明白何事，皆朝车座底下观看，当然也没看到什么……待火车停下，准备下车时，才知丢了行李衣物。②

1941 年，漆侠先生辗转来到四川绵阳国立第六中学读高一。当时生活清苦，学生们每日饥肠辘辘，诵读之声无力甚至沙哑。同学多穿草鞋，漆先生拥有一双布鞋，已经颇感幸运。因为肺病在当时是难治之疾，绵阳西山岗成为掩埋山东流亡学生的坟岗，学生戏称此山岗为“第五分校”。③

1944 年，漆侠先生高中毕业，考入昆明国立西南联合大学历史系。漆先生小学时非常崇敬历史上的英雄人物如宋代的岳飞、文天祥，明末的史

---

① 刘永信：《自缘身在最高层——悼老友漆侠先生》，《漆侠先生纪念文集》，河北大学出版社 2002 年版，第 604 页。

② 漆林：《忆大哥，漆侠先生二三事》，《漆侠与历史学：纪念漆侠先生逝世十周年文集》，河北大学出版社 2012 年版，第 27 页。

③ 杨倩描：《走巴山下蜀水——漆侠先生的高中生活》，《漆侠先生纪念文集》，第 637 页。

可法，等等。[①] 高中时，对理工全无兴趣，多把时间耗在文史类书籍上，开始阅读《史记》《汉书》《三国志》《后汉书》。到西南联大后，在浓郁的学术氛围中受到了系统的史学教育。

抗日战争时期，整个社会都对战争时局颇为关注，人们通过读报来获得战事消息。漆侠先生也是如此，尤其喜欢读商务印书馆刊行的《东方杂志》。先生少年时，写过《德占捷克之必然性及今后欧洲新局势》《欧洲动荡形势下之巴尔干》等墙报文章。

在大学期间，中国知识分子对国民党的特务统治皆感不满。胡适先生1947年曾写过《曹操创立的“校事”制》一文，提出了所谓的“特务组织”早在1700年前的曹魏孙吴时期就已经出现了。漆侠先生在读书中发现宋人的相关论述，于是写成《尹洙、王安石论“校事”》一文，最终发表于1948年2月2日《申报·文史》第9期。此文由胡适先生改定，漆侠先生当时觉得很是光彩，内心十分高兴。此外，1947年漆侠先生还发表了《宋代对武人的防制——从释兵权削弱藩镇以外来看》一文，对宋代武将不能“奋于一战”的原因进行了分析，也颇有影射现实的意味。

青少年时期的家国之痛，使漆侠先生直到老年都喜欢“议论时政”，这成为他和朋友、学生日常生活中的重要话题。李华瑞老师回忆跟随先生学习时，他“每星期至少去（先生办公室）一两次，时间在一到两个小时，聊天的话题很广，时事政治、国际风云、体育赛事，甚至坊间传闻”[②]。漆先生晚年的好友刘永佶先生回忆：

> 他是非常关注时事的，有相当多的时候，我们一见面，他第一句话常是：“有什么大事?”有新闻就议论一番，没有，就说别的话题。关于国内事，谈的最多的是政局、经济发展，尤对日益严重的腐败谈的多，他常以历史为证，说得头头是道。关于国际事，主要是中美、

---

① 漆侠：《中国社会科学家自述·漆侠自述》，《漆侠全集》第12卷，河北大学出版社2008年版，第659页。

② 李华瑞：《跟随漆侠师学宋史》，《漆侠与历史学：纪念漆侠先生逝世十周年文集》，第70页。

中俄、中日等的关系，遇到重大国际事件，也要认真分析一番。再就是台湾问题，设想怎样使之归附大陆。他说过几次：年轻时就喜欢时事评论，如果有条件，他可以成为一流的时事评论家。从他年老后的谈话中，我深信这一点。①

中年时期，漆侠先生常自嘲：“孬话说得可不少。”晚年时期，漆侠先生“最多的休息方式是偶尔找非常要好的老朋友聊聊天”②。常一边输液一边忧心忡忡地和陪护的学生讲：“对中国未来最担心的是沙漠化与官僚主义两个问题。”③ 可以说，“倚史论世”是漆侠先生日常生活中的重要组成部分。

（二）以马列为青冥之星

抗战胜利后，1946 年 5 月西南联大学生复员北返，漆侠先生由昆明转至北京到北京大学继续学习。1948 年夏从北京大学历史系毕业后，同年 9 月漆侠先生随即考入北京大学文科研究所史学部攻读研究生，师从邓广铭先生。漆侠先生在北京亲身经历了中国近代学术传统变迁的洪流。“20 世纪中国史学以 1949 年为分水岭，此前以实证史学为主流，此后马克思主义史学占主导地位。漆先生学术道路的起始正处在这两大史学转关之际，因而均给漆先生的学术道路打上了深深的烙印。”④

漆侠先生真正开始接受马克思主义是从 1949 年开始的。漆先生的好友殷新程在解放区，在中国人民解放军进入北平之前，曾托人带信，漆先生回忆这封书信内容：“说全国就要解放了，希望我学习马克思主义，并运

① 刘永佶：《自缘身在最高层——悼老友漆侠先生》，《漆侠先生纪念文集》，第 603 页。

② 苗书梅：《视野・胸怀・高度——跟随漆先生求学的点滴体会》，《漆侠与历史学：纪念漆侠先生逝世十周年文集》，第 94 页。

③ 贾文龙：《学术与人生之间：漆侠先生晚年生活的片段追忆》，《漆侠与历史学：纪念漆侠先生逝世十周年文集》，第 97 页。

④ 李华瑞：《漆侠与 20 世纪中国马克思主义历史学——先师漆侠先生逝世十周年祭》，《漆侠与历史学：纪念漆侠先生逝世十周年文集》，第 174 页。

用马克思主义理论指导历史研究，我听从了他的建议，开始学习马克思主义。”① 1949 年 1 月 31 日，漆侠先生亲眼见证了北平的和平解放。

1949 年 5 月，漆侠先生回了一趟山东老家。同驾车的车夫闲聊，知道现在穷人的日子已好过多了。经过济宁时，又看到许多人正在挖运河。到家乡巨野的沿途各县，则新挖了很多沟渠排水。中国共产党领导下的这些新的变化，给漆侠先生留下了深刻的积极印象。② 1950 年 6 月，朝鲜战争爆发，中国人民志愿军在战场上的节节胜利也震撼和鼓舞了漆侠先生。

1951 年，漆侠先生在北京大学文科研究所史学部研究生肄业。毕业之际，邓广铭先生本来要请郭沫若先生主持答辩，并得到了郭老的允诺，后来因新中国成立后批判旧的教育体制，研究生教育被停止，未能按期举行答辩。这件事漆先生后来常常提起，深以为憾。

研究生肄业后，漆侠先生到中国科学院近代史研究所担任范文澜先生助手。在范文澜等先生的指导下，认真学习了大量马克思列宁主义的基本理论书籍。漆先生回忆：

> 范文澜先生经常让我们读点马列的书，并在业务研究中加以运用。他说，只有这样才能在历史研究上有大的突破。我起初将信将疑，抱着配合业务研究的目的确实下功夫读了不少马列原著。然而，当我坐下来，真正地读进去后，只觉得仿佛进入了另一个天地，真是“青冥浩荡不见底，日月照耀金银台”，眼前豁然开朗。想不到世界上竟有这样的好文章，缕析历史，解剖社会竟如此高明！我佩服得五体投地……马克思主义理论作为人类认识史上最积极成果的结晶，为我进行史学研究提供了一个科学方法。③

后来漆侠先生对自己的学生说，“《中庸》曰：尊德性而道问学，极高明而

① 李华瑞：《漆侠先生访谈录》，《史学史研究》2001 年第 3 期。

② 姜锡东、王晓薇：《漆侠先生传》，中国社会科学出版社 2021 年版，第 33 页。

③ 漆侠：《人生需要指路明灯——和大学生谈心》，《中国青年报》1990 年 5 月 15 日。后收入《漆侠全集》第 12 卷，第 665 页。

道中庸”，应该改为“极高明而道马列”。①

自此以后，漆侠先生在学术研究中一直贯彻马列主义指导的原则。在开始阶段，漆侠先生主要做了两件事：一是以马列主义的观点重新修订了自己的硕士学位论文《王荆公新法研究》；二是积极投身于中国农民战争史研究。

1939 年 12 月，毛泽东主席撰写了《中国革命和中国共产党》，提出：“在中国封建社会里，只有这种农民的阶级斗争、农民的起义和农民的战争，才是历史发展的真正动力。因为每一次较大的农民起义和农民战争的结果，都打击了当时的封建统治，因而也就多少推动了社会生产力的发展。”② 根据这段经典论述，翦伯赞先生提出“让步政策”。漆侠先生在学习马克思主义理论后，先写出了第一部史学著作《隋末农民起义》，随后在《秦汉农民战争》中通过对三次秦汉农民战争的考察，概括出这样一条规律：“革命斗争——被迫让步，再斗争——再让步。”漆侠先生所阐述的“让步政策”的理论最完整、最典型，这成为让步政策的经典表述，从而成为 20 世纪 50 年代以来中国农民战争史研究的主要开创者和推动者之一。③ 漆侠先生后来还曾计划“把中国农民战争史分卷写出，第一卷包括秦汉部分，第二卷为魏晋隋唐部分，第三卷为宋元明清（鸦片战争前）部分”④。这个学术计划后来只完成了部分内容，亦未能公开出版。

漆侠先生在培养研究生的过程中曾反复讲过：“要学习马列主义，才能更好地驾驭史料。”从招收第一届研究生开始，即设立马列原著选读课，要求研究生阅读 10 种左右的原著。“漆侠先生对学习马克思主义的郑重态度，构成了学生对宋史中心的第一印象。”⑤ 那时先生的很多研究生都购置

① 程民生：《凝聚的怀念》，《漆侠与历史学：纪念漆侠先生逝世十周年文集》，第 63 页。

② 毛泽东：《中国革命和中国共产党》，人民出版社 1975 年版，第 6 页。

③ 姜锡东、王晓薇：《漆侠先生与中国农民战争史研究》，《河北大学学报》2011 年第 5 期。

④ 李华瑞：《漆侠与 20 世纪中国马克思主义历史学——先师漆侠先生逝世十周年祭》，《漆侠与历史学：纪念漆侠先生逝世十周年文集》，第 179 页。

⑤ 贾文龙：《学术与人生之间：漆侠先生晚年生活的片段追忆》，《漆侠与历史学：纪念漆侠先生逝世十周年文集》，第 95 页。

了四卷本《马克思恩格斯选集》放在案头。

1985 年 7 月，经过 22 年的追求，漆侠先生正式加入中国共产党。1989 年，世界上许多社会主义国家都出现了执政动荡的迹象。同年 3、4 月，漆侠先生赴美国圣地亚哥大学、俄亥俄州立大学等高等院校讲学交流。5 月下旬，邓广铭、张政烺、何兹全、胡如雷、滕大春、王曾瑜等先生来到河北大学宋史研究室，评审漆侠先生的教学成果《坚持以马克思主义为指导治史、执教、育人》，专家认为："漆侠教授教学成果的显著特色是他始终坚持以马列主义理论为指导……在教学方法上，引导学生掌握马克思主义的分析方法，而不是机械地引章摘句；在培养学生坚定的共产主义信仰方面，用身体力行的示范和有说服力的事来感召、引导。"同年 8 月，此文发表在《高等教育学报》；同年 11 月 2 日，此文荣获全国普通高等学校优秀教学成果国家级特等奖。

二、风气之先怎入题？——漆侠先生的史家道路

综观漆侠先生的学术道路，曾经有三次重要选题皆得天下风气之先，这对一位历史学者而言，是生逢其时的幸运，也是时代的馈赠！

（一）"千年变局"后近代学者对变法史的再审视

中国古代发生了许多著名的变法：春秋时有管仲变法，战国时有魏国李悝变法、楚国的吴起变法、齐国邹忌的变法、韩国的申不害变法、秦国的商鞅变法，汉朝时有晁错削藩变法、桑弘羊的盐铁官营措施，新朝时有王莽变法，唐朝时有杨炎两税法改革、王叔文变法，宋朝时有范仲淹庆历新政、王安石变法，明朝时则有张居正变法。

在这些变法中，"王安石变法，在中国历史上可谓是评价分歧最大与争论最为激烈的一场政治运动"①，因而是最难评价的变法活动。

在南宋时期，宋高宗已经认定王安石变法是靖康亡国的主要原因，是违背"祖宗家法"的祸国元凶。"今日祸首，实自王安石变新法始。方安

① 萧平汉：《理想与现实：王夫之历史哲学研究》，中央文献出版社 2009 年版，第 115 页。

石秉政，布以亲戚，最先引用聚敛刻剥之事。”“自熙宁间王安石用事，肆为纷更，祖宗之法扫地而生民始病。”①

这种历史观点的形成并被写入正史之中，使后世学者重新评价王安石变法时就会面临“言有易，言无难”的逻辑困境，即很容易从人事替代、人心政俗、财政税收、军制战力等方面证明北宋灭亡与王安石变法有一定的联系，但却很难有证据说明王安石变法与北宋灭亡毫无关系。

重新评价王安石变法的理论前提，是要确定当时变法与后来亡国没有直接关系。在中国古代君臣政体和王朝循环的政治模式中，是不能产生这种观念的。这种理论前提能够成立，需要更为长远与宽广的历史视野，更为高明且可供参照的政治体制，更为发达与富强的社会模式，更为迫切与渴望的变革呼声，更为广泛与一致的社会认同。

1840 年鸦片战争以来，中国传统迎来了“三千余年一大变局”“数千年未有之变局”②。当中国传统的大刀长矛面对西方列强的“船坚炮利”，当中国传统自然经济面对西方资本主义工业经济，当仁爱和谐的哲学理念面对“弱肉强食”的进化法则，当皇权帝制面对“共和民主”的全新政体，中国人民直面丧权辱国之痛，中华文明直面亡国灭种之灾，重新评价中国历史上的变法活动就具有了理论前提，成为时代需要。

近代以来，置身于千年未遇之大变动中，中国社会对发生在“名为治平无事，而其实有不测之忧”③ 宋神宗时的变法开始重新认识，开始服膺与认可王安石“天变不足畏，祖宗不足法，人言不足恤”的历史担当。

参加过戊戌变法的梁启超是为王安石进行历史翻案的第一人，“若乃于三代下求完人，唯公庶足以当之矣……以不世出之杰，而蒙天下之诟，

---

① ［宋］李心传编撰，胡坤点校：《建炎以来系年要录》卷 47、卷 24，中华书局 2013 年版，第 992、575 页。关于南宋以降历代对王安石变法的否定，可参阅李华瑞《王安石变法研究史》，人民出版社 2004 年版。

② ［清］李鸿章：《筹议制造轮船未可裁撤折》《筹画海防折》，顾廷龙、戴逸主编：《李鸿章全集》，安徽教育出版社 2008 年版，第 5 册，第 107 页；第 6 册，第 159 页。

③ ［宋］苏轼撰，孔凡礼点校：《苏轼文集》卷四《晁错论》，中华书局 1986 年版，第 107 页。

易世而未之湔者，在泰西则有克林威尔，而在吾国则荆公”①。其他学者则参照西方国家学说，重新评价王安石。柯昌颐将王安石的改革称为国家资本主义或社会主义。② 胡适则认为，“求之中国史，只有王莽与王安石做过两次社会主义国家的试验”③。

漆侠先生在昆明和北京大学求学时，正处在中国现代历史格局大变动的时代，受梁启超等人的影响，从大学开始就研究王安石变法。研究生期间，在邓广铭先生指导下以《王荆公新法研究》作为学位论文题目。

漆侠先生研究王安石变法，遇到两个历史机遇。一是当时战乱条件下《宋会要辑稿》《续资治通鉴长编》等史籍流传不广，近代研究王安石的论著因此显得薄弱，论证甚嫌粗疏。漆侠先生对王安石变法的研究则第一次充分引用了这些史籍。④ 二是漆侠先生完成硕士论文后，又运用马列主义的观点重新修订了对王安石变法的评价。1949 年之后，“最早运用唯物史观研究王安石变法并产生较大影响、成绩最卓著的学者，当推邓广铭和他的门人漆侠先生”⑤。

1959 年 3 月，漆侠先生《王安石变法》一书由上海人民出版社出版。邓广铭先生后来高度评价了这本著作：“在 50 年代后期，上海人民出版社印行了漆侠教授的《王安石变法》一书，对于熙宁新法进行了认真的探索，超越了前此所有的同类著作。”⑥ 由于漆侠先生为王安石变法历史评价的翻案最为科学，谷霁光先生特撰一联语评价漆先生的学术贡献：“论荆公了千年案，稽宋典成一家言。”

---

① 梁启超：《王安石传》，江西教育出版社 2019 年版。

② 柯昌颐：《王安石评传》，商务印书馆 1933 年版。

③ 欧阳哲生编：《胡适文集·胡适文存》三集卷一《欧游道中寄书》，北京大学出版社 1998 年版，第 4 册，第 42 页。

④ 李华瑞：《20 世纪王安石及其变法研究回顾与瞻望（1900—1949 年）》，〔日〕《中国史学》2002 年第 12 期。

⑤ 李华瑞：《王安石变法研究史》，人民出版社 2004 年版，第 377 页。

⑥ 邓广铭：《北宋政治改革家王安石》，人民出版社 1997 年版，第 6 页。

（二）“五朵金花”后第二代马克思主义史学家的学术使命

自20世纪20年代以后，在马克思主义、苏联哲学教科书中阐释的社会发展史观及毛泽东思想的指引下，中国马克思主义史学开始形成。

中国第一代马克思主义史学家主要有郭沫若、范文澜、翦伯赞、吕振羽、侯外庐。他们的代表作分别为《中国古代社会研究》《中国通史简编》《中国史纲》《简明中国通史》《中国封建社会史论》。中国第一代马克思主义史学家的历史使命在于论证中国阶级革命的正当性，论证中国社会进入社会主义社会的历史必然性。

中国第一代马克思主义史学家根据中国近代的具体实际，将中国历史分为原始社会、奴隶社会、封建社会、半殖民地半封建社会、社会主义社会五种社会形态。这些观点正式确立了中国的马克思主义史学，第一代史学家也出色地完成了历史使命。

在20世纪五六十年代，中国史学界集中讨论与争鸣的五个基本理论问题被称为“五朵金花”，分别是中国古代史分期问题、封建土地所有制形式问题、封建社会农民战争问题、资本主义萌芽问题、汉民族形成问题。这些问题的本质都是第一代史学家所承担的历史课题的讨论延续。所有制形式与农民战争两个议题的核心也是要论证包含历史动力问题在内的中国革命的正当性，中国古代史分期与资本主义萌芽两个问题主要也是继续论证中国进入社会主义社会的必然性。

中国第二代马克思主义史学家面临的历史任务是在五种社会形态的理论框架下，将马克思主义的基本原理贯穿进中国历史的研究中。在这些原理中，因为逻辑链条长，因果关系难于确定，将生产力与上层建筑的基本原理运用进史学研究最具难度。生产力和生产关系的矛盾运动，构成社会历史的经济基础，并且决定上层建筑的变化发展；上层建筑对于经济基础具有反作用，深刻影响经济基础的变化发展。当时中国史学界对经济史的研究非常薄弱，“而在这一薄弱的研究中，对生产力状况的研究尤为薄弱”①。

---

① 乔幼梅：《评〈宋代经济史〉》，《文史哲》1988年第2期。

漆侠先生原本计划开展“中国封建社会经济史研究”的课题，因“文革”中近300万字资料卡片被烧毁，因而转向断代经济史研究。1979年“宋代经济史”被列为全国史学规划会议重点项目。1981年漆侠先生完成《宋代经济史》初稿，1987、1988年由上海人民出版社分上下册出版。《宋代经济史》“高度重视了社会生产力对整个社会经济发展的决定性作用，弥补了过去研究中的不足”①。

《宋代经济史》一书以20多万字浓墨重彩地研究了宋代社会生产力状况，内容涵盖宋代的农业生产、土地关系、手工业发展、国家专利制度、商业和城市经济、对外贸易等，全面论述两宋320年间社会经济关系发展演变的全过程。漆侠先生从生产力角度，提出了“两个马鞍形”观点：“自春秋战国之交进入封建制后，社会生产力由于基本上摆脱了奴隶制的桎梏，因而获得了显著的发展，到秦汉时期便发展到第一个高峰。魏晋以下，社会生产力低落下来，到隋唐有所恢复、回升，同时形成了第一个马鞍形。在唐代经济发展的基础上，宋代社会生产力以前所未有的速度迅猛发展，从而达到了一个更高的高峰，元代生产急遽下降，直到明中叶才恢复到宋代的发展水平，这样便又形成了第二个马鞍形。……在我国封建时代社会生产力两个马鞍形总的发展过程中，宋代社会生产力的发展几乎达到最高峰，因而是最为先进的。”② 这个观点，直接评价了宋代的历史地位，使宋代从“积贫积弱”的历史形象转变为“中华民族文明最繁盛的时代之一”③。

《宋代经济史》一书贯彻了经济基础与上层建筑间的辩证关系，用三章篇幅专门论述“宋代社会经济思想”，包括“北宋地主阶级改革派和保守派的经济思想”“南宋功利主义的经济思想”“宋代农民的经济思想”三个专题。漆侠先生还从社会经济关系与生产力的互动关系评价了王安石变法：“如果说，宋代的社会生产，在整个封建时代居于两个马鞍形的最高

---

① 乔幼梅：《评〈宋代经济史〉》，《文史哲》1988年第2期。

② 漆侠：《宋代社会生产力的发展及其在中国古代经济发展过程中所处的地位》，《中国经济史研究》1986年第1期。

③ 李华瑞：《宋型国家历史的演进》，商务印书馆2022年版，第6页。

峰，那就应当说，王安石变法时期的社会生产则居于这个最高峰的最高点。”①

1994 年 3 月，漆侠先生与乔幼梅先生合著的《辽夏金经济史》由河北大学出版社出版，此书为《宋代经济史》的姊妹篇。

“中国古代经济史断代研究”原系国家“七五”重点课题，共计划出九卷。漆侠先生的《宋代经济史》是其中率先完成的第一部断代经济史，并且是“唯一一种由一位作者独立完成的”② 断代经济史，为其他断代经济史提供了模板与范例。这个课题中先行问世的著作，“饮誉海内外”。③ 2000 年由经济日报出版社以《中国经济通史》为书名出版。

在中国第二代马克思主义史学家历史使命的视角下，《宋代经济史》可谓是运用马克思基本原理研究中国断代史的史学著述尖兵。

（三）“为往圣继绝学”意义的中国大陆（内地）新宋学研究

自 20 世纪 90 年代开始，漆侠先生为了将来组织撰写大宋史，在宋代经济史研究的基础上，又撰写了几篇政治军事史的文章。1994 年 7 月，漆侠先生承担了国家社会科学基金项目“宋学的发展和演变”，从此开始了宋代文化史的研究，并称之为“新宋学”“宋学研究”。④ 这种学术旨趣的转变，漆侠先生是遵循两个研究路径而发生的。

一方面是按照马克思主义由生产力和生产关系的矛盾构成的经济基础决定上层建筑的原理，在研究了宋代政治、经济的基本情况后，开始进入了宋代学术思想史研究这一全新领域。漆侠先生认为此前的中国哲学史的研究，最大的薄弱与不足之处在于“从思想到思想”的研究范式：“由于研究者们自身与政治的脱节，因此在考察古代学术思想的发展过程中，往往习惯于沿着从思想到思想的认识路线进行，割断了这些思想同社会经济关系的联系。这样一个研究结果，就只能寻找到这种思想同那种思想的联

---

① 漆侠：《〈汴京梦断〉序》，《漆侠全集》第 12 卷，第 612—613 页。

② 刘秋根：《关于中国马克思主义经济史研究方法论的思考——读〈中国经济通史·宋代经济卷〉》，《漆侠与历史学：纪念漆侠先生逝世十周年文集》，第 159 页。

③ 吴承明：《吴承明集》，中国社会科学出版社 2002 年版，第 335 页。

④ 刘永佶：《自缘身在最高层——悼老友漆侠先生》，《漆侠先生纪念文集》，第 607 页。

系，而找不到形成这种思想的政治经济诸关系，以致使这种思想成为无源之水、无本之木，孤零零地无从挂搭处，像朱熹所说的失去了‘气’的‘理’所遇到的那样。”① “人们的思想风貌，归根结底，是由各该时代的经济生活、政治生活来决定的。长时期以来，学术界仅是从思想上辨别哲学思想家歧异，这自然是必要的，但仅仅停留在从思想到思想这一方面，作深层次的探索，就裹足不前了。”② 所以在考察宋学的发展和演变过程中，漆侠先生十分注重分析宋代社会经济、政治发展对思想文化领域所产生的影响。

另一方面漆侠先生选择宋学研究，也是师承传统的延续。1943 年，陈寅恪为邓广铭《宋史职官志考证》作序时提出“新宋学”的概念：“吾国近年之学术，如考古、历史、文艺及思想史等，以世局激荡及外缘薰习之故，咸有显著之变迁。将来所止之境，今固未敢断论。惟可一言蔽之曰，宋代学术之复兴，或新宋学之建立是已。华夏民族之文化，历数千载之演进，造极于赵宋之世。后渐衰微，终必复振。譬诸冬季之树木，虽已凋落，而本根未死，阳春气暖，萌芽日长，及至盛夏，枝叶扶疏，亭亭如车盖，又可庇荫百十人矣。”③ 四十余年后，邓广铭先生完成《略谈宋学》一文，再次提出“宋学”概念，并认为“应当把宋学和理学加以区分”④。1991 年，邓广铭与漆侠两位先生在主编的《中日宋史研讨会中方论文选编·序言》中共同指出：“如果对宋代政治和经济，以及宋人所做出的上述成就，作更加深入的探索，用宏取精，写出大型的断代宋史和许多专门史，如半个世纪前陈寅恪先生所提出的建立新宋学，那就不仅对宏扬中国古代文化产生重大的作用，而且对于推动世界文化的发展也具有深远的意

① 漆侠：《宋学的发展和演变》，《文史哲》1995 年第 1 期。

② 漆侠：《〈两宋文化史研究〉序 》，《漆侠全集》第 12 卷，第 626 页。

③ 陈寅恪：《〈宋史职官志考证〉序》，“中央研究院”《历史语言研究所集刊》第 10 期，1943 年。

④ 邓广铭：《北宋政治改革家王安石》，河北教育出版社 2000 年版，第 390 页。

义。”[①] 1993、1995年漆侠先生曾两次向河北省新闻出版局申请创办《新宋学》期刊，可惜未能获得国家新闻出版总署批文，最终未能创办《新宋学》这一刊物。

在两大学术路径汇流之中，漆侠先生开始了宋学研究。遗著《宋学的发展和演变》共设计22章，完成了近19章的篇幅，47万余字，2002年由河北人民出版社出版。此书以“宋学”涵盖有宋一代学术，摒弃了此前以理学为主体的旧的学术框架，客观恢复了范仲淹、欧阳修、王安石、苏蜀学派的学术地位，形成了一个更切合宋代学术实际的新框架。漆侠先生还计划对朱熹的思想、程朱系统的“明天理，灭人欲”学说、陆九渊唯心主义哲学等问题进行总结批判，但未及完成，便遽然辞世，实为宋学研究的憾事。

从中国儒学史的角度看，漆侠先生的《宋学的发展和演变》则又具有另外的学术地位。先秦儒学是中国儒学的原始形态，在汉代的政治生活中确立了统治地位。唐中叶后，面对佛道两家特别是佛家的挑战，儒家衰落到“不断如带”[②] 的地步。自宋儒开始，宋明理学挽救了日益滑落的儒学统治地位，故可以称为中古新儒学。1840年以来，随着中国传统文化面对西方文化的节节败退，中国儒学面临着被全面否定的危机。19世纪初，社会文化风气已经是“斯文扫地孔孟非”[③]。新文化运动兴起后，民主与科学成为新风尚，打倒儒教、打倒对孔子的崇拜成为知识分子的普遍呼声，当时人们甚至提出“砸烂孔家店”的激烈口号，中国传统儒学经历了一次猛烈的被扫荡的命运。新中国成立后，马克思列宁主义成为中国社会的指导思想，传统与近代的儒学都已经没有生存和发展的土壤。“从1949年到80年代中期，现代新儒学在中国大陆中断了30多年，成为名副其实的‘绝学’。”[④]

---

① 邓广铭、漆侠主编：《中日宋史研讨会中方论文选编·序言》，河北大学出版社1991年版。

② ［宋］欧阳修：《新唐书》卷176《韩愈传赞》，中华书局1975年版，第5269页。

③ 叶德辉：《书空集》，长沙叶氏观古堂，1929年，第7页。

④ 方克立：《现代新儒学与中国现代化》，长春出版社2008年版，第148页。

改革开放后，中国大陆（内地）兴起了现代新儒学思潮。对“文革”的反思，与中国港台地区及海外学者的接触，20世纪八九十年代活跃的思想文化风气，使中国大陆（内地）学者重新认识儒学等中国传统文化，并展开了系统的研究。宋明理学是中国儒学史研究中最重要的组成部分，而程朱理学则仅仅是宋学的一个支派。漆侠先生《宋学的发展和演变》一书，在中国大陆（内地）现代新儒学思潮中，则又具有了“为宋儒继绝学”的历史意味。

三、怎把崎岖化生机？——漆侠先生的史家立世

漆侠先生原名漆仕荣，大概高中时期改以“侠”为名，寄托了青年时期的救民济世思想。漆侠先生后来待人处世颇有仗义执言之古风，面对人生坎坷则以辩证法分析看待，越受磨砺而雄心越为张扬，可以称之为马克思主义与中华优秀传统文化相结合的典范。

（一）以中国需要文化而自励

漆侠先生因为性格耿直，工作以后，颇多坎坷和磨难。

漆侠先生人生中的第一次重大挫折发生在中国科学院近代史研究所工作期间。1953年，漆先生认为同事的住房问题分配不公，因而有不平之论。但这件事却被中国科学院近代史研究所党组某些人认定为是在住房问题上的自由主义，是搞“反党小集团”，决定给予撤职的处分，同时开除了工会会籍。漆侠先生随后调入天津师范学院（河北大学前身），由此背上了“历史问题”的沉重包袱。这件事对年轻时的漆侠先生打击很大，先生想不通到底为什么会有这个结论，因而内心非常痛苦，有几天时间卧床不起。但是漆先生很快调整心态，“不愿把有用的时间消磨在发呆发愣之中，而是把精力集中在业务上”①。漆先生回忆：

① 《中国社会科学家自述·漆侠自述》，上海教育出版社1997年版；《漆侠全集》第12卷，第661页。

1953年年底，我背着“反党”的包袱来到天津师范学院历史系，心情是极其悒郁的。惟一的排遣方法是，投入繁重的教学中，整日读书、搜集资料，夜以继日地赶写讲义，偶尔挤出时间写糊口之文。这个投入，学生们在课堂上全神贯注地听课，课堂后又组织起来给他们辅导，我也因此得到很大的安慰，此前的不愉快暂时地搁置下来了，好像找到了一个安身立命之地。①

漆侠先生人生中的第二次重大挫折发生在“文化大革命”时期。1966年，漆先生被《光明日报》《天津日报》点名批判，后被打成“反动学术权威”，成为“三反分子”，被关进“牛棚”劳动改造。更不幸的是，漆侠先生还被抄了家，“自学生时代积累起来的卡片资料，包括宋代经济方面的资料在内，约300多万字，以及在研究生期间论文以外的一项副产品约十六七万字的《章惇年谱》和其他没有发表过的文稿，都被抄走。20多年的心血，扫地已尽，悉付东流。仅仅由几千册书——这些书有的是我读书时勒紧裤带买来的，因而对它们具有特殊的感情——充实起来的一间住房，经过这次洗劫，也不免‘家徒四壁，环堵萧然’了”②。漆侠先生乐观地用辩证法看待这些遭遇，刘泽华先生回忆：

在闲谈中我知道先生在“文革”前抄录的上百万字的宋代经济资料被“革命群众”付之一炬。我的第一感觉是凄惨，多年的心血啊！但是我感到惊讶的是，先生虽不无抱怨，但更多的是豪气。不止一次地说：烧了也好，从头做起，一定比原来的更完整；如果不烧，我不会下决心重新阅览已读过的书。他还说过去读书时有些贪快，有不少遗漏，这次可以在原来的基础上收集更多的材料。我要力争竭泽而渔，读遍有宋一代的所有资料。过来的人都知道，当人们自身的着落还是未知数时，有几人还能坚持学术追求？我的印象，当时漆先生还

---

① 漆侠：《半粟集·序》，河北大学出版社2000年版。

② 漆侠：《宋代经济史·后记》，上海人民出版社1988年版，第1215—1216页。

没有完全落实政策！我被先生这种学术勇气和执着的追求深深地打动。①

漆侠先生没有被冤屈和迫害击垮，“漆先生‘文革’中坚信这种局面不可能长久，学问绝不能丢……中国需要文化”②。他说：“别人自杀，我不自杀，我还要工作。”他自己回忆说：“怎么办呢？怨天尤人，痛哭流涕，都是无济于事的，都不能挽回失去的卡片和文稿，更不能挽回失去的时间。出路只有一条：重整旗鼓，从头做起，自基本材料下手。”③ 先生后来对自己的学生说：“人生不如意的事情十之八九，当我们面对挫折时，与其垂头丧气、萎靡困顿，不如转而投身到学术研究中去，就会把一切不愉快抛诸脑后，忘得一干二净。”④

漆侠先生晚年也是以工作排解忧心之事。“先生晚年常说，因师母重病缠身，长期以来先生在家中的心情是很痛苦的，而这种痛苦又不能表露出来，唯一的办法是从写作中排解忧烦，每当文思泉涌，写作进展顺利时，都会给他带来无限的快乐。”⑤

晚年的漆侠先生，谈论起学术仍会英气勃发，而让学生们颇感震动：

认识之初，印象最深者是先生身上存在一种会在突然间焕发的勃勃生气。我入学时，先生年过古稀，已然老态，多年哮喘，偶而加重。一日清晨，先生到中心时，脸有浮肿，自嘲为“粉墨登场”而来。一到冬季，必厚衣缓行，常于灰雾之中，蓝衫而来。从中心到住所，仅有里余，却必于往来路上中途小憩，或手把花园栏杆而立，或于路边长椅短坐稍息。从背后望去，先生的背影老态毕显，与退休往

---

① 刘泽华：《忆漆侠先生“文革”后期的二三事》，《漆侠先生纪念文集》，第 620 页。

② 蓝英年：《长忆吴牛喘月时——怀念漆侠先生》，《漆侠与历史学：纪念漆侠先生逝世十周年文集》，第 38 页。

③ 漆侠：《宋代经济史·后记》，上海人民出版社 1988 年版，第 1216 页。

④ 姜锡东、王晓薇：《漆侠先生传》，中国社会科学出版社 2021 年版，第 351 页。

⑤ 王菱菱：《无尽的思念》，《漆侠先生纪念文集》，第 653—654 页、

来者无异。相识者打个招呼，先生会微笑而应。但一言及学术，先生会突然间陡然一震，意气焕发，生机勃勃，瞬间宛如两人，让我十分惊叹。①

漆侠先生走出苦闷的秘诀是忘我地投入学术研究，这个秘诀是有时代烙印的，那就是“几代人经历了辛劳、折磨、痛苦、彷徨之后，总的来看，是愈来愈趋向成熟了。人们懂得了自己的责任，懂得了自己一点微不足道的工作与振兴中华大业有着密切不可分的联系”②。

（二）以每日写两千言为乐事

漆侠先生在高中时，赵新儒先生对他关爱有加，毕业之际，赵先生特以《金刚经》中“应无所住而生其心”一语相赠。对赵先生的教诲，漆侠先生铭记五十个年头。后来漆先生读《二程集》又记住“主一无适之谓敬”一语。晚年漆先生回忆自己学生成长道路时说：“这两句话的含义差不多，都是让人们执著、坚持自己已经抉择的方向和事业，而不要见异思迁，横生枝节，以至于一无所成。但是，这两句话也不是容易实践的。”③

1966 至 1976 年，是漆侠先生的学术低潮期，十年间没有发表一篇论文。这一时期，在 50 岁的年纪，漆侠先生开始了勤奋的史料搜集工作。1972 年 10 月 21 日，先生在日记中写道：“总不能让时光白白过去。王安石不是说过吗，日力可惜！”④ 在南开大学图书馆，先生几乎每天在 8 点开门时第一位进入阅览室，直到关门时才离开。⑤ 漆小凌回忆漆先生这时去查资料的情景：“天津图书馆距我家很有一段距离，父亲多是步行。为了不耽误时间，常常中午带饭，一直干到图书馆关门。每天回到家里都会非常开心地汇报一下自己的读书成果，找回了多少曾经有的史料，又看到了

① 贾文龙：《学术与人生之间：漆侠先生晚年生活的片段追忆》，《漆侠与历史学：纪念漆侠先生逝世十周年文集》，第 95—96 页。

② 王曾瑜：《中国经济史和宋史研究的重大成果》，《晋阳学刊》1989 年第 4 期。

③ 漆侠：《中国社会科学家自述 · 漆侠自述》，《漆侠全集》第 12 卷，第 660 页。

④ 漆侠：《东向阳农场日记》，《历史学家茶座》2009 年第 3 辑。

⑤ 刘泽华：《忆漆侠先生“文革”后期的二三事》，《漆侠先生纪念文集》，第 620 页。

多少未曾发现的记载。”① 在北京图书馆看书抄卡片时，漆侠先生住在亲戚家，中午只吃一个干烧饼。来保定后漆侠先生仍然勤奋读书：

> 河北大学刚从天津搬来保定，图书馆的资料还堆在一个多年不用的礼堂里，虽然放着几张阅览桌，但很少有人来此看书，而先生则成了唯一的一个常客。而此时的先生是独身一人到保定，住在一间阴暗潮湿的小平房里，吃的是从食堂里买来的“黄金塔”，自己再用煤油炉煮点从天津带来的挂面，有时连油盐都没有。②

漆侠先生当时生活清贫，先生的外甥女每天在学校食堂吃饭时节省下一个玉米面窝窝头，给他当夜宵，先生“把窝窝头切成四条，放在暖气包上温一温，一边看书一边食用”③。

20 世纪 50 年代初，学生来到漆侠先生家里时常看到这样的情景：

> 每次都看到漆侠先生正在伏案忙碌着，或是编写讲义，或是撰写论文。在他的书桌一侧放着一只旧的摇篮，里面睡着他那尚在襁褓中的女儿，她不哭不闹，似乎很能体贴父母的辛劳，不是睡觉，就是眼看天花板，嘬小手指头，偶尔有所动作，老师则摇一摇摇篮。我们在书桌前汇报着教案，请教着问题，有时声音大些，或有些讨论，孩子感到吃惊而发出声音，女同学就抱她起来逗逗她玩，老师总是劝止说：“不要抱她，抱惯了，你们一走，她就不干了。”④

写作成为漆侠先生的工作乐趣，而完成字数则是先生快乐的量化标准。漆先生的子女回忆：“无论是盛夏三伏还是隆冬三九，除了适当的休

---

① 姜锡东、王晓薇：《漆侠先生传》，中国社会科学出版社 2021 年版，第 176—177 页。

② 郭东旭：《漆侠先生的追求精神》，《漆侠先生纪念文集》，第 627 页。

③ 孔莲：《我的大舅父漆侠》，《漆侠与历史学——纪念漆侠先生逝世十周年文集》，第 33 页。

④ 裴汝诚：《永记师教　不忘师恩》，《漆侠先生纪念文集》，第 599 页。

息，抑或家中来客，父亲从不辍笔。每次我们放学归来，父亲就会让我们猜一猜他写了多少字，这似乎也成了父亲的每日一乐。”① 晚年的漆先生仍然“平均每天要写近两千字”②。2001年5月，裴汝诚先生来河北大学参加研究生答辩，年届八旬的漆侠先生得意地说：“最近二十天，我写了二万多字，如果你下午到，我上午就可以收尾结束了。今天是五点多离家的，在办公室已写了三个小时了。我的精力还可以，写东西嘛，不能拿拿放放！”③

“漆先生每天都给自己预定写作计划，完成了就高兴，否则就有点不高兴。”④ 他“每年、每学期都有严格的计划，这计划对他就是法律，一定要完成。每天早晨，他都和坐班的人一起，来到办公室，下班时再回去吃饭。夏天的中午，他用几把沙发拼起一个简单的‘床’，躺在上面休息。只要不病倒住院，他肯定是来上班”⑤。漆侠先生“很惊讶国外的一些学者能够将学习和休闲的时间截然分开，礼拜一到礼拜五学习和工作，周末去度假旅游，他不能想像，学习和思考能够这样被隔断！因为对他来说，每天的时间，除了休息和处理日常事务，就是读书、思考和工作”⑥。晚年的漆侠先生到天津住院：

> 看到病房里沙发、电视、冰箱一应俱全，唯独没有写字的地方，便向医生和护士提出要求：“病房里可以没有沙发，但务必帮我找一个小桌，我还要工作。”医生和护士拿这位固执的老头没有办法，只好随他的愿。在医院里，只要父亲感觉身体好一点，写作的兴致就来了。每天输液之后，父亲就坐在小桌前写起来，医生和护士们都向他

---

① 姜锡东、王晓薇：《漆侠先生传》，中国社会科学出版社2021年版，第177页。

② 杜建录：《无限怀念恩师漆侠先生》，《漆侠先生纪念文集》，第642页。

③ 裴汝诚：《永记师教　不忘师恩》，《漆侠先生纪念文集》，第601页。

④ 苗书梅：《永远怀念漆侠先生》，《漆侠先生纪念文集》，第650页。

⑤ 刘永佶：《自缘身在最高层——悼老友漆侠先生》，《漆侠先生纪念文集》，第609页。

⑥ 刘春燕：《永远的回忆——怀念我的老师漆侠先生》，《漆侠先生纪念文集》，第645页。

投来疑惑而敬佩的目光。①

晚年的漆侠先生说："直到今天，我也敢和青年人比勤。"② 在和研究生谈起论文写作时，漆先生多次发起挑战："敢不敢和我赌赌谁写得快?"对这种竞赛式写作，研究生中无人敢于应战。

余论：何物最宜人风骨？——漆侠先生的史家品格

1999 年，我考入河北大学宋史研究中心学习，和漆侠先生的第一次谈话就是让我看马列著作。后来又见到前来参加答辩的王曾瑜等诸位先生，心中曾经感慨："这就是书中所谓的脊梁人物吧。"随着在日常生活中的接触，感觉诸位先生和老师平易近人，我也认为著名学者就应如此，这种敬仰式尊重也就淡化了。后来经事多了，又不能不感慨"先生在时，亦不觉异，自公没后，不见其比"。

漆侠先生学术事业的主要特色，是真心学习马克思主义、真心信仰马克思主义、真心运用马克思主义，因而被学界称为"真诚的马克思主义史学家"③，"赤诚的马克思主义史学家"④。

在个人学术之外，漆侠先生用很大精力培养年轻人，他所指导的研究生群体也是先生学术事业的重要组成部分。漆先生"视学生如子女，把学生看作是自己事业的一部分，有时就像护犊一样情深"，"把培养学生与建构宏大的学术体系联系在一起。"⑤ "漆侠先生对待学生，是支出型的，他在学术上是严格要求的，而在研究成果发表等问题上，又是厚道的。"⑥ 每

① 漆燕生、漆平、漆小凌、漆小瑾：《忆我们的父亲》，《漆侠先生纪念文集》，第 671 页。

② 裴汝诚：《永记师教　不忘师恩》，《漆侠先生纪念文集》，第 601 页。

③ 王曾瑜：《一位真诚的马克思主义史学家》，《漆侠先生纪念文集》，第 593—596 页。

④ 邓小南：《开幕致辞》，《漆侠与历史学———纪念漆侠先生逝世十周年文集》，第 16 页。

⑤ 李华瑞：《跟随漆侠师学宋史》，《漆侠与历史学：纪念漆侠先生逝世十周年文集》，第 81—82 页。

⑥ 王曾瑜：《中国经济史和宋史研究的重大成果》，《晋阳学刊》1989 年第 4 期。

个学生都能从先生身上感到“一种引导支撑的亲切力量”①。

1948年漆侠先生开始攻读研究生，1984年成功申请河北省第一个博士点，培养了一批宋史研究的青年才俊，因而可以说漆侠先生是新中国研究生教育半世纪发展的见证者。1989年8月，漆侠先生在《高等教育学报》刊发文章《坚持以马克思主义为指导治史、执教、育人》。这不是一篇单纯的教学经验总结，而是在国际共产主义运动陷入低潮时，以探讨如何培育信仰马克思主义的下一代史学家为主题的学术论文。1999年，漆侠先生又发表了题为《“在齐太史简，在晋董狐笔”——以献身的精神投入历史学》② 的文章，提出以献身精神投入历史科学。

漆侠先生一生自诩为教书匠，如果以学生培养作为衡量学术事业是否成功的视角，那么我们也可以发现“忠诚党的科研事业”实际上是先生学术事业的另一个重要特征。

“真诚，是正直的升华。”③ 忠诚，则是真诚的升华。

如果信仰有颜色，那一定是中国红。如果要一个真正的学者回答“何物最宜入风骨”，那么答案很可能是：最是赤诚易入骨！

曾经几次在认真从事学术研究的夜晚，梦见先生的容貌。而今在知非之年，在躺平之际，先生已经很少再入梦境了。我常常想如果梦境中再见，漆侠先生一定会高兴地和年轻人聊起今日之中国！

---

① 邓小南：《开幕致辞》，《漆侠与历史学——纪念漆侠先生逝世十周年文集》，第16页。

② 漆侠：《“在齐太史简，在晋董狐笔”——以献身的精神投入历史学》，《河北学刊》1999年第5期。

③ 刘永佶：《自缘身在最高层——悼老友漆侠先生》，《漆侠先生纪念文集》，第608页。

赵氏家族的五代史
——兼论五代军人集团盛衰的阶段特征*

黄晓巍
（湖南大学　岳麓书院）

五代时势，一言以蔽之，即军事威权支配政治秩序。掌控军事威权的群体，本文称之为“军人集团”。五代史的演进，集中表现为各军人集团的盛衰兴替。在唐末五代宋初的不同阶段，支配政治秩序的各军人集团，其形态、性质、作用有本质的区别，这种区别指示了五代历史的走向、出口，呈现了五代历史的脉络、阶段及特性。

有关五代史的演进脉络、阶段特征，是学界关切的议题。王赓武突破王朝研究的范式，以923年为界，将五代史分为前后两个阶段，勾勒其权力结构的变迁。① 其后，毛汉光在军人集团的概念下着重分析这两个阶段的政权转移②；闫建飞探讨了两个阶段“藩镇为国”的不同模式③。以上逐渐深化的研究过程，都着眼于权力结构、政权形态，对五代史做两阶段的划分，而对后周宋初这一时期的特性关注不足。龙沛基于周宋统一进程

* 基金项目：本文为国家社会科学基金青年项目“唐五代朝会礼制研究”（22CZS019）的阶段性研究成果。

① 参见王赓武《五代时期北方中国的权力结构》，中西书局2014年版。

② 毛汉光：《五代之政治延续与政权转移》，氏著：《中国中古政治史论》，北京科学技术出版社2024年版，第429—490页。另，樊文礼《沙陀往事：从西域到中原的浮沉》（山西人民出版社2023年版）用“军人政治集团”概括后唐、后晋、后汉三王朝的统治集团，可参。

③ 闫建飞：《走出五代：十世纪藩镇研究》，四川人民出版社2023年版。

的理解，将周世宗至宋真宗朝作为一个完整阶段，强调军事胜利对皇帝威权、朝廷统治的重要意义①，这一研究相对凸显了后周宋初对于后梁、后唐至后汉两个阶段的独特性。

本文拟在上述研究的基础上，以《宋史·太祖本纪》所载赵宋先世及赵匡胤的五代经历为线索，将五代历史划分为藩镇军人集团、侍卫军人集团、青年军人集团支配的三阶段，概括五代“军人集团”盛衰的阶段特征、发展趋势。其中，围绕着赵匡胤从军、发迹的经历，勾连赵氏家族的发展脉络，提出并阐发“青年军人集团”的概念，是本文核心的创新之处。

《宋史·太祖本纪》是关于赵宋先世的最重要文本，既有研究对其所载赵宋先世的仕履经历、人际关系等有许多考订②，但仍有许多细节尚需做更进一步的辨析。另一方面，五代八姓纷更，使五代史具有碎片缀合的性质，而赵宋先世由幽州地方官员到中央禁军将领，再到赵匡胤以殿帅开创宋朝，这一历程连贯性强，节点鲜明，较为完整地呈现了唐末五代宋初的历史脉络和趋势。这是本文选择《宋史·太祖本纪》文本，以及赵氏家族为个案的主要原因。

总而言之，本文将从考辨《宋史·太祖本纪》赵宋先世的事迹切入，进而以赵宋先世和赵匡胤的出处、际遇为中心，重新梳理五代历史、赵氏家族的发展脉络，总结五代军人集团盛衰的阶段特征。

一、藩镇的盛衰：赵敬及其父祖的幽州仕履

五代时势变化极速。当赵宋建立时，赵氏家族在幽州的过去已经很邈远了。赵氏的祖籍之地——涿州、幽州，在后唐后晋之际被石敬瑭割让给了契丹。赵匡胤本人生长于洛阳，成功于开封，从未到过幽州城，但祖辈

① 龙沛：《重归一统：宋初的战与和》，九州出版社 2021 年版。

② 参见高纪春《〈宋史·本纪〉考证》，河北大学出版社 2000 年版，第 37—38 页；顾宏义《宋太祖》，广东人民出版社 2023 年版；王育济、范学辉：《宋太祖传》，人民出版社 2021 年版；顾宏义：《赵弘殷显德三年行迹考辨》，《河北大学学报》（哲学社会科学版）2021 年第 1 期。

在幽州的奋斗，对于赵氏家族仍有重要的意义。赵氏先辈在幽州的仕宦，奠定了家族允文允武的特质，幽州的失败、家族的中衰则赋予后人复兴家族的使命。这种家族特质、复兴使命，至少传承了赵弘殷、赵匡胤两代人，为赵宋帝业做了第一重奠基。

(一)《宋史·太祖本纪》赵朓、赵珽记事考辨

赵匡胤成为宋朝的开国皇帝，不仅改变了他和家人、后人的命运，他已故祖先的身份也被改变了。按照王朝惯例，赵匡胤往上的四代祖先被追封为皇帝，他们平凡的履历因此被隆重地记录下来，最终写入《宋史·太祖本纪》，得到了长久的保存。其中，赵匡胤的高祖赵朓、曾祖赵珽、祖父赵敬，三代人均生长于燕蓟[①]，出仕唐末五代初的幽州（卢龙）镇。《宋史·太祖本纪》记载：

> 高祖朓，是为僖祖，仕唐历永清、文安、幽都令。
>
> 朓生珽，是为顺祖，历藩镇从事，累官兼御史中丞。
>
> 珽生敬，是为翼祖，历营、蓟、涿三州刺史。敬生弘殷，是为宣祖。周显德中，宣祖贵，赠敬左骁骑卫上将军。[②]

赵朓、赵珽的官位不高，只能称为基层官员。赵敬官至州刺史，已经进入藩镇高级官员的行列。即赵氏本为幽州治下的小家族，至唐末五代的赵敬一辈登上了幽州军人集团的上层舞台。

赵氏家族世代出仕的幽州镇，属于军事支配政治与社会的河朔藩镇。从安史之乱到唐末，河朔藩镇割据的格局已经持续了一个世纪，河朔地区因之具有了藩镇社会的典型特征——其一是藩镇军人、官僚的本地化。赵氏家族在幽州的仕宦、发迹，应该放在这一时代与地域背景下理解。

赵朓的仕宦，按《宋史》所述，终于幽州的幽都县令。但《东都事

---

① 参见《宋会要辑稿》帝系1之1，上海古籍出版社2014年版，第1页；[宋]邓名世《古今姓氏书辩证》卷25，影印文渊阁四库全书，第922册，台湾商务印书馆1986年版，第258页；王育济、范学辉《宋太祖传》，第2—3页。

② 《宋史》卷1《太祖本纪》，中华书局1977年版，第1页。

略》记载“至唐而高祖僖祖皇帝生焉，僖祖仕至文安令”①，则以鄚州的文安县令为赵朓的最终任官。这两种记述既然存在差异，当以何者为是？以往学者并未着意于此细节，我们借助其他文献略做辨证。宋初追尊四祖时，统一称呼四祖为“某某府君”，《宋史・礼志》记载：

判太常寺窦俨奏上皇高祖文安府君曰文献皇帝，庙号僖祖；皇曾祖中丞府君曰惠元皇帝，庙号顺祖；皇祖骁卫府君曰简恭皇帝，庙号翼祖。②

窦俨对赵朓三人的称呼分别是文安府君、中丞府君、骁卫府君。赵珽被称作中丞府君，根据的是他“累官兼御史中丞”。赵敬“父以子贵”，在后周显德年间得到了“左骁卫上将军”③ 的赠官，故而被称为骁卫府君。赵珽、赵敬的称呼来自他们最后且最高的官职，赵朓被称为文安府君就表明他仕途的终点、最高点是文安令，《宋史》所载“幽都令”不确。又据《旧唐书・地理志》记载，幽州治蓟县、幽都县：

蓟：州所治。古之燕国都。汉为蓟县，属广阳国。晋置幽州，慕容儁称燕，皆治于此。自晋至隋，幽州刺史皆以蓟为治所。

幽都：管郭下西界，与蓟分理。建中二年，取罗城内废燕州廨署，置幽都县，在府北一里。④

在藩镇时代，幽州是藩镇治所，则幽都县作为幽州镇治、州治，地位显著高于鄚州的文安县。《宋史》中赵朓为“幽都令”的书写，可能出自后来

---

① ［宋］王称：《东都事略》卷1《太祖本纪》，《二十五别史》第13册，齐鲁书社2000年版，第1页。

② 《宋史》卷106《礼志・宗庙之制》，第2565—2566页。

③ 高纪春《〈宋史・本纪〉考证》（第37页）指出《宋史・太祖本纪》作“左骁骑卫上将军”误，当为“左骁卫上将军”，其说可从。第37页。

④ 《旧唐书》卷39《地理志二》，中华书局1975年版，第1516页。

史官有意的美化。值得注意的是，这种美化现象普遍存在于《宋史》对赵宋先世的叙述之中，对此美化书写的辨析是贯串本文的核心脉络。

赵珽所历“藩镇从事”是一个包含较广的职官概念，大抵从随军、要籍、衙推、巡官、推官到掌书记、判官、行军司马、节度副使都可称为从事。[①]《宋史》既没有特别写明，则赵珽担任的应该只是常见的衙推、巡官、推官等基层幕职。从唐末至宋初，基层幕职常兼御史中丞，称为“兼宪衔”，如《云麓漫抄》所言，“衙校各带宪衔，止是吏职”[②]。

按照《宋史》书写，赵朓、赵珽担任的幽都县令、御史中丞，给人以中高层职官的感觉。[③] 但实际上，赵朓、赵珽的仕宦要较《宋史》呈现的更为微薄，即便宋人、《宋史》做了美化，仍然透露出赵氏家族仕宦的艰难。要到唐末五代之际，赵敬“事刘仁恭父子”[④]，出任刺史，仕宦显达，才实现了家族门第的提升。

（二）幽州兴衰与赵敬的仕履

赵敬仕宦的成功，是赵敬个人、赵氏家族、唐末时势等诸多因素共同作用的结果。赵敬“少年慷慨有大志”[⑤]，娶“平州刺史、幽蓟垦田使者”刘昌之女[⑥]，以及赵氏家族持续出仕、允文允武的特性，都是其仕宦成功的重要因素，最为关键的当是刘仁恭、刘守光时代的幽州形势。

按照各种文献的记载，赵氏世仕幽州，赖以立家、从政以至显达的职

---

① 参见赖瑞和《唐代基层文官》，中华书局2008年版，第208页。

② ［宋］赵彦卫：《云麓漫抄》卷3，中华书局1996年版，第39页。

③ 赖瑞和（《唐代基层文官》“自序”，第4页）认为，县令尤其重要县令是中级文官，御史中丞是高级文官。

④ ［宋］彭百川：《太平治迹统类》卷1《圣宋仙源积庆符瑞》，影印文渊阁四库全书，第408册，第2页。

⑤ ［宋］曾巩：《隆平集》卷1《圣绪》，中华书局2012年版，第1页。

⑥ ［宋］苏舜钦：《苏学士集》卷14《内园使连州刺史知代州刘公墓志》，影印文渊阁四库全书，第1092册，第104页。据顾宏义《宋太祖》（第10页）考证，“刘昌”当从《宋朝事实·祖宗世次》《宋会要辑稿·后妃》《宋史·外戚传》作“刘正”。

业技能是“儒学”。其中，赵朓“以儒学显”[①]，赵珽“亦儒学世其业”[②]，到赵敬之子赵弘殷这一辈也还“雅好儒素”[③]。学者多据此表彰赵氏的儒学“门风”。[④] 这种书写和认识恐怕受了宋代文治形象的影响，虽不算错，至少是不够精确的。

一方面，赵氏的“儒学”在幽州内部具有普遍性。唐后期的藩镇可谓是在军人集团支配下的“军府—文官”二元结构，军人集团占据藩镇上层，支配藩镇秩序，而以文官、文吏充任州县官僚、藩镇从事，形成文武分途的藩镇模式。由于河朔藩镇的相对独立，导致幽州人士难以在幽州之外立足，只能求仕于内。又由于藩镇军人集团的相对封闭，幽州本地家族的“军旅之路”并不通畅，只能选择以儒学、吏学出仕，成为藩镇模式下受军人集团支配的文吏。赵朓、赵珽的儒学背景及所任官职，正与此相应。

另一方面，赵氏在赵敬一代当由文转武，形成文武合一、允文允武的家族风格。在唐后期，藩镇化或军事支配秩序的政治生态，对幽州社会的影响是全方位的。在此背景下，有相当数量的家族、士人积极投身军旅，以博取富贵。当特定或普遍的契机出现时，幽州人士就能实现由文到武的转换。赵氏家族由儒学转为允文允武，就与刘氏幽州时期的政治变动密切相关。

唐末在黄巢起义的冲击下，一方面旧藩镇衰亡，河北藩镇如魏博、成德等普遍衰落，唯有幽州尚称强藩；另一方面新藩镇崛起，诸藩镇军人集团间互相攻伐、吞并，到五代初年，形成宣武、河东两大集团对抗的格局。刘仁恭、刘守光父子经营的幽州，勉强可以算是梁晋之外的第三方势力，但也屡遭梁晋攻击而逐渐衰落。开平元年（907），因后梁进攻而引发的刘守光政变，是幽州军人集团衰落进程中的重要节点。刘守光囚父杀

---

① ［宋］曾巩：《隆平集》卷1《圣绪》，第1页。

② 《太平治迹统类》卷1《圣宋仙源积庆符瑞》，影印文渊阁四库全书，第408册，第2页。

③ ［宋］谢维新：《古今合璧事类备要·续集》卷7，影印文渊阁四库全书，第940册，第431页。

④ 王育济、范学辉：《宋太祖传》，第3页。

兄，大肆诛杀异己，引发幽州动荡，如冯道、李承约、王思同等人都奔逃出境，避难河东。① 幽州因人才损失而加速衰落的同时，军人集团原有的权力结构也被打破，由此带来的权力真空为尚在幽州的人士提供了升迁的机会。赵敬的父祖沉沦下僚，赵敬却得以跃升显宦，当得益于这种政治形势。

然而，福祸相依，动乱、衰弱的幽州为赵敬提供了机会，幽州的覆灭也毁灭了赵敬的仕途。乾化元年（911），刘守光自称皇帝，建立“大燕”政权。次年，晋王李存勖派遣大将周德威率部伐燕，发动灭亡幽州集团的战争。大燕治下的诸州望风而降，《资治通鉴》记载，乾化二年四月，“李嗣源攻瀛州，刺史赵敬降”②。此赵敬即赵匡胤的祖父，瀛州刺史是他仕途的最后一任，这是可补《宋史·太祖本纪》记载的细节。

乾化三年，晋军攻破幽州，刘守光被俘，幽州军人集团覆灭。大约在灭燕的十年后，李存勖突袭开封，灭亡后梁，建立后唐，整备出一支强大的中央禁军。唐末以来割据华北各地的军人集团或亡或衰，再也无力和中央抗衡。五代权力转移的方式，遂从“藩镇间的攻伐”到“禁军内部的攘夺”，进入新的阶段。

幽州集团覆灭后，李存勖命周德威镇守幽州，“幽州旧将有名者，往往杀之”③，投降河东的幽州人士遭到普遍的打击，幽州军人集团被彻底终结。在这种形势中，赵敬或许未遭周德威的杀戮，但仕途终结、地位沦丧是在所难免的。失官去职的赵敬只能携家人逃离危险的故乡。赵敬的妻子刘氏是保州保塞县人，或许是因此之故，赵敬一家避难保州，由此，保塞成为赵宋“皇家之故乡”④。这一变动也成为赵氏家族走出幽州，走入中原的转折点。此后，赵敬的子孙承担复兴家族的重任，在中原的风起云涌中巧合登顶，建成文治的宋朝，带领中国走出五代乱世。

---

① 参见李碧妍《危机与重构：唐帝国及其地方诸侯》，北京师范大学出版社 2015 年版，第 348 页。

② ［宋］司马光：《资治通鉴》卷 268，乾化二年四月，中华书局 1956 年版，第 8756 页。

③ 《资治通鉴》卷 269，贞明三年二月，第 8813—8814 页。

④ 参见顾宏义《宋太祖》，第 10 页；王育济、范学辉《宋太祖传》，第 9—10 页。

幽州军人集团遭遇的两次杀戮和离散，客观上促成了幽州人士在五代政坛的崛起。① 原因在于，唐末五代藩镇间的连年攻战，摧毁了旧秩序，也将部分藩镇如河东改造成纯粹的军政府。在河东入主中原，后唐建立前后，重建政治秩序需要有统治经验的人群，从幽州进入河东的人士作为旧藩镇的统治群体，为新朝提供了合用的政治经验，发挥了积极的作用。冯道的仕宦成功，就是这一时代潮流的典范。②

当然，更多的幽州人士应该是像赵敬、赵弘殷父子一样，经历了家道中落之后，在新的地域、新的政治体系中安身立命，谋求重振家族。从这个角度说，赵氏家族的五代历程同样具有典型意义。

二、在侍卫亲军浮沉：赵弘殷的从军际遇

在幽州时，赵弘殷作为官宦子弟，受到较好的文化与军事训练，因而史书对他有“少骁勇，善骑射，而雅好儒素”的概括。离开幽州后，赵敬因遭遇的打击一蹶不振，已是青年的赵弘殷必须承负起振兴家族的使命。至保州之后不久，赵弘殷即从军入伍，成为成德军的一员。后进入侍卫亲军，随之浮沉。

（一）赵弘殷成家与从军

在从军之前，赵弘殷完成了自己的人生大事——结婚。《东斋记事》中有一则“避雪杜家庄”的记载，是关系赵弘殷、杜氏婚姻及赵宋兴起之源的典范叙事：

> 刘尚书涣尝言：宣祖初自河朔南来，至杜家庄院，雪甚，避于门下久之。看庄院人私窃饭之数日，见其状貌奇伟兼勤谨，乃白主人。

---

① 参见毛汉光《五代之政治延续与政权转移》，氏著《中国中古政治史论》，第 429—490 页；赵满《唐五代河北地方社会的变迁与新兴文士阶层的兴起》，华东师范大学 2017 年硕士学位论文。

② 参见陆扬《论冯道的生涯——兼谈中古晚期政治文化中的边缘与核心》，氏著《清流文化与唐帝国》，北京大学出版社 2016 年版，第 165—210 页。

主人出见，而亦爱之，遂留于庄院累月。家人商议，欲以为四娘子舍居之婿。四娘子即昭宪皇太后也，其后生两天子，为天下之母。定宗庙大计，其兆盖发于避雪之时。圣人之生，必有其符，信哉！①

故事讲述者刘涣的祖父是刘昌（刘正），即赵敬的岳父。赵氏、刘氏的关系在幽州时即已奠定，迁居保州后或许进一步加强，以至于在赵匡胤即位以后仍然延续。② 这个故事见于《东都事略》《烬余录》等书转引，且故事的核心要素未见反证，因而通常被学界认为可信。

但是，从宋代祖宗故事生成演化的角度看，这个故事也不无可疑之处。我们今天所能见到与赵匡胤相关的开国、为政故事，数量众多，真伪相杂。大致说来，“太祖故事”在宋代的生成，北宋中期的真宗、仁宗、神宗朝是一个重要阶段。这一时期的士大夫注重阐发祖宗故事，宣示祖宗之法，特点有二：一则通常于史有据，二则多有引申、附会。王曾等书写的赵匡胤撤坐故事，就是一个典型例子。③ 刘涣讲述、范镇记录的“避雪杜家庄”故事也符合这两个特点——既于史有据，与其他文献记载无明显冲突，又套用或强化了落魄青年遭遇豪强赏识—嫁之以女—最终成功的模板，用这种戏剧化的书写凸显“圣人之生，必有其符”，证明赵宋的天命。

关于赵弘殷成家、从军的时间经过，《宋史·太祖本纪》没有确切的说明，只有这样一句：

宣祖少骁勇，善骑射，事赵王王镕，为镕将五百骑援唐庄宗于河上有功。庄宗爱其勇，留典禁军。④

① ［宋］范镇：《东斋记事》卷1，中华书局1980年版，第1页。标点有改动。

② 参见《宋史》卷324《刘文质传》，第10492—10495页；《苏学士集》卷14《内园使连州刺史知代州刘公墓志》，影印文渊阁四库全书，第1092册，第104—106页。

③ 参见［宋］王曾《王文正公笔录》，中华书局2017年版，第12页；黄晓巍《宋太祖撤坐故事与五代宋初朝礼改革》，《中国史研究》2024年第3期。

④ 《宋史》卷1《太祖本纪》，第1页。

关于赵弘殷何时成婚、从军，如何成为“五百骑”之长，现在我们结合相关文献做一些简要的推论。

乾化三年（913），李存勖俘刘守光，命周德威镇守幽州，赵敬、赵弘殷离开幽州当在此后。赵匡胤之母杜太后是天复二年（902）生人，《宋史·后妃传》记载杜氏“既笄，归于宣祖”，及笄后与赵弘殷成亲。① 按照十五岁及笄的一般惯例，赵弘殷与杜氏成亲当在916年或稍后。

无论是成家后需要立业，还是复兴家族的需要，赵弘殷都必须出仕。在当时的时代背景下，离开幽州故地的赵弘殷，唯一的选择就是从军。赵弘殷前往成德节度使、赵王王镕麾下从军，自然是在结婚之后。因此，不妨说赵弘殷从军在917年前后。

赵弘殷“将五百骑援唐庄宗于河上”，表明他在成德就已经成为骑兵指挥使了。赵弘殷入援与贞明四年（918）河东、后梁的胡柳陂之战相关。《新五代史》记载，天祐十五年（918）“八月，（李存勖）大阅于魏，合卢龙、横海、昭义、安国及镇、定之兵十万、马万匹，军于麻家渡”②。随后，河东、后梁接连大战，十二月时双方在胡柳陂决战，河东先败后胜，伤亡惨重，需要征调各镇的兵力作为补充。则赵弘殷入援河东的时间，可能在919或920年。③

在917至920年短短的几年中，新入伍的赵弘殷就成为“五百骑”之长了。乱世升迁较速，本不足为怪，但这一时期的成德除派遣大将王德明、符习等从李存勖征伐外，境内并无战事。赵弘殷是如何在成德无战事的情况下快速升迁的？除了赵弘殷“骁勇善骑射”的个人素养外，还可以做如下推断：

其一，赵弘殷或许不是孤身从军，而是与杜氏之人一起。杜太后的长兄“审琦仕后唐，为义军指挥使，天成二年卒，年三十五”④，而赵弘殷在

---

① 《宋史》卷242《后妃传上》，第8606页。

② ［宋］欧阳修：《新五代史》卷5《唐庄宗本纪下》，中华书局2016年，第49页。

③ 参见王育济、范学辉《宋太祖传》，第15页。按：龙德元年二月，王镕为大将张文礼所弑，这个时间是赵弘殷率军援河东的下限。

④ 《宋史》卷463《外戚传上·杜审琦》，第13536页。

后唐初年担任飞捷指挥使①，两人年龄、名位相近，可能有一起从军于成德、升为指挥使、入援并留在河东的经历。② 他们从军之时，当有一定数量的杜家丁壮一起，则杜审琦、赵弘殷等人都不必从小卒做起。

其二，幽州军人集团覆灭前后，大量幽州人士转投他镇，主要方向是河东，但成德亦不至于无人。赵弘殷在成德从军，当能得到赵敬故旧的些许关照。

其三，成德境内固然没有战事，但成德有派兵支援河东的义务。赵弘殷、杜审琦可能被编入专门为河东准备的新兵部队，故而在各种机缘的共同作用下快速升迁。

要之，赵弘殷自幽州至保州、成德的数年间，完成了结婚、从军、担任骑兵指挥使等事，随后受命入援李存勖，赵弘殷的人生轨迹又一次发生了改变。

（二）从成德到洛阳、开封：作为侍卫亲军将领的赵弘殷

按照《宋史》记载，赵弘殷入援李存勖时“有功”，“庄宗爱其勇，留典禁军”，似乎是一出英雄立功、君主奖掖的佳话。然而，李存勖截留藩镇入援之兵，编入河东部队，是普遍的制度安排，赵弘殷不具备受唐庄宗赏识的特殊性。《东都事略》记载，赵弘殷被纳入河东后担任飞捷指挥使。五代军制，一指挥有五百人，长官为指挥使；五或十指挥为一军，长官为都指挥使；再往上才是“典禁军”的高级武将、统帅。赵弘殷统领五百骑兵入援，编入河东、论功行赏后仍为指挥使，则《宋史》“有功”“庄宗爱其勇”“典禁军”等形容都是美化的书写。

不过，赵弘殷进入河东集团本身就有重大的意义。赵弘殷由此避开921年成德军的张文礼之乱，以及后唐剿灭张文礼的惨烈战争。更重要的是，不久后的923年，河东灭后梁，建立后唐，统一华北。其后河东军人集团转变为侍卫军人集团，侍卫亲军的主要将领如李嗣源、李从珂、石敬瑭、刘知远、郭威，入则掌领禁军，出则分莅大藩，起兵则夺取天下，支

---

① 《东都事略》卷1《太祖本纪》，《二十五别史》第13册，第1页。

② 参见顾宏义《宋太祖》，第19页。

配着唐、晋、汉、周四朝历史的演进。因此，赵弘殷进入河东军人集团，参与五代的主流，尽管名位不高且“自同光至开运，逾二十年不迁”①，但是禁军将领的身份，本就是乱世的护身符。赵弘殷二十多年未获升迁，也从侧面体现出赵弘殷避开了残酷的战斗，从而免于危险，赵氏一家遂于乱世中得享二十多年相对安定的生活。②

后唐建立以后，赵弘殷将妻子杜氏接到洛阳，夫妻团聚。在第一个儿子夭折后，天成二年（927）二月十六日，第二个儿子赵匡胤出生于洛阳夹马营。③ 赵匡胤就在洛阳的军营一带，与禁军子弟一起成长。《宋史·太祖本纪》记载：

> （赵匡胤）学骑射，辄出人上。尝试恶马，不施衔勒，马逸上城斜道，额触门楣坠地，人以为首必碎，太祖徐起，更追马腾上，一无所伤。
>
> 又尝与韩令坤博土室中，雀斗户外，因竞起掩雀，而室随坏。④

这里“辄出人上”“人以为首必碎”的诸人，多是禁军子弟。赵匡胤与韩令坤显然是这些人中的风云人物。后来周世宗柴荣重组禁军，重用这批禁军子弟，赵匡胤、韩令坤以及赵匡胤的“义社兄弟”都在其中，以这些人为核心构成的“青年军人集团”迅速取代侍卫亲军的“老将”，主导了后周至宋初的历史。赵匡胤未来的前程，在赵弘殷入援李存勖、加入河东集团时，就已经写好了开篇。因此，赵弘殷入援河东，可谓是赵宋帝业的第二重奠基。

---

① 《东都事略》卷1《太祖本纪》，《二十五别史》第13册，第1页。

② 在此二十多年中，赵弘殷固然没有升迁，但有在飞捷、夹马、护圣诸营转任并参与相关军事活动的经历。由于国史、正史“记大略小”的书写惯例，赵弘殷的这些经历被史书隐没了。

③ 按，赵匡胤“后唐天成二年丁亥岁二月十六日，生于西京夹马营”，参见《宋会要辑稿》帝系1之2，第2页。赵匡胤出生在夹马营，表明赵弘殷在此前已经由“飞捷”调往“夹马”任职。

④ 《宋史》卷1《太祖本纪》，第2页。

赵匡胤在后晋时娶妻贺氏，她是赵弘殷同僚贺景思之女。《宋史》记载："太祖孝惠贺皇后，开封人。右千牛卫率府率景思长女也。性温柔恭顺，动以礼法。景思常为军校，与宣祖同居护圣营。晋开运初，宣祖为太祖聘焉。"① 可见赵弘殷的禁军生涯，对赵匡胤青少年时期的生活、婚姻具有全面的影响。

赵弘殷一家先后随军在洛阳、开封居住。中间经历了后唐、后晋、后汉的易代，契丹的占领。至后汉初年，在二十多年的"不迁"与粗安之后，赵弘殷获得了参战立功的机会，已经成年的赵匡胤也面临从军方向的抉择。

三、郭威平叛：赵弘殷立功升迁与赵匡胤从军

后汉乾祐元年（948），赵弘殷参与了讨伐王景崇的平叛之战。《宋史·太祖本纪》记载：

> 汉乾祐中，讨王景〔崇〕于凤翔，会蜀兵来援，战于陈仓。始合，矢集左目，气弥盛，奋击大败之，以功迁护圣都指挥使。②

时值后汉高祖刘知远去世、隐帝刘承祐继位，凤翔王景崇、永兴赵思绾、河中李守贞联合反叛，朝廷遣兵进讨，"自河中、永兴、凤翔三镇拒命以来，朝廷继遣诸将讨之"，八月壬午，后汉朝廷命郭威为"为西面军前招慰安抚使，诸军皆受威节度"。③ 其中赵晖主持对王景崇的征讨，郭威则亲领诸军，合攻李守贞。

《宋史·太祖本纪》的叙述围绕赵弘殷展开。所谓"讨王景崇于凤翔"，似以赵弘殷为主将，然如《东都事略》所述，赵弘殷只是"与征讨"

① 《宋史》卷242《后妃传上》，第8607页。

② 《宋史》卷1《太祖本纪》，第1页。"王景"，《东都事略》卷1（第1页）作"王景崇"。参见舒仁辉《〈东都事略〉与〈宋史〉比较研究》，商务印书馆2007年版，第99页。

③ 《资治通鉴》卷288，乾祐元年八月壬午，第9396页。

而已。[①]《资治通鉴》也记载，乾祐元年九月“蜀兵援王景崇军于散关，赵晖遣都监李彦从袭击，破之，蜀兵遁去”[②]，则此战的主将也非赵弘殷。不过，赵弘殷奋勇作战、受伤不退当是事实，因为这一扎实可观的战功，战后赵弘殷遂升迁为护圣都指挥使，打破了二十多年不迁的困境。

关于赵弘殷的负伤，《宋史》“矢集左目”的描述颇显怪异。文献中“矢集”通常与屋、帐、乘舆、人名、身躯、胸、脑等连用，因为这些对象体积较大，故而飞矢可集，或者作“矢集如雨”等形容；“左目”则多连于“箭中”“流矢中”之后。盖人眼极小，飞矢能“中”而不能“集”。《东都事略》作“面中流矢”，于意为长，可从。

值得注意的是，赵弘殷此次升迁当即对赵匡胤的从军选择产生了影响。此前，已经成年的赵匡胤离家游历于今河南、湖北一带，并寻找合适的从军方向。他考虑了父亲赵弘殷的老上司王彦超。王彦超在“汉初，领岳州防御使兼护圣左厢都校，出为复州防御使”[③]。宋初，赵匡胤与王彦超在酒酣时有这样一段对话：

> 酒酣，（赵匡胤）顾前凤翔节度使、兼中书令临清王彦超曰：“卿曩在复州，朕往依卿，卿何不纳我？”彦超降阶顿首曰：“当时臣一刺史耳，勺水岂可容神龙乎。使臣纳陛下，陛下安有今日！”上大笑而罢。[④]

可见赵匡胤前往复州，本意是在王彦超麾下谋求军职，却为王彦超所拒。

赵匡胤又往随州，依随州刺史董宗本。董宗本为涿州人，与赵弘殷、赵匡胤属同乡，其自契丹南奔，“汉祖得之，擢拜随州刺史”，其子董遵诲为随州牙校。《宋史·董遵诲传》载，“太祖微时，客游至汉东，依宗本，

① 《东都事略》卷1《太祖本纪》，《二十五别史》第13册，第1页。

② 《资治通鉴》卷288，乾祐元年九月，第9399页。

③ 《宋史》卷255《王彦超传》，第8911页。

④ ［宋］李焘：《续资治通鉴长编》卷2，建隆二年三月癸亥，中华书局2004年版，第42页。

而遵诲凭借父势，太祖每避之……他日论兵战事，遵诲理多屈，拂衣而起。太祖乃辞宗本去。”① 赵匡胤、董遵诲少年意气，小有冲突，赵匡胤感受到客居的尴尬和憋屈，遂辞去。

赵匡胤在湖北的游历、求仕都不算顺利，这与赵弘殷长期仅为指挥使的尴尬地位不无关系。是以赵弘殷故旧虽多，赵匡胤受到的重视则有限。其后，赵匡胤的游历方向转向了关中，宋人笔记有许多相关记载，如“太祖微时，游渭州潘原县，过泾州长武镇”②，“太祖微时多游关中”③，太祖“方潜隐时，自凤翔道过原州”④ 之类。《宋史·太祖本纪》记载：

> 汉初，（赵匡胤）漫游无所遇，舍襄阳僧寺，有老僧善术数，顾曰：“吾厚赆汝，北往则有遇矣。”⑤

这个书写将赵匡胤游历方向的调整放在佛教、术数的框架下，做了神化的附会。但考虑到乾祐初年的平叛之战，赵匡胤在关中除了游历之外，也有探视受伤的父亲、找寻新的从军方向等因素。

就在此时，赵弘殷因功升为护圣都指挥使，父子一体，赵匡胤的地位水涨船高，他从军的选择也变得广阔了。笔者推断，父子二人应就赵匡胤的前途有过讨论，对于各方将领、时势发展做了研判，恰逢郭威募兵，他们商讨的最终结论是赵匡胤应追随郭威。从后来的发展看，郭威安排赵匡胤到柴荣麾下，不会与赵弘殷的中层军职、赵匡胤禁军子弟的身份无关。

郭威是此次平叛之战的总指挥，亲自指挥对河中李守贞的围攻。至乾祐二年（949）七月，李守贞自焚，河中平定。这一战持续十七个月，极大强化了郭威的军事威权。《旧五代史·周太祖本纪》记载：

---

① 《宋史》卷273《董遵诲传》，第9342页。

② ［宋］邵伯温：《邵氏闻见录》卷1，中华书局1983年版，第1页。

③ ［宋］张舜民：《画墁录》，《全宋笔记》第2编第1册，大象出版社2006年版，第207页。

④ ［宋］庄绰：《鸡肋编》卷下，中华书局1983年版，第112页。

⑤ 《宋史》卷1《太祖本纪》，第2页。

> 帝在军，居常接宾客，与大将宴语，即褒衣博带，或遇巡城垒，对阵敌，幅巾短后，与众无殊。临矢石，冒锋刃，必以身先，与士伍分甘共苦。稍立功效者，厚其赐与，微有伤痍者，亲为循抚，士无贤不肖，有所陈启，温颜以接，俾尽其情，人之过忤，未尝介意，故君子小人皆思效用。①

郭威收揽了人心，确立了他个人的领袖地位、军事威权。

另一方面，持久而惨烈的战争消耗了大量的士兵，出于补充兵员等目的，郭威下令招募士兵。《宋史·太祖本纪》记载：

> 会周祖以枢密使征李守真，（赵匡胤）应募居帐下。广顺初，补东西班行首，拜滑州副指挥。世宗尹京，转开封府马直军使。②

赵匡胤即是在此背景下加入郭威麾下的。③

郭威此次的兵员招募无异于一纸“青年动员令”，搅动了中原的风云。想要通过从军出仕改变自己与家族命运的青年，从整个华北地区涌向郭威所在，希望追随这位证明了自己、前程远大的禁军领袖。由此，郭威麾下汇聚了一大批青年。后来，这批青年与郭威的继承人柴荣结合，形成一个拥护储君、新君柴荣的青年军人集团。正是依靠这个军人集团，柴荣取得高平之战的胜利，进而推行禁军改革，发动南征北伐。

四、禁军再造：高平、淮南之战中的赵弘殷父子

后周成立，赵弘殷继续在侍卫亲军任职。《宋史·太祖本纪》载：“周

---

① 《旧五代史》卷110《周书·太祖纪一》，中华书局1976年版，第1450—1451页。

② 《宋史》卷1《太祖本纪》，第2页。按，“李守真”即“李守贞”。

③ 《东都事略》卷1《太祖本纪》（第2页）认为赵匡胤“从周太祖于邺”。学者对此二说持不同意见。本文认为，赵匡胤在关中与赵弘殷议定从军方向后，当即前往河中投军，战后从郭威至邺都。

广顺末，改铁骑第一军都指挥使，转右厢都指挥，领岳州防御使。”① 顾宏义概括指出：“赵弘殷于后周广顺末年（953）升任铁骑第一军都指挥使，显德元年（954）三月擢任龙捷右厢都指挥使、遥授团练使，后转龙捷左厢都指挥使、领岳州防御使。”②《宋史·太祖本纪》这句表述不限于“周广顺末”，延及显德初年，则“转右厢都指挥”前当用句号分开才更显准确。

（一）青年军人集团的成立：高平之战与赵匡胤的升迁

赵匡胤是高平之战中崛起的青年将领，他的父亲赵弘殷也在此战中获得了升迁，由“军都指挥使”升为“厢都指挥”，时间是周世宗显德元年三月，背景是高平之战后的赏功和“填空”——填补临阵逃脱诸将被斩杀后的军职空缺。

显德元年正月，柴荣继位，是为周世宗。二月，北汉主刘崇率部与辽军联合南下。柴荣决定亲征抵御，但遭到宰相冯道的激烈反对。《资治通鉴》记载：

> 冯道固争之，帝曰：“昔唐太宗定天下，未尝不自行，朕何敢偷安！”道曰：“未审陛下能为唐太宗否？”帝曰：“以吾兵力之强，破刘崇如山压卵耳！”道曰：“未审陛下能为山否？”帝不悦。③

由于高平之战的最终胜利，后人多肯定柴荣的坚持，而视冯道的反对为迂为怯。然而，如果结合五代禁军的风气来考虑，则冯道的反对并非没有道理。

此前，后唐至后周的皇位攘夺，表明禁军是中央统治藩镇的基础，是包括皇帝在内的“侍卫军人集团”的共同权威来源，却不是皇权稳固的基础。禁军对皇帝的效忠并不绝对，将帅们也是禁军的当然领袖。后唐至后

① 《宋史》卷1《太祖本纪》，第1页。

② 参见顾宏义《赵弘殷显德三年行迹考辨》，《河北大学学报》（哲学社会科学版）2021年第1期。

③ 《资治通鉴》卷291，显德元年二月，第9502—9503页。

周乃至宋初的持续动乱——包括后汉初李守贞等的反叛，宋初李筠、李重进的起兵——都与此有关。依靠禁军政变上台的君主曾尝试改变这种局面，但都未能打破禁军体制的结构，也就无法促成根本的改变。

更糟糕的是，这种局面还导致禁军战斗力的全面衰落。表现在：其一，将帅着力于内部攘夺，致禁军呈分崩离析之态；其二，禁军攻坚能力弱，如后晋时攻打河北的反叛藩镇，后汉时攻打河中李守贞，皆旷日持久，艰难取胜；其三，禁军面对强敌时，多次出现全军崩溃、瓦解。这一“禁军衰落趋势”发展到后周建立、柴荣继位时，已经非常严重。应该说，冯道正是基于对禁军的了解提出他的反对意见——柴荣作为尚未证明自己的青年君主，统领衰弱、怯懦的禁军和契丹、北汉联军作战，将必然遭遇禁军将领的背叛、禁军部队的崩溃。在这个意义上，宰相冯道是在为青年君主提出老成的建议。

事实证明，后周禁军确实崩溃了，周汉两军“合战未几，樊爱能、何徽引骑兵先遁，右军溃；步兵千余人解甲呼万岁，降于北汉”①。但是，柴荣亲征的自信、高平之战的转机另有可以倚仗的力量，即后来的“青年军人集团”。在柴荣即位前，郭威已经将当初招募的青年军人择优输送到柴荣麾下，使他们达成密切的主从关系。高平之战时，正是赵匡胤等青年军人护卫柴荣，奋勇抗击。《资治通鉴》记载：

> 帝见军势危，自引亲兵犯矢石督战。太祖皇帝时为宿卫将，谓同列曰：“主危如此，吾属何得不致死！”……太祖皇帝身先士卒，驰犯其锋，士卒死战，无不一当百，北汉兵披靡。②

还有内殿直马仁瑀、殿前右番行首马全乂等身先士卒，率部力战，加之北汉骁将张元徽意外身死，北汉军心动摇，后周遂得以反败为胜。这当然是在冯道意料之外的。

---

① 《资治通鉴》卷291，显德元年三月，第9505页。

② 《资治通鉴》卷291，显德元年三月，第9505页。

高平之战是五代历史的重要转折点。战后，周世宗以杀戮清除一批禁军将领，提拔战争中立功的青年将领，组建殿前司，整改侍卫亲军。由此，老派的侍卫军人集团支配一切的时代结束了，崭新的青年军人集团迅速接管并改造禁军，成为后周政权的支配力量。

当大批青年形成群体甚至集团之后，群体所秉持或被赋予的理想是至关重要的。在很短时间里，周世宗为青年军人集团配齐了地位、财富和权势，此外也赋予了理想，亦即柴荣本人“十年开拓天下，十年养百姓，十年致太平”的理想。① 因此，相较于陈腐之气已重的侍卫军人集团，新生的青年军人集团尽管仍未完全褪去军阀习气，但要显得更有生气、能力，也更有理想。在柴荣的领导下，这个青年军人集团既主导对外战争，也参与内部改革，包括尝试振兴政府，改造行政组织，等等。后来，在周世宗去世之后，青年军人集团的新领袖——赵匡胤篡夺了后周政权，接着以“杯酒释兵权”的运作，收夺同辈将领的兵权。随之赵匡胤又对藩镇军人、其他旧式军人做了清理改造，最终带领中国走出五代，终结了唐末五代军人集团对政治的支配，开启了新时代。

高平之战中立功最大、智勇最著的赵匡胤，在显德元年（954）五月世宗征北汉结束后论功行赏，越级升迁。《宋史》载后周“乘胜攻河东城，焚其门，（赵匡胤）左臂中流矢，世宗止之。还，拜殿前都虞候，领严州刺史”②。由小校一跃成为禁军高级将领，这是赵匡胤成为青年军人集团领袖的关键一步。

（二）淮南之役中的赵弘殷、赵匡胤

显德二年（955）、三年，赵弘殷参与周世宗亲征淮南之役。《宋史·太祖本纪》记载：

> （赵弘殷）从征淮南，前军却，吴人来乘，宣祖邀击，败之。显

① ［宋］陶岳：《五代史补》卷五《世宗问王朴运祚》，影印文渊阁四库全书，第407册，第680页。

② 《宋史》卷1《太祖本纪》，第2页。

德三年，督军平扬州，与世宗会寿春。寿春卖饼家饼薄小，世宗怒，执十余辈将诛之，宣祖固谏得释。[①]

这节叙述赵弘殷在显德二年、三年第一次淮南之役中的表现。《资治通鉴》载，显德二年“十一月，乙未朔，帝以李穀为淮南道前军行营都部署兼知庐、寿等行府事，以忠武节度使王彦超副之，督侍卫马军都指挥使韩令坤等十二将以伐唐”[②]，赵弘殷当于此时从征。《资治通鉴》还记载，显德二年十二月，王彦超、先锋都指挥使白延遇两败唐军[③]，赵弘殷显然并非与南唐对战的周军主将。“显德三年，督军平扬州”的主体也不应是赵弘殷，而是侍卫马军都指挥使韩令坤。

所谓赵弘殷“与世宗会寿春。寿春卖饼家饼薄小，世宗怒，执十余辈将诛之，宣祖固谏得释”一事，亦颇为可疑。赵弘殷的地位既不足以与周世宗相“会”，也不会有“固谏”的机会。而赵匡胤随周世宗亲征[④]，《东都事略》又有赵弘殷“与太祖会于寿春”[⑤] 的表述，则与赵弘殷会寿春的是赵匡胤，固谏世宗的当是赵匡胤。

赵匡胤率部攻克滁州后，《宋史》记载“宣祖率兵夜半至城下，传呼开门，太祖曰：‘父子固亲，启闭，王事也。’诘旦，乃得入”[⑥]，这段文字的政治表演成分较重，自不必说。值得一提的是，赵弘殷在滁州期间对赵匡胤、赵普关系的缔结发挥了一定的作用。《宋史·赵普传》记载，“世宗用兵淮上，太祖拔滁州，宰相范质奏普为军事判官”，这本是一次寻常的

---

① 《宋史》卷1《太祖本纪》，第1—2页。

② 《资治通鉴》卷292，显德二年十一月乙未，第9532页。

③ 《资治通鉴》卷292，显德二年十二月甲戌、己卯，第9533页。

④ 《宋史》卷1《太祖本纪》：显德“三年春，（赵匡胤）从征淮南”，第2页。

⑤ 《东都事略》卷1《太祖本纪》，《二十五别史》第13册，第2页。按：《古今合璧事类备要续集》卷7《皇朝源流》（影印文渊阁四库全书，第940册，第431页）作“欲与太宗会于寿春”，“太宗”当是“太祖”之误读与改写。

⑥ 《宋史》卷1《太祖本纪》，第2—3页。

任职，但“宣祖卧疾滁州，普朝夕奉药饵，宣祖由是待以宗分”[①]，这一份私谊的结成，遂使赵普在赵弘殷、赵匡胤集团中的角色由外而内了。

《宋史·太祖本纪》对赵匡胤参与淮南之役的描写，塑造了赵匡胤战无不胜的英勇形象，给人以淮南之役非常顺利的错觉。实际上，第一次淮南之役可谓是历尽艰辛，艰难取胜。[②] 但是，战争胜利的意义是巨大的，高平之战后的征淮南之役标志着后周政权完全稳固——不仅解除了南唐的潜在威胁，也表明柴荣的禁军改革已经生效。此后，后周再征淮南、北伐，都可以从容开展。

在此次征讨淮南之战中，赵匡胤的武勇、仁德都得到了很好的展现。战后，赵匡胤“拜殿前都指挥使，寻拜定国军节度使”[③]。由此，“柴荣—张永德、李重进—赵匡胤”这样的禁军领袖梯队就正式确立了。

（三）赵弘殷去世

显德三年七月二十六日，赵弘殷在返回开封途中去世。[④] 《宋史》记载：

> （赵弘殷）累官检校司徒、天水县男，与太祖分典禁兵，一时荣之。卒，赠武清军节度使、太尉。[⑤]

所谓“分典禁兵”云云，可能来自赵弘殷“马军副都指挥使”的职任。《资治通鉴》记载，显德三年二月，赵匡胤“克滁州。后数日，宣祖皇帝为马军副都指挥使”[⑥]，颇有“父以子贵”的意味。但顾宏义认为，这并非

---

① 《宋史》卷256《赵普传》，第8931页。

② 参见龙沛《重归一统：宋初的战与和》，九州出版社2021年版，第96—112页。

③ 《宋史》卷1《太祖本纪》，第3页。

④ 参见《宋会要辑稿》帝系1之2，第1页。

⑤ 《宋史》卷1《太祖本纪》，第3页。

⑥ 《资治通鉴》卷292，显德三年二月，第9538页。

侍卫亲军的马军副都指挥使，而是淮南行营的"前军马军副都指挥使"①，则"分典禁军"的说法其实是误读和美化。

赵弘殷被追赠为"武清军节度使"，符合当时刺史、防御使去世赠节度使的政治惯例。但其"太尉"的赠官则有尚需辨析之处，一则《东都事略》仅记"赠武清军节度使"② 而无太尉。再者当时的政治惯例是生封节度使，卒赠太尉，如史敬镕历华州、安州、邓州节度使，卒赠太尉③；安审通为沧州节度使，卒赠太尉④；刘训历襄州、建雄、延平节度使，卒赠太尉。⑤ 卒赠节度使的赵弘殷显然未达到"赠太尉"的标准。因此，《宋史·礼志》和《东都事略·太祖本纪》述及宋初追封四祖的称谓，赵弘殷都作"武清府君"。⑥"太尉"的赠官若非史官美化，则是父以子贵的二次追赠。

综而言之，赵弘殷的一生或许谈不上显赫，但他的禁军军职、防御使职任都已经达到甚至超过他父亲赵敬的高度。在他晚年，儿子赵匡胤更是已经成长起来，成为后周的顶级武将。赵弘殷既复兴了家族，又见证、参与了下一代的成长。赵弘殷去世后，赵匡胤继续沿着武将立功升迁的路径发展。至显德六年（959）柴荣去世前，赵匡胤获得了柴荣的委托，成为殿前司的统帅、禁军的最高级将领，显德七年遂代周建宋。至此，赵氏家族的五代史结束，进入到"赵宋"的时代。

结　语

赵氏家族是一个具有典型意义的个案，呈现了五代乱世之中，个人命

---

① 参见顾宏义《赵弘殷显德三年行迹考辨》，《河北大学学报》（哲学社会科学版）2021年第1期。

② 《东都事略》卷1《太祖本纪》，《二十五别史》第13册，第2页。

③ 《旧五代史》卷55《史敬镕传》，第747页。

④ 《旧五代史》卷61《安审通传》，第816页。

⑤ 《旧五代史》卷61《刘训传》，第820—821页。

⑥ 《宋史》卷106《礼志·宗庙之制》，第2566页；《东都事略》卷2《太祖本纪》，《二十五别史》第13册，第6页。

运与时代趋势间的复杂纠葛：个人与家族既受时势的拨弄，身不由己，但关键时刻的个人选择与特定时势相结合，也能对时代产生巨大的影响。

《宋史·太祖本纪》对赵宋先世的书写，宗旨是在实录的基础上加以美化，从而强化赵宋王朝成立的合法性。然而，浅层的美化对于合法性建构的意义较为有限，与时代背景脱钩的书写反而遮蔽了赵氏家族在唐末五代的发展历程。

通过对《宋史》美化书写的破除，我们重新认识了五代军人集团合作、攘夺的基本脉络和阶段特性。其中，借由“青年军人集团”的概念和内容，不仅可以更新我们对后周历史面貌的认识，对于赵匡胤轻取天下的幸运，我们也可以在个人、家族与时势的互动中，增加一份理解。

宋将杨业败亡的兵制原因考索

上官红伟

（延安大学　历史文化学院）

北宋名将杨业在宋太宗雍熙三年（986）的宋辽战争中壮烈殉国，事后宋廷以忠烈之名予以极高的旌奖，同时对于导致杨业死难的潘美等将领予以惩处。元明时期，随着《杨家将》等戏曲话本及通俗演义的流播，忠臣杨业被奸臣潘仁美构陷而死的认识为人们广泛接受和认同。忠奸之辨成为人们解读杨家将的基本立场。

近三十年以来，随着宋史研究的深入，学者逐渐认识到，《杨家将》之类演义小说中潘仁美的原型潘美，在《宋史》本传记载中并非如戏曲小说中描画的那样不堪，尽管如此，仍有学者把潘美认作致死杨业的主因①。从事理上讲，作为主帅，败军覆将与倾陷部将两种后果之间，孰轻孰重，潘美应能辨识得清，且事后潘美所受处罚较轻，因而潘美对杨业之死固然有不可推卸的责任，然缺乏害死杨业的动机。② 因杨业之死，与潘美一起受到惩处的另有王侁、刘文裕等监军，虑及唐末以来监军在历次战争中掣肘主将，屡屡坏事，且两监军因此受到严厉惩处，研究者自然把导致杨业

① 邓广铭、张希清：《评杨业兼论潘杨关系》，《文汇报》1981 年 4 月 6 日；闵安稳、杨德义：《论杨业之死》，《常德师专学报》1983 年第 2 期。

② 参看顾全芳《替潘美翻案》，《晋阳学刊》1982 年第 12 期；闻立鼎《潘美陷害杨业考辨》，《江苏师院学报》1981 年第 2 期。

之死的罪魁指向两监军。① 张启凡先生在《杨业之死发覆》一文中②，认为致死杨业的幕后推手另有其人，既非潘美，也非王侁、刘文裕，而是宦官监军侯莫陈利用，文章剖析精当，令人耳目一新。另有论者认为，潘美等皆无能力致死杨业，宋太宗猜忌武将尤其前朝降将，才是杨业之死的根本原因。

以上所论多围绕于统军将领之间的政治斗争，固然在理，然而，毕竟杨业的直接死因为对辽作战兵败被俘，绝食而死，而之前杨业对辽作战，皆获全胜。对之加以深究，杨业之所以兵败身死，在于潘美等将帅在朔州之战中从战前商议到战役过程中多个环节屡屡出现差错和漏洞，才造成败军覆将的后果。这些制度性的弊病和漏洞何以此时出现，有必要对北宋统兵体制和用兵方式做一剖析。

一、雍熙北伐前后并代地区的战事

杨业抗辽事迹影响较著，宋真宗时王旦等所修《两朝国史》已有所载。北宋时人刘敞、苏辙等在诗文中涉及杨业兵败及杨令公庙等事，南宋李焘在《续资治通鉴长编》中对杨业归宋之后诸事有详尽记载。以上记载均被元代所修《宋史·杨业传》所采用吸收，结合《宋史》中潘美、王诜和刘文裕等人本传，及参合《辽史》耶律奚低和萧挞凛等传，可知晓雍熙三年杨业兵败身亡的基本史实。以下依《宋史》和《续资治通鉴长编》等史载简述雍熙北伐前后并代地区战事的过程。

太平兴国四年（979）五月，北汉政权刘继业出降，宋廷“凡得州十，军一，县四十一，户三万五千二百二十，兵三万”③，其中北汉降兵大多

---

① 参见程民生《宋代的监军》，《中州学刊》2014 年第 1 期；姚琳《浅议北宋军事管理体制中的过度制衡：以“杨业之死”为视角》；管建《谈谈杨业的死因及其历史教训》，《安阳师专学报》1980 年第 3 期。

② 本文载于《史学月刊》2008 年第 5 期。

③ ［宋］李焘：《续资治通鉴长编》（以下简称《长编》）卷 20，太平兴国四年五月甲申，中华书局 1995 年版，第 452 页。

“分隶诸军”。北汉平定后，宋廷在并、代、岚、宪等州屯驻禁军，并置以边将，“太原平，留（田）仁朗为兵马钤辖，闲厩使武再兴、军器库副使贾湜并为巡检”①，另“晋阳平，（王侁）留为岚、宪巡检”。七月宋军攻幽州城不克，败回。契丹开始袭扰河东缘边一带，河东局势再次危急。宋廷为此构建河东并代地区沿边的屯防体系，一方面修筑城寨并增益屯兵，“河东初平……岚、宪、忻、代未有军寨”，次年“城并州于三交，及筑缘边堡寨”②。随即在沿边州军城寨等处屯兵，“留屯以捍北边”。另一方面，以现有的屯戍兵将对契丹的袭扰展开军事反击，其中，忻州“忻州言破契丹数千众，斩首四十五级，获鞍马、铠甲，并生擒六十人以献”；代州“契丹于代州雁门、西泾、护国、南川置寨，折彦赟与都监董思愿刘绪、巡检侯美追击，大破之，获鞍马器仗甚众”。③

分布在诸处的屯兵不足以抵抗契丹的大规模进攻，为统一并代地区军事行动，宋廷开始设以都部署之职。依宋代兵制，除沿边州军城寨屯戍兵力外，另于近边紧要州郡屯扎一支可出战的师旅，以州部署统领。太平兴国四年（979）八月“癸亥，命潘美为河东三交口都部署，以捍契丹”。太平兴国六年（981）“三交北三百里地名固军，溪谷险绝，敌之所保，多由此入侵。潘美潜师袭之，敌弃城三交西遁”④，此役为潘美所指挥。北汉灭亡之际，作为北汉旧臣，杨业认清形势，归降宋朝。对于“太原骁将”杨业归宋之举，宋太宗“遣中使召见业，大喜，以为右领军卫大将军”，“授郑州防御使”。宋廷鉴于“杨业老于边事，洞晓敌情”，十一月“命业知代州兼三交驻泊兵马部署”。⑤ 相比于潘美的都部署，因杨业官仅为郑州防御使，依宋初兵制，官至观察使以上方可为都部署⑥，故杨业的部署前不加

① ［元］脱脱等：《宋史》卷275《田仁朗传》，中华书局1985年版，第9380页。

② 《宋史》卷274《梁迥传》，第9356页。

③ 《长编》卷20，太平兴国四年十一月庚辰，第464页。

④ 《长编》卷22，太平兴国六年二月丁卯，第489页。

⑤ 《长编》卷20，太平兴国四年十一月癸巳，第464页。

⑥ ［宋］孙逢吉：《职官分纪》卷35《兵马总管、副总管》，“国朝马步军都总管以节度使充，副总管以观察使以上充”，中华书局1988年版，第670页。

“都”字，仅为部署。[①] 代州雁门为形胜之地，且屯兵较多，诸屯戍将领各自为战，另需保持一支可截敌掩杀的军旅，置以代州部署以指挥军事行动。其“驻泊”之意，在于并州之师屯所本在三交，若用兵代州，则另置以派出性质的驻泊部署以指挥军事，杨业归宋时尚未设置代州部署，故命之为三交驻泊部署。杨业正是在河东沿边屯防体系构建过程中，加入河东诸将之列。

太平兴国五年（980），“敌十万众侵雁门”，代州兵力不足以御敌，潘美“自三交口巡抚至代州”[②]，两支师旅兵力御敌。杨业“领麾下数千自西陉而出，由小陉至雁门北口，南向背击之”，潘美率麾下于雁门北口阻敌，取得“敌众大败”的战果。此后，杨业长期镇守代州，“自是契丹望见业旌旗，即引去”。直至雍熙三年之前，并代地区边境安定，其中固然有杨业守边之功，同时是借助于代州屯防体系下诸兵将之力促成。

雍熙三年（986）三月，宋廷分三路伐辽，其中云应路行营是河东地区兵将的再度组合。宋廷对云应路行营兵将的配置及作战方略，“亲纡宸翰，密谕圣谋”[③]，已有较为成熟的方案。在兵力方面，并州、代州本已有边兵驻守，朝廷另从京师调集兵力，汇聚于并州，“雍熙初，（刘文裕）徙屯三交”[④]，另朝廷遣王侁自京师率禁军于并州驻泊，王侁为“并州驻泊都监”[⑤]。在云应路兵力集结后，遂有诸将的任命。潘美因官至节度使，而任云应路行营都部署，杨业此前因功升官为云州观察使，此次职任行营副都部署，亦符合宋代兵制。刘文裕官阶时为顺州团练使，王侁为蔚州刺史，均低于潘美和杨业，故为监军和护军之任。其他随征将领有杨业之子杨延昭、“受诏从潘美北征”的王贵和神卫军都校薛超等。

---

① 关于杨业的官职问题，《宋史》和《续资治通鉴长编》有不同记载。《宋史·杨业传》载杨业为郑州刺史和驻泊兵马都部署，而《续资治通鉴长编》载杨业任郑州防御使和驻泊兵马部署，《宋史》本传后校勘记，亦认为《宋史》记载有误。

② 《宋史》卷258《潘美传》，第8993页

③ 《长编》卷27，雍熙三年五月丙子，第617页。

④ 《宋史》卷463《刘文裕传》，第13547页。

⑤ 《宋史》卷274《王侁传》，第9364页。

在行师作战中，行营常分作大阵、前锋和后阵等。从杨延昭“业攻云、朔，延昭为其军先锋”之事来看①，杨业所率为先锋军队，而潘美和王侁等坐镇大阵指挥。《宋史》中称“（潘）美独拔寰、朔、云、应等州”②，同样在《长编》中叙事以潘美为主，未有提及杨业在雍熙北伐中的功绩。

> 三月，潘美出雁门，自西陉入……逐北至寰州，斩首五百级……庚辰，刺史赵彦辛举寰州降。
>
> 潘美进围朔州，其知节度副使赵希赞举城降。
>
> 丁亥，潘美转攻应州，其节度使艾正、观察判官宋雄举城降。
>
> 夏四月辛丑，潘美克云州，斩首千级。③

但据《辽史》所载，辽人认为此次军事行动主将为杨业，“统和四年，宋将继业率兵由代州来侵，攻陷城邑”，“统和四年……时宋将杨继业陷山西郡县”④。在作战过程中，表现优异者，有杨延昭“战朔州城下，矢贯臂，斗益急”，王贵“颇立战功”，薛超“连被创，流血濡甲缕，部分军士自若，乘胜抵应州”⑤，三将均应隶于杨业麾下。两相比较，云应路行营前期战果主要由杨业前锋军队取得。同时，杨业所取战功也与云应路行营这一军事组织的正常运转相关。

雍熙三年（986）四月，宋军攻占云、应等州后，云应路行营亦不复存在。按照宋代兵制，“事已，兵归宿卫，将还本镇”⑥，行营中原发自京师的兵力退还内地，“雍熙中，王师克云、朔，命（王）继恩率师屯易

---

① 《宋史》卷272《杨业传》，第9306页。

② 《宋史》卷258《潘美传》，第8992页。

③ 《长编》卷27，雍熙三年三月，第609—610页。

④ 《辽史》卷83《耶律奚低传》；卷85《萧挞凛传》，中华书局1974年版，第1303页，第1313页。

⑤ 《宋史》卷275《薛超传》，第9377页。

⑥ 《长编》卷125，宝元二年闰十二月壬子，第2956页。

州”，将领薛超等“还，加马步军都军头”，另有一部留屯于云、朔等州，“各以兵守”。河东地区军事组织形式由行营再度回归屯戍状态。潘美、杨业及王侁等人的职事随之改变。据潘美和王侁等本传载，潘美改任云、应、朔等州都部署，而王侁任“云、应等州兵马都监”，刘文裕为云、应等州兵马钤辖，杨业则“自屯代州”。

雍熙三年五月，因东路战败，“诸路班师，美等归代州”，若杨业已先期返回代州，此次不在撤退之列。潘美等率兵退还代州后，代州再度成为兵力汇聚之所。因“徙云、朔、寰、应四州民，诏潘美、杨业等以所部兵护送之”之故，潘美和杨业再度自代州出兵朔州，兵力大概数万之众，而辽军“领众十余万”，敌我形势优劣已发生变化。此次出兵，诸将之间的职名安排不详，大致与云应路行营类同，杨业为前锋，潘美、王侁和刘文裕等居大阵策应。

杨业前军兵败后，潘美、王侁等率中军大阵回归代州。雍熙三年七月，宋廷闻讯后以张齐贤为知代州，并代缘边兵马由潘美和张齐贤共同掌领。[①] 同年十二月，“契丹复自和尔郭入寇，薄代州城下”，宋方除约定并州潘美率师应援外，代州副部署卢汉赟与钤辖刘宇率神卫等禁军迎战，而知代州张齐贤则“选厢军二千”助战。

自杨业归宋之后，宋廷在并代地区筑城寨，驻以屯兵，任命将领，形成一套军事体系。这一军事体系不同于晚唐五代，兵与将皆归属朝廷，遣兵选将均为朝廷所操持，并代地区的兵将在这一既定的军事体系内各司其职，各展其能。自太平兴国四年至雍熙三年四月，杨业常能在这一军事体系内发挥军旅之长，屡屡战胜辽兵，这与并代地区军事组织体系良好运转相关。然雍熙三年五月之际，内外形势均不利于宋方，这一军事体系在关键性节点上出现运转不灵的问题。外在形势上，雍熙三年五月之后，杨业所逢敌手已换作萧挞凛和耶律奚低等悍将和辽国主力军队，而临时组建的宋军组织体系在运转上接连出现漏洞。具体表现在：王侁等“以语激杨业”，杨业率孤军遭遇“萧挞凛伏兵于路……众军皆溃”，而己方“群帅败

① 《长编》卷 27，雍熙三年七月戊子，“（张齐贤）与潘美同领缘边兵马”，第 620 页。

约，援兵不至”，导致“杨业因力战陷于阵”，“继业为流矢所中，被擒”。这一系列军事组织环节上的弊病造成“王师败绩”、名将被俘的恶果。在这个意义上，杨业兵败并非个别因素造成，而是宋代军事组织体系固有的弊端所致。细究之下，雍熙三年五月潘美、杨业等所率宋军暴露出诸将集议、避敌自保和指挥权不专等固有弊端。以下对此三种弊病逐项加以分析。

二、临战时诸将聚议的弊害

宋代兵制，屯戍将领在单独辖领一支军队时，应有相对独立的“便宜行事”之权，“边境有事，命将讨捕，则旋立总管、钤辖、都监之名，使各将其所部以出”①。然在多支兵力会兵一处时，“主兵者皆力敌权均，纷然相制”②，“虽有主将，不专号令”③，无奈之际，往往采用诸将集议的方式。宋初诸多战事中，涉及诸将聚议者，以败局为多，杨业兵败亦印证了这一问题。

雍熙三年西路战事中，诸将会议未曾出现在前期，而是出现于雍熙三年五月。与临时合兵不同，宋初在行营设置上相关规章制度较为完善。雍熙三年三月，宋太宗对雍熙北伐亲自制定攻略，对诸将授以成策，云应路作战日期、路线和诸将兵力配属，宋廷已有安排，潘美虽为行营都部署，亦是秉成命而已。因云应路战事顺利，诸将之间配合并无明显不协之处。

雍熙三年五月，河东前线再度组师出战时，诸将之间久已蓄积的矛盾得以暴露。因东路曹彬兵败，打乱了宋太宗的预先计划，惊慌之余，对河东前线缺乏预案，交由潘美等自行处置。当时的态势，潘美为云、应、朔等州都部署，居代州，王侁、刘文裕为云、应、朔等州钤辖、都监④，居

① ［宋］洪迈：《容斋五笔》卷3《三衙军制》，中华书局2005年版。

② 《长编》卷132，庆历元年五月甲戌，第3136页。

③ 《长编》卷138，庆历二年十月戊辰，第3317页。

④ 《宋史》卷274《王侁传》，“王师北征，命为并州驻泊都监，又为云、应等州兵马都监”，第9364页。

云、应州，杨业“还屯代州”。按朝廷旨令，潘美和杨业以“所部兵”自代州出发，至云、应等州与王侁、刘文裕等合兵。两处会兵后，因云应路行营已撤之故，潘美虽为云、应、朔等州都部署，却不能节制诸将。因朝廷未制定具体作战方案，军中之事须诸将商议，商议结果常受制于兵权分配、对战局的判断和诸将之间的利害关系等因素。

在兵权分配上，其间有统领屯兵和率师作战之别。雍熙三年五月，潘美、王侁和刘文裕均有明确的统兵职。值得注意的是，《宋史·杨业传》中对杨业在雍熙三年四月后所任新职状况未有记载，依理已卸去行营副都部署之职，然不能判定是否担任云、应、朔等州副都部署。由此，在重新组建师旅之前，杨业不可能直接统辖代州屯兵，而潘美因“兼领代州兵马”之故，与王侁和刘文裕等统领代、云、朔、应四州屯兵。至于师旅组建后兵力分配，据宋代兵制，“缘边部署、钤辖下指挥使臣，每御敌皆临时分领兵马”①，即若非行营的形式组成一师后，在部署、钤辖和都监三者之间分配兵力，“先是，诏分边兵，部署领万人，钤辖领五千人，都监领三千人”②。景德初年，镇州之兵由副都部署桑赞、钤辖李继宣和都监郑诚掌领，“时桑赞病足，郑诚赴定州，继宣独主镇州全师”③。以此类推，朔州战前新组建之师的兵权极有可能在潘美、王侁和刘文裕之间分配。杨业既不直接统领屯兵，其军事指挥权须待潘美、王侁和刘文裕在兵权分配后产生，故在诸将会议上难以与潘美、王侁和刘文裕等均礼而据理力争。

诸将会议时通常虽由“主帅发谋”，然“至于议论兵事，各出己见，主将不得自决”④，故而导致问题趋于复杂。陈家谷战前会议中，主帅潘美没有“发谋”提出作战方案，而由杨业和王侁各自提出方案。具体到杨业与王侁各自方案的争执上，杨业的用兵方案更符合朝廷的本意，既可保证宋军免于兵败，又可行性较强。

---

① 《长编》卷128，康定元年八月癸巳，第3023页。

② 《长编》卷128，康定元年八月庚戌，第3036页。

③ 《宋史》卷308《李继宣传》，第10147页。

④ ［宋］蔡襄：《蔡襄集》卷9《别疏》，上海古籍出版社1996年版，第168页。

今辽兵益盛，不可与战。朝廷止令取数州之民，但领兵出大石路，先遣人密告云、朔守将，俟大军离代州日，令云州之众先出。我师次应州，契丹必悉兵来拒，即令朔州吏民出城，直入石碣谷，遣强弩三千列于谷口，以骑士援于中路，则三州之众，保万全矣。①

然而王侁仍沉浸在云应路前期的胜利之中，对战局和敌我双方力量已发生变化的严重性认识不足，认为宋军有“数万精兵”，挟前胜之余威，足可与敌一战，并能像前期一般取得胜利。潘美、刘文裕大致亦有此想法，“文裕亦赞成之”，因不愿断送前期的战果，故而认同王侁的看法，因军事会议须“议一而后可行”，最终杨业被迫听取了王侁主动迎战之议。对事后战局的演变看，杨业的预测判断明显优于潘美和王侁等人，但此时战局已难以挽回。

在军事会议中，诸将各有利害算计，经常出现“人人各出意见，议论不一，退则交相笑病”等借会议宣泄个人私怨等问题②，这也是杨业受到其他将领嫉妒排挤的诱因所在。在与会诸将中，杨业作为北汉降将的身份较为突出，杨业归宋之前曾与宋将荆嗣等交战过，因而杨业与宋将存在宿怨。杨业归宋后，宋太宗虽对其“宠以连帅，授以兵柄”，但其他宋将仍以另类视之。太平兴国五年（980）雁门关之役后，杨业因功高“诸将戍边者多忌之，有潜上谤书斥言其短”。诸将之中潘美时为主将，王侁自太平兴国四年至九年为岚宪州巡检，王侁“性刚愎”，从时间段和动机上，潘美、王侁都有妒忌杨业的可能。潘美、王侁和刘文裕均出自诸司使内职，“自余殿直、诸司使副皆是内廷之官”③，以内臣统兵④，在政治身份上自觉高于“太原降将”杨业。诸将在嫉妒杨业战功的同时，借题发挥质疑杨业对宋廷的忠诚态度。王侁曾言：“君候素号无敌，今见敌逗挠不战，

① 《宋史》卷272《杨业传》，第9304页。

② 《蔡襄集》卷19《乞立边帅等威》，第343页。

③ 《蔡襄集》卷9《别疏》，第170页。

④ 据《宋史》本传，潘美起于供奉官、诸司使等，王侁起于东头供奉官、阁门祇候等，刘文裕起家补殿直、内弓箭库副使等。

得非有他志乎?”“领数万精兵而畏懦如此”，其中均有所指。太平兴国九年（984），田仁朗“为王侁等所构，逗挠不进军，故及于贬”①，此次王侁再以相同说辞攻讦杨业，并怀疑杨业有投辽的意图。而抱有“上遇我厚，期讨贼捍边以报”之志的杨业无从辩解，在“诸君责业以避敌”情况下，唯有“当先死于敌”来明志。北宋时苏辙在《古北口杨无敌庙诗》中称杨业“一败可怜非战罪，太刚嗟独畏人言”②，指明杨业兵败非战之罪，而是为权臣所倾陷。杨业兵败固然在于“为奸臣所嫉，逼令赴死”③，也与宋将在军事聚议时常把个人恩怨与纯军事问题相夹杂相关。

北宋前期诸将签议时“凡有议论，互执不同”的弊病始终存在。大致与朔州之战同时，幽州路行营“（曹）彬所部诸将闻（潘）美及（田）重进累战获利，自以握重兵不能有所攻取”，诸将集议时，“谋画蜂起，更相矛盾，彬不能制”，最后导致“违诏失律”，兵败拒马河的后果。早在乾德二年（964）征蜀，王全斌和刘廷让各领一军，“全斌等先受诏，每制置必须诸将佥议，至是，虽小事不能即决”④。仁宗宝元年间，“元昊大入，据承平寨。诸将会兵议攻讨”，种世衡主张“直捣敌穴”，而周美力主“间道掩其不意”，种世衡等众将不予采纳，结果“世衡等果无功”，而“（周）美独以兵出芙蓉谷，大破敌”⑤。延至庆历年间，诸将军事会议多以败事为终，“陕西四路，自部署而下，钤辖、都监、巡检之属，军政必相参，谋之未成，事已先漏，彼可则我否，上行则下戾……故动则必败也”⑥。庆历四年（1044），沿边诸路设经略安抚使后，军机之事“听以便宜裁断”⑦。

---

① 《宋史》卷275《田仁朗传》，第9381页。

② ［宋］苏辙：《栾城集》卷16，上海古籍出版社2009年版。

③ 《宋史》卷272《杨业传》，第9304页。

④ 《宋史》卷255《王全斌传》，第8921页。

⑤ 《宋史》卷323《周美传》，第10458页。

⑥ 《长编》卷138，庆历二年十月戊辰，第3317页。

⑦ 《宋史》卷167《职官七》，第3961页。

三、约期会兵的实际效果

宋代兵制，平时“散屯士马”，临战时若不设行营，则采用“约期会兵”的作战策略①，即约定时期“使各将其所部以出”，或分进合击，或合兵并力御敌。这种构想在兵法上固为善策，然在实施过程中，却往往漏洞百出。约期会兵常有二弊：一为诸将不按期发兵，或为争功先期发兵，或避战后期而至；二为即便按期合兵一处后，也会相互推诿，“诸将辄以全军为计，莫能死战”②，对友军陷入重围多观望而不予救援。朔州之战杨业兵败恰逢这两大弊病并时发作。

朔州之战杨业在陈家谷口本与潘美等有约期应援之订，“诸君于此张步兵强弩，为左右翼以援，俟业转战至此，即以步兵夹击救之”，而杨业中伏兵战败时，潘美等“以为敌败走。侁欲争其功，即领兵离谷口”，待到“俄闻业败，即麾兵却走”。杨业兵败，固然受制于形势，但败而不得应援，“群帅败约，援兵不前”，却是杨业不得不承受的后果。

约期会兵作战较为成功的事例为太平兴国四年的满城之战。此战中，镇州都钤辖刘廷翰率屯兵自镇州，崔翰率兵自定州，“（崔）翰会李汉琼兵于徐河……崔彦进兵自高阳关继至”③，“大败其众于满城”。此役取得胜利的关键在于众将按期到达战场。然此后诸多战事中，约期会兵常不如意。

雍熙三年十二月君子馆之战，瀛州都部署刘廷让与沧州都部署李继隆本约定“缓急为援”，当刘廷让被辽兵围困时，李继隆却“退保乐寿”，导致“（刘）廷让一军皆没焉”④。同月代州之战，知代州张贤齐“约潘美以并师来战”，结果潘美“师行四十里”后，奉密诏退兵。潘美本次失约仅

---

① 《长编》卷35，淳化五年正月甲寅，“预于麟、府、鄜、延、宁、庆、灵、武年州约期会兵，四面齐进，绝其奔走之路”，第769页。

② 《隋书》卷54《李彻传》，中华书局1973年版，第1368页。

③ 《宋史》卷260《崔翰传》，第9025页。

④ 《宋史》卷259《刘廷让传》，第9002页。

距上次失约杨业数月而已。

至道元年（995）洛浦河之战，“初，（白）守荣与田绍斌为期，继而（皇甫）继明卒，故后一日，遂为贼所围”①，导致援送灵州的粮草被劫。

至道二年（996），“上部分诸将攻讨（李继迁）”，令李继隆、丁罕、范廷召、王超和张守恩等分兵五路讨伐李继迁，本“师已有期”，而“（李）继隆已便宜发兵”，提前出发，于是“诸将失期”，唯有王超、范廷召“至乌、白池”，与敌苦战时，而“张守恩见贼不击”，导致“终不能擒敌焉”。②

咸平三年（1000）瀛州裴村之战，定州都部署范廷召和高阳关都部署康保裔“约以诘旦合战”，然而“及夕，廷召潜师以遁”，导致康保裔被围，“救兵不至，保裔没焉”③。在他将败约和援兵不至的困境上，康保裔与杨业所遇有诸多相似之处。

咸平六年（1003）望都之战，定州行营都部署王超“召镇州桑赞、高阳关周莹率兵会定州”，而周莹以“非诏旨”为由而“不至”。定州、镇州两路兵马合在一起后，定州行营副都部署王继忠“驰前与契丹战”，然而王超、桑赞却“遂旋师”退兵，导致“（王）继忠孤军没焉”④。

以上诸多事例证明，北宋时诸将约期不至、缺乏互援是宋代兵制中长期存在的弊端。对于约期不至的问题，既有诸将争功或避战的主观因素，也有“山川险阻而不能通”等地理因素。同时还存在各支军队之间组织协同的问题，“分道掩杀，言之甚易，行之则难”⑤。曾瑞龙先生在评价杨业作战方案时，指出“这项计划的成功是以时间配合为先决条件的，任何一路太快或太慢的行动都会影响协调。越复杂、行动的单位越多、越倚重时

① 《宋史》卷280《田绍斌传》，第9497页。

② 《长编》卷40，至道二年九月己卯，第851页。

③ 《长编》卷46，咸平三年正月甲申，第985页。

④ 《宋史》卷278《王超传》，第9465页。

⑤ 《宋史》卷265《李昉传》第9141页。

间性的作战计划，越容易因组织故障而失误”①。具体朔州陈家谷口之战，潘美和王侁本按约期已至谷口，却因争功而离谷口，又因避战而退兵，其中不属于受限于客观路程远近，而是主观上的失约问题。至于会战时宋将之间缺乏互援问题，时宋将王德用将之归因于诸将死守朝廷所授阵图等因素，“咸平、景德中，赐诸将阵图、人皆死守战法，缓急不相救，以至于屡败”②。这种说法有些勉强，以上所列战役，明确涉及太宗、真宗所授阵图者，仅有满城之战。而杨业朔州之战同样不涉及事先授予的阵图，因而，潘美和王侁对约期不至和观望不救等问题负有不可推卸的责任。

四、监军能否指挥军事

在朔州之战中，按照议定的军事部署，西路师旅分作两部，杨业、王贵等统领前军为先锋，潘美、王侁等统领中军大阵，潘美居中指挥。杨业率偏师迎战，众寡不敌而兵败，事理已明，但宋军主力救援不力，师败而返，则要追究主要指挥将领的责任。从相关记载可以看出，在此次战役中，潘美并未尽主帅的权责，而监军王侁不仅参与了中军的指挥，甚而在其中代替潘美起主导作用。《宋史》卷二七二载：

> 美即与侁领麾下兵阵于谷口。自寅至巳，侁使人登托逻台望之，以为契丹败走，欲争其功，即领兵离谷口。美不能制，乃缘灰河西南行二十里。俄闻业败，即麾兵却走。

这段史料明确无误地显示，从擅自移动大阵到率兵退却，发号施令皆出自王侁，潘美反倒居于次要。王侁一系列的错误军事指挥行为，使得杨业失去最后获救的机会，从而间接导致杨业的被俘身死。王侁所任为云应等州

---

① 曾瑞龙：《经略幽燕：宋辽战争军事灾难的战略分析》“第八章 向战略防御的过渡”，中文大学出版社 2003 年版，第 251 页。

② 《宋史》卷 278《王德用传》，第 9468 页。

都监，“盖以都监之名本是监军”①，王侁以监军的身份何以能对主帅的军事指挥权横加干涉，可在兵制上做一探讨。

北宋沿边州军城寨屯戍之兵，常以兵马钤辖、都监等统领，负有守土之责，依宋制“国朝以来，置总管、钤辖、都监、监押，为将帅之官”②，故而州钤辖、都监等虽名为监军统兵，却拥有军事指挥权。宋初钤辖、都监等独立指挥战事，较为常见，如乾德元年“贼将汪端领数万人寇州城，都监尹重睿击走之”，太平兴国四年，“契丹大入侵，镇州都钤辖、云州观察使浚仪刘延翰帅众御之，先阵于徐河”③。而王侁、刘文裕等此前也曾以都监、兵马监押的身份指挥战斗。宋太祖开宝八年（975），“樊若冰遣兵马监押王侁领兵败江南四千余众于宣州界”④。太平兴国三年（978），王侁、刘文裕等随都巡检周承瑨、田仁朗等屯兵清水县⑤，次年，王侁与刘文裕曾“帅师分守石岭关”。太平兴国九年，阁门使王侁与田仁朗、董愿、李继隆等“驰传发边兵数千击之（李继迁）”，后以刘文裕代替田仁朗。

以上均为非行营组织形式的战役，北宋在行营内设立的行营钤辖、都监等将领，常负有统兵作战之责。如开宝五年七月己亥，“行营兵马都监朱宪领兵大破獠贼二万余人于容州城下”。雍熙北伐中，中路行营马步军都监袁继忠亦“帅师取飞狐、下灵丘、平蔚州”⑥，中路行营都监谭延美也曾有“麾骑军直进”等指挥作战经历⑦，东路都监亦有率兵作战之事。故而，“祖宗以来，多命近臣统领军旅”⑧，符合宋代兵制。然行营以都部署、招讨使为主帅，主持全局，节制诸将，至于钤辖都监统兵作战等限定在不得干涉主帅事权的范围之内。

---

① ［宋］蔡襄：《蔡襄集》卷 9《别疏》，上海古籍出版社 1996 年版，第 170 页。

② 《长编》卷 355，元丰八年四月庚寅，第 8499 页。

③ 《长编》卷 20，太平兴国四年十月，第 462 页。

④ 《长编》卷 16，开宝八年正月丙戌，第 334 页。

⑤ 《长编》卷 19，太平兴国三年五月壬寅，430 页。

⑥ 《宋史》卷 259《袁继忠传》，第 9005 页。

⑦ 《宋史》卷 275《谭延美传》，第 9372 页。

⑧ 《宋史》卷 268《王显传》，第 9232 页。

前文论及，雍熙三年四月后，潘美、王侁和刘文裕分任云、应、朔等州都部署、都监和钤辖，这种军事组织形式不同于行营，诸州都部署职权有限，故而使王侁有可乘之际。因而王侁的问题并非该不该指挥作战的问题，而是是否有资格和能力指挥全师军事行动的问题。王侁在之前的军事行动中，虽“练习戎旅，颇著勋劳”①，然多为统领偏师，或在行营中受主帅节制，因此王侁并不具备指挥全师的经验和独当一面的军事指挥能力。刘文裕仅有的两次军事行动皆与王侁配合，同样不具指挥全师的能力。至于侯莫陈利用“以方术暴得宠用”，在当时即被视为“奸险小人”，虽官至团练使，更无军事指挥才能。

王侁等所挤占的军事指挥权并非杨业的前军指挥权，而是潘美的全师指挥权。西路诸将帅中具有指挥全师军事才能者唯有潘美和杨业二人。潘美若能担负其主帅之责，依照与杨业的约定，指挥得当，也可救援杨业于困境。但潘美拱手让出主帅之权，不仅未能节制王侁的错误行为，反而为王侁所挟裹，其中原因耐人寻味。在诸将分配军权问题上，“沿边都部署、钤辖、都监等官，品虽有高下，其实无所统辖”为常见状况②，对此王曾瑜先生亦认为：“自部署至巡检，虽有尊卑之别，有时即使在同一支军队中，也并无严格的领导与被领导关系，这也是宋朝经常实行的分散军权的做法。”③ 另外，宋代兵制中出现的问题往往根源在于政治，考宋太宗时期的政治氛围，“强化对武将的束缚、压制”④，使得诸将不敢宣力事功，潘美久握兵权，已受朝廷猜忌，故在关键时刻不置一词。王夫之在《宋论》中指出，“潘美之陷杨业而不肯救，以避功也”⑤，道出王侁强夺潘美指挥权的原因所在。宋将张亢在分析宋夏战事中宋兵屡败原因中称，“或为持

---

① 《宋史》卷274《王侁传》，第9366页。

② 《蔡襄集》卷九《别疏》，第168页。

③ 王曾瑜：《宋朝军制初探》“第二章 北宋前期和中期的禁兵”，中华书局2011年版，第73页。

④ 陈峰：《北宋武将群体与相关问题研究》“第七章 北宋驭将之策的演变及其影响”，人民出版社2021年版，第295页。

⑤ ［清］王夫之《宋论》卷2《太宗》，中华书局1964年版，第35页。

权者所逼，或因懦将所牵”[1]，亦可对应于王侁与潘美。

余 论

在造成杨业之死的一连串原因中，另有将帅亲兵护卫问题值得一提。依理而言，将帅在战阵之际，专以发号施令为本任，将帅本人安全系于全局，自应有其亲兵护卫。唐、五代以来，藩镇将帅可自置牙兵，“时节镇皆广募亲兵”[2]，征战时以亲兵护卫。入宋之后，为防范藩帅与牙兵勾连，尾大不掉之弊，禁止藩帅自置亲兵，“诏殿前、侍卫诸军及边防监护使臣，不得选军中骁勇者自为牙队”[3]。这一规定连带将帅在出战时亦不得以亲兵相随。由此，众兵在战败之际自顾不暇，将帅个人安全难以保障。杨业在陈家谷兵败时，亲身与辽兵混战，其间并无亲兵护卫。退一步讲，倘若杨业自有亲兵，大可保其脱离险地，不致为敌所俘。宋人田锡评论此事，“近代侯伯各有厅直三五十人，习骑射为腹心，每出入战阵，得以随身。后不敢养置，昨杨业陷阵，访闻亦是无自己腹心，以致为敌人所获”[4]。因此，宋代兵制中的这一漏隙在杨业悲剧中也起到助推作用。将帅不得自置亲兵，这一旧规直至宝元、康定年间宋夏战争时仍未改动[5]，导致刘平、任福等大将在三川口、好水川之战中因无亲兵护卫而殒命沙场。

---

① 《宋史》卷324《张亢传》，第10486页。

② 《长编》卷16，开宝八年八月壬戌，第344页。

③ 《长编》卷7，乾德四年闰八月己丑，第178页。

④ 《长编》卷30，端拱二年正月癸巳，第678页。

⑤ 《长编》卷135，庆历二年二月辛巳，“诏陕西兵官不带路分及知州者，无得给亲兵”，第3221页。

北宋初期文武关系的多元面相：以太祖、太宗朝为中心的考察

吴海峰
（西北大学　历史学院）

无论是就宋代历史本身演变而言，还是放眼整个中国古代史，宋代的文武关系之变化都是中国古代史研究的重要议题。在北宋历史上，文武关系的变化，深刻影响了其军事、政治与社会。王曾瑜对于宋朝军制有专门的研究，他在评价宋朝军事传统时，指出其具有“将从中御”“消极防御”“议和苟安”的特征与缺陷。① 陈峰在论述宋代文武关系时，通过对北宋武将群体的相关研究，考察文武关系的历时性变化，指出北宋逐步形成了“崇文抑武”② 的国策和治国理念。

---

① 参见王曾瑜《宋朝军制初探》（增订本），中华书局2011年版，第521—533页。

② 陈峰对宋代武将和文武关系有一系列的研究，并首次提出了北宋“崇文抑武”说。详见陈峰《武士的悲哀：北宋崇文抑武现象透析》，陕西人民教育出版社2000年版；《宋代治国理念及其实践研究》，人民出版社2015年版；《北宋武将群体与相关问题研究》（增订本），人民出版社2021年版等。陈氏最近对宋代文武关系进一步思索，从世界文明发展进程出发，将宋代文武关系研究上升到新的高度。（详见陈峰《宋代文武关系演变的历史轨迹》，《中国社会科学报》2022年7月25日；《宋代的文官掌军制度及其效应》，《中国社会科学》2022年第7期，第130—146＋207页）

宋代文武关系①，经历了宋太祖时期的文武平衡、太宗时期的崇尚文治，逐渐形塑为文尊武卑、文主武从这样一个新的不平衡状态。这种变化，对宋朝及以后各王朝历史产生了重要的影响。② 宋太祖、太宗两朝哪些因素影响了文武关系的变化？时人是如何看待这些变化的？皇帝、文官、武人在这其中各自充当了怎样的角色？厘清以上这些问题，对于更好地理解北宋王朝的政治、军事有着至关重要的意义。本文正是在前人研究的基础之上③，对宋太祖、太宗朝的文武关系展开论述，重点考察宋太祖朝武将政策的双重属性、太宗朝的文武变化及当时文官集团对于太宗武将政策的多种声音与王禹偁的“抑儒激武说”，最后分析真宗朝以后崇文抑武的各种表现，探究北宋初期文武关系对整个宋代的深远影响。

一、宋太祖时期的武将政策与文武关系

北宋建立之后，尚未完成全国性的统一，内忧外患严重。宋初的危险

① 对于宋代文武关系的研究，除了陈峰的系列论著，还可参考刘子健《略论宋代武官群在统治阶级中的地位》，载刘子健《两宋史研究汇编》，台北联经出版事业公司1987年版，第173—184页；黄宽重《中国历史上武人地位的转变：以宋代为例》，载黄宽重《南宋军政与文献探索》，台北新文丰出版公司1990年版，第387—399页；何玉红《南宋川陕边防行政运行体制研究》，上海古籍出版社2012年版；柳立言《北宋评价武人标准再认识——重文轻武之另一面》，《历史研究》2018年第2期，第35—58＋190页；方震华《权力结构与文化认同：唐宋之际的文武关系（875—1063）》，社会科学文献出版社2019年版；《和战之间的两难：北宋中后期的军政与对辽夏关系》，社会科学文献出版社2020年版；田志光《宋初武将政治地位再认识——崇文抑武之另一面》，《文史哲》2021年第1期，第62—74＋166页。

② 尤其是明代的文武关系，与宋朝具有一定程度上的相似性。相关研究可见陈宝良《明代的文武关系及其演变——基于制度、社会及思想史层面的考察》，《安徽史学》2014年第2期，第5—18页；秦博《论明代文武臣僚间的权力庇佑——以俞大猷“谈兵”为中心》，《社会科学辑刊》2017年第4期，第148—155页；徐晓君《明代文臣武将地位比较研究》，鲁东大学2020年硕士学位论文。

③ 关于宋代军政、文武关系研究的系统梳理，可参见陈峰、王军营《宋代军政研究七十年》，《中国史研究动态》2020年第4期，第39—50页。

局势，使得宋太祖时期的武将政策一方面需要考虑消解五代时期武人政治的嚣张跋扈，一方面又不得不基于对外统一、防御，对内巩固统治的军事需要，给予武将以充分的自主权。

（一）北宋建立之初的内忧外患

960年，赵匡胤建立了宋朝。在宋朝之前，是武人跋扈、政由将出的五代乱世，摆在宋太祖及其谋士们面前的，是如何维护赵宋皇朝的长远统治，怎样集中军事权力，抑制藩镇武将的地方离心力，防止军人、武将的地方割据。这是新建立的宋朝所要面对的首要问题，也即是如何让宋朝的制度设计避免此前武人政治时代所带来的严重的社会安全威胁，消除武人在政治、军事中占据的主导性力量和角色。

在五代时期的政治舞台上，实力支配一切，政权的兴亡，随着军权的得失而转移。所谓“国擅于将，将擅于兵”①，正是当时的写照。赵匡胤本身，就是依靠掌握禁卫军精兵，夺取最高统治权。这种情形如果继续，地方藩镇武将依旧称霸一方，朝廷内部仍受军人掣肘，不但成为完成统一的巨大阻力，而且皇朝内部的症结不解决，随时会有爆发新的军事政变的危险。赵宋王朝想要享国长久，不至于成为第六个短命朝代，也是很难实现的。

在北宋政权建立前后，除韩通、李筠、李重进等先后公开反抗外，一时驻在真定的郭崇、陕州的袁彦、蒲州的杨承信、定州的孙行友等，莫不野心勃勃，有的缮甲治兵，有的居心叵测。北宋政权还未巩固，国内形势动荡不安。

在中央的禁军，也是威胁皇权统治的重要因素。当时的禁军拥有全国最精锐的战士。五代以来，中央禁军是重要的武装力量，掌握禁军的武将得以左右朝局，甚至直接发动兵变，建立新的朝代。赵匡胤本身就是由“黄袍加身”“陈桥兵变”而登上皇帝之位，也深知禁军对于宋朝安危、稳固的重要意义。

从外患的角度而言，北宋当时还不是一个统一的政权。在南方有所谓

① 参见［宋］马端临《文献通考》卷154《兵考六》，中华书局2011年版，第4616页。

十国政权的后蜀、南唐、吴越、南汉等独立的地方王国，尤其是南唐长期以来一直是南方大国，兵多国富。在北方则有后汉政权宗室建立的北汉，及其背后的支持者漠北大国辽（契丹）。宋太祖一方面需要平定诸多割据政权，统一南方；同时也需要防止契丹和北汉的联合南下。当时新建的宋朝能否在强敌环伺的环境里生存、壮大，成为考验赵匡胤及其群臣的重大难题。

（二）削藩与杯酒释兵权：太祖武将政策的制度设计

赵匡胤在后周的“孤儿寡母”手中夺下了皇帝的宝座，在当时的京师除了禁军将领韩通的反抗之外，似乎没有遭遇太大的抵抗。然而在地方层面，反对的力量依然存在，只是在观望时机而已。五代时期地方藩镇拥兵自重，对中央政权造成了严重的威胁，这个情况随着五代历任君主加强中央集权的努力而在逐渐改变。尤其是后周时期，周太祖、周世宗致力于加强中央禁军的力量，使得中央禁军成为全国最强大的武装，在军事上形成了对于地方节度使的优势。周世宗的努力，为赵匡胤的统治奠定了基础，使得后者轻松镇压了李筠、李重进的叛乱。其余地方上的观望势力，也在赵匡胤强势的武力震慑下，由潜在的对抗、反对转为臣服。

公开的叛乱并不可怕，经过一番调兵遣将，总能将对手消灭。然而，暗中存在的夺权阴谋却往往使人难以察觉，而这又是太祖最为忧心的事情。[①] 为了彻底解决地方藩镇问题和禁军武将篡夺皇位问题，制度性变革和设计势在必行。宋太祖及其谋士赵普共同商议，以削藩镇和收兵权作为施政的核心。

通过“杯酒释兵权”和“后苑之宴”，赵匡胤相继收回了禁军和地方节度使的控制权，将中央的军权集中于皇帝之手，将地方节度使的军权集中收归中央。并且配套实施诸如更戍法，使得“兵不知将，将不知兵”；实行枢密院—三衙统兵体制，使得发兵权与握兵权分离。

这些制度性的设计，改变了五代时期武人政治时代下武人的跋扈地位，使得武人地位较五代而言下降了很多。但是这只是为了平衡文武关

---

① 参见陈峰《武士的悲哀：崇文抑武与北宋兴亡》，重庆出版社 2021 年版，第 21 页。

系，并没有明确崇文抑武的意图，武将在这一时期的地位依然很高。

（三）实用主义的武将政策：统一与御边

北宋初期武将地位依然很高，这和宋初特定的历史以及武将所承担的任务不无关系。

宋太祖在建立宋朝之后，与赵普商定了“先南后北”的统一战略，在南向用兵实现统一的同时，对北方强大的邻邦辽国采取防御之势。这两项军事计划，均离不开武将的参与。与宋朝后继皇帝在位时期相比，武将在宋太祖朝的军事行动中发挥了至关重要的作用。

行伍出身的宋太祖，熟知武将对于军事行动的重要意义。因此，其虽然在地方收回节度使的军权，在中央实行军事制度改革，削弱了武将的影响力，但是在具体的军事行动中，宋太祖还是倚重武将，让武将成为讨平南方诸多政权的主帅。在对辽的西北防御地区，也精心选择和任用边防将领，体现了宋太祖注重实用的统治理念。

在讨伐南方诸政权的战争中，太祖先后委派慕容延钊、王全斌、曹彬、潘美等将为主帅。

乾德元年（963）正月，宋太祖命驻节襄州的山南东道节度使慕容延钊为“湖南道行营都部署”，以李处耘为行营都监，共同南征荆南高氏政权和湖南“武平”政权。① 当时慕容延钊与李处耘发生矛盾，宋太祖为了安抚慕容延钊，将李处耘贬官处理②，这在其后崇文抑武理念下的后继皇帝时期，是不可能的，也足以证明宋太祖时期，还没有崇文抑武的想法和理念。

乾德二年（964），宋太祖兵分两路讨伐后蜀。一路以忠武节度使王全斌为西川行营凤州路都部署，一路以刘光义为归州路副都部署、曹彬为都监。③ 王全斌、刘延让、曹彬均系武将。

开宝七年（974），对南方割据势力中实力较强的政权——南唐用兵

---

① 参见［宋］李焘《续资治通鉴长编》卷4，乾德元年正月庚申，中华书局2004年版，第81页。以下简称《长编》。

② 参见［元］脱脱等《宋史》卷257《李处耘传》，中华书局1977年版，第8962页。

③ 参见《长编》卷5，乾德二年十一月甲戌，第134页。

时，太祖任命以稳重见长的曹彬为主帅①，节制潘美等大将。

通过对太祖南征主帅任命的考察，可知武将在当时显然深受宋太祖的重用。宋太祖基于务实和军事上的考量，充分放权，给予南征武将自主权，从而赢得了一系列战争的胜利。

太祖在南征的同时，对于北方的辽国则取守势。首先，实行正确的边防政策，采取敌来拒之、去则御之，人不犯我、我不犯人的态度，力求避免不顾大局、只求泄愤于一时的无谓冲突。其次，精心选择和任用边防将领，专任不疑，予以经济特权，使其专心守边。这样，在太祖前期基本保持了北部边境的安宁无事。开宝二年（969）太祖出兵攻打北汉，辽兵分道来援，被宋将何继筠、韩重赟击败于阳曲、定州。②

宋太祖重视边防，专任边将，曾对近臣说："安边御众，须是得人。若分边寄者能禀朕意，则必优恤其家属，厚其爵禄，多与公钱及属州课利，使之回图，特免税算，听其召募骁勇，以为爪牙。苟财用丰盈，必能集事。"③ 庆历元年（1041）五月甲戌，太常丞、直集贤院、签书陕西经略安抚判官田况上兵策十四事，其十一事曰："太祖用姚内斌、董遵诲抗西戎，何继筠、李汉超当北敌，各得环、庆、齐、棣一州征租农赋，市牛酒犒军中，不问其出入，故得戎寇屏息，不敢窥边。"④ 太祖时期西北边境安宁，得益于宋太祖正确的边将政策。

从北宋初期宋太祖所取得的军事成效来看，宋太祖实用主义精神主导下的武将政策无疑是正确、有效的。宋太祖倚重武将，重视武将的独立自主性，符合军事运用的一般规律。运用熟知战场、具备战场经验的武将参与军事行动，主导军事行动，才能够提高军事效率，从而最终迎来征服南方诸国，有效防御北汉、辽国的成功。

考察北宋太祖朝的武将政策，未发现崇文抑武的意图，也没有形成宋

① 《长编》卷15，开宝七年十月丙戌，第324页。

② 《长编》卷10，开宝二年四月壬子，第220、221页；《长编》卷10，开宝二年五月戊寅，第221页。

③ 《长编》卷3，建隆三年十二月甲辰，第77页。

④ 《长编》卷132，庆历元年五月甲戌，第3136页。

朝后续皇帝那般鄙视武将、抑制武将的政策与理念。宋太祖在中央和地方收回武将的军权，在制度上提高文官地位，恢复中央朝廷上的文官统治，地方上使用文臣担任知州和通判，只是出于改变文武关系失衡的考虑，此举可以看作是对五代以来皇帝加强自身权威政策的延续。五代的武人政治和跋扈印象，成为影响宋初君臣的时代记忆，宋初的一系列制度设计，均有回应五代武人政治、矫正文武关系失衡的考虑。

太祖朝基于维持安全与统一天下的考虑，一方面需要消解五代武人政治带来的阴影；另一方面，需要最大程度地动员武将，以完成其对内巩固，对外征服、防御的现实需要。两者之间的张力使得太祖时期的武将政策，呈现出抑制与重用的矛盾而复杂的双重面相。此时的文武关系，由五代时期的文武失衡转变为文武平衡。

二、宋太宗时期的武将政策与文武关系

北宋一代，就武将政策、文武关系而言，宋太宗时期相比太祖时期有了很多根本性的变化。宋太宗时期的武将政策，对于其后北宋各朝的影响更大，学界通常所言的“崇文抑武”体制也是在太宗时期开始形成的。

宋太宗一朝的武将政策，在不同阶段有着不同的表现。雍熙北伐的失利，可以看作是太宗武将政策转变的分界线。在雍熙北伐之前，太宗虽然已经对太祖时期的武将政策有所修正，但是更多是基于个人对于太祖旧将的猜忌，从而采取“将从中御”、阵图等方式，加强对武将的钳制，而没有制度性的设计；雍熙北伐失利之后，宋太宗放弃了开疆拓土的雄心壮志，改取“守内虚外”政策，使得武将在军事上的作用越发降低；其放弃对外的经略，汲汲于发展内部的文治，从而与文人集团更为亲近，进一步疏远了武将。在国家发展中，武的因素越来越低，逐步形成崇文抑武的风气。太祖朝所着力发展的平衡的文武关系，至此向着文尊武卑的方向发展。就军事方面而言，此政策严重损害了军队的战斗力，加剧了边防危机，因此引发了朝廷文士的批评和讨论。

（一）雍熙北伐前的武将政策

雍熙北伐之前，宋太宗武将政策的变化首先表现在对边将的态度上。

太祖时期，为了加强对北汉、辽国的防御，对于北部边将采取特殊政策，给予边将一系列自主权，从而赢得了防御战争的胜利，稳定了北部边疆。太宗即位之后改变了对边将的态度。回图贩易是太祖对边防将领实行的特殊政策，其资本是公钱与诸州课利。太宗禁止回图贩易①，限制边防将领权力，是对边防将领的一次打击。这是太宗时期边防政策的第一个重大改变。高梁河之战失利后，边防将领作战不力，与此不无关系。因为无财力自置斥候，远探消息，又无财力重赏士卒，使其奋勇作战，军队的战斗力愈发削弱。

宋太宗因继位问题造成的统治危机，使他急于建功立业，提高威望，汲汲于皇位的巩固和传承，因此接连贸然北征，屡遭大败。这不仅使宋廷丧失了军事优势，还引发了财政危机，从而开始形成积弱积贫之局面。同时在多次北伐失败之后，宋太宗放弃了对外的开拓性战争，采取守内虚外政策。这种政策，进一步降低了武将的地位和作用，采用消极防御，也给北宋王朝带来极大的边患危机。②

宋太宗继承皇位，谜影重重。为了加强自身的统治权威，其寄希望于外部的军事征服之成功，希图借此来转移皇位继承问题带来的不良影响。首先促使吴越、漳州政权归顺，其次动员全国军事力量猛攻北汉，最终占据了北汉都城太原，从而第一次实现了唐末以来中原地区的统一。在被胜利冲昏头脑之下，太宗不顾长期作战、军队本以疲惫不堪的实情，贸然发动对于幽州的进攻，挑起了与辽国（契丹）之间的战争。由于太宗不识兵事，指挥失当，第一次北伐辽国的战争失败。

高梁河战败时，宋军中曾出现拥戴宋太祖之子赵德昭事件，这使宋太

---

① 《长编》卷 18，太平兴国二年正月丙寅，第 392—393 页。

② 相关研究可见漆侠《宋太宗第一次伐辽——宋辽战争研究之一》，《河北大学学报》（哲学社会科学版）1991 年第 3 期。

宗深为惧怕和担忧。[①] 在此之后，宋太宗处置了参与谋立事件的太祖旧部。[②] 幽州城下的谋立事件，使得太宗进一步加剧了对武将的猜忌，防范武人之举更甚。太宗防范将帅甚严，且自以为高明，出征时发阵图，并训令前敌将帅必须按图部署作战，否则将受严惩。当时的情形，接受阵图作战即使失败，也不会受到惩罚；而拒绝按阵图作战，即使胜利，也不会得到奖励，甚至还会受到处分。同时，太宗时期的监军制度，也较太祖时期更为严密。太宗时期屡屡发生的监军侮辱、迫害统军武将的事例，如西北名将郭进为田钦祚所逼而自杀[③]，抗辽名将杨业在岐沟关一战被俘[④]，均和监军的逼迫有关，足以反映此时武将地位的实际降低。

雍熙北伐战争之前，太宗所实行的一系列武将政策、营造的猜忌武将的气氛，带来了严重的军事危机。武将受制于监军，难以有独立的作为；临阵对敌，要严格按照阵图打仗[⑤]，也很难做到临机应变。即使如宋太祖朝以名将、良将著称的曹彬、潘美也因此种武将政策而表现一般，甚至受到王夫之的讥讽。王夫之指出："曹彬之谦谨而不居功，以避权也；潘美之陷杨业而不肯救，以避功也。将避权而与士卒不亲；将避功而败可无咎，胜乃自危；贸士卒之死以自全，而无有不败者矣。"[⑥] 王氏意在说明曹彬、潘美因求自保而致使军事上的失败，实际上，曹彬等人的消极表现根

---

① ［宋］司马光撰，邓广铭、张希清点校：《涑水记闻》卷 2，中华书局 1989 年版，第 36 页载："魏王德昭，大祖之长子，从大宗征幽州，军中夜惊，不知上所在，众议有谋立王者，会知上处乃止。"

② 对于处置拥立德昭拥立者的分析，可以参看《武士的悲哀：崇文抑武与北宋兴亡》，第 74—75 页。

③ ［宋］钱若水修，范学辉校注：《宋太宗皇帝实录校注》卷 41，雍熙四年六月庚子，中华书局 2012 年版，第 474 页载："钦祚之典石岭军也，大将郭进屡有战功，为祚钦所凌轹，进不能甘，遂自经死。事甚暧昧，时皆以为钦祚杀之，左右无敢言者。"

④ 《宋史》卷 272《杨业传》，第 9304—9305 页；《长编》卷 27，雍熙三年八月辛亥，第 621—622 页。

⑤ 对于宋太宗阵图的研究，可见陈峰《"平戎万全阵"与宋太宗》，《历史研究》2006 年第 6 期。

⑥ ［清］王夫之著，舒士彦点校：《宋论》卷 2《太宗》，中华书局 1964 年版，第 35 页。

源上还是太宗武将政策的实施。

（二）雍熙北伐后“守内虚外”政策的确立和崇文抑武的形成

宋太宗所实行的将从中御、阵图、严密的监军制度，都不符合军事行动的实际规律。战场之上，战争形势瞬息变化，极其考验将领的临阵指挥和谋划能力。太宗的一系列操作，最终招致雍熙北伐的惨败。在检视太宗雍熙北伐失败的原因时，宋史大家漆侠指出，宋太宗逐步地、全面地对包括地方将帅在内的将帅们进行了前所未有的控制。这些控制表现为：“将从中御”，将帅对部属无节制、处分之权，不许将帅设置亲兵，对武臣边帅进行监视，重文轻武的形成等。①

雍熙北伐失败之后，太宗放弃了对外经略的雄心壮志，采取守内虚外的政策。此时守内虚外政策的形成，一方面是因为宋太宗失败的武将、军事政策使得后周世宗、宋太祖时期所积攒的禁军精兵严重损耗，使得北宋初期的军事优势丧失，很难在短期内再次发动进攻辽国的战争。

另一方面，和宋太宗时期逐渐形成的由文官群体主导的宋初反战论②、弭兵之说③的鼓吹关系甚大。文官集团乐于看到北宋统治集团将目光由外部转向内部，因为相比于武将在战场上收复疆土、杀敌卫国，文人集团更擅长的是治理地方、教化百姓、繁荣文化。只有北宋政权专注于内部，才能给文官集团带来更多的发展机会。文臣们的反战言论强调修德，注重内部治理，反对领土扩张。由于缺乏统御军队的能力与兴趣，文人精英无法取代武人来应付战争，唯一能避免武官位高权重的方法，便是阻止战争的发生。文官集团希望终止战争，来降低武将们的影响力，毕竟相比对外经略，内部治理更是文人所长。由此，反战之声喧嚣不断。雍熙三年（986）

① 漆侠：《宋太宗雍熙北伐——宋辽战争研究之二》，《河北学刊》1992年第2期。

② 关于宋初反战论的研究，可见王明荪《宋初的反战论》，载邓广铭、漆侠主编《国际宋史研讨会论文选集》，河北大学出版社1992年版，第478—489页。

③ 参见陈芳明《宋初弭兵论的检讨（960—1004）》，载宋史座谈会编《宋史研究集》第9辑，台北：中华丛书编审委员会，1977年，第63—97页。

北伐的悲剧性结局完全超出太宗的想象，使得他深切懊悔自己的决定。①太宗既对麾下武将的表现深感失望，也意识到在战场上击败契丹十分困难，因此转而留心文臣的意见。次年五月乙丑，太宗以侍御史郑宣、司门员外郎刘墀、户部员外郎赵载并为如京使，殿中侍御史柳开为崇仪使，左拾遗刘庆为西京作坊使，显示他有意让更多的文臣参与军务。② 两方面因素的综合，最终使北宋形成了守内虚外、崇文抑武的治国理念。

三、多元的声音：宋太宗时期文官对武将政策的评价

对于宋太宗时期不同阶段的武将政策，文官集团基于各自的考量，展开了不同的论述，这些多元化的声音背后折射出复杂的政治文化内涵，体现出时代与政治的互动。

（一）雍熙北伐前后文官的反战、弭兵论与批评武将

宋太宗在位前期，对于北伐辽国、收复幽蓟抱有很大的热情，并先后发动了两次北伐战争。在雍熙失败之前，弭兵论尚未占据朝廷意见的主流，也没有得到太宗本人认同。这时，反对北伐的文官们往往通过批评参与北伐的武将来表达自己的反战言论。

此时文官们对武将批评的第一个层面，是将参与、呼吁对辽作战的武将们视为贸然发动战争、贪功请赏的自私之人。例如雍熙三年（986），曹彬等在雍熙北伐期间遭遇了岐沟关一役的失败，尚未归朝，赵普就已经上疏表达其反战主张。

赵普一方面认为发动北伐是“邪谄附会，蒙蔽睿聪，致兴不急之兵，颇涉无名之议”③，另一方面又指出：“陛下非次兴兵，必因偏听，小人倾

---

① 雍熙三年北伐失败后，（太宗）“召枢密院使王显，副使张齐贤、王沔，谓曰：‘卿等共视朕，自今复作如此事否？’上既推诚悔过，显等咸愧惧，若无所容”。《长编》卷 27，雍熙三年六月戊戌朔，第 618 页。

② 《长编》卷 28 记载，“上亦欲并用文武，勘定寇乱，乃诏文臣中有武略知兵者许换秩，故开与宣等俱被此命”。《长编》卷 28，雍熙四年五月乙丑，第 637 页。

③ 《长编》卷 27，雍熙三年五月丙子，第 614 页。

侧，但解欺君，事成则获利于身，不成则贻忧于国。昨来议取幽蓟，未审孰为主谋？虚说诳言，总应彰露，愿推首恶，早正刑章。”①

在赵普看来，鼓动太宗仓促北伐的是那些“邪谄附会，蒙蔽睿聪”的小人，批评这种行为是为了“获利于身”，而一旦失败造成的结果则是“贻忧于国”。赵普要追究发动北伐的主谋并进行处罚。这次北伐，首倡其议者为贺令图及其父怀浦等武将②，太宗与枢密院直接商议而越过了中书③。赵普所批评的“邪谄”“小人”显然是指向了这些倡言、参与北伐的武将们。

田锡是太宗朝有名的文士，在《论边事》一疏中，谈及对于边事和边将的看法，认为：“军国大端，固当慎始……自古贪利荐食，不独匈奴；邀功起戎，亦自边将。”④ 田氏认为边将主动对辽作战，只是为了邀功请赏，主张对辽国的战争采取慎重的态度。其实其言下之意更多是主张罢兵，以免“穷兵黩武”之举。

张齐贤在《论北征》上疏中，对于北伐的态度是：“自古疆埸之难，非尽由戎狄；亦多边吏扰而致之。……臣所虑群臣所闻，多以纤维之利，剋下之术，侵苦穷民，以为功能者，彼为此效，相习已久；至于生民疾苦，见之如不见，闻之如不闻，敛怨愬尤，无大于此！”⑤

如赵普、田锡、张齐贤等辈文人，对于边疆缺乏经略之心，对于收复幽燕之地更毫无兴趣。他们的反战，反映了其文治主义的取向。与之相对应，武人们则更向往收复幽燕，在战场上发挥作用。纵观当时文人们的反战、弭兵，大多以“修德”“劳民伤财”“和戎”为名，反映了文人们对发

① 《长编》卷27，雍熙三年五月丙子，第615页；[宋]吕祖谦编，齐治平点校：《宋文鉴》卷41，赵普：《雍熙三年请班师》，中华书局1992年版，第617—618页。

② 《长编》卷27，雍熙三年正月戊寅，第602页

③ 《长编》卷27，雍熙三年六月戊戌朔，第618页。

④ 《宋文鉴》卷41，田锡：《论边事》，第626页。

⑤ 《宋文鉴》卷41，张齐贤：《谏北征》，第627—628页。

动对辽战争的厌恶和对内部文治的追求。① 反战、弭兵与主战之论，背后亦含有文武之争的暗流。只是彼时太宗尚热衷于收复幽燕之地，武人们在弭兵与主战之间，尚还有发言之余地。

除了批评武人“邀功起戎”，文人们也批评武将的能力不足，导致了雍熙北伐的失败。如李昉等人上疏：“伏思用兵北伐，盖有其由。良以晋朝生灵仅逾百万，遭罹否运，役于北戎，迫其凶威，畜为奴婢。陛下内怀痛悼，将图拯救，而倚任之际，将帅非才，莫遵庙胜之谋，荐致舆尸之败。”② 李昉等人将北伐的失败归于武将缺乏才能，不遵从朝廷决策者的谋划。一方面指出了北伐所用非人，难以为继；同时又将北伐失败的原因归罪于武将，而对于太宗的责任则闭口不谈。

文人们的反战弭兵言论，在雍熙北伐之后，逐渐被太宗全面接受。与此对应，其后的文武关系也发生了重大的转折，武人的地位进一步降低。可以说反战、弭兵论的成功，守内虚外战略的确立，意味着从太祖以来开始形成的文官政治之萌芽，至此真正在各个层面占据主导作用。

（二）端拱二年对于御辽政策的检讨与武将政策的讨论

雍熙北伐之后，宋太宗基本上放弃了北伐的想法，但是辽国却带着战胜的余威，对北宋边疆展开了一系列的骚扰、掠夺。在放弃对外的战略之后，如何有效地实施对辽国的防御，成为摆在宋太宗君臣面前的又一大难题。端拱二年（989）正月癸巳，太宗诏文武群臣各陈备边御戎之策。③ 参与讨论的文官有户部郎中张洎，知制诰田锡，右拾遗、直史馆王禹偁等人，主要围绕之前对辽政策的检讨、太宗将从中御的弊端以及相关的改进措施等内容。

户部郎中张洎认为：“伏自北戎犯顺，累载于兹，其故何哉？盖中国失地利，分兵力，将从中御，士不用命也。”④ 又引用兵书的说法进一步说

① ［宋］田锡撰，罗国威点校：《咸平集》卷1《上太宗论军国要机朝廷大体》，巴蜀书社2008年版，第10—13页。

② 《长编》卷27，雍熙三年六月戊戌朔，第618页。

③ 《长编》卷30，端拱二年正月癸巳，第666页。

④ 《长编》卷30，端拱二年正月癸巳，第666页。

明："将从中御，兵无选锋，必败。"① 张洎从历年的战争失败和兵书之古训两方面来论证将从中御的不合理之处，认为将从中御是导致太宗两次北伐失败和边防危机的重要原因。

知制诰田锡指出："今之御戎，无先于选将帅，既得将帅，请委任责成，不必降以阵图，不须授之方略，自然因机设变，观衅制宜，无不成功，无不破敌矣。……况今委任将帅，而每事欲从中降诏，授以方略，或赐以阵图，依从则有未合宜，专断则是违上旨，以此制胜，未见其长。伏乞速命宰臣各举良将，及令素有闻望宿旧武臣，自举其能及举所知者。又将帅行恩信，恤士卒，必丰财货，方得士心。"② 在田锡看来，御辽的首要在于选择将帅并给予其独立的权力。太宗将从中御，且赐以阵图，使得前线武将很难成功。由此田氏呼吁太宗改变之前的将从中御之策。

张洎、田锡对于宋太宗驭将政策的批评，符合太宗时期的实际情况。对比太祖与太宗两朝武将政策，太宗时期明显加强了对武将的钳制和约束。备受约束的武将，很难在瞬息万变的战场上捕捉战机，失败也就在所难免。类似的批评，直到真宗咸平年间依然存在。③

将端拱二年文官对宋太宗御辽政策的讨论与雍熙年间将北伐失败归罪于武将相比，不难发现其中的微妙变化。在雍熙年间，承担北伐失败责任的主要是武将们。文官们指责武将"将帅非才，莫遵庙胜之谋"。而此时，批评的声音则主要集中在太宗本人的武将政策上，何以短短数年，就有如此改变？在笔者看来，这和太宗本人已经放弃北伐、反战论已经占据上风，文人们所关注的重点已经发生转移有关。在雍熙年间，反战的文官们需要说服太宗放弃北伐，转变为向内部发展。因此当时，他们采取的方式是，将北伐的失败全部归罪于参与其中的武将，而对太宗的责任避而不谈。到了端拱二年，守内虚外已经基本成为当时的主流意见。此时文官们

① 《长编》卷 30，端拱二年正月癸巳，第 668 页。

② 《长编》卷 30，端拱二年正月癸巳，第 675 页；《咸平集》卷 1《上太宗答诏论边事》，第 5 页。

③ 可参见真宗咸平二年京西转运副使朱台符的上疏，见《长编》卷 44，咸平二年闰三月庚寅，第 937 页。

需要考虑的是如何有效地防御辽国入侵，如何巩固边疆稳固与宋朝安全。在这时，对于太宗的将从中御进行检讨、批评，乃是改变被动边疆防御的必要之举。不如此，则边疆不宁，严重威胁北宋的内部稳定。

将目光放远，从太祖朝到太宗朝，围绕北伐和弭兵两种主张，皇帝、武将、文官三种力量之间的关系是复杂而微妙的。当宋太宗雄心勃勃地想要收复幽燕之时，文官们大体上是反对的，促使太宗只能依靠武人来进行北伐。此时虽然如文官批评的那样，有着种种对于武将的钳制、约束，但是参与北伐军事大计的仍然是以武将为主①；文官则因反战而对武将采取批评的态度。等到端拱二年，宋太宗已经基本确定守内虚外的理念之后，文官们已经不需要通过批评武将的方式来发表弭兵主张了。由此，随着文官注重于内，他们也看到了将从中御政策对内部稳定带来的弊端，进而批评太宗，希望其改变驭将政策。在文与武、战与和两种力量、两种主张的博弈之中，随着太宗的守内虚外政策之确立，文官迎来了最终的胜利。虽然这场胜利对于北宋王朝而言，带有严重的负面意义。

（三）王禹偁“抑儒激武”说与武将的悲哀

端拱二年，同样上疏讨论太宗御辽政策和武将政策的还有王禹偁。

王禹偁在给太宗的奏疏中，批评了太宗的将从中御使得将帅无权，并第一次提出了“抑儒激武”说。王禹偁的“抑儒激武”说对于揭示宋太宗时期文武关系的根本弊端具有重要意义。

王禹偁首先批评太宗的将从中御，其言：“兵势患在不合，将臣患在无权。陛下固未能专委一人，则请于缘边要害之地，为三军以备之，若有唐受降城之类。”②

其次，提出抑儒臣而激武臣。“艰难选举，抑儒臣而激武臣也。自陛下统御，力崇儒术，亲主文闱，志在得人，未尝求备。大则数年便居富

---

① 如太平兴国八年太宗所云：“晋、汉微弱，边陲无尽节之臣，率张皇事势，以要恩宠，为自利之计。今之边将，皆朕所推择，咸能尽心，无复袭旧态也。”（《长编》卷 24，太平兴国八年十一月甲寅，第 557 页）而且雍熙北伐，太宗也是独与枢密院武将商议。“初议兴兵，上独与枢密院计议，一日至六召，中书不预闻。”（《长编》卷 27，雍熙三年六月戊戌朔，第 618 页）

② 《长编》卷 30，端拱二年正月癸巳，第 672 页。

贵，小则数月亟预官常。或一行可观，一言可采，宠锡之数，动逾千万，不独破十家之产，抑亦起三军之心。臣亦其人，固自言耳。但恐授甲之士，有使鹤之言，望减儒冠之赐，以均战士之恩。”①

王禹偁在其后的至道三年（997）也发表过类似的主张，其云：“伏以乾德、开宝以来，国家之事，臣所目睹，当时东未得江、浙、漳、泉，南未得荆湖、交、广，朝廷财赋，可谓未丰。然而击河东，备北敌，国用亦足，兵威亦强，其义安在？所蓄之兵锐而不众，所用之将专而不疑故也。自后尽取东南数国，又平河东，土地财赋可谓广矣，而兵威不振，国用转急，其义安在？所蓄之兵冗而不尽锐，所用之将众而不自专故也。今诚能简锐卒，去冗兵，而委之将帅，用恩威法令驾驭之，资以天下财赋，而曰兵不振，用不丰，未之有也。臣愚以为宜经制兵赋如开宝中，则可以高枕而治矣。”② 在这封奏疏中，王禹偁将太祖和太宗时期的武将政策、兵威情况进行对比，指出太宗所用之将众而不自专是导致兵威不振的原因之一。

在北宋初期众多的文人士大夫之中，反对、批评北宋武将政策的大有人在，如以上所述。然而在这其中，王禹偁的“抑儒激武”论述更深刻、反思更彻底。这是因为王禹偁将北宋武将政策放置在了北宋文武关系的整体脉络之中，关注到了儒学、儒家、文官地位的提高对武将带来的极大负面影响，进而提出了“抑儒臣而激武臣”这样大胆、激进的主张。这一主张，与当时朝廷之上占据主流意见的崇文抑武背道而驰，也违背了其后所谓的赵宋王朝对于文武关系的祖宗之法，因而实际上不可能真正得到实现。尽管如此，王禹偁的激武说还是在特定的时局下会被部分实现，以改变文武关系失衡带来的军备不振、边防危机。

王禹偁指出了北宋文武关系的症结所在，即一方面随着文官地位的提高，文官体制的逐步确立，文官占据了本该属于武将的权力与舞台。文官集团并不想放弃这种权力，因此极尽打压武将之能事，攻击武将的种种举动，反对武将地位的根本提高。另一方面，北宋又是一个边患危机十分严

---

① 《长编》卷 30，端拱二年正月癸巳，第 673 页。

② 《长编》卷 42，至道三年十二月甲寅，第 897 页；《宋史》卷 293《王禹偁传》，第 9795 页。

重的时代，对外战争、防御需要武将的参与，在以文驭武体制之下，军队效能低下，文官无法带领宋朝军队赢得对外战争的胜利。这种文武关系的张力与矛盾，导致部分有识之士始终不忘在力所能及的范围内提高武将的地位和权限。然而一旦以文驭武、崇文抑武的根本体制和理念不被放弃，阶段性、局部性地对武将放权，无补于北宋军事之大局。王禹偁的独特之处在于，他能把握问题症结，提出抑儒激武，希图改变文武关系的严重失衡。其悲剧性也在于此，因为不动摇文官集团的根本地位，不放弃崇文抑武的基本理念，武将地位的提高是不可能真正得到实现的。

从这个角度而言，北宋崇文抑武、武将地位低下，实际上乃是北宋最终灭于金国的重要原因之一。北宋武士的悲哀，也可以看作是北宋王朝的悲哀，是其一系列问题的症结所在。

四、文盛武衰与北宋灭亡

崇文抑武，虽经太宗一朝确立，但得到大力发展却是在真宗朝。考察真宗朝具体的武将制度，皇帝和文官对于武将的评价，可以发现此时武将的地位进一步降低，文武之间地位的差距进一步扩大。

此时的朝廷之上，文官完全占据了主导地位，即使有少数武将能够进入枢密院，也无法得到应有的尊重，甚至受到文官们严重的轻视和鄙夷。而在边疆、边防方面，随着守内虚外政策的确立，尤其是澶渊之盟的签订，朝廷更加专注于内部发展。武将们意欲在边疆有所作为，不但得不到支持，反而被批评为“邀功请赏”。此外文官体制确立之后，皇帝和文官集团用文官的标准来要求、评价武将①，诸如治理地方、熟悉法律、懂得大体之类，也并非武将所长。武将们就这样在压抑的环境中艰难挣扎。即使有着巨大战功的名将狄青，也难逃文官们的猜忌和抨击，最终黯然离世。

---

① 参见柳立言《北宋评价武人标准再认识——重文轻武之另一面》，《历史研究》2018 年第 2 期。

寇准在与枢密副使曹利用议事不和时，就直接当面表达了对于曹利用武人身份的鄙视。《涑水记闻》记载："寇（准）为枢密使，曹利用为副使，寇以其武人，轻之。议事有不合者，莱公辄曰：'君一武夫耳，岂解此国家大体！'"①

真宗朝大臣尹洙更是运用了一个形象的比喻将文武地位之间的差距刻画了出来。在他看来，"状元及第，虽将兵数十万，恢复幽蓟，逐强虏于穷漠，凯歌劳还，献捷太庙，其荣亦不可及也"②。真宗时期崇文抑武、文尊武卑的氛围于此可见一斑。

真宗一朝的武将，随着文官集团的崛起，朝廷的重心转向守内虚外，在边疆事务中的话语权也越来越低。对于意欲有所作为的武将们经略边疆的设想、实践，皇帝、文官们也往往采取批评、反对的态度。③ 景德三年（1006），真宗拒绝武将曹玮敦请发动远征以歼灭李德明势力，并吞党项疆土的上奏。④ 景德四年（1007），在一次君臣讨论边疆事务时，真宗指出"武将戎臣，多言与契丹和不便"，冯拯则认为"边方不宁，武臣幸之以为利"⑤。冯拯延续了此前对于边将邀功自利的武将认识。在皇帝的支持下，追求和平成为朝廷的主流，武人的反对意见则被解释为谋求私利。真宗在大中祥符元年（1008）与臣子的另一场对话同样表现出他对武人的轻鄙："武臣无事之际，喜谈策略，及其赴敌，罕能成功。好勇无谋，盖其常耳。"⑥ 在大中祥符七年（1014）真宗对边将也有类似的批评："边臣利于用兵，殊不知无战为上。"⑦

---

① 《涑水记闻》卷 7，第 132 页。

② ［宋］田况撰，张其凡点校：《儒林公议》卷上，中华书局 2017 年版，第 8 页。

③ 如知开封府钱若水在咸平三年（1000）提醒真宗："自五代以来，为将北征者，大则跋扈，小则丧师，皆布于旧史，陛下之所知，不可不慎之，不可不戒之。"《长编》卷 46，真宗咸平三年三月丁未，第 1001 页。

④ 《长编》卷 63，景德三年五月辛亥，第 1402 页。

⑤ 《长编》卷 67，景德四年十二月戊午，第 1514 页。

⑥ 《长编》卷 68，大中祥符元年三月丁卯，第 1528 页。

⑦ 《长编》卷 83，大中祥符七年十一月己酉，第 1904 页。

此后，北宋主导朝廷政局的是以文官为代表的士大夫精英。他们的影响力遍及中央和地方，甚至进入到军事领域之中。在对武将的一片批评声中，文官们提出了“文人主兵”的想法，并成功地付诸实践。真宗仁宗朝所确立的文官统兵体制，保证了文官集团的文治诉求。为了维护文官集团在军事领域上的主导权，他们反对在军事领域实际上能够发挥作用的武将进入到军事系统的最高层。而那些打破文官统兵体制，保留武将作风的高级将领则被看作是破坏了政府的体制，会受到文官们极度的厌恶或防范。

狄青的悲剧就是文官打击武将最有代表性的例子。朝廷在庆历四年（1044）派遣武将狄青出知渭州，统领泾原路的兵马。此一任命最终因为谏官余靖的强烈反对①而作罢②。余靖坚持指派一位文臣取代狄青，或者至少委任一位文臣以分其权。他强调：“求一士而分其任，纵无奇才，比于专委一夫，不犹愈乎?”③ 即使其后狄青在战场上屡立战功，其也无法得到文官集团的真正认可。御史中丞王举正上奏反对狄青担任枢密使时，指出：“（狄）青出兵伍为执政，本朝所无，恐四方轻朝廷。”④ 左司谏贾黯也说：“国初武臣宿将，扶建大业，平定列国，有忠勋者不可胜数，然未有起兵伍，登帷幄者。”⑤ 欧阳修更是直言：“武臣掌国机密而得军情，岂是国家之利!”⑥

北宋朝廷的这种做法严重削弱军队的战斗力，导致其军力越发不振，无法保卫边疆，在对外战争中频频失利。北宋的经济发达，文化昌盛，国家军事潜力极大。然而这种以文驭武、压制武将的做法，使得军事潜力无法转化为军事实力。换句话说，北宋王朝放弃了军事上的实用和效率，选择此种方法来获取所谓的内部稳定，而代价则是守内虚外，边患严重，最

① 余靖连上四份奏章反对狄青的任命，见《长编》卷150，庆历四年六月癸卯，第3626—3632页。

② 《长编》卷150，庆历四年六月癸卯，第3633页。

③ 《长编》卷150，庆历四年六月癸卯，第3631页。

④ 《长编》卷172，皇祐四年六月丁亥，第4153页。

⑤ 《长编》卷172，皇祐四年六月丁亥，第4153页。

⑥ 《长编》卷183，嘉祐元年七月丙戌，第4426页。

终被少数民族政权金国灭亡。

结　语

诚如塞缪尔·亨廷顿所言："在任何社会中，军事制度都由两方面力量所塑造：源于社会安全威胁的功能必要性，以及源于社会中占据主导地位的力量、意识形态与制度所造成的社会必要性。只反映社会价值观的军事制度，或许不会在其军事功能方面得到有效的表现。此外，纯粹因为功能必要性而塑造的军事制度，也难以与社会相容。这两方面力量的交互作用是军政关系的关键。两者之间冲突的程度，取决于安全需求的紧迫性，以及社会价值模式的性质与强烈程度。对这两种力量的调节与平衡并非不可避免：有些社会从其内在就无法有效提供自身的军事安全。这样的社会在威胁持续的时代中缺乏生存价值。"① 在北宋时期，主流的意识形态是儒学和儒家思想，主要的治国理念是崇文抑武；在社会中占据主导地位的力量是文官集团，北宋所面临的最大社会安全威胁则是西北边疆危机以及来自诸如辽国、西夏和金国的压力。然而文官集团们只关注到了崇文抑武体制在内部文治发展中的作用，却忽视了其对于动员军事、对抗外敌方面的致命威胁。这一体制下的北宋军队，无法保障北宋的边疆安全。在这个意义上，葬送北宋王朝的正是太宗及其后继者努力推行的崇文抑武体制。

太祖致力于矫正五代武人政治下的武盛文衰，最终却在其后继者手中发展成了新的不正常的文武关系，即文尊武卑、崇文抑武。这种新的畸形的文武关系，不利于王朝统治，最终成为北宋灭亡的主因之一。由此观之，影响太祖太宗两朝文武关系的核心要素是皇权统治的安全与统一及边防问题。太祖实现了文武关系的平衡，但是太宗却逐步与文官合流，改变了文武关系的均衡之势。虽然有着诸如张洎等人对于将从中御的批评，尤其是王禹偁"抑儒臣而激武臣"的大胆呼吁，但是真宗朝及其后继者却选

① 〔美〕塞缪尔·亨廷顿著，李晟译：《军人与国家：军政关系的理论与政治》，中国政法大学出版社2017年版，第2页。

择了继续僵化地继承崇文抑武体制，文武之间的界限及隔阂越来越大。从此文官日益主导文武关系的走向，武人则失去了话语权。

如何处理文武之间的关系，如何平衡文武之道，是国家治理的重要课题，即使在今天也值得深思。北宋武将的悲哀，也为当下的军队治理提供了历史借鉴。文人可以在很多方面发挥作用，但是真正的战场还是要充分交给受过职业训练的专业军人和武将。维持文武之间的平衡，提高国家运行的效率，是国家治理的永恒主题。

宋仁宗“仁孝宽裕”的特点及其对朝政等方面的影响

陈　峰
（陕西师范大学　历史文化学院）

宋初开国时代，太祖、太宗两朝致力于终结五代乱世，重建中央集权统治。为此，一方面持续拨乱反正，创制立规，以恢复秩序；另一方面先后出兵南征北讨，以统一四方。宋朝因此走出此前循环往复的历史覆辙，也奠定了赵宋的江山基业。宋初二代皇帝虽眼光、气度有别，但皆历经过乱世和错综复杂的斗争，故拥有丰富的政治经验，具有驾驭群臣的能力，其中太宗又多独断，因此朝政深受二帝强势的影响。宋真宗时期，宋廷转入守成时代，统治日趋稳固且制度愈益成熟，文官士大夫也已崛起并开始主政。故与宋初两朝相比，宋真宗多依赖大臣辅佐，以应对内外挑战，朝堂之风遂与以往发生了变化。至宋仁宗即位后，士大夫在国家政治生活中的位置愈益凸显，从而呈现出显著的文官政治格局。宋代这种政治上的演变，固然涉及多重因素，但前后帝王在特性上的差异及其影响，亦为不容忽视的原因。目前，学界对宋代政治史的研究，多关注制度与政策、内政与外交、中央与地方、文武关系、党争与变法以及政治家个案等方面，并取得许多论著成果。但从帝王特性的视角观察，尚显得不足。本文即从宋仁宗在位期间的特点切入①，以考察其与当时朝政之间的关系，适可丰富

① 目前主要有赵冬梅对此有相关论述，但较简略。见《宋仁宗之“仁”》一文，人民论坛网，2020年7月21日。

对北宋中叶政治变迁的理解。

一、宋仁宗的成长经历及其性格的形成

宋仁宗的成长历程颇不寻常，这一经历对其性格的形成产生了很大的影响，而由此促成的行事特点又直接决定了其独特的帝王风格，从而在宋朝历史上留下了鲜明的印记。

在宋仁宗之前，前三代皇帝登基都或多或少存在特殊性。众所周知，宋太祖通过兵变称帝建国，宋太宗则以篡位方式登基。宋真宗即位也具有一定的偶然性，因为之前曾有过两个皇位继承人。真宗长兄、楚王元佐最初被太宗确立为储君，不过，元佐因受秦王廷美被害的刺激，在雍熙二年（985），精神失常，甚至手刃伤人、纵火焚宫，因此当年被废黜。① 随之，太宗又立次子许王元僖为皇储，但在淳化三年（992），元僖突然暴病身亡。② 直到两年后，晚年的宋太宗才立第三子、襄王元侃为继承人，元侃后改名恒，即宋真宗。而宋真宗在即位之际，还曾发生过政治风波：宦官首领王继恩、参知政事李昌龄及知制诰胡旦等人与李皇后合谋，试图拥立被废的楚王元佐登基。后在宰相吕端果决的处置下，这场危机才得以化解。③《宋史》记载：宋真宗有六子，其中四个皆早死，另一位没有具体记录，很可能也属夭折，唯独幼子赵祯存活下来。④ 故其成为真宗唯一的血脉。

宋仁宗在登基问题上虽然没有遭遇过意外，但是其成长却颇不寻常。赵祯自幼受到皇子的正统教育，真宗还专门设置资善堂，选派“耆德方正有学术者”⑤ 加以教导，并且规定不得在其间戏耍，“仍面戒不得于堂中戏

① ［宋］李焘：《续资治通鉴长编》卷 26，中华书局 2004 年版，雍熙二年九月庚戌，第 598 页。

② 《续资治通鉴长编》卷 33，淳化三年十一月己亥，第 740—741 页。

③ 《续资治通鉴长编》卷 41，至道三年三月壬辰，第 862 页。

④ ［元］脱脱等：《宋史》卷 245《宗室传二》，中华书局 1977 年版，第 8707 页。

⑤ 《续资治通鉴长编》卷 86，大中祥符九年正月壬申，第 1969 页。

笑，及陈玩弄之具，庶事由礼，使王亲近僚友”①。按照既有的皇室教育规则，赵祯学习的内容主要是经史，尤其是儒家经典要义，宋太祖就曾强调道：“帝王家儿，不必要会文章，但令通晓经义，知古今治乱，他日免为侮文弄法吏欺罔耳。”② 宋人一般也认为，储君学习的目的是要知晓“有君臣父子之伦，尊卑长幼之序”③。天禧二年（1018），8 岁的赵祯被正式立为太子，随后还被安排了解政务，“诏五日一开资善堂，太子秉笏南乡立，听辅臣参决诸司事”④。可以说，赵祯除了读书、听讲，几乎没有玩伴，接触最多的都是辅导官员与宦官这些成年人。这种严格甚至刻板的培养过程，对尚在童年的仁宗必定会产生不小的影响。乾兴元年（1022），真宗病死，12 岁的仁宗即位，由刘太后临朝听政。直到明道二年（1033）刘太后病故，仁宗才亲政，但此时已是 24 岁的成年人了。

宋仁宗童年受到真宗和一批专职文臣的培育，仅是其经历的一面。而另一方面，在生活上对他管教最多且持续时间最长的则是母后刘氏，故受到刘氏的影响其实更大。刘氏虽来自民间，出身低微，但入宫后便专宠不衰，并成功晋位皇后，史称：“后性警悟，晓书史，闻朝廷事，能记其本末。真宗退朝，阅天下封奏，多至中夜，后皆预闻。”⑤ 可见刘氏颇具智慧，能力非同寻常。到真宗晚年多病时，她已开始参政，并与大臣丁谓等人联手击败了宰相寇准，实际上操控了宫廷。刘后因不育，遂在仁宗诞生时即将其收为己有，并严禁泄露仁宗生母李氏的信息，致使赵祯与生母始终不能母子相认。据记载，刘后对赵祯管束甚严，即使其即位后亦如此，

---

① 司义祖整理：《宋大诏令集》卷 35《建资善堂诏》，中华书局 1962 年版，第 183 页。按：此事记载时间有误，当为大中祥符八年。

② ［宋］孔平仲：《孔氏谈苑》卷 4，《丁晋公谈录（外三种）》，中华书局 2012 年版，第 266 页。另见［宋］司马光：《涑水记闻》卷 1，中华书局 1989 年版，第 20 页。

③ ［宋］陈模：《东宫备览》卷 1《入学》，《丛书集成初编》第 683 册，中华书局 1985 年版，第 3 页。

④ 《宋史》卷 9《仁宗纪一》，第 175 页。

⑤ 《宋史》卷 242《后妃上·章献明肃刘皇后传》，第 8613 页。

史称："上幼冲即位，章宪（刘后）性严，动以礼法禁约之，未尝假以颜色。"① 刘太后对仁宗不假以颜色的严厉管教，使得仁宗从小就学会了顺从。所谓"仁宗所以奉太后亦甚备"②。在这种长期缺乏温情的环境下成长，仁宗的个性无疑受到很大的压抑，难以自主伸张。值得一提的是，仁宗即位后仍继续受到传统教育，据以后的宋高宗说："祖宗故事，朕尝省阅，然宫禁间事，亦有外朝所不知者。朕昨日见毛刚中所进鉴古图，乃仁宗皇帝即位之初，春秋尚幼，故采古人行事之迹，绘而成图，便于省阅，因以为鉴也。"③ 可知当时为了便于其学习枯燥的知识，还编绘了相关图本。刘太后又为其设置了经筵讲官，进一步加以帝学培养，"后称制凡十一年，自仁宗即位，乃谕辅臣曰：'皇帝听断之暇，宜诏名儒讲读经史，以辅其德。'于是设幄崇政殿之西庑，而日命近臣侍讲读"④。如此一来，宋仁宗从幼年到亲政前的二十多年中，既深受传统儒学的教导，又一直受到养母刘后的严格约束，就此度过了从童年到青年的过程。因此，仁宗遂养成温顺、柔弱的性格特点，可谓知书明礼、循规蹈矩，又内敛含蓄。宋人即认为"仁宗性畏慎"⑤，元代史家修《宋史》时称其："仁孝宽裕，喜愠不形于色。"⑥ 至于评说宋仁宗"恭俭仁恕，出于天性"⑦ "天性最为仁厚"⑧，其实并非出自天生，而是来自成长经历的塑造。

---

① 《涑水记闻》卷 8，第 153 页。

② 《宋史》卷 242《后妃上·章献明肃刘皇后传》，第 8615 页。

③ ［宋］李心传：《建炎以来系年要录》卷 86，绍兴五年闰二月丙寅，中华书局 2013 年版，第 1645 页。

④ 《宋史》卷 242《后妃上·章献明肃刘皇后传》，第 8615 页。

⑤ ［宋］苏辙：《龙川略志》第 4《契丹来议和亲》，中华书局 1982 年版，第 21 页。

⑥ 《宋史》卷 9《仁宗纪一》，第 175 页。

⑦ 《宋史》卷 12《仁宗纪四》"赞曰"，第 250 页。

⑧ ［宋］陈栎：《历代通略》卷 3，影印文渊阁四库全书，台湾商务印书馆 1986 年版，第 688 册，第 71 页。

二、宋仁宗亲政前的克制与忍让

宋仁宗无论被认为是“仁孝宽裕”，还是被评为“恭俭仁恕”，其内化在皇帝角色中则是能保持克制乃至于忍让。特别是在亲政前的阶段，其不仅在庙堂上如此，在婚姻等私生活方面亦不例外。

在乾兴元年（1022）二月至明道二年（1033）三月的十余年里，垂帘听政的刘太后是事实上的最高主宰，仁宗即使逐渐成年，也从经史、祖训中明白了帝王的含义，但迫于现实只能依旧安于见习君主的角色，朝堂大政听由太后与臣僚商议后最终裁断，尤其是对重要的敏感问题甚少表态。这一阶段宰辅的变动便多出自太后的意志。刘太后临朝之初，先将曾经的合作者、权相丁谓贬逐，并将次相冯拯外放地方，而改用王钦若、王曾入主中书。继之利用臣僚之间的矛盾，默许王曾等人与王钦若争斗，使得善弄权术的王钦若受到牵制，“然钦若亦不复能大用事如真宗时矣。同列往往驳议，钦若不堪”①。当王钦若不久死去后，再用王曾为首相，以张知白为次相，就此完成宰相的新旧替换。此后，王曾虽力革弊政，但因维护规则得罪太后，“（王）曾多所裁抑，太后滋不悦”②，遂遭到罢相，而由平庸的张士逊和明智的吕夷简继任宰相。与此同时，刘太后先留用曾支持过自己的枢密使曹利用，短暂提拔姻亲钱惟演并为枢密使，再用有恩于己的张耆取代钱惟演。当曹利用有不顺从的表现，“恃恩素骄”后，便引起太后的不满，将其贬官问罪。③ 随后，又用追随者杨崇勋为枢密使。在波谲云诡的人事变动中，基本看不到仁宗的明确态度，有的只是以其皇帝身份下达的相关任免诏书。刘太后熟练地运用权柄升降大臣，固然维持了真、仁之际朝政的平稳过渡，不过也长期操控庙堂，即便仁宗已经成年，她仍拒

---

① 《续资治通鉴长编》卷101，天圣元年九月丙寅，第2333页。

② 《宋史》卷310《王曾传》，第10185页。

③ 《续资治通鉴长编》卷107，天圣七年正月癸卯，第2491—2492页；《宋史》卷290《曹利用传》，第9707—9708页。

绝放权。如上奏建议还政皇帝的多位朝臣，均遭到太后的贬降。[①] 从文献记载来看，主政大臣没敢附和这样的动议，仁宗也从未对此做出任何反应或举动。这就表明仁宗与辅臣都保持了克制与忍让，回避这些奏议，以免触怒太后。

事实上，宋仁宗在亲政前不仅顺从刘太后在朝堂上做主，对迎合太后的许多举动也会予以配合。如据记载，草泽方仲弓上书建议依唐朝武则天故事为太后立刘氏七庙，刘太后迫于压力不敢接受，便表示："吾不作此负祖宗事。"仁宗则说："此亦出于忠孝，宜有以旌之。"于是方氏被授予开封司录的官职。[②] 在元旦之日，仁宗主动打破常规，先率百官及契丹使臣在会庆殿跪拜庆贺太后，然后才转往天安殿接受群臣朝贺。[③] 诸如此类等。揆诸这一时期的宫廷形势，仁宗的克制除了一贯的温顺性格因素使然外，逐渐成年后还有避免意外发生的考虑，遂以恭顺的姿态显现，以消除刘太后的疑虑。据记载，刘太后曾以真宗早夭长子托梦为由，将真宗异母兄弟元俨之子允初"养于禁中"，这对仁宗显然是一个潜在的威胁。允初"既长"，宰相吕夷简为防不测，坚请将允初"命还邸中"。[④] 有赖富有权谋的吕夷简调和，"辑睦二宫"[⑤]，才使得仁宗平安无事。在此需要说明的是，刘太后在临朝听政的末期虽年逾六旬，但权力欲丝毫未减，两宫之间难免存在芥蒂。在扑朔迷离的微妙境况下，以吕夷简为首的大臣运用权术化解两宫之间可能出现的矛盾，即一方面满足刘太后的一些僭越礼仪要求，以不断破格封赏的方式照顾太后家族的利益；另一方面则尽力维护仁宗的地

---

① 《续资治通鉴长编》卷 106，天圣六年七月乙巳，第 2476 页；卷 108，天圣七年十一月癸亥，第 2526—2527 页；卷 110，天圣九年十月己卯，第 2567 页；卷 111，明道元年八月丁卯，第 2588 页。

② ［宋］苏辙：《龙川别志》卷上，中华书局 1982 年版，第 78 页；《续资治通鉴长编》卷 112，明道二年四月己未，第 2615 页。

③ 《续资治通鉴长编》卷 104，天圣四年十二月丁亥，第 2428 页；卷 105，天圣五年正月壬寅，第 2423 页。

④ 《龙川别志》卷上，第 78—79 页；《续资治通鉴长编》卷 112，明道二年四月己未，第 2612—2613 页。

⑤ 《龙川别志》卷上，第 78 页。

位和感情，排除各种对其不利的因素，就此维持了政局的稳定。①

宋仁宗在亲政之前，遵从太后的旨意扮演傀儡皇帝不说，在婚姻生活上也服从太后的安排。仁宗最初钟情于故骁骑卫上将军张美之后张美人，想立其为皇后，但刘太后却选中故平卢节度使郭崇的孙女，仁宗虽不情愿，却只能屈从。② 刘太后还对少年君主与后宫的交往予以限制，郭后又年少不懂世情，竟依仗太后“颇骄”，仁宗心存不满，也只能忍让，所谓“郭皇后之立，非上意，浸见疏，而后挟庄献势，颇骄。后宫为庄献所禁遏，希得进”③。仅由此一例，足见仁宗从 14 岁婚后便保持克制，与郭后长期维持关系，不过也为双方后来的分离埋下了伏笔。

三、宋仁宗问政的特点及其对朝政的影响

宋仁宗亲政后，长期养成的性格使其更依赖大臣辅政，因此君臣关系相对密切，甚少发生明显冲突。但他同时也缺乏主见，易受到议论的干扰，从而难以果断裁决并革除弊政。就此形成的帝王风格，对当时的朝政产生了重要的影响。

明道二年，刘太后病故，仁宗终于亲政，从此至嘉祐八年（1063）辞世，他做了三十余年的最高统治者。在此期间，仁宗虽有某些变化，但总体上以遵循祖宗之法与维持现状为宗旨，依靠官僚系统维系统治。在亲政之初，仁宗曾一度因对太后的怨气撤换了一些官员，但随后便缓和下来，延续了庙堂用人的传统，既对有恩于己或口碑良好者加以倚重，又注意论资排辈，以平衡各方的利益。其中吕夷简因曾尽心维护过仁宗，遂长期深受重用，史称“夷简当国柄最久，虽数为言者所诋，帝眷倚不衰”。吕夷简病危之际，仁宗剪须和药，以示关心。吕夷简死，仁宗还对群臣流涕

① 《宋史》卷 311《吕夷简传》，第 10207—10208 页。参见陈峰《试论吕夷简的政治“操术”》，台湾师范大学《历史学报》第 26 期（1998 年 6 月）。

② 《宋史》卷 242《后妃传上》，第 8619 页；《续资治通鉴长编》卷 104，天圣四年三月丁巳，第 2405 页。

③ 《续资治通鉴长编》卷 113，明道二年十二月甲寅，第 2648 页。

说："安得忧国忘身如夷简者。"[①] 仁宗最后的十余年间，素负名望的文彦博、富弼和韩琦又成为肱骨大臣，深得眷顾。对其间的李迪、王曾、晏殊以及范仲淹等其他辅臣，仁宗也多以礼待之。至于一些平庸及追随过刘太后者，亦能论资排辈跻身宰执之列，如张士逊、王随、陈尧佐、夏竦及范雍等官僚。甚至对曾做过于己不利之事者，仁宗也加以宽恕和包容。如：太后临朝期间，程琳也请立刘氏庙，还曾密献《武后临朝图》。[②] 据苏辙记载："仁宗一日在迩英谓讲官曰：'程琳心行不忠，在章献朝尝请立刘氏庙，且献七庙图。'时王洙侍读闻之。仁宗性宽厚，琳竟至宰相，盖无宿怒也。"[③] 由此可见，仁宗以宽厚之心理解当事人，不像大多数皇帝通常记恨和报复。因而，南宋官员胡寅在上疏中就认为："仁宗皇帝在位最久，得君子最多，小人亦时见用，然罪著则斥之，君子亦或见废，然忠显则收之。"[④]

在施政过程中，仁宗注重保持朝堂的稳定与平衡。他一方面优容士人，依靠大臣商议决策，而很少强加自己的意志；另一方面，重视台谏的作用，以此不仅可以加强对官员的监督，还可制衡宰相。仁宗就此表示："屡有人言朕少断。非不欲处分，盖缘国家动有祖宗之故事，苟或出令，未合宪度，便成过失。以此须经大臣论议而行，台谏官见有未便，但言来，不惮追改也。"[⑤] 于是在吕夷简卸任后，许多宰臣的去留，多取决于资历平衡及台谏议论的结果，仁宗则往往接受这一结果。

在治国上，仁宗高度重视文教建设，尤其是大力扶持办学，从而促进了文化的昌盛。因学界对此已有共识，兹不赘述。仁宗信奉儒家理念，反对苛政猛刑。他曾公开表态："深文峻法，诚非善政。"[⑥] 后世的宋高宗也

---

① 《宋史》卷 311《吕夷简传》，第 10210、10209 页。

② 《宋史》卷 288《程琳传》，第 9677 页。

③ 《龙川略志》卷上，第 78 页。

④ 《建炎以来系年要录》卷 27，建炎三年闰八月庚寅，第 629 页。

⑤ ［宋］朱熹：《三朝名臣言行录》卷 10 之 1，《四部丛刊初编本》第 7 册，上海书店出版社 1989 年版，第 2 页。

⑥ 《续资治通鉴长编》卷 120，景祐四年十月甲戌，第 2837 页。

反映：“闻仁宗皇帝尝云，宁失之太慈，不可失之太察。”① 故史称：“大辟疑者，皆令上谳，岁常活千余。”② 官员无杀戮之忧不必多说，有失职或违法者，通常也不会遭到重刑惩处。据记载，庆历三年（1043），“群盗剽劫淮南，将过高邮，知军晁仲约度不能御，谕富民出金帛，具牛酒，使人迎劳，且厚遗之，盗悦，径去不为暴”。事后，枢密副使富弼要求处死晁氏，以儆效尤，但参知政事范仲淹却认为情有可原，反对动用极刑。仁宗接受宽恕的建议，仅以贬官降职处理。③ 据说，当年川蜀一个举子给成都知府献诗，其中“把断剑门烧栈道，西川别为一乾坤”之句，有教唆谋反之嫌。此事奏报到朝廷，仁宗却表示一介书生急于当官才口出狂言，不必深究，可安排边远小郡司户参军。此人上任不久便愧疚而死。④ 因此，其在位期间统治秩序平稳，文治路线及文教建设持续发展。清初学者王船山即认为：“仁宗之称盛治，至于今而闻者羡之。帝躬慈俭之德，而宰执台谏侍从之臣，皆所谓君子人也，宜其治之盛也。”⑤

宋仁宗因深受儒家文化的熏陶，尽力保持自己明君的形象，故通常忌惮外界的非议，便有意扮演从善如流的角色。仁宗在耐心接受官员劝谏甚至批评方面，是宋朝历代皇帝中最突出者。典型的例证如：谏官余靖曾在盛夏之日上殿批评朝政，“靖对上极言，靖素不修饰，上入内云：‘被一汗臭汉薰杀，喷唾在吾面上。’上优容谏臣如此”⑥。宋人及现代学者都认为台谏制度在仁宗朝最为成熟⑦，这自然离不开当时皇帝的充分理解与支持。

---

① 《建炎以来系年要录》卷 113，绍兴七年八月戊戌，第 2110 页。

② 《宋史》卷 12《仁宗纪四》“赞曰”，第 250—251 页。

③ 《续资治通鉴长编》卷 145，庆历三年十一月辛巳，第 3499 页；［宋］邵伯温：《邵氏闻见录》卷 8，中华书局 1983 年版，第 79 页。

④ ［宋］朱弁：《曲洧旧闻》卷 1，中华书局 2002 年版，第 94 页。

⑤ ［清］王夫之：《宋论》卷 4《仁宗》，中华书局 1964 年版，第 77 页。

⑥ 《续资治通鉴长编》卷 150，庆历四年六月丁未，第 3635 页。

⑦ ［宋］吕中：《皇朝类编大事记讲义》卷 9，上海人民出版社 2014 年版，第 189 页。并参见虞云国《宋代台谏制度研究》，上海社会科学院出版社 2001 年版，第 110 页。

然而，凡事皆有两面性，宋仁宗问政特点在给朝堂带来宽松氛围的同时，也对朝政产生了一定的负面影响，主要体现在决策缺乏果断性，常常呈现出摇摆不定的结果。从其在位期间的诸多史实观察，每当宰辅、朝臣议政时存在分歧，甚至议而不决时，仁宗总体上亦表现得优柔寡断，往往迁就一方或迁延搁置。因此，宋廷在政治上日益保守，臣僚也难以作为，“庆历新政”即为其中一个突出例证。众所周知，当出现严重的“三冗”问题后，仁宗在改革呼声的压力下起用范仲淹主持新政，但在遭遇反对派群起非议时，又随即终止了改革。与此同时，君臣沿袭崇文抑武路线，一味消极防御与抑制武将群体，致使边患加剧，最终只有借助议和方式化解危机。① 王安石与宋神宗曾讨论过这位先皇的弱点，称其对待群臣乃至天下的仁恩“可谓深厚”，却受到西夏的欺辱，所谓“陵辱仁宗最甚”。② 南宋大儒朱熹也评说道：“本朝全盛之时，如庆历、元祐间，只是相共扶持这个天下，不敢做事，不敢动。被夷狄侮，也只忍受，不敢与较，亦不敢施设一事，方得天下稍宁。”③ 这都或多或少地指出了仁宗无能的一面。

四、宋仁宗特性在宫廷生活中的体现

宋仁宗的特性不仅映射到朝政之中，也同样体现在宫廷生活上。他的日常生活特点，特别是与后宫嫔妃之间的关系，都颇不寻常。这一现象在宋朝几乎仅见，在中国历代帝王中亦属罕有。

仁宗与宋朝很多皇帝一样，退朝之余喜好读书、写字，如当时在朝的欧阳修所说：“仁宗万机之暇，无所玩好，惟亲翰墨，而飞白尤为神妙。”④ 但在物质生活上能主动保持克制这一点，却非其前后守成君主都能做到。如宋人笔记反映的典型事例：某日晚间，仁宗感到饥饿，想吃烧羊，但考虑到“禁中每有取索，外面遂以为例。诚恐自此逐夜宰杀，以备非时供

① 参见陈峰《北宋武将群体及其相关问题研究》（增订本），人民出版社 2020 年版。

② 《续资治通鉴长编》卷 230，熙宁五年二月癸亥，第 5596 页。

③ ［宋］黎靖德编：《朱子语类》卷 127《钦宗朝》，中华书局 2004 年版，第 3051 页。

④ ［宋］欧阳修：《归田录》卷 1，中华书局 1997 年版，第 9 页。

应，则岁月之久，害物多矣”，遂忍耐不说；① 当饮食中出现稀见之物时，他不仅拒绝还加以告诫。② 至和二年春，仁宗病重，宰执大臣赶赴宫中探视时，才目睹了其俭朴的一面，“两府大臣日至寝阁问圣体，见上器服简质，用素漆唾壶盂子，素瓷盏进药，御榻上衾褥皆黄绝，色已故暗，宫人遽取新衾覆其上，亦黄绝也。然外人无知者，惟两府侍疾，因见之尔”③。故元人修《宋史》时赞誉仁宗恭俭，“燕私常服浣濯，帷帟衾裯，多用缯絁”④。难得的是，仁宗还能体恤宫中服侍人员，如他曾在一次游赏时频频回顾，众人不知其意，等到返回宫中，他立即索要热水解渴，“嫔御进水，且曰：‘大家何不外面取水而致久渴耶？’仁宗曰：‘吾屡顾不见镣子，苟问之，即有抵罪者，故忍渴而归。’左右皆稽颡动容”⑤。类似的记载还有不少，都说明其无意于奢靡享受，这无疑与本朝宋徽宗、理宗之类帝王形成鲜明反差。

宋仁宗的一贯特性，使得其与后妃的关系包含了许多无奈。当刘太后死后，仁宗摆脱了多年的禁锢，遂可自由出入于后宫，其中尚、杨两位美人尤为受宠。郭皇后不懂得收敛，竟屡次当着皇帝的面与她们争吵。明道二年（1033）冬，郭后因撕打尚美人而误击仁宗面颊，仁宗忍无可忍，便接受亲信宦官的建议，当即召宰相吕夷简入宫，以面颊上的手痕相示。⑥ 仁宗对皇后不满，竟不敢自己惩罚，还需向辅臣求助，足见其柔弱的一面。曾因郭后非议而一度出朝的吕夷简，乘机以东汉光武帝废后为例劝说废黜郭后，积怨已久的仁宗这才安心下旨废后。⑦ 翌年，在重新考虑皇后人选时，仁宗想立钟情的一位陈姓茶商之女为皇后，但遭到宰相吕夷简、枢密使王曾及参知政事宋绶等大臣的反对，认为其不足以母仪天下。仁宗

---

① ［宋］魏泰：《东轩笔录》卷 3，中华书局 1983 年版，第 31 页。

② ［宋］陈师道：《后山谈丛》卷 6，中华书局 2007 年版，第 81 页。

③ 《归田录》卷 1，第 9 页。

④ 《宋史》卷 12《仁宗纪四》“赞曰”，第 250 页。

⑤ 《东轩笔录》卷 11，第 125 页。

⑥ 《续资治通鉴长编》卷 113，明道二年十二月甲寅，第 2648—2649 页。

⑦ 《涑水记闻》卷 5，第 84—85 页；《宋史》卷 242《后妃传上》，第 8619 页。

最终只得屈服，接受臣僚推荐的宋初大将曹彬孙女为后。[①]

宋仁宗因与曹后的关系也并不亲密，注意力便转向其他嫔妃，但因此也承受到压力。如当他一度纵欲过度染病，“或累日不进食”时，宫廷上下遂视其身边的尚、杨二美人为惑乱人主的妖孽，仁宗被逼无奈，只得将她俩驱逐出宫。[②] 又有一次，谏官王素得知武臣王德用向宫中献秀女，便劝谏仁宗远女色，“帝初诘以宫禁事何从知？公不屈。帝笑曰：‘朕真宗之子，卿王旦之子，有世旧，岂他人比。德用实进女口，已服事朕左右，何如？’公曰：‘臣之忧，正恐在陛下左右耳。’”仁宗眼见用两代旧情也不能打动王素，只好吩咐给所献女子每位三百贯钱，立即打发出去。值得注意的是，仁宗当时竟然为此“泣下”，可见其深感委屈与无奈。[③] 在经常遭遇朝官劝谏的情况下，仁宗在后宫的私生活亦受到某些约束，以至于不得不防范授人以柄。史载：当一个服侍梳头的宫女自恃有宠，对台谏官劝谏皇帝远离女色的上奏表示不满时，仁宗当即将其打发出宫。事后，就连参知政事吴奎也认为仁宗远胜历史上的明君汉文帝。[④] 仁宗还注意传统规则，很少满足后宫女子提出的特殊要求。据记载，至和、嘉祐间，嫔妃的品位已久未升迁，她们多次请求，仁宗都以无典可依告之，“朝廷不肯行”。有人不服，说皇上敕令谁敢不从，他答称不妨一试。果然官员奏称不合规矩，此事便无下文。此后，又有人再提要求，仁宗遂御笔书写：某某特转某官，某某特转某品，众嫔妃看到无不喜悦。及至发俸禄时，她们拿出御笔要求增添，主管机构却不遵从。她们跑到御前诉说：“原来使不得。”并将御书彩笺撕碎，仁宗见了只是发笑。[⑤]

当然，宋仁宗也并非全然不顾宠妃的感情，对特别宠爱的张贵妃就给

---

① 《续资治通鉴长编》卷 115，景祐元年九月辛丑、甲辰，第 2700 页；《涑水记闻》卷 10，第 183 页。

② 《涑水记闻》卷 3，第 59—60 页。

③ ［宋］邵博：《邵氏闻见后录》卷 1，中华书局 1983 年版，第 3 页。

④ ［宋］邵伯温：《邵氏闻见录》卷 2，第 12 页。

⑤ ［宋］周煇：《清波别志》卷下，《全宋笔记》第 5 编第 9 册，大象出版社 2012 年版，第 186 页。

予了超常待遇。据记载，张氏入宫后深得仁宗喜爱，“有盛宠”，故其不仅生前被封为贵妃，死后还被追封温成皇后。① 仁宗对张贵妃的宠爱程度，可从一件生活小事说明：南方的柑橘属于开封城中稀罕水果，因张贵妃喜食，遂予以满足，因此价格居高不下。② 这对一般的帝王来说，或许不值一提，但就宋仁宗而言已属特别之事。仁宗对其伯父张尧佐也极为照顾，当进士出身的张尧佐升任三司使遭到非议后，仁宗同意转任其官，授意辅臣一次给予其宣徽使、节度使、景灵宫使及群牧使等四使，又赐予其二子进士出身。按：四使中除了群牧使为实任官外，其余皆为位高无权的虚衔。不料，此举引起轩然大波，遭到多位台谏官的反对和批评，仁宗一时罕见动怒，将带头的唐介贬官到岭南。不过，仁宗随后恢复了清醒，“又虑介或道死，有杀直臣名”，于是派宦官一路护送。后张尧佐主动请辞二使并离开京师，这场风波才基本平息。③ 而唐介也被陆续恢复官职，又重新回到御史台，仁宗还专门召见加以抚慰。其实，此事在宋仁宗一生中到底罕见，并不足以反映其基本的特点。

余　论

嘉祐八年（1063）三月，宋仁宗病死。就其一生而言，可谓以宽仁著称，且循规蹈矩、恪守为君之道，故官员们为他选择了“仁宗”的庙号。元代史家也认为：“传曰：‘为人君，止于仁。’帝诚无愧焉！”④ 宋仁宗就此既与本朝前后君主有别，亦成为历代王朝帝王中的一种特殊典型。

在宋仁宗时代，因君主显著的包容性使得当时的朝政较少受到来自专断皇权的压力，大臣、官员得以从容施政。这便在古代专制皇权体制之下，形成了某种罕见的宽松政治氛围。而与此同时，以科举出身为背景的

---

① 《宋史》卷 242《后妃上·张贵妃传》，第 8622—8623 页。

② ［宋］张世南：《游宦纪闻》卷 2，中华书局 1981 年版，第 11 页。

③ 《宋史》卷 316《唐介传》，第 10327 页；《宋史》卷 463《外戚上·张尧佐传》，第 13557—13558 页。

④ 《宋史》卷 12《仁宗纪》“赞曰”，第 251 页。

士人知识群体得到前所未有的礼遇与信任，如时人所云："今世用人，大率以文词进。大臣文士也，近侍之臣文士也，钱谷之司文士也，边防大帅文士也，天下转运使文士也，知州郡文士也，虽有武臣，盖仅有也。"① 因此，宋代士大夫的政治自觉意识增强，更为主动地担负了治国重任，故宋人言及"国朝待遇士大夫甚厚，皆前代所无"时，特别感激仁宗在各方面给予的厚待，"可谓仁矣……仁宗可谓能弘家法矣"②。范祖禹更认为："仁宗皇帝在位四十二年，以尧舜为师法，待儒臣以宾友。"③ 就此而言，宋朝的文官政治在此阶段凸显，宋代政治开明的特征也就此达到巅峰。

但宋仁宗的"仁孝宽裕"特点，也带来了明显的墨守成规及繁文缛节之弊，由此常常影响到决策的效率，还为官僚们的党争提供了契机，从而加重了统治的保守性。故当时虽域内统治稳固，文教建设蒸蒸日上，但政治积弊丛生，内忧外患叠加，尤其是在边防上积弱之势相当突出，统治集团却安于现状。然而，宋代士人围绕宋仁宗而留下的各种赞美之词，已遮蔽了其懦弱而无所作为的一面。难怪有个别后世宋人说出了真相：仁宗"百事不会，只会做官家（皇帝）"④。

---

① ［宋］蔡襄：《端明集》卷22《国论要目》，影印文渊阁四库全书，台湾商务印书馆1986年版，第1090册，第512页。

② ［宋］王栐：《燕翼诒谋录》卷5，中华书局1981年版，第46页。

③ ［宋］范祖禹：《帝学》卷6，影印文渊阁四库全书，台湾商务印书馆1986年版，第696册，第765页。

④ ［宋］施德操：《北窗炙輠录》卷上，《全宋笔记》第3编第8册，大象出版社2008年版，第174页。

湮没的主角：狄青故事的演变特色及其历史因素

罗墨轩
（香港大学　中文学院）

一、家将小说视阈下狄青故事演变的特色

与宋代历史上的英雄如杨家将群体、岳飞等类似，狄青的故事也在其身后开始了改编与演绎，历经多种媒介传播，完成从当代英雄向历史英雄的转变。① 然而与传统意义上的将门故事相比，狄青故事呈现出鲜明的“湮没的主角”这一特点。为了说明这个问题，笔者拟先就“家将小说”概念做出细分，在此基础上论述“湮没的主角”的具体表现。

概而言之，“家将小说”主要包括薛、罗、岳、杨、呼、狄六个系列故事。② 其中，岳飞故事是相对独立的，而其他作品则或多或少存在相互勾连的现象，比如狄家将和呼家将都可被视为杨家将系列的衍生作品，罗家将也表现出对薛家将较强的依附性。③ 然而，赵景深先生曾提出过这样一种阅读感受：《五虎平西》和《万花楼》，以狄青为主，提及杨家将较少。④ 那么实际情况是否如此呢？笔者认为，虽然同带有对其他故事的依

① 陈美林、冯保善、李忠明：《章回小说史》，浙江古籍出版社 1998 年版，第 222 页。

② 张清发：《明清家将小说研究》，学生书局 2010 年版，第 6—7 页。

③ 齐裕焜：《从单雄信和罗成的形象演变说起》，《明清小说研究》1993 年第 4 期。

④ 赵景深：《中国小说丛考》，齐鲁书社 1980 年版，第 216 页。

附性，但演绎呼家将故事的《说呼全传》和罗家将故事的《粉妆楼》至少突出了呼、罗两家人物；与之相比，演绎狄青故事的《平西》《平南》并没有将狄青个人的形象凸显出来——它们不仅与杨家将的故事相互缠绕，甚至也将包公故事掺杂进来。

从几种小说的书名来看，《万花楼》扉页所标为“狄青初传”，看上去应以狄青为中心，然目录页又写“后续大宋杨家将文武曲星包公狄青初传”①，又有将狄青挂靠于杨家将之尾的意味。不过从小说内容看，尚可说它做到了“简略于杨，稍详于包，而特详于狄”②。《五虎平西》扉页标“狄青演义”，目录页有“狄青前传”③，看上去应均以狄青为中心，但实际情况却是包公和杨家将占据了大量的故事篇幅。《五虎平南》目录页有“狄青后传”，但扉页一边写“狄青后传”，一边又写“杨文广挂帅”④，可见狄青总是难以摆脱杨家将的影子。实际情况亦是如此，狄青在《平南》中基本已成为边缘人物，形象非常模糊，反观包公和杨家将却常常成为扭转战局的关键人物。亦有研究指出，狄青故事常常流露出对杨家将故事的迎合姿态⑤，此亦“衍义家所称名将，在唐曰薛家，皆薛仁贵子孙也；在宋曰杨家，皆杨业子孙也”⑥ 之论出现的原因。以上即所谓狄青故事“湮没的主角”特点。

有鉴于此，能否继续将狄青小说划归为“家将小说”或许值得更进一步的讨论。雷·韦勒克（René Wellek）和奥·沃伦（Austin Warren）指

---

① ［清］李雨堂：《万花楼演义全传》“扉页、目录”，《古本小说集成》本，上海古籍出版社1994年版。

② 曹光甫：《万花楼演义全传》“前言”，《古本小说集成》本，上海古籍出版社1994年版，第1页。

③ ［清］佚名：《五虎平西前传》“扉页、目录”，《古本小说集成》本，上海古籍出版社1994年版。

④ ［清］佚名：《五虎平南后传》“扉页、目录”，《古本小说集成》本，上海古籍出版社1994年版。

⑤ 张春晓：《两宋民族战争本事小说戏曲故事演变》，暨南大学出版社2013年版，第178页。

⑥ ［清］俞樾著，谢超凡笺注：《小浮梅闲话笺注》，武汉大学出版社2017年版，第113页。

出，一种文学类型的确认需要外在（特殊的格律或结构）和内在（态度、情调、目的以及较为粗糙的题材等）两种形式。[①] 现有研究在审视“家将小说”时，的确也常将考察的重心放在不同系列故事之间的相似性上，试图寻找它们类型化的特征。笔者并不否认“家将小说”故事生成的模式化特点，但原应成为故事主角的英雄们却在各自故事中的地位差别极大。就与同时代的岳飞相比，当狄青与岳飞一同从历史走入文学、从庙堂走入民间时，岳飞故事形成了一套相对完善的演进系统，岳飞本人也在这些故事最终走向集大成时顺理成章地成为故事的核心；而狄青终究没有完全摆脱杨家将和包公的影响。这恰是狄青故事值得再考察的意义所在。

造成这种现象的原因是多方面的，除了受到民间创作在加工历史故事时的灵活性与随意性影响之外，也与通俗小说在正邪对立的话语框架下形成的创作惯性有关。但与此同时，我们不可忽略的是这些演绎英雄故事的小说对历史有极强的依附性，即使是创作空间更大、自由度更高的英雄传奇小说也难以完全褪去历史的影子。狄青故事在演进过程中之所以呈现出“边缘主角”的特点，与他的历史行实与功绩影响密不可分。重新评价狄青的行实与影响，有助于我们进一步认识这位饱受争议的宋代名将，也有助于认识在中国古典小说独特的生成环境下，历史如何渗透进文学创作，文学又对历史进行了怎样的取舍。以上是本文的研究意义与撰写动机。

二、可战可守：狄青征西平南行实详考

“可战可守”一语出自谏官孙甫对种世衡、王信、狄青的评价，“今陕西兵官惟种世衡、狄青、王信材勇，可战可守”[②]。这一评价恰好概括了狄青征西平南的作战特点。

无论是《万花楼》中抵御西夏的故事，还是《平西》中征讨西辽、误

① 〔美〕雷·韦勒克、奥·沃伦著，刘象愚等译：《文学理论》，生活·读书·新知三联书店1984年版，第263—264页。

② ［宋］李焘：《续资治通鉴长编》卷145，庆历三年十二月庚戌，中华书局1994年版，第3515页。

入单单的故事，虽然都带有强烈的虚构色彩，但都以狄青在西北战场对西夏作战的经历为基本框架。《宋史·狄青传》、王珪的《狄武襄公神道碑铭》以及余靖的《宋故狄令公墓铭》等对狄青对夏作战的生涯均有描述。相对来说，《狄武襄公神道碑铭》文字最详，兹录于下：

> 公自散直为延州指使。延帅知公敢行，故常使当贼锋。凡数岁，出大里、清化、榆林、归娘岭、东女之崖、木匮山、浑州川、白草、南安、安远等战，大小二十有五，中流矢者八，斩首捕敌万有余，获马、牛、羊、橐驼、铠仗、符印、车、辎重、器物以数万计。尝破贼金汤城，至于乾谷、三堆、杏林原，遂略宥州之境，屠派克、密翠、章密、诺尔、将罗等族，燔其积聚数万，庐舍数千，收其帐二千三百，生口五千七百。又城桥子谷，筑招安、丰林、新寨、大郎等堡，皆扼贼要害，使不能窥边……安远之战，方被创甚，闻寇至，即挺身以前，众莫不争为用。间尝独披发面铜具，驰突贼围中，见者为之辟易。①

这段记载是对狄青西线作战经历的整体概述，从中可提炼出狄青作战的三个主要特点。1. 狄青于西线前后数年，历二十五战，且转战多地。2. 狄青作战的主要特点是勇猛当先，具有典型的斗将色彩，比如安远之战就是典型。3. 狄青的主要战绩有破金汤，略宥州，战安远，屠部族，收资源，建堡寨。但神道碑文字的记述仍有进一步讨论的空间：第一，神道碑没有将狄青西线作战的经历和特点述尽完备；第二，不同史料对狄青行实的记述有细节上的差异；第三，神道碑记述风格偏向于整体性的描摹，缺少时序性的梳理。有鉴于此，笔者拟以神道碑文字为基础，就狄青在西线作战的四个话题展开讨论，以期还原狄青在西线战场的种种表现。

第一个问题是狄青在西线作战的时间需要澄清。神道碑的说法是“凡

① ［宋］王珪：《狄武襄公神道碑》，见曾枣庄主编《宋代传状碑志集成》，四川大学出版社2012年版，第1967—1968页。

数岁”，但这个形容并不具体，《宋史·狄青传》与《宋故狄令公墓铭》的说法是“凡四年”[①]，这个说法容易产生歧义。狄青出身禁军拱圣营，于宝元元年（1038）以三班差使、殿侍、延州指使的身份奔赴西北，至庆历四年（1044），“徙真定路副都总管”[②]，正式转官河北，前后共计七年。这是狄青在西北战场的总时间。所谓“凡四年”应是指从宝元二年（1039）算起至庆历二年（1042）。从文字前后贯通的角度来说，《宋史》“凡四年”后紧接着是对狄青历战二十有五、中箭八次的描述，可见“四年”形容的应是狄青实际参与到对夏作战的时间。在目前可见的文献中，狄青面对西夏的首战为宝元二年（1039）十一月的保安军之战，按《西夏纪事本末》：“冬十一月，夏人寇保安军，巡检指挥使狄青击败之。”[③] 庆历二年（1042），狄青仍然活跃在对夏战争的第一线。是年年初，狄青曾随王仲宝攻破金汤，围攻宥州，《西夏书事》言：“宥州被围五日而解。”[④]《宋故狄令公墓铭》则言：“破其镇寨七。”[⑤] 此外，在宋辽重新签订盟约后不久，西夏谋士张元提出了一套攻略关中的计划：“若重兵围胁边城，使不得出战，可乘间深入，东阻潼关，隔绝两川贡赋，则长安在掌中矣。”[⑥] 宋廷召狄青入京以应对，“会贼寇渭州急，乃命图形以进”[⑦]。此后，随着定川寨之战的结束，元昊未能进一步实现攻略关中的计划，西夏军先后为景泰、周美等所破。在连年的攻伐中，西夏四面树敌，虽能在战术层面取得一定的战果，却无力在战略层面更进一步，宋夏议和被提上了日程。由是可见，“四年”之说所指应为宝元二年（1039）到庆历二年（1042）。

---

① ［元］脱脱等：《宋史》卷290《狄青传》，中华书局1975年版，第9718页。［宋］余靖：《宋故狄令公墓铭》，见曾枣庄主编《宋代传状碑志集成》，第3073页。

② ［元］脱脱等：《宋史》卷290《狄青传》，第9719页。

③ ［清］张鉴：《西夏纪事本末》，甘肃文化出版社1998年版，第75页。

④ ［清］吴广成撰，龚世俊等校证：《西夏书事校证》，甘肃文化出版社1995年版，第179页。

⑤ ［宋］余靖：《宋故狄令公墓铭》，见曾枣庄主编《宋代传状碑志集成》，第3073页。

⑥ ［清］周春撰，胡玉冰校补：《西夏书校补》卷3《张元传》，中华书局2014年版，第81页。

⑦ ［宋］李焘：《续资治通鉴长编》卷128，庆历二年十月己酉，第3311页。

第二个问题是狄青单次作战的史实补充与地点辨明。狄青在西境打出名声的第一战为前文提到的保安军之战，这恰是神道碑失于记录的一战。狄青虽然以延州指使的低级军官身份来到西北，但由于西夏的第一个战略目标点为延州，所以狄青甫到西境，便站在了宋夏战场的最前沿。虽然当时鄜延路的情况确如时任延州知州的范雍所说：“延州最当贼冲，地阔而寨栅疏，近者百里，远者二百里，土兵寡弱，又无宿将为用”①，但对西夏而言，要攻下延州，其周边堡寨又是不可不拔的障碍。从地理位置上看，保安军毗邻边境，与北方的绥德军共为延安府左右翼，具有重要的战略价值。于是在诱降失败后，元昊即挥军西进，进攻保安。狄青此时在鄜延钤辖卢守懃麾下，成功击退了西夏军的进攻。这场战斗虽非狄青一人之功，亦非狄青指挥，但《长编》明言：“散直狄青为右班殿直……青功最多，故超四资授官。”② 可见狄青在战斗中应发挥了主要作用。

无论是神道碑还是《宋史》本传，都特别拣选狄青安远之战的表现加以详述，大概是因为这一战最能反映狄青的勇猛。安远寨的具体位置较为模糊，谭其骧先生《中国历史地图集》曾标安远寨于秦州渭水支流散渡河旁③，但这应并非狄青战斗过的地方。一是因为宋军彼时修建诸多堡寨，多以“安”“定”“平”“镇”“怀”“远”等字为名，堡寨之间出现重名的现象并非没有可能。二是因为多条史料明言，康定元年（1040）正月元昊破金明寨后，乘势围困安远、塞门等寨，又采用围点打援的战法，击溃延州方向的宋军援军，即三川口之战，虽然监押邵元吉等亦曾奋力抵抗，但

① ［元］脱脱等：《宋史》卷 288《范雍传》，第 9679 页。《长编》对此记载更详，并述另外诸路情况，兹列于下，以作对比，“其环庆路边寨甚密，远者不过四五十里，近者三十里，列据要害，土兵得力。贼又不知彼处山川道路，兼有宿将刘平、赵振在彼。其泾原路，即镇戎军、渭州，城壁坚固，屯兵亦众，复有弓箭手、蕃落骑精强，况高继嵩累经任使，其余偏裨，并是诸处选换之人，兼有西蕃瞎毡牵制，贼众不敢辄进”。见［宋］李焘《续资治通鉴长编》卷 125，宝元二年闰十二月壬子，第 2954 页。

② ［宋］李焘：《续资治通鉴长编》卷 125，宝元二年十二月乙丑，第 2945 页。

③ 谭其骧编：《中国历史地图集·宋辽金时期》，生活、读书、新知三联书店 1992 年版，第 21 页。

因缺少援军，到是年五月时，安远告破。[①] 可见，狄青所在的安远应为延州周边堡寨，距塞门、承平等寨不远，共为延州之拱卫。应当说，在这几次战斗中宋军处于极其被动的局面，而诸史料对狄青战安远的描述亦是如此悲壮、惨烈而凶险：狄青受伤甚重，但听说西夏军至，即刻奔赴杀敌，是故神道碑中所谓“安远”，应在延州周边。

第三个问题是狄青在西境转战多地的史实。仁宗朝的宋夏战争可以按照西夏军战略目标的转移大致分为鄜延、麟府和关中三大战场。以此标准，再来审视神道碑描述的“大里、清化、榆林、归娘岭、东女之崖、木匮山、浑州川、白草、南安、安远”等地，可知狄青转战范围非常之广。比如“大里”即大里河，自元代后称大理河，其主要河道流经今天陕西榆林，贯穿北宋西北边陲的延安府和绥德军北部。“白草”为白草寨，沿无定河而设，处绥德军东部边陲，临近河东路。浑州川位置较清晰：“金明西北有浑州川，土沃衍。”[②] 既在金明西北，则亦属延安府。归娘岭可稍作申说，今考其地，应距种世衡所修之青涧城不远。在对夏总体战略上，范仲淹一直主张修堡稳守，但并非所有地方都适合修建堡寨，比如康定元年(1040)进攻芦子平就是一例：“庚申，范仲淹遣殿直狄青、侍禁黄世宁攻西界芦子平，破之。”[③] 地虽下，但终因路远不能守而弃之。在彼时“延州诸寨失守，东西四百里无藩篱”[④] 的窘境中，种世衡建言在宽州故地因废垒修城，得名青涧。青涧城的修建也有效抵挡了夏军的进攻：“元昊攻之

① 相关材料如下：“乙亥，延州言元昊陷安远寨。”见［宋］李焘《续资治通鉴长编》卷127，康定元年五月乙亥条，第3013页。“破安远、塞门、永平诸寨，围延州。”见［元］脱脱等《宋史》卷485《外国一》，第13996页。“金明既陷，安远、塞门二寨在金明之北。”见［宋］司马光《涑水记闻》，中华书局1989年版，第219页。“分掠安远、永平诸寨，不克……五月，取塞门寨，执寨主高延德，遂破安远诸寨。”见［清］吴广成撰、龚世俊等校证《西夏书事校证》，第158—162页。“初，元昊既陷金明寨，遂攻安远、塞门、永平等寨……乙亥，元昊陷安远寨。”见［清］张鉴《西夏纪事本末》，第78—82页。

② ［元］脱脱等：《宋史》卷311《庞籍传》，第10199页。

③ ［宋］李焘：《续资治通鉴长编》卷128，康定元年九月庚申，第3039页。

④ ［宋］王称：《东都事略》，齐鲁书社2000年版，第467页。

不能克，退驻归娘谷。仲淹遣阁门祗候张继勋更番袭击，夏兵屡败。”① 神道碑中提到狄青曾在归娘岭作战，《画墁录》中也说狄青曾在种世衡帐下为指挥使：“种世衡知城……料阅军书至夜分，从者皆休，惟狄不懈，呼之即至。”② 可知归娘岭应距青涧城不远。按照前文划定的战场分区，以上四地皆在延安府、绥德军，同属鄜延战场。

除此之外，狄青还曾转战关中战场，守备渭州等地，也曾远至河西一带作战，略举几条材料以佐证。一是狄青的迁官。康定元年（1040），受尹洙举荐，狄青“为右侍禁、阁门祗候、泾州都监”③。庆历二年（1042），已为西上阁门副使的狄青再迁官“为秦州刺史、泾原部署、泾原都监兼知原州”④。前文亦提到此时仁宗欲召其进宫，但狄青因西夏进犯渭州、图谋关中而未能应诏入京。二是《梦溪笔谈》记载了两则狄青在泾原破敌的故事，分别是不追逃兵和巧换军旗。⑤ 三是明嘉靖《陕西通志》记载狄青曾在金县龛谷置寨，名为“一条城”，“龛谷在县南二十里，即汉赵充国，宋狄青置寨处……一条城在城东一百九十里，宋狄青巡边所筑”⑥。金县属兰州，临清水河有龛谷堡，可知已属河西一带。四是神道碑中所言“南安”，为陇西至武山、天水一线，同样属于河西地带。由此可见，狄青的转战范围非常之广。在对夏战争前期，狄青主要活动于鄜延一带，其中又以延州为中心，后期转至泾原一带，守备关中，也曾远至河西兰州一带作战，只有河东麟府未曾涉足。

第四个问题是狄青修建的诸多堡寨。堡寨是宋夏战争中重要的战略据

---

① ［清］吴广成撰，龚世俊等校证：《西夏书事校证》，第 167 页。又见材料载：“十一月，张继勋破贼于归娘谷……冬十一月，仲淹以葛怀敏出师，出归娘谷与夏人战，败之。”见［清］张鉴《西夏纪事本末》，第 79、84 页，两处所指应为同一事件。是故归娘谷之战的主将应有张继勋、葛怀敏，狄青亦作为参与者参加了此次战斗。

② ［宋］张舜民：《画墁录》，上海师范大学古籍整理研究所编：《全宋笔记》第 12 册，大象出版社 2006 年版，第 206 页。

③ ［宋］李焘：《续资治通鉴长编》卷 129，康定元年十一月丁卯，第 3056 页。

④ ［宋］李焘：《续资治通鉴长编》卷 138，庆历二年十月己酉，第 3310—3311 页。

⑤ 两则故事分别见［宋］沈括《梦溪笔谈》，中华书局 2017 年版，第 103—104、106 页。

⑥ ［明］赵廷瑞修，马理、吕楠纂：《陕西通志》，三秦出版社 2006 年版，第 146、646 页。

点，也是宋人实现以夷制夷战略的重要场所。[①] 史料对狄青修建的堡寨如招安、丰林、新寨、大郎等发挥的作用颇为肯定，认为它们皆处要害之地，有效地抵御了西夏军的进攻。其中大郎堡已不可考，另外数寨皆可申说。

招安寨是狄青奉庞籍之命，在桥子谷旁修建的堡垒。《宋史·庞籍传》载："川尾曰桥子谷，寇出入之隘道。使部将狄青将万余人，筑招安寨于谷旁。"[②] 对于招安寨的作用，《西夏书事校证》言："自是兴、灵东界兵不得并力西出。"[③]《长编》言："却贼数万。募民耕植，得粟以济军。"[④] 此语非不根之论，庆历二年（1042）的招安寨一战充分证明了招安寨的战略价值。是时，狄青部将张玉"遇夏兵三万，有持铁骑挑战者，玉单持铁简出门，取其首及马，军中因号曰张铁简"[⑤]。这一场战斗成功扼制了西夏趁宋军调集兵力回防河东时，意图袭扰关中的战略。

另可申说者为丰林、新寨。丰林本为延州一县，至神宗熙宁五年（1072）被废为镇："是月，废延州金明县为寨，丰林县为镇。"[⑥] 然丰林当延州要冲，地理位置十分重要，其战略价值曾不止一次地被谈及。早在太宗年间，时任吏部尚书的宋琪上书言边事曰："从延州入平夏有三路，一，东北自丰林县苇子驿至延川县，接绥州入夏州界。"[⑦] 宋神宗熙宁四年（1071），诏颁陕西四路防秋之策，其中鄜延路一策云："若贼寇东路，宜于永平驻兵万人，帖以本处蕃汉弓箭手……亦断青化、丰林趋延州大路。"[⑧]"新寨"之名非常常见，比如泾原路亦有寨曰"新寨"："泾原路以新寨所减蕃落隶在州蕃落，定额以三万二千人……乌龙川、北岭新寨各置

① 罗球庆：《宋夏战争中的蕃部与堡寨》，《崇基学报》1967 年第 2 期。
② ［元］脱脱等：《宋史》卷 311《庞籍传》，第 10199—10200 页。
③ ［清］吴广成撰，龚世俊等校证：《西夏书事校证》，第 183 页。
④ ［宋］李焘：《续资治通鉴长编》卷 135，庆历二年四月戊子条，第 3238 页。
⑤ ［元］脱脱等：《宋史》卷 290《张玉传》，第 9721 页。
⑥ ［宋］李焘：《续资治通鉴长编》卷 236，熙宁五年闰七月乙亥，第 5754 页。
⑦ ［宋］李焘：《续资治通鉴长编》卷 35，淳化五年正月甲寅，第 768 页。
⑧ ［宋］李焘：《续资治通鉴长编》卷 225，熙宁四年七月辛亥，第 5495 页。

马军一。"[1] "新寨，两族，总兵马一百九。"[2] 且常见"新寨"之名的变动，比如哲宗年间，"克胡山新寨成，赐名平羌寨"[3]。但这些"新寨"均在时间上不合，唯《宋史·地理三》记延安府有新寨，在丰林北、金明寨以东、青化镇以西，考虑到延州周边为狄青在西境的主要活动地域，故此新寨当为狄青所筑。从地理位置上看，新寨恰好钉在青化到丰林一线上，与金明、青化、丰林共同构成了延州北部的防御网。

相较于史料对狄青西境作战经历记载的粗糙，狄青平南的行实要清晰很多。对此，史家及学界先贤多有论述，笔者不拟一一赘述平侬过程中发生的事件，而以宏观的视角审视狄青的平侬过程，将其分成三个阶段加以述说。

第一为相持阶段。狄青出兵后，至皇祐五年（1053）正月，已与孙沔、余靖合兵，进驻宾州，"时智高还据邕州，青合孙沔、余靖兵次宾州"[4]。此处有一个细节，即狄青战前准备之令的变化。司马光《涑水记闻》说得很清楚："时馈运未至，青初令备五日粮，既又备十日粮。智高闻之，由是懈堕不为备，上元张灯高会。"[5]《长编》《宋史》等均有十日之说，《长编》"更令调十日粮"[6] 的说法也能说明狄青应有此改令之举。这一做法一是要保证后方补给，二是麻痹侬军，令其放松戒备。

第二为转折阶段。狄青之所以按兵不动，除前揭保证补给与麻痹侬军外，还有一个重要的原因，即"惧昆仑险阨为所据"[7]，贸然进军，恐难以成功，但"由是懈堕不为备"已充分体现了狄青按兵不动之法的成效，怠惰的侬军亦未曾在昆仑关布置重兵防守。狄青率军趁夜奔袭，一夜便越过

---

① ［元］脱脱等：《宋史》卷188《兵二》，第4618页。

② ［元］脱脱等：《宋史》卷191《兵五》，第4754页。

③ ［元］脱脱等：《宋史》卷18《哲宗二》，第347页。

④ ［元］脱脱等：《宋史》卷290《狄青传》，第9719页。

⑤ ［宋］司马光：《涑水记闻》，第261页。

⑥ ［宋］李焘：《续资治通鉴长编》卷174，皇祐五年正月丁巳，第4192页。

⑦ ［宋］曾巩：《杂识二》，陈杏珍、晁继周点校：《曾巩集》，中华书局1984年版，第720页。

昆仑关，来到归仁铺，摆开战阵。狄青的胆识和果敢令战场局势在一昼夜间便发生逆转。这就是著名的夜夺昆仑关。关于夺关的细节，不同材料记载的争议主要围绕狄青是否在上元夜大宴三军展开。① 根据黄现璠先生的意见，从地理位置和所用兵种等技术角度来看，狄青的先头部队既要爬山越关，那么步兵应为主力。如果从宾州出发，以步行之力一晚很难越过昆仑关，所以大宴三军之事并不一定属实，反倒根据《涑水记闻》的说法，是侬智高一方因轻敌而在上元节张灯高会。狄青应是当晚就在关口准备出发，天明诸将未等到狄青，后方知狄青已悄悄率先锋越过关口。② 可为一说。

第三为决战阶段。双方在归仁铺对阵时，侬军虽然准备不足，但因过去一年中在两广几乎战无不胜，故仍然气势汹汹，宋军一时竟不能克，宋将孙节战死阵前。胶着之际，狄青登上高坡，指挥两千蕃落骑兵自左右两翼出击，绕道敌后，“断蛮军为三，旋而击之，枪立如束，蛮军大败”③。《江邻几杂志》中说狄青曾“发西边蕃落马，用毡裹蹄”④，应是藏兵之法。可见蕃落骑兵在狄青看来应是克敌制胜的关键。事后据狄青自己所撰《京观记》所载：“计杀蛮众二千二百余人……众伤还城而死并活擒而戮及奔而蹂践燔灼者三千三百二十有八。”⑤ 《长编》言：“枭师宓等首于邕州城下，得尸五千三百四十一。”⑥ 这样看来，侬智高在归仁铺一战中几乎全军覆没，大势已去。战后，侬智高不知去向，但狄青并不以寻获一披金龙衣

---

① 《宋史》《长编》《东轩笔录》《通鉴长编纪事本末》《山堂肆考》等均未曾记狄青曾在上元夜大宴三军事，而《梦溪笔谈》则详述其事：“首夜乐饮彻晓。次夜二鼓时，青忽称疾，暂起如内。久之，使人谕孙元规，令暂主席行酒，少服药乃出。数使人劝劳。座客至晓，各未敢退。忽有驰报者云：是夜三鼓，青已夺昆仑关矣。”见［宋］沈括《梦溪笔谈》，第 104 页。

② 黄现璠：《侬智高》，广西人民出版社 1983 年版，第 48—49 页。

③ ［宋］司马光：《涑水记闻》，第 261 页。

④ ［宋］江休复：《江邻几杂志》，上海师范大学古籍整理研究所编：《全宋笔记》第 8 册，大象出版社 2019 年版，第 114 页。

⑤ ［宋］狄青：《京观记》，曾枣庄、刘琳主编：《全宋文》第 41 册，卷 890，安徽教育出版社、上海辞书出版社 2006 年版，第 302 页。

⑥ ［宋］李焘：《续资治通鉴长编》卷 174，皇祐五年正月丁巳，第 4193 页。

的贼尸而冒功。侬智高奔逃大理，最终落得一个下落不明的结局。①

三、胜敌可止：狄青征西平南之功析论

以上，本文梳理了狄青征西平南的相关行实，本节将进一步围绕狄青征西平南的历史功绩与影响展开讨论。“胜敌可止”一语，出自《梦溪笔谈》对狄青用兵的评价：“譬如弈棋，已胜敌可止矣，然犹攻击不已，往往大败。”② 可谓对狄青征西平南之功最精当的概括。笔者认为，这种用兵特点是一把双刃剑，它一方面造就了狄青的成功，另一方面也限制了狄青功绩的上限，使其难再有大的突破。下面详论之。

在宋夏战争的宏观视阈中，找到狄青平西作战的位置。站在以宋为中心的立场上，三川口、好水川、定川寨三战常被视为宋夏战争在仁宗一朝的大规模主力会战，盖因参战人数多，参战将官如刘平、任福、葛怀敏等多为军中宿将，且三场战役皆影响深远：“自刘平败于延州，任福败于镇戎，葛怀敏败于渭州，贼声益震。”③ 这一看法自然有其合理性。但由于宋军在整体战略上处于积极防御的态势，宋夏战争的整体走向与局部冲突多由元昊的进攻方向主导，因此，三川口、好水川、定川寨固然可以成为宋夏冲突的典型战例，但却不能反映宋夏战争的全貌，有鉴于此，笔者认为还可尝试以夏军的主攻方向为依据，重新审视仁宗朝宋夏战争的进程。

概言之，夏军先以延州为战略目标，旁涉周边诸多堡寨，最终引发三川口之战，夏军虽胜，然已无力围困延州。次后夏军有图渭州之意，实则

---

① 依智高的结局，诸多史料记载有差，《长编》言其逃入大理，并在至和二年（1055）被段思廉所杀：“智高亦自为大理所杀，函其首至京师。”见［宋］李焘《续资治通鉴长编》卷180，至和二年六月乙巳，第4355页。而亦有其他史料言其不知所终，如“智高不知所终”。见［元］马端临《文献通考》，中华书局2011年版，第9083页。再如“然智高卒不出，其存亡莫可知也”。见［元］脱脱等《宋史》卷495《蛮夷三》，第14218页。

② ［宋］沈括：《梦溪笔谈》，第106页。

③ ［宋］李焘：《续资治通鉴长编》卷137，庆历二年闰九月癸巳条，第3303页。

欲消灭泾原路宋军主力①，双方爆发好水川之战，宋军大败。再后夏军兵锋转向河东，主攻麟、府二州，宋军在张岊、张亢等人的指挥下，坚守麟、府一线，特别是张岊的兔毛川大捷，是宋军反击西夏比较成功的战例。② 最后西夏虽又试图进攻延州一带，但进攻承平寨、招安寨、青塞堡等，被张玉、王凯、马怀德等击退，未曾得利，随后便在张元的建议下再主攻泾原，直指关中，定川寨之战打响，宋军再败。

以此视角展开，狄青个人的对夏作战经历有以下三个特点。第一，有论者指出宋夏战争呈现出一张一弛的状态。③ 若说三川口、好水川、定川寨、兔毛川、琉璃堡等大战为“张”，那么狄青参与的军事行动，恰好都处在“弛”的阶段：他并没有经历宋夏之间大规模的会战。第二，狄青经历了宋夏自开战到议和的全程，但他主要活跃在宋夏战争初期，当转任泾原后，虽《梦溪笔谈》记载了两条狄青在泾原的破敌故事，但总体来看彼时宋夏之战已经接近尾声，除定川寨之战外没有发生太大的军事冲突，狄青也无太多表现的机会。第三，就狄青神道碑、墓志铭、《宋史》本传着重记载的事件如破金汤、掠宥州、战安远、修堡寨等，以及谭其骧先生的《中国历史地图集》来看，除了白草、归娘岭等在绥德军外，狄青主要活跃在鄜州延州战场，战于保安、安远，其根本目的都在于保卫延州。除大郎堡位置不明之外，所修丰林、新寨等堡，亦俱在延州周边。它们加上最外围的招安寨，形成一道拱卫延州的防卫圈。

基于上述三个特征，我们应从以下两方面认识狄青的平西之功。

一方面，狄青虽然没有参与到三川口、好水川、定川寨三场大战，亦未曾参与到兔毛川、琉璃堡等地的大捷中，但不能因此而贸然否定他在西北的功绩。原因有二。

其一，从宏观层面的整体战局来看，张方平曾言：“自元昊叛命以来，王师数出无功，济其凶谋，气焰益盛。”④ 虽然西夏在与宋的屡次战斗中只

---

① 王天顺主编：《西夏战史》，宁夏人民出版社 1993 年版，第 138 页。

② 李华瑞：《宋夏关系史》，河北人民出版社 1998 年版，第 173 页。

③ 王天顺主编：《西夏战史》，第 151 页。

④ ［宋］李焘：《续资治通鉴长编》卷 134，庆历元年十月壬寅，第 3192 页。

能取得局部胜利，而未能进一步扩大战果或达成既定的战略目标，但这对于宋廷来说，败给曾经的臣服之国，仍然是奇耻大辱，即使老练的吕夷简也忍不住感叹："一战不及一战，可骇也。"① 在这样的环境中，狄青"无大胜，亦无大败"②，即如安远失守等事，亦非狄青之过。与好水川、定川寨之败动辄折损十数员将官相比③，狄青的功绩在西军诸将中已颇引人瞩目。赵涤贤先生指出，神宗熙丰军事改革后，名将辈出，军事实力有了显著提高。④ 这固然是因为神宗的锐意改革，但也不可忽视狄青的战功及受到的嘉奖在其中发挥的作用。狄青的战功不仅关乎他个人的荣辱，更是为宋军保存了实力，张玉、贾逵等名将皆在狄青麾下得到锻炼，间接地助推了后来神宗、哲宗朝的对外军事作战。

其二，从微观层面的个人素养来看，又可从勇与智两个方面加以申论。以勇而论，从保安、安远等地的战斗中可以看到，狄青作战英勇无畏，毫不惧死，即使身被重创，仍然奋勇拼杀。仅以作战之勇，宋廷西北军中不乏猛将，像张岊、王珪、王吉等，俱有临敌斩将之能，而狄青虽未有如此单挑胜敌的记录，但旁人对其"狄天使"之称，仁宗对他"朕之关张也"⑤ 之谓，俱能说明狄青之勇并不输张、王等人。更难能可贵的是，狄青于智方面表现出过人的沉着与冷静，在西军诸将中尤为突出。论及三大战中夏胜宋败之因，抛开兵种差异、地理特征、宋朝国策对武将的束缚

① ［宋］田况：《儒林公议》，中华书局 2017 年版，第 9 页。

② ［元］脱脱等：《宋史》卷 290《狄青传》，第 9726 页。沈括也说："青之用兵，主胜而已，不求其功，故未尝大败。计功最多，卒为名将。"见［宋］沈括《梦溪笔谈》，第 106 页。

③ 相关材料可参看："（任）福等兵大败，（任）福、（武）英、（王）珪、（赵）律、（李）简、（李）禹亨、（刘）肃、（耿）傅皆死于贼。指挥使、忠佐死者十五人，军员二百七十一人，士卒六千七百余人，亡马一千三百匹。"见［宋］司马光《涑水记闻》，第 225 页。"奏至，帝嗟悼久之，赠（葛）怀敏镇戎军节度使兼太尉，（曹）英、（李）知和、（赵）珣、（王）保、（王）文、（刘）贺、（李）岳、（张）贵、（赵）璘、（许）思纯、（李）良臣及同时战没者，及泾原巡检杨遵、笼竿城巡检姚奭、泾原都巡检司监押董谦、同巡检唐斌、指使霍达，皆赠官有差。"见［元］脱脱等《宋史》卷 289《葛怀敏传》，第 9703 页。

④ 赵涤贤：《试论北宋变法派军事改革的成功》，《历史研究》1997 年第 6 期。

⑤ ［宋］孔平仲：《孔氏谈苑》，中华书局 2012 年版，第 253 页。

等因素，仅从战术层面来看，宋将多贪功冒进，故屡中元昊诱敌深入、集中击破的圈套。陈执中对刘平兵败的分析，实际上也是宋军三大战皆败的主要原因所在："刘平任轻躁之心，丧其所部。"① 相比之下，狄青则稳守持重许多，这既表现为他后来守备泾原时不追逃兵，"宁悔不击，不可悔不止"② 的谨慎，也表现为他以新募之万胜军军旗付久经沙场之虎翼军，以鸣钲退却而诱敌的沉着。③ 还有一些笔记曾谈及狄青其他的用兵之法："狄青善用不满千人之法，盖择锐敢死者而已。"④ 亦可备一说，但与同期其他将官相比，狄青最突出的仍然是他的稳重。

另一方面，除了克芦子平、攻破金汤、大掠宥州外，狄青所打多为守御之战，他虽然浴血拼杀，守护延州，并后来守备泾原，屡屡克敌，但这些功绩能造成的实际影响是有限的。原因同样有二。

其一，从宋对西夏的整体战略上看，守重于攻是一以贯之的特点。宋初三朝对待党项均采取了相对包容的态度，试图以恩威并施的方式加以笼络控制，即"羁縻"。这一方针虽在太祖朝略有成效，但后来在太宗朝逐渐形成一种厌战情绪。仁宗一朝，面对宋夏战争的彻底爆发，宋廷在整体战略上仍然偏向守势，夏竦早在宝元二年（1039）就指出："若缮完壁垒，修利器械，约束将佐，控扼险隘，但辄过于岁月，不预计于胜负，是今常制也。"⑤ 康定元年（1040），范仲淹也说："为今之计，莫若且严边城，使持久可守，实关内，使无虚可乘。"⑥ 好水川之战失利后，宋廷更是明令："陕西诸路总管司严边备，毋辄入贼界，贼至则御之。"⑦ 在这样的战略大背景下，武将所能发挥的作用是受到一定限制的，即使是到北宋哲宗朝对

---

① ［宋］李焘：《续资治通鉴长编》卷126，康定元年三月庚申条，第2892页。

② ［宋］沈括：《梦溪笔谈》，第106页。

③ ［宋］沈括：《梦溪笔谈》，第103—104页。

④ ［宋］龚鼎臣：《东原录》，上海师范大学古籍整理研究所编：《全宋笔记》第10册，大象出版社2019年版，第33页。

⑤ ［宋］夏竦：《陈边事十策》，曾枣庄、刘琳主编：《全宋文》第17册，卷346，第59页。

⑥ ［宋］李焘：《续资治通鉴长编》卷127，康定元年五月甲戌条，第3012页。

⑦ ［元］脱脱等：《宋史》卷11《仁宗三》，第212页。

西夏实施积极攻略，也没有增加太多实质内容，仍然在进攻的同时保留了很多防御手段。① 当然，宋廷稳健的军事策略是一种出于现实因素的考量，且对于处理周边关系的确是行之有效的，笔者以上所述并非是对优劣对错的评判，但这一战略的确在一定程度上限制了武将的进一步发挥。

其二，从对战局的影响来看，狄青守备泾原时虽然也立有战功，但宋夏间大规模的冲突已然不多，故不赘论。早年战于保安、安远等地背后的战略目的是守卫延州，从战果来看，虽然延州未失，战略目标达成，但造成的实际影响有限。理由有三。一是狄青虽然在保安等地击退西夏，但元昊撤军时故意留下拙钝攻城之器，令宋军放松守备，攻破金明寨后，李元昊最终达成了包围延州的战略目的。二是延州得以解围并非因狄青之功，乃一因刘平、石元孙等奋勇杀敌，元昊三川口只得惨胜；二因天寒大雪，夏军不能御寒；三因折继闵、张岊、王仲宝等破麟、庆夏军，有断元昊退路之势。是故元昊自延州撤退，实际上是西夏在与宋抗衡过程中，“元昊虽数胜，然死亡疮痍者相半，人困于点集，财力不足”② 之境况的缩影。三是与其他诸将相比，狄青的战功对于整体战局的走向影响也有限。张亢、王凯、张岊等在兔毛川、琉璃堡、柏子寨等地的大捷令李元昊攻略河东的计划破产。但与平西不同的是，狄青平南时已身居枢密副使之高位，且平南归来后即升枢密使，达到个人仕途的巅峰，然而与之对应的是宋代官方话语体系下的侬智高叛乱对宋廷造成的实际影响，二者之间是否存在必然的因果关系，这是应该思考的问题。

在展开论述前，笔者拟先就侬智高起事的基本特征做一概述。首先从性质上看，这虽是一次边境少数民族的以战求附事件，但在宋代话语体系下，它与以王小波、李顺、张海、郭邈山、方腊等为代表的农民起义和以贝州、保州为代表的士兵动乱性质相类，皆属于宋廷内部的动乱。仁宗朝

---

① 曾瑞龙：《拓边西北——北宋中后期对夏战争研究》，中华书局（香港）2006 年版，第 155 页。

② ［元］脱脱等：《宋史》卷 485《外国一》，第 13997—13998 页。

固然常被宋人视为“本朝至平极盛之世”[1]，但动乱爆发的次数并不在少数。[2] 其次从规模上看，侬智高属边境少数民族，附其势者亦多周边峒民部落与边境流民。从基数上讲，本应难及王小波、方腊等以农民为核心的起义群体，但实际情况却是与王小波、方腊起义的人数相当，且都有活动范围大的特点，可见其规模之大。[3] 最后，这也是一次同时牵涉交趾、宋廷、蛮邦三方的复杂政治博弈，与纯粹的宋夏、宋辽、宋金冲突有所区别。明确了这三个基本特征，我们尝试从两方面讨论狄青平侬的功绩与影响。

一方面，从狄青的个人影响力来说，在这场令宋廷震动的战争中，狄青展现出的军事素养已经远远超出两广诸将，显得尤为出色。与在西境时不同，虽然余靖、孙沔等人对平侬都有不可忽视的贡献，但狄青此时已不再是西北战场上的小将，而以“广南将佐皆禀青节制”[4] 之诏成为平南大军的总指挥，因此一言一行也就具备更大的影响力。他经西北战场的磨砺而得到的军事经验，也在此时得到了更进一步的发挥。当其时，面对侬智高的汹汹兵势，当时诸人或如梁适发“若尔，二广非朝廷有矣”[5] 之叹，或如蒋偕、张忠、陈曙等贪功轻敌，贸然进军，以致兵败身死，抑或如孙

① ［宋］叶适：《财总论二》，《水心别集》卷 11，刘公纯等点校：《叶适集》，中华书局 1961 年版，第 772 页。

② 宋代的内部动乱不在少数，若依《两宋农民战争史料汇编》的数据统计，北宋发生的内部动乱有 142 次，见何竹淇《两宋农民战争史料汇编》，中华书局 1976 年版。仅看仁宗一朝，经研究者统计，亦发生各类变乱 60 次，见何娇《北宋仁宗朝变乱应对研究》，河北大学 2016 年硕士学位论文。

③ 侬智高军声势较大时，人数有两万之多：“枢密院言，蛮贼徒党无虑二万人。”见［宋］李焘《续资治通鉴长编》，第 4163 页。后围广州失利，退回邕州，与狄青归仁铺决战时，人数在五千左右。而据《宋史·张雍传》：“蜀州青城民王小波、李顺作乱，众至万人。”又《宋史·童贯传附方腊传》：“人安于太平，不识兵革，闻金鼓声即敛手听命，不旬日聚众至数万。”亦可知王小波、方腊起义的人数之多。见［元］脱脱等《宋史》卷 307《张雍传》，第 10121 页；卷 468《宦者三》，第 13660 页。

④ ［宋］李焘：《续资治通鉴长编》卷 173，皇祐四年十月辛巳，第 4176 页。

⑤ ［宋］李焘：《续资治通鉴长编》卷 173，皇祐四年九月癸亥，第 4174 页。

沔、余靖、杨畋、萧固、苏缄等能臣守城阻敌有余，能否一举灭敌则存疑。在这个“军声大沮”① 的关键时刻，狄青从理论上为平侬制定了基本方略：

> 臣谓不如选一二健将，岁才留北兵五千人，分屯要害处，得善吏十数人，分置诸州。募土人为乡军，复其租调，视州大小、户多少为之数，统以步伍，教以进退，皆以彼所长技相与追逐。率百人给北兵三千，以劲弩利兵佐之。冬春则使深入扰其居，夏秋则使谨守防其略。彼虽能诱纳中国亡命，要之食尽必出掳掠。若其来也，一大斩获，则终身创矣。威已立，然后可议招来。②

狄青虽无科举出身的功名，但经过范仲淹等人的教导，论事作文也颇有章法。我们看到狄青的分析既涉及当前的应敌之策，亦顾及长远的地区管理，最终目的仍是要“招来”这些峒民蛮邦，是一套完整的系统论述。与此同时，狄青也以实际行动证实了自己的能力，一方面他延续了自己在西境时“胜敌可止”的作风，“是时，智高可擒，青疑有伏兵，乃止”③。另一方面又颇善用计，夜袭昆仑关，又在兵种的运用上独具慧眼，“武狄襄青平侬智高，以用延州旧府蕃落骑兵之效”④，最终得以在归仁铺一战破敌。这无疑能够大振军威，起安定人心之效，也大大提升了狄青本人的影响力。

另一方面，从对战局的整体把握来说，狄青平侬在一定程度上保证了宋廷南方的安定，同时，由于侬智高起事并不是纯粹的少数民族动乱，背后更有宋廷与交趾的政治博弈，是故狄青平侬还有另一层含义：削弱了交

---

① ［宋］李焘：《续资治通鉴长编》卷 174，皇祐五年正月丁未，第 4190 页。

② ［宋］狄青：《论御南蛮疏》，曾枣庄、刘琳主编：《全宋文》第 41 册，卷 890，第 299—300 页。

③ ［宋］孙升：《孙公谈圃》，上海师范大学古籍整理研究所编：《全宋笔记》第 15 册，大象出版社 2019 年版，第 271 页。

④ ［宋］吴曾：《能改斋漫录》，中华书局 1985 年版，第 304 页。

趾对广南地区的威胁。在侬智高起事后，交趾曾向宋廷表示有出兵援助之意，但很快便被狄青驳回。狄青在给仁宗的奏状中详细分析了接受交趾援助的潜在风险：

> 李德政声言将步兵五万、骑一千赴援，此非情实；且假兵于外以除内寇，非我利也。以一智高横蹂二广，力不能讨，乃假蛮夷兵。蛮夷贪得忘义，因而启乱，何以御之？愿罢交趾兵勿用，且檄靖无通交趾使。①

狄青在奏状中依照影响程度的高低提出了三点假交趾兵的风险，一是援助之事并不一定属实；二是假外兵除内寇，非有利之举；三是引交趾兵入境，有引狼入室之危。事情不出狄青所料，交趾趁机入宋未成，转而打算援助侬智高，但尚未发兵，归仁铺之战便已结束——狄青的先见之明粉碎了交趾的图谋。但我们也要认识到，狄青平侬成功，虽然对两广安定起到了一定的作用，也促使宋廷反思在南疆的管理，授官职衔爵于少数民族首领，令其管理地方，成为土司制度的雏形。② 但整体而言，南方诸蛮仍然是一个相对不稳定的因素。或许也是因前揭狄青“胜敌可止”的作风，故并没有完全消灭侬氏在两广的势力，亦未顾及其他诸蛮可能造成的影响。在狄青平侬之后，两广又时有诸蛮侵扰之事，至和二年（1055）春正月，“邕州言苏茂州蛮内寇，命广南西路经略司发兵捕击之”③。嘉祐二年（1057），“沣州言罗城峒蛮内寇，发兵击走之……火峒蛮侬宗旦者，智高之族也，据险聚众，数出剽略”④。可见，侬智高起义的余波仍然存在于两广，这也最终促成宋廷重新开始对广南峒民加以赏赐与招附：“诏各迁一

---

① ［宋］狄青：《请勿假交趾兵讨侬智高奏》，曾枣庄、刘琳主编：《全宋文》第 41 册，卷 890，第 301 页。

② 龚荫：《中国土司制度史》上编，四川人民出版社 2012 年版，第 108 页。

③ ［宋］李焘：《续资治通鉴长编》卷 178，至和二年正月戊辰条，第 4304 页。

④ ［宋］李焘：《续资治通鉴长编》卷 185，嘉祐二年四月甲戌条，第 4468、4475 页。

官，以宗旦知安顺州，仍赐耕牛、盐彩。”①

四、余论：狄青故事的“历史—文学”考察

前文梳理并讨论了狄青征西平南的行实、功绩与影响，下面将对狄青故事展开“历史—文学”考察，以回应文章开头提出的研究意义。

首先要论述的是狄青的生平行实如何影响他从历史逐渐走入文学的历程。综合来看，有三个影响因素。第一，经过对狄青征西平南战功的分析，我们发现狄青从寂寂无闻的禁军士兵转变为冲锋陷阵的斗将，再成长为独当一面的统帅，这样的人生经历具有极强的传奇色彩。第二，狄青征西平南之功的一大特点便是但求胜敌，无有大败，无论是平西时的英勇无畏，还是征南时的指挥若定，与同期将领往往贪功冒进相比，皆显得尤为出彩。狄青颇受文士青睐，当年狄青在西境时，仁宗便要召见他，“会寇入平凉，诏图形以进，于是天下始耸然畏慕之”②。陈峰先生也指出当时军班行伍出身的武将武勇有余而谋略不足，“如狄青那样谋勇兼备者并不多见”③。狄青由是很快成长为军中楷模，这些都在无形中提升了狄青的个人影响力，为其从历史进入文学提供了可能与便利。第三，狄青由于谨慎持重的性格而战功有限，其在西境未逢大战，亦未有大胜，平南虽夜过昆仑最是奇绝，然归仁铺决战亦只一鼓破敌，且并不能算彻底平定两广，可见狄青所历诸战波折稍弱，这些又在一定程度上限制了他故事的传奇性与可看性。

其次要论述的是在具体的小说内容中，狄青的行实如何影响了文学的创作。狄青征西平南的作战经历，前者是以堡寨为根基的游击作战，且因范仲淹等人的整体战略之故而守御多于进攻，史料记载上稍显笼统；后者则是主动出击的平叛行动，整体上以昆仑关与归仁铺两战为架构。狄青在昆仑关是否遇敌尚不能肯定，以此观之，平侬之争又基本可谓是归仁铺一

---

① ［元］脱脱等：《宋史》卷495《蛮夷三》，第14218页。

② ［宋］叶梦得：《石林燕语》，中华书局1984年版，第130页。

③ 陈峰：《北宋武将群体与相关问题研究》，中华书局2004年版，第91页。

战定胜负。由是，狄青对夏作战的经历因偏向守御以及行实记载的粗糙而未能成为《万花楼》《平西》构建征西故事的直接素材，而狄青平侬作战的经历则因过程的相对简单化而同样不宜直接作为《平南》敷衍的素材。但从另一个角度讲，这也给小说家摆脱历史的桎梏，去“创造”故事提供了空间。因此，我们发现三部小说在叙述狄青战事时，普遍采用“闯关斩将”与“神魔斗法”两种形式，前者指向了宏观层面的故事结构，后者则指向微观层面的战事描写。“闯关斩将”与“神魔斗法”无疑是编创迎合民间审美的故事时最为简单便捷的形式。这从宏观层面解释了三部小说为何一方面具有彼此类似的情节模式，另一方面又都与史实相差甚远。

往更多细微之处探索，我们会发现三者在对史实的吸收、剪裁与运用上又有不同。《万花楼》采用“西夏”这一他国名称，但在具体的情节上几乎没有与狄青平西的史实对应，遑论带有更强的通俗性与民间色彩的《平西》又能有多少依照狄青西线作战的史实敷衍的情节。《平南》虽然在情节上出现更多荒诞不经的神魔斗法情节，但在故事的关节之处能对史实有所照应。比如故事中段将各路神仙妖道斗法争先、包公审案明辨奸邪、狄青二子与段红玉和王兰英的感情纠葛等故事皆叙述完备后，在第四十一回故事将要进行到尾声时，突然转入一段颇有正史意味的描述：

> 狄爷大悦，吩咐养兵三日，拔寨起行，前往邕州，要复回昆仑关……当日即吩咐众军，偃旗息鼓，不许喧哗，一路只声言“班师回朝”……一连涉水登山，疾速催兵，发进大兵，一路过处，不许惊扰居民。百姓感得，不用多谈，一连走了一月，进了西粤邕地，离昆仑关五十里安扎下大营……当日狄元帅何以不许声张兵势而来，只待贼人不预意，一时束手无策也。此乃兵贵神速之意。①

虽然小说在很多细节上仍与历史有较大出入，比如并无声称“班师回

① ［清］佚名：《五虎平南后传》，《古本小说集成》本，第511—513页。

朝”，再如昆仑关并非如小说所言是最终的决战地点。但小说却极力描写狄青进军速度之快，意在突出“兵贵神速”四字，实则与史实中狄青夜度昆仑关有异曲同工之妙，想来编撰之人应当读过相关的史料。再比如小说后文有狄青见着金龙衣尸而不冒功之事，这也与历史相吻合。这种带有史实色彩的文学描述，都造成了《平南》与《平西》的差异。

可见，征西平南为小说搭建起基本的故事框架，狄青个人经历透露出鲜活的成长印记，为小说的文学性创造提供了可能，而其所历诸战的相对平实，一方面限制了小说对史实的直接挪用与改编，另一方面也为小说的传奇化改编提供了空间，间接导致狄青故事必须与其他诸家如杨家、包家故事相结合才能有生存空间。这也促成狄青故事最终在清代形成专门的小说时，出现了“边缘主角”的文学现象。因此，那些与狄青故事同类、演绎其他英雄的通俗小说，如《说岳全传》《杨家将演义》《北宋志传》《说唐三传》等，在文学史家眼中，其故事文本的生成更多地依托民间的说书传统，在“贵幻传奇”的宗旨指引下去重构历史。① 这诚然是事实，但我们同样不可忽视在这个过程中历史对文学慷慨的馈赠。

古典小说中“文”与“史”、“虚”与“实”的辩证关系是一个无法穷尽的话题，但笔者认为，我们在审视这个问题时不应流于“俗不可通，则义不必演矣。义不必演，则此书亦不必作矣”② 的二元论。正如王德威（David Wang）先生所论：

> 历史和叙事小说互为关联紧密的话语形式，原因不仅在于二者在叙事模式上互相映照，也在于对人类经验的探究上彼此大量重叠——不论所谓人类经验是幻想与实证性的，或是虚构与理念性的。正因为历史小说横跨这两种类型，才得以焕发出独特的魅力与力量。③

---

① 纪德君：《清代英雄传奇小说文体创作特征阐析》，《明清小说研究》2008 年第 2 期。

② 甄伟：《西汉通俗演义序》，丁锡根编：《中国历代小说序跋集》中，人民文学出版社 1996 年版，第 878 页。

③ 王德威：《想象中国的方法：历史·小说·叙事》，生活·读书·新知三联书店 2003 年版，第 299 页。

因此，在面对小说中“文”与“史”两股力量时，我们应当秉持熊大木“质是而论之，则史书小说有不同者，无足怪”[①] 的开放态度，审慎地对待小说中历史真实与文学加工的互动关系，特别是在那些过去被认为是虚构成分更浓的作品中，更要关注历史在其中的参与方式。

---

① 熊大木：《大宋武穆王演义序》，丁锡根编：《中国历代小说序跋集》中，第980页。

神宗即位初年的台谏问题
——兼论神宗加强皇权的路径转变

刘双怡
（四川师范大学　历史文化与旅游学院）

引　言

关于宋代皇权、台谏、相权三者之间的关系，学界已有相关论述①，在真宗“天禧诏书”颁布后，宰执们也总是想要减少台谏官对自己的掣肘，“执政渐生畏忌，乃优与职任而罢之”②。有学者对英宗及神宗朝的台谏运转状态的描述是“英、神、哲三朝，台谏系统的运转基本上尚属正常，但君权、相权等干扰台谏系统运作的破坏因素已由潜在趋向表层”③。具体到英宗朝和神宗朝初期来说，英宗朝相权影响台谏系统的运作更为明

① 虞云国在《宋代台谏制度研究》第八章和第九章（上海人民出版社 2021 年版，第 122—185 页）中专门讨论过这个问题。另有诸葛忆兵《宋代宰辅制度研究》“第八章 宰相与台谏的关系”（北方文艺出版社 2019 年版，第 320—347 页）中也讨论了相关问题，但其讨论范围与深度未超出虞云国的讨论内容。

② ［宋］李焘：《续资治通鉴长编》卷 100，天圣元年四月丁巳，中华书局 2004 年版，第 2321 页。

③ 《宋代台谏制度研究》，第 125 页。另外也应该注意到，虽然作者注意到了这个变化趋势，但并没有对这个过渡过程进行详细阐述，论述的重点放在了对于“极”的论述，让人不免感觉这种破坏太过迅猛、直接，跳跃感太强。

显，而神宗朝初期则是两相叠加，但背后则体现出君权的强势。

濮议中，宰执大臣与台谏官相交斗，虽然台谏势力受到压制，但同时也影响了皇权。神宗初即位，开始利用台谏压制相权来抬高皇权，台谏从这个时候已经不可能再具有独立言事的空间，成为被人利用的棋子。① 在讨论神宗初年台谏问题之前，有必要简要回顾一下“濮议”② 时期的中书与台谏。

韩琦在嘉祐三年（1058）拜集贤相，而同日拜首相的富弼在嘉祐六年因丁母忧而罢相③，韩琦得以升任首相，曾公亮拜为集贤相。嘉祐六年，欧阳修由枢密副使除为参知政事；嘉祐七年，赵概由枢密副使除为参知政事。④ 所以英宗初即位时期的中书格局为：韩琦、曾公亮为首相和亚相，欧阳修与赵概并为参知政事。⑤ 但由于韩琦“首与建储之议，宫车出驾，复为定策之忠”⑥ 的功劳，在英宗治平年间，韩琦拥有比较强势的地位。

此时的台谏班子格局据李埴《皇宋十朝纲要》记载，整个英宗朝共御史中丞四人：王畴、唐介、贾黯、彭思永；谏官十人：王陶、吕诲、傅尧

---

① 梁庚尧认为，从庆历改革之后就已经出现了这个局面。他指出，“庆历改革还影响到日后政坛上人事的纠葛。……对于庆历年间及其以后的政情发生了两方面的影响……另一方面则是言官地位的提高，并因此而引致言路遭受当政者的控制。”见氏著《北宋的改革与变法》，台湾大学出版中心 2022 年版，第 30 页。

② 关于“濮议”，学界已有相关成熟研究。而对于“濮议”中台谏与中书、皇帝之间关系的论述有以下代表性的观点：如虞云国从观察台谏与党争的角度来看，似乎宋代只有“濮议”之争以台谏作为党争的主体，但并不能把台谏看成党争的挑动者，但其也是无法避身的参与者。（虞云国：《宋代台谏制度研究》，第 149 页）刘子健也指出，“濮议与政策并无关系，只是群官借礼典为题，大与争议。暗中仍是党派权力之争。”（刘子健：《欧阳修的治学与从政》，台北新文丰出版公司 1984 年版，第 224 页）

③ 嘉祐八年五月，英宗即位后拜富弼为枢密使。

④ 据［宋］徐自明撰、王瑞来校补《宋宰辅编年录校补》卷 5、卷 6 整理，中华书局 2012 年版，第 325—348 页。

⑤ 据《皇宋十朝纲要》的记载，中书的这个格局持续整个英宗朝。见［宋］李埴撰、燕永成校正《皇宋十朝纲要校正》卷 7《英宗》，中华书局 2013 年版，第 237—238 页。

⑥ 《宋宰辅编年录校补》卷 6，第 347 页。

俞、邵必、蔡抗、司马光、陆诜、李受、邵亢、傅卞；御史二十二人：赵瞻、王畴、傅尧俞、唐介、赵鼎、龚鼎臣、林大年、吕大防、贾黯、吕诲、彭思永、范纯仁、孙昌龄①、郭源明②、苏寀、黄照、吴申、蒋之奇、马默、刘庠、韩缜、陈经。③ 治平二年（1065）八月，蔡抗成为其中第一个因反对“濮议”而被罢免的谏官。九月，御史中丞贾黯自请罢职。④ 侍御史赵鼎在治平二年八月“充贺契丹正旦使”；治平三年正月，因“濮议”，“黜御史吕诲、范纯仁、吕大防”；三月，“黜谏官傅尧俞，御史赵鼎、赵瞻”。⑤

神宗即位之后的重心在于加强皇权，这个重心的确立应该与“濮议”有着直接的关系。⑥“濮议”中台谏群体的反对以及之后的集体辞职行为都让英宗颇为难堪，皇权的威严也受到了挑战，神宗当时看着这样的父亲，必是有所凄然，熙宁二年时，神宗与王安石、富弼曾谈及那段往事：

富弼言：“先朝稍逐言事者，人遂罕敢言事。”上曰：“如台谏言

① 孙昌龄之后的御史是在“濮议”之事议定之后任职之人。

② 郭源明被任命为监察御史里行八天后即自请免职。见《续资治通鉴长编》卷207，治平三年三月庚午，第5043页。

③ 《皇宋十朝纲要校正》卷7《英宗》，第240—241页。学界已有一些关于英宗朝时期台谏群体的研究成果，如许玉龙的硕士学位论文《台谏群体与宋英宗朝政治》（华中科技大学，2015年）就注意到学界既有成果中对英宗朝台谏问题研究的不足，重新审视了英宗一朝的台谏问题在北宋承上启下的关键作用。

④ 参见［宋］杨仲良《皇宋通鉴长编纪事本末》卷55《濮议》，宛委别藏本，江苏古籍出版社1988年版，第1765—1766页。

⑤ ［元］脱脱等：《宋史》卷13《英宗纪》，中华书局1977年版，第259页。

⑥ 关于“濮议”与神宗朝政治的关系，钱申在其博士学位论文中也指出，学界对此关注不够，他从三方面指出这个问题对于研究神宗朝政治的重要性：“首先，濮议问题打破了宋仁宗以来宰相与台谏的政治平衡，加剧了宰相权重的现象，使得宋神宗即位初期‘颇不悦执政之专’。其次，濮议形成的舆论与政治分野有力助力了宋神宗打击韩琦在朝势力，为行大有为之政奠定了基础。再次，濮议与登州阿云案的讨论，王安石变法的政治一脉相承，都是功利主义与儒家传统保守主义的政争。”参见钱申《宋神宗在位初期政治研究（1067—1071）》，首都师范大学2023年博士学位论文，第15—16页。

濮王事，全无理。”王安石曰：“言濮王事虽非尽理，然当时言者以为当更追崇未已，及罢称皇，亦以为言有力。当时言者虽未尽理，于时事亦不为无庸。”①

这段对话，虽然神宗认为台谏“全无理”，但其本意并不仅是针对台谏在“濮议”中表现过激的不满，而是认为父亲皇权的威严受到了台谏群体的挑战②，本该为人主所用的台谏官走向了皇帝的对立面③。

而通观整个神宗即位初期的政事，加强皇权的过程经历了从单纯利用台谏压制相权到同时利用相权和台谏来提高皇权的办法转变。以下不揣冒昧，详论此过程，望方家指正。

一、弹劾欧阳修案

神宗初即位，台谏官即以“衰服下衣紫衣”④ 的不当行为开始攻击欧阳修⑤，欧阳修居家待罪。后因“上寝其奏”，台谏官没有达到目的。曾与欧阳修有过节的欧阳修妻子从弟薛良孺污蔑欧阳修与儿媳吴氏（吴充之

---

① 《皇宋通鉴长编纪事本末》卷 55《濮议》，第 1792 页。

② 刘成国认为，熙宁元年七月，欧阳修于亳州撰进《濮议》四卷，神宗必已详览，而以台谏为非。王安石在此时也并没有完全以濮议中台谏全是或全非。见氏著《王安石年谱长编》，中华书局 2018 年版，第 866 页。

③ 参见《皇宋通鉴长编纪事本末》卷 57《宰相不押班》中治平四年四月己巳王陶的奏疏，王陶指出，“濮议”之时，韩琦等宰执群体为了取悦英宗，一味附和英宗，“不顾思人主与台谏官自立仇敌”。第 1838 页。

④ 《续资治通鉴长编》卷 209，治平四年三月记事，第 5078 页。

⑤ 欧阳修与台谏关系不和早在“濮议”事件之前就已出现。《宋宰辅编年录校补》卷 7 记载：“英宗以疾未亲政，太皇太后垂帘，修与二三大臣主国论。每帘前奏事，或执政聚议，事有不可，修未尝不力争。台谏官至政事堂论事，事虽非己出，同列未及启口，而修已直前折其短。”“濮议”一事，更使欧阳修得罪了不少人。

女）有不正当关系，再经过集贤校理刘瑾[①]的添油加醋发酵开来。[②] 在攻击欧阳修的台谏官中，蒋之奇与其他人不同，他是“始缘濮议合（欧阳）修意，修特荐为御史”[③] 的。从蒋之奇的经历也可以看出，在“濮议”事件后，欧阳修等宰执群体也开始注意到台谏官与自身合意的重要性，已经开始有意在台谏系统中安置与自己意见统一的人选。[④] 但蒋之奇却没有继续支持欧阳修的想法。“濮议”一事后，欧阳修得罪了不少人，蒋之奇从时任御史中丞彭思永那里听到了欧阳修的传闻，在没有核实消息的准确性，也没有与长官彭思永沟通的情况下，急于撇清自己与欧阳修的关系，“方患众论指目为奸邪，求所以自解，及得此，遂独上殿劾修”[⑤]。蒋之奇在上疏几日后才将奏疏给彭思永看，彭思永虽认为大臣私事不足以劾欧阳修，但因为“修首议濮园事犯众怒”[⑥]，认为欧阳修“不宜更在政府”[⑦]，虽与蒋之奇动机不同，但也同意帮助蒋之奇攻击欧阳修下台。

---

① 刘瑾，据《续资治通鉴长编》记载，其与“（欧阳）修亦仇家”，而彭思永与刘瑾同乡。

② 事情具体经过可参见《续资治通鉴长编》卷 209，治平四年三月记事，第 5078 页。

③ 《续资治通鉴长编》卷 209，治平四年三月记事，第 5078 页。另据《续资治通鉴长编》卷 207 治平三年三月甲子的记载，“欧阳修素厚（蒋）之奇，之奇前举制策不入等，尝诣（欧阳）修盛言追崇濮王为是，深非范百禄所对，修因力荐之”，第 5042 页。

④ 除了蒋之奇，还有傅卞、刘庠、吴申。据《续资治通鉴长编》卷 208，治平三年四月乙未条，“金部员外郎、直龙图阁、天章阁侍讲傅卞为起居舍人、同知谏院。卞议濮王典礼，与执政意合，故骤进”，第 5049 页。同卷六月辛卯条，“太常博士刘庠为监察御史里行。庠私议濮王事与执政意合，故命以言职”，第 5054 页。同卷七月甲寅条，“屯田员外郎吴申为殿中侍御史。初，刘庠举申自代，上曰：‘朕故知申。’遂擢用焉。庠，申门人也，自傅卞议濮王事称旨，庠及申私论与卞协，故相继并居言职”，第 5057 页。

⑤ 《续资治通鉴长编》卷 209，治平四年三月记事，第 5078 页。

⑥ 《续资治通鉴长编》卷 209，治平四年三月记事，第 5079 页。

⑦ 《宋史》卷 320《彭思永传》，第 10412 页。

在台谏官员弹劾欧阳修之事中，面对欧阳修的自辩[①]与吴充的上疏，神宗提出了对台谏官“风闻言事”的“反思”：“凡朝廷小有阙失，故许博议闻奏。岂有致人大恶，便以风闻为托?”[②] 但这种“反思”并不说明神宗想改变台谏制度，而是面对朝中的局面，旨在安抚大臣的一种说辞。

宋廷给予台谏官“风闻言事”的权力，至此已经成为利用台谏身份攻击宰执、政敌的工具。就在彭思永、蒋之奇攻击欧阳修后，在孙思恭[③]的提醒下，神宗将欧阳修的自辩与彭、蒋二人的奏疏比对，要求彭、蒋二人说出攻击欧阳修言辞之人。蒋之奇如实告知自己奏疏所言来自彭思永，而彭思永却以“辞以出于风闻，年老昏缪，不能记主名。且言法许御史风闻言事者，所以广聪明也，若必问其所从来，因而罪之，则后不得闻矣，宁从重谪，不忍塞天子之言路”[④] 的理由拒绝供出为自己提供消息的刘瑾。

虽然在神宗即位之初的欧阳修弹劾案中，最后以彭思永、蒋之奇被罢免作为结局，但并不说明神宗对欧阳修的信任与依赖，以及对台谏“风闻言事”的“反感”。在罢黜了蒋之奇等人的台谏任职后，神宗甚至产生了想奖赏蒋之奇等人的想法，“蒋之奇敢言，而所言暧昧，既罪其妄，欲赏

① 面对蒋之奇的弹劾，欧阳修共上八篇与蒋之奇辩驳的札子，分别是《乞根究蒋之奇弹疏札子》《再乞根究蒋之奇弹疏札子》《又乞罢任根究蒋之奇言事札子》《乞诘问蒋之奇言事札子》《再乞诘问蒋之奇言事札子》《封进批出蒋之奇文字札子》《乞辩明蒋之奇言事札子》《再乞辩明蒋之奇言事札子》，见［宋］欧阳修撰、李逸安点校《欧阳修全集》卷 93，中华书局 2001 年版，第 1373—1380 页。

② 《续资治通鉴长编》卷 209，治平四年三月记事，第 5079 页。

③ 时为天章阁待制。

④ 《续资治通鉴长编》卷 209，治平四年三月记事，第 5079 页。当然也并不能从彭思永的这段回答对其进行过高的评价。彭思永在“濮议”事件中，于治平二年十月接替贾黯担任御史中丞，但在整个事件中却未见彭思永参与其中。李焘指出，“方吕诲等争论典礼，思永不应默。诲等既斥逐，而思永居位如故，则思永虽言之，必不力。……又《御史台记》云：台僚以濮议俱已被黜，思永媕阿，不一言营救，议者丑之。”见《续资治通鉴长编》卷 207，治平三年三月辛酉，第 5042 页。

其敢”，被吴奎[①]以“赏罚难并行”[②] 为由拒绝而作罢。神宗对欧阳修的态度与“濮议”中其支持父亲英宗与台谏官对抗有着莫大的关系，是一种感激之情的回报。虽然神宗在罢免了彭、蒋二人后，赐欧阳修手札，希望他“宜起事如初，无恤前言”[③]，但神宗肯定也意识到，欧阳修留在政府，始终逃不掉来自台谏官的攻击。据《续资治通鉴长编》载，在彭思永被罢后，时任知杂御史苏寀、御史吴申“言犹不已”[④]，欧阳修面对这种情况亦乞罢，后出知亳州。

二、王陶弹劾韩琦案

在彭思永被罢后，神宗的潜邸旧臣王陶[⑤]接任御史中丞。治平四年三月，以“枢密直学士、礼部郎中王陶为右谏议大夫、权御史中丞”[⑥]。之后，由京西转运使、刑部郎中刘述取代苏寀兼侍御史知杂事。刘述大概能力不足，在朝廷中也没什么名声，对刘述的任职，王陶提出了反对意见，神宗在给王陶的手诏中也表明了同意王陶对刘述的评价，“朕固疑（刘）述朝望不著，士大夫罕有称者……大凡执政选言事者，利在循默录录辈”[⑦]，但转头还是下达了刘述的任命。

从神宗在处理彭、蒋等人攻击欧阳修，以及刘述任侍御史知杂事等事言行不一致的表现来看，神宗在即位之初即已对台谏官的人事任命有了自

① 吴奎时为枢密使、礼部侍郎。

② 《续资治通鉴长编》卷 209，治平四年三月记事，第 5080 页。

③ 《续资治通鉴长编》卷 209，治平四年三月记事，第 5080 页。

④ 《续资治通鉴长编》卷 209，治平四年三月壬申，第 5082 页。

⑤ 嘉祐八年五月英宗即位后，以“右司谏王陶为户部员外郎、直史馆，充皇子位伴读”。见《续资治通鉴长编》卷 198，嘉祐八年五月庚戌，第 4807 页。嘉祐八年九月“辛亥，皇子、光国公仲鍼为忠武军节度使、同平章事、淮阳郡王，改赐名顼；……壬戌，皇子位伴读王陶为淮阳郡王府翊善，皇子位说书孙思恭为侍讲，太子中允、集贤校理兼史馆检讨韩维为太常丞，充记室参军”。见《续资治通鉴长编》卷 199，第 4827 页。

⑥ 《续资治通鉴长编》卷 209，治平四年三月记事，第 5078 页。

⑦ 《续资治通鉴长编》卷 209，治平四年闰三月己丑，第 5085 页。

己的标准，一是选用能为自己所用，比如像王陶这样的东宫旧臣，对宰执群体构成威胁。若这种方式不能达到目的，就任用一些在朝臣眼中看来没有什么名望的人。① 换句话说，神宗甫即位，为了加强皇权，希望利用台谏的势力来压制相权。

但是相权岂是利用台谏势力就可以压制的。最重要的一点，虽然在台谏官的选任上，宋朝有“宰执不预”的原则，但同时还有宰相进拟制，对台谏的任命是有发言权的，台谏的任命不可能完全绕开宰执而独立进行。所以虞云国指出：“宋代一方面通过宰执不预原则来剥夺宰执荐用台谏官的权力，另一方面却保留了宰执进拟制，从而为相权染指台谏的选任留下了合法途径。”②

王陶在担任御史中丞后就对御史里行的任职人选提出过建议：“臣奉诏别举台官，缘有才行可举之人，多以资浅不应敕文，欲乞许举三任以上知县资序人为御史里行”，而之前，王陶希望朝廷能够复用吕大防和郭源明，但是“执政以为意欲逼己，不悦”。③ 王陶与韩琦之间的矛盾就此开始。④

在处理了欧阳修的事情后，又过了一个月左右，新任御史中丞王陶对韩琦开始发难，“御史中丞王陶等屡言韩琦自嘉祐末专执国柄，君弱臣强，乞行罢退”⑤，未得到神宗的同意，引起王陶的不满。

按《续宋编年资治通鉴》的记载，王陶对韩琦的发难意在拆解朝廷内外韩琦的关系网：

---

① 虞云国指出，宰相倘若未能事先将台谏官网为私党，也希望入选的言事官循默软弱（见《宋代台谏制度研究》，第127—128页）。这个逻辑用在皇帝身上一样适用，即是皇帝一时未能选用能称自己意的台谏，那么选择一些无声望和软弱的言事官也能减少对自己的掣肘。

② 《宋代台谏制度研究》，第20页。

③ 《续资治通鉴长编》卷209，治平四年闰三月庚子，第5086页。

④ 《续资治通鉴长编拾补》卷1治平四年四月乙卯条下的按语中写道：“《长编》卷209：治平四年闰三月庚子，（王）陶乞复用吕大防、郭源明，执政以为逼己。盖衅于彼时已启。”（参见［清］黄以周等辑注、顾吉辰点校《续资治通鉴长编拾补》卷1，治平四年四月乙卯，中华书局2004年版，第1页）

⑤ 《续资治通鉴长编拾补》卷1，治平四年四月乙卯，第1页。

先是，召渭州郭逵还领枢密。陶奏用逵非先帝意，外则韩琦荐引，内则高居简纳赂。……陶言既不行，即以不赴文德殿押常参班劾琦。①

韩琦与欧阳修于神宗有着相似的意义，即二人都在“濮议”中维护英宗与台谏群体对抗。但是王陶的这种做法恐怕也是揣摩到了神宗想要压制相权的心思，据《东都事略·王陶传》记载，“神宗颇不悦大臣之专，陶乃弹奏宰相不押常参班，至谓琦为跋扈，琦等待罪”②。但王陶的这次行动并没有得到想要的效果，在自己的表奏都没有得到回应之后，王陶提出罢免自己的要求，“乞休韩绛、彭思永等例责降”③。在王陶提出辞职的第二天，神宗任命“翰林学士司马光为御史中丞，与王陶两易其职”。面对这个任命，司马光认为王陶虽然言有过，但这是台谏官的职责，如果因为指出宰相之过而被罢免御史中丞之职，自己希望“俟宰相押班，然后受诏”④。可以看到，司马光的主张还是倾向于应赋予御史中丞应有的职责权力，这种权力是有益于压制相权的。

但时任参知政事的吴奎和赵概并不这么认为，在得知王陶只是和司马光的职务对调并没有外放后⑤，指出这种做法会助长台谏势力的增大：

① 《续宋编年资治通鉴》卷10《宋英宗》，《四库全书存目丛书》，齐鲁书社1996年版，史部第3册，第100页。

② ［宋］王称撰，孙言诚、崔国光点校：《东都事略》卷85《王陶传》，齐鲁书社2000年版，第713页。《续资治通鉴长编拾补》卷1也记载：“（王陶）阴知上不悦执政之专，既为中丞，谋易置大臣，虚次相以自拟。”《宋史》卷329《王陶传》：“帝初临御，颇不悦执政之专，陶料必易置大臣，欲自规重位，故视琦如仇，力攻之。”第10611页。

③ 《续资治通鉴长编拾补》卷1，治平四年四月乙丑，第3页。

④ 《续资治通鉴长编拾补》卷1，治平四年四月乙丑，第3页。

⑤ 按《续资治通鉴长编拾补》的记载，吴奎、赵概面见神宗后，希望将王陶外放，没有得到神宗的许可，又希望改为枢密直学士领群牧使，得到了神宗的许可。但神宗转头“直批付中书，以陶为翰林学士”。

> 陛下初即位，圣德日新，上天助顺，风雨时若。乃者闰月以来，寒暄不节，暴风屡作。今兹时雨愆亢，螟螣孳生，险说纷纭，震骇群听。原其所以如此者，过不在他，止一王陶而已。按陶天资薄险，势利是视，巧诈反覆，情态万状。索其深蕴，真市井小人之不若也。陛下念其东宫之旧，首加任使，擢为中丞。今乃挟持旧恩，专为险恶，轻视狷愤，织罗交构，摧辱大臣，排抑端良，意欲天下权势一归于己。……陶以台制弹劾举职便可，何至引背负芒刺，目为跋扈，肆意深诋。以此见陶处心积虑，在于排陷大臣，呼吸群众以为己用，自图权柄，切弄国权者也。①

吴奎在上疏后，遂称疾在家，乞罢职。神宗将吴奎的上疏拿给王陶看了以后，王陶“寻复劾奎附宰相、欺天子六罪”，并指出吴奎因受文彦博的推荐，后为谏官时依附文彦博，还被当时人称为“谏贼”，“背人主而附权臣”，与吴奎因为谏其“党韩绛、陈升之等，事连文彦博”而结怨。但吴奎在看到韩琦的势力已经压制过了文彦博时，却极力想划清自己与文彦博的界线，所以王陶认为，吴奎的这种做法才是“天资薄险，惟势利是视，巧诈翻覆，情态万状。索其深蕴，真市井小人之不若也”②。

在驳斥了吴奎的上疏之后，王陶也谈到从仁宗以来，皇权、台谏、相权关系的发展走向：“仁宗自至和服药之后，临朝简默，政事不复历精，选任差除，尽归宰执。然能以腹心耳目寄之于台谏，大臣犹怀恐惧，不敢泰然作奸。”也就是说，自至和年间以后的仁宗朝，台谏还是掌握在皇权手中，皇帝是可以利用台谏的势力来压制相权，而这种情形在英宗即位后，尤其是“濮议”之时发生了改变：

> （韩）琦等自知其非，意所以固宠保位之术，遂乃悦媚先帝，尊崇濮王。……使人主与台谏官自立仇敌，忠谠之士遣逐外郡，人心不

① 《续资治通鉴长编拾补》卷 1，治平四年四月戊辰，第 4 页。《皇宋通鉴长编纪事本末》卷 57《宰相不押班》，第 1834—1835 页。

② 《续资治通鉴长编拾补》卷 1，治平四年四月己巳，第 5—6 页。

平，物论汹汹。……琦等方以两朝顾命，傲然自居，顾视朝廷，惟己所欲。且琦执政一年，上视两府大臣，中外要职，莫非亲旧，根盘节错，异己者必逐，附己者必升。①

“濮议”中台谏无法满足英宗的要求遭到英宗的排斥而削弱，相权在这时逐渐抬头，以韩琦为代表的宰执群体凭借自己盘根错节的关系网巩固势力。随着台谏权力的削弱，皇权也受到了影响。虽然这个上疏仍是以解除韩琦的关系网络为目的，但确实阐明了从“濮议”以来，皇权、台谏、相权三者之间变动的趋势。

侍御史吴申和刚被任命为御史中丞的司马光认为不应御史中丞求罢而立罢，不同意对王陶的处理办法，但为了平息议论，神宗最终以“御史中丞王陶、侍御史吴申、吕景过毁大臣，王陶除枢密直学士、知陈州，吴申、吕景各罚铜二十斤。吴奎位在执政而弹劾中丞，以手诏为内批，三日不下，除资政殿大学士、知青州”② 作为此次争议最终的处理办法。后在司马光、曾公亮等人的请求下，未将吴奎外放。

司马光在接替王陶担任御史中丞后，曾向神宗论皇帝、宰相和御史之间的关系，“王者设官分职，譬犹一体，以宰相为股肱，以台谏为耳目，固当同心协力以佐元首。若各分彼我，互争胜负，欲求其身之安，何由可得?”③ 也就是说，宰相和御史作为皇帝的股肱与耳目，都应该同心一体协助皇帝，而不能将其二者视为对立的关系。从之后神宗任用王安石并对台谏人员任用的情况来看，司马光此时的建议或许对神宗重新考虑如何同时利用相权与台谏来加强皇权提供了思路。司马光也同时承认，自仁宗以来，宰辅权力过大，为了削弱相权而加强皇权，台谏确实是限制相权的有效办法：

自仁宗皇帝以来，委政大臣，宰辅之权诚为太重，加以台谏官被

---

① 《续资治通鉴长编拾补》卷1，治平四年四月己巳，第6页。

② 《续资治通鉴长编拾补》卷1，治平四年四月庚午，第8页。

③ 《续资治通鉴长编拾补》卷1，治平四年五月癸未，第13页。

贬者，多因指大臣之过失，少因犯人主之颜色，是威福之柄潜移于下，方将奋乾刚之盛德，伸元后之威断，收还利器，以救其弊。①

但此时神宗考虑的加强皇权的思路还是将宰相放在自己和台谏的对立面，既然皇权需要利用台谏来压制相权，那么台谏也可被相权利用不断扩大自己的权力，所以司马光在任御史中丞后不久，也出现了被宰执利用的情况。

这次事件的主人公为王广渊。最开始，司马光认为王广渊“小人之质，有倾巧之材，外依政府，内结近习”，但却除为直龙图阁，“皆非广渊所宜滥处”，建议朝廷“首加斥逐，夺去职名，除一远地监当，亦足以醒天下之耳目”②。而王铚则认为，司马光屡次上疏要求罢斥王广渊，很大程度上是当时宰执的反间计：

王广渊识英宗于潜邸，及即位，欲大用之。不果。然中外之事莫不以闻，又论宰执专权，须收主威。英、神二朝俱主其说，时宰患之，无如之何。乃反间谏官司马君实，力言其奸邪不可近。章至八九上，广渊竟出外。世徒知君实言广渊，而不知宰相之反间也。然则阴讽台谏，以逐人主亲臣，古今之所不免。其后神宗时，君实言杨绘不当言曾公亮事。神宗御批与滕元发，令谕绘云：“光醇儒少智，未必

① 《续资治通鉴长编拾补》卷1，治平四年五月戊子，第17页。《皇宋通鉴长编纪事本末》卷57《宰相不押班》，第1853页。

② 《续资治通鉴长编拾补》卷1，治平四年六月庚申，第19页。

不为人阴使之耳。”盖广渊被逐，尝言君实纯直，受人风指之误而云耳。①

司马光作为御史中丞向皇帝上疏本不该他知道的军事机密事也引起神宗极大的不满。神宗即位初，西夏部将请求内附。本不该是作为御史中丞司马光所插手的军事问题，却上疏反对接受西夏部将的内附。在收到司马光的上疏后，神宗责备与司马光交好的时任枢密使文彦博："轻呢侧事，司马光奚由知之?”说明神宗怀疑是文彦博将这件事情告诉了作为御史中丞的司马光，御史中丞与宰执的密切关系引起了神宗的不悦，“且言光忿躁，欲加重责。始有复还翰林之议”②，开始考虑罢黜司马光御史中丞的职务。

司马光并没有因为神宗的不满而停止，而是继续就边事向神宗进言，不断强调“不当诱其叛臣，以兴边事”，并对神宗在对西夏问题用人以及用张方平为参知政事③等两方面事情也提出异议，神宗面露不满之色，作色曰：“朝廷每有除拜，众言辄纷纷，非朝廷好事。”司马光则认为，这是台谏的职责所在，朝廷应该引以为幸事：

---

① ［宋］王铚撰，朱杰人点校：《默记》卷上，中华书局 2007 年版，第 16 页。但《续资治通鉴长编拾补》认为“此说似诬”。赵冬梅也认为司马光被人利用的说法“全无道理”，她认为是因为王广渊虽然通过文字资本博得英宗的好感并在英宗即位之后被提拔为馆职而为士人不耻，但却是英宗坎坷即位之路中使英宗感到慰藉的人，对于神宗来说，王广渊更像家人。司马光弹劾王广渊并不是受到宰执群体的利用，而司马光本人是坚决反对宰相专权的，不可能因为宰执的离间去弹劾王广渊。（见赵冬梅《大宋之变，1063—1086》，广西师范大学出版社 2020 年版，第 116—118 页）此说也并不完全使人信服，还有一种可能，司马光确实也对王广渊的为人不齿，不希望其受到神宗重用，这种想法与宰执群体不谋而合，宰执们计算精明，不愿意为了弹劾王广渊而遭受来自神宗的不满，而作为御史中丞的司马光却没有考虑这些。司马光的这些行为倒也符合苏辙对其的评价：“君实为人，忠信有余，而才智不足。”（［宋］苏辙著，曾枣庄、马德富校点：《栾城集·栾城后集》卷 22《亡兄子瞻端明墓志铭》，上海古籍出版社 1987 年版，第 1415 页）

② 《续资治通鉴长编拾补》卷 2，治平四年九月己亥，第 56 页。

③ 据《宋宰辅编年录校补》卷 7 记载，治平四年九月辛丑，“张方平、赵抃并参知政事”。

此乃朝廷好事也。知人帝尧难之，况陛下新即位，万一用一奸邪，若台谏循默不言，陛下从何知之？此非为好事也。

神宗又拿郭逵事[①]来看司马光的反应，神宗认为郭逵“内行不修”，司马光则认为这是“谗人之言”，就如同蒋之奇等人言欧阳修一般。神宗最后抛出了“结宰相与结人主孰为贤?”的疑问，这大概也是神宗在台谏的问题上最想得到的答案。司马光却给出了中立的答案：

结宰相为奸邪，然希意迎合，观人主趋而顺之者亦奸邪也。[②]

神宗大概是对司马光的答案不满，也或者神宗早就对司马光这个御史中丞不满[③]，第二天，司马光即被免职，“右谏议大夫、权御史中丞司马光为翰林学士兼侍读学士”。司马光对这么迅速地将自己免职有所不满，认为神宗还未对自己免职前所提出的张方平任职问题的异议做出答复，并再次强调这个并不是自己一个人的看法。据《传家集》所记：“臣近曾上言张方平参知政事不协众望。臣识浅材下，其言固不足采。向者仁宗时，包拯最名公直，与台谏官共言方平奸邪贪猥事迹甚多。陛下倘欲知方平为贤为不肖，乞尽令检取包拯等言方平章奏，及开封府陈升之两处推勘刘保衡公案，并方平在秦州所奏边上事宜状，即知臣所言非一人之私论也。今所言之事，尚未蒙施行，寻闻除臣翰学士兼侍读学士。若臣所言果是，则方平当罢政事；若其非是，则臣为谮毁忠贤，亦当远贬。今两无所问，而臣复

---

① 据《宋史》卷290《郭逵传》所记，“治平二年，以检校太保同签书枢密院，旋出领陕西宣抚使，判渭州。逵虽立军功，而骤跻政地，议者不厌，谏官、御史交论之，不听。神宗即位，迁静难军留后，召还。言者复力争，乃改宣徽南院使、判郓州”。

② 《续资治通鉴长编拾补》卷2，治平四年九月壬寅，第62页。

③ 据《续资治通鉴长编》的记载，英宗初即位时，将王陶等人任为皇子仆从之职，但是时任谏官的司马光却对英宗此举大发议论。（见《续资治通鉴长编》卷198，嘉祐八年五月庚戌，第4807—4808页）不知道当时还是皇子的神宗是否对台谏官员对于皇帝行为的掣肘已经有了一些自己的初步观感。

迁翰林，仍加美职。臣诚愚懵，未晓所谓。……所有新命，未敢祗受。”①

曾公亮曾推荐王安石接任御史中丞，但遭到了张方平的反对②，后以“滕甫为谏议大夫、权御史中丞”③。

神宗大概仍未找到合适的台谏官人选，熙宁元年时曾就此咨询司马光的意见：“谏官难得，人谁可任者？”司马光认为自己此时的职务不适合荐举台谏官，但神宗仍固执地向其询问，司马光才答到：“臣仓猝不能记，容臣退而密奏。”④

三、神宗策略的调整与实施

面对既无法交心的宰执以及希望单方面通过台谏压制相权措施的无力，神宗开始调整自己的对策。熙宁二年（1069）二月庚子，“以王安石为右谏议大夫、参知政事”⑤。随着王安石位列执政，神宗也开始了联合相权与台谏来加强皇权的实践。

---

① ［宋］司马光：《传家集》卷41《言张方平第二札子》，文渊阁四库全书本，台湾商务印书馆1986年版，第1094册，第383—384页。

② 曾公亮具体何时推荐了王安石任御史中丞，史无详载，苏轼为张方平所作《张文定公墓志铭》载：“御史中丞缺，曾公亮欲用王安石，公（张方平）论安石不可用”，这件事记在张方平任参知政事后和其父亲去世前，按王智勇所撰《张方平年谱》（《宋代文化研究》（第三辑），四川大学出版社1993年版，第171页），张方平父亲张尧卿于治平四年十月五日去世，而九月癸卯（二十八日）司马光被免职，故王安石被提议为御史中丞只能是在滕甫正式任命之前。《宋宰辅编年录校补》卷7引《丁未录》记：“初，上议还光翰林，而御史中丞阙，曾公亮请用安石，方平论安石不可用。乃用滕甫代光为中丞，安石由是憎方平也。”

③ 《续资治通鉴长编拾补》卷2，治平四年九月癸卯，第62页。

④ 《续资治通鉴长编拾补》卷3下，熙宁元年八月癸丑，第125页。

⑤ 《续资治通鉴长编拾补》卷4，熙宁二年二月庚子，第153页。熙宁元年正月丙申，唐介为参知政事。张方平此时因丁父忧未在朝，在王安石被任命为参知政事的九天后，张方平服除，除观文殿学士留守西京知陈州。

大约与王安石任参知政事同时，吕诲接替滕甫任御史中丞①，但吕诲与王安石关系并不友好，刚上任就罗列王安石十大罪状进行攻击②，认为王安石不能为辅弼之臣：

> 王安石者，本以文章进用，竟遽为辅弼，逢迎上意，张皇一时之事。祖宗法度，首议变更，天下利源，皆欲摇动；斥逐近侍，盗弄权柄，倾危老成，欲速相位，人情甚郁，公议不容。独陛下未悟，倚任安石，与之议求治道之要，进退天下之事。③

面对吕诲的非议，王安石提出了辞职。

神宗任用王安石希望支持自己的变革活动刚一开始就受到了台谏系统的压制，神宗也感到了一种无奈，面对王安石提出辞职要求，神宗劝解道："天下之事，当变更者非止一二，而事事如此，奚政之为也！卿其反思职分之当然，无恤非礼之横议，视事宜如故。"④ 在神宗三番五次的催促下，八天之后，王安石才面见神宗，神宗以吕诲"不晓事"安抚王安石，并指出："朕与卿相知如高宗、傅说，亦岂须他人为助?"也在表明自己此时需要王安石的支持，并向王安石询问能够接替吕诲担任御史中丞的人选，王安石推荐了吕公著，据邵伯温《邵氏闻见录》记载："介甫平生待晦叔（吕公著字晦叔）甚恭……故介甫作相，荐晦叔为中丞"，希望作为御史中丞的吕公著能支持自己，并在台谏系统中培植支持自己的群体，

---

① 吕诲具体何时被任命为御史中丞史载不详，据刁忠民考证，大约应与王安石任参知政事的时间相当，见刁忠民《两宋御史中丞考》，巴蜀书社 1995 年版，第 105—106 页。

② ［宋］陈均编，许沛藻等点校：《皇朝编年纲目备要》卷 18，熙宁二年六月记事，中华书局 2006 年版，第 418 页。

③ ［宋］彭百川：《太平治迹统类》卷 14《神宗朝臣议论新法》，文渊阁四库全书本，台湾商务印书馆 1986 年版，第 408 册，第 391—392 页。

④ 《续资治通鉴长编拾补》卷 4，熙宁二年五月丙戌，第 180 页。

“荆公荐申公为中丞，欲其为助，故申公初多举条例司人作台官”①。

神宗接受了王安石的建议，六月丁巳，“诏右谏议大夫、御史中丞吕诲落中丞，以本官知邓州”②。

熙宁二年八月癸卯，侍御史刘琦监处州酒税，御史里行钱颉监衢州盐税。而刘琦和钱颉被免台谏职就是因和御史知杂刘述一起反对王安石任参知政事而起。③ 司马光对于台谏官得罪大臣即遭贬黜的做法提出了抗议：

> 臣窃闻知杂御史刘述、集贤校理丁讽皆执守谋杀刑名被劾；侍御史刘琦、钱颉皆以论执政，降监酒税。彼谋杀已伤自首刑名，天下皆知其非。今朝廷既违众议而行之，又罪守官之臣，恐重失天下之心。……至如皮公弼，陛下明知其贪；阎充国，陛下明知其猥也，二人皆以知县权发三司判官公事，及得罪而出，皆为知州。今琦、颉止以忤犯大臣，遂降为监当。然则狂直之罪，重于贪猥，得罪大臣，甚于得罪陛下也。臣窃恐天下侧目箝口，以言为讳，威福移于臣下，聪明有所壅敝，非国家之福也。④

之后，范纯仁因言“薛向不可为发运使”及向中枢申刘琦等人因言去官事⑤而罢同知谏院⑥。

---

① ［宋］邵伯温撰，李剑雄、刘德权点校：《邵氏闻见录》卷 12，中华书局 2008 年版，第 125 页。

② 《续资治通鉴长编拾补》卷 4，熙宁二年六月丁巳，第 195 页。

③ 参见《宋史》卷 321《刘琦传》，第 10433 页。

④ 《续资治通鉴长编拾补》卷 5，熙宁二年八月乙巳，第 220—221 页。

⑤ 范纯仁所上章疏详见《范忠宣奏议》卷上《论刘琦等不当责降第二状》，文渊阁四库全书本，台湾商务印书馆 1986 年版，第 1104 册，第 760 页。《宋史》卷 314《范纯仁传》记：“其所上章疏，语多激切。神宗悉不付外，纯仁尽录申中书，安石大怒。”

⑥ 之后接替范纯仁同知谏院的唐坰，据《宋宰辅编年录校补》卷七记载，“御史中丞吕公著等咸言条例司疏驳韩琦非是。上心知琦之精忠，而又内重安石，故青苗遂不罢。当是时，有唐坰者为北京监当，小有才辨，韩琦甚爱之。上书言青苗不行，宜斩大臣异议如韩琦者庶人。安石大喜，荐之。召试赐出身，骤用为同知谏院”。

而随着熙宁二年九月青苗法的颁行，反对的声音越来越大，这种现象也随之愈演愈烈。从时任御史中丞吕公著的罢职开始。

> 介甫作相，荐晦叔为中丞。……既而天下苦条例司之为民害，申公乃言新法不便。荆公怒其叛己，始有逐申公意矣。方其荐申公为中丞，其辞以谓有八元、八凯之贤，未半年，所论不同，复谓有驩兜、共工之奸，荆公之喜怒如此。初亦未有以罪申公也，会神宗语执政，吕公著尝言："韩琦乞罢青苗钱，数为执事者所沮，将兴晋阳之甲以除君侧之恶。"荆公因用此为申公罪，除侍读学士，知颍州。[①]

虽然在王安石位列执政初期，台谏系统就经历了比较大的人事调整，但此时的王安石其实并未对台谏官的选任有特别的想法。面对众人对变法的非议，王安石曾指出，"陛下作法，宰相摇之于上，御史中丞摇之于下"[②]。这种纷扰局面的出现，神宗认为"此由朕置台谏非其人"，而王安石却认为台谏并不是最主要的问题，"陛下遇群臣无术，数失事机，别置台谏官，恐但如今日措置亦不能免其纷纷也"[③]。在既要联合宰相，又要联合台谏的问题上，神宗比王安石更为着急。

所以台谏监察制度的破坏并不是肇始于王安石为推行变法而控制台谏系统。[④] 其实从英宗"濮议"事件后，当时的宰执已经发觉控制台谏系统对自己的重要性，神宗即位后，从台谏官员的任命上已经开始付诸实践。王安石变法时的全面控制只不过是从英宗"濮议"事件以来的流弊延续罢

① 《邵氏闻见录》卷 12，第 125—126 页。

② 《续资治通鉴长编拾补》卷 7，熙宁三年三月甲辰，第 340 页。

③ 《续资治通鉴长编拾补》卷 7，熙宁三年三月戊申，第 340 页。

④ 学界已有持此观点者。许玉龙在其硕士学位论文《台谏群体与宋英宗朝政治》（华中科技大学，2015 年，第 17—18 页）中即指出，之前学界由于受吕中在《皇朝大事记讲义》中将宰执干预朝政始于王安石变法时期论述的影响，在关于宋代台谏研究的论著中大多持此观点。而许玉龙认为这种情况的出现实肇始于英宗朝。笔者认同许玉龙的观点，只是可以将这个时间节点进一步细化，那就是开始于"濮议"之争结束后的治平三年四月，以傅卞同知谏院。

了。这点在南宋时吕中就已经道明：

> 迨至治平，濮邸之事，不过议制礼耳！台谏、执政交相争辩，欧阳修又以称亲为礼而不改，是皆不为苟同而为君子之争也。然台谏争之不得，气激词愤，遂诋为小人。而修不堪其忿，亦以群邪诋之，即一时之礼议，而遂诬其终身之大节。使人主从修言而逐台谏，是逐君子也；使人主从台谏言而恶修，是亦逐君子也。故政府、台谏之相攻，自治平始，而熙宁其流弊也。①

① ［宋］吕中撰，张其凡、白晓霞整理：《类编皇朝大事记讲义》卷13《台谏》，上海人民出版社2013年版，第257—258页。

北宋熙丰两府成员与所涉要案再探

陈朝阳
（洛阳理工学院　人文与社会科学学院）

熙丰两府与所涉诏狱已有前辈学者关注并有深入的研究。[①] 本文在此选择了六个样本：王安石涉祖无择案，王安石和冯京涉郑侠案，王安石和吕惠卿涉李士宁案，吕公著涉陈世儒案，王安石、吕惠卿涉张若济案，吴充所涉潘开之狱。本文通过对这些案件的进一步探研，以期甄别虚实真假。关于这一时期案件的言论来看，不管是宋人还是今人，大多都对其持批评态度，认为主审法官借助一些案件整倒政见不合之人，从而达到其政治目的或者是取得晋升之路，“熙宁大臣以缙绅不附，多起大狱，以挟持上下，而蔡新州因是取台辅”[②]。马端临对这些案件进行总结：“诏狱盛于熙丰之间，盖柄国之权臣，借此以威缙绅。祖无择之狱，王安石私愿所诬也；郑侠、苏轼之狱，杜绝忠言也；世居之狱，则吕惠卿欲文致李士宁以倾王安石；陈世儒之狱，则贾种民欲文致世儒妻母吕以倾吕公著。至王安石欲报吕惠卿而特勘张若济之狱，蔡确欲撼吴充而特勘潘开之狱，其事皆起于纤维，而根连株逮，坐累者甚众。盖其置狱之本意，自有所谓，故非深竟党与，不能以逞其私撼，而非中以危法，则不能以深竟党与，此所以滥酷之刑至于轻施也。”[③] 通过这些言论，宋神宗朝司法混乱严苛的形象跃

---

① 戴建国：《熙丰诏狱与北宋政治》，《上海师范大学学报》2013 年第 1 期，第 114—127 页。

② ［清］徐松辑，刘琳等校点：《宋会要辑稿》职官 3 之 78，上海古籍出版社 2014 年版，第 3094 页。

③ ［元］马端临：《文献通考》卷 167《刑考六》，中华书局 2011 年版，第 8 册，第 5001 页。

然纸上，这种观点也影响着后人对熙丰时期政局的理解。

否定熙丰时期案件在哲宗即位后就提上了日程。元祐元年（1086）成立诉理所，三月十四日下诏："熙宁元年正月以后至元丰八年三月六日赦前，命官、诸色人被罪合行诉理，并限半年进状，先从有司依法定夺，如内有不该雪除及事理有所未尽者，送管勾看详诉理所。"①

诉理所主要的作用在元祐大臣看来是平反冤狱，二万二千余件案子中八百余件案子翻案，在他们看来数量远不止此，"贫弱不能自诉及流移死亡而无人为雪理者皆在八百事之外也"②。在新党眼里，诉理所的成立则别有用心，元符元年六月二十五日，御史中丞安惇言："伏思神宗皇帝励精图治，明审庶狱，天下莫不知之。而元祐之初，陛下未亲政事，奸臣乘时议置诉理所，凡得罪于元丰之间者咸为雪除，愿归先朝，收恩私室。倘出奸意，不可不行改正。欲乞朝廷委官将前元祐中诉理所公案看详，如合改正，即乞申明得罪之意，复以元断施行。"③ 范致虚言"岂十九年之睿断，有八百件之冤刑"④。

元祐时期翻案的目的是否定审理案件的法官，进而否定变法派的官员。以王安石为例，宋史的编纂者认为祖无择得罪源于王安石，刘安世在元祐中抨击王子韶"陷祖无择于深文，缙绅所共鄙之"⑤。王子韶承安石之命罗织其罪名，"陛下遣一御史出，即得无择罪，乃知朝廷于事但不为，未有为之而无效者"⑥。这样的记载比比皆是，在此不一一列举，熙丰两府与所涉案件被元祐之后的旧党刻意扭曲，囿于政治偏见，而不能客观对待案件，马端临短短几句文字，王安石的名字出现了三次。李焘在记述这些案件的时候，对这些案件的否定也是一脉相承。

熙丰案件在元祐时期已经被贴上"滥刑"和"党争"的标签，这种说

---

① 《宋会要辑稿》刑法 3 之 20，第 8402 页。

② ［宋］朱弁著，王根林点校：《曲洧旧闻》卷 5，上海古籍出版社 2017 年版，第 41 页。

③ 《宋会要辑稿》职官 3 之 76，第 3093 页。

④ 朱弁：《曲洧旧闻》卷 5，第 42 页。

⑤ ［元］脱脱：《宋史》卷 329《王子韶传》，中华书局 1977 年版，第 10612 页。

⑥ 《宋史》卷 331《祖无择传》，第 10660 页。

法滥觞于元祐更化之后，“元祐政出帷箔，务姑息，置诉理所，湔涤先朝尝得罪者。群小竞自辨，不逞之人，至于指斥熙、丰滥刑，以迎合国政”①。那么这些案件是否如后人所说的那样是株连滥刑且为大臣操纵打击异己、党同伐异的具体事实呢？熙丰二府与所涉要案要分两个时段来考察，其一，熙丰时期，受到法律惩处之人均有自己的罪行或不当行为，罪名绝非罗织，基本无关政治因素，二府官员与这些案件并没有特别直接的关联；其二，熙丰之后，随着政治党派斗争的日趋激烈，熙丰要案被赋予政治意愿和政治手段，加上掌握话语权的史书编撰者的立场使得这些案件成为非议熙丰历史、否定王安石变法的重要佐证。

一、案件是否为党争的表现

先来看一下最早的苗振、祖无择案。王安石在熙宁二年（1069）二月任参知政事，苗振案是在熙宁二年九月开始启动调查。之前苗振任知明州，此时已经致仕。案子的引发是和王逵相关，王逵（991—1072），历工、刑、兵三部郎中，知数十州事。熙宁二年亦致仕，有诗讽刺苗振贪污享乐：

嘲苗振

王　逵

伯起雄豪世莫偕，官高禄重富于财。
田从汶上天出生，堂自明州地架来。
十双画船风破浪，两行红粉夜传杯。
自怜憔悴东邻叟，草舍茅檐真可咍。

据魏泰记载，王逵的诗传至京师，“荆公大怒，即出御史王子韶使两

① ［宋］朱彧撰，李伟国点校：《萍洲可谈》卷1，中华书局2007年版，第118页。

浙廉访其事”[①]。神宗熙宁二年九月二日，“诏遣太子中允、监察御史里行王子韶往明州，体量前知州苗振在任违越事状、前知睦州朱越治状，仍采访所过州军官吏善恶、民间弊病，回日以闻”[②]。王子韶在调查的过程中，发现祖无择亦有贪腐行为，熙宁二年闰十一月八日，“遣提举司勾当公事沈衡鞫前知州、龙图阁学士祖无择于秀州，遣内侍管押无择乘驿骑就对狱。又遣权御史台推直官张景直鞫前知明州、光禄卿苗振于越州”[③]。“于是明州、秀州各起狱鞫治，振与无择贬斥”[④]。苗振案似乎没有什么异议，但是祖无择案却被别有用心的史家记述为王安石有意为之，“（王子韶）擢监察御史里行，出按明州苗振狱。安石恶祖无择，子韶迎其意，发无择在杭州时事”[⑤]。安石为何“恶”祖无择？安石与无择曾同为知制诰，有一笔给安石的润笔费，安石推辞，“义不欲取，置诸院梁上。安石忧取，无择用为公费，安石闻而恶之。熙宁初，安石得政，乃讽监司求无择罪”[⑥]。无择这种没有边界的行为不应该被“恶”吗？史官在写安石“讽监司求无择罪”时的依据是什么？“皆以御史王子韶得其不法事故也”[⑦]。祖无择出事是因为其有事在先，然后才能出。

王子韶迎合王安石的动机何在？他和安石果真是一党的吗？王子韶以知县资序为御史，在熙宁三年四月时，宋神宗就对其本人的行为有批示：“王子韶外要守正之名，内怀朋奸之实，所入章疏，与面奏事前后反覆不一。”[⑧] 知杂陈襄也论奏王子韶回邪反覆，请罢去其言职。王安石如果认同王子韶，那么自然会为其说话，王子韶也非支持新法之人，在罢王子韶言

---

① ［宋］魏泰撰，李裕民点校：《东轩笔录》卷 11，中华书局 1983 年版，第 137 页。

② 《宋会要辑稿》职官 52 之 11，第 4450 页。

③ 《宋会要辑稿》刑法 3 之 65，第 8428 页。

④ ［宋］魏泰：《东轩笔录》卷 11，第 137 页。

⑤ 《宋史》卷 329《王子韶传》，第 10613 页。

⑥ 《宋史》卷 331《祖无择传》，第 10659 页。

⑦ 《宋会要辑稿》刑法 3 之 65，第 8428 页。

⑧ ［宋］李焘撰：《续资治通鉴长编》（以下简称《长编》）卷 210，熙宁三年四月壬午，中华书局 2004 年版，第 5107 页。

职之后的职位安排上，首相曾公亮建议由知县资序提至通判，但是王安石否决了公亮的建议，最后黜为江宁府知上元县。

祖无择案的主审法官并不是王子韶，而是张载，熙宁二年闰十一月二十二日，“命崇文院校书张载劾苗振事。初遣徐九思，未行，而王子韶乞选别人，故改命载”①。根据张载的调查，史官记载：贷官钱及借公使酒，并乘船过制，与部民接坐。② 亦有记载祖无择“坐借公使酒三百小瓶以送遗客”③，但不知为何没被写入正史。

马氏之祖无择案乃王安石私怨所诬的说法可见乃妄言。

郑侠案是和免役法直接联系在一起的。郑侠是福州福清人，进士高第，和王安石相识很早，王安石对其比较欣赏，多次想要提拔他成为变法的骨干成员，但是郑侠“数以书言法之为民害者”④，故不愿接受王安石的辟举。后成为安上门监。免役法于熙宁五年在北宋境内逐渐推行。熙宁六年七月至熙宁七年三月一直无雨，干旱造成了大量农民脱离土地而变成流民。郑侠的职责是监安上门，因而可以更多地看到安上门附近百姓生存状态。郑侠根据所见所闻绘流民图，同时写奏疏：“去年大蝗，秋冬亢旱……灾患之来，莫之或御。愿陛下开仓廪，赈贫乏，取有司掊克不道之政，一切罢去。……今台谏充位，左右辅弼又皆贪猥近利，使夫抱道怀识之士，皆不欲与之言，陛下以爵禄名器，驾驭天下忠贤，而使人如此，甚非宗庙社稷之福也。”⑤

从郑侠的疏文中可以看出他非常反对王安石新法，将天灾归结至新法的苛刻，他没有因为自己是一名基层官员而对社会问题视而不见，反而以一己之力来对抗变法力量，这种精神是宋代士大夫非常可贵的品质。话又

---

① 《宋会要辑稿》刑法 3 之 65，第 8428 页。

② 《长编》卷 213，熙宁三年七月癸丑，第 5186 页。《宋史》卷 331《祖无择传》，第 10659 页。

③ ［宋］王称撰，吴洪泽笺证：《东都事略笺证》卷 76《祖无择传》，上海古籍出版社 2023 年版，第 831 页。

④ 《宋史》卷 321《郑侠传》，第 10435 页。

⑤ 《宋史》卷 321《郑侠传》，第 10435 页。

说回来了，奏疏和流民图如何到达宋神宗那里又是个问题。因为郑侠没有资格直接上奏宋神宗，就谎称密急，发马递上之银台司。奏疏到了神宗的手上，他看过之后，“是夕，寝不能寐。翌日，命开封体放免行钱，三司察市易，司农发常平仓，三卫具熙河所用兵，诸路上民物流散之故。青苗、免役权息追呼，方田、保甲并罢，凡十有八事”①。

总之，郑侠的举动给朝廷带来了非常大的震动，不仅新法暂缓实行，而且导致王安石辞去相位。“会郑侠狱起，言事者以侠尝游京之门，推劾百端，冯竟以本官知亳州。”② 不仅冯京受到牵连，而且还有一批官员卷入其中。王安石的弟弟王安国也因这次案件被剥夺一切官职。

表 1　郑侠案牵连人员处罚情况③

牵连人员	处罚情况
参知政事、右谏议大夫冯京	守本官知亳州
权发遣户部副使王克臣	追一官
司封郎中、集贤校理丁讽	落职监无为军酒税
著作佐郎、秘阁校理王安国	追毁出身以来文字，放归田里
内殿承制杨永芳	追一官
监安上门郑侠	编管汀州后改为英州
御史台吏、前庆州录事参军杨忠信	决杖编管郴州，除名，永不叙用
检院吏孔仲卿	决杖编管邵州
抚州进士吴无至	决杖编管永州

郑侠的上书不仅到达最高统治者宋神宗那里，而且引起了朝野震动，宰相和参知政事均引咎辞职，马氏所言“郑侠、苏轼之狱，杜绝忠言”的论调不知从何而来？

① 《宋史》卷 321《郑侠传》，第 10436 页。

② 《东轩笔录》卷 5，第 52 页。

③ 《长编》卷 259，熙宁八年正月庚子，第 6310 页。表中内容据此制成。

马端临言吕惠卿借助李士宁案欲倒王安石，那么二者是什么关系和牵连可以被大做文章？李士宁是位道士，在士大夫高层中颇负盛名，除了和王安石有交往之外，和欧阳修、司马光、张方平、蔡襄等人都有交往。

熙宁八年二月，王安石复相。正月，忻州人朱唐状告前余姚县主簿李逢谋反，本路提点刑狱王庭筠对此没有重视，奏报："逢无大谋逆，告人妄希赏。"① 但宋神宗没有放松警惕，遂于正月十七日，诏令权御史台推直官蹇周辅前往勘验。熙宁八年三月，朝廷命知制诰沈括、同知谏院范百禄赴御史台推李逢等公事，结果勾连出宗室赵世居与其交通，而李士宁又赠赵世居诗、刀。三月丙申"诏御史台差官同中使即世居及育家索图谶、书简等"②。

从时间序列上来看，李士宁案发在前，安石复相在后，何来吕惠卿倒安石之说？

陈世儒案本是一件灭绝人伦的谋杀案，陈世儒的父亲陈执中曾两度出任宰相，其岳母乃宰相吕夷简的女儿、吕公著之姊妹，陈世儒妻乃李师中之女。只因不想出京为官，官二代陈世儒偕妻李氏残忍杀害生母，欲以丁忧之名，免出京城。后为奴婢告发。

案子发生在元丰元年六月，该案先在开封府审理，由苏颂主审，后朝廷下诏"移狱于大理"③。后又移交御史台，按照宋朝法律，大理寺掌断天下奏狱④，御史台掌断天下诏狱，"御史台有定夺刑名及承诏治狱，皆有司所不能决者"⑤。

元丰二年九月，该案结案，陈世儒及妻子等十九人被处死。杨仲良在其著作中给该事件的叙述起了一个题目——"何正臣诬吕公著"，马端临则说是"贾种民欲文致世儒妻母以倾吕公著"。大理寺丞贾种民曾和大理

---

① 《长编》卷 261，熙宁八年三月丙申，第 6356 页。

② 《长编》卷 261，熙宁八年三月丙申，第 6356 页。

③ ［宋］杨仲良撰，李之亮点校：《皇宋通鉴长编纪事本末》卷第 65，《何正臣诬吕公著》，黑龙江人民出版社 2006 年版，第 1154 页。

④ 《宋会要辑稿》职官 24 之 1，第 3655 页。

⑤ 《宋会要辑稿》职官 17 之 8，第 3452 页。

少卿蹇周辅、丞叶武同黄颜鞠陈世儒事[①]，在审案过程中，大理寺认为苏颂办案受到了吕公著的请托，对李氏没有绳之以法，后御史台审理此案挖出幕后隐情，“乃诘大理狱吏所得公著请求之说。吏穷，吐实曰：‘此大理丞贾种民增减其辞为之也。今其稿尚在’”[②]。

做事必有动机，不知道贾种民的动机所在，吕公著此时为同知枢密院，一封伪造书信就可以倾倒一个两府大员并不符合常理。元丰三年二月，神宗诏贾种民冲替，权监察御史里行何正臣因监勘不力，罚铜十斤。[③]这里需要思考职位并不高的贾种民、何正臣会在“党争”中扮演什么角色。

张若济只是一个华亭知县，如果不是和吕氏兄弟有牵连的话，那么他的名字根本不会被后人知道。此时吕惠卿为参政，但其所为多不得君心、人心，正所谓：“朝廷纲纪几于烦紊，天下之人复思荆公，天子断意，再召秉政。”而御史邓绾因为在吕惠卿得意之时，极尽朋附之态，与邓润甫一起枉状发王安国之事，而当其得知宋神宗要重新起用王安石时，“邓绾惧不自安，欲弭前迹，遂发张若济事，反攻惠卿”[④]。

案子先从吕升卿而起，御史蔡承禧弹劾吕升卿在任京东察访使的时候，在泰山真宗御制《封禅碑》之阴题名，并刊刻拓本，传于四方。蔡承禧“言其题名事，以为大不恭”[⑤]。而吕升卿因此也被罢免判国子监的官职，此时邓绾弹劾吕升卿兄弟在润州居丧期间，曾借华亭知县张若济之手“强借富民钱买田”[⑥]。吕温卿案是在熙宁八年九月首先由御史中丞邓绾发难，邓绾说：“若济先知华亭县，参知政事吕惠卿及其诸弟与之密熟，托若济使县吏王利用借富民朱庠等六家钱四千余缗，于部内置田，利用管勾

---

① 《长编》卷297，元丰二年四月乙丑，第7236页。

② 《皇宋通鉴长编纪事本末》卷第65《何正臣诬吕公著》，第1154页。

③ 《长编》卷302，元丰三年二月己未，第7359页。

④ 《东轩笔录》卷5，第58页。

⑤ 《东轩笔录》卷5，第57页。

⑥ 《宋史》卷471《吕惠卿传》，第13707页。

催收租课等事，乞施行。"① 于是朝廷下令调查吕惠卿兄弟之事。至于邓绾是怎么知道该事情的，在吕惠卿兄弟事发之前有个序曲。张若济先为华亭县知县，后为两浙转运使王庭老举荐为秀州通判。由上官汲继任华亭县知县。张若济在任上时受贿吴湘等人九百余两白银，张若济怕上官汲发现自己的赃事，就以"违法差人"为由把上官汲冲替（贬官降职）。上官汲的妻子上诉至登闻鼓院，提点刑狱卢秉也掌握了张若济的赃事。张若济通过吕惠卿的舅舅郑膺进京活动，并给了郑膺五万钱，张若济最后"止坐受所监临，追三官勒停，送衡州编管"。但是上官汲和家人对他所受到的惩罚并不满意，继续上告，张若济与吕惠卿弟兄之间的事应该是邓绾从上官汲处了解到的内幕。

司农寺主簿王古，后加徐禧、冯宗道与王古一同根究该案，御史对朝廷派出的徐禧提出异议，为公平起见，另派淮南东路转运副使蹇周辅往秀州置司推勘。② 吕惠卿对蹇周辅担任御史推直官有异议，朝廷命秦凤路提点刑狱李竦"与蹇周辅同推鞫"③ 此案。

经过几个月的调查，最终的结果是没有明显证据显示吕惠卿直接参与贷钱买田之事，但是坐实了其弟吕温卿所为，其舅郑膺"挟惠卿势横两浙，人皆呼'郑六舅'"④，处理结果如下：

表2　涉案人员处理结果

涉案人员	处理结果⑤
前光禄寺丞、知秀州华亭县张若济	贷死，杖脊刺面，配沙门岛
权两浙转运副使、度支郎中王庭老	追两官勒停
管勾文字、大理寺丞郭附（吕惠卿妹婿）	追两官勒停

① 《长编》卷268，熙宁八年九月辛巳，第6570页。

② 《长编》卷275，熙宁九年五月己巳，第6728页。

③ 《长编》卷276，熙宁九年六月辛卯，第6742页。

④ 《长编》卷280，熙宁十年正月戊寅，第6855页。

⑤ 《长编》卷280，熙宁十年正月戊寅，第6854页。

续表

涉案人员	处理结果
提点刑狱、司封员外郎晁端彦	追两官
职方员外郎潘良器	追两官
发运司勾当公事、秘书丞胡志忠	追一官，并免勒停，依前敕冲替
前知华亭县大理寺丞上官汲	冲替
太子中允邵奇	冲替
赞善大夫吕温卿	冲替
都官员外郎、分司南京施邈	责授舒州团练副使
试将作监主簿郑膺（王安石之舅）	柳州编管

如果说把这件案子定性为王安石为报复吕惠卿，格调确实低下。以王安石的道德、文章、人品，他和政敌在政治上的分歧，从来就是公开对抗，而不是私下靠阴谋和手段与对方做斗争。

这些案子的记述虽然已经深深受到“否定王安石变法”氛围的影响，但是若说“盖其置狱之本意，自有所谓，深竟党与，不能以逞其私”，显然是无稽之谈，祖无择、苗振是新党还是旧党？冯京、王安国以及郑侠是否为同党？显然不是，为何却同受处罚？这些案子的爆发有其偶然性，某个点某个不起眼的事件引爆，但是又有其必然性，最后受到处理的人员都有触犯法律的地方。

按照马氏的说法，祖无择之狱是王安石所置，赵世居之狱是吕惠卿所置，陈世儒之狱为贾种民所置，张若济之狱是王安石所置，潘开之狱是蔡确所置，按理说如果如此处心积虑，置狱之人岂不是要置其于死地。这恰恰可以说明在熙丰时期，罪名并不是大臣可以随意罗织的。

马氏说熙丰时期的案件皆起于“纤微”，事实是这些案件已经上升为诏狱，没有一件“纤微”之事，贪污、谋反、杀人、行贿哪一件事是“纤”，哪一件是“微”呢？

二、是否存在滥刑

“滥刑”应该是指随意且无法律根据的滥用刑罚。魏征在《谏太宗十思疏》中说：“罚所及，则思无因怒而滥刑。”有任意、肆意的含义。惩治罪恶太过、无端罗织罪名就变成了滥刑。

纵观前面所述熙丰二府官员所涉案件的梳理，祖无择案、赵世居谋反案、郑侠案、陈世儒夫妇杀母案、张若济之案以及相州之案，宋朝统治者在案件调查取证、适用法律方面不仅没有滥刑的现象，反而是非常严谨。

陈襄在祖无择被调查之后，曾上书为祖无择喊冤，“访闻勘官惨礉，百端锻炼，天子近臣既为狱吏耻辱，刻木画地，莫不招承，窃虑讯鞫之间未免冤滥。臣始闻诏狱，恐无择别有赃污之状，故不敢以闻”①。

苗振、祖无择案的主审官是张载，熙宁二年闰十一月，程颢曾上书阻止张载作为主审：“夫推按诏狱，非谓儒者之不当为，臣今所论者，朝廷待士之道尔。盖试之以治狱，虽足以见其钩深链覆之能，攻擿断击之用，正可试诸能吏，非所以尽儒者之事业。徒使四方之人谓朝廷以儒术贤业进之，而以狱吏之事试之，则抱道修洁之士，益难自进矣。”② 在程颢看来，断狱之事看起来有点下里巴人，这也是他阻止张载前去审案的原因吧。那么问题是如果祖无择案子像陈襄说的那样是“百端锻炼”，那么主法官张载就应该是严刑逼供的策划者，如果王安石想要报一己之怨，为何要派遣并不是十分支持他的张载去呢？苗振和祖无择的结局也完全不同，苗振因被张载查实贪污数额被处以死刑，而祖无择只是仕途受到了一些挫折。因此完全可以说明，朝廷对二人的审判是以事实为依据的，而非存在着滥刑逼供的惨烈手段。

陈世儒的案子也是先在开封府就审，时任开封府尹的是苏颂，御史认

---

① ［宋］陈襄：《古灵先生文集》卷16，《全宋文》卷108，《论祖无择下狱状》，北京图书馆出版社2005年版，第375页。

② ［宋］程颢、程颐撰，王孝鱼点校：《二程集》之《河南程氏文集》卷1，中华书局2004年版，第456页。

为开封府没有彻查，后交由大理寺，大理寺丞贾种民更改了李氏的口供，把吕公著拉入其中，宋神宗对此案结果仍有怀疑，派遣御史黄颜监理此案，黄颜畏避不敢言，以疾病为托词离任，中书遣御史何正臣监询。元丰二年八月，此案由御史台审理。陈世儒已经伏法，但是吕公著是否干预此案仍没有调查清楚。何正臣也久不能结案。御史中丞李定在十一月辛卯奏："公著实未尝请求，特尝因垂拱退朝，颂与众从官汎言陈氏事，公著亦预闻尔。"① 十二月己亥，御史再次进呈调查意见，宋神宗下诏结绝该案件。大理丞贾种民以擅更狱辞下御史台劾治。吕公著和苏颂官复原职。

郑侠案的主审官是侍御史知杂事张琥和知制诰邓润甫以及邓绾，侍御史知杂事张琥听闻冯京否认认识郑侠之后，开始收集两人认识的证据，"阴访求京与侠交通状。或语以京尝从侠借书，遗之钱米"。张琥立刻上章弹奏："京，大臣，与侠交通有迹，而敢面谩云不识。又侠所言朝廷机密事，非京告教，何得闻此？"② 宋神宗把张琥的奏章出示给冯京，冯京还是坚持说："实不识，乞下所司辨。"此时郑侠因擅发马递被治罪编管汀州，张琥说："侠虽逐，而京之事状未明，乞追侠付狱穷治。"于是命御史台立案调查此事，张琥命令舒亶乘驿在陈州追上郑侠，把他行李中的相关文字资料全部封存送往御史台。郑侠又被询问，让其交代所有和他有关系往来之人，但是张琥并没有找到郑侠和冯京交往的证据，宋神宗命张琥早日结案，他对宋神宗说："侠事连京，理须考实，而证左有所畏望，未肯尽情通说。勘司又被旨催迫，无缘穷究。况侠毁斥朝政，姗骂大臣，非有所恃，安敢如此？若不推见事情，明正国典，则小人朋比，何以禁止？乞令尽理根究。"③ 当把郑侠的事情坐实之后，吕惠卿甚至建议宋神宗处死郑侠，宋神宗对此事此人还算看得明白，说："侠所言非为身也，忠诚亦可念，岂宜深罪？"④ 但是郑侠编管地点改为英州。李焘把发生在熙宁八年的这件事记载得非常详细，把张琥怎么把郑侠和冯京、王安国、王克臣等人

---

① 《长编》卷 303，元丰三年三月丁酉，第 7377 页。

② 《长编》卷 259，熙宁八年正月庚子，第 6311 页。

③ 《长编》卷 259，熙宁八年正月庚子，第 6311 页。

④ 《宋史》卷 321《郑侠传》，第 10437 页。

的关系翻了个底朝天，又怎么发现了他们交往的证据，但是却没有记载刑讯之事。郑侠狱连冯京，冯京在李焘的笔下应是一名旧党，案件审理中如果此类事发生，不仅可能会被详细记录，估计还有可能被肆意渲染。

张若济案的主审法官为徐禧、冯宗道、王古，御史台和被调查人随时可以对法官提出异议。例如法官在调查吕温卿和吕惠卿与张若济贷钱买田事时，御史中丞邓绾和蔡承禧对徐禧办案效果有异议，他说："今闻吕惠卿党人徐禧、尹政庇护，不究情实，又全无体访惠卿等其他罪恶，中外失望，嗟愤不平。"又说："乞先检会惠卿诈妄诸罪，早议诛责，其余出张若济死罪等事，自当根治。温卿贾贩庸下，亦乞早责降追夺，庶以消沮党人，慰塞公议。"① 蔡承禧说："朝廷差官体量，所差官虽欲掩覆，而事皆有迹，然勘司皆不研究情实，致难论法。若朝廷必以为本人悉已谪去，余事不须勘鞫，此则惠卿兄弟等贪恶之迹，尘秽天下，而犹处衣冠，或尚居密近，使指实无以沮劝四方也。"② 既然御史对朝廷派出的徐禧提出异议，为公平起见，另派淮南东路转运副使蹇周辅往秀州置司推勘。吕惠卿对蹇周辅担任御史推直官有异议，他说："往者邓绾言，臣丁忧日托张若济贷部内钱。闻推究所穷究首尾，七月乃毕。今朝廷复差蹇周辅推鞫，其初遣使之指，事本缘臣，臣事既明，更为何人置勘？周辅乃绾乡人，尝为御史推直官，不惟有嫌，于法亦碍，乞别选官置院。"③对于吕惠卿的异议，朝廷命秦凤路提点刑狱李竦"与蹇周辅同推鞫"此案。

被审查对象怀疑法官可能会影响判案结果的公正合理，而要求皇帝更换或者追加主审法官，因此"滥刑"在这种被告被充分尊重的情况下是不可能发生的。

相州之狱最早的法官是大理寺详断官窦苹、周孝恭，之后二人的断案结果下刑部再议，再之后案件转到御史台，由知谏院蔡确同御史台官员一起调查。在调查的过程中，知谏院蔡确和御史中丞邓润甫观点发生冲突。

---

① 《长编》卷 275，熙宁九年五月己巳，第 6727 页。

② 《长编》卷 275，熙宁九年五月己巳，第 6728 页。

③ 《长编》卷 276，熙宁九年六月辛卯，第 6742 页。

陈安民招供："尝请求文及甫，及甫云已白丞相，甚垂意。"[①] 丞相，指的是吴充。蔡确据此要上奏宋神宗宰相吴充受赇枉法。御史中丞邓润甫没有和蔡确一同上奏宋神宗，而是自己在经筵上独自向宋神宗汇报情况，"相州狱事甚冤，大理实未尝纳赂，而蔡确深探其狱，支蔓不已。窦苹等皆朝士，榜掠身无完肤，皆衔冤自诬。乞蚤结正"[②]。权监察御史里行上官均随声附和。宋神宗听到这个情况后，很是震惊，另派知谏院黄履、勾当御药院李舜举参与勘鞫此案。

至此，共有四人共同审理此案：蔡确、邓润甫、黄履、李舜举。邓润甫称窦苹被蔡确严刑逼供，体无完肤，可法官当场验窦苹身上是否身无完肤，却"验拷掠之痕则无之"。黄履和李舜举把此次开庭的情况上报宋神宗，宋神宗对邓润甫产生怀疑，他离开中央到地方任知州就是受到这件事的影响。于是，宋神宗另派黄履、黄廉、李舜举和蔡确再次审讯此案，由此可见当时朝廷对待要案的态度不可谓不审慎，程序不可谓不严格。

相州狱是由一起抢劫案的判案结果引发的，这个案子具体发生在什么时间，史书没有记载，但是已决数年。此案为何又旧案重提，和王安石在位时制定的法律以及刑房堂后官周清密不可分。王安石曾立法："若刑房能驳审刑、大理、刑部断狱违法得当者，一事迁一官。"[③] 周清本来是江宁府法司，后为三司大将，短短四年时间，靠着检查旧案的功绩从大将迁至供备库使。

周清看到相州结案的材料后认为相州法司失入死罪，周清的驳议反馈至大理寺，大理寺详断官窦苹、周孝恭认为相州断案正确。周清再驳，下刑部再议，刑部支持周清的意见。大理寺不服刑部的决议，双方僵持不下，恰在这时，皇城司上奏相州法司潘开来大理寺"行财枉法"。原来相州这个案子是陈安民签书相州判官时所断，此时见周清旧案重提，"惧得罪，诣京师，历抵亲识求救"[④]，于是指示潘开前往京城活动。

---

① 《长编》卷289，元丰元年四月丙午，第7063页。

② 《长编》卷289，元丰元年四月己巳，第7059页。

③ 《长编》卷287，元丰元年闰正月庚辰，第7026页。

④ 《长编》卷287，元丰元年闰正月庚辰，第7026页。

那么陈安民的“亲识”都是何人呢？我们来看一下他的关系网，陈安民的姐夫是赫赫有名的四朝宰辅文彦博，外甥是文及甫，文及甫则是当朝宰相吴充的女婿。谏官蔡确“知安民与充有亲，乃密言事连大臣，非开封可了，遂移其狱御史台”①。

因为吴充上言相州狱事连其婿文及甫，要求避嫌，令外御史上官均对蔡确断案不满，要求御史台参治，四月三日下诏：“宰臣吴充免进呈及签书相州狱，候案上，中书、枢密院同取旨。令知谏院蔡确、黄履、监察御史黄廉就台劾实，仍遣御药院李舜举监之。”②

蔡确按照这样一个线索推理：陈安民→文及甫→吴安持→吴充→检正中书刘奉世→大理官吏→陈安民。最后的结果是：除了宰相吴充外都受到了惩罚。

表3　涉案人员处理结果③

涉案官员	处理结果
殿中丞陈安民	追一官勒停，展三期叙
太常博士吴安持（宰相吴充之子）	追一官，免勒停，冲替
前检正中书刑房公事刘奉世	落直史馆，免勒停，监陈州粮料院
详断官窦莘	追一官勒停
详议官周孝恭	冲替
大理评事文及甫（宰相吴充之婿）	冲替
御史中丞邓润甫	落职，知抚州
上官均	责授光禄寺丞，知光泽县

从司马光和李焘的观点来看，二人均认为这是蔡确一手炮制的冤案，司马光说：“上始亦疑相州狱滥及无辜，遣使讯之，乃不尽如润甫等所言，

① 《长编》卷287，元丰元年闰正月庚辰，第7026页。

② 《宋会要辑稿》刑法3之65，第8428页。

③ 《长编》卷290，元丰元年六月辛酉，第7090页。该表据此页内容制成。

确从而攻之，故皆坐贬，确迁中丞。凡朝士系狱者，确令狱卒与之同室而处，同席而寝，饮食、旋溷，共在一室，置大盆于前，凡馈食者羹饭饼饵悉投其中，以杓匀搅，分饲之如犬豕，置不问。故系者幸其得问，无罪不承。”①

司马光的文字意在表明此案是蔡确严刑逼供造成的冤狱，但是在当庭验证中没有出现邓润甫所说的伤痕。李焘同样认为这是蔡确制造的冤案，但在记载中则没有这些逼供手法。因为没有证据证明存在逼供行为，邓润甫的话就受到宋神宗的怀疑，最后邓也离开中央，出知抚州。他们二人认为蔡确是为了扳倒吴充而一挖到底，但是事实上吴充并没有受到影响。不知道二人认为在这起案子中何人被冤，但是这种论调则被长期流传。

蔡确因为审理相州案件被司马光、李焘和马端临等人记述成刻薄阴险之人，从另一个方面来讲，蔡确并没有因为事连宰相吴充、前枢密使文彦博以及吴充子吴安持、文彦博子文及甫（亦吴充婿）而徇私，将案情大白于天下。

太学狱是饶州进士虞蕃引爆的，宋神宗怀疑上舍生录取过程有徇私枉法的行为，要求开封府彻查此事，元丰元年十二月五日，太学案初送开封。知府许将审理此案，宋神宗对审理结果不满意，又将该案移至御史府，诏权御史中丞李定同根治太学狱。② 元丰二年二月戊辰，诏增监察御史里行何正臣、舒亶同鞫太学狱，不许接见宾客。③

这件案子在元祐时期被刘挚翻案，刘挚说：“臣闻论者谓近年惨辱冤滥，无如此狱。其所坐赃，大率师弟子挚见之礼，茶药纸笔好用之物，皆从来学校常事，虽经有司立法，而人情踵故，未能遽革，尽以监临枉法当之，终身放废，可谓已甚。其间虽有实负罪犯之人，终以下讦其上，事发

---

① ［宋］司马光撰，邓广铭、张希清点校：《涑水记闻》附录三《温公琐语》，中华书局 1989 年版，第 384 页。

② 《长编》卷 298，元丰二年五月己丑，第 7249 页。

③ 《长编》卷 296，元丰二年二月戊辰，第 7213 页。

不止，狱官希合，拷虐太过，故虽得其罪，论者犹不以为直。”①

不知刘挚奏疏中“不以为直”的论者是何人？但是党见颇深的魏泰却记录，通过太学之狱，“士子奔竞之风少挫矣”②。刘挚还认为赃物只是弟子挚见之礼，不值一提。但是在此案中受到刑罚的根本原因是这些掌握生员命运的人营私舞弊，管勾国子监的沈季长“受太学生竹簟、陶器，升补内舍生不公及听请求”，判国子监黄履“不察官属取不合格卷子，及对制不实”③。其涉案之人均有受贿补上舍不实之罪。

综上所述，这些诏狱的审理程序、审理人员均有皇帝决断，并且结案之后还有其司法监督机构和制度，这些制度的实施较之前朝更为频繁，呈现出制度化、综合化、规范化的特点。熙丰时期皇帝监督司法，皇权不断加强，臣宰都是在皇权秩序允许的范围内活动，所以依靠滥刑得到的案件结果并非皇帝所要，诏狱的目的也是排除其他干扰司法的力量，从而得出真相，因此依靠证据、事实应该是熙丰两府所涉案件审判的依据，而非其他。

三、思考

如果需要对熙丰时期两府所涉及的案件给予一些评价的话，那么就应该在确定事实和建立因果联系的基础之上来做出历史评价。从前面大量的篇幅，我们尽量还原案件的过程，尽管史家对众多事实进行取舍，事件过程已经被有意无意地打扮，但是笔者仍然想要努力接近“历史真相”，可能是一厢情愿，因为认知历史并不是一件容易的事情。

（一）对熙丰时期涉案人员的评价深受“否定熙丰变法”的影响，且受士人形式逻辑思维能力缺乏的限制

北宋亡国之后，王安石及其变法的时代成为替罪羊，被全面否定，这

① ［宋］刘挚撰，陈晓平、斐汝诚点校：《忠肃集》卷 4《论太学狱奏》，中华书局 2002 年版，第 90 页。

② 《东轩笔录》卷 6，第 71 页。

③ 《长编》卷 300，元丰二年十月戊申，第 7311 页。

期间的重大案件，办案人员大都被塑造成为惨刻、别有用心的阴谋家。法办之人中可以分为两种，涉及王安石、吕惠卿等变法人员的则刻意为内斗倾轧，涉及其他人员的则刻意述为冤案。以相州狱为例，李焘记载："初，蔡确勘是狱，欲锻炼以倾充，既为中丞，遂收系及甫。"墨本云："狱成，人以为冤。朱本削去。今详述其事，则冤状自见矣。"[①] 李焘不直接给出结论，但是却写出"冤状"。

按照官方史书的评价标准，蔡确被列在了《奸臣传》的第一位，吕惠卿、曾布紧随其后。[②] 关于这个案子，蔡确为主审没有疑问，但可笑的是，《宋史》史官把司马光记载蔡确在相州狱中的做法移花接木到了太学狱中，"太学生虞蕃讼学官，确深探其狱，连引朝士，自翰林学士许将以下皆逮捕械系，令狱卒与同寝处饮食旋溷共为一室，设大盆于前，凡羹饭饼饵，举投其中，以杓混搅，分饲之如犬豕。久系不问，幸而得问，无一事不承。遂劾参知政事元绛有所属请。绛出知亳州，确代其位"[③]。这段话最早应该出自司马光："蔡确鞫相狱，朝士被系者，确令狱卒与之同室而寝，饮食旋溷，共在一室。置大盆于前，诸家馈食者，羹饭饼饵，悉投其中，以杓搅匀而分饲之。"[④] 是述相州狱中的蔡确。在太学狱中，蔡确并没有参与其中的审判，前已有论述，而史官张冠李戴、移花接木的目的无非是为了证明蔡确本传中"皆以起狱夺人位而居之"[⑤]。

像这种把基本史实都搞混的史官，不知在编写这段历史的时候是有意为之还是无心失误，史官似乎对案情本身的是非曲直并不关心，而对案子牵涉的官员非常关注。不管哪种情况，在错误的事情细节之上，其对事件和人物的评价结论是应当引起我们的警惕和思考的。如果硬要说党争的话，这些案件在元祐时期开始被赋予某些意义，在熙丰时期，这些案件只是从其本身是非曲直说起，而在元祐之后不断被发挥，内容不断被添加，

① 《长编》卷290，元丰元年六月辛酉，第7091页。

② 《宋史》卷471，《奸臣传一》，第13697页。

③ 《宋史》卷471《蔡确传》，13699页。

④ ［宋］司马光：《涑水记闻》附录三《温公琐语》，第384页。

⑤ 《宋史》卷471《蔡确传》，第13699页。

评论则不断被裹挟。

由此可见，个人的立场是由统治者的立场所决定的，因此当南宋高宗对熙丰变法定调之后，文人对熙丰时期政局的讨论以立场为出发点，加上多数文人缺乏逻辑常识与逻辑训练，不关心事实，但关切态度；不关心是非，但关切动机；不关心道理，但关切立场；不擅长杀人，但善于诛心。在不充分了解事实和不掌握证据的情况下，给他人贴标签戴帽子，跟风、落石，所以今天的我们要更加审慎地对待书写历史和真实历史之间的关系。

（二）熙丰时期诏狱中高级官员的贪腐行为处于低发

封建专制社会中，天下是皇帝的天下，因此宋代的皇帝对贪污受贿的官员有严厉的惩罚手段。从熙丰时期两府所涉重要的案件来看，苗振、祖无择涉贪污，太学案中沈季长等学官涉受贿，除苗振被处以死刑外，其余人员因数额不大，受到轻微处理。祖无择在后来还官复原位。

两府大臣中王安石、冯京因为郑侠狱去位，元绛因为太学狱去位，吴充牵涉相州狱，吕公著涉陈世儒案，其中任何一位均未有贪腐行为，这至少可以说明宋朝官僚制度对熙丰时期高层官员的治理是有效的，“皇朝自祖宗以来，所以绳赃吏者，其法甚密”[①]。王安石也认为“今朝法所尤重者，犹贪吏耳”[②]。除了制度的基础保障之外，“与士大夫公知天下”的责任感和荣誉感也发挥着驱动作用。

（三）断案法官没有因为案涉两府大臣而有阿附，可以做到独立办案，只对皇帝负责

在封建社会，法阿权贵、权贵乱法具有很肥沃的社会土壤。熙丰时期这些作为主审法官的人员——张载、张琥、徐禧、蔡确、李定、曾布、邓润甫等均能公正执法。以蔡确为例，在审理相州狱时，涉及宰相文彦博之子、吴充之子吴安持、韩琦之子韩忠彦等权贵，但是蔡确并没有畏手畏

---

① ［宋］李心传撰，辛更儒点校：《建炎以来系年要录》卷200，绍兴三十二年十月丁卯，上海古籍出版社2008年版，第6673页。

② ［宋］王安石：《临川先生文集》卷39《上仁宗皇帝言事书》，中华书局1959年版，第417页。

脚，而是将所有嫌犯收治，“及甫惧，即如安民前款称尝白充，充诺之，且称尝属充子安持。确又收奉世，奉世先为枢密院检详，充自枢密使拜相，奏奉世检正中书，充雅信重之。确令大理官吏称受奉世风旨，欲出安民罪。奉世惧，亦称于起居日尝受安持属。确又欲收安持，诏第令即讯。安持恐被收，亦称实属奉世。时三司使李承之、户部副使韩忠彦皆上所厚。忠彦，琦子，而承之尝为都检正，确皆令囚引之。承之知之，数为上言确险陂之情，上意稍解，趣使结正。于是狱成，忠彦犹坐赎铜十斤，充上表乞罢相及阖门待罪者三四，上趣遣中使召出令视事”①。

当蔡确认为对吴安持的处罚太轻不足以服众时，宋神宗也认为权贵请托乃为平常：“子弟为亲识请托，不得已而应之，此亦常事，何足深罪。卿辈但欲共攻吴充去之，此何意也！”② 由此可以看出，皇帝是法制的尽头，熙丰时期台谏官在办案时可以做到只对皇帝负责，不存在顾忌相权而欺弊皇权之现象，监察系统的独立性比较高。这一点在变法过程中也有体现，台谏官与中书官员的较量非常激烈，从变法的具体事项到两府官员个人的行为，无不在其监察范围之内，其交锋语言也是非常犀利而非含糊其词。因此可以说台谏官起到了很好的耳目作用，保障了熙丰时期法制、行政的规范化运转。

① 《长编》卷290，元丰元年六月辛酉，第7090页。

② 《长编》卷290，元丰元年六月辛酉，第7091页。

以茶治边：北宋边疆策略的理性选择与经济逻辑*

张锦鹏　冯全镇

（云南大学　中国经济史研究所）

唐宋以来，随着族际交往的日渐密切，茶叶开始成为民族互市重要的商品，因之也成为中原王朝边疆政策的工具。对于这一问题已经有不少学者进行过深入探讨①，为我们充分认识宋朝利用茶作为重要经济手段进行边疆治理有重要价值。为什么要选择“以茶治边”而不是其他商品？对于这个问题，学界普遍性的认识是茶叶乃西部地区各民族的必需品，“蕃部不可一日无茶”。但是，西部民族如何“不可一日无茶”却语焉不详，茶叶到底在西部民族社会生活中扮演了什么角色，有什么独特的社会需求？这是需要进一步探讨的问题。此外，从中原输入西部地区的商品不止茶叶，还有一些商品也是西部民族喜爱的商品，为什么宋廷钟情于“以茶治

* 基金项目：国家社科基金中国历史研究院重大历史问题研究专项重大招标项目“古代边疆市场发展与中华民族交往交流交融研究”（23VLS0）阶段性成果。

① 相关研究如廖隆盛《北宋对西夏的和市驭边政策》（《宋史研究辑刊》第14集，“国立”编译馆1982年版，第247—279页）、李华瑞《宋夏关系史》（河北人民出版社1998年版）、杜建录《西夏经济史》（中国社会科学出版社2002年版）、魏明孔《西北民族贸易——以茶马互市为中心》（中国藏学研究出版社2003年版）、黄纯艳《宋代茶法研究》（云南大学出版社2004年版）、林文勋《宋王朝边疆民族政策的创新及其历史地位》（《中国边疆史地研究》2008年第4期）、赵国栋《边疆治理的多维逻辑：“以茶羁縻”的历史继承与启示》（《农业考古》2022年第2期）等研究成果，均对这一问题进行了深入探讨。

边”而不是其他商品？这也需要从供给角度做进一步的探究。本文试图对这两个问题进行一些探讨。

一、宋朝周边少数民族社会生活对茶的需求

茶是最具中国特色的饮品，传说早在上古时期神农氏尝百草，就对茶的功效有一定的认识。两汉魏晋时期饮茶习俗出现，到唐朝饮茶之风开始兴起，茶作为一种重要的消费品进入商品流通之中。进入宋代，茶的消费更为普遍，茶成为普通百姓“开门七件事”之一，品茗成为上层社会重要的社交活动，是社会时尚与文化的象征。

茶生长在南方丘陵地区，秦岭陇川以北并不产茶。唐时饮茶之风传入西部地区，进入宋代，西部各民族饮茶之风渐盛，茶成为从中原输入西部地区的重要物资和商品。

茶传入中国西部地区的最早区域，可能是吐蕃。据《西藏王统记》载，文成公主入藏带了大量的中原书籍、锦缎丝绸、金玉饰物、各种饮料①，这可能是茶传入吐蕃之始。文成公主入藏是唐贞观十五年（641），之后还有金城公主入藏，也极有可能带茶进入。那么，大唐公主带去的茶及饮茶习俗，首先应该是在吐蕃的王宫贵族群体中传播，换句话说，此时吐蕃的饮茶习俗，应为效仿唐人而非自我创新。《唐国史补》有这样的记载：常鲁公使西蕃，烹茶帐中，赞普问曰：“此为何物？”鲁公曰：“涤烦疗渴，所谓茶也。”赞普曰：“我此亦有。”遂命出之，以指曰：“此寿州者，此舒州者，此顾渚者，此蕲门者，此昌明者，此㴩湖者。”② 吐蕃王室竟然收藏有诸多中原名山之茶，可见茶在吐蕃上流社会中已经受到了重视。但是从赞普问常鲁公烹茶为何物，说明赞普并不熟悉茶的气味和烹茶的方式，他所收藏之茶，有可能被作为一种异域名品而收藏，以拥有此为身份象征，并不一定是因嗜好饮茶而收藏。

---

① 参见索南坚赞著、刘立千译注《西藏王统记（吐蕃王朝世系明鉴）》，西藏人民出版社1985年版，第74—77页。

② ［唐］李肇撰，聂清风校注：《唐国史补校注》卷下，中华书局2021年版，第309页。

赞普收藏的茶从哪里来？检索《旧唐书》《新唐书》，中原王朝对少数民族各部族的赏赐共有四十五起，都以绢帛为主要赏赐物，未曾见茶的踪影，说明茶并没有出现在唐王朝的对外赏赐之中。唐朝也未与西部少数民族设置官方互市场所，这表明茶进入西部少数民族地区的渠道为非官方渠道。四川与吐蕃比邻，四川是产茶之地，且有长江交通大动脉与江浙一带产茶之地有密切的经济联系，吐蕃所需之茶，应多从四川边地以民间互市贸易的方式流入。

在唐代，西部民族地区饮茶风俗并非只在吐蕃出现，《封氏闻见记》记载了唐代饮茶风俗从中原流入西部"始自中地，流于塞外。往年回鹘入朝，大驱名马市茶而归，亦足怪焉"[①]。西域产马，用马来交换茶并不奇怪，奇怪的是用"名马市茶"，名贵骏马在西域也是珍贵之物。用珍贵之物换取的必然也被视为珍贵之物，享受者显然不可能是普通人，而应该是部族首领等贵族阶层。因此，唐时茶传入西部，应该主要是受中原饮茶之风的影响，作为一种名贵之物、时尚之物而被各部族引进，主要为上层人士消费。

进入宋代，中原之茶已大规模流入少数民族地区。但是相关文献记载和考古资料显示，少数民族更多的是遵循中原的饮茶方式。如辽辖幽云十六州属地河北宣化郊外下八里村，分别于 1971 年、1989 年、1990 年、1993 年发掘出土了 6 座辽金时期的壁画墓。[②] 经考证，这些墓主人基本生活于辽兴宗—天祚帝时期（1031—1125），都是当地的一些地主或商户及晋爵得官者。这些墓中均有大量壁画，以写实的风格展现了墓主的日常生活和生活习惯。其中有五幅茶道图，生动地展现了辽代晚期北方民族的饮茶习俗。这五幅茶道图分别是茶作坊图、点茶前煎汤图、点茶图、点茶后

---

① ［唐］封演撰，赵贞信校注：《封氏闻见记校注》卷 6，中华书局 2005 年版，第 52 页。

② 郑绍宗：《河北宣化辽壁画墓发掘简报》，《文物》1975 年第 8 期；陶宗冶、刘仲羽、赵欣：《河北宣化下八里辽金壁画墓》，《文物》1990 年第 10 期。刘海文、颜诚：《河北宣化下八里辽韩师训墓》，《文物》1992 年第 6 期。

将进茶图、饮茶图。①

茶作坊图：画面由三男二女和一些家具、用具组成。桌子上摆有夹子、提梁壶、刷子、刀具、匙、箸、盖罐、箱子。桌后一女子手拿执壶，桌前一女子正用茶碾碾茶，另有一人跪在火炉前烧火。旁边还有两个男子。画面形象地描绘了碾茶、煮点、筛选的一系列工序。

点茶前煎汤图：画面上有一高桌，上面放有白色碗盏、托子、盘子和一个四层波罗子。桌前置一个三足火盆、燃烧的火炭，火盆上的是正在烧水的执壶，一儿童躬身立于火盆边用力扇风增加火势。左边一人正侧耳倾听，似乎是观察火盆上执壶的水是否烧沸或到达一定程度。画面表现的是为点茶做准备的煮汤图。

点茶图：画中的桌子上摆放着盏托、圆盒等茶具，还有一个腹盆，盆内有一个“鱼尾”形器物。桌前有一个五足火盆，盆内有燃烧正旺的火炭和执壶。桌后左右各一人，左边的人左手端盏托，右手一细棍，正用细棍搅动盏内之物。右边的人右手拿执壶，正将壶中之水倒入盏中。画面表现的是两人正在点茶汤的情形。

点茶后将进茶图：画面正中有一张桌子，上面摆放着托子、盏、箱子、腹盆，盆内有鱼尾型器物。桌前放有五足火盆，盆内有过火的火炭和执壶，壶置于火盆一侧。桌子右边一人双手端一唾盂，目视火盆欲走过来准备加水。桌后一人双手捧一托子，目视盏内，说明盏内已有汤水之物。桌左侧有一人，肩扛团扇，似正对两人说话。

饮茶图：画面由四男一女和一些家具器皿组成。一个妇女双手捧一白色茶杯坐于圆墩上，身前是长方形桌子，桌上有装着食物的盘子。桌前两人，一人手持琵琶弹奏，一人圈腿起舞。右边有两人，一人拍手微笑，一人手持大盘躬身面向妇女。整个画面反映的是妇人边饮茶边欣赏歌舞的场面。

此外，墓室还出土了大量的茶具和煎煮茶的工具，有各种盛茶的碗、

---

① 刘文海：《试述河北宣化下八里辽代壁画墓中的茶道图及茶具》，《农业考古》1996 年第 2 期。下文对五幅茶道图的描述也来源于该文。

盏、托子、唾盂等瓷器和陶器，盛水的各类执壶，火盆等烧水工具等。

这些茶道图所描绘的茶饮过程，与唐宋中原文人雅客饮茶风尚十分吻合。如唐温庭筠《采茶录》中记载了李约对煮茶的用火和火候方面的论述，他说“茶须缓火炙，活火煎”，并且指出“活火谓炭火之有焰者。当使汤无妄沸，庶可养茶。始则鱼目散布，微微有声；中则四边泉涌，累累连珠；终则腾波鼓浪，水气全消，谓之老汤。三沸之法，非活火不能成也”①。上面的几幅图中，对火的描绘是很细致的，烧水时燃烧正旺的炭火，水烧开后过火的炭火等，都是中原茶道中需要注意的细节，在此也有体现。宋蔡襄《茶录》中也专门介绍过碾茶、罗茶、候汤、沏盏、点茶等主要程序，其中指出“候汤最难，未熟则沫浮，过熟则茶沉。前世谓之蟹眼者，过熟汤也。沉瓶中煮之不可辩，故曰候汤最难”②。壁画上的煎汤图中画有一女子在侧耳倾听汤水的煮沸程度，显然是精通茶道者。点茶是宋人饮茶的一大特色，蔡襄《茶录》论及点茶说道：“钞茶一钱七，先注汤调令极勺（应为‘匀’），又添注之环回击拂。汤上盏可四分则止，视其面色鲜白着盏无水痕为绝佳”。③ 从壁画中所描绘的女子点茶情形，亦可看出与中原茶道同出一辙。

由此可以说明，契丹、女真地区所流行的饮茶风俗，是效仿于中原地区。具有深厚底蕴的中原文化以其独特的魅力吸引着周边亚文化圈的群体，他们对中原文化采取主动吸收的态度，积极学习中原文化、效仿中原文化，茶的消费亦是如此。进入西北地区的茶，与中原的丝绸一样，被当作中原之物和中原文化的组成部分被西部民族所欣赏而进行效仿消费。

《辽史》也记载了不少与饮茶有关的内容，主要体现在礼制中，但在祭祀天地神、山神、宗庙等传统仪式和册封等重大仪式中，茶并不作为贡品和礼仪饮品参与祭祀和庆贺过程。饮茶之礼，主要出现在宋使国事访问的接待仪式之中，如宋使臣参与的朝贺仪式、丧葬仪式等。《辽史》载，在参加辽的国葬仪式中的“宋使进遗留礼物仪”环节，对契丹和汉使有茶

---

① ［唐］温庭筠：《采茶录》，中州古籍出版社 2015 年版，第 218 页。

② ［宋］蔡襄：《茶录》，中华书局 1985 年版，第 2 页。

③ ［宋］蔡襄：《茶录》，第 3 页。

膳招待的待遇，“赞各就坐，行酒肴、茶膳、馒头毕，从人出水饭毕，臣僚皆起”①。在宋使贺皇太后、皇帝生辰、正旦的接待仪式中，辽“行酒”“行汤、行茶”“行肴、行茶、行膳”等礼仪②，而高丽、西夏使臣的接待仪式中，只有“行酒”“肴膳”之礼，无“行茶”之礼。③ 可见，即便茶进入了契丹人的日常消费，它在生活中的重要性也不能够被高估。

那么，对中原之茶最感兴趣的民族是哪个？《宋史》《续资治通鉴长编》等文献中有很多有关宋廷对西部少数民族的赏赐。沈冬梅以《长编》为统计对象，对北宋政府赐四裔茶的情况进行了统计④，共有 20 起赐茶，其中有 2 起赐予契丹，其他 18 起均是对吐蕃和党项的赏赐。本文仅以《宋史・外国传》中涉及西部少数民族政权或部族茶的赏赐进行统计，共计赐茶 28 起，赐茶对象均为吐蕃诸部和党项，未有对契丹的赏赐。⑤《宋史》和《长编》中对吐蕃诸部和西夏的赐茶，不仅赏赐次数多，而且赐茶数量大也很大。例如，景德三年（1006），对李德明率领的部族赐各种物品，包括“袭衣、金带、银鞍勒马、银万两、绢万匹、钱三万贯、茶二万斤，给奉如内地”⑥。宋夏冲突爆发后，双方议和，当时元昊提出的条件之一是“凡岁赐银、绮、绢、茶二十五万五千，乞如常数”⑦。宋朝答应西夏的要求，于庆历四年（1044）十月签订了包括赐物在内的条约。同年十二月，宋使出使西夏，“仍赐对衣、黄金带、银鞍勒马、银二万两、绢二万匹、茶三万斤”⑧，之后宋夏保持着长期的“岁赐”关系。

此外，西夏与宋还在双方边界一带互设榷场进行贸易，在榷场贸易中茶叶是最受欢迎的商品，宋人田况说：“臣在延州见王正伦伴送元昊使人，

---

① ［元］脱脱：《辽史》卷 50《礼志二》，中华书局 1974 年版，第 844 页。

② 参见［元］脱脱《辽史》卷 51《礼志四》，第 850—854 页。

③ 参见［元］脱脱《辽史》卷 51《礼志四》，第 854—856 页。

④ 沈冬梅：《茶与宋代社会生活》，中国社会科学出版社 2007 年版，第 146—148 页。

⑤ 统计范围为吐蕃、西夏、回鹘、高昌等部族。

⑥ ［元］脱脱：《宋史》卷 485《外国一》，中华书局 1977 年版，第 13989—13990 页。

⑦ ［元］脱脱：《宋史》卷 485《外国一》，第 13999 页。

⑧ ［元］脱脱：《宋史》卷 485《外国一》，第 13999 页。

缘路巧意钩索贼情，乃云本界西北连接诸蕃，以茶数斤，可以博羊一口。今既许于保安、镇戎军置榷场，惟茶最为所欲之物，彼若岁得二十余万斤，则榷场更无以博易。”① 由此可见，通过北宋的“岁赐”和榷场上的官方贸易，西夏官方每年都获得大量的茶叶。

这些茶叶流入西夏后，除贵族统治阶级自我消费外，主要用于军功赏赐。②《贞观玉镜将》是西夏贞观年间（1101—1113）西夏最高当局修订、出版的西夏兵书，主要包括序言、政令篇、赏功篇、罚罪篇和进胜篇。陈炳应《贞观玉镜将研究》一书中，将西夏文《贞观玉镜将》对比翻译成汉文，其中有用茶赏赐军功将士的条文：

> （正将）俘获一千五百种以上，则按挫敌军锋、大败敌人计算，乃加七官当得百两银碗，五十两金碗，衣服一袭十带，上缝绊丝，十两金腰带一条，银鞍鞯一副，银一锭，茶、绢一千［份］，数等，十七［名］直军等。③

这里的“一千五百种以上”是指在战斗过程中俘获敌方人员、马匹、铠甲、军旗等人员物资数量。在此规定中，茶叶与绢帛、金银等共同构成西夏国家军功赏赐中的重要赏格，反映出茶叶作为赐物的吸引力，而赏赐对象的严格要求则说明茶叶的稀缺性。更为关键的是，西夏在国家成文法典中对赐茶有着明确细致的规定，显示出党项族对国家赐茶行为的重视与规范化，这是在宋军功赏赐律中未曾出现的规定。④ 类似的还有，在战争过程中，根据斩敌数和缴获物资件数，也分别给予军人不同赏赐，其中茶绢的数量也很巨大，从一千份至一百份不等。⑤在茶叶赏赐的过程中，不仅需

① ［宋］李焘：《续资治通鉴长编》卷149，庆历四年五月甲申条，中华书局1995年版，第3614页。

② 陈炳应：《贞观玉镜将研究》，宁夏人民出版社1995年版，第59页。

③ 陈炳应：《贞观玉镜将研究》，第95—96页。

④ 陈炳应：《贞观玉镜将研究》，第30页。

⑤ 陈炳应：《贞观玉镜将研究》，第71—75页。

要考虑军功大小，军职高低也是赏格数量的重要标准。具体情况，如表 1 所示：

表 1 《贞观玉镜将》中各级军职的茶绢赏赐数

军职	俘获物资数	茶、绢数量
正将	1500 种以上	1000 份
副军将	1500 种以上	800 份
行将	1500 种以上	500 份
步骑佐将	1500 种以上	350 份
正首领及正换权检校	1500 种以上	300 份
小首领、押队、帐将、队长、立状的首领、押队、左右亲随等	1500 种以上	250 份
卒人	1500 种以上	200 份
私人	1500 种以上	无

资料来源：陈炳应《贞观玉镜将研究》，第 71—101 页。

在军功相同的情况下，不同社会地位获取茶叶的数量相异，说明茶叶在西夏社会生活中不仅是简单赐物，也是区分社会地位的重要象征，但它是通过国家赏格的方式流入社会，显示出国家赋予茶叶的政治含义：茶叶是党项族统治者笼络与激励部众的重要赐物。类似的制度安排并非特例，而是党项社会长期坚持的传统，在此后的《天盛改旧新订律令》（1149—1169 年）中，同样规定：

诸司任职位人三年完毕，无住滞，不误入轻杂，则中书、枢密、经略等别计官赏，其余依次赐次中下末四等人得官赏：次等升一级，大锦一匹，银十五两，茶绢十。中等升一级，大锦一匹，银十两，绢三段，茶四坨。下等升一级，杂花锦一匹，银七两，茶三坨，绢二段。末等升一级，紧丝一匹，银五两，茶绢二。①

这里的“住滞”和“轻杂”等都是西夏用语，其大意是“不合格”“行事逾矩”等，故这段赐茶的规定可以清晰反映出即使是在西夏中晚期，茶叶在党项族国家政治生活中仍有着激赏作用。

这进一步说明了茶叶在西夏社会生活中具有国家财富象征的特点，以及茶叶在西夏政治生活中的稳定地位。这些茶叶通过赏赐的形式流入西夏社会后，经济特性的含义也更多样化：它有可能作为一种实物货币，与绢帛类似，具有等价物的特点②；也有可能作为一种商品用于转口贸易；更有可能作为消费品被消费。其中，茶叶用于转口贸易和日常消费的可能性较大。原因在于，西夏崛起以来，控制了河西走廊这一丝绸之路贸易孔道，成为丝路贸易中的活跃群体。转口贸易是西夏商业经济发展特色之一，茶叶转口便是其中之一。西北诸部及其他远蕃，主要以游牧为生，肉食乳饮，特别需要饮茶帮助消化。西夏利用自己的区位优势，大量从中原套购茶叶等物品，转手卖给他们③，如前引《长编》王正伦伴送元昊使人看到听到的情况是“本界（西夏）西北连接诸蕃，以茶数斤，可以博羊一口”④。

在宋代，对中原之茶有强烈需求的应该是吐蕃。宋代文献中有关西部民族以茶为重的记载，绝大多数特指吐蕃。《文献通考》言吐蕃“人喜啖生物，无蔬茹酰酱，独知用盐为滋味，而嗜酒及茶”⑤。《新安志》中也言：“蕃部日饮酥酪，恃茶为命”⑥，表明吐蕃对茶有强烈的偏好，且这种偏好已经是十分普遍地存在于普通百姓中。这就让人联想到了藏族的特色饮品

① 史金波等译注：《天盛改旧新定律令》，法律出版社 2000 年版，第 349 页。

② 李晓：《宋代茶业经济研究》，中国政法大学出版社 2008 年版，第 90 页。

③ 杜建录：《西夏经济史》，第 270 页。

④ ［宋］李焘：《续资治通鉴长编》卷 149，庆历四年五月甲申条，第 3614 页。

⑤ ［元］马端临：《文献通考》卷 335《四裔考十二》，中华书局 2011 年版，第 9260 页。

⑥ ［宋］罗愿撰，萧建新、杨国宜校著：《〈新安志〉整理与研究》卷 7，黄山书社 2008 年版，第 212 页。

酥油茶。众所周知，藏族有一种特色饮品酥油茶，酥油茶是用炒熟的青稞面与茶叶、奶油和盐混合，经冲泡、熬制、打腻等工序制成的一种饮品，是藏族等民族每天必喝的饮品。也正因为人人必喝酥油茶，茶又是制作酥油茶必不可少的原料，故吐蕃“恃茶为命”之说可以得到很好的解释。明朝人有曰“茶之为物，西戎吐蕃，古今皆仰给之，以其腥肉之食，非茶不消，青稞之热，非茶不解，故不能不赖于此”①。这段话已经十分明显地说明酥油茶的存在。由此可见中原之茶之所以深受吐蕃之民喜爱，是因为茶已经深度参与了吐蕃人的本地饮食文化谱系之中。至今，在藏族地区还流传着这样的谚语：“没有茶喝的日子难度，没有马骑的路程难行。没有茶叶的家户不穿门，没有美酒的家户不坐客。没有茶叶的糌粑不好舔吃，没有镶边的衣服无法穿美。没有歌舞心不悦，没有茶叶神不振。没有热茶的饭不香，没有肥油的肉不香。一日无茶则滞，三日无茶则痛。饭可一天不吃，茶却不能一顿不喝。没有盐的茶像水一样，没有德的人像鬼一样。”②既然茶在藏族人的日常生活中如此重要，对茶的需求必然是刚性的和规模化的。

那么，作为吐蕃饮食文化谱系中重要的饮品酥油茶，是否在唐宋时代已经出现了？检索相关数据库，我们并没有发现在宋代文献中有酥油茶的记载。目前发现最早记载酥油茶的，是记录元代宫廷膳食的书《饮膳正要》，其中有“酥签茶”条：“金字末茶两匙头，入酥油同搅，沸汤点之。”③ 这里说的“酥签茶”即酥油茶。元代的《居家必用事类全集》是记录大众生活知识的类书，上面也有酥签茶制作方法的记载：“酥签茶，将好酥于银石器内溶化，倾入江茶末搅匀，旋旋添汤，搅成稀膏子散在盏

---

① ［明］王廷相：《王廷相集·王氏家藏集》卷26《呈盛都宪公抚蜀七事·严茶》，中华书局1989年版，第466页。

② 罗桑开珠：《论藏族饮茶习俗的形成及其特点》，《中央民族大学学报》（哲学社会科学版）2011年第3期。

③ ［元］忽思慧著，张秉伦、方晓阳译注：《饮膳正要译注》卷2，上海古籍出版社2017年版，第158页。

内，却着汤侵供之。茶与酥看客多少用，但酥多于茶些为佳。”① 由此可见，酥油茶成为西北民族广大民众的日常饮品，最迟出现在元代，也有可能出现在宋代或唐代。唐时茶饮中有加盐或加其他调料之法，但宋已经不再流行加盐之饮，更重视茶自身的品味。而酥油茶的制作中，不仅是要加盐的，而且还要加奶酪等其他原料，这与唐代“吃茶”的风尚更为接近。因此，唐代茶传入吐蕃地区后就逐渐进入本土食谱，成为本民族饮食文化的重要组成部分，这是可能的。但是特定文化传统的形成是需要时间的，因此酥油茶及其相关文化应该不会太早出现，最早也应该是唐后期。吐蕃和蒙古都信仰藏传佛教，且在地域上关联性很大，蒙古人的酥签茶应该是从吐蕃传入的。

由此可见，茶叶在西部少数民族的重要性并非用简单的一句“恃茶为命”可以涵括。茶在不同程度上参与到西部民族的政治生活、社会生活、经济生活和文化生活之中，具有丰富的内涵。它在辽政权中作为对外礼仪的重要组成部分发挥着维系政权之间和平交往的外交关系；在西夏政权中它作为国家财富的象征在对外获取和对内赐予的过程中鲜明地体现出来；在契丹、党项的社会生活中，饮茶之风和茶事之礼与中原地区如出一辙。

这表明，中原之茶不仅是作为一种饮品而且是作为一种消费文化为少数民族学习效仿，作为文化意义的茶在更为广泛的社会层面参与了少数民族的日常生活，成为构建人际关系和提升精神生活的重要载体。而在吐蕃之地，大约在北宋后期，茶叶的消费已经开始本地化，酥油茶作为一种本地化的特色饮品，出现在吐蕃人的日常生活之中，成为后来藏族极具特色且不可缺少的饮品，这也使中原之茶在吐蕃社会生活和日常生活中成为不可或缺之物。

二、茶的供给特征及“以茶治边”的选择

《宋会要辑稿》记载：“四川产茶，内以给公上，外以羁诸戎，国之所

---

① ［元］佚名：《居家必用事类全集·己集》，书目文献出版社 1986 年版，第 223 页上。

资，民恃为命。”[①] 后世在追述时，认为“番人嗜乳酪，不得茶，则困以病。故唐、宋以来，行以茶易马法，用制羌、戎”[②]。可见“以茶治边”是北宋的一个重要边疆策略。对此，不少学者的研究已经有深入揭示，如魏明孔指出茶马贸易所带来的经济效益和社会效益尤为显著，并且认为应该重视互市中宋廷的羁縻目的。[③] 对于这一变化，林文勋认为宋代民族政策是对前代的创新与扬弃，越来越重视经济力量在羁縻制中的作用。[④] 王晓燕则认为以茶博马策略的出台标志宋朝统治者开始以茶叶为手段，在经济上达到至轻易至重；在政治上达到羁縻诸蕃，使之服从封建统治的目的。[⑤] 李睿指出宋朝试图利用茶叶来达到激赏、招诱、恩抚之意，以此笼络少数民族统治阶级[⑥]，等等，不一一而论。

事实上，宋对西部少数民族赐赠和贸易的物品不止茶，汉唐以来绢帛就是中原与西部少数民族贸易最稳定的商品，也是中原王朝对外赏赐的极具代表性的中国之物。在宋代，绢帛仍然几乎无遗漏地出现在宋廷对外赏赐物品的列表之中，同时也是榷场贸易中的重要商品，其他商品也参与了贸易，如太平兴国二年（977），宋朝“始令镇、易、雄、霸、沧州各置榷务，命常参官与内侍同掌，辇香药、犀、象及茶，与相贸易”[⑦]，在与党项的贸易中，除茶叶外，通常有铜钱、绢帛、食盐、金银、度牒及其他奢侈品。[⑧] 但是，无论是在对外赏赐中还是在榷场贸易中，茶日益受到重视，赐茶数量在不断增长，榷场互市中茶的交易也日益增多，以至于在神宗朝时提出“专以茶博马”之策。

茶叶从诸多商品中脱颖而出，成为宋政府边疆治理的重要工具。这一

---

① ［清］徐松辑：《宋会要辑稿》食货 31，上海古籍出版社 2014 年版，第 6684 页。

② ［清］张廷玉：《明史》卷 80《食货四》，中华书局 1974 年版，第 1947 页。

③ 参见魏明孔《西北民族贸易——以茶马互市为中心》，第 192 页。

④ 参见林文勋《唐宋社会变革论纲》，人民出版社 2011 年版，第 274 页。

⑤ 参见王晓燕《官营茶马贸易研究》，民族出版社 2004 年版，第 94 页。

⑥ 参见李睿《唐宋茶业经济再研究》，江苏凤凰教育出版社 2019 年版，第 120—121 页。

⑦ ［宋］李焘：《续资治通鉴长编》卷 18，太平兴国二年三月庚寅条，第 402 页。

⑧ 参见杜建录《宋代市马钱物考》，《固原师专学报》1992 年第 1 期。

转变的促因除了周边少数民族有着茶叶强烈需求外，还在于茶叶贸易本身属性的特点。具体来说，相比开展其他贸易，茶叶贸易有着安全性、垄断性的特点，又能够实现至轻易至重，从周边少数民族获取自身急缺的战马，消化国内相对过剩的茶叶产量，所以宋政府才会专门将茶叶贸易作为边疆治理的重要工具。

在现代社会通常遵循着自由竞争的市场机制，但是在国际贸易中，最根本的红线是本国与他国进行贸易的商品绝不能动摇本国国防和经济基础。同样地，在宋代，中原王朝与周边少数民族政权或地区展开贸易，根本前提是输出或输入的商品不能危及自身国防和经济安全。基于这种考虑，宋朝对于武器、粮食、铜铁、铜钱、金银、绢帛等商品都采取一种限制乃至禁止的态度，不允许大规模出境贸易。

一方面，铜铁、武器、粮食等在古代作为战略物资，从边防角度考虑，中原王朝认为这些商品大规模输出会强化周边少数民族武备，威胁自身安全，故禁止将其输出。在宋代，中原地区规定“铜铁不得阑出蕃界及化外”①。至于武器，更是严格限制。如庆历五年（1045）宋廷规定若有将武器贩运至国界之外的人，按走私论罪，“仍编管近里州军”②。由此可以看出，对于铜铁、武器的限制出境，宋廷极为严格。围绕粮食输出，宋朝要求沿边地区粮食不得过河西，河西盐不得贩至境内，若有违反，不以数计，一律处死。③ 再如天禧三年（1019），针对河北粮食北出，宋廷规定“有赴北界市粮及不系禁物，为北界所捕送者，并决杖一百释之”④。这就是说，宋朝也是不允许粮食随意出境。就现象而言，这些禁令的出台说明宋朝与周边少数民族民间贸易商品种类的繁杂，更为关键的是，显示出中原政权对诸如铜铁、武器、粮食等商品的出口持极为谨慎的态度。

对于关乎国计民生的经济物资，宋朝也同样不愿意将其规模出境。以市马钱物中经常外流的铜钱为例，太平兴国三年（978）规定，“吏民敢阑

① ［元］脱脱：《宋史》卷185《食货下7》，第4524页。

② ［宋］李焘：《续资治通鉴长编》卷157，庆历五年九月戊戌条，第3801页。

③ 参见［元］脱脱《宋史》卷268《王显传》，第9231页。

④ ［宋］李焘：《续资治通鉴长编》卷94，天禧三年七月辛酉，第2159页。

出铜钱百以上，论罪有差”[①]。太平兴国八年（983）王明进一步提出建议：“沿边岁运铜钱五千贯于灵州市马，七百里沙碛无邮传，冬夏少水，负担者甚以为劳。戎人得铜钱，悉销铸为器，郡国岁铸钱不能充用，望罢去。”[②] 最终，朝廷接受其建议，铜钱退出互市钱物之列。庆历年间（1041—1048），再次申令铜钱外流以死论之的规定。[③] 元祐五年（1090），苏辙在出使辽国后说：“北界别无钱币，公私交易，并使本朝铜钱。沿边禁钱条法虽极深重，而利之所在，势无由止。本朝每岁铸钱以百万计，而所在常患钱少，盖散入四夷，势当尔也。”[④] 这里苏辙将宋朝铜钱短缺与外流联系起来，可见在当时的认识中，铜钱外流显然不符合宋朝的战略利益。从上述史料来看，对于铜钱禁令逐渐严格，也反映出宋廷对于铜钱外流的态度十分慎重。

相比这些钱物，开展茶叶贸易对于宋朝国防和经济安全似乎未有多大冲击，原因在于：茶叶作为一次性消费饮用品，既不可能像铜铁、武器、粮食那样充作军需，直接强化周边少数民族的武备；也不可能类似铜钱、金银等，为少数民族利用并且动摇本国经济基础。正如《群书考索》中曾指出宋初市马几种商品：茶叶、布帛和银绢，其中茶叶最佳。因“讲摘山之利，得充厩之良，中国得马足以为我利，戎人得茶不能以为我害”，而且戎人“食肉饮酪之性，所嗜惟茶”，故“虽奔马逐电之骏，有所不靳，以我蜀产易彼上乘，此诚经久之策”。[⑤]

通过章如愚的对比分析，可知在宋人意识中，茶叶贸易有着“戎人得茶不能为我害”的认识，因此相比其他贸易，茶叶贸易有着无可比拟的安全性。

除茶叶贸易的安全性外，宋廷选择以茶博马达到政治羁縻的原因还在

---

① ［宋］李焘：《续资治通鉴长编》卷 19，太平兴国三年二月甲申条，第 423 页。

② ［宋］李焘：《续资治通鉴长编》卷 24，太平兴国八年十一月壬申条，第 559 页。

③ ［元］脱脱：《宋史》卷 180《食货下二》，第 4380 页。

④ ［宋］苏辙：《苏辙集》卷 42《北朝所见于朝廷不便事》，中华书局 1990 年版，第 747—748 页。

⑤ ［宋］章如愚：《群书考索·后集》卷 44，广陵书社 2008 年版，第 713 页。

于茶叶的贸易对于宋而言是一个典型的垄断市场，即宋能够完全掌握茶叶供给区、茶叶销售渠道和市场规模。从“以茶治边”的策略基础来看，宋朝必须巩固与强化茶叶贸易官方主导地位方可成行。这一点，吴泳有过比较精练的总结：

> 夫中国者，夷狄之主也。使蕃夷仰我之心常重，而汉人借彼之力常轻，则置场市易，以质剂相往来，亦在所不问。今也彼以骑兵为强，常有易我之心；我以茶利为贵，不能动彼之欲。甚至关市之不讥，山林之无禁，私商贸易之路荡如通达，瓯脱饮酪之区俱食细茗。彼见吾土产之珍可以易致，而西产之乘卒难必得，则往往厚其资给，以诱我之商人以其羡茶而博马于蕃族。……权衡于经久之可行而斟酌于公私之两利，则莫若严鬻茶之禁而高估马之直。①

这里可以看出宋人对于茶叶贸易重要性的认识：茶叶贸易必须置于国家掌控之中，才能够发挥达到羁縻诸蕃的目的，否则反为其累。就逻辑而言，如果说“以茶治边”的策略在于通过控制茶叶输出在政治上达到羁縻各族之目的，那么茶叶贸易必然要兼备政治含义。它的核心在于控制茶叶输入周边少数民族地区的数量，若输出过多，则茶叶作为稀缺商品的属性被弱化，那么少数民族从中原政权官方获得茶叶的需求便会降低，中原王朝也就很难利用茶叶达到政治目的。如庆历和议前夕，针对西夏赐茶，宋廷有过一次激烈讨论。知制诰田况说：“今既许于保安、镇戎军置榷场，惟茶最为所欲之物，彼若岁得二十余万斤，则榷场更无以博易，此不得不悔也。”② 随后，欧阳修也持赞同态度，他说：“计元昊境土人民，岁得三十万茶，其用已足。然则两榷场舍茶之外，须至别将好物，博易贼中无用之物，其大患二也。”③ 对此，李晓认为商品交换在供求关系的影响下总是

① ［宋］吴泳：《互市》，曾枣庄、刘琳主编：《全宋文》卷 7255，上海辞书出版社 2006 年版，第 316 册，第 360—361 页。

② ［宋］李焘：《续资治通鉴长编》卷 149，庆历四年五月甲申条，第 3614 页。

③ ［宋］李焘：《续资治通鉴长编》卷 149，庆历四年五月甲申条，第 3614 页。

物以稀为贵，限制一定的供应量是保护专卖垄断价格的必要条件。因此，宋政府总是千方百计运用专卖的行政手段控制同少数民族的茶叶贸易，并且把这种做法视为在政治上控制少数民族的手段，谓之“羁縻”政策。[①]可以说，巩固与强化茶叶贸易的官方控制是宋政府“以茶治边”政策的基础。

如此一来，巩固和强化茶叶贸易的官方主导地位便是宋廷所面临的问题。从地理来看，茶叶的自然属性决定吐蕃、契丹、党项等族只得仰赖于宋朝供应。茶叶作为一种植物，对于地理环境适应性有着特定的要求。古人认为，“植产之地，崖必阳，圃必阴。盖石之性寒，其叶抑以瘠，其味疏以薄，必资阳和以发之。土之性敷，其叶疏以暴，其味强以肆，必资阴荫以节之。‘今圃家皆植木，以资茶之阴。’阴阳相济，则茶之滋长得其宜”[②]。因此茶叶具有喜温、喜湿、喜酸、耐荫的特性。[③] 根据这一特性，适宜茶叶生长的地区基本上位于秦岭—淮河以南的地区，大致集中于东南和川峡诸路。[④] 而这些地区都在宋朝控制范围之内，故周边少数民族若需要满足本民族内部对茶叶赏赐、礼节和日常饮食所需，就必须仰赖于宋朝供应。

从制度来看，宋朝可根据政治与军事局势变化，控制茶叶输出的数量。司马光说：“旧制官给客人公据，方听与西人交易。”[⑤] 魏明孔认为由于茶叶在茶马互市中的重要地位，因此中央王朝严格控制茶叶的生产、收获、贮存、运输和交易等过程，不允许私人染指其中。即使是商人从事茶叶贸易，也只能在政府批准或授权的情况下进行。[⑥] 在具体规定中，宋廷要求蕃部市马请茶必须出示关子（一种贸易凭证），方能够获得茶叶。《宋会要辑稿》载：“蕃部牵马赴场，候拣中，据合请茶数，限当日出给关子，

---

① 李晓：《宋代茶业经济研究》，中国政法大学出版社 2008 年版，第 81 页。

② ［宋］赵佶：《大观茶论》，中华书局 2013 年版，第 12 页。

③ 参见孙洪升《唐宋茶业经济》，社会科学文献出版社 2001 年版，第 21 页。

④ 参见周荔《宋代的茶叶生产》，《历史研究》1985 年第 6 期。

⑤ ［宋］李焘：《续资治通鉴长编》卷 365，元祐元年二月壬戌，第 8753 页。

⑥ 参见魏明孔《西北民族贸易——以茶马互市为中心》，第 110 页。

赴场请茶，画时支给。”[①] 对于茶叶出境，宋朝也要求持有公据（一种出入凭证）方可放行，元符三年（1100），宋廷规定“支茶场分明于茶驮上印号，出给公据，付蕃部收执前去。及委经过近边城寨、关堡子细点检，若有公据印号茶驮，方得放行，其公据拘收毁抹，缴赴元给茶场照会。如无公据印号茶货，即不得放入蕃界”[②]。在此严密制度之内，无论是换取茶叶还是茶叶出境，宋廷都将茶叶贸易置于官方管控之内，也就是说，周边少数民族若想获得茶叶，必须要同宋朝官方保持良好关系，否则宋廷便可以通过关闭贸易的方式，禁止茶叶输出，以达到驭人之目的。以宋夏关系为例，庆历和议前夕，西夏就因陷入“互市久不通，饮无茶，衣帛贵，国内疲困”[③] 的境地，这为庆历议和创造了条件。宋廷也多次通过赐茶、开放茶叶贸易的形式，笼络吐蕃等族，用以牵制西夏。[④] 这一切需以宋朝对茶叶贸易的控制为基础，若私茶泛滥，周边地区在宋朝官方控制以外，也可以获取大量茶叶，那么宋朝“以茶治边”策略基础便荡然无存。

从商品交换的角度来看，除利用茶叶输出来达到羁縻意图外，能够以相对过剩的茶叶换取急需战马的获利行为也是宋政府选择“以茶治边”的原因之一。宋人李觉说：“夫冀北、燕、代，马之所生，胡戎之所恃也，故制敌之用，实资骑兵为急。”[⑤] 补充战马是国防建设的重中之重，所谓“国之大事在兵，兵在马”[⑥]。然而，相比需求的强烈，北宋战马自给能力有限，时常陷入“常患国马未备”[⑦] 的困境。于是，宋政府采取市马、招马等方式，从周边少数民族地区购换马匹。咸平元年（998），宋政府规定在河东、陕西、四川等地设置场务专以市马，“遣官以主之，岁得五千余

---

① ［清］徐松辑：《宋会要辑稿》职官 43，第 4138 页。

② ［清］徐松辑：《宋会要辑稿》职官 43，第 4148 页。

③ ［宋］李焘：《续资治通鉴长编》卷 138，庆历二年十二月乙丑条，第 3330 页。

④ 参见赵国栋《边疆治理的多维逻辑：“以茶羁縻”的历史进程与启示》，《农业考古》2022 年第 2 期。

⑤ ［宋］李焘：《续资治通鉴长编》卷 29，端拱元年十二月条，第 659 页。

⑥ ［宋］宋祁：《景文集》卷 29《论群牧制置使》，中华书局 1985 年版，第 366 页。

⑦ ［元］马端临：《文献通考》卷 160《兵考十二》，中华书局 2011 年版，第 4784 页。

匹，以布帛茶他物准其直”①。从这里可以看出，用以市马的商品，并非仅有茶叶，及至神宗朝，宋政府便开始多次下诏专以茶市马。元丰四年（1081），宋神宗允准了郭茂恂的建议，要求“雅州名山茶，令专用博马，候年额马数足，方许杂买”②。专以茶博马的出台，既有宋政府基于政治羁縻的考量（前文已述），也有着获利性的经济目的。崇宁四年（1105），中书省奏文中指出：“熙宁、元丰川茶惟以博马，不将他用，盖欲因羌人必用之物，使之中卖，不至艰阻国马，不乏骑兵之用。”③ 也就是说以茶博马，乃以羌人必用之物换取本朝必用之物。

不过，宋朝茶叶的紧缺程度，却远不如马匹。这是因为茶叶主要产区基本位于宋辖区之内，且茶叶产量之高，足以满足国内对于茶叶的需求。据估计，北宋每年茶叶产量在 5300 万斤以上，而以宋代最高人口记录 4600 万口为计，每年国内茶叶产量能够满足每人平均消费量 1 斤有余。④ 这就说明茶叶在宋朝境内并非一种短缺商品，而是有着充足供给，甚至供过于求。吕陶曾说：“（四川）除和买五百万斤入熙河外，尚有二千五百万斤，皆属商贩，流转三千里之内。”⑤ 这反映出宋朝茶叶生产相对过剩。而且周边少数民族即使将马匹换取宋朝其他商品如银绢，也通常会携大部分银绢赴茶场换取茶叶。⑥ 后人认为“西戎茶马之市，自宋已然，盖土蕃湩酪腥膻，非茶不解其毒，而中国借之可以得马，以草木之叶易边场之用，利之最大者也”⑦。总而言之，选择茶叶作为治理和笼络边疆的工具，宋廷既可以达到政治羁縻，又可以满足境内对战马的需求，还不危及本朝安全，属于一本万利的经济交换和政治策略。

---

① ［宋］李焘：《续资治通鉴长编》卷 43，咸平元年十一月戊辰条，第 921—922 页。

② ［宋］李焘：《续资治通鉴长编》卷 314，元丰四年七月己丑条，第 7600 页。

③ ［清］徐松辑：《宋会要辑稿》职官 43，第 4153 页。

④ 参见贾大全《宋代西川同吐蕃等族的茶马贸易》，《西藏研究》1982 年第 1 期。

⑤ ［宋］吕陶：《净德集》卷 3《奏乞罢榷名山等三处茶以广德泽亦不阙备边之费状》，中华书局 1985 年版，第 34 页。

⑥ ［清］徐松辑：《宋会要辑稿》职官 43，第 4137 页。

⑦ ［明］谢肇淛：《五杂组》卷 4，中华书局 2021 年版，第 128 页。

结　　语

唐宋以降，茶业经济的繁荣不仅推动着中原地区商品经济的发展，甚至远播边疆地区。宋神宗时期，“以茶治边”战略的出台标志着宋廷试图将茶叶作为工具达到政治羁縻与经济交换的双重目的，成为中原王朝“以茶治边”策略的重要体现。

从需求方面来看，茶叶在西北民族社会生活中的重要性体现在：在政权实体内部赏格中，茶叶是用以笼络、激赏部众的重要财富，它深刻地影响着少数民族的经济生活；在社会仪式中，茶叶是契丹、党项等族对外交往礼仪中的重要象征物，表达着友好关系或地位对等关系；在日常生活中，茶叶还是日常人际交往的纽带和精神需求的寄托，它对于沟通关系、深化联系、促进文化交流和丰富精神生活有重要意义；在肉食乳饮的饮食习惯中，茶叶因具有消食解腻的功效，又成为少数民族喜爱与追求的饮品，深度参与到少数民族的本土饮食结构之中，成为地方性饮食文化谱系的重要组成部分。正因为茶已经在多方面多层次上参与了西部少数民族政治生活、经济生活和日常生活之中，随着族际交往日渐密切，茶叶逐渐成为西部民族不可或缺的重要商品，为中原统治者采取“以茶治边”之政治战略提供了需求基础。

从供给方面来看，“以茶治边”策略的出台，既包含着宋廷对西北民族茶叶偏爱的认识，也有对茶叶贸易本身属性的了解。相比其他少数民族喜爱的商品，茶叶的大规模输出对宋朝本身国防和经济安全的危害程度有限，因此有着其他输出商品无可比拟的安全性。再者，茶叶贸易因为地理和制度双重因素而成为一种垄断性贸易，属于卖方市场，由宋朝官方牢牢控制，成为宋廷政治羁縻的重要基础。

从经济交换方面来看，以茶博马是一种以至轻易至重的经济行为。具体来说，宋朝因战争和防御的需要，亟须从周边地区输入马匹，加强军队装备，故战马是重要商品。相比于此，茶叶的重要性就显得略轻，一方面是中原地区有大量过剩茶叶亟待市场消化，另一方面茶叶贸易特点又决定了宋廷愿意出口茶叶换取其他商品，如此便形成以至轻易至重的贸易格局。

这样一来，无论从政治羁縻还是经济交换的角度，宋廷都会选择茶叶作为处理边疆问题的重要工具。

总之，“以茶治边”策略的出台是各民族不断交流的产物。一方面饮茶之风在西部地区的传播过程也深刻地参与到了地方政权或部族内部的社会建构；另一方面，中原政权也开始通过茶叶的输出逐渐增进对周边少数民族地区的了解与认识。可以说，在唐宋时期，茶叶是沟通中原与周边少数民族地区族际交往的重要桥梁与纽带。宋朝通过岁赐、互市等方式向周边少数民族输出大量茶叶，试图以经济手段解决边疆问题，是处理民族关系的创举，其影响可谓深远。

从“江南铜”到“岭南铜”：北宋中期铜产地的转移

刘晨曦
（齐齐哈尔大学　文学与历史文化学院/新闻传播学院）

宋代是我国历史上矿冶生产较为发达的时期，宋神宗熙宁后期铜的岁课额为二千一百七十四万四千七百四十九斤，是太宗至道末年岁课额的5.3倍，是唐代宣宗时期铜课额的33倍。①

对宋代矿冶业的研究，王菱菱《宋代矿冶业研究》代表了目前学界关于宋代矿冶业研究的最高水平，是宋代矿冶业研究领域的扛鼎之作。② 对古代矿冶产业的研究，矿冶产地分布是一个重要的研究领域。《宋代矿冶业研究》第一章《宋代矿产地的地域分布、规模特点及其岁课额》“采用概括性的整体研究方法，以历史时间的推移为顺序，动态考察了从北宋到南宋时期金、银、铜、铁、铅、锡六种金属矿产地的开发及分布变化情况，并在书后以附录的形式提供了宋代资料中和明代天一阁方志记载中大量的矿产地名称及设置沿革情况。对留存下来的各朝政府征收的矿产岁课额资料进行了更深入的挖掘，论证了两宋时期矿冶业生产兴衰演变的历史轨迹”③。

汪圣铎《两宋货币史》④ 依据大量文献资料，对两宋时期所设置的各

① 王菱菱：《宋代矿冶业研究》，河北大学出版社2005年版，第1页。

② 姜锡东：《王菱菱教授〈宋代矿冶业研究〉评介》，《中国经济史研究》2005年第2期。

③ 王菱菱：《宋代矿冶业研究·前言》，第7页。

④ 汪圣铎：《两宋货币史》，社会科学文献出版社2003年版。

类钱监进行了详尽的考证，基本上将宋代设置的钱监搜罗无遗。值得一提的是，汪先生还对铸币所需的铜、铅、锡、铁原料产地、产量等方面的资料进行了搜集整理，对作为货币使用的金、银矿产地也进行了资料搜集工作。

裘士京《江南铜研究：中国古代青铜铜源的探索》[①] 结合历史学、文献学和考古成果，通论历史时期江南铜矿开发冶炼等。从篇幅上看，主要侧重先秦青铜器铜料来源以及长江流域文明起源问题。但在第五篇《宋元时期铜冶与铜监》（第233—281页）中，介绍了宋代铜冶铜监发展的规模。随着宋朝社会经济发展的需要，货币供应量的增加，铸钱的铜监和采铜的冶场也发展到了相当的规模，但学术界过去对这方面的了解很不清楚。作者写出了池州永丰监、饶州永平监、舒州同安监考和韶州岑水场、潭州永兴场、信州铅山场考，填补了某些学术空白。[②]

以上诸先生的研究大多侧重于宋代一朝铜矿产地的政体分布情况，但对于宋代铜矿生产地域的转移问题，则甚少着墨。拙文《江南多出铜——北宋初年对江南铜资源的开发及铜钱铸造业的发展》认为，北宋初年用了大约三十余年的时间在江南开发铜矿，并在饶、池、江、建四州建立骨干铸钱监。这次开发改变了之前唐代铜矿开采主要分布在北方地区的地理分布格局，宋初铜矿开采和铜钱铸造的中心彻底转移到江南地区，这也是中国古代经济重心南移的一个缩影。[③] 但是，北宋中期以后，宋代铜矿开采的中心地区转移到了岭南地区。本文对北宋铜矿生产转移的过程、原因、影响等进行论述，以就正于方家。

---

① 裘士京：《江南铜研究：中国古代青铜铜源的探索》，黄山书社2004年版。

② 杨国宜：《中国古代青铜铜源之谜的破解——〈江南铜研究〉介评》，《安徽师范大学学报》（人文社会科学版）2005年第2期。

③ 刘晨曦：《江南多出铜——北宋初年对江南铜资源的开发及铜钱铸造业的发展》，《地域文化研究》2019年第4期。

一、北宋前期开发"江南铜"与江南地区铜资源的枯竭

宋初太宗时期，张齐贤奉旨对江南铜矿资源进行开发，重点是饶、信、虔三州，在饶、信、虔三州中，以信州产铜最多。据记载：

> 其后信州铅山县出铜无算，常十余万人采凿，无赖不逞之徒，萃于渊薮。官所市铜数千万斤，大有余羡，而铜山所出益多。有司议减铜价，凿山者稍稍引去。①

所言"数千万斤"当为"数十万斤"之误，据《宋会要辑稿》食货33的记载，北宋元丰元年官方铜的收入量才有一千四百六十万五千九百六十九斤。② 不过，信州铜产量很大，应该是没有疑问的。宋太宗一朝对江南铜进行开发，取得成功，解决了铸钱原料不足的问题。太宗至道（995—997）末年，铜的岁课额达到四百一十二万余斤。③ 当时铜矿生产的重心是在江南的信州。④

但是，真宗大中祥符年间，铜产量有下降的趋势，据《续资治通鉴长编》记载大中祥符九年（1016）的时候：

> 李溥言："饶、池、江、杭［按：应为饶、池、江、建］四州钱监每岁共铸钱一百二十万贯，用铜四百五十三万斤，四监及产铜州军见管铜共一百五十二万一千二百余斤。又信州阴山寺等处铜坑，自咸平初兴发，商旅竞集，官场岁买五六百万斤。采取既多，其后止及二

① ［宋］江少虞：《宋朝事实类苑》卷21《诸监炉铸钱》引《杨文公谈苑》，上海古籍出版社1981年版，第246页。

② ［清］徐松辑：《宋会要辑稿》食货33，上海古籍出版社2014年版，第6723页。

③ ［宋］李焘：《续资治通鉴长编》卷97，天禧五年末，中华书局2004年版，第2263页。

④ 有关宋初开发江南铜资源的情况，参见刘晨曦《江南多出铜——北宋初年对江南铜资源的开发及铜钱铸造业的发展》，《地域文化研究》2019年第4期。

三百万斤，望酌中定额。”上曰：“尝记咸平中陈恕以江南铜多，请官少市，未几，铜矿渐少，迄今常若不丰。如解池盐，景德中所收数倍，本州亦欲少种，不逾年，雨旱骤减旧额，是知天地所育皆贵济用，岂人心可料其增损耶！”①

文中“信州阴山”疑为“信州铅山”，此时的铜产量显著下降。文献中也有记载：“大中祥符后，铜坑多不发，天禧（1017—1021）末，铸一百五万贯。”②

根据《续资治通鉴长编》卷97的记载，在真宗天禧五年（1021）末，“产铜有三十五场，在饶、处、建、英、信、南安、汀、漳、邵武、南剑等州军，又一务曰梓州之铜来”③。铜的产地范围除了增加梓州外，并没有显著扩大，而且还主要依赖信州的铜矿，信州铜矿低产造成天禧岁课铜仅为二百六十七万五千余斤④，比至道末年低了一半左右。

真宗末年开始的铜资源紧张局面一直持续到仁宗时期，仁宗景祐四年时，“池、饶、江三州钱监并阙铜铸钱”⑤。铜产量的不足严重影响铜钱的铸造。

前文提到，宋真宗以后，全国的铜矿生产出现滑坡趋势，产量开始下降，仁宗时东南铜矿场的废罢也可以证明这一点。另外，据《续资治通鉴长编》卷120：

（仁宗景祐四年九月）丙寅，三司言：“东头供奉官钱逊奏，信州铅山产石碌，可烹炼为铜。今池、饶、江三州钱监并阙铜铸钱，请遣逊与本路转运使试验以闻。”从之。⑥

① ［宋］李焘：《续资治通鉴长编》卷87，大中祥符九年五月戊申，第1989—1990页。

② ［宋］李焘：《续资治通鉴长编》卷97，天禧五年末，第2262页。

③ ［宋］李焘：《续资治通鉴长编》卷97，天禧五年末，第2262页。

④ ［宋］李焘：《续资治通鉴长编》卷97，天禧五年末，第2262页。

⑤ ［宋］李焘：《续资治通鉴长编》卷120，景祐四年九月丙寅，第2837页。

⑥ ［宋］李焘：《续资治通鉴长编》卷120，景祐四年九月丙寅，第2837页。

可见，铜资源紧张的局面一直持续到仁宗时期。

庆历元年（1041）十一月壬子，宋廷又"诏江、饶、池三州铸钱监，铸铁钱三百万缗，以备陕西军费"①。这时北宋与西夏开战，西北战事胶着，需要大批军费。宋廷命令江南的铜钱监铸造铁钱以备军费，这件事本身就说明当时铜产量萎缩，不能支撑铜钱的铸造。如果铜产量充足，可以直接铸造铜钱运往陕西，何必铸造铁钱呢？

二、岭南韶州铜资源的开发及在北宋铜资源开发中的地位

信州等江南铜产地产量下滑，岭南地区的韶州铜产量却开始激增。宋仁宗时期，广南东路韶州的铜矿开发成为宋代铜矿开发史上一件具有里程碑意义的事情。

韶州最著名的岑水铜场置于庆历七年（1047）②，但韶州铜矿开采最晚当为康定或庆历初年，据余靖《韶州新置永通监记》：

> 初，郡［按：即韶州］之铜山，五岁共市七万，前太守潘君一岁市百万。及栾公继之，乃市三百万，明年差倍之，岁运羡铜二百万以赡岭北诸冶。③

前太守潘君，李之亮据《广东通志》，考证为潘夙，任职时间为康定元年（1040），其后的栾温故庆历元年到任。④ 庆历八年韶州天兴铜场产量大增，

---

① ［宋］李焘：《续资治通鉴长编》卷134，庆历元年十一月壬子，第3196页。

② ［宋］王象之：《舆地纪胜》卷90《广南东路·韶州·古迹》，"岑水场，出产银铜，庆历七年置"。中华书局1992年版，第2900页。

③ ［宋］余靖：《武溪集》卷5《韶州新置永通监记》，曾枣庄、刘琳主编：《全宋文》卷568，上海辞书出版社2006年版，第27册，第43页。

④ 李之亮：《宋两广大郡守臣易替考》，巴蜀书社2001年版，第47页。

宋廷在此设置永通钱监铸铜钱。[①] 韶州的铜主要供应岭北的钱监，永通监建成前，最多时每年运二百万斤供应岭北钱监。建永通监，主要是解决买铜本钱，建监后，一年可以买铜三百万斤。至和二年（1055），岑水场铜“大发”，宋廷命转运司增加铜钱铸造量。[②] 治平四年（1067），神宗即位的当年，广南东路惠州又设置了阜民监。

韶州的铜产量巨大，可以岁买二三百万斤铜，而真宗天禧末年的全国铜课额不过才二百六十七万五千余斤，可见韶州的铜矿开发意义之重大。据刘弇《龙云先生集》卷28《策问》：

> 皇祐中，举天下岁入铜以斤计得五百一十万八百三十四斤。[③]

皇祐中，全国的铜课额五百一十万八百三十四斤，韶州一州即有三百万斤，占全国总课额的一半还多。

对全国而言，韶州是最重要的铜矿产区，陕西的铜钱监使用的是韶州岑水场的铜料，据《续资治通鉴长编》卷213：

> （神宗熙宁三年七月）辛丑，遣发运司管勾运盐、屯田郎中刘忱同陕西转运司相度本路兴置铸钱监利害以闻，以发运使薛向等请出上供钱帛二十万贯匹，买岑水场铜铅四百余万斤，运至陕西增铸钱百万余缗，以备边计也。其后忱等奏至，多与向议协，乃诏行之。[④]

宋代铸铜钱，铜铅比例大致在三比一，四百万斤里面，大约有三百万斤应

---

① ［宋］李焘：《续资治通鉴长编》卷165，庆历八年九月癸亥，第3969页。但据余靖皇祐二年所作《韶州新置永通监记》，此监建于皇祐元年，命名在二年。参考汪圣铎《两宋货币史》，社会科学文献出版社2003年版，上册，第84页。

② ［宋］李焘：《续资治通鉴长编》卷179，“（仁宗至和二年三月癸未）诏三司，韶州岑水场铜大发，其令转运司益募工铸钱”。第4326页。

③ ［宋］刘弇：《龙云先生集》卷28《策问·钱》，明弘治十八年刻本。

④ ［宋］李焘：《续资治通鉴长编》卷213，熙宁三年七月丁丑，第5178页。

该是铜，可见韶州出产铜的数量的巨大及向外运输之多。

由于韶州岑水场铜产量激增，官府收买所用本钱不足，据《续资治通鉴长编》卷240：

> （神宗熙宁五年十一月庚午）王安石言：“……今岑水聚浮浪至十余万，所收铜已患无本钱可买，若京西又置监，不惟无本钱可买，又余无用铅铜……”①

为解决岑水场购买铜的问题，宋朝官府特赐度牒，用以买铜。②

《宋会要辑稿》食货33记载了熙宁十年“山泽之入”的课额，整理如下：

> 永兴军路：91 145斤；两浙路：74 541斤；福建路：442 851斤；江南东路46 820斤；江南西路：114斤；广南东路：21 088 819斤；梓州路459斤。总课额21 744 749斤。③

在熙宁十年“山泽之入”铜课统计中，各路课额所占百分比依次如下：广南东路96.983 5%，福建路2.036 6%，永兴军路0.419 2%，两浙路0.342 8%，江南东路0.215 3%，梓州路0.002 1%，江南西路0.000 5%。

神宗时期的铜产地，元额和元丰元年额在《宋会要辑稿》食货33中有记载，如下：

> 陇州古道场，元额九千一十九斤，元丰元年收同。虢州百家川场、栾川冶，元额七千四百一十七斤，元年收六千三百九十二斤。处州永丰场，元额六万八千五百六十六斤，元年收四万七千五百一十一

① ［宋］李焘：《续资治通鉴长编》卷240，神宗熙宁五年十一月庚午，第5866页。

② ［宋］李焘：《续资治通鉴长编》卷278，“（神宗熙宁九年十月丙午）赐度僧牒千，付韶州岑水场买铜；又五百付广南东路转运司买铅、锡”。第6805页。

③ 参见［清］徐松辑《宋会要辑稿》食货33，第6729—6730页。

> 斤。饶州元额七百四十斤，元年收一千六百八斤。信州铅山场，熙宁四年罢，后复置，上饶县丁溪场。虔州九龚场、云都场，元额六百七十四斤，元年收一百三十斤。潭州无额，元年收一百七万八千二百五十斤。衡州茭源县，元额五千五百七十斤，元年收四千三百五十斤。郴州桂阳延寿坑，熙宁二年置，又二场，元额七十七斤，元年收八十四斤。梓州铜山县一冶，元额三百六十五斤，元年收同。兴州顺政县青阳场，熙宁七年置，元额一十五万四千四十九斤，元年收二十七万七千三百二十八斤。福州黄洋场、玉林场，元额三万二千八百二十二斤，元年收九万五千三百八斤。建州天受、通德、觞竹、武仙、瞿岭场五，余生、蕉溪坑二，大同山一，元额九万二千四百九十三斤，元年收七万一千二百六十斤。南剑州漆坑、石牌、龙门、安福、大演场，元额一十二万五千九百七十四斤，元年收十一万四千五十一斤。汀州潒村坑，熙宁元年置，二年罢；又上宝、凤凰山、赤水、永丰场，元额三万五千四百九十五斤，元年收一万六千四百七十二斤。泉州龙崇场，元无额，元年收未到。漳州宝兴、大消场二，元额四万六千八百四十九斤，元年收四万九百三十六斤。邵武军邹溪、太平、新安场，元额一十二万八千五百六十四斤，元年收四万二千五百一十五斤。广州［应为韶州］岑水场、中子场，元额一千万斤，元年收一千二百八十万八千四百三十斤。连州阳山县铜坑一场。英州竹溪场，元额二千七百九十五斤，元年收无。铜坑冶租额总计一千七十一万一千四百六十六斤，元丰元年收总计一千四百六十万五千九百六十九斤。①

现将元额和元丰元年额列表如下，分路依据《元丰九域志》。

---

① ［清］徐松辑：《宋会要辑稿》食货 33，第 6722—6723 页。

表 1　《宋会要辑稿》铜课“元额”与元丰元年额

路	产铜州	元额（斤）	各路元额统计（斤）	元丰元年额（斤）	各路元丰元年额统计（斤）
秦凤路	陇州	9019	9019	9019	9019
永兴军路	虢州	7417	7417	6392	6392
两浙路	处州	68566	68566	47511	47511
江南东路	饶州	740	740	1608	1608
	信州				
江南西路	虔州	674	674	130	130
荆湖南路	潭州	无额	5647	1078250	1082684
	衡州	5570		4350	
	郴州	77		84	
梓州路	梓州	365	365	365	365
利州路	兴州	154049	154049	277328	277328
福建路	福州	32822	462197	95308	380542
	建州	92493		71260	
	南剑州	125974		114051	
	汀州	35495		16472	
	泉州	无额		未到	
	漳州	46849		40936	
	邵武军	128564		42515	
广南东路	韶州	10000000	10002795	12808430	12808430
	连州				
	英州	2795			
《宋会要辑稿》总额		10711466		14605969	
累计额		10711469		14614009	

从《宋会要辑稿》的记载可以看出，铜产地和产量的绝大多数出自南方。铜产地中的巨头是广南东路的韶州，两组课额均在一千万斤以上，分

别占总额的93%和87%。其次为潭州，元丰元年（1078）课额达到一百零七万斤。产地最多的是福建，除兴化军外，其余七个州军都产铜，岁课额达到三四十万斤。① 信州这个曾经的主产区铜矿开采陷入停滞，“元额”和元丰元年额都没有统计，当是没有课额上报。

无论是“山泽之入”“元额”还是元丰元年额，广南东路，具体说就是韶州，在北宋的铜矿开采和冶炼中占有举足轻重的地位，九成以上的铜都是产自韶州。韶州在宋徽宗时期“祖额”为“黄铜三百一十六万四千七百斤，胆铜八十万斤”②，即使在南宋绍兴三十二年（1162），仍有“黄铜一万四百四十斤，胆铜八万八千九百四十八斤”，位居全国第一。③

三、宋代铜产地重心转移至岭南的原因

韶州铜矿成为宋朝最大的铜矿，原因何在？对此，有从政策原因进行解释，王菱菱先生认为神宗之后宋代矿冶生产进步“是宋神宗变法时期在矿冶业生产上采取一系列新的经济政策的成果”④。对于神宗以后宋代的铜矿开采出现下滑趋势，王菱菱先生认为：“最直接的原因是南宋政权对矿冶户的经济剥夺日益严重，劳役形态的人身支配和勒索逐渐增强。另外，也与南宋疆域的缩小、战乱动荡的局势、财政窘迫等一系列原因密切相关。”⑤

王菱菱先生强调政策等人为因素对矿业生产的影响。但是，有一个疑

---

① 王菱菱：《宋代矿冶业研究》，第42页。

② ［清］徐松辑：《宋会要辑稿》食货33，第6726页。据王菱菱考证，这段记载反映的是宋徽宗时期的铜矿生产情况。见《宋代矿冶业研究》第19页。《宋会要辑稿》食货33之19。胆铜是利用硫酸铜溶液和铁发生置换反应而生产出的铜，为湿法冶金。宋代文献中冶炼矿石获得的铜称为“矿铜”或“黄铜”。宋代在宋哲宗时期开始推广胆铜生产，参考王菱菱《宋代矿冶业研究》，第88—101页。

③ ［清］徐松辑：《宋会要辑稿》食货33，第6727页。

④ 王菱菱：《宋代矿冶业研究》，第61页。

⑤ 王菱菱：《宋代矿冶业研究》，第61页。

问，即使是宋代矿业政策最好的神宗时期，元丰元年全国铜课总额超过一千万万斤，但是九成以上产自韶州，其他各州的课额与韶州相比，不值一提。尤其是江南东路的信州，在宋朝前期，是最为重要的产铜州，神宗年间的课额只有区区几百斤，全国实行一样的政策，为什么韶州超过千万斤，信州只有几百斤呢？用政策刺激解释显然缺乏说服力。前文已经提到，宋太宗、真宗时期，信州的铜课额每年可以达到几百万斤，真宗大中祥符年间以后，课额开始下降，此后信州的铜矿开采一直没有恢复原有的水平，即使是政策最好的神宗时期。

刘解中《试论韶州岑水场在两宋时期盛衰》总结了韶州铜矿开采盛衰原因，对韶州铜矿生产兴盛原因总结有：1. 自然条件——“胆铜”生产法在当地的普及应用，当地铜矿资源丰富，便利的交通；2. 社会条件——政策及社会需要。① 前述已经证明，政策条件并非韶州铜矿开采兴盛的决定性因素。韶州成为宋代铜矿生产的重心，原因如下：

（一）韶州的地质条件决定了当地能够成为铜矿开采的重点区域

矿产资源的开发，要考虑当地的地质条件。韶州地区的矿床属矽卡岩型多金属矿床。矿带长达三千余米，宽四百米，铜硫矿体产于矽卡岩化灰岩中，标高介于五百米至八百米之间，呈层状产出，最厚处约二百米。矿石类型以致密块状、浸染状及细脉状为主，有含铜黄铁矿石、含铜磁黄铁矿石、铅锌矿石。矿物组合以黄铜矿、黄铁矿、磁黄铁矿、方铅矿、闪锌矿为主。② 韶州铜矿从地质角度看，矿体巨大，储量丰富，适合长期开采，且富含多种金属，有利于综合开发。

韶州的银场有“伍汪场，咸平二年置；灵源场，大中祥符二年置”③，这两个银场同时也是铅场④。韶州矿产开发的历史早于仁宗庆历年间，或

① 刘解中：《试论韶州岑水场在两宋时期盛衰》，《岭南文史》1987年第1期。

② 夏湘蓉、李仲均、王根元编著：《中国古代矿业开发史》，地质出版社1980年版，第257—258页。

③ ［清］徐松辑：《宋会要辑稿》食货33，第6718页。

④ ［元］马端临：《文献通考》卷18《征榷·坑冶》，记载铅场“并与银、铜场同名”，中华书局2011年版，第519页。

许早已发现铜矿，只是在庆历年间由于全国缺少铜料，当地的铜矿才得到重视。而且考虑当时的采矿技术，露天矿一般采用阶梯状剥离法，地下开采一般是井巷联合开拓法。[①] 韶州地区矿产埋藏较浅，利于手工劳动条件下的开采。当地表层易开采的富矿体枯竭，在生产技术水平没有明显提高的情况下，无法开采更多的铜。韶州的铜矿也是一样，元丰八年（1085）废 14 钱监，就是由于韶州的铜矿开采出现低谷。[②] 北宋末年，韶州岑水场地表的矿体已经开采殆尽，需要深入地下，才能挖掘到铜矿，据孔平仲《谈苑》卷 1《地中变怪》：

> 韶州岑水场往岁铜发，掘地二十余丈即见铜。今铜益少，掘地益深，至七八十丈。[③]

可见在技术条件不变的前提下，开采一段时间，必然面临资源枯竭、开采难度加大的局面。

所以，铜产量的下降，除了人为因素外，自然因素同样不可忽视。长时间开采，必然导致易采的矿体资源枯竭。哲宗以后开发胆水炼铜，说明当时矿铜生产已经出现减产的危机。元代时期，原来宋代江南和岭南的铜矿不见记载，应该是没有开采，不过这也与元代通行纸币，不重视铸钱和开发铜矿有关。[④] 明代铜矿的开采情况，据《天工开物》卷中“五金”：

> 凡铜坑所在有之……今中国供用者，西自四川、贵州为最盛，东南自海舶来，湖广武昌、江西广信（即宋代的信州），皆饶铜穴。其

---

① 有关宋代的矿冶开采技术，参见韩汝玢、柯俊主编《中国科学技术史·矿冶卷》，科学出版社 2007 年版，第 151—152 页。

② 徐东升：《北宋铸钱诸问题考辨》，《中国史研究》2006 年第 4 期。

③ ［宋］孔平仲：《谈苑》卷 1《地中变怪》，朱易安主编：《全宋笔记》第二编第 5 册，池洁整理，大象出版社 2006 年版，第 298 页。

④ 夏湘蓉、李仲均、王根元编著：《中国古代矿业开发史》，地质出版社 1980 年版，第 127—128 页。

衡、瑞等郡，出最下品。①

可见，宋代比较重要的产铜州，如韶州在明代默默无闻，信州、衡州等已退居次要地位，甚至还要进口铜。

至于清代的铜矿，以云南、四川最为重要，湖南、贵州、广西也有，都不是宋代的主产区。② 说明在古代的技术条件下，经过一段时间的开采，资源枯竭是必然的。北宋后期到南宋铜矿不振，自然因素应该占有很大比例，不纯是人为因素。

胆铜生产受自然地质条件影响较大，德兴、铅山、韶州和浏阳等四个古代著名的“胆铜矿床”，有如下共同特征：（1）有巨大的铜硫矿体或矿带位于地下水面之上；（2）矿区内地形陡峻，沟谷发育，主矿体被切割暴露或位于断裂破碎带；（3）围岩为硅酸盐岩或矽卡岩化灰岩。此外，宋代的十几个胆铜矿区都分布于我国南方的广东、广西、湖南、福建、浙江、安徽等省，这显然与南方的多雨气候有关。所以，胆水“随天翰潦而有涸溢。大抵盛于春夏，微于秋冬”，如遇“雨多泉溢”，则“所浸为最多”。而北方祁连山和中条山两处的铜矿，也具备形成“胆铜矿床”的基本地质特征，但气候干旱，氧化条件特殊，虽然也出现胆水或胆泉，但由于降水量不足，还是不可能形成具有生产规模的“胆铜矿”③。

我们要注意到，凡是胆铜产量高的地区，矿铜储量同样丰富，而没有开发胆铜的地区或者胆铜产量少的地区，矿铜产量也不高。

（二）便利的交通条件使韶州的矿产开发成为可能

韶州地处岭南，临近五岭之一的大庾岭。自唐张九龄开凿大庾岭新路后，大庾岭路日益成为岭南通往中原的主要交通道路。大庾岭路向北接章水通赣江连长江，向南又接浈江连北江，自江西大余县城至广东南雄45公

① 潘吉星：《天工开物校注及研究》，巴蜀书社1989年版，第360页。

② 夏湘蓉、李仲均、王根元编著：《中国古代矿业开发史》，第173—183页。

③ 夏湘蓉、李仲均、王根元编著：《中国古代矿业开发史》，第258页。

里是唯一的陆路。其他路段皆可利用水路运输。[①] 宋代以后，开封成为国道起点，在南方，赣江大庾岭路成为南北交通的主动脉。[②] 在宋代交通重心东移的背景下，大庾岭路日益重要，不仅“广南金银、犀象、百货，陆运至虔州，而后水运”[③]，而且“交、广、闽、越铜、盐之贩，道所出入”[④]。经过韶州的大庾岭路是当时的南北交通干道，在宋代的交通体系中占有举足轻重的地位。[⑤] 宋代韶州名臣余靖在《韶州真水馆记》中说：“凡广东西之通道有三：出零陵下离水者由桂州，出豫章下真水（即浈江）者由韶州，出桂阳下武水者亦由韶州。无虑之官峤南，自京都沿汴绝淮，由堰道入漕渠，泝大江，度梅岭，下真水至南海之东、西江者，唯岭道九十里为马上之役，余皆篙工楫人之劳，全家坐而致万里。故峤南虽三道，下真水者十七八焉。”[⑥] 而在《韶州新修望京楼记》中则说：“广之旁郡十五，韶最大，在楚为边邑，在越为交衢。治城居武水东，贞水西。……唐、汉之西都（指长安）也，由湘衡而得骑田，故武水最要；今天子都大梁（指开封），浮江淮而得大庾，故真水最便。骑田虽乘驿旧途，而王官往来太平水道，是以风亭水馆、高台上舍徙在真水。”[⑦]

---

① 蔡良军：《唐宋岭南联系内地交通线路的变迁与该地区经济重心的转移》，《中国社会经济史研究》1992 年第 3 期。

② 关于唐宋时期南北交通，参考曹家齐《唐宋时期南方地区交通研究》，香港华夏文化艺术出版社 2005 年版，第 62—72 页；蔡良军：《唐宋岭南联系内地交通线路的变迁与该地区经济重心的转移》，《中国社会经济史研究》1992 年第 3 期；陈伟明：《全方位与多功能：历史时期岭南交通地理的演变发展》，暨南大学出版社 2006 年版，第 22—38 页。

③ ［元］脱脱等：《宋史》卷 175《食货志上三 · 漕运》，中华书局 1977 年版，第 4251 页。

④ ［宋］王安石：《王文公文集》卷 34《虔州学记》，上海人民出版社 1974 年版，第 401 页。

⑤ 有关宋代交通重心转移问题，参见曹家齐《唐宋中国交通重心之南移及其影响——对中国社会发展水平南北差距之形成且恒久未变之原因的一种解释》，《宋代的交通与政治》，中华书局 2017 年版，第 61—88 页。

⑥ ［宋］余靖：《武溪集》卷 5《韶州真水馆记》，曾枣庄、刘琳主编：《全宋文》卷 569，第 27 册，第 50 页。

⑦ ［宋］余靖：《武溪集》卷 5《韶州新修望京楼记》，曾枣庄、刘琳主编：《全宋文》卷 569，第 27 册，第 48 页。

韶州地处交通要道，便利的交通利于移民往来，为矿冶开发提供了充足的劳动力。余靖《韶州新置永通监记》说：“四方之民，弃农亩，持兵器，慕利而至者，不下十万。”①

余　论

铜矿的分布和蕴藏的储量受自然地质制约，人力无能为之，但铜矿开采是人类的生产活动，是受社会、历史等诸多因素制约的。具体到宋代而言，由于铜是铸造铜钱的原料，铜矿开采绝大多数是由官府组织、监管的，是一种政府行为。这种行为在空间上的变迁，是受当时的政治、经济、军事形势等因素制约的。

宋初主要开发“江南铜”，随着江南铜矿生产的滑坡，宋代的铜矿生产和铜钱铸造一度出现紧张的局面，但是韶州铜矿的开发及时弥补了宋代铜矿生产的不足。韶州在宋代是名副其实的产铜第一州。韶州铜矿的开采，是政策、地质、技术、交通等因素共同作用的结果，但自然地质原因在当时的技术条件下无疑占有更重要的地位。

宋代铜矿生产在地理上有一个重要特点，就是严重依赖某一地的铜矿，真宗以前是信州，信州衰落后，韶州取而代之，韶州衰落后，再也没有一个地方能够取代韶州的地位，宋代的铜矿生产在总体上走向衰落。

① ［宋］余靖：《武溪集》卷5《韶州新置永通监记》，曾枣庄、刘琳主编：《全宋文》卷568，第27册，第43页。

《清明上河图》创作于熙宁变法时期考

万　剑
（抚州王安石国际研究中心）

张择端的《清明上河图》是宋代美术史乃至中国美术史知名度最高、影响力最大的画作。围绕它的研究，形成了一门专门的学术——清明上河学①，相关研究论著层出不穷。

关于《清明上河图》的创作时间，综合历代研究者的意见，主要有六种说法：一是北宋前期；二是宋神宗朝；三是宋徽宗朝（在宋徽宗朝中，又存在崇宁和宣和两种说法）；四是南宋时期；五是金朝；六是元人摹写。② 现在研究者一般认为张择端是北宋人，因此这几种创作时间说法中，南宋之后说皆不成立，而北宋前期说因为论据稀疏，本文不做讨论。当前，研究者的主流意见是该画创作于宋徽宗朝。

旅居加拿大的曹星原是最早提出《清明上河图》创作于宋神宗朝的研究者之一。她是美术史教授，经十数年阅读研究，写了一本专著《同舟共济：〈清明上河图〉与北宋社会的冲突妥协》，对传统研究一般认为的张择端《清明上河图》是表现12世纪初北宋末年宋徽宗朝清明盛世的作品提出不同意见，认为从画面呈现上看这幅画作不是通常所认为的“欢庆盛世”的作品，而是“直述虽然面临困境，但是，由于同舟共济的精神和当时帝

---

① 周宝珠：《〈清明上河图〉与清明上河学》，河南大学出版社1997年版，第4页。

② 张显运：《近三十年来〈清明上河图〉海外研究综述》，《河南大学学报（社会科学版）》2018年第2期；余辉：《隐忧与曲谏——〈清明上河图〉解码录》，北京大学出版社2015年版，第21—22页。

王秉持的‘上善若水’安民治世的思想，保证了社会的平和”，反映熙宁变法的作品。①

就画面呈现而言，《清明上河图》并非“欢庆盛世”之作，是不少美术史学者的共识。故宫博物院余辉《隐忧与曲谏——〈清明上河图〉解码录》是近年来清明上河学的力作，从书名即可知作者认为该画并非歌颂太平，而是存在隐忧与曲谏之意。余辉认为《清明上河图》创作于宋徽宗朝崇宁时期，但是书中给出的论据多数不能成立，甚至有些论据可以用来证明该画创作于熙宁变法时期。本文将重点围绕《清明上河图》是创作于宋神宗朝还是宋徽宗朝，检讨辨析研究者给出的论据，并提出补充论据，论证从现有的史料论据来看，《清明上河图》最大可能是创作于熙宁变法时期。

一、《清明上河图》的画风和画面呈现

《清明上河图》的创作时间存在分歧，是由于画作作者张择端的生平不可考，仅见于金人张著的题跋：

> 翰林张择端，字正道，东武人也。幼读书，游学于京师，后习绘事。本工其界画，尤嗜于舟车市桥郭径，别成家数也。按《向氏评论图画记》云：“《西湖争标图》《清明上河图》选入神品。”藏者宜宝之。大定丙午清明后一日，燕山张著跋。②

大定丙午是金世宗大定二十六年（1186），其时距北宋灭亡已有59年。这是历史上第一次出现《清明上河图》作者张择端的记载，也是唯一记载。张著题跋透露的信息，一是作者张择端是东武人，今天的山东诸城，

① 曹星原：《同舟共济：〈清明上河图〉与北宋社会的冲突妥协》，浙江大学出版社2012年版，第5页。

② ［宋］张择端：《清明上河图》卷，第38—39页，转引自《隐忧与曲谏——〈清明上河图〉解码录》。

"幼读书，游学于京师，后习绘事"；二是《向氏评论图画记》曾点评《清明上河图》"选入神品"。有研究者考证《向氏评论图画记》的作者是宋神宗皇后向后的弟弟向宗回，余辉因此将《清明上河图》的下限设定在向宗回逝世的大观四年（1110）。① 关于张择端的生平仅见于此，史料阙如，所以我们无法通过考订张择端的生平来判断《清明上河图》具体的创作时间，只能通过画风和画面呈现来判断。

《清明上河图》画的是北宋首都开封，从城外郊区逐步画到城内市区，分为三个段落：首段落是城外郊区的农村风光，人们踏青而归；中间段落是以虹桥为中心的汴河与两岸；末段落是城内市区繁华的商铺脚店。这是一幅画风写实之作，张择端的创作基于北宋开封的实景，或者说，是在忠实于北宋开封实景基础上的再创作。承认画风写实这一点对我们判断《清明上河图》的创作时间很重要，因为如果画风不是写实的，那么凭借画面呈现来判断创作时间就失去了准确性。张著题跋说张择端"本工其界画，尤嗜于舟车、市桥郭径"，工整写实、造型准确正是界画的创作宗旨。

宋代作品的写实程度很高，北宋灭亡之后孟元老追忆开封繁华的《东京梦华录》中描绘的州桥胜景，"近桥两岸，皆石壁，雕镌海马、水兽、飞云之状"，被近年来州桥遗址考古发现所证实。② 那么，《清明上河图》中的店名无一例出现在《东京梦华录》中，说明了什么呢？有两种可能，一种可能是《清明上河图》与《东京梦华录》呈现的地点不同，另一种可能是《清明上河图》与《东京梦华录》呈现的时间不同。

曹星原判断《清明上河图》创作于宋神宗朝的理由之一就是：从画风看，《清明上河图》不似宋徽宗朝的宣和体，而似流行于宋神宗朝反映平民风格的今体。她给今体画下的定义是："一种体现平民精神的写实描绘，源于北宋中上期，盛行于北宋中期。"而到了 11 世纪末宋徽宗朝，开始流行的是"古典带有矫饰的宣和时尚"，今体画淡出绘画舞台。③ 无独有偶，同样是美术史大家，余辉也认为，从画风上看，《清明上河图》山水画的

---

① 《隐忧与曲谏——〈清明上河图〉解码录》，第 23 页。

② 周润山：《开封州桥及附近汴河遗址的发掘》，《大众考古》2023 年第 8 期。

③ 《同舟共济：〈清明上河图〉与北宋社会的冲突妥协》，第 133 页。

风格，受到北宋李成、郭熙树石造型和皴法影响，“其绘制时间的上限隐约在郭熙成名之后，也就是神宗朝（1068—1085）初年以后”①。

《清明上河图》画面的开场是一匹惊马。在踏青回城的队伍中，有三个马夫在追赶一匹奔驰的惊马。惊马的前方是受惊吓的黑驴和惊慌的人们。余辉认为这个开场是焦虑的，“隐喻了官民之间的矛盾”②。这个解释有过度诠释之嫌，但是说《清明上河图》的序曲由冲突开场，是可以成立的。

《清明上河图》中描绘的马数量并不多，根据张显运统计，在画卷出现的92头牲畜中，驴49头，马21匹，牛14头，骆驼3头，猪5头。其中，驴的数量占比超过一半，而马占比22.8%。驴和马都是宋代的主要交通工具，张显运认为画面中驴的数量远比马的数量多与北宋中前期的马政不昌有关，而马匹短缺情况的改变始于宋神宗熙宁五年（1072）首先在开封府界实施的保马法。在此之后，马匹用于交通运输开始普遍，见诸宋代文献记载的很多，因此他认为，“《清明上河图》的创作不晚于宋神宗时期。”③

《清明上河图》中间一段是关于汴河的画面，其中虹桥是全画的中心点。在这个中心点，画的是两船即将相撞，桥面上体现的也是冲突，两拨人马在桥上相遇，互不相让。曹星原提示我们注意，在这幅图画的中心部分，画家选择将一个最大的、戏剧性的两船即将相撞的冲突安排在虹桥之下。从视觉理论来看，图画的构图中心往往是作品的主题，如果本作品的中心表现的是漕运船只即将发生事故，而周围的人们在齐心协力、竭力扭转事态，那么“这件作品的主题很可能表现的是一种同舟共济、风雨同舟的精神”④。

画面中心的虹桥来自宋仁宗朝青州牢城废卒的发明创造。据王辟之记载于元丰后期的一则笔记：

---

① 《隐忧与曲谏——〈清明上河图〉解码录》，第22页。

② 《隐忧与曲谏——〈清明上河图〉解码录》，第141页。

③ 张显运：《〈清明上河图〉创作时间新论》，《史林》2012年第6期。

④ 《同舟共济：〈清明上河图〉与北宋社会的冲突妥协》，第107页。

> 青州城西南皆山，中贯洋水，限为二城。先时，跨水植柱为桥，每至六七月间，山水暴涨，水与柱斗，率常坏桥，州以为患。明道中，夏英公守青，思有以捍之，会得牢城废卒，有智思，叠巨石固其岸，取大木数十相贯，架为飞桥，无柱。至今五十余年，桥不坏。庆历中，陈希亮守宿，以汴桥屡坏，率尝损官舟、害人，乃命法青州所作飞桥。至今沿汴皆飞桥，为往来之利，俗曰虹桥。①

《清明上河图》画面的开场是惊马，画面的中心部分是虹桥上、下的冲突，这样的一种安排当是别有深意。我们知道，熙宁年间宋神宗启用王安石变法，引发了北宋社会巨大的冲突。这种冲突，既来自理念，也来自利益。青苗、免役、市易诸新法，除了士大夫之间的理念纷争外，触动社会各阶层利益繁多。当宋神宗质问文彦博“更张法制，于士大夫诚多不悦，然于百姓何所不便”时，文彦博毫不客气地回答：“为与士大夫治天下，非与百姓治天下也。”②。

显然，张择端开场和中心部分的画面安排很可能是在喻示北宋社会当时正在经历的冲突。《清明上河图》末段落画的是城内市区繁华的商铺脚店，结束于三个场景，一是“赵太丞家”医铺求医，二是“解”字牌下算命，三是村夫问道。如果《清明上河图》画面没有缺失，那么这是一个出人意料的安排。宋代是中国古代王朝最重视世俗生活价值的朝代，以这样一组平平常常的市井场景收尾，或许喻示画家相信因熙宁变法引发的社会冲突终将过去，北宋社会生活的底色是烟火人间。

二、《清明上河图》与北宋漕运

今天多数研究者认为《清明上河图》画面描绘的是北宋开封清明时节

---

① ［宋］王辟之撰，吕友仁点校：《渑水燕谈录》，中华书局 2006 年版，第 100—101 页。

② ［宋］李焘：《续资治通鉴长编》卷 221，熙宁四年三月戊子，中华书局 2004 年版，第 5370 页。

到汴河上去的习俗，画面呈现的景象是春景，而非秋景，画名中的“清明”二字就是指清明节气，“上河”是指到汴河去的习俗。周宝珠说，《清明上河图》就是描绘清明时节到汴河上去的图画。[①] 余辉说，所谓“清明上河”，意即清明节期间到河边去观水，在北宋扩展为从事水上运输和商贸活动。[②] 张著题跋《清明上河图》的时间，“清明后一日”，即清明节气后一天，也提示了画面呈现的季节。

那么北宋开封为什么会形成清明节气到汴河上去的习俗呢？这与汴河的漕运制度有关。漕运是开封的生命线，北宋立国选择建都于开封，就是考虑漕运物资的方便。在开封承担漕运功能的四条河流（汴河、黄河、惠民河、广济河）中，汴河是接受南方物资供给最主要的交通运输线，所谓“唯汴水横亘中国，首承大河，漕引江、湖，利尽南海，半天下之财赋，并山泽之百货，悉由此路而进”[③]。

在宋神宗朝之前，由于汴河与黄河连接，每年冬天，为了防止黄河冰凌进入汴口，北宋政府都要调发民夫关闭汴口，疏浚汴河，第二年春季再调发民夫重新开启汴口。而春季开启汴口漕运复航的时间正是清明节气第一天。汴河的漕运时间，从清明节气漕运复航到十月闭汴口，每年约 200 余日，“汴口岁开闭，修堤防，通漕才二百余日”[④]。

汴河每年关闭和开启汴口劳民伤财，降低了漕运能力。为此，从熙宁六年（1073）到熙宁八年（1075），宋神宗听取范子奇建议，尝试改变汴口治理方式，不闭汴口，但是都没能取得成功。[⑤] 元丰二年（1079）三月，宋神宗再次调整治理思路，以宋用臣提举导洛通汴工程，引洛水入汴河。

> 四月甲子兴工，遣礼官祭告。河道侵民冢墓，给钱徙之，无主者，官为瘗藏。六月戊申，清汴成，凡用工四十五日。自任村沙口至

---

① 周宝珠：《〈清明上河图〉与清明上河学》，河南大学出版社 1997 年版，第 30 页。

② 《隐忧与曲谏——〈清明上河图〉解码录》，第 17 页。

③ ［元］脱脱等：《宋史》卷 93《河渠志三·黄河下》，中华书局 1985 年版，第 2321 页。

④ 《宋史》卷 94《河渠志四·汴河下》，第 2327 页。

⑤ 吴春光：《北宋河阴汴口治理研究》，《池州学院学报》2020 年第 1 期。

河阴县瓦亭子，并汜水关北通黄河，接运河，长五十一里。两岸为堤，总长一百三里，引洛水入汴。七月甲子，闭汴口，徙官吏、河清卒于新洛口。①

结束了每年关闭和开启汴口的烦劳。导洛通汴工程竣工后，漕船入京日期由原来的清明日提前到二月一日。元丰三年（1080）正月，“三司言：‘发运司岁发头运粮纲入汴旧以清明日。自导洛入汴，以二月一日。今自去冬汴水通行，不必以二月为限。’从之”②。全年通航。汴河出现“江淮扁舟，四时上下，昼夜不绝”③ 的繁忙景象。

清明节气不再是用来标志北宋开封一年的漕运之始，这是曹星原判断《清明上河图》创作于宋神宗朝最重要的依据。她的理由是，从画面呈现看，《清明上河图》表现的是北宋开封清明节气第一天开汴口漕运复航时的情景，而在元丰二年（1079）导洛通汴工程竣工后，清明节气不再是宋代漕运复航的第一天，因此画作的创作下限应该是在元丰二年。④

《清明上河图》中间一段关于汴河的画面，占全图的三分之一多，揭示了画作与汴河漕运的关系。曹星原说：“《清明上河图》展示了一个沿河而建的以运输和市场为社会机制、以贩夫走卒为主人公的新兴也是新型的市场文化。”⑤ 从北宋初年到元丰二年，因为清明节气是漕运复航的第一天，所以开封形成了清明节气上汴河的习俗，而张择端《清明上河图》画面描绘的正是这一景象。我们可以想见，北宋立国一百多年来，清明节气都是漕运复航的第一天，那么有一幅反映当时景象的画作流传下来并不会让我们意外。事实上，没有这么一幅作品才更应该让我们意外。

曹星原关于《清明上河图》创作于宋神宗朝提出的这一时间证据是很坚强的。理由很简单，如果清明节气不再是开封漕运复航的第一天，那么

① 《宋史》卷 94《河渠志四·汴河下》，第 2328 页。

② 《续资治通鉴长编》卷 302，元丰三年正月癸巳，第 7351 页。

③ 《续资治通鉴长编》卷 297，元丰二年三月庚寅，第 7226 页。

④ 《同舟共济：〈清明上河图〉与北宋社会的冲突妥协》，第 122—125 页。

⑤ 《同舟共济：〈清明上河图〉与北宋社会的冲突妥协》，第 117 页。

张择端创作这么一幅题名“清明上河”的画作有什么意义呢？但是她认为《清明上河图》是对郑侠《流民图》的回应，并认为是宋神宗的皇后向后家族为了宽慰宋神宗而请张择端以委婉的图像方式创作《清明上河图》①，猜测的成分居多，本文不取，也不做讨论。《清明上河图》的评论仅见于《向氏评论图画记》，可能的解释是该画作被向后家族收藏，北宋灭亡后沦入金朝。据传，《清明上河图》上还有宋徽宗的题记，“卷首祐陵有瘦金五字签及双龙小印”②，今虽不存，一种可能的解释是，作为宋神宗欣赏的今体画，《清明上河图》被宋神宗选入神品，在宋徽宗继位后赐给了向后家族，也因此，未见于成书于宣和二年（1120）的《宣和画谱》。

艾江涛《〈清明上河图〉：繁华背后的忧思》既然指出张择端选取清明上河来表现汴京风物是因为直到元丰二年导洛入汴之前，清明节气都是北宋汴河的首航日③，那么他就应该同意曹星原的意见，而不是余辉的意见。赵广超《笔记：清明上河图》把画作时间定在“每年复航之后第一批船只抵达开封”④，或是默认了曹星原的判断，《清明上河图》创作于宋神宗朝。

按《宋史·河渠志》记载，导洛通汴在元祐年间一度于冬日关闭了汴口，但是很快恢复，直到宋徽宗朝都没有改变。⑤ 所以说，北宋开封清明上河的习俗在元丰二年导洛通汴工程竣工后，随着清明节气不再是漕运复航的第一天而失去特别的意义，大致不误。

三、余辉崇宁时期说论据的不成立

《清明上河图》创作于宋徽宗朝说中，多数意见是主宣和时期说，但是余辉《隐忧与曲谏——〈清明上河图〉解码录》提出了崇宁时期说。其实《清明上河图》创作于宣和时期说的论据并不充分，主要依据不过是画

① 《同舟共济：〈清明上河图〉与北宋社会的冲突妥协》，第 175—187 页。

② 《隐忧与曲谏——〈清明上河图〉解码录》，第 14 页。

③ 艾江涛：《〈清明上河图〉：繁华背后的忧思》，《公民与法（综合版）》2018 年 10 月。

④ 赵广超：《笔记：清明上河图》，生活·读书·新知三联书店 2005 年版，第 7 页。

⑤ 《宋史》卷 94《河渠志四·汴河下》，第 2330—2335 页。

面卷末金人的题诗，特别是张公药诗，“通衢车马正喧阗，祇是宣和第几年。当时翰林呈画本，升平风物正堪传”[①]，直接将《清明上河图》创作时间与宣和联系起来，并认为画名中的“清明”二字即政治清明之意，画作是在“欢庆盛世”。北宋之后其他版本的《清明上河图》仿作基本上是沿此思路，画面内容有意呈现“欢庆盛世”。

但是如前文所述，今天的研究者多数认为《清明上河图》反映的是北宋开封清明节气上汴河的习俗，并非歌颂政治清明。《清明上河图》上有宋徽宗的签字和用印，但是不见于成书于宣和二年（1120）的《宣和画谱》，并不足以说明该画创作于宣和二年后。[②] 本节重点辨析余辉关于《清明上河图》创作于崇宁时期提出的论据。

余辉崇宁时期说最直接的时间论据是画作中覆盖在独轮车及串车上的苫布出现两处，作者认为是屏风上撕拆下来的书法作品，与崇宁党禁有关，“这支秒针指向决定了绘制《清》卷更具体的时间”，画中作为苫布的书法极有可能是旧党文人的书迹。[③] 这个推测是过度诠释。宋代有字的纸被重复利用是常态，纸除了书写用途外，还可以当纸衣、纸袄、纸被使用，发生在庆历四年（1044）的进奏院案就是北宋官员出卖废纸不当受到惩罚的例子。除非作者有透视眼，能够一眼从苫布上辨认出旧党的书迹，否则论据不足以支撑作者的判断。

“北宋物价的时间特性”亦是余辉崇宁时期说的论据之一，作者认为画面上“十千脚店”门口车夫手捧的铜钱从直径来看大约 4 厘米，是崇宁三年（1104）蔡京起铸的“当十钱”。可是作者又说，据宋代造币史研究，至少在熙宁、大观年间也分别制造、使用过直径超过 3 厘米的大钱，但是因为这两个时间段没有发生焚毁旧党墨迹的事件，因此排除了这两个时间

---

① 《清明上河图》卷，第 39 页，转引自《隐忧与曲谏——〈清明上河图〉解码录》。

② 张显运说多数研究者认为《清明上河图》创作于宋徽宗朝宣和年间，不早于宣和二年（1120），因为本年成书的《宣和画谱》对《清明上河图》没有记载。（《〈清明上河图〉创作时间新论》，第 64 页）

③ 《隐忧与曲谏——〈清明上河图〉解码录》，第 29—31 页。

段。① 作者仍然需要有透视眼，从苫布上辨认出旧党的书迹，否则仅凭借画面上的铜钱直径不足以排除熙宁、大观这两个时间段。

“私家漕粮入汴”是余辉崇宁时期说的另一个时间论据。作者说崇宁三年宋徽宗废除北宋旧制，将购买江淮、江南粮食的漕船用于购买、运输花石纲，导致大量私家漕船运粮入京，揭示了“潜在的官粮危机”。《清明上河图》画面中进入开封的私家漕船没有一位督运官，是张择端在提醒宋徽宗关注私家漕船进京问题。② 就这一点而言，作者仍然是过度诠释。崇宁三年改变的不过是将汴河纲运由转般法改为直达法，而私家漕船入京是熙宁初薛向被宋神宗起用为江淮六路发运使，推行均输法改革，为了减少官船纲运的弊端采取的措施。《宋史·薛向传》载：

> 神宗知向材，以为江、浙、荆、淮发运使。纲舟历岁久，篙工利于盗货，尝假风水沉溺以灭迹。向募客舟分载，以相督察。③

因此，与其说“私家漕粮入汴”是《清明上河图》创作于崇宁时期的时间论据，不如说是创作于熙宁变法时期的时间论据。

余辉认为《清明上河图》是画家张择端对宋徽宗的曲谏，反映了当时的社会危机，他列举了十二处主题细节，有些细节已在前文中进行了辩驳，不再重复，其他细节仍然有可辩之处。其一，虚设的望火楼。余辉指画面城外的高台是望火楼，但已经无人值守，画家在暗示东京城消防设施的荒废。④ 但是据吴钩考订，《清明上河图》中的此处高台，形制跟《营造法式》规定的望火楼构造不同，与南宋《西湖清趣图》描绘的望火楼造型也迥异，并非望火楼，而是一处供市民登高望远、饮酒作乐的亭台。⑤ 其二，沉重的商税。余辉指画面中城门口的税务所，税务官员与货主就货物

---

① 《隐忧与曲谏——〈清明上河图〉解码录》，第 32—35 页。

② 《隐忧与曲谏——〈清明上河图〉解码录》，第 148—151 页。

③ 《宋史》卷 328《薛向传》，第 10587 页。

④ 《隐忧与曲谏——〈清明上河图〉解码录》，第 142—144 页。

⑤ 吴钩：《风雅宋：看得见的大宋文明》，广西师范大学出版社 2018 年版，第 3—4 页。

的纳税数额在起冲突，象征着“当时紧张的官民关系”①。宋代是中国古代王朝最重视商品税收的朝代，在城门口对进出货物征收商税是宋代税务官员的职责，熙宁七年（1074）擅发马递进《流民图》反对新法的郑侠担任的职务监安上门，从事的就是在城门口对进出货物征收商税的工作。税务官员与货主就货物的纳税数额有不同意见是税收工作中的常态，认为画作是在影射沉重的商税是过度诠释。其三，撤防的城门。《清明上河图》画面上城门不设城防工事，没有守备人员，余辉认为反映“徽宗朝初期已日渐衰败的军事实力和日趋淡漠的防范意识”②。这一点，我们留待下一节讨论。③

余辉《隐忧与曲谏：〈清明上河图〉解码录》特别的新意是采取“模拟航拍图”手法重新绘制《清明上河图》画面各场景对应的鸟瞰图。据其绘制的《〈清〉卷模拟航拍图》，可以清晰地发现近郊多为“非”字形或“井”字形的田畴，余辉认为这应该归功于王安石变法时推行的“农田水利法”，为了耕种土地便于灌溉，重新疏通水道。④ 熙宁变法时期是北宋农田水利建设的兴盛期，根据漆侠先生的研究，仅从熙宁三年（1070）至熙宁九年（1076），北宋水利田就开发了 10 793 处，灌溉民田 36 117 888 亩。⑤ 按余辉模拟航拍图的发现，《清明上河图》创作于熙宁变法时期，也是成立的。

四、王公设险以守其国

“王公设险以守其国”出自《易经·坎卦》。原文是：“天险不可升也，

---

① 《隐忧与曲谏——〈清明上河图〉解码录》，第 156—158 页。

② 《隐忧与曲谏——〈清明上河图〉解码录》，第 154—156 页。

③ 崇宁时期其实是宋徽宗朝的军事强盛期，宋军收复了河湟地区。余辉认为斯时军事实力“日渐衰败”与史实不符。

④ 《隐忧与曲谏——〈清明上河图〉解码录》，第 100—101 页。

⑤ 漆侠：《王安石变法》，河北人民出版社 2001 年版，第 146 页。

地险山川丘陵也，王公设险以守其国。”①

唐宋时期的科举官方经义教科书，《周易正义》② 注疏此段的意思是：

天险不可升也，注云：不可得升，故得保其威尊。地险山川丘陵也，注云：有山川丘陵，故物得以保全也。王公设险以守其国。注云：国之为卫，恃于险也。言自天地以下莫不须险也。

正义曰：言天之为险，悬邈高远，不可升上，此天之险也。若其可升，不得保其威尊，故以“不可升”为“险”也。言地以山川丘陵而为险也，故使地之所载之物保守其全。若无山川丘陵，则地之所载之物失其性也。故地以山川丘陵而为险也。“王公设险以守其国”者，言王公法象天地，固其城池，严其法令，以保其国也。③

大致是围绕《易经》原文展开诠释，不做过多推衍，这正是汉唐注疏的义例，所谓“注不破经，疏不破注”。讨论王公如何效法天险与地险，“法象天地”，保有自己的国家：一是固其城池，二是严其法令。这段出自唐宋科举官方经义教科书的注疏被古人用来作为修建城池合理性的证明。庆历年间，范仲淹从陕西前线奏请修固开封城墙，加强京城防御，正是引用这段经典注疏来提供支持。他在给宋仁宗的《乞修京城札子》中写道：

臣闻天有九关，帝居九重，是王者法天设险，以安万国也。易曰：“天险不可升，地险山川丘陵。王公设险以守其国。”正在今日

① ［魏］王弼、［晋］韩康伯注，［唐］孔颖达正义：《周易正义》，中国致公出版社 2009 年版，第 133 页。

② 王安石熙宁变法科举改革，奉宋神宗命主持编撰《三经义》取代传统注疏，只针对《周礼》《尚书》和《诗经》，并不包括《易经》，因此《周易正义》仍然是宋代关于《易经》的官方经义教科书。

③ 《周易正义》，第 133 页。

矣。臣请陛下速修东京，高城深池，军民百万，足以为九重之备。①

范仲淹的建议未被采纳。北宋围绕修固开封城墙一直存在争议，并影响到经义的诠释。反对者一是担心修城墙扰民费财，二是认为修城墙对抵御外敌作用不大，所谓国家的巩固“在德不在险”。早在北宋初期，因为京城开封四周无险可守，宋太祖想迁都洛阳，就是被宋太宗以“在德不在险”为由劝止。②

城墙是有形之险，不足以守国。这是北宋儒学不满汉唐注疏，从注疏之学转向义理之学，兴起的重新诠释经典之风。嘉祐六年（1061），苏轼、苏辙兄弟参加制科考试，苏辙在《形势不如德论》中就传统“王公设险以守其国”注疏提出异辞：

或曰：王公设险以守其国，此人之险，而高城深池之谓也。曰：非也。高城深池，此无以异于地之险。而人之险，法制之谓也。天下之人，其初盖均是人也，而君至于为君之尊，而民至于为民之卑，君上日享其乐而臣下日安其劳而不敢怨者，是法制之力也。③

他的“王公设险以守其国”的落脚点是在法制，反对“固其城池”的注疏。苏轼在其晚年成书的《易解》中释“王公设险以守其国”，全然不作加强城防解，而是以“朝廷之仪、上下之分”作为王公之险，所谓“朝廷之仪，上下之分，虽有强暴而莫能犯，此王公之险也”。清儒李元春表彰苏轼的注解，“说‘险’字人所不到”④。

展开儒家经典中关于修筑城墙的经义讨论，与《清明上河图》创作时

① ［清］范能濬编集，薛正兴校点：《范仲淹全集》，凤凰出版社2004年版，第409—410页。

② 《续资治通鉴长编》卷17，开宝九年正月癸卯，第369页。

③ ［宋］苏辙撰，曾枣庄、马德富点校：《栾城集》下册，上海古籍出版社2009年版，第1705页。

④ 李文泽、舒大刚点校：《三苏经解集校》，四川大学出版社2017年版，第68—69页。

间考订有关。《清明上河图》画面在中间段落汴河虹桥与末段落城内市区之间，有一座城门和城墙，城门不是瓮门，城墙上也没有城防工事，余辉认为画家在喻示着“北宋的国家危机”①。《清明上河图》被很多研究者认为是一幅隐喻北宋晚期政治社会危机的作品，与画面上失防的城门和城墙有很大的关系。②

北宋开封共分外城、内城、皇城三重城墙。其中，外城始修建于周世宗显德二年（955）四月，入宋后，大规模的修固外城则是在宋神宗熙宁八年（1075）八月开始，元丰元年（1078）十月竣工。宋敏求《东京记》忠实记载了这一过程：

> 周世宗显德二年四月，诏京城四面别筑罗城。三年正月，发京畿、滑、郑、曹之民，命薛可言等督之。仍命韩通总其事，王朴经度。凡通衢委巷广袤之间，皆朴定其制，逾年而成。神宗熙宁中，始四面为敌楼，作瓮城，及濬治濠堑。③

如果画面上的城门是外城门，那么《清明上河图》的创作时间下限就不会晚于熙宁八年八月。即使考虑这个时间是宋神宗诏令修城的时间，工程进行有一个过程和先后顺序，《清明上河图》的创作时间下限也不会晚于元丰元年十月。

那么，画面上的城门是外城门吗？研究者并没有形成一致意见。河浚认为是外城门，且是《清明上河图》卷末张公药题诗中提到的东水门，“水门东去接隋渠，井邑钱鳞比不如”，熙宁十年，宋神宗改其名为上善

---

① 《隐忧与曲谏——〈清明上河图〉解码录》，第154—155页。

② 陈诏认为图画中城防未立，因此暗含隐喻。（陈诏：《解读清明上河图》，上海古籍出版社2010年版，第66页）

③ ［明］李濂撰，周宝珠、程民生点校：《汴京遗迹志》，中华书局1999年版，第2页。

门。[①] 余辉认为是内城门，画家“选取的城墙是内城土墙”[②]。周宝珠则断然否定是外城门，理由是“画面中的墙特别低矮，残破不堪，墙上杂草丛生，与史籍中东京外城全然相反”。他引述的论据就是宋神宗增修开封外城的史料和《东京梦华录》的记载。[③]

但是如果说画面上的城门是内城门，有一个跳不过去的矛盾，那就是，从《清明上河图》整幅画面的呈现来看，是从城外郊区，经汴河虹桥，逐步画到城内市区，外城到哪里去了？周宝珠觉得这个问题很费解，认为画家是刻意安排，故意不画外城，喻示开封“是一个不设防的城市”，在政风日坏之下，没有固若金汤可言。[④]

其实呢，从《清明上河图》画面本身就有办法判断，这座城门是开封的外城门。为什么？答案是画面上的城门内有一个商税所！按北宋开封的商税管理制度，入京销售商品，“若一千已下竹木、席箔、簏物，只委监新城门使臣点检，就门收税。一千已上，依旧于商税院纳钱”[⑤]。意即小额商品的税收，由城门使臣负责。而商税所是设在外城门内的。[⑥] 郑侠负责征收商税监的安上门，就是开封外城南面三座城门（南薰、宣化、安上）之一，也称戴楼门。[⑦]

传统研究将《清明上河图》画面上的城门失防视为画家在隐喻北宋晚期的政治社会危机，但是当我们把这幅画的创作时间从宋徽宗朝前推至宋

---

① 河浚：《北宋东京上善门考——关于〈清明上河图〉中的城楼》，《〈清明上河图〉研究文献汇编》，万卷出版公司 2007 年版，第 657—659 页。

② 《隐忧与曲谏——〈清明上河图〉解码录》，第 154 页。

③ 《〈清明上河图〉与清明上河学》，第 75 页。

④ 周宝珠：《〈清明上河图〉是怎样描绘宋末文恬武嬉的》，《〈清明上河图〉研究文献汇编》，万卷出版公司 2007 年版，第 430—431 页。

⑤ ［清］徐松辑，刘琳等校点：《宋会要辑稿》第 6 册，上海古籍出版社 2014 年版，第 3728 页。

⑥ 李合群：《北宋东京城营造与布局研究》，中国建筑工业出版社 2017 年版，第 38 页。

⑦ 孟凡人：《北宋东京开封府城的形制布局》，《故宫学刊》2008 年，第 345 页。

神宗朝，画面和文献之间的矛盾就迎刃而解了。开封外城年久失修[①]，范仲淹在庆历年间想做而没有做成的事，到熙宁变法时期实现了。北宋围绕《易经》“王公设险以守其国”经义注解的纷争，正可与《清明上河图》首段与中间段落画面呈现的冲突印证。

结 语

十几年前，笔者第一次看到曹星原《同舟共济：〈清明上河图〉与北宋社会的冲突妥协》说《清明上河图》创作于宋神宗熙宁变法时期，是对郑侠《流民图》的回应时，十分震动。因为斯时已经投入王安石研究。如果《清明上河图》创作于熙宁变法时期，那么等于是有直接的图画证据来印证王安石变法，这对于拓宽王安石研究的意义，是怎么形容也不为过的。转眼十几年过去了，就笔者看过的清明上河学论著与宋代史料而言，《清明上河图》最大的可能是创作于熙宁变法时期，而创作于其他时期的论据基本上都难以成立。《清明上河图》是不是对《流民图》的回应笔者不敢断言，但是这幅画作应该是与宋神宗有脱不了的关系，因为唯一点评了这幅画作的是来自他的皇后向氏家族的《向氏评论图画记》，而他的儿子宋徽宗为此画题字留印。

作为翰林画家，张择端是在宋神宗的授意下创作这幅画的吗？还是张择端创作好这幅画后献给了宋神宗？这两种可能是否都存在，我们不得而知。但是宋神宗好察外事、博闻广听却是无论新党还是旧党都众口一词的。他对王安石变法实施过程中的利弊得失，从来没有依赖单一的信息来源和渠道，而是兼听博采，自有判断。

北宋开封清明上河的习俗，与汴河每年冬春关闭和开启汴口，清明节气第一天是漕运复航的日子有关，而在元丰二年（1079）导洛通汴工程竣

---

① 开封外城年久失修是有史料论据支持的。据《续资治通鉴长编》载，熙宁八年八月，宋神宗对臣僚说：“都城久失修治，熙宁之初，虽尝设官缮完，费工以数十万计。今遣人视之，乃颓圮如故。”（《续资治通鉴长编》卷 267，熙宁八年八月庚戌，第 6552 页）“颓圮”二字，正可与《清明上河图》画面中失修的城墙相印证。

工后，清明节气第一天就不再是漕运复航的日子，清明上河作为一种习俗也就失去了特别的意义。探究一幅画作的寓意是一件困难的事情，特别是当我们与画家还相隔了遥远的时代。但是即使是一幅写实主义画作，画家在创作时会没有他想表达的寓意吗？绘画毕竟不是摄影，在忠于实景的基础上，画家构图布局，选择画什么不画什么，从哪儿开始，在哪儿结束，肯定有自己的考量。《清明上河图》既不是一幅歌颂之作，也不是一幅讽谕之作，而是一幅写实之作。或者说，如果张择端在创作《清明上河图》时有其歌颂或讽谕之意，那也是通过写实来呈现的。《清明上河图》画面以惊马冲突开始，以虹桥上下的冲突为中心，以市井平常的生活场景结束，画家所寓的深意亦在不言中吧。

吕惠卿著《孝经传》的政治目的*

廖莎莎　彭向前
（宁夏大学　西夏学研究院）

一

《宋史·艺文志》著录“吕惠卿《孝经传》一卷”①，但原书早已亡佚。吕惠卿系宋朝著名政治家，曾积极参加变法运动。王安石变法运动失败后，被保守派视作奸佞小人，事迹入《宋史·奸臣传》。其平生著述受此连累而遭禁，有些甚至没能流传于后世。值得庆幸的是，《孝经传》的西夏文译本却意外地保存在俄藏黑水城文献中。夏译《孝经传》于20世纪初在黑水城遗址出土后，与其他西夏文献一道被科兹洛夫携往圣彼得堡，现藏俄罗斯科学院东方文献研究所，编号 инв. № 2627。初次著录见戈尔巴乔娃和克恰诺夫发表的《西夏文写本和刊本》，书中称：“写本，斜体字，间有草书，蝴蝶装，页面 24×14.7 厘米，文面 19×12.5 厘米，7 行，行 20 字，注解行 19 字。无页码，77 面。保存良好（写本经过修复），文中有多处曾用红墨校改。公元 1095 年（据序言判断）。此为汉文《孝经》的译

* 基金项目：本文为国家社会科学基金冷门绝学团队项目“‘夏译汉籍’汇纂通考及数据库建设”（20VJXT009）阶段性研究成果”。

① ［元］脱脱等：《宋史》卷 202《艺文志一》，中华书局 1990 年版，第 5066 页。

文，有吕惠卿所写前言和注释。18 章末尾以外都保存完整，未注明译者。”[①] 今案：57 和 58 面之间上下文内容不相连属，缺两面。原件照片初揭于科罗科洛夫、克恰诺夫所著《夏译汉文经典》一书[②]，后再次收入《俄藏黑水城文献》第 11 册。[③]

尽管格林斯蒂德于 1972 年曾对西夏文草书《孝经传》全文做了楷书转写[④]，但由于格氏没有结合西夏正体字、西夏文上下文或到汉文史籍里去查找相关词语出处而对其结论加以验证，其楷书转写都是通过拆分西夏构字部件而机械地比对出来的，错误不在少数。之后在此基础上所进行的部分解读工作[⑤]，亦不可避免地把格林斯蒂德的错误继承下来。古人云：“一字之失，一句为之蹉跎；一句之误，通篇为之梗塞。”由于西夏文草书辨识极其困难，夏译《孝经传》迄今尚是一部未获全文解读的西夏文草书文献。

笔者在格林斯蒂德楷书转写的基础上，深入分析西夏文草书结字方式，加强对同符异用、一字多写、形似字的考辨，采取以义辨形和以音辨

---

① 戈尔巴乔娃、克恰诺夫：《西夏文写本和刊本》，白滨译，中国社会科学院民族研究所历史研究室资料组编译：《民族史译文集》第 3 集，1978 年，第 17 页。

② В. С. Колоколов и Е. И. Кычанов, *Китайская классика в тангутском переводе (Лунь Юй, Мэн Цзы, Сяо Цзин)*, Москва: Наука, 1966.

③ 俄罗斯科学院东方研究所圣彼得堡分所，中国社会科学院民族研究所，《俄藏黑水城文献》第 11 册，上海古籍出版社 1999 年版，第 2—46 页。

④ Eric Grinstead, *Analysis of the Tangut Script*, Lund: Studentlitteratur, 1972, pp. 277—376.

⑤ 陈炳应先生对吕惠卿《孝经传序》的全文和《开宗明义章》的前半做了汉译，参见《西夏文物研究》，宁夏人民出版社 1985 年版，第 386—396 页。胡若飞先生对《孝经传序》和全书经文部分做了译考，但由于误以为西夏文草书《孝经传》是个节译本，他对全书经文部分的译考并不完整。参见《俄藏西夏文草书〈孝经传序〉及篇目译考》（《宁夏社会科学》2005 年第 5 期）、《俄藏西夏文草书〈孝经传〉正文译考》（《宁夏大学学报》2006 年第 5 期）。段玉泉先生对剩下的经文部分做了释读，并与英藏本做了比较。参见《〈孝经〉两种西夏文译本的比较研究》（《中华文史论丛》2018 年第 1 期）。聂鸿音先生除纠正了前人对《孝经传序》的误译外，还选取了全书 18 章中的 5 章进行了试译，是以往尝试解读西夏文草书《孝经传》用力最多者。参见《吕注〈孝经〉考》（《中华文史论丛》2007 年，第 86 辑）。

形等手段，对西夏文《孝经传》中的全部草字做出正确的楷书转写，进而对这部西夏文献予以全文解读，最终使《孝经传》这部亡佚已久的古书得到复原，吕惠卿撰写《孝经传》的政治目的——借论孝为变法改革张目，也首次清晰地向学界展现出来。

二

作为王安石变法的第二号人物，吕惠卿在变法革新中发挥了重要的作用。他参与制定和推行一系列新法，在变法与反变法的斗争中，旗帜鲜明，态度坚定，有“护法善神”之称。为了顺利推行新法，吕惠卿在执政之余勤于著述，先后撰写了《道德真经传》《庄子义》《孝经传》等，宣扬变革新思想，阐发推行新法的必然性和必要性。

首先需要指出的是，《孝经》吕惠卿注和之前的唐明皇御注有很大的不同，唐明皇为了移孝于忠，把《孝经》转变为劝人为善的伦理书，吕惠卿出于推进改革大业的需要，则仍然把《孝经》看作政治书。

《孝经传》撰写于绍圣二年（1095），当时的历史背景是：元祐八年（1093）高太后死，哲宗得以亲政，当即表明绍述，贬谪旧党党人，重用革新派，次年改元“绍圣”。于是吕惠卿得以复出，外知大名府。其时《孝经》作为政治工具而为变法派所倚重，确如《宋史·张庭坚传》所言：“世之论孝，必曰绍复神考，然后谓孝。”① 吕惠卿在此关头为《孝经》作注，其政治目的在序言中亦昭然若揭。

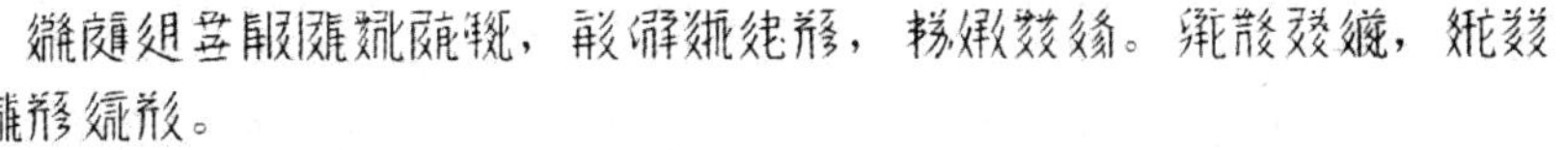

意思是“今惠卿实往昔助忧，为他京留守，主政一方，其教职者，应先思分之也”。“（他京留守）”，指吕惠卿出任都城东京以外的北

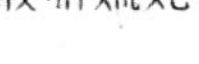

① ［元］脱脱等：《宋史》卷346《张庭坚传》，中华书局1990年版，第10981页。

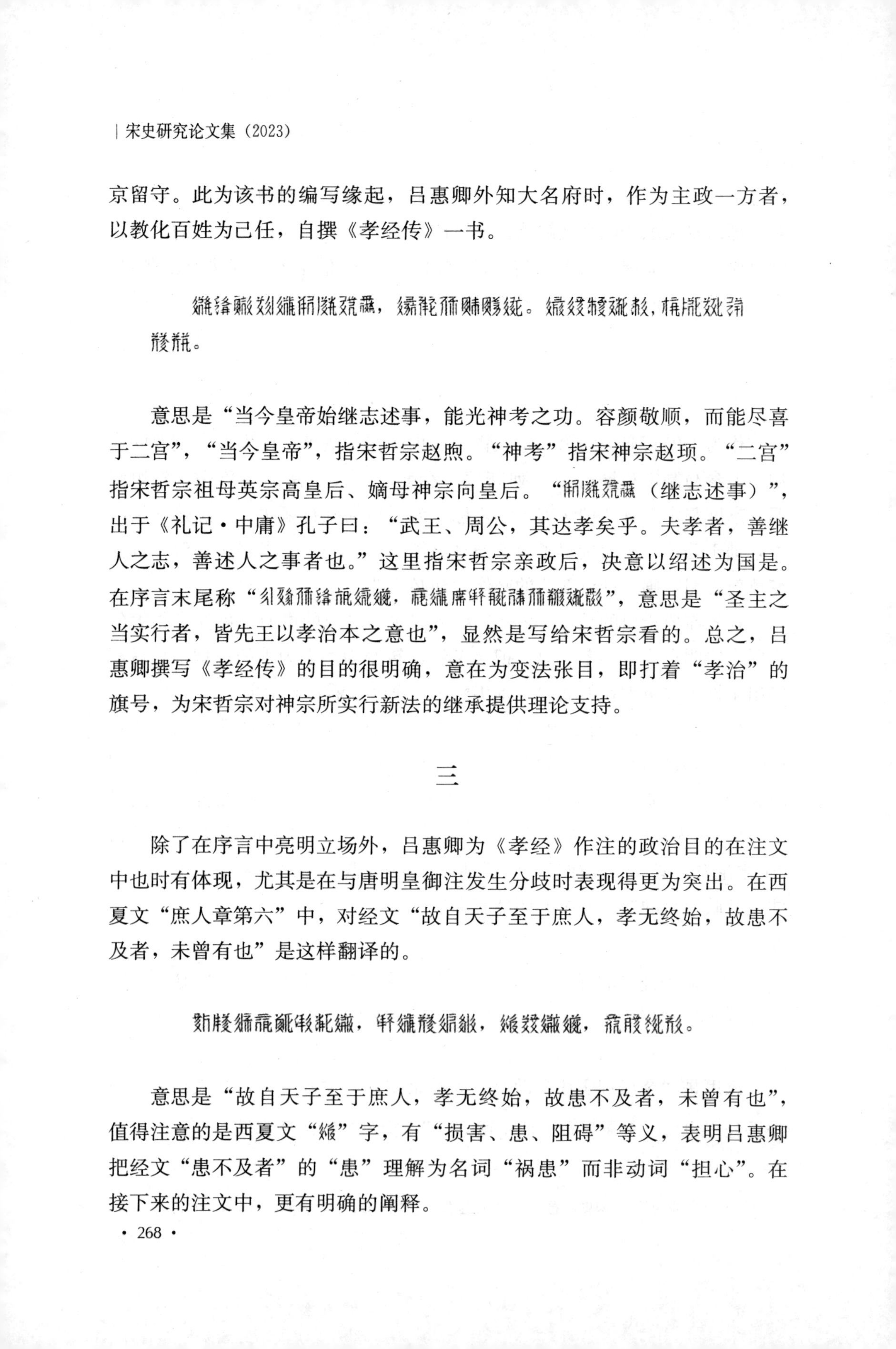

京留守。此为该书的编写缘起，吕惠卿外知大名府时，作为主政一方者，以教化百姓为己任，自撰《孝经传》一书。

> [illegible]，[illegible]。[illegible]，[illegible]。

意思是“当今皇帝始继志述事，能光神考之功。容颜敬顺，而能尽喜于二宫”，“当今皇帝”，指宋哲宗赵煦。“神考”指宋神宗赵顼。“二宫”指宋哲宗祖母英宗高皇后、嫡母神宗向皇后。“[illegible]（继志述事）”，出于《礼记·中庸》孔子曰：“武王、周公，其达孝矣乎。夫孝者，善继人之志，善述人之事者也。”这里指宋哲宗亲政后，决意以绍述为国是。在序言末尾称“[illegible]，[illegible]”，意思是“圣主之当实行者，皆先王以孝治本之意也”，显然是写给宋哲宗看的。总之，吕惠卿撰写《孝经传》的目的很明确，意在为变法张目，即打着“孝治”的旗号，为宋哲宗对神宗所实行新法的继承提供理论支持。

三

除了在序言中亮明立场外，吕惠卿为《孝经》作注的政治目的在注文中也时有体现，尤其是在与唐明皇御注发生分歧时表现得更为突出。在西夏文“庶人章第六”中，对经文“故自天子至于庶人，孝无终始，故患不及者，未曾有也”是这样翻译的。

> [illegible]，[illegible]，[illegible]，[illegible]。

意思是“故自天子至于庶人，孝无终始，故患不及者，未曾有也”，值得注意的是西夏文“[illegible]”字，有“损害、患、阻碍”等义，表明吕惠卿把经文“患不及者”的“患”理解为名词“祸患”而非动词“担心”。在接下来的注文中，更有明确的阐释。

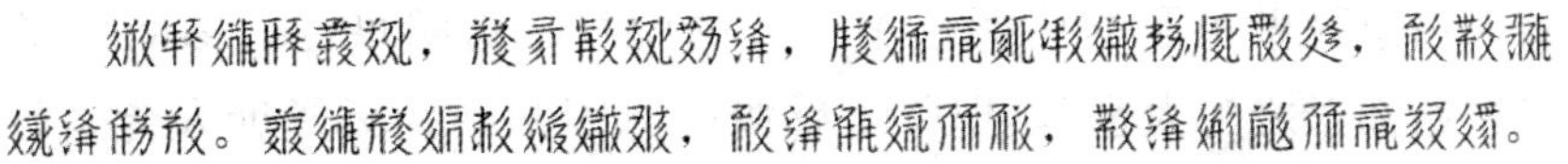

意思是“唯谓孝始于侍亲，终于立身，则虽自天子至庶人一制也，依大小视则异也。若无始终而患至时，小则失所保，大则为祸乱之起处”。吕惠卿对“故自天子至于庶人，孝无终始，而患不及者，未之有也”一句的理解，因政治目的不同而与唐明皇注文有别。唐明皇注文称“始自天子，终于庶人，尊卑虽殊，孝道同致，而患不能及者，未之有也”①。“孝无终始”之“终始”，《孝经·开宗明义章》载，“身体发肤，受诸父母，不敢毁伤，孝之始也。立身行道，扬名于后世，以显父母，孝之终也”，即“始于事亲”“终于立身”。此处经文原义当为：上自天子，下至庶人，凡天子、诸侯、卿大夫、士、庶人，如果不能做到始于事亲，终于立身，而能使祸患不降落在自己身上，那是不可能的事情。唐明皇则将“终始”变成始于天子，终于庶人，导致经文的意思改变为：始于天子之尊，终于庶人之卑，皆当各行其孝道，如果有人担心自己做不到，那是不可能的事情。而且为了迁就自己的观点，不惜删除了原经文“而患不及己者”的“己”字。这样一来，便把五等之孝的意思，变成作为时王的玄宗，要求社会上不同阶层的人各自勉力行孝。唐玄宗《孝经注》成后，五等之孝的意义，最终从政治上的宪章价值，转化成伦理上的劝孝意义。② 在唐玄宗笔下，《孝经》从一部经天纬地的政治书转变成为一本劝人为善的伦理书，吕惠卿注《孝经》则是为了推进改革，这里他不同意唐明皇的解释，明确指出“若无始终而患至时，小则失所保，大则为祸乱之起处”。潜台词就是强调要“立身行道”，把个人的发展融入“富国强兵”的改革事业中，为巩固宋朝的统治竭尽才智，以“扬名于后世”。

吕惠卿的上述观点在西夏文“三才章第七”中可以得到进一步验证。

---

① 唐明皇注，[宋] 邢昺疏：《孝经注疏》，北京大学出版社 2000 年版，第 20 页。

② 陈壁生：《孝经学史》，华东师范大学出版社 2015 年版，第 220—221 页。

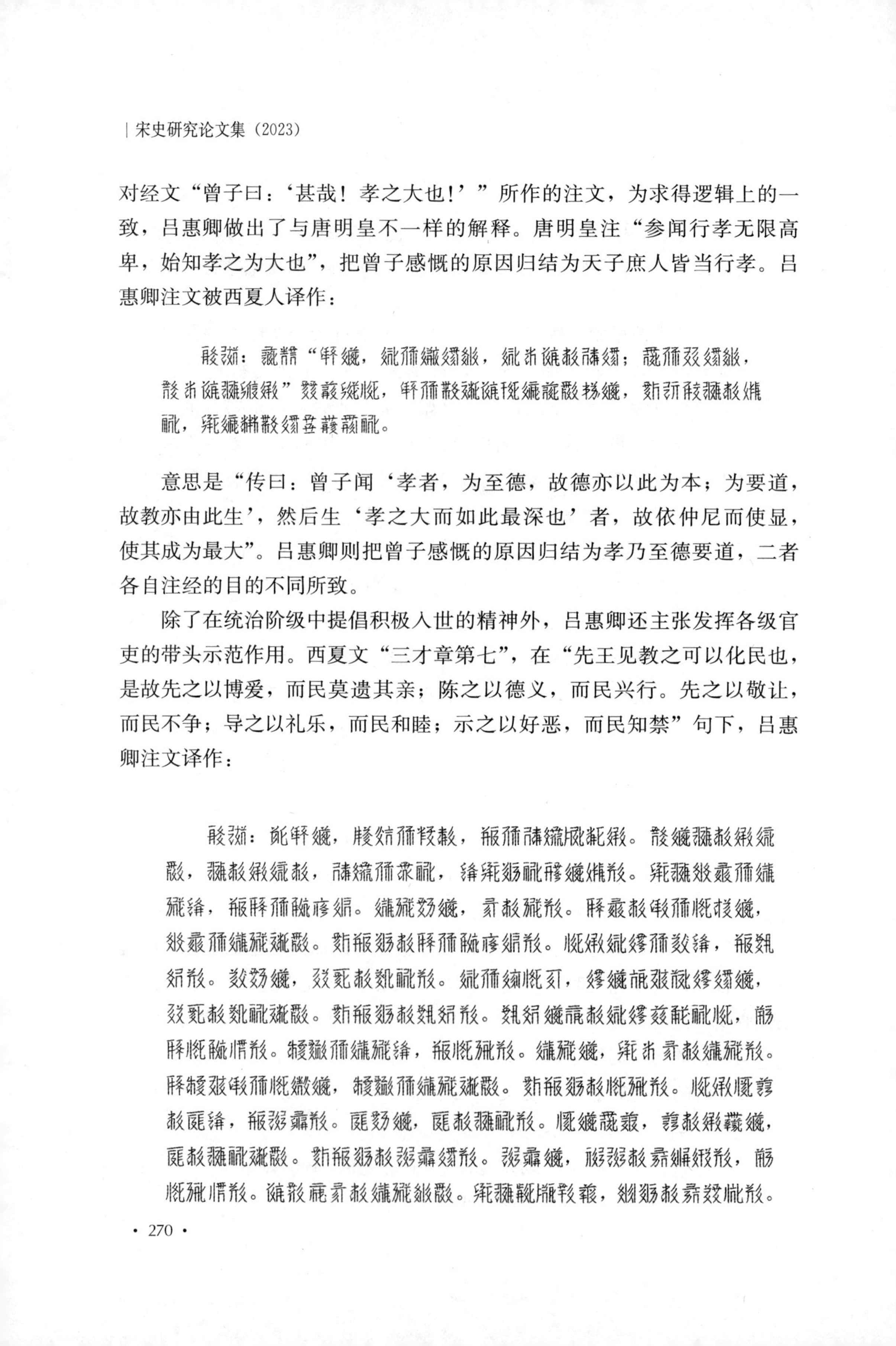

对经文“曾子曰：‘甚哉！孝之大也！’”所作的注文，为求得逻辑上的一致，吕惠卿做出了与唐明皇不一样的解释。唐明皇注“参闻行孝无限高卑，始知孝之为大也”，把曾子感慨的原因归结为天子庶人皆当行孝。吕惠卿注文被西夏人译作：

> [illegible]

意思是“传曰：曾子闻‘孝者，为至德，故德亦以此为本；为要道，故教亦由此生’，然后生‘孝之大而如此最深也’者，故依仲尼而使显，使其成为最大”。吕惠卿则把曾子感慨的原因归结为孝乃至德要道，二者各自注经的目的不同所致。

除了在统治阶级中提倡积极入世的精神外，吕惠卿还主张发挥各级官吏的带头示范作用。西夏文“三才章第七”，在“先王见教之可以化民也，是故先之以博爱，而民莫遗其亲；陈之以德义，而民兴行。先之以敬让，而民不争；导之以礼乐，而民和睦；示之以好恶，而民知禁”句下，吕惠卿注文译作：

> [illegible]

[illegible]
[illegible]
[illegible]

汉译文如下：

传曰：夫孝者天地之经，及民之本有生于性。教者当顺而生也，以顺而生使返本有，则其可使化者显矣。于是先示博爱，则民无遗亲者。谓先示者，以身示也。爱亲而不恶于人者，先示博爱也，故民化而无遗亲者矣。后方陈德义，则民兴行也。谓陈者，俱往而使观也。德之名不一，义则行时异者，俱往而使观也，故民化而兴行也。兴行者起而使与德义同，后非直不遗亲也。敬让之先示，则民不争也。先示者，其亦以身先示也。敬亲时不慢于人者，先示敬让也。故民化而不争也。后方导以礼乐，则民和睦也。谓导者，以导使顺也。礼者守道，乐而生趋者，以导使顺也。故民化而和睦也。和睦者，合和而相亲也，非直不争也。此等皆身以先示故也。于是移风易俗，日化而己莫知矣。若我先无所示，则能陈亦孰观也？能导亦孰顺也？此者其教不严而成之谓。教而不顺，然后有政也。示爱敬故民知禁者，政是也。示是者不在多劝，知禁者不至于迫身也。此者其政不严而治之谓。

吕惠卿这段注文与唐明皇注文大异其趣。原经文是责君的，唐明皇使之转变为训民，其注文曰："君爱其亲，则人化之，无有遗其亲者。陈说德义之美，为众所慕，则人起心而行之。君行敬让，则人化而不争。礼以检其迹，乐以正其心，则和睦矣。示好以引之，示恶以止之，则人知有禁令，不敢犯也。"经文"陈之于德义，而民兴行"，郑注云"上好义，则民莫敢不服"，引《论语》以注《孝经》，"陈"为陈列之义。此为身教，即君上从自身做起。唐明皇注则将"陈"解为"陈说"，变成君上讲解德义之理。此为言传，即君上要求人民行德义。在"导之以礼乐，而民和睦"

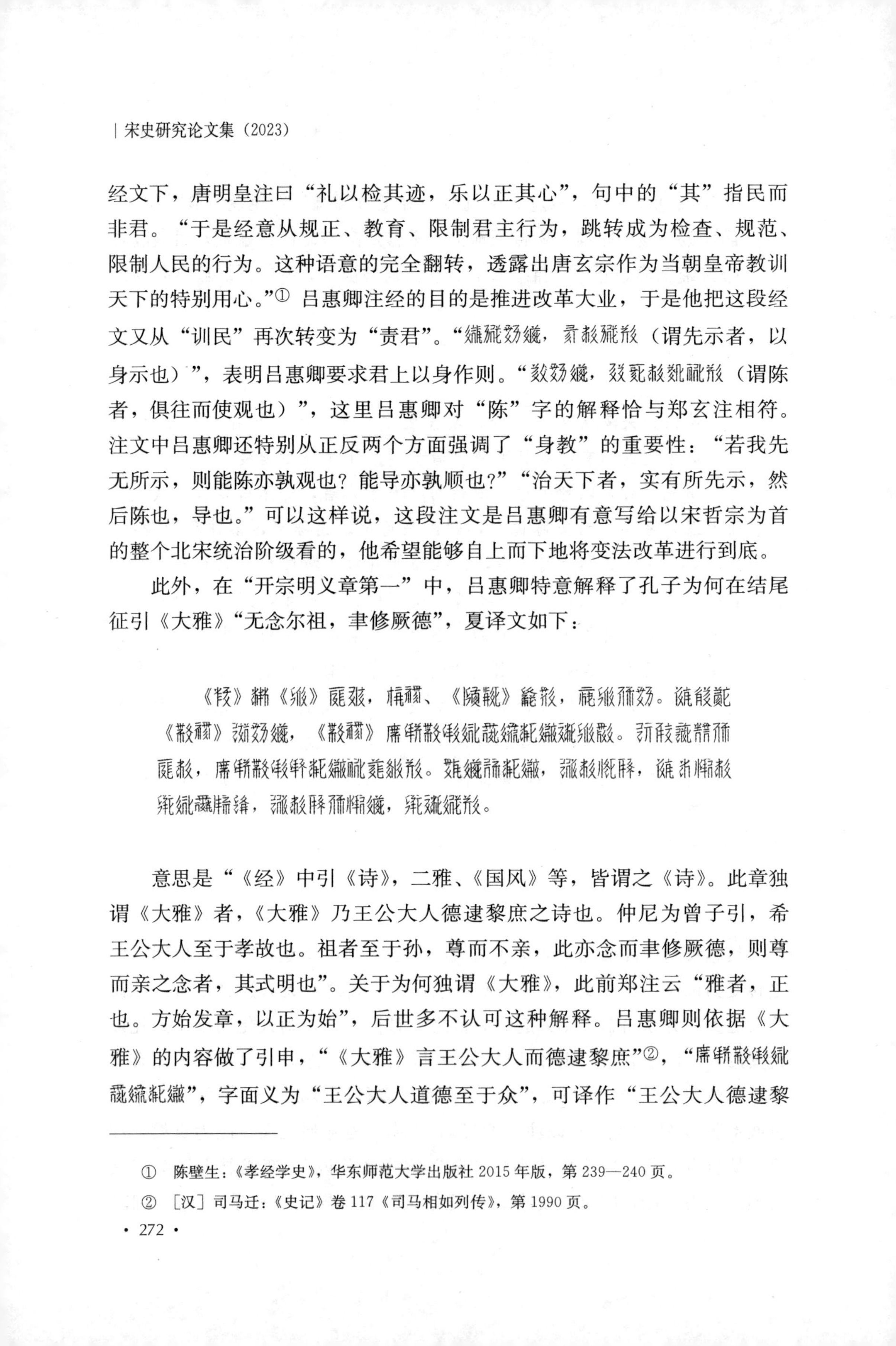

经文下，唐明皇注曰“礼以检其迹，乐以正其心”，句中的“其”指民而非君。“于是经意从规正、教育、限制君主行为，跳转成为检查、规范、限制人民的行为。这种语意的完全翻转，透露出唐玄宗作为当朝皇帝教训天下的特别用心。”① 吕惠卿注经的目的是推进改革大业，于是他把这段经文又从“训民”再次转变为“责君”。“[illegible]（谓先示者，以身示也）”，表明吕惠卿要求君上以身作则。“[illegible]（谓陈者，俱往而使观也）”，这里吕惠卿对“陈”字的解释恰与郑玄注相符。注文中吕惠卿还特别从正反两个方面强调了“身教”的重要性：“若我先无所示，则能陈亦孰观也？能导亦孰顺也？”“治天下者，实有所先示，然后陈也，导也。”可以这样说，这段注文是吕惠卿有意写给以宋哲宗为首的整个北宋统治阶级看的，他希望能够自上而下地将变法改革进行到底。

此外，在“开宗明义章第一”中，吕惠卿特意解释了孔子为何在结尾征引《大雅》“无念尔祖，聿修厥德”，夏译文如下：

> [illegible]

意思是“《经》中引《诗》，二雅、《国风》等，皆谓之《诗》。此章独谓《大雅》者，《大雅》乃王公大人德逮黎庶之诗也。仲尼为曾子引，希王公大人至于孝故也。祖者至于孙，尊而不亲，此亦念而聿修厥德，则尊而亲之念者，其式明也”。关于为何独谓《大雅》，此前郑注云“雅者，正也。方始发章，以正为始”，后世多不认可这种解释。吕惠卿则依据《大雅》的内容做了引申，“《大雅》言王公大人而德逮黎庶”②，“[illegible]”，字面义为“王公大人道德至于众”，可译作“王公大人德逮黎

① 陈壁生：《孝经学史》，华东师范大学出版社 2015 年版，第 239—240 页。

② ［汉］司马迁：《史记》卷 117《司马相如列传》，第 1990 页。

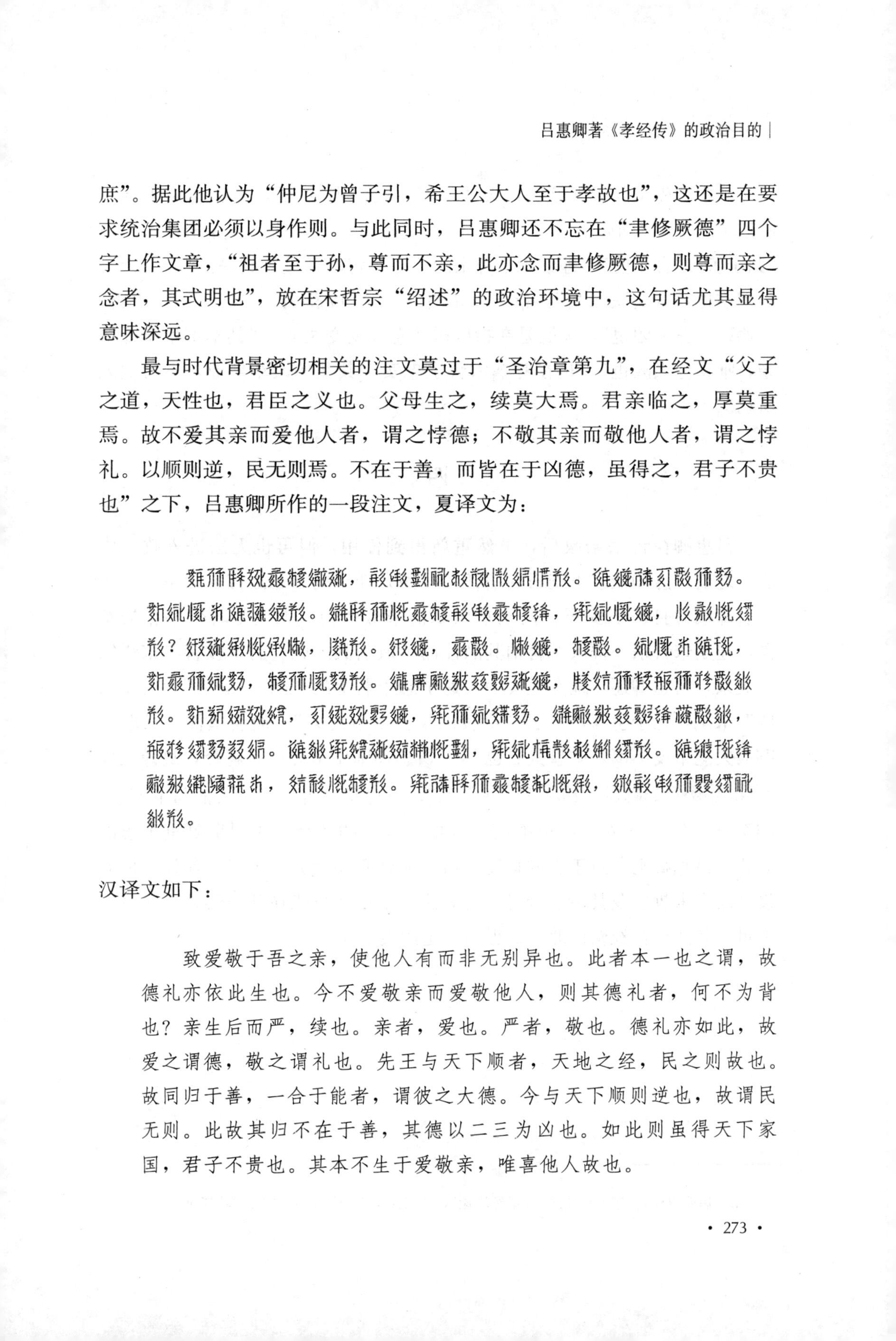

庶”。据此他认为“仲尼为曾子引，希王公大人至于孝故也”，这还是在要求统治集团必须以身作则。与此同时，吕惠卿还不忘在“聿修厥德”四个字上作文章，“祖者至于孙，尊而不亲，此亦念而聿修厥德，则尊而亲之念者，其式明也”，放在宋哲宗“绍述”的政治环境中，这句话尤其显得意味深远。

最与时代背景密切相关的注文莫过于“圣治章第九”，在经文“父子之道，天性也，君臣之义也。父母生之，续莫大焉。君亲临之，厚莫重焉。故不爱其亲而爱他人者，谓之悖德；不敬其亲而敬他人者，谓之悖礼。以顺则逆，民无则焉。不在于善，而皆在于凶德，虽得之，君子不贵也”之下，吕惠卿所作的一段注文，夏译文为：

> [illegible]

汉译文如下：

> 致爱敬于吾之亲，使他人有而非无别异也。此者本一也之谓，故德礼亦依此生也。今不爱敬亲而爱敬他人，则其德礼者，何不为背也？亲生后而严，续也。亲者，爱也。严者，敬也。德礼亦如此，故爱之谓德，敬之谓礼也。先王与天下顺者，天地之经，民之则故也。故同归于善，一合于能者，谓彼之大德。今与天下顺则逆也，故谓民无则。此故其归不在于善，其德以二三为凶也。如此则虽得天下家国，君子不贵也。其本不生于爱敬亲，唯喜他人故也。

其中“先王与天下顺者，天地之经，民之则故也”，是在肯定宋神宗的改革之举。“同归于善，一合于能”则是希望宋哲宗能够像宋神宗一道“归于善”“合于能”，即继承宋神宗的遗志，将改革进行到底。“今与天下顺则逆也，故谓民无则”，指“元祐更化”，尽废新法。“其归不在于善，其德以二三为凶也”，无疑是在指斥司马光等反变法派。“其本不生于爱敬亲，唯喜他人故也”，是在叮嘱宋哲宗忠实于其父的改革事业，不为他人所动。

四

吕惠卿在哲宗亲政后，虽然重新得到任用，但再也无法进入政治中心。之前吕惠卿依靠王安石的信任，一路升迁至副宰相之位，而王安石离任后却极力打击王安石，甚至拿出私信来诋毁他。无论是时任宰相的章惇，还是宋哲宗，都厌恶害怕其品性而不敢引其入朝。为了改善与宋哲宗的关系，吕惠卿还特地在注文中表达了忠于君上的观点。在“卿大夫章第四”末尾，孔子引《诗》云“夙夜匪懈，以事一人”。唐明皇注“义取为卿大夫能早夜不惰，敬事其君也”①。吕惠卿则做了另一番解释，夏译文作“[illegible]，[illegible]”，意思是“盖唯事一人而与下不亲，则至忠也”。二者对“夙夜匪懈，以事一人”的解释，唐明皇侧重于忠的方式，吕惠卿则着意于忠的程度。吕惠卿处心积虑为《孝经》作注，但并没有改变宋哲宗及其后继者对他的看法，于是他只能在朝外辗转为官直至去世，其间仅在经营西北方面做出一定的贡献。

① 唐明皇注，[宋] 邢昺疏：《孝经注疏》，北京大学出版社 2000 年版，第 15 页。

苏轼《木石图》图像立意解

——从“独立不惧”到“木石同坛”*

张　辉

（西北大学　艺术学院/宋辽金史研究院）

文豪苏轼以书画为余事，在短时期内形成了自己独特的绘画语言，画作受时人追捧，自南宋时“万金争售”①，还影响到后世绘画流派的“南北分宗”，成为南宗“文人画”之典范，在绘画界意义非凡。其画作，多次为“怪石古木”立像，为一大特点。他的代表作《木石图》也称《枯木怪石图》（见图1），是苏轼存世作品中一幅罕见的绘画艺术珍品。②。其风格

* 本文系国家“十四五”发展规划重大学术文化工程《（新编）中国通史》纂修工程《辽宋夏金卷》阶段性成果；本成果得到2013年陕西省教育厅人文社科专项重点项目（项目编号：13JK0458）资助。

① ［宋］费衮撰，金园校点：《梁溪漫志》卷六《论书画》，上海古籍出版社1985年版，第73页。原文为：“东坡所作枯木竹石，万金争售。”

② 参见拙稿《苏轼〈木石图〉题跋者刘良佐身份考》，载陈峰编《周秦汉唐文化研究》第11辑，三秦出版社2019年版，第160—171页。亦见徐邦达《古书画过眼要录·晋隋唐五代宋绘画》，故宫博物院编《徐邦达集》第8册，故宫出版社2014年版，第94页。原文为：“东坡以书法余事作画，此图树石以枯笔勾皴，不拘泥于形似。小竹出石旁，萧疏几笔，亦不甚作意。图赠冯道士，其人无考；冯示刘良佐，良佐为题诗于后接纸上。更后米芾书和韵诗；以尖笔作字，锋芒毕露，均为真迹无疑。书画纸接缝处，有南宋王厚之顺伯钤印。苏画传世真迹，仅见此一件。”关于存世《木石图》的真伪问题，可通过题跋者刘良佐的身份予以论证，并进一步印证徐邦达的判断，《木石图》为“真迹无疑”。——引者注

与前朝“黄徐异体”① 的两大阵营皆不相似，所画内容既非山水也非花鸟，题材并不在宋代画学十三科之列，形式已堪称另类，而内容旨向更加令人费解。

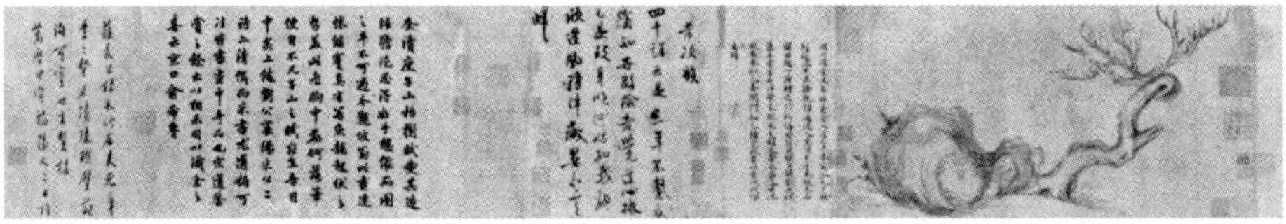

图 1　［宋］苏轼《木石图》

对于《木石图》图像立意的考证，则需分析作者内心世界，做更深层之探讨。以往学界对苏轼《木石图》的研究主要偏重于以作品为中心加以类型化比对，或是以观者为中心进行意境阐发。② 目前，已有学者觉察到“怪石乃与古木相伴，这绝非偶然，想必定是苏轼深思熟虑后的艺术造境”③。但以作者立意为中心，围绕图像命题理念，从创作思路出发，用艺术疗愈方式来揭示作品隐喻性的研究成果尚未出现，以致对苏轼的“象外”“枯淡”“疏简”等一系列士人画的艺术概念理认不清。故而，需钩隐抉微，回溯《木石图》创作的心路历程，对图像背后暗藏的深层寄寓加以

① ［宋］郭若虚撰，吴企明校注：《图画见闻志校注》卷一《论黄徐体异》，上海书画出版社 2020 年版，第 74 页。

② 目前学界对苏轼《木石图》的研究，主要有蔚然：《苏轼〈枯木竹石图〉的画意与诗境》，《乐山师范学院学报》2006 年第 3 期，第 14—15 页；丁薇薇：《论文人画家笔下的枯木怪石》，《南京艺术学院学报》（美术与设计版）2007 年第 2 期，第 122—123 页；李翠萍：《从〈枯木竹石图〉管窥苏轼的“诗画本一律”》，《洛阳师范学院学报》2010 年第 3 期，第 146—148 页；赵鸿儒：《树石意象在苏轼文人画和郭熙院体画中表现形式的差异及成因：以苏轼〈枯木竹石图〉和郭熙〈窠石平远图〉为例》，《科技视界》2014 年第 32 期，第 166 页；闫琨鹜：《苏轼的绘画作品《枯木怪石图》评析》，《科技风》2016 年第 3 期，第 40—41 页；黄薇：《影响千年文人士大夫审美倾向〈枯木怪石图〉：画家苏轼的心灵自由》，《国家人文历史》2018 年第 14 期，第 126—131 页。这些论述主要聚焦于画作的类型与意境，对苏轼的创作心境则关注不多。——引者注

③ 黄苏：《〈枯木竹石图〉意境窥探》，《现代装饰》2013 年第 12 期。

考辨剖析，借此破译图像隐喻，洞彻北宋熙宁变法后“士人画”概念的思想本质与精神内涵。

一、苏轼绘画创作的背景及其动机

苏轼于嘉祐二年（1057）与其弟苏辙同登进士。原本满怀激情与抱负的苏轼却在熙宁变法之中不自觉地卷入了党争，身陷囹圄，几近于死。不仅“变法”演变为“党争”让苏轼在情感上难以接受，元丰二年（1079）的“乌台诗案”更是对苏轼构成了沉重的打击。坠入人生低谷的苏轼经历了身体和精神的双重折磨①，承受着仕途与生活的双重困境②，乌台诗案可谓苏轼人生境遇的拐点，面对沉重的打击，苏轼的精神世界有过三次深刻的重建：第一次是被贬黄州为团练副使时，在元丰五年（1082）春四十七岁的苏轼写下《定风波》一词，表现出“莫听穿林打叶声……回首向来萧瑟处，归去，也无风雨也无晴”③ 的“坦然”；第二次是在元丰六年（1083），四十八岁的苏轼再写《定风波》一词，展现出的是“此心安处是吾乡”④ 的“安然”；第三次是在元符三年（1100）五月，六十五岁的苏轼作诗《别海南黎民表》，呈现出“平生生死梦 ，三者无劣优”⑤ 的“超然”。而每次精神重建都伴随着用艺术对于性灵的呵护与修复，从现代心理学上分析他的艺术创作“是一次深度疗伤的经历，这是一个自我整合的

---

① 参见［宋］周必大《二老堂诗话·记东坡乌台诗案》，载孔凡礼撰《苏轼年谱》卷18·元丰二年，中华书局1998年版，第456页。原文为：“谓苏颂在狱中有诗云：‘遥怜北户吴兴守，诟辱通宵不忍闻。’”苏颂以诗文记述苏轼在狱中受审时的真实情况，吴兴守即谓苏轼。——引者注

② 参见［宋］苏轼撰，张志烈、马德富、周裕锴主编《苏轼全集校注》文集·卷55《与程秀才三首》一，河北人民出版社2010年版，第6068页。原文为：“此间食无肉，病无药，居无室，出无友，冬无炭，夏无寒泉，然亦未易悉数，大率皆无耳。”《苏轼全集校注》诗集·卷42《纵笔三首》三，第5041页。原文为：“北船不到米如珠，醉饱萧条半月无。”《苏轼全集校注》诗集·卷39《和陶归园田居六首》一，第4510页。原文为：“门生馈薪米，救我厨无烟。”

③ 《苏轼全集校注》词集·卷1《定风波》，第351—352页。

④ 《苏轼全集校注》词集·卷2《定风波》，第526页。

⑤ 《苏轼全集校注》诗集·卷43《别海南黎民表》，第5119页。

过程，也是一个促进自我重组的过程。创造性的工作与治疗效果在这里相互重叠。……艺术创作是保持自我、治愈心灵以及人性的一种方式”①。令人意外的是在元丰七年（1084）苏轼专程绕道金陵，拜访了自己的宿敌王安石。而苏轼关于“怪石古木”的绘画创作正是在随后的元丰八年（1085）他将赴任知登州府前后②，这时的苏轼已经五十岁，正是其精神世界趋向成熟的时期，此类《木石图》中萌生出的图像组合关系，与此时心境变化密切相关。

苏轼内心一贯遵循的原则是：“得志，遂茂而不骄；不得志，瘁瘠而不辱。群居不倚，独立不惧。”③ 经此磨难，苏轼自言“也拟哭途穷，死灰吹不起”④，其精神指向内在，转而通过艺术形态去观照心灵、释放天性，率性天真的艺术创作成为苏轼精神重建的主要方式，“近颇知养生，亦自觉薄有所得。见者皆言道貌与往日殊别……兼画得寒林墨竹，已入神品”⑤。由此，渐渐拓展出寻求性灵解脱的新生活图景。

需要指出的是，在苏轼因诗文罹受牢狱之难后，他对文字的使用变得异常谨慎，即便朋友书信往来，他也时常提醒“不须示人”⑥ “阅后即焚”⑦，诗案之痛，不敢显言，内心之苦，不可明示。正因如此，绘画语言转而成为发表意见与内心独白的隐秘方式与重要途径。

---

① 〔美〕阿瑟·罗宾斯著，孟沛欣译：《作为治疗师的艺术家：艺术治疗的理论与应用》，世界图书出版公司2006年版，第4—5页。

② 《苏轼全集校注》文集·卷57《答贾耘老四首》四，第6324页。原文为：“念贾处士贫甚，无以慰其意，乃为作《怪石古木》一纸。”

③ 《苏轼全集校注》文集·卷11《墨君堂记》，第1120页。

④ 《苏轼全集校注》诗集·卷21《寒食雨二首》二，第2343页。

⑤ 《苏轼全集校注》文集·卷52《与王定国书》，第5685页。

⑥ 《苏轼全集校注》文集·卷49《答李端叔书》，第5345页。原文为：“信笔书意，不觉累幅，亦不须示人。”

⑦ 《苏轼全集校注》文集·卷51《与李公择书》，第5617页。原文为：“看讫，便火之，不知者以为诟病也。”

二、《木石图》图像的素材、原型与表现手法

在苏轼绘画语言的形成过程中，苏轼面临着摆脱乌台诗案的阴影以及克服生活困境等一系列前所未遇的问题。如何通过艺术创作反思人生、保全性灵、重返本真，既是苏轼个人面对的内在思想问题，还关涉到士大夫群体的颜面与审美态度、价值取向与身份认同等外在文化现象。

从审美修养上考量，“我们从出生开始，就努力学着将感觉和情感转换为象征性的符号形式。符号化成为自我发展的基本黏合剂，使得过去、现在和未来的连续性得以保持。随着我们不断地成长，我们使分裂统一起来，将对立整合为象征性符号形式，并逐渐个体化。当象征性的符号形式包含了多层面的沟通，并超越了其自身去传递更广阔的的意义时，它便接近了美学意义上的沟通层次”①。宋代士人素来十分看重心理状态与外在形态之间的关联性，在宋儒王应麟所著的《三字经》中就有“墨磨偏，心不正。字不敬，心先病”的心理反省内容，这是对传统经典中“正心，诚意，修身”之学的一种日常化观照方式。北宋名相范仲淹“不为良相，便为良医”② 的故事更为具体地反映出宋代文人士大夫把医人与治国相互参照、譬喻类比的思想观念，其思想渊源可以追溯到“上以疗君亲之疾，下可以救贫贱之厄，中以保身长全，以养其生”③ 的南阳太守张仲景。面对外在境遇的不确定性，“穷则独善其身，达则兼善天下”④ 成为宋代士人介于“内在性灵”与“外在抱负”之间的一种“儒道互补”式普遍心理诉求。

与唐代文化特征相比，宋代的审美态度更加内敛、含蓄，士人们惯用格物比德之法对自然界的事物赋予其人格化的象征。苏轼在创作时不仅注

---

① 《作为治疗师的艺术家：艺术治疗的理论与应用》，第 5 页。

② ［宋］吴曾：《能改斋漫录》卷 13《文正公愿为良医》，上海古籍出版社 1979 年版，第 381 页。

③ ［汉］张机著，［宋］成无己注：《注解伤寒论》，人民卫生出版社 1956 年版，第 4 页。

④ ［清］焦循撰，沈文倬点校：《孟子正义》卷 26《尽心章句上》，中华书局 1987 年版，第 891 页。

重艺术与事物形态间气质与格调的相似性，而且更看重艺术形象对于实在现象的超越性，因此他说："论画以形似，见与儿童邻。赋诗必此诗，定非知诗人。"① 为了还原苏轼《木石图》的创作构思，以下先对其笔下"竹、木、石"所指代的人物原型加以申说。

（一）"竹"与笑笑先生文同

治平元年（1064），二十九岁的苏轼在凤翔府（今属陕西宝鸡）任节度判官时，曾师承文同学画墨竹。在《文同画筼筜谷偃竹记》中苏轼自言其画竹之法学于文同，说自己"独得其意，并得其法"②。元丰元年（1078），文同奉命为湖州（今浙江吴兴）太守，未到任，病故陈州（今河南淮阳）；苏轼接任湖州太守，未几坐狱贬黄州。他们虽籍隶四川，但画史上皆被奉为"湖州竹派"始祖。

苏轼与文同的关系非常亲密，固然与世交、亲戚、同乡等因素有关，但更为重要的原因是道德、学问的相互钦佩，性格上的投契和艺术上的传承。苏轼与文同的关系没有世俗和利害因素掺杂其中，是真正的知己知音。③ 重情尚义的苏轼在文同去世后，睹物思人"予在湖州，曝书画，见此竹，废卷而哭失声"④。

文同是位典型的"竹痴"，他尝好画竹，"自谓笑笑先生……问安所笑，笑我非尔。物之相物，我、尔一也。先生又笑，笑所笑者。笑笑之余，以竹发妙。竹亦得风，夭然而笑"⑤。对此，有"博物君子"之称的朱翌在《猗觉寮杂记》中解释：

> 东坡"笑笑先生赞"，竹亦得风，夭然而笑。世皆以夭为天。然

① 《苏轼全集校注》诗集·卷29《书鄢陵王主簿所画折枝二首》一，第3170页。

② 《苏轼全集校注》文集·卷11《文同画筼筜谷偃竹记》，第1154页。

③ 喻世华：《亦师亦友亦兄亦弟：论苏轼与文同的忘年交谊》，《重庆交通大学学报（社会科学版）》2012年第5期。

④ 《苏轼全集校注》文集·卷11《文同画筼筜谷偃竹记》，第1155页。

⑤ 《苏轼全集校注》文集·卷21《石室先生画竹赞并叙》，第2383页。

非也。《说文》"笑"字，竹得风，其体夭屈，如人之笑。①

可见，文同的字号"笑笑先生"，就是文同因为爱竹，而从"笑"字的形态出发所构成的一种"以竹自喻"的形象设计。

在文同去世八年之后，苏轼还朝，在给晁补之收藏的文同竹图作题画诗中言："与可画竹时，见竹不见人。岂独不见人，嗒然遗其身。其身与竹化，无穷出清新。庄周世无有，谁知此凝神。若人今已无，此竹宁复有。"② 可见，这时苏轼心中的文同已经"身与竹化"，而苏轼笔下的竹也已经"嗒然遗其身"，正是上述因由，"竹"在苏轼心目中，已并非只代表坚韧与气节，而是转化为特指文同的人格化象征物了。

（二）"枯木"与东坡居士苏轼

元丰三年（1080），苏轼谪居黄州，躬耕东坡的境遇、心情同当年白居易谪贬忠州时颇为相似，因此有学者认为苏轼自号"东坡"的原因可上溯至中唐著名诗人白居易，他曾于忠州东坡种花，赋诗，而苏轼极推崇他。但要详东坡之义，并不只是两人在地名和意趣上的简单巧合，而实在是两人在人生经历和思想情趣上有颇多的关联。③ 而其间最值得关注的是诗意中的反向性关联，在此苏轼把白居易一系列针对在东坡上所植树木的诗意，向"枯寂"方向加以了引导与发挥。例如：白居易诗曰"划土壅其本，引泉溉其枯。……将欲茂枝叶，必先救根株。云何救根株，劝农均赋租"④，而东坡诗写"微生偶脱风波地，晚岁犹存铁石心。定似香山老居

---

① ［宋］朱翌著，朱凯、姜汉椿整理：《猗觉寮杂记》卷上，大象出版社2019年版，第120页。

② 《苏轼全集校注》诗集·卷29《书晁补之所藏与可画竹三首》一，第3160页。

③ 江澄格：《我甚似乐天，但无素与蛮——为"东坡"寻注求解》，《乐山师范学院学报》2011年第9期。

④ ［唐］白居易撰，谢思炜校注：《白居易诗集校注》卷11《感伤三·东坡种花二首》二，中华书局2006年版，第870页。

士，世缘终浅道根深”[①]。这里白居易写的是入世，而苏轼写的是出世；再有，白居易诗曰：“最忆东坡红烂熳，野桃山杏水林檎。”[②] 东坡诗却写：“我似乐天君记取，华颠赏遍洛阳春。”[③] 此处白居易写的是烂漫青春，而苏轼写的是华颠白头；又有，白居易诗云：“东坡何所爱，爱此新成树。种植当岁初，滋荣及春暮。”[④] 东坡诗却说：“惟将老不死，一笑荣枯间。我甚似乐天，但无素与蛮。”[⑤] 诗中白居易写的是岁初的希望，而苏轼写的是岁末的淡然；还有，白居易诗说“花林好住莫憔悴，春至但知依旧春”[⑥]，东坡诗却说“出处依稀似乐天，敢将衰老较前贤”[⑦]。此间白居易说的是“莫憔悴”，而苏轼却说“将衰老”。这种将“木”从“烂漫”引向“枯寂”的变化显然与苏轼被贬黄州以后，常读陶潜、老庄与佛典，思想随之变化相关。

其实，被贬之前，苏轼早在熙宁二年（1069）十二月的《上神宗皇帝书》中就以木作喻，“人心之于人主也，如木之有根……木无根则槁”[⑧]，并在元丰元年（1078）九月在诗中自喻“居士身心如槁木”[⑨]。受挫之后，从元丰七年（1084）过江夜行时的“我记江边枯柳树，未死相逢真识面”[⑩]，至绍圣四年（1097）谪居旦起理发时的“解放不可期，枯柳岂易

---

① 《苏轼全集校注》诗集·卷28《轼以去岁春夏侍立迩英，而秋冬之交，子由相继入侍。次韵绝句四首，各述所怀》，第3139页。

② 《白居易诗集校注》卷19《西省对花忆忠州东坡新花树因寄题东楼》，第1507页。

③ 《苏轼全集校注》诗集·卷32《赠善相程杰》，第3536页。

④ 《白居易诗集校注》卷11《感伤三·步东坡》，第878页

⑤ 《苏轼全集校注》诗集·卷32《次京师韵送表弟程懿叔赴夔州运判》，第3558页。

⑥ 《白居易诗集校注》卷18《别种东坡花树两绝》二，第1482页。

⑦ 《苏轼全集校注》诗集·卷33《予去杭州十六年而复来，留二年而去。平生自觉出处老少，粗似乐天。虽才名相远，而安分寡求，亦庶几焉。三月六日，来别南北山诸道人，而下天竺惠净师以丑石赠行，作三绝句》二，第3694页。

⑧ 《苏轼全集校注》文集·卷25《上神宗皇帝书》，第2871页。

⑨ 《苏轼全集校注》诗集·卷17《次韵王巩独眠》，第1825页。

⑩ 《苏轼全集校注》诗集·卷23《过江夜行武昌山上，闻黄州鼓角》，第2519页。

逢”[①]，这些诗句中反复出现的“枯柳”形象，显然是苏轼比照自省的对象。而后，他更是借用“槁木”，比拟自喻，在建中靖国元年（1101）三月，他通过自题画像诗，反观自己“心似已灰之木，身如不系之舟”[②]。这里，苏轼是在借用庄子“槁木死灰”的典故，对“丧失自我”进行的一种调侃式“自我扬弃”，也是对之前“长恨此身非我有”（此词作于1082）[③]、“身世相忘久自知”（此诗作于1085）[④] 赋予的一种形象定格。

从之前的“多言获罪”，到日后的“不言而画”，正是他从“志于道”转向“游于艺”的超然之处。苏轼一再反省，“自得罪后，不敢作文字。此书虽非文，然信笔书意，不觉累幅，亦不须示人。必喻此意”[⑤]，“某不敢作者，非独铭、志而已。至于诗、赋、赞咏之类，但涉文字者，举不敢下笔也”[⑥]。他甚至还说：“凡人文字，当务使平和，至足之余，溢为怪奇，盖出于不得已也。”[⑦] 并要求阅后即焚。苏轼熟知“情动于中而形于言。言之不足，故嗟叹之”[⑧]。然而不仅“书不尽言，言不尽意”[⑨]，而且“多言数穷”[⑩]，甚至招祸，于是才有了托怀抱于画笔的苏轼。夫子自道，思我之时，当观自作“墨木”图，“某近者百事废懒，唯作墨木颇精，奉寄一纸，思我当一展观也”[⑪]。自此，墨绘“枯木”也就在苏轼心目中完成了指代“东坡居士”的符号转换。

---

① 《苏轼全集校注》诗集·卷41《谪居三适三首·旦起理发》，第4948页。

② 《苏轼全集校注》诗集·卷48《自题金山画像》，第5573页。

③ 《苏轼全集校注》词集·卷1《临江仙·夜归临皋》，第409页。

④ 《苏轼全集校注》诗集·卷26《留别登州举人》，第2922页。

⑤ 《苏轼全集校注》文集·卷49《答李端叔书》，第5345页。

⑥ 《苏轼全集校注》文集·卷53《答李方叔十七首》十一，第5921页。

⑦ 《苏轼全集校注》诗集·卷52《答黄鲁直五首》二，第5741页。

⑧ ［明］郝敬撰，向辉点校：《毛诗原解 毛诗序说》，中华书局2021年版，第680页。

⑨ ［魏］王弼撰，楼宇烈校释：《周易注·附·周易略例》，中华书局2011年版，第358页。

⑩ ［魏］王弼注，楼宇烈校释：《老子道德经注校释》上编五章，中华书局2008年版，第14页。

⑪ ［宋］何薳撰，钟振振校点：《春渚纪闻》卷6《墨木竹石》，上海古籍出版社2012年版，第114页。

高级的图像，往往直观，而不直接；简洁，却非简单。故而，能为作者提供更加隐晦的思绪赋意空间，也为读者提供了模糊性、开放性的释读氛围。图画对于曾因文字而罹祸的苏轼来说，既可避难于“图”，又可释怀于“画”。对“一肚皮不入时宜”① 又善写言外之意的苏轼来说，“墨戏”此时自然成为他最理想的思想载体。画为无声诗，诗为有声画②，而“枯木”正是他在图画中为自己寻找到的最佳意向表征符号。有会意者，如僧人释德洪在看过苏轼所画枯木之后，题跋语：“东坡婆娑林丘，如此老木。”③ 对于“墨木”或“枯木”这类题材，苏轼也自负地说“前者未有此体也”，而其中隐意，能为知音者会得：

> 先生戏笔所作枯株竹石，虽出一时取适，而绝去古今画格，自我作古。蘧家所藏“枯木”并“拳石丛篠篆”二纸，连手帖一幅，乃是在黄州与章质夫庄敏公者。……后又书云：“本只作墨木，余兴未已，更作竹石一纸同往。前者未有此体也。”是公亦欲使后人知之耳。④

由此可见，“欲使后人知之”的“枯木”图像隐喻，不仅是苏轼所钟情的自喻性自我设定，也是能为知己所识别的图示性独特标识。

（三）“石”与拗相公王安石

苏轼与王安石在政治上，他们同朝为官，都忧心于国家，却因政见不

---

① 《梁溪漫志》卷四《侍儿对东坡语》，第 46 页。原文为：“至朝云，乃曰：‘学士一肚皮不入时宜。’坡捧腹大笑。”

② 参见［宋］施元之用《古诗话》注苏轼诗云：“诗人以画为无声诗，诗为有声画。”载［宋］苏轼撰，［清］王文诰辑注，孔凡礼点校：《苏轼诗集》卷 14《和文与可洋川园池三十首·溪光亭》，中华书局 1982 年版，第 674 页。亦见［宋］黄庭坚撰、郑永晓整理《次韵子瞻子由题憩寂园二首》一，《黄庭坚全集辑校编年》上册，江西人民出版社 2008 年版，第 407 页。原文为：“李侯有句不肯吐，淡墨写出无声诗。”古人以画虽不能吟哦，但有诗意，故称为无声诗。——引者注

③ 水赉佑编：《苏轼书法史料集》诸家题苏轼书跋，上海书画出版社 2017 年版，第 434 页。

④ 《春渚纪闻》卷 6《墨木竹石》，第 114 页。

同而陷于党争，近乎政敌。在学术上，他们皆才华横溢，时而互相欣赏，诗交次韵，时而讥诮抵牾，针锋相对。在私交上，王安石退居金陵，在“人人讳道是门生”① 之时，苏轼却于元丰七年（1084）专程绕道前来拜访，称“从公已觉十年迟”②。在性情上，苏轼被称为“坡仙”③，王安石被称为“拗相公”④，其为人都耿直率真，皆以过人之胆识特立独行于世，也都具有脱俗的思想见地与超凡的人格魅力。在文化地位上，他们同被后世奉入“唐宋八大家”之列。然而他们彼此间内心世界的碰撞与交流，批判与认同，往往难为局外人所道，虽迄无定谳，却也更能引发后人探究的兴致。通过“枯木怪石”的图像，能够提供一个会意彼此复杂精神瓜葛与矛盾关系的绝佳视角。

宋人吴曾在《能改斋漫录·咏假山诗刺荆公》中说：“又尝记一假山诗云：‘安石作假山，其中多诡怪。虽然知是假，争奈主人爱。’云云，世以为东坡所作，不知是否。”⑤ 王安石，字介甫，介指介珪、大玉，传说为凤凰站落之石，豫卦的六二爻辞“介于石，不终日，贞吉”。正义曰“介于石者，得位履中，安夫贞正，不苟求逸豫”，甫是男子的美称，和而观

① ［宋］王辟之撰，金园整理：《渑水燕谈录》卷 10《谈谑》，大象出版社 2013 年版，第 106 页。

② 《苏轼全集校注》诗集·卷 24《次荆公韵四绝》三，第 2615 页。

③ 参见［宋］曾几《游台》。原文为：“忆昔坡仙此地游，一时人物尽风流。香莼紫蟹供杯酌，彩笔银钩入唱酬。”载徐培均《秦少游年谱长编》卷三·元丰七年甲子三十六岁，中华书局 2002 年版，第 252 页。又见［宋］张矩《应天长》。原文为：“换桥渡舫，添柳护堤，坡仙旧迹今续。”载［宋］文天祥撰、刘文源校笺《文天祥诗集校笺》卷 4《月夜》，中华书局 2017 年版，第 277 页。

④ 参见［宋］佚名《京本通俗小说》卷 14《拗相公》，古典文学出版社 1954 年版，第 60 页。原文为：“因他性子执拗，主意一定，佛菩萨也劝他不转，人皆呼为‘拗相公’。”亦见［明］冯梦龙《警世通言》卷 4《拗相公饮恨半山堂》；［明］方文《涂山集》卷 12《舒王台志云王介甫玩月于此因得名》：“兹台千古峙城东，玩月何私拗相公”；［清］戴文灯《静退斋集》卷 6《冬日金陵杂兴》：“骑驴来往蒋山东，新法新经拗相公。”皆载刘成国著《王安石年谱长编》卷 1《家族世系》，中华书局 2018 年版，第 11 页。王安石因性格倔强，被世人称为“拗相公”。——引者注

⑤ 《能改斋漫录》卷 11《咏假山诗刺荆公》，第 335 页。

之，王安石的名字内含君子比德于玉，而坚若磐石之意。不但在字面上有所比附，实际上还因王安石的性格执拗与顽石相类，程颢曾评“介甫性狠愎，众人以为不可，则执之愈坚”①，以致人们送绰号为“拗相公”。

宋代文人陈师道在《后山诗话》中还有另一则怨刺性的记载，也把王安石与假山石相比附：“某公用事，排斥端士，矫饰伪行。范蜀公《咏僧房假山》‘倏忽平为险，分明假夺真。’盖刺之也。某公，荆公也。”② 苏轼更善怨刺，“苏诗始学刘禹锡，故多怨刺，学不可不慎也。晚学太白，至其得意则似之矣。然失于粗，以其得之易也”③。

对于王安石的怨刺，还有一则更为隐晦的案例：

> 荆公柄国时，有人题相国寺壁云：“终岁荒芜湖浦焦，贫女戴笠落柘条。阿侬去家京洛遥，惊心寇盗来攻剽。”人皆以为夫出妇忧荒乱也。及荆公罢相。子瞻召还，诸公饮苏寺中，以此诗问之。苏曰：“于贫女句可以得其人矣。终岁十二月也，十二月为‘青’字。荒芜田有草也，草田为‘苗’字。湖浦焦，水去也。水旁去为‘法’字。女戴笠为‘安’字，柘落木条剩‘石’字。阿侬是吴言，合吴言为‘误’字。去家京洛为国，寇盗为贼民。盖言：‘青苗法安石误国贼民也。’”④

由此可知，宋人惯用诗文游戏，一语双关，并善于借文字发挥，暗设机关，而东坡先生正是此中谙熟“隐语作喻”之法的高手。

---

① ［宋］邵伯温撰，李剑雄、刘德权点校：《邵氏闻见录》卷15，中华书局1983年版，第164页。

② ［宋］陈师道撰，任渊注，冒广生补笺，冒怀辛整理：《后山诗注补笺》卷首《彭城陈先生集记》，中华书局1995年版，第22页。

③ ［宋］魏庆之撰，王仲闻点校：《诗人玉屑》卷17《雪堂・失于粗》，中华书局2007年版，第558页。

④ ［宋］孟元老撰，邓之诚注：《东京梦华录注》卷3《相国寺》，中华书局1982年版，第93页。

据此获悉，当时讥论王安石新法之人众多，然而王安石却在一首名为《众人》的诗中反复用“重”“千钧”来表达自己磐石般的决心，“众人纷纷何足竞，是非吾喜非吾病。颂声交作莽岂贤，四国流言旦犹圣。唯圣人能轻重人，不能铢两为千钧。乃知轻重不在彼，要知美恶由吾身”①。这更加重了人们对他顽石般意志的比象认识。

苏轼在元丰七年（1084）所作的《雍秀才画草虫八物》中还用了一系列的隐喻映射时人，其中“蜗牛”一诗这样写道：“腥涎不满壳，聊足以自濡。升高不知回，竟作粘壁枯。”② 邓椿在《画继》中这样解释：“雍秀才，不知何许人，坡有咏所画草虫八物诗。诗意每一物，讥当时用事者一人，如‘升高不知回，竟作粘壁枯’，以比介甫，并说‘鬼蝶’一诗‘初来花争妍，倏去鬼无迹’，以比章惇。”③ 可见东坡先生也曾揶揄过王安石不少。

而在目前所发现的这幅《木石图》画面中，所呈现的正是：“枯木状如鹿角，怪石状如蜗牛。用笔简单草率，不求形似，笔墨灵动，颇具神采。”④（见图 2）其中用渴笔快速盘旋如涡的石皴法，在此幅画作中应用得非常娴熟，造成一种静中拟动之感。用这种皴法画石，形似蜗牛，后人称之为“弹涡皴”。

图 2　[宋] 苏轼《木石图》局部

① [宋] 王安石撰，刘成国点校：《王安石文集》卷 10《众人》，中华书局 2021 年版，第 153 页。

② 《苏轼全集校注》诗集・卷 24《蜗牛》，第 2737 页。

③ [宋] 邓椿撰，黄苗子点校：《画继》卷 4，人民美术出版社 2004 年版，第 45 页。

④ 刘莹：《绘画艺术》，河南大学出版社 2005 年版，第 47 页。

回望《木石图》与《题雍秀才画草虫八物·蜗牛》一诗，这种诗文与画面之间特有的对应性不应是一种巧合，显然是作者有意经营而促成的。对于怪石“弹涡皴”法的创意，苏轼元丰五年（1082）在黄州所作的《前怪石供》中隐约可辨其来源：

> 青州有“铅、松、怪石”。解者曰：“怪石，石似玉者。”今齐安江上往往得美石，与玉无辨，多红黄白色，其文如人指上螺，精明可爱，虽巧者以意绘，画有不能及，岂古所谓“怪石”者耶？凡物之丑好，生于相形，吾未知其果安在也。使世间石皆若此，则今之凡石复为“怪”矣。……夫天机之动，忽焉而成，而人真以为巧也。虽然，自禹以来怪之矣。①

站在创作者的角度可理解为，正因这“与玉无辨”的怪石“其文如人指上螺”而“虽巧者以意绘，画有不能及”，所以苏轼承“天机之动”以渴笔快速旋转“忽焉而成”，肖形“蜗牛”与“螺”，暗指其“蜗牛”诗中所隐喻的“王安石”。由此还可以进一步判断，苏轼熟练应用“弹涡皴”法所画成的《木石图》应作于元丰五年之后。

（四）苏轼的创作思路

《木石图》从图像上回应了北宋诗家梅尧臣所推崇的艺术创作手法：“凡诗，意新语工，得前人所未道者，斯为善矣；必能状难写之景如在目前，含不尽之意见于言外，然后为至也。”② 苏轼画法与诗法在艺术疗法上的融贯相通，实际上还进一步印证了苏轼本人对于“诗画本一律，天工与清新”③，“文以达吾心，画以适吾意而已”④ 这一系列艺术理念的切身体会。

苏轼自言：

---

① 《苏轼全集校注》文集·卷 64《怪石供》，第 7142 页。

② ［元］脱脱：《宋史》列传 202《梅尧臣》，中华书局 1985 年版，第 13091 页。

③ 《苏轼全集校注》诗集·卷 29《书鄢陵王主簿所画折枝二首》一，第 3170 页。

④ 《苏轼全集校注》文集·卷 70《书朱象先画后》，第 7911—7912 页。

山石竹木，水波烟云，虽无常形，而有常理……常理之不当，虽晓画者有不知。……世之工人，或能曲尽其形。而至于其理，非高人逸才不能辨。与可之于竹石枯木，真可谓得其理者矣。如是而生，如是而死……而各当其处。合于天造，厌于人意。盖达士之所寓也欤。①

与此相印证，明人张谦在为一幅题为苏轼所作的《偃松图》后跋云：

世之画者屑屑于形似而莫得其天真，是但见衣冠似孙叔敖而遂以为孙叔敖耳，岂足以知此哉！故余谓凡公（苏轼）之画，皆当以画外之画观之。盖公之文如其人，而其诗如其文，其画又如其诗，不以画外之画观之，不足得其妙也。②

正如梅尧臣所说：“作者得于心，览者会以意。”③ 可见，在诗画中不便直说，而为达者寄寓并潜藏的事物，才是苏轼画作中的关键所在，此即所谓“画外之象，言外之意”。

这种以木、石为主体的图画在《东坡志林》中有这样一段记载：“东坡居士移守文登五日而去官，眷恋山海之胜，与同僚饮酒日宾楼上，酒酣作此木石一纸投笔而叹自谓此来之绝，河内史全叔取而藏之。”④ 在苏轼赴登州途中已经入寒，夫子自道：

今日舟中无他事，十指如悬槌，适有人致嘉酒，遂独饮一杯，醺然径醉。念贾处士贫甚，无以慰其意，乃为作《怪石古木》一纸，每遇饥时，辄一开看，还能饱人否？若吴兴有好事者，能为君月致米三

---

① 《苏轼全集校注》文集·卷11《净因院画记》，第1159—1160页。

② ［清］张照：《石渠宝笈》卷32《宋苏轼偃松图一卷》，影印文渊阁四库全书，第825册，台湾商务印书馆1986年版，第285页。

③ 《诗人玉屑》卷6《命意·意在言外》，第173页。

④ 《苏轼全集校注》佚文汇编文集·卷6《书自作木石》，第8741页。

石，酒二斗，终君之世者，便以赠之。不而者，可令双荷叶收掌，须添丁长，以付之也。①

元丰八年（1085），五十岁的苏轼赴任登州知州，十月十五日到任，二十日又接到朝廷诏书，召其回京任礼部郎中。可见，此类内容相似的木石图像，从酝酿构思到笔墨成熟，拿出示人的时间就在此前后。同时，这两段记载还一并印证了苏轼“醉时吐出胸中墨”②，“酒酣笔倦，坡则多作枯木拳石以塞人意”③ 的描述。加之“枯木”的季节特征，进而可以逐步确定这类《木石图》图像，成熟于苏轼与王安石在江宁会面的一年之后，即元丰八年冬月于苏轼赴任登州知州前后时定型，图中的一木一石也就必然潜藏着他与王安石之间难为外人所道的微妙关系密码。

通过以上分析，便可逐渐认识到：苏轼笔下的“竹”隐喻为文同，“枯木”隐喻为苏轼自己，而“怪石”则隐喻为王安石。在赋予了象征性独特隐喻的背景下，再来看元丰六年（1083）同受乌台诗案所牵连的黄庭坚所作的题画诗《题仁上座画松》：“偃蹇松枝隔烟雨，知依定是岁寒材。百年根节要老硬，将恐崩崖倒石来。”④ 这里就不难理解其坍塌的悬崖与破裂的岩石，也一语双关隐喻了“新法的将废”与“王安石的下野”，他期许着已经倾斜蹇卧的老松树能够根节老硬，挺过严冬。而在画面上有着同样近乎倾卧的扭曲身姿的不仅是“偃蹇松”，还有“纡竹”，苏轼在《跋与可纡竹》中解释这种扭曲的构图：

其一未脱箨，为蝎所伤，其一困于嵌岩，是以为此状也。……以为好事者动心骇目诡特之观，且以想见亡友之风节，其屈而不挠者，盖如此云。⑤

① 《苏轼全集校注》文集·卷57《答贾耘老四首》四，第6324页。

② 《黄庭坚全集辑校编年》中册《题子瞻画竹石》，第1077页。

③ 《春渚纪闻》卷6《苏黄秦书各有僻》，第128页。

④ 《黄庭坚全集辑校编年》上册《题仁上座画松》，第338页。

⑤ 《苏轼全集校注》文集·卷70《跋与可纡竹》，第7917—7918页。

而《木石图》中的为怪石所嵌者只不过又从“纡竹”换成了同样倾卧的“枯木”罢了。

三、苏轼在《木石图》里的境界升华

昔日，因乌台诗案在狱中之时，当旁人问及敏感词“蛰龙”是否暗含对神宗的讥讽时，苏轼首先想到王安石与他类似的诗句，“东坡在御史狱，狱吏问曰：‘根到九泉，云云，有无讥讽?’答曰：‘王安石诗：天下苍生待霖雨，不知龙向此中蟠。此龙是也。’狱吏为之一笑”①。由此可见，苏轼在潜意识里，早有把王安石的命运与自己参照比类的习惯。

在王安石改舒公封荆公之后，苏轼又借《诗·鲁颂·闷宫》里“戎狄是膺，荆舒是惩”② 的意思，反讽王安石“宰相不学之过也”③。苏轼还在《仇池笔记》中记述自己在醉梦中被召到海底水晶宫朝见海神广利王，献上诗稿，得到百官称赞，唯独有一位鳖相公挑刺说苏轼诗中“祝融”两字犯了王讳，因而王大怒的情境。虽说是梦境，却正好说明苏轼在潜意识里存有王安石“到处被相公斯坏”④ 的心理阴影。此外，黄庭坚的众多题画诗也印证了一块巨石压在苏轼心头且不吐不快的图画景象，在《题东坡竹石》云：“怪石岑崟当路……应在万仞峰前。”⑤ 在《题子瞻枯木》中言：“胸中原自有丘壑，故作老木蟠风霜。”⑥ 在《题子瞻画竹石》里亦说：“龙蹲虎踞苍藓石……醉时吐出胸中墨。”⑦

---

① ［清］查慎行撰，王友胜校点：《苏诗补注》卷八《王复秀才所居双桧二首》，凤凰出版社2013年版，第250页。

② 程俊英、蒋见元：《诗经注析》，中华书局2007年版，第1017页。

③ ［宋］苏轼：《仇池笔记》，中华书局1983年版，第213页。

④ 《仇池笔记》，第269页。

⑤ 《黄庭坚全集辑校编年》上册《题东坡竹石》，第522页。

⑥ 《黄庭坚全集辑校编年》上册《题子瞻枯木》，第519页。

⑦ 《黄庭坚全集辑校编年》中册《题子瞻画竹石》，第1077页。

然而，苏轼在元丰八年（1085）自南都赴常州途中，四月六日，经灵壁作《书画壁易石》时，已经转变了观念。他对“石”也已生发出怜悯之情。他在《与李先辈》书中暗示性地透漏，他对“石”、对“己”投射出的珍重与同情：

某启：辱示，感怍。此石一经题目，遂恐为世用，便有戕山竭泽之忧，为石谋之，殆非所乐也。愿密勿语。世所少者，岂此石哉。临行匆匆，不果奉别。幸自爱。①

并且，在元祐三年（1088），苏轼为陈公弼家藏《柏石图》的题画诗中，他不仅将木石并观，且非常有感触地意识到，石与柏木相伴，虽然使得柏树的生长受到影响，却不应将石移去：

柏生两石间，天命本如此。虽云生之艰，与石相终始。韩子俯仰人，但爱平地美。土膏杂粪壤，成坏几何耳。君看此槎牙，岂有可移理。苍龙转玉骨，黑虎抱金柅。画师亦可人，使我毛发起。当年落笔意，正欲讥韩子。②

韩愈《招杨之罘》诗中说：“柏生两石间，万岁终不大。……柏移就平地……柏有伤根容。伤根柏不死，千丈日以至。”③ 在此，苏轼专门针对韩愈诗中柏树移就平地之后长为千丈之木给予了批判。因为，一旦“俯仰由人，不由己”的话，反倒不如“与石相终始”。其中“俯仰人”是《庄子·天运》中的典故：

且子独不见夫桔槔（桔槔俗称“吊杆”“称杆”）者乎？引之则

① 《苏轼全集校注》文集·卷57《与李先辈一首》，第6342页。

② 《苏轼全集校注》第5册《柏石图诗并叙》，第3294页。

③ ［唐］韩愈撰，［清］方世举编年笺注，郝润华、丁俊丽整理：《韩昌黎诗集编年笺注》卷7《招杨之罘一首》，中华书局2012年版，第381页。

俯，舍之则仰。彼人之所引，非引人也，故俯仰而不得罪于人。①

而存世这幅《木石图》，从笔法上，可以看出竹子是最后才点染上去的配角，可见，在起先的谋篇布局上就已经弱化了“可使食无肉，不可使居无竹”② 的竹子，却以爽落的笔法，凸显出怪石与枯木之间富有压迫感与疏离感的组合。除过酒酣笔畅、消胸中块垒的功能之外，对于已经与王安石江宁拜别一年之后的苏轼来说，其创作中还别寄有一番“木石同坛”之感叹。

“木石同坛”的典故也出自《庄子》，庄子通过他所虚拟的两个人物“少知”与“大公调”之间的对话，来探讨事物间的“和异”“散同”，并指出“万物殊理”各有其自身的特点与规律，然而各种变化还都会向自己的反面转化，并将在无始无终的生灭之中，渐渐归结为浑一和同之大道这一规律：

少知问于大公调曰：“何谓丘里之言?”大公调曰：“丘里者，合十姓百名而为风俗也，合异以为同，散同以为异。……时有终始，世有变化，祸福淳淳，至有所拂者而有所宜，自殉殊面；有所正者有所差，比于大泽，百材皆度；观于大山，木石同坛。此之谓丘里之言。”③

而今，这幅《木石图》章法结构的设计用意正取材于“丘里之言”中的“木石同坛”。图中一枯木、一怪石，性质固有不同，然而，出现违逆一面的同时也就会存在相宜的一面；取势方向“合异以为同，散同以为异”，各自所追逐的方向虽倾向面自有不同，然而予以纠正的同时还会有所差误。这就好似山泽之中不同质地的各种材料都有着自己的用处，庄子进而借大公调之语解释说：

① 郭庆藩：《庄子集释》卷5《天运》，中华书局2004年版，第514页。

② 《苏轼全集校注》诗集·卷9《于潜僧绿筠轩》，第893页。

③ 《庄子集释》卷8《则阳》，第909—910页。

阴阳相照相盖相治，四时相代相生相杀。欲恶去就，于是桥起。雌雄片合，于是庸有。安危相易，祸福相生，缓急相摩，聚散以成。此名实之可纪，精微之可志也。[1]

画面之中枯木与怪石同被苏轼置于一处，其图像空间所示，不正是庄子所称道的“丘里之言”吗？

此种由枯木与怪石构成的独特而精妙的图像结构设计，出于苏轼对王安石的态度转变。通过王安石的几次罢相及其与之日后的江宁相会，苏轼渐渐发现他与王安石身上潜存着许多共同的思想观念：他们都有着卓尔不群的才华、周而不比的志趣、和而不流的创见以及群而不党的风骨，只是不同的性格决定了他们处理具体事件的方式不同罢了。这种超越自身局限性的洞见，已经让苏轼意识到王安石与他在党同伐异的政治漩涡中原本都是决然而孤独的，此时的枯木与怪石已经不再是讥诮与讽刺，而是一种对于生命的怜悯与升华。

“少知”与“大公调”之名本身就寄予了对大小境界的巧喻，“枯木”与“怪石”又承载了苏轼对苦难的调侃以及对身境的妙喻，而苏轼自身通过对《木石图》的构思创作，对于自己与王安石之间的矛盾，也有了从“少知”到“大公调”进一步的深刻理解。

苏轼辩证地说：“深山大泽，有天地之宝，无意于宝者得之。”[2] 并在《广成子解》中形容“至道之极”“窈冥昏默”的状态：“昏昏默默者，其状如枯木死灰，无可生可然之道也。……昏昏默默者，所以全真也。”[3] 这正是《木石图》中苏轼将石与木都处理得异常枯淡的内在原因。这也是苏轼对两者在近道的相似性上的真切体会和独特领悟，是他与王安石身上共有之“淡然无欲，希求大道”的精神写照。

苏轼在黄州撰写《易传》时曾以“木被淹没”来反思“大过之时”，

---

① 《庄子集释》卷 8《则阳》，第 914 页。

② 《苏轼全集校注》文集 · 卷 3《孙武论上》，第 316 页。

③ 《苏轼全集校注》文集 · 卷 6《广成子解》，第 590 页。

只有“独立不惧”才有“水落石出”之日。他说：“大过之时大矣哉！《象》曰：泽灭木，大过；君子以独立不惧，遁世无闷。”① 可见，苏轼等文人士大夫推崇的做派一贯是“不畏不慕，独立不惧”② 的。在《贺范端明启》中苏轼进一步申发为“至诚格物，隐德在人……独立不惧，舍之则藏”③ 的内在做人准则，这也是在绘画中比德赋格的内在设计依据。

在物象人格化比拟的思想观照下，“独立不惧”成为士人绘画中“疏简”“枯淡”艺术风格的内在理念支撑。对此，明代董其昌就苏轼反复言说的概念“独立不惧”做了进一步概括：

> 心如画师，想成国土。……关尹子曰：“至人不去，天地去识。”独立不惧，惟司马君实与吾兄弟耳。东坡之不容于荆公也。昔之君子，惟舒（王安石先封舒公）是师。今之君子，惟温（司马光封温国公）是随，吾不能随耳，东坡之不容于温公也。具此两截，成一完人。兵再鼓而气不衰，金百炼而色益莹。盖东坡笔之利，自竺典中来。襟宇之超，得了元之力。④

可见，明时董其昌已经看出，苏轼在经过了对王安石与司马光的态度转变之后，从精神世界深处，由笔端已生发出的近乎“完人”的崇高境界。

从“独立不惧”到“木石同坛”，是苏轼思想境界的又一重升华。苏轼在图画中用“诗意的栖居”与“哲思的会晤”将他与王安石的关系图示性隐现出来。这是站在超越个人恩怨的另一重高度，扬弃了自我与王安石的冲突，升华了小我的精神境界，剖析了自己与王安石的共性，理解了矛盾间彼此相反相成的转化结果，并通过创作《木石图》这种艺术疗法治愈了自己曾经的心灵创伤。瑞士心理学家荣格认为，患者所创作的图像对治

---

① 《东坡易传》卷3《大过卦第二十八》，载李之亮笺注：《苏轼文集编年笺注》附录五，巴蜀书社2011年版，第172页。

② 《苏轼全集校注》文集·卷63《祭欧阳仲纯父文》，第6981页。

③ 《苏轼全集校注》文集·卷47《贺范端明启》，第5068页。

④ ［明］董其昌：《画禅室随笔》卷4《杂言下》，第228—229页。

疗疾病有价值是基于两个原因：一是画作在患者和患者的问题之间、在有意识和潜意识之间扮演了调解人的角色，起着调解作用；二是绘画给患者提供了把问题外化的机会，由此确立了与困难之间的心理距离。[①] 诚如老子所言，“有德司契，无德司彻”[②]，苏轼通过《木石图》的创作，释去了心中的隐微，而彻悟到亘古之恬淡。

晚年的苏轼在交游中时时感慨过往，如在元祐八年（1093）《次韵参寥寄少游》诗中发出“岩栖木石已皤然，交旧何人慰眼前”[③] 的感叹。“皤然”是人在老年须发变白的形容词，用在这里，显然是对于经年之木石给予了一种更加具体的拟人化指代，加之后句“旧交何人”的自问，使得以“木石”为表征的艺术涵盖力在苏轼笔下更加多元而立体。

“木石同坛”本是苏轼非常隐秘而私人化的内在隐喻，对苏轼本人的精神痛苦有疗愈功效。关于艺术疗法的内在心理机制，苏轼透露他曾与文同同病相怜：

> 昔时，与可墨竹，见精缣良纸，辄愤笔挥洒，不能自已，坐客争夺持去，与可亦不甚惜。后来见人设置笔砚，即逡巡避去，人就求索，至终岁不可得。或问其故，与可曰：“吾乃者学道未至，意有所不适，而无所遣之，故一发于墨竹，是病也。今吾病良已，可若何？”然以余观之，与可之病，亦未得为已也，独不容有不发乎？余将伺其发而掩取之。彼方以为病，而吾又利其病，是吾亦病也。[④]

黄庭坚善解其中缘由，“或云：‘东坡作戈多成病笔，又腕着而笔卧，故左秀而右枯。’此又见其管中窥豹，不识大体。殊不知西施捧心而颦，虽病

---

① 〔英〕大卫·爱德华斯著，黄赟琳、孙传捷译：《艺术疗法》，重庆大学出版社2016年版，第48页。

② 《老子道德经注校释》下篇七十九章，第188页。

③ 《苏轼全集校注》诗集·卷50《次韵参寥寄少游》，第5754页。

④ 《苏轼全集校注》文集·卷70《跋文与可墨竹》，第7905页。

处乃自成妍”①。他还进一步说明这种“苦心经营的随便”：

> 东坡居士游戏于管城子、楮先生之间，作枯槎古木、丛筱断山……盖道人之所易而画工之所难。……夫惟天才逸群，心法无轨，笔与心机，释冰为水，立之南荣，视其胸中无有畦畛，八窗玲珑者也。吾闻斯人，深入理窟，椟研橐笔，枯禅缚律，恐此物辈不可复得。②

其中“道人之所易而画工之所难”者，正是画外之心意，通过“笔与心机”的调和从而“释冰为水”化解了矛盾，达到“胸中无有畦畛”，从而在画作中呈现出寄寓深刻、圆融入理的精神格调。

黄庭坚在此对“画外意”成因的认识颇为深刻，从中可知苏轼之于绘画，不仅是“抒情自娱”的，还是“释怀自愈”的，并非“为人娱目”。这正是《木石图》另类与奇怪的成因所在。

然而，后来者却更多地用“木石同盟”的外在意向，来理解这种组合。元代释大訢在柯九思所画的《枯木竹石图》上题诗：“木石山中讬旧盟，岁寒不改此君清。”③ 元末明初的丁鹤年在《卜居》诗中说：“木石为交不背盟，卜居应得惬幽情。”④ 清代姚燮有诗句：“旧盟参木石，小会慨萍蓬。”⑤ 可见，岁月历年日久之后，人们对苏轼创作《木石图》初衷的认

① 《黄庭坚全集辑校编年》下册《跋东坡水陆赞》，第1564—1565页。

② 《黄庭坚全集辑校编年》上册《东坡居士墨戏赋》，第546页。

③ ［元］释大訢：《柯敬仲作枯木竹石图寄樵隐御史命题其上》，杨镰主编：《全元诗》第32册，中华书局2013年版，第182页。

④ ［元］丁鹤年：《卜居二首》，《全元诗》第64册，第407页。

⑤ ［清］丁丙辑：《武林坊巷志》卷11《丰下坊四》，浙江古籍出版社2018年版，第1877页。

知也渐渐模糊，以致浅解误读，比物丑类，而后演变为用苏轼的“三益之友”①，笼统归纳此类题材。

四、《木石图》图像的价值贡献

苏轼在艺术疗愈中，逼不得已，基于内在感受的隐喻性表达方式，无疑赋予了图像多层次的思想内涵，产生了文化心理上耐人寻味的深层艺术共鸣。千古妙义，语羞雷同，其独特魅力，不仅在于天赋所赐，更得益于后天习得的深厚学养功夫，使其风格能入古出新、别立新宗。清代史学家赵翼评述其缘由：

> 东坡益大放厥词，别开生面，成一代之大观。今试平心读之，大概才思横溢，触处生春，胸中书卷繁富，又足以供其左旋右抽，无不如志。其尤不可及者，天生健笔一枝，爽如哀梨，快如并剪，有必达之隐，无难显之情，此所以继李杜后为一大家也。②

由此获知，在艺术上能够创造出这种看似“枯淡、疏简”的新审美风格，其理路胚芽，可贵正在于厚积薄发。这种疏淡，已经超越了时人对“书卷气”的风雅追求，转而表现为“深入浅出、以小见大”的臻妙境界。随之凝练，转而获偿为艺术形态上“简而不陋，通而不俗”的旷达风格。借此，精神世界方可企及“超然物表，虚静无为”的天地境界。

---

① 参见［宋］罗大经撰、王瑞来点校《鹤林玉露》卷 1《苏黄遗文》，中华书局 1983 年版，第 16 页。原文为：“苏轼赞文同梅竹石云：‘梅寒而秀，竹瘦而寿，石丑而文是为三益之友。’”亦见《苏轼书法史料集》苏轼题跋《宋苏东坡题文与可槎竹图八大帧》（裴景福《壮陶阁书画录》卷四），第 81 页。原文为：“宋苏东坡题文与可槎竹图八大帧友人文与可既殁十四年，见其遗墨于吕元钧之家，嗟叹之余辄赞之。竹寒而秀，木瘠而寿，石丑而文，是为‘三益之友’。粲乎，其可接邈乎？其不可囿。我怀斯人，呜呼！其可复觏也。元祐七年二月四日，东坡居士书。”

② ［清］赵翼撰，霍松林、胡主祐点校：《瓯北诗话》卷 5《苏东坡诗》，人民文学出版社 1963 年版，第 56 页。

宋代“崇文抑武”[①] 之风使得文人士大夫们成为社会理想的承担者与诠释者。一方面，文人士大夫阶层的意识观念往往通过审美方式被转化为艺术形态，进而引发文化意识上的共鸣，达成心灵默契，形成文艺风气。他们通过构建并形成艺术风尚，进一步强化其风格，从而影响到社会的各个阶层。另一方面，其艺术风尚所表现出的审美意识又反过来加强了文人士大夫阶层的精神诉求与身份认同。其中，文人士大夫集团的心态观念又因在朝与在野、革新与保守之不同，在审美意趣上显示出风格上明显的差异，甚至于党同伐异也会伴随着审美志趣的变化而逐渐展开。苏轼作为率先受到变法冲击的代表性人物，对士大夫们而言，苏轼的绘画作品也隐含有潜在的政治倾向。并且，每个阶层都有自己的文化喜好与审美标准，而文人士大夫集团的审美喜好与思想观念还往往构成一个时期内文化的发展趋向和对于身份特征的认同标志。《木石图》的诞生，必然是与苏轼的境遇及其时事之变化密不可分。这种看似不经意间的“文人墨戏”反而能够更真切地反映出对苦痛的治愈，及其精神淬炼的心路历程。因此，从心灵默契与审美格调上看，枯木怪石图像的创立，不仅是苏轼个体内在精神解脱与思想境界的升华标志，也是宋代士大夫阶层通过文化符号的创造活动，修养性灵，发表意见的共鸣结果。

苏轼《木石图》图像的诞生对以下五方面有重要价值贡献：

首先，《木石图》为文人画的创作指明了方向，有经典性的示范作用，对于后世中国绘画转向内在思想表达展开了新的一页。并且对于艺术史来说，它是审美风格的重要转折点。它的诞生标志着自熙宁变法引发党争之后，仕人们的审美风格自浪漫主义转变为现实主义，艺术观念从外在物象转向内在心象，艺术形式从“肖形”转为“尚意”的一系列变化。在精神追求上，士大夫们必然与画工、画匠拉开了距离，“不求形似”的“象外之意”指的是“心象”渐渐摆脱了眼前就事论事的具体描写，艺术旨向逐渐演变为作者对内在感受的提炼及其对精神活动的启迪与升华。自此，

---

① 陈峰：《中国古代治国理念及其转变：以宋朝“崇文抑武”治国理念为中心》，《文史哲》2013 年第 3 期。

“写意”渐渐成为文人士大夫一种更高级的审美追求，从而推动并引领了日后“文人画”的发展，并慢慢规训了日后人们对于中国绘画的认知，这是苏轼在中国艺术史上的巨大贡献。

其次，《木石图》内还潜藏着苏轼与王安石之间从矛盾性的“怨刺”到相似性的“认同”这种历程转变，进而呈现出“独立不惧”“木石同坛”这类思可相反、得须相成的画面形态，表现出苏轼境界臻至“澄怀味道”的思想高度。《木石图》是因灵悟而产生以少胜多的“克谨”与厚积薄发的“力道”之共现，所蕴含的思辨性近乎禅理。分别来看，这一石一木，又近乎漫画式地反映出“荆公面冷”而“东坡幽默”的个性特点。绘制《木石图》时的苏轼对于王安石已经不再是怨刺性的讥讽，而是建立在理解基础上，一种同病相怜、相通交感式的自我调侃。王安石退隐之后，他在《次荆公韵四绝》诗中感慨“从公以觉十年迟”①，像司马光这样坚决反变法派的人物也在王安石逝世后认为“介甫无他，但执拗耳”②。而苏轼当时也并非顽固保守，只是担心“求治太急，听言太广，进人太锐。愿镇以安静，待物之来，然后应之”③。苏轼在《孙武论》中流露：

> 《易》曰：“介于石，不终日。贞吉。”君子方其未发也，介然如石之坚，若将终身焉者；及其发也，不终日而作。故曰：不役于利，则其见之也明。见之也明，则其发之也果。④

《孙子》言喻木石之性：“任势者，其战人也，如转木石。木石之性，安则静，危则动，方则止，圆则行。”⑤ 苏轼其实认为“不难于用，而难于择”⑥，他担心的其实是“锐于西，而忘于东；见其利，而不见其所穷，得

---

① 《苏轼全集校注》诗集·卷24《次荆公韵四绝》三，第2615页。

② 《王安石文集》附录三《文集版本序跋与著录·临川集书后》，第1978页。

③ 《宋史》列传97《苏轼》，第10804页。

④ 《苏轼全集校注》文集·卷3《孙武论上》，第316页。

⑤ 陈曦译注：《孙子兵法》势篇，中华书局2011年版，第85页。

⑥ 《苏轼全集校注》文集·卷3《孙武论上》，第315页。

其一说，而不知其又有一说也”[①]。不应因为过分偏爱于一方，而招致以后的偏倚之祸。所以他是怕王安石形成刻板的一家之言，因而对于王安石，他常常抱有调侃性的批评。例如，他针对王安石的《字说》而言：“戏谓曰：‘以竹鞭马为笃，不知以竹鞭犬，有何可笑’，又尝举坡字问荆公何义？公曰：‘坡者土之皮。’坡公笑曰：‘然则滑者水之骨乎？’”[②]

再次，《木石图》托物言志、以诗入画的创作手法，与诗文相照的文化背书，使其艺术形式的内涵异常丰厚，呈现出多重象征性意义。苏轼借用“补天之石”与“未伐之木”演绎出“归去来辞”和“萧疏澹远”的心境，“惟将老不死，一笑荣枯间。我甚似乐天，但无素与蛮”[③]。在苏轼心中，文学是图像背后最好的脚本，“古来画师非俗士，妙想实与诗同出。……但当与作少陵诗，或自与君拈秃笔”[④]。怪石的文化意象内含白居易诗作《双石》中的影子，“厥状怪且丑。俗用无所堪，时人嫌不取。……忽疑天上落，不似人间有”[⑤]，而枯木的文化意象来自杜甫《古柏

---

① 《苏轼全集校注》文集·卷3《孙武论上》，第315页。

② ［宋］詹大和撰，裴汝诚点校：《王安石年谱三种·遗事》，中华书局1994年版，第157页。

③ 《苏轼全集校注》诗集·卷32《次京师韵送表弟程懿叔赴夔州运判》，第3558页。参见洪迈《容斋随笔·东坡慕乐天》：“白居易为忠州刺史，有《东坡种花》二诗，又有《步东坡》诗云：‘朝上东坡步，夕上东坡步。东坡何所爱，爱此新成树。’本朝苏文忠公不轻许可，独敬爱乐天，谪居黄州，始号东坡，其原必起于乐天忠州之作也。苏公在黄，正与白公忠州相似。”周必大《二老堂诗话·东坡立名》条引白居易《东坡种花》《步东坡》诗，并云：“本朝苏文忠公不轻许可，独敬爱乐天，屡形诗篇。盖其文章皆主辞达，而忠厚好施，刚直尽言，与人有情，于物无着，大略相似。谪居黄州，始号东坡，其原必起于乐天忠州之作也。”皆载《苏轼年谱》卷20·元丰四年，第508页；又见《王直方诗话》：“东坡平日最爱乐天之为人，故有诗云：‘我甚似乐天，但无素与蛮。’又：‘我似乐天君记取，华颠赏遍洛阳春。’又：‘他时要指集贤人，知是香山老居士。’又：‘定似香山老居士，世缘终浅道根深。’”载《诗人玉屑》卷16《香山·东坡似乐天》，第497页。据此获悉，共同的经历和遭遇，使苏轼对白居易有种强烈的认同感，并极力效仿，“东坡”名号即来自白居易，可见白居易对苏轼影响甚深。——引者注

④ 《苏轼全集校注》诗集·卷36《次韵吴传正枯木歌》，第4177—4178页。

⑤ 《白居易诗集校注》卷21《格诗歌行杂体·双石》，中华书局2006年版，第1678—1679页。

行》中的古柏：

> 孔明庙前有老柏，柯如青铜根如石。……君臣已与时际会，树木犹为人爱惜。……扶持自是神明力，正直原因造化功。大厦如倾要梁栋，万牛回首丘山重。不露文章世已惊，未辞翦伐谁能送？……志士幽人莫怨嗟："古来材大难为用。"①

"怪石"本为补天之石，"枯木"本为栋梁之材，而王安石与苏轼也终都是大才难用，一似未能补天之石，一似未辞翦伐之木，而今皆为无用之大才，"力为君王乞得州，补天未了石还收。人才自系国轻重，吾道亦关公去留"②。苏轼也以鹤自比其心境，诗中流露出归退之意，"驱之上堂立斯须，投以饼饵视若无。戛然长鸣乃下趋，难进易退我不如"③。因官场的不得意而追穆陶渊明的苏轼，此时所创的《木石图》恰似一种图示化的《归去来辞》，"怪石"已归去，"枯木"作来辞，不虞之隙，随之释然，这也正是苏轼与王安石江宁拜会之后的心灵写照。

又次，《木石图》的绘画语言所呈现的是物象与心象高度相契合并升华而成的艺术结晶。造型"得之于手而应于心"④，意境"超以象外，得其环中"⑤，苏轼的艺术创作超越了自身的局限，成为自由而洒脱的精神写照。这种看似疏简"游于艺"的"墨戏"方式，却是站在"志于道""为天地立心"的高度，进行自我剖析与精神劝导之后的思想升华，这是苏轼赋予"士人画"的独特气质。在技法上，笔墨快速运行所留下的"飞白"墨迹，将理想与现实，抱负与情怀，瞬间定格于纸面，画面背后的精神气

---

① ［唐］杜甫撰，［清］仇兆鳌注：《杜诗详注》卷15《古柏行》，中华书局1979年版，第1358—1360页。

② ［宋］魏庆之：《诗人玉屑》卷19《中兴诸贤·危逢吉》，第625页。

③ 《苏轼全集校注》诗集·卷37《鹤叹》，第4257页。

④ ［清］王先谦撰，沈啸寰点校：《庄子集解》卷4《天道第十三》，中华书局1987年版，第120页。

⑤ ［唐］司空图撰，陈玉兰评注：《二十四诗品·雄浑》，中华书局2019年版，第3页。

质与思境内涵交叠贯通，真率呈现。这种厚积薄发、深入浅出、不事雕琢、率性而为的笔墨创作过程，是苏轼在绘画技法领域展现出的一大革新性贡献。

最后，苏轼基于王维“诗中有画，画中有诗”① 的感召，形成了有别于职业画师的枯澹侘寂风格，率先提出了“士人画”② （后世称“文人画”）这个概念。继而苏轼一并成为士人画的主导者与践行者。然而苏轼却并未给出“士人画”的具体定义，以致明代董其昌借此提出画有南北二宗，而南宗多是文人余事，故从风格上认为士人之“墨戏”③ 即是“文人画”，美国学者苏珊·布什（Susan Bush）专著《中国文人论画：从苏轼到董其昌》对此进行讨论。④ 近代美术家陈师曾从思想立意上进一步总结，他说：“何谓文人画？即画中带有文人之性质，含有文人之趣味，不在画中考究艺术上之功夫，必须于画外看出许多文人之感想，此之所谓文人画。”⑤ 通过《木石图》的创作，我们得以还原苏轼心目中“士人画”的定义：“士人画”是精神升华后，心象于物象上的投射，赋格于物，定格成画，也称为“心印”。外表似乎粗率疏简，实则内在境界臻于完美，通过曾经岁月侵染的老旧物象，显露出的一种充满沧桑感的古朴之美；在朴素而安静的事物中，即便外表斑驳，或褪色暗淡，也无法阻挡其间能够另增益出一种历久弥新的审美体验。在此种图像符号中，富含了多维度、深层次的人文象征意味——“比，交融；兴，腾冲”之后的“心象”就此生

① 《苏轼全集校注》文集·卷 70《书摩诘蓝田烟雨图》，第 7904 页。

② 《画继》卷 3，第 25 页。原文为：“观士人画，如阅天下马，取其意气所到。”

③ 《画禅室随笔》卷 2《画源》，第 151 页。

④ Susan Bush: "... After looking at a few feet or so one is tired. [Sung] Han-chieh's is truly scholars'painting (shih-jen hua)." "Su's phrase, shih-jen hua, would seem to be a forerunner of Tung Ch'i-ch'ang's wen-jen chih hua, the painting of the literati." Susan Bush.: *The Chinese Literati on Painting: Su Shih* (1037—1101) *to Tung Chi-ch'ang* (1555—1636). Cambridge: Harvard University Press, 1971, p. 29.

⑤ 陈衡恪：《中国文人画之研究》，中华书画出版社 1991 年版，第 1 页。

成，巧运神思，别裁物理，“知则语其大，不知则语其小”①，由此方才得以会见“士人画”所示真谛。

余　论

如上所述，《木石图》图像含义丰厚，既有文学背书，又兼具人格象征，内参禅机思辨。考察《木石图》的创作，折射出经由熙宁变法，士人阶层文化品格逐渐向精神回归，审美旨意转向内在境界升华的趋势，进而在绘画上呈现出疏简侘寂的艺术风格。此种图像在宋代已经非常难得，对于“功夫在画外”的苏轼，王安石评价：“不知更几百年，方有如此人物!”② 黄庭坚在《苏李画枯木道士赋》中阐释：

> 东坡先生佩玉，而心若槁木，立朝而意在东山。其商略终古，盖流俗不得而言。其于文事，补衮则华虫黼黻，医国则雷扁和秦。虎豹之有美，不雕而常自然。至于恢诡谲怪滑稽，于秋兔之颖，尤以酒而能神。③

据此画外之意，方使后人展卷，如得弦外之音，而风神得以立见，“苏公此纸，出于一时滑稽诙笑之余，初不经意，而其傲风霆阅古今之气犹足，以想见其人也”④。苏轼用他多感善能的心灵，将磨难转化为隐秘的桃源，使其灵魂得以安住，引少数窥见者流连忘返。

---

① ［宋］吕陶：《净德集》卷14《文与可画墨竹枯木记》，《丛书集成初编》第1922册，中华书局1985年版，第147页。

② 《苏轼年谱》卷23，元丰七年，第639页。

③ 《黄庭坚全集辑校编年》上册《苏李画枯木道士赋》，第545页。

④ 《苏轼书法史料集》其他《跋张以道家藏东坡枯木怪石》，第1104页。

“兴学运动”与北宋官方医学教育新探*

关素华
（南京中医药大学　医学人文学院）

本文将聚焦于北宋的官方医学教育，分析三次“兴学运动”对医学教育的重要影响。学界关于这方面的研究主要以“兴学运动”为时间线，梳理了北宋官方医学教育的两个重要机构——“太医局”和“太医学”的创办过程、制度建设、办学特点、深远影响等。① 这些研究已经比较深入全面，但也存在一定的不足。例如他们只是把“兴学运动”作为背景简单地加以介绍，少有将北宋兴学运动的核心、主要内容与官方医学教育的发展关联起来，因而无法解释为什么“太医局”会发生多次隶属关系的转变和职能的变化，也无法揭示出宋徽宗在“太医局”之外另置“医学”的真正原因，但这一切都与北宋的政治变革息息相关。本文认为，只有充分认识到这一点，才能真正理解北宋官方医学教育的兴衰沉浮。

---

* 基金项目：江苏省高校社会科学一般项目（2023SJYB0331）。

① 如周鸿艳《中国古代医学教育简史》“第四章 宋金元时期的医学教育”，从庆历兴学时期的医学教育、熙宁兴学时期的医学教育、崇宁兴学时期的医学教育、南宋时期的医学教育、宋代医学教育的影响因素等五个方面分析了宋代医学教育的基本情况。（参见周鸿艳《中国古代医学教育简史》，黑龙江中医药大学 2007 年博士学位论文，第 86—143 页）又如韩毅《政府治理与医学发展：宋代医事诏令研究》，第六章专门讨论了宋代政府发展和改革医学教育的措施，并以“三次兴学运动”的时间脉络梳理北宋官方医学教育的发展状况。（参见韩毅《政府治理与医学发展：宋代医事诏令研究》，中国科学技术出版社 2014 年版，第 252—281 页）类似的研究还有张瑜《宋代“三次兴学”对医学教育改革的影响分析》（《商丘师范学院学报》2008 年第 8 期），李玉清《宋代崇宁兴医政策之研究》（《医学与哲学》2009 年第 4 期），等等。

一、庆历兴学与太医局的建立

北宋第一次兴学运动发生在宋仁宗庆历四年（1044），史称“庆历兴学”。庆历兴学的背景概括起来主要有三点，第一，北宋自建国以来，推行崇文教、抑武事的政策，企图建立以文人为主体的国家管理体系。第二，国家培养和选拔人才。主要有两条路径，一是通过官学教育培养人才，二是通过科举考试选拔人才；然而宋初统治者重视科举而轻视官学，官学教育发展滞后。① 第三，科举考试的弊端日益凸显，例如考试内容重诗赋而轻经义、考核重理论而轻实践、重个人读书而轻道德品行等，进而无法为国家选拔出真正有用的人才。② 种种原因致使宋初出现科举考试与学校教育相分离的现象，并且科举考试的方式严重阻碍了官学的发展。因此，改革科举制度，振兴官学，进而将两者相结合，成为北宋三次兴学运动的主旨。在这一背景之下，北宋官方医学教育也发生了重要变化。

（一）太医局建立的背景

在中国医学发展史上，对医学关注最多的王朝当属北宋，北宋皇帝通常把医药事业当作“仁政之急务”③，培养医学人才自然成为促进医药事业发展的重要内容。在庆历兴学的影响下，国家在官方医学教育方面的举措主要有两点：第一，在中央建立“太医局”，作为独立的医学教育机构与医药行政机构相分离；第二，不断完善太医局的制度建设，并推广至地方

---

① 姜锡东、许丞栋：《庆历兴学——宋代官学教育自发向自觉的转折》，《河北大学学报（哲学社会科学版）》2016 年第 2 期。

② “从国家治理层面来说，官僚士大夫不仅要有文学之才，还要兼具经世致用的管理之才。唐以来的进士科考试重诗赋不重经义、策论，明经诸科重帖经、墨义不重策论，考试科目内容与国家治理所需之间有着不小的差距。”祖慧、费习宽：《重文政策下的北宋科举变革》，《浙江大学学报（人文社会科学版）》2021 年第 6 期。

③ 宋徽宗在《求方书药法御笔》当中说：“人肖形于天地，气盘则形病。昔圣人救以医药，挤之寿域，仁政之急务也。比者医不穷理，流于世化人以夭折，朕甚伶焉……”参见［宋］佚名《宋大诏令集》卷 219，中华书局 2009 年版，第 843 页。

州县。

太医局建立的直接原因可以归结于范仲淹在庆历四年（1044）三月向仁宗皇帝上的一分奏札，即《奏乞在京并诸道医学教授生徒》。他建议仁宗大力发展医学教育，其目的一方面在于迎合兴学主题，为国家培养真正有用的人才；另一方面则在于解决医学乱象的问题。

> 臣观《周礼》，有医师掌医之政令，岁终考其医事，以振其禄。是先王以医事为大，著于典册。我祖宗朝，制天下医学博士，亦其意也。即未曾教授生徒。今京师生人百万，医者千数，率多道听，不经师授，其误伤人命者日日有之。臣欲乞出自圣意，特降敕命，委宣微院选能讲说医书三五人为医师，于武成王庙说《素问》《难经》等文字。诏京师习医生徒听学，并教脉候及修合药饵，其针灸亦别立科教授，经三年后方可选试，高等者入翰林院充学士学生祇应。仍指挥今后不由师学，不得入翰林院。①

范仲淹注意到两个现象：第一，朝廷虽有医学博士，但有师却无学，致使医教不兴；第二，京师从医者大多没有接受过专业学习，水平低下，致使误伤人命的事件每天都有发生。这一观察反映了三个问题：第一，随着城市人口的增加，人们对医药的需求会随之增加，从而吸引众多从业者投身其中；第二，从医者因缺乏专业学习和专门的培养，造成恶劣的社会影响；第三，优秀的从医者严重缺乏，振兴医学官学教育刻不容缓。

造成以上问题的原因有多种，从从医者的角度来说主要有两点原因，即从医门槛低和收入可观。首先，医疗行业本身是一个古今社会都不可或缺的行业，它具有较强的实用性和普遍需求性，因而只要是艺业稍成的人，都可以成为从业者。其次，在商业气息浓厚的宋代社会，从医者的收入相当可观，这也是吸引人们习医的一个重要因素。如洪迈在《夷坚志》

① ［宋］范仲淹：《范仲淹全集·范文正政府奏议卷下》，李勇先、王蓉贵校点整理，四川大学出版社2002年版，第641—642页。

中记载："吉州吉水眼医徐远……负笼行术，日得百钱，它无资身之策。"① 一个乡村眼科医生就能日入百钱，相当于一个州学教授的收入，可见医疗行业报酬的丰厚。随着从医者数量的增多，泥沙俱下、良莠不齐，滥竽充数者不在少数，从医者普遍的医术浅陋与缺乏医德便成为困扰宋代的严重社会问题。②

除此之外，巫医的盛行也是困扰宋代社会的重要问题。据学者研究，宋代巫医的职业主要是用咒禁、符箓、占卜、草药和魔法等治病、驱邪除祟；巫医在宋代社会有广泛的影响，无论是经济发达的东南地区，还是交通不便、经济方式落后的夔州路、广南西路一带，"信巫不信医"之俗广泛存在；巫医的知识、信仰及其疗法的广泛存在，不仅威胁到地方统治和中央集权的强化，而且与宋政府重建儒家伦理道德秩序相冲突，遭到宋代皇帝、政府官员与医学家的普遍反对，为此宋政府推行了一系列控制和改造巫医的措施，其中一点即迫使巫医学习官方正统医学知识；宋代政府控制和改造巫医的目的在于宣扬官方正统医学知识和确立政府倡导的社会秩序。③

（二）太医局的制度建设

关于太医局的创建时间，学界有所争论，但主流认为创建的时间应该

① ［宋］洪迈：《夷坚甲志》卷 4，中华书局 1981 年版，第 38 页。

② 参见张建东《一个被忽略的教育群体——宋代民间士人的教育活动》，华中师范大学 2013 年博士学位论文，第 31—32 页。

③ 具体研究参见韩毅《政府治理与医学发展：宋代医事诏令研究》"第八章 宋代政府控制和改造巫医的措施"。韩毅：《政府治理与医学发展：宋代医事诏令研究》，第 333—397 页。

是宋仁宗庆历四年（1044）三月。[①] 关于太医局建立的时间、办学地点、隶属关系、教学内容、考试制度、招生情况等方面的信息，《宋会要辑稿·太医局》有如下记载：

仁宗庆历四年三月二十五日，诏国子监于翰林院选能讲说医书三五人为医师，于武成王庙讲说《素问》《难经》等文字。召京城习学生徒听学。本监奏："以儒者讲学之地，不宜令医官讲说对列。窃见唐制，太常寺有八局，太医隶焉，有博士以教之。其考试登用，如国子监之法。乞令太常寺管勾施行。所有合借经书，即令本寺移文，于当监取索应付。"诏付太常寺施行。[②]

（仁宗庆历四年）八月二十二日，太常寺言："近置太医局，领属本寺。昨令权就鼓吹局讲说，今招到诸科生徒已八十余人，其鼓吹局三间窄隘，兼逼南郊，每日教乐，讲说不便。欲乞移就武成王庙。"从之。[③]

太医局正式建立的时间，是庆历四年三月。办学地点最初设置在太常

---

① 梁峻认为淳化三年（992）太医署改名太医局，但当时还没有开展医学教育。（梁峻：《两宋中医教育史论》，《中医教育》1995年第3期）学者韩毅也持以上观点。（韩毅：《政府治理与医学发展：宋代医事诏令研究》，第253页）他们主要依据的是《宋会要辑稿》中的记载，"太宗淳化三年五月，诏以民多疾疫，令太医局选良医十人，给钱五十千，为市药之宜，分遣于京城要害处，听都人之言病者，给以汤药。扶疾而至者，即诊视，仍遣内侍一人按行之"。（［清］徐松辑：《宋会要辑稿》职官22之35，刘琳等校点，上海古籍出版社2014年版，第3633页）但也有学者持反对意见，并提出以下三点：第一，同样的诏令也可见《宋大诏令集》卷219，其中记载则不是"太医局"，而是"太医署"；第二，《宋史·太宗本纪二》亦然；第三，宋代唯一残存至今的实录——《太宗实录》中详细记载了至道二年（996），其中也记为"太医署"。当时礼部侍郎贾黄中病死，宋太宗下令全国选拔良医，"以实太医署"。（《太宗实录》卷76）以上三点可证，《宋会要辑稿》是笔误。（参见张瑞贤、袁秀荣《北宋初年的太医署小考》，《中医教育》1994年第2期）本文基本接受张瑞贤的观点。

② ［清］徐松辑：《宋会要辑稿》职官22之35，第3633页。

③ 《宋会要辑稿》职官22之35，第3633页。

寺接近南郊的鼓吹局，但因地方狭窄且相互干扰，后迁移至隶属国子监的武成王庙。按照范仲淹和仁宗原初的设想，太医局由国子监管理，但遭到了国子监的拒绝，因而依照唐朝旧制，由太常寺管理。教学内容主要是《素问》《难经》等医学经典，教员由翰林医官院委派，当年便差遣尚药奉御孙用和、赵从古充医师，就武成王庙讲说医经。① 考试考核的办法参照国子监之法，即规定学生考试分三种：旬试、岁试和毕业考试。在招生方面，生源主要是在京的学生，且从庆历四年三月到八月，已经招收了八十多人，效果还算不错。另外，政府还规定：太医局医学生在学习三年之后，可以参加翰林医官院的选拔，优秀者可以进入翰林医官院，成为医官；并且规定今后进入翰林医官院的医官，必须是接受过医学专业学习的人。②

庆历新政仅仅维持了一年就宣告失败，但兴学运动并未结束，太医局也并未废除。不仅如此，在政府的管理下，太医局的制度进一步完善，其中包括入学制度、候补制度、学科设置、考试制度等方方面面。③《宋会要辑稿·太医局》有如下记载：

> 嘉祐五年（1060）四月二十六日，太常寺言："准诏，详定太医局学生人数永额。勘会先试中学生新旧人共一百六十一人，请以百二十人为额。数外有四十一人，又以经中试见在人数，今具额内及守阙

① 据张方平记载："自庆历四年创立此制，差到尚药奉御孙用和、赵从古充医师，就武成王庙讲说医经，及今十余年，尝有一二百人听习。"参见［宋］张方平《张方平集·乞比试医人》卷25，郑涵点校，中州古籍出版社2000年版，第389页。

②［宋］李焘：《续资治通鉴长编》卷147，庆历四年三月，中华书局2004年版，第3569—3570页。

③ 张方平曾建言规范太医局考试考核制度："京城医人缘此颇有通方书者。考试之制竟不曾行，其翰林院夤缘滥进，实繁有徒。伏以京师大众所聚，人命所系，医药最切，医工庸谬，妄投汤药，误伤人命，岂可胜计？伏望圣慈，委枢密院申明太医署前制，每三年一次差官比试，选擢高业之人三数名，与于翰林院安排，则习医之流必加激劝。其医师岁月深者，特与酬奖，或加俸给，人知朝廷留意，各思励精，竞效所长，必有颖脱而出者，亦足助圣心爱人之大端也。"参见［宋］张方平《张方平集·乞比试医人》卷25，第389页。

人数以闻。仍乞今后年十五以上，方许投名充医生。虽在局听读及一周年，须候额内本科有阙，即选试收补。又自来考试，唯问《难经》《素问》《巢氏》《圣惠方》大义十道，今详《神农本草》于医经中最为切用，自来多不习读。欲乞自今后每遇考试，于问义十道中兼问《本草》大义三两道。如虽通他经，于《本草》全不通者，亦不预收补。仍令本局常切讲习。又眼、疮肿、口齿、针、书禁五科，所习医全少，比之大小方脉医书，颇为侥幸。欲乞今后对义及七通已上方为合格。其金镞、书禁、伤折并为一科。"并从之。大方脉以四十人为额，有三十五人，阙七人；风科以三十人为额，有六十六人，余三十六人补充守阙；小方脉三十人为额，有三十八人，余八人补充守阙；产科以四人为额，有一人，缺三人；眼科以六人为额，有五人，缺一人；疮肿科以四人为额，有八人，余四人补充守缺；口齿、咽喉科以四人为额，有六人，余二人补充守缺；金镞兼书禁科以一名为额，见有一名；金镞兼伤折以一名为额，有三人，余二人补充守缺。①

第一，完善招生制度。确定招生人数为120人，但当年新旧学生人数已经达到了161人，超额41人。学生入学资格规定15岁以上才可报名，报名学生通过考试，才能成为太医局的正式学生。入学考试内容包括《难经》《素问》《巢氏》《圣惠方》大义十道，另外在大义十道中兼考《本草》大义三两道，且对《本草》全然不懂的人，概不招收，突出对《本草》的重视。

第二，建立候补制度。根据限额规定，正式在学的医学生只能有120人，超出的人员则采取候补制。候补人员须在太医局旁听一周年课程，之后等待名额有缺，才能经过考试成为正式学生。也许是候补人员过多，为了控制人数，太常寺于嘉祐六年（1061）二月一日提议严格候补制度，"检会太医局，应在京习医人欲本局听读者，许于本寺投家状，召命官使臣或翰林医官、医学一员保明，仍令三人已上结为一保，候听读及一年，

① 《宋会要辑稿》职官22之36，第3634页。

试问经义十道，内得五道者，即本寺给牒，补充本局学生”①，这一提议得到了仁宗的支持。这条提议新增了候补人员的三个条件，即“投家状”（家庭状况介绍）、有人担保和考试经义十道内得五道者才可补充成为正式的医学生。

第三，完善在校考核制度。在国子监考核方式的基础上，具体规定对义十道，通过七道及以上，才能为合格。

第四，完善学科建设。太医局将医学教育分为九科，相当于九个专业：大方脉、风科、小方脉、产科、眼科、疮肿科、口齿咽喉科、金镞兼书禁科、金镞兼伤折科。每科确定招生名额，单独招生。

随着中央医学教育的有序开展，地方州军医疗资源匮乏、医学教育不足等问题也日益凸显。亳州李徽之请求在京城以外的州军选试医学，救疗军民疾病，顺势，嘉祐六年（1061）二月一日，太常寺提议在地方州府开展医学教育，并且仿照京城太医局的制度加以建设。② 在入学条件设置、候补方法等方面，地方州府的医学教育与中央太医局的条例基本相同。不同之处在于，地方医学教育的学科设置没有那么齐全，主要设置了大方脉和小方脉两个学科，并且根据州郡管辖范围的大小设置学科招生名额，大郡招生名额为 10 人，小郡招生名额为 7 人。州郡培养的优秀毕业生可以直接充任当地的医学博士、助教，这样既可以鼓励后学，也能够满足地方对医学人才的需要。在平时学习考试方面，大方脉学生学习《难经》《素问》，小方脉学生学习《难经》《巢氏》《太平圣惠方》，考试十道问义，通

① 《宋会要辑稿》职官 22 之 36，第 3634 页。

② “‘今看详，欲乞诸道州府比副太医局例，召习医生徒，以本州岛军投纳家状，召命官或医学博士、助教一员保明，亦三人已上结为保。逐处选官管勾，令医学博士教习医书。后及一年，委官比试经义，及五道者，本州岛给贴，补充学生，与免州县医行祗应。大郡以十人为额，内小方脉三人。小郡七人，内小方脉三人。仍与官屋五七间，充讲习学。候本州岛医学博士、助教有缺，即选医业精熟、累有功效者差补。如不经官学试中者，更不得充医学博士、助教。如此，足激劝外郡习学之人稍知方学，医疗生民。’从之。试格令于逐科所习医书内共问义十道，以五道已上为合格。其试医生大方脉：《难经》一部，《素问》一部，二十四卷。小方脉：《难经》一部，《巢氏》六卷，《太平圣惠方》一宗，共一十二卷。”《宋会要辑稿》职官 22 之 36，第 3634—3635 页。

过五道才算合格。

二、熙丰兴学与太医局的发展

庆历兴学运动虽然没有随着庆历新政的失败而停止，但也呈现出了萧条态势。如苏轼说：“庆历间尝立学矣，天下以为太平可待，至于今惟空名仅存。”① 这反映出，很多地方的官学已经名存实亡。由于缺乏政府政策和资金的支持，官学发展速度相当缓慢。另外，庆历兴学虽然注重振兴官学，但还没有将科举考试与官学教育关联在一起，这一任务要留待熙丰兴学来完成。

（一）熙丰兴学概况

熙宁二年（1069），王安石任参知政事，由此拉开了熙丰变法的帷幕。在变法期间，朝廷推行了一系列教育和科举革新，史称“熙丰兴学”。在《上仁宗皇帝言事书》中，王安石说：“臣顾以谓陛下虽欲改易更革天下之事，合于先王之意，其势必不能者，何也？以方今天下之人才不足故也。”② 接下来他用了几乎三分之二的篇幅来论述如何陶冶人才，并从“教之”“养之”“取之”和“任之”四个方面分别加以详细说明。王安石总结了庆历兴学的经验教训，他认识到只有把科举取士与官学教育相结合，才能真正达到为国取才的目的。

王安石还强调：“古之取士皆本于学校，故道德一于上，习俗成于下，其人材皆足以有为于世。”③ 振兴官学还有一个重要功能，就是“一道德、同风俗”，恢复上古“三代”的理想秩序。正如元代马端临评价说：“学术不一，一人一义，十人十义，朝廷欲有所为，异论纷然，莫肯承听，此盖朝廷不能一道德故也。故一道德则修学校，欲修学校则贡举法不可不变。”④ 因而王安石的改革措施主要有两方面：第一，改革科举制度；第

① ［元］脱脱：《宋史》志第108，选举一，第3616页。

② ［宋］王安石：《临川先生文集·上仁宗皇帝言事书》，第750页。

③ ［宋］李焘：《续资治通鉴长编》卷220，熙宁四年二月辛亥，第5334页。

④ ［元］马端临：《文献通考》卷31《举士》，中华书局1986年版，第918页。

二，整顿官学教育。其中突出的措施是创立太学“三舍法”，即将太学分为外舍、内舍和上舍，学生按照程度分别进入三舍授业，上舍生可免除科举考试直接做官。另外，王安石组织编写了教科书《三经新义》，它既是太学教育的教材，也是科举考试的参考书。科举考试内容与学校教育内容相一致，打通了两者之间的壁垒。这一系列改革举措，促使科举考试与官学教育相结合，成为徽宗朝以官学教育取士代替科举取士的滥觞。

（二）太医局的发展特色

此时三舍法并没有运用于太医局，但是三舍法的精神已经向太医局渗透，这一阶段太医局的发展主要有以下五点创新之处：

第一，将太医局独立于太常寺，提升太医局的地位。

据李焘《续资治通鉴长编》记载：“宋神宗熙宁九年五月太医局不再隶属太常寺，置提举、判局，由局选知医事者担任，以及科置教授，由翰林医官以下与上等学生或民间医者担任。”① 这一设置突破了唐“太医署”兼管医政、医疗、教学的综合管理模式，太医局作为专门的医学教育机构，设官建制，为中国古代医学教育的发展做出了巨大贡献。

值得注意的是，熙宁九年（1076）提升太医局的行政地位，并非仅仅为了凸显对医学教育的重视，它背后更为复杂的原因在于，此时正处于推行市易法的时期，市易务卖药所遭受了很大的非议。② 为了平息议论，缓解改革压力，宋神宗将市易务卖药所与太医局当中原本提供教学与医疗所

---

① ［宋］李焘：《续资治通鉴长编》卷 275，熙宁九年五月癸亥，第 6724 页。另外，“熙宁九年五月，诏中书礼房修太医局式，候修定，即市易务卖药所往彼看详。太医局更不隶太常寺，别置提举一员，判局二员。其判局选差知医事者充”。徐松辑：《宋会要辑稿》职官 22 之 37，第 3635—3636 页。还有如《宋史》记载：“太医局，熙宁九年置，以知制诰熊本提举，大理寺丞单骧管干。后诏勿隶太常寺，置提举一、判局二，判局选知医事者为之。”《宋史》卷 164，职官志 4，第 3885—3886 页。

② 据李焘《续资治通鉴长编》卷 274 熙宁九年夏四月记载：“庚寅，上批：‘零卖熟药宜罢，恐太伤鄙细，四方观望，有损国体。他事更有类此者，亦与指挥。’时太医局卖熟药，而市易司出钱买之，复使零卖，故降是诏。已而执政进呈不行。”参见［宋］李焘《续资治通鉴长编》卷 274，熙宁九年，第 6704 页。

用的熟药库和合药所合并为一个单位，即合卖药所，隶属于太医局，又称为太医局熟药所。为了方便管理，还专门委任光禄寺丞程公孙、三班奉职朱道济管勾合卖太医局药。① 此时的太医局除专职医学教育之外，也负责管理太医局熟药所。太医局已经不仅仅是一个医学教育机构，它还成为一个为国理财的机构，与变法息息相关。为了使市易法顺利进行，提高行政效率，神宗趁机重新整合太医局的职能，把太医局从太常寺中独立出来。这样做既保留了卖药所，使其依然由政府经营管理，从而保证了政府的财政收入，减少市易法推行的阻力，又可以凸显太医局熟药所作为医药事业的“仁爱惠民”特征。但是当变法进入平稳期后，随着元丰改制的实施，太医局再次转隶太常礼部。② 直到徽宗崇宁二年（1103），熟药所从太医局分离出去，转隶太府寺，太医局便不再承担生产和售卖熟药的职能。③

第二，创新教学制度，实行三等级教学法。

据李焘《续资治通鉴长编》卷二七五・熙宁九年（1076）五月癸亥记载：

> 每科置教授一员，选翰林医官以下及上等学生为之，亦许本局察举在外医人素有名实者以闻。原充学生者略实验收补，勿限员。常以春试，取合格者，以三百人为额。太学、律学、武学生、诸营将士疾病，轮差学生往治，各给印纸，令本学官及本营将校书其所诊疾状、

---

① “熙宁九年五月十四日，诏罢熟药库合药所，其应御前诸处取索俵散药等，及所减人吏，并隶合卖药所。本所仍改入太医局，以光禄寺丞程公孙、三班奉职朱道济管勾合卖太医局药。”《宋会要辑稿》职官 22 之 37，第 3636 页。

② “（元丰）五年，行官制，以太医局隶太常礼部。”参见《宋会要辑稿》职官 22 之 37，第 3636 页。

③ 《宋会要辑稿》记载：“崇宁二年五月九日，吏部尚书何执中言：‘太医熟药所，其惠甚大，当（摧）[推] 之天下凡有市易务置处。外局以监官兼领。’从之。”（《宋会要辑稿》职官 27 之 17，第 3719 页）又根据元代马端临《文献通考》中记载：“太府寺丛：元丰制置二人。元符中增一人。崇宁中置药局，添丞一员。”（[元] 马端临：《文献通考》卷 56《职官十・太府寺》，第 509 页）根据以上两则史料可推知，熟药所由太医局改隶太府寺应当发生在宋徽宗崇宁二年五月之后。

> 病愈及死，经本局官押；或诊言不可治，即别差人往治，候愈或死，各书其状以为功过。岁终比较为三等，上中书取旨，等第收补，上等月给钱十五千，毋过二十人；中等十千，毋过三十人；下等五千，毋过五十人。其失多者，本局量轻重行罚，或勒出局。其受军营钱物，以监临强乞取论，其诸学病人原与者听受，毋得邀求。①

太医局设置九个科目，即大方脉、风科、小方脉、眼科、疮肿兼折伤、产科、口齿兼咽喉科、针兼灸科和金镞兼书禁科。② 此时的九科与仁宗嘉祐五年设置的九科大致相同，不同之处在于此时把金镞兼伤折科和疮肿科合并为疮肿兼折伤科，并且新增加了针兼灸科，突出了北宋中后期针灸学的发展。太医局的入学考试规定在春季，报考不限名额，但考试合格后录取名额限定为 300 人。根据学生临床考试成绩的优劣，把学生分成三个等级，并依据学生的不同等级给予不同的物质奖励。其中上等生每月奖励十五千钱，人员不超过 20 人；中等生每月奖励十千钱，人员不超过 30 人；下等生每月奖励五千钱，人员不超过 50 人。不仅如此，上等医学生还能够直接充任医学教授。

此时的三等级教学方法，已经具备了三舍法的雏形，为徽宗崇宁兴学时期太医学三舍法打下了基础。

第三，创新考核方式，注重临床实践。

太医局除了培养医学生之外，还承担着为在京三学与诸军治病、应皇

---

① ［宋］李焘：《续资治通鉴长编》卷 275，熙宁九年五月癸亥条，第 6724 页。《宋史》卷 164《职官志》也有同样的记载。参见［元］脱脱《宋史》卷 164，职官志四，第 3885—3886 页。

② 元丰三年（1080），据毕仲衍在《中书备对》中记载："太医局九科，学生额三百人。大方脉一百二十人，风科八十人，小方脉二十人，眼科二十人，疮肿兼折伤二十人，产科十人，口齿兼咽喉科十人，针兼灸科十人，金镞兼书禁科十人。"参见程迥《医经正本书·本朝医政第二》，转引自韩毅《政府治理与医学发展：宋代医事诏令研究》，第 259 页。

帝诏命赴灾区治病送药[①]等功能。太医局向外遣医送药，经常选派医学生前往，在这一过程中，医学生的表现，成为日常考核的重要内容。

上段材料中提到，太医局会专门轮流派遣医学生给太学、律学、武学生、诸营将士看病，每人发放一张印纸，用以记录患者病症、医治状况等信息，依据学生治愈患者的情况进行考核。年终将所有参与外派的学生进行比较，分成三等级，并按照等级给予奖励。在临床考核中，过失太多者，依情况加以惩罚，严重者勒令退学。这种考核机制一方面加强了医学生的临床实践能力，另一方面也激发了医学生的学习动力。

第四，为医学生提供俸禄，让学生专心学业。

据李焘《续资治通鉴长编》卷二七五·熙宁九年五月癸亥记载："本志云太医局有丞，有教授，九科医生额三百人，月给以禄，分治国子监三学生及诸营卒并商贾穷独被疾病者，会其全失而定赏罚。"[②] 也就是说，太医局三百学生都有月禄；考核优秀的三等生，额外还有奖励。另外，太医局规定，医学生到三学、诸军等地医治患者时，不允许再收取钱物，违者以监临强乞予以处罚。究其原因，大概是因为政府已经每月给医学生们发放过俸禄了。

第五，编印《太医局方》，促进局方医学的发展。

在元丰中，宋神宗还命令太医局组织编印了《太医局方》三卷，以供熟药所依方制药售卖。据宋代晁公武《郡斋读书志》记载："《太医局方》三卷，右元丰中，诏天下高手医，各以得效秘方进，下太医局验试，依方制药鬻之。仍模本传于世。"[③] 可惜原书已经失传。《太医局方》作为《和剂局方》和《太平惠民和剂局方》的滥觞，影响从官府到民间的医药人和

---

① 如元丰元年四月二十一日诏："太医局选医生十人，给官局熟药，乘驿诣曹村决河，医治见役兵夫。""元丰六年正月二十三日，诏太医局选医生八人，令四厢使臣各辖二人，凡商旅与穷独被病者，录名医治。会其全失，为赏罚法，人月支合药钱二千。从两浙转运副使许懋请也。"《宋会要辑稿》职官 22 之 37—38，第 3636 页。

② ［宋］李焘：《续资治通鉴长编》卷 275，熙宁九年五月癸亥条，第 6724 页。

③ ［宋］晁公武：《郡斋读书志校证》卷第 15《医书类》，孙猛校证，上海古籍出版社 1990 年版，第 729 页。

老百姓八九百年之久，在中国医学史、药学史、药业史上绝无仅有。[①]

三、崇宁兴学与太医学[②]的兴衰

元丰八年（1085）三月，宋神宗病逝，熙丰变法失败，但熙丰兴学运动所提倡的将官学教育和科举考试相结合的理念并没有随之消亡。在宋徽宗崇宁年间，太学三舍法制度得到进一步完善、落实和推广，三舍贡士法[③]得以确立和完善。这一时期关于官学教育和科举制度方面的革新，称为“崇宁兴学”。受此影响，专科学校普遍建立，包括书学、算学、画学、医学和律学。在医学方面则表现为创建国子监医学、建立太医学三舍法制度、建立医学三舍贡士法、发展地方州县医学教育等方面。

（一）太医学“三置三废”

国子监太医学经历了三置三废。

一置一废。第一次创建时间是徽宗崇宁二年（1103），九月十五日，讲议司奏：“今欲别置医学，教养上医。切考熙宁、元丰置局，以隶太常

① 唐廷猷：《宋代官药局成药标准：〈太平惠民和剂局方〉》，《中国现代中药》2015年第5期。

② 宋徽宗时期的官方医学教育机构主要有两个，一个是太医局，另一个则是国子监医学，又称太医学。虽然这一时期承担医学教育任务的主要是太医学，但太医局与太医学一直处于并存状态。如在太医学初次设置时，崇宁二年九月十五日，宋徽宗下诏在太医局之外另置医学，并且让太医局依据《唐典》在近城设置药园，以供医学生学习之用。（《宋会要辑稿》崇儒3之13，第2794页）在太医学第二次罢废时，即大观四年三月庚子，“诏医学生并入太医局，算入太史局，书入翰林书艺局，画入翰林画图局，学官等并罢”。（［元］脱脱：《宋史》徽宗本纪二，第384页）尽管如此，徽宗朝的医学教育机构主要是太医学，太医局处于相对停滞状态。故而本节主要讨论太医学的建立和发展情况。

③ 大观元年二月，徽宗诏：“以学校三舍升贡次第著为令，编通用令，删之首。诸士自县学教养，升之州学。州学教养分为三舍，自外舍升为内舍，自内舍升为上舍，自上舍贡之辟雍，自辟雍登太学，俟殿试命以官。”参见［宋］章如愚《山堂考索》后集卷27《士门·学制类》，中华书局1992年版，第620页。

寺。今既别兴医学，教养上医，难以更隶太常寺。欲比三学，隶于国子监。"① 第一次废止时间是崇宁五年（1106），四月十二日诏："书、画、算、医四学并罢，更不修盖。其官私宅舍屋宇，并依旧修盖给还。"② 历时不到三年。

二置二废。第二次创建时间是大观元年（1107），二月十七日诏："算学已隶秘书省，医学可令复置。其合行事件，并依崇宁四年十二月已前指挥施行。"③ 第二次废止时间是大观四年（1110），"三月庚子……诏医学生并入太医局，算入太史局，书入翰林书艺局，画入翰林画图局，学官等并罢"④。历时三年。

三置三废。第三次创建时间是政和三年（1113），"闰四月戊午，复置医学"⑤。第三次废止时间是宣和二年（1120），"七月二十一日，诏罢在京医、算学"⑥。此次存在历时七年，之后便没有再创建过。

据学者分析，太医学等专科学校的创建，是蔡京改革思想的产物；太医学之所以经历三置三废，又与蔡京的政治前途息息相关。一旦蔡京执政，医学等专科学校就置于国子监之下；倘若蔡京下台，则此类学校便转交政府其他部门办理。⑦ 蔡京的改革思想源于熙丰变法，他对专业人才的重视也与熙丰变法一脉相承。在熙丰变法时期，变法派就显示了将专业人才的甄选和培养纳入总的教育体制的决心。⑧ 但这一决心在熙丰变法时期并没有得到很好的实施，只有到了蔡京执政的徽宗年间，这一决心才得到

---

① 《宋会要辑稿》崇儒 3 之 12—13，第 2793—2794 页。

② 《宋会要辑稿》崇儒 3 之 1，第 2787 页。

③ 《宋会要辑稿》崇儒 3 之 27，第 2802 页。

④ ［元］脱脱：《宋史》徽宗本纪二，第 384 页。

⑤ ［元］脱脱：《宋史》徽宗本纪三，第 391 页。政和三年闰四月一日，尚书省言："检会太医令裴宗元乞就太医局复置太医学，并依大观已行条例施行。"《宋会要辑稿》职官 22 之 38，第 3637 页。

⑥ 《宋会要辑稿》崇儒 3 之 25，第 2801—2802 页。

⑦ 李弘祺：《宋代官学教育与科举》，台北联经出版事业公司 1994 年版，第 104 页。并参见其列表"十一世纪前期宋代各专科学校兴废情况"，第 110 页。

⑧ 李弘祺：《宋代官学教育与科举》，第 103 页。

全面落实和发展。

（二）太医学教育的特点

相较于前两个时期，徽宗时期的官方医学教育呈现出四大特点：第一，在太医局之外兴建国子监医学，即太医学，并建立完善太医学三舍法；第二，在地方州县开展医学教育，并实施医学三舍贡士法；第三，对毕业的医学生赐出身、加品秩，革伎术官之弊；第四，教养上医，培养儒医。以下分别加以讨论。

第一，另置太医学，完善太医学三舍法等制度建设。

崇宁元年（1102）八月，宰相蔡京奏请完善太学三舍法，这一提议得到徽宗的大力支持。① 在这一背景之下，崇宁二年（1103）九月，三舍法被正式引入医学教育当中。据《宋会要辑稿》崇儒三·医学记载：

> 徽宗崇宁二年九月十五日，讲议司奏："昨奉圣旨，令议医学。臣等窃考熙宁追遹三代，遂诏兴建太医局，教养生员，分治三学诸军疾病，为惠甚博。然未及推行天下，继述其事，正在今日。所有医工，未有奖进之法。盖其流品不高，士人所耻，故无高识清流习尚其事。今欲别置医学，教养上医。切考熙宁、元丰置局，以隶太常寺。今既别兴医学，教养上医，难以更隶太常寺。欲比三学，隶于国子监。仿三学之制，欲置博士四员。分科教导，纠行规矩。欲立上舍四十人，内舍六十人，外舍二百人，逐斋长、谕各一人。今参酌修定，设三科，通十三事，教诸生一十人。通习一、方脉科，通习大小方、脉、风产。一针科，通习大针灸、口齿、咽喉、眼耳。一疡科。通习疮肿、伤折、金疮书禁。其试补考察，仿太学立法。"②

这条记录开启了太医学教育的新篇章，它说明了太医学建立的原因、目的、隶属关系、学制、科目设置、考试方法、升舍制度等方面。

---

① 《宋会要辑稿》崇儒 2 之 7—8，第 2765—2766 页。

② 《宋会要辑稿》崇儒 3 之 12—13，第 2793 页。

尽管徽宗朝之前的医学教育比较发达，但依然存在一些不足：首先，太医局教育范围有限，没有推广至全国；其次，医学教育制度不够完善，没有完备的奖励制度；再次，医官属于伎术官，流品不高，高识清流不愿从事。针对以上不足，宋徽宗决定在太医局之外另置“医学”，目的是教养上医，提高医学生地位。为了突出这一目的，“医学”不再隶属于专管礼仪的太常寺，而直接隶属于专管国家教育的国子监，且学制、补试、考察等皆仿效太学之制。

关于太医学内部的制度建设，规定如下：

（1）关于学制。太医学仿照国子监太学、武学、律学学制①，采取分科、分级、分班的教学模式。分科教学即分三科十三事，用现在的话说就是三个一级学科和十三个二级学科，这是对原太医局九科的重新整合。分级教学即分上舍四十人、内舍六十人、外舍二百人，采取由外舍升内舍、内舍升上舍的升学模式；其中上舍生可以直接赐出身，授予官职。这种升学模式又称为“三舍法”，是太学三舍法在医学教育方面的应用。分班教学即仿照太学分斋教学②，太医学规定“逐斋长、谕各一人”，但史料未记载每斋人数。

（2）关于科目设置及教学内容。太医学设三科，通十三事，即三个一级学科之下的十三个专业。三科即方脉科、针科和疡科。方脉科下设大方脉、小方脉、风科、产科四个专业，针科下设大针灸、口齿、咽喉、眼、

---

① 元丰二年（1079）八月，正式颁布三舍法：“《学令》：太学置八十斋，斋各五楹，容三十人。外舍生二千人，内舍生三百人，上舍生百人。月一私试，岁一公试，补内舍生；间岁一舍试，补上舍生，弥封、誊录如贡举法；而上舍试则学官不预考校。公试，外舍生入第一、第二等，升内舍；试入优、平二等，升上舍，皆参考所书行艺乃升。上舍分三等。学正增为五人，学录增为十人，学录参以学生为之。岁赐缗钱至二万五千，又取郡县田租、屋课、息钱之类，增为学费。初，以国子名监，而实未尝教养国子。诏许清要官亲戚入监听读，额二百人，仍尽以开封府解额归太学，其国子生解额，以太学分数取之，毋过四十人。”参见《宋史》卷 157，选举 3，第 3660—3661 页。

② 据《宋史》记载：“太学凡八十斋，置斋长、谕各一人，掌表率斋生，凡戾规矩者，纠以斋规五等之罚，仍月考斋生行艺，著于籍。”［元］脱脱：《宋史》卷 165，职官志 118，第 3801 页。

耳五个专业，疡科下设疮肿、伤折、金疮、书禁四个专业，共十三事。从教学内容来看，分为公共必修课与专业必修课。三个学科的学生都要修习七本经典，其中五本是公共必修，两本是专业必修。公共必修经典是：《黄帝素问》《难经》《巢氏病源》《补注本草》及（大小）《千金方》。各学科的专业必修经典：内方脉科兼习王氏《脉经》、张仲景《伤寒论》；针科兼习《黄帝三部针灸经》《龙本论》；疡科兼习《黄帝三部针灸经》《千金翼方》。

（3）关于考试制度。“其试补、考察，仿太学立法”，太医学的考试分为三种，即补试、私试和公试。补试属于入学考试，私试和公试既属于医学生的日常考核，也是升舍的依据。相较于太医局的考试内容，太医学的考试内容不包含《本草》，但增加了运气学说和案例分析。具体如下：

太医学的入学考试即补试，要求曾犯刑责经决之人，不得参加考试。补试一场：大义三道，其中包含运气一道，假令病法一道，共四道题目。考试范围是《素问》《难经》及方书，注重学生对医学基础知识的把握。补试采取分科考试，但政和七年（1117）十二月二十九日，太医学对学生的“家状”即简历填写提出新的要求，即将原有的方脉、针、疡等科字样更改为某经、《素问》《难经》、方书字样，因为“其分科之文，显属虚设”①。通过入学考试者，即可进入太医学学习。

太医学的日常考试形式主要是私试和公试两种。私试每个季度进行一次，每月考一场，共三场。第一场考三经大义五道，其中方脉科的考试内容是《素问》《难经》《伤寒论》，针、疡科的考试内容是《素问》《难经》《三部针灸经》。第二场，方脉科考脉证大义二道、运气大义二道；针、疡科考小经（指《病源》《龙本论》《千金翼方》）大义三道，运气大义二道。第三场，假令病法三道。公试每年一次，春季举行，共二场：第一场

① 政和七年十二月二十九日，提举太医学奏：“据太医学录郑绩札子，契勘太医学旧法内一项，学生所习，有方脉，有针科，〔有疡科〕。每遇试日，即于《素问》《难经》及方书内三科出题为问。今习大经外，又兼《素问》《难经》、方书，诸般科目，并在其间。其分科之文，显属虚设。乞于学生家状内，删去方脉、针、疡等科字，却添入某经、《素问》《难经》、方书字。”参见《宋会要辑稿》崇儒3之21，第2801页。

考三经大义三道，其中方脉科考脉证大义二道，针、疡科考小经大义二道；第二场，假令病法二道，运气大义一道。每次私试和公试都分上、中、下三个等级，依据考试等级与平日考勤（即“考察”）情况来决定三舍的升降。

（4）关于升舍制度。升舍考核主要分两个方面，一是考核理论成绩，二是考核临床实践成绩。其中考核外舍生以及外舍升内舍主要依据公、私试等理论成绩，考核内舍、上舍生以及内舍升上舍则兼顾理论和临床两方面。

由外舍升内舍的条件，满足以下四条中的一条即可：第一，私试三次都进入上等；第二，公、私试中有三次进入上等；第三，私试和公试分别有一次进入上等，不犯第二等以上处罚，且其余考试须在中等以上；第四，无学规考察结果，但考试成绩均在上等。补充说明：“若阙多，就试人少，即以就试人为率，所取不得过三分之一。仍先取有考察，或皆无考察，即以考试名次为先后。”① 为了保证学生质量，严格控制升舍人数，宁缺毋滥。

由内舍升上舍有三种考核形式：第一种是内舍生的公、私试，分上、中、下三等；第二种称舍试（即“试上舍”，为升上舍而专门设置的一种考试形式），分优、平二等；第三种是临床考核，即给太学、武学、律学、算学、艺学五学生医治，根据愈失情况，分上、中、下三等。② 内舍升上舍的条件有如下三条：第一，私试三入上等；第二，公、私试各一入上等，不犯学规，且舍试在优等者；第三，即使舍试为平等，但临床医治进入上等者，依试入优等法。只要满足其中一条，即可升舍。补充说明：“若阙多，就试人少，即以就试人为率，所取不得过三分之一。仍先取医

① 《宋会要辑稿》崇儒 3 之 13，第 2794 页。

② “五学生谓太学、武学、律学、算学、艺学。疾病，本处关到置籍，轮差上舍、内舍生医治。用本监医人医治者，听。各给印历，书其所诊疾状，经本学官押，实时书簿给付。候愈或失，逐处限当日阙报本学销簿。仍批书于历，岁中比校。分上中下三等，十全为上，十失一为中，十失二为下。”《宋会要辑稿》崇儒 3 之 12—13，第 2794 页。

治，次程文。若均，即以考试名次为先后。”① 三种考核形式中，以临床医治成绩为优先考量，其次是程文即理论考试成绩，由此可以看出太医学教育对临床实践的重视，这也符合医学教育的实质。

对上舍生的考核主要有私试和临床医治两种，考核通过者即可保明推恩，赐医学出身，出任官职，依格注授差遣。② 其条件为：第一，在私试中五次入上等，不犯学规，且临床医治比校入中等以上者；第二，在临床医治中只要一次入上等者。只要符合其中一个条件即可。为了强调临床医治的重要性，对于临床考核成绩较差的学生，太医学也制定了相应的规定：如果考核为中、下等，则应进行考察，通过后，内舍生才能够升补上舍，上舍生才能保明推恩；如果痊愈不及七分，则分别降舍处理；如果失及五分，屏出学。

（5）关于药园建设。“今来太医局欲依《唐典》，近城置药园种莳。其医学生员，亦当诣园，辨识诸乐。”③ 药园的建设有利于医学生的全面学习。

第二，向地方州县推广医学教育，实行医学三舍贡士法。

崇宁三年（1104），朝廷颁布了《岁贡法》，于地方州县推行三舍贡士法，并在各地设诸路提举学事官，专门负责对州学生员的考校。崇宁三年（1104）至大观元年（1107），朝廷逐步推行、完善了这一制度。④ 政和二年（1112）五月，朝廷正式“罢科举”，全面实施三舍法，以官学教育取士代替科举取士。太医学于政和三年（1113）闰四月第三次复建后，其发展进入稳定期。随着三舍法的全面实施，三舍贡士法也运用于地方州县的医学教育之中。

据《宋会要辑稿》崇儒三·医学·政和五年（1115）正月十八日条记载，曹孝忠等奏：“乞诸州县并置医学，各于学内别为斋教养，隶于州县

① 《宋会要辑稿》崇儒 3 之 12—13，第 2794 页。

② 《宋会要辑稿》崇儒 3 之 12—13，第 2794 页。

③ 《宋会要辑稿》崇儒 3 之 12—13，第 2794 页。

④ 诸葛忆兵：《论宋徽宗朝科举制度之演变》，《江西社会科学》2022 年第 9 期。

学，开封隶府学。”① 朝廷决定在地方州县设置“医学”，隶属于州县学之下，学制、考试、升舍等制度基本仿照地方州县学的方法。地方“医学”升舍方式为：由县医学通过补试升州医学，州医学通过公、私试升太医学；其中县医学不分舍，州医学分为三舍。以下是州县“医学”关于教学内容、科目设置、考试形式和范围等方面的具体规定，其中突出的特点是注重儒经的学习和考核：

> 一、医学教授，讲一经，谓《素问》《难经》。其讲义，逐月付县。学生分三科，兼治五经内一经。方脉科，通习大小方脉、风产。针科，通习针灸、口齿、咽喉、眼目。疡科，通习疮肿、伤折、金镞、书禁。
>
> 一、三科学生，各习七书。方脉科：《黄帝素问》《难经》《巢氏病源》《补注本草》《千金方》《王氏脉经》、张仲景《伤寒论》。针科：《黄帝素问》《难经》《巢氏病源》《补注本草》《千金方》《黄帝三部针灸经》《龙本论》。疡科：《黄帝素问》《难经》《巢氏病源》《补注本草》《千金方》《黄帝三部针灸经》《千金翼方》。
>
> 一、诸州县学及提举学事司试法，县学补试《素问》义一道，《难经》义一道，运气义一道，假令病法一道，儒经义一道，谓五经内治一经。州学岁升试，依县学补试道数。私试，孟月，《素问》《难经》义三道，儒经义二道。仲月，运气义一道，处方义一道。季月，假令病法三道。公试二场，第一场，《素问》《难经》义二道，运气义一道，儒经义二道。第二场，处方义一道，假令病法二道。学事司所在州，试上舍三场，第一场《素问》《难经》义三道，儒经义二道。第二场运气义一道，处方义二道。第三场，假令病法三道。
>
> 一、出题，儒经《素问》《难经》，并于本经内出；运气义，于《素问》内出。临时指问五运六气、司天在泉、太过不及、平气之纪，上下加临、治淫胜腹、所掌病疾，随岁所宜，如何调治。或设问病

① 《宋会要辑稿》崇儒 3 之 18，第 2796—2797 页。

证，于今运气如何理疗。处方义，于所习经方内出。假令病法，方脉科，于《千金翼》《外台圣惠方》治杂病门中出。针科，于《三部针灸经》《千金翼》《外台圣惠方》《龙本论》治杂病及口齿咽喉眼目门中出。疡科，于《三部针灸经》《千金翼》《外台圣惠方》治疮疡门中出。①

为了完善地方州县医学的贡士法，政和五年（1115）八月二十日、九月十六日，礼部分别就诸路州县次第升贡的时间安排、诸路医学每年合贡及该推恩人数的制定等问题加以商讨，并申请尚书省裁定。② 同年十二月二十九日，福建路在具体落实医学三舍贡士法的时候，也碰到分配贡额与推恩人数的问题，尚书省进一步做出规定。③ 但是宣和二年（1120）六月，随着蔡京等变法派的失势，同年七月罢在京医、算学。宣和三年（1121）二月二十日："诏罢天下三舍。太学以三舍考选，开封府及诸路以科举取士。"④ 科举制度恢复到"元丰旧制"，太学仍保留三舍法。"宣和五年，复罢舍法，而一归于科举。"⑤ 三舍法以失败告终。此时的太医学三舍法、医学三舍贡士法也走到了尽头。

第三，对毕业的医学生赐出身、加品秩，革伎术官之弊。

北宋的翰林医官属于伎术官，他们既不属于品官和士大夫阶层，也不

① 《宋会要辑稿》崇儒 3 之 18—19，第 2796—2797 页。

② 《宋会要辑稿》崇儒 3 之 20，第 2798—2799 页。

③ 《宋会要辑稿》崇儒 3 之 20，第 2799—2800 页。

④ 《宋会要辑稿》职官 28 之 22，第 3771 页。另马端临说："诏罢天下三舍法。开封府及诸路并以科举取士，惟太学仍存三舍，以甄序课试，遇科举仍自发解。"［元］马端临：《文献通考》卷 31《选举考四・举士》，第 918 页。

⑤ ［宋］章如愚：《山堂考索》后集卷 26《士门・学制类》，第 616 页。

允许做州郡亲民官，地位相对低下。① 徽宗之所以另置“医学”，目的在于教养上医；教养上医的方式除了完善教学制度外，更重要的在于提升医学生和医官的身份地位。所谓“上医”，是既具有医学专业才能，又具有与文人士大夫相媲美的身份地位，这样才能激励社会清流从事医学，推动医药事业的发展。

> 徽宗崇宁二年九月十五日，“宜视诸学赐出身，以待清流，庶有激励。今欲试补考察充上舍生，赐医学出身。除七等选人，阶官依格注授差遣，上舍生高出伦辈之人，选充尚药局医师以次医职。上等从事郎，除医学博士、正、录；中等登仕郎，除医学正、录，或外州大藩医学教授；下等将仕郎，除诸州军医学教授”②。

政府出于教养上医的理念，通过赐出身、加品秩的方式提高医官的地位；医官正式纳入文官体系之中，医官的差遣、考核、升迁都依据文官的方式进行，这本身是很好的政策。但是要具体落实下去，依然会遇到种种困难。例如有些地方州郡并没有严格按照朝廷的政策执行，甚至出现徇私舞弊、违法补授医官的现象；还有地方官职会优先给予符合条件的儒士，而非医学博士、助教。③ 这也反映了医官在官僚系统中的地位依然较低。

---

① 北宋以翰林院图画院、御书院、医官院、天文院官及司天监（后改称太史局）官为伎术官，宋代伎术官地位较低，不入流即不属于品官和士大夫阶层，并不许做州郡亲民官。不将其列入官员序列，不能完全归之于士大夫传统的偏见，他们确实也不是官员，不是由官员选拔的标准和途径入仕，从事的也不是管理工作，只是专业技术工作。参见程民生《宋代伎术官的文化水平及数量》，《平顶山学院学报》2019 年第 4 期。

② 《宋会要辑稿》崇儒 3 之 13，第 2794 页。

③ 政和元年八月二十六日，有官员反映：“伏见诸路郡守许补医学博士、助教，明着格令。京府、上中州，各一人；下州一人，选本州岛医生，以次选补。仍许依禄，令供本州岛医职。岂容额外补授，滥纡命服，以散居他郡臣体访诸路州军不遵条格，名以守阙为名，或酬私家医药之劳，或徇亲知非法之请，违法补授，不可胜数。况贡举条制，有官锁试，而医学博士、助教与焉。若与贡附试辟雍，如入中、上等，乃有升二等差遣及免省之优命，岂容医学博士、助教旋求补牒，妄希仕进，以败坏学制。”《宋会要辑稿》崇儒 3 之 14，第 2794—2795 页。

为了改变这种状况，徽宗朝做出了不懈努力。

据《宋会要辑稿》崇儒三·医学记载：

> 政和三年九月二十七日，尚书省奏："依元格注官：上等从事郎，中等登仕郎，下等将仕郎。初任注在京自来合破医官去处，一任理为诸州军曹掾资任。除有许举荐数外，令医学司业各举改官二 。兼元得指挥，俾通籍仕版，治官政，掌医事。况学生多是两学移籍，并得解与贡之人，其三舍之法，并依两学体例。今来除初任差遣外，未有明降指挥。窃恐吏部将来尚依崇宁格，只注医官三等差遣。今欲乞医学上舍出身人，初任自依近降朝旨注格注在京医职外格，其后并依两学上舍出身人，赴吏部注合入差遣，用清其选，而革伎术之弊。庶使学者益知磨励，而得异能之士。"从之。①

为了革伎术之弊，尚书省奏请医官的选任磨勘等方式都应参照文官。因为医学生的培养、医官的选拔都参照两学体例进行，那么医官的选任、差遣、考核也理应仿效文官制度，这一观点得到了徽宗的认可。不仅如此，政府还打破了伎术官不能做州郡亲民官的限制。政和七年（1117）三月二十五日，礼部奏："修立到诸太医学上舍推恩人，于所任州兼医学教授，仍令医职于医外置。若任县官者，准此。至通直郎罢医职。"② 医官的改官制度也依照文官实行。③ 医官直接可以转任州郡亲民官，主要基于医学生在培养期间不仅学习医学专业知识，同时还必须兼习儒经，通晓儒义，这为他们从事州郡亲民官打下了基础；但这一政策也会带来一些问

① 《宋会要辑稿》崇儒3之15，第2795页。

② 《宋会要辑稿》崇儒3之20，第2800页。

③ 政和八年十月七日，尚书省言："勘会太医学上舍出身人，自来改官不依贡士上舍，只作余人。缘本学升补校定、释褐殿试等，并已依两学法，所有改官，理合比附有出身人施行。"《宋会要辑稿》崇儒3之21，第2801页。

题，如他们做官之后不再从事医药事务，违背培养上医的初衷。①

第四，首倡儒医，对后世影响深远。

关于"儒医"的记载，最早可见于以下两段材料：

> 政和三年闰四月九日，敕："建学之初，务欲广得儒医。窃见诸州有在学内外舍生，素通医术，令诸州教授、知、通保明，申提举学事司，具姓名闻奏，下本处，尽依贡士法律，遣赴本学，就私试三场。如中选，元外舍生即补内舍，内舍理为中等校定。其学生执公据入学日，即关公厨破本等食。"诏并依贡法。其前降指挥，更不施行。②
>
> 政和七年八月十日，臣僚言："伏观朝廷兴建医学，教养士类，使习儒术者通黄素，明诊疗，而施于疾病，谓之儒医，甚大惠也。"③

第二段材料直接对"儒医"进行了定义，既习儒术又通医术的士人就是儒医。这个定义至少包含了三层含义：首先从身份上讲，儒医属于士阶层，

---

① 政和七年八月十日，臣僚言："暨锡命后，人才既成，宜试其能。又元降指挥，便合赴试，注授诸州曹掾、簿尉，而于诊疗略无所预。虽有成才，莫获试用，而朝廷亦无以核诊疗之实。昨降指挥，有初任注在京医官住程去处差遣一次，则似之矣。又旋即冲罢，臣实未谕。若谓欲清其选，则既锡之名第，又加之品秩，且得为州县亲民之官，视两学无异，其选固已矣。至于诊疗疾病，乃设学求才之本指。而命官之后，终不良之，岂朝廷循名责实之意哉。伏望特诏有司，今后太医学生已行推恩，即于诊疗之际，量行试用，校其全失，以为参部注官久近之期。则学生未入仕者，知其必用，不待考察，而自知勉励于诊疗。庶使医学平昔所养，皆有所用。"诏令尚书省立法。《宋会要辑稿》崇儒 3 之 20—21，第 2800—2801 页。

② 《宋会要辑稿》崇儒 3 之 15，第 2795 页。

③ 《宋会要辑稿》崇儒 3 之 20，第 2800 页。

与文士、武士相同，被称为医士；[①] 其次从才能上讲，儒医兼具医学专业才能和儒学经世致用之才能；最后从德行上讲，儒医既习儒术，当尊儒家之仁义道德，注重自身的德行修养。概而言之，徽宗欲意教养的“上医”，就是“儒医”。

为了教养和选拔“儒医”，政府采取了两种方式：一种是鼓励儒士中通晓医术者，按照州县学三舍贡士法，进入国子监太医学学习，成为政府储备医官。另一种是在地方州县建立的医学校中，把儒家五经纳入医学生的学习和考试内容当中；通过专门的医学三舍贡士法，来选任儒医。第一种方法是第二种方法的过渡阶段，即在条件还不成熟的情况之下，从儒士中选拔出通晓医术的人，相对简便快捷，所以才有政和三年（1113）闰四月九日的敕令。政和四年（1114）八月四日，尚书省就未尽事宜再次以立法的形式明确：“诸州贡到通医术内、外舍生，附太医学补试。如试中，各依元舍额注籍；若或试下，还本贯旧舍额。”[②] 政和五年（1115）正月十八日，由提举入内医官曹孝忠等提出具体细则，就“太医学依仿两学措置贡士法并钱粮”等方面落实尚书省的决议。[③] 在同一天，曹孝忠等紧接着奏请在各州县学中设置“医学”，并按照州县学三舍贡士法，从“医学”中选拔医士，进入国子监太医学，这一点前文已有详细论述。从教养和选拔“儒医”的角度看，从医学生内部培养通习儒术的士人，是更根本的一种方式，因为“儒医”的根本在医而不在儒。

徽宗朝通过设置国子监太医学、州县医学，以及参照太学三舍法和三

---

① 尚书省勘会：“医士贡额，系以昨拨充文士贡额内桩留一分武士贡额人数充，即不合于文士贡额除豁。今来福建提举学事司所申除豁文士贡额，显未允当。其上件贡额，候将来有合贡医士年分，方合用额升贡。今既未有合贡之人，即合依旧存留。窃虑诸路更有疑惑去处。”《宋会要辑稿》崇儒 3 之 20，第 2800 页。中国古代有士农工商四民分类，其中士为最高阶层；士又有文士、武士，徽宗朝将医学生称为医士，将医生从不入流的地位提升到士的阶层，这无疑是对医生身份地位的极大认可和褒扬。

② 政和四年八月四日，尚书省言，“勘会诸州内、外舍通医术学生已降指挥，许津遣贡赴太医学，与在京学生同试。即未曾立定试补舍额，及试不中却还本贯之文。今乞立条”，从之。《宋会要辑稿》崇儒 3 之 15，第 2795—2796 页。

③ 《宋会要辑稿》崇儒 3 之 17，第 2796 页。

舍贡士法等方式教养和选拔上医（或“儒医”），起到了很好的效果。徽宗试图改变医官作为伎术官的低下身份，甚至将其抬高到与文官相同的地位。这在很大程度上可以破除世人对医学不入流的偏见，从而激励更多文士投身其中；文士从事医学研究和医疗活动，对医学事业的发展又能起到极大的促进作用。

结　论

北宋经历了两次政治变革，三次兴学运动，即庆历兴学、熙丰兴学和崇宁兴学。三次兴学运动的主旨是改革科举制度，振兴官学教育，“熙丰兴学”之后更加强调将科举考试与官学教育相结合，实现“教之、养之、取之、任之”，为国家培养经世致用之才；崇宁兴学则将熙丰兴学的理念推向至极，并一度将官学教育取代科举取士。在此背景下，北宋官方医学教育进行了一系列改革举措。

庆历兴学催生了北宋第一个医学教育机构——太医局，但太医局并没有随着庆历新政的失败而停滞不前，相反直到北宋灭亡，它一直存在。在熙丰兴学时期，太医局稳步发展，其间实行的三等级教学法成为之后太医学三舍法的滥觞。出于变法的需要，太医局的职能和隶属关系发生了一些波动和调整，这一时期太医局除了专职医学教育外，还负责管理“熟药所”（又称官药局），从事熟药的制作和售卖。由于职能的变化，其隶属关系也发生了相应的变化，它从专职礼仪、祭祀等活动的太常寺独立出来，但随着改革变法进入平稳期，元丰官制改革后，太医局再次回到太常寺，之后便没有再发生变动。另外，徽宗崇宁二年（1103）后，熟药所改隶太府寺，不再隶属于太医局。崇宁兴学把北宋官方医学教育推向高潮。这一时期官方医学教育有诸多创举：建立了国子监医学，创立了太医学三舍法和医学三舍贡士法，提高了医学生及医官的身份地位，以教养上医即儒医为目的，促进了专业技术人才的发展，彻底贯彻了熙丰变法的精神，即为国培养经世致用之才，并从制度上加以保障。但最终，随着以蔡京为首的变法派的失利，三舍法被取消，太医学也被废止。

从以上分析可知，北宋官方医学教育的发展深受政治变革的影响。其中两个重要教育机构——太医局和太医学的创建、完善和衰弱的历程，亦可看作北宋政治变革的一个缩影。值得反思的是，医学教育如果与政治变革联系过于紧密，便会失去自身发展的独立性和自主性。因为当政治变革需要并且支持医学教育的发展，医学教育便能获得蓬勃发展；但当政治变革失败，则医学教育也会随之衰弱。从长远来看，这种状况不利于医学教育的稳定发展。以古鉴今，发展当代医学教育，既要充分利用政策的积极因素，又要保持其自身的独立性。

“却是端平变局难”
——从真德秀、魏了翁之召看宋理宗的政治困境*

李　超

［湖南省社会科学院（湖南省人民政府发展研究中心）
历史文化研究所］

一、问题的提出

绍定六年十月，权相史弥远病逝，理宗亲政。为展示新的政治气象，理宗决心对朝政进行一系列改革，史称“端平更化”。端平更化是理宗亲政后推行的第一项重大政治行动，无论朝野上下还是理宗本人都充满期待，更化成败将直接关系到理宗朝政治的走向。相关学者已经就端平更化的内容、过程、成败得失等问题进行了深入探讨。① 在这些研究中，大都会将理宗对史弥远时期受到打压的诸多贤人君子的征召与擢用，作为更化的主要举措加以强调。这与传统史料中的有关叙述是一致的，《宋史·郑

* 基金项目：湖南省社会科学院（湖南省人民政府发展研究中心）哲学社会科学创新工程资助项目“湖湘学派与南宋和战研究”（23ZDB15）。

① 如段玉明、胡昭曦：《宋理宗“端平——淳祐更化”刍论》，载邓广铭、漆侠等主编《宋史研究论文集》，河北教育出版社1989年版，第155—172页；胡昭曦：《论宋理宗的“能”与“庸”》，《中国史研究》1998年第1期；何忠礼、徐吉军：《南宋史稿》，杭州大学出版社1999年版，第296—300页；胡昭曦、蔡东洲：《宋理宗·宋度宗》，吉林文史出版社2004年版，第62—113页；张金岭：《宋理宗研究》，人民出版社2008年版，第105—119页；等等。

清之传》就称："端平元年，上既亲总庶政，赫然独断，而清之亦慨然以天下为己任，召还真德秀、魏了翁、崔与之、徐侨、赵汝谈、尤焴、游似、洪咨夔、王遂、李宗勉、杜范、徐清叟、袁甫、李韶，时号'小元祐'。"① 不过，后人在利用这则材料时通常忽略了一个细节，即这些人并非在同一时间被召还朝。名单将真德秀、魏了翁排在最前并非指两人最先被召还，而是两人最具时望。② 事实上，两人恰恰是其中较晚被召还者。就在亲政当月，理宗任命时任福州知州的真德秀兼任福建安抚使。③ 端平元年四月，方任命其为权户部尚书，召还朝中。六月，真德秀从福州出发，九月方至临安。④ 至于魏了翁，绍定六年十一月迁知泸州、潼川安抚使，次年五月应诏赴阙⑤，至临安已是端平二年下半年⑥，故魏了翁自称："以亲政招延之士言之，臣最为末至。"⑦ 可见，理宗亲政后虽然对真德秀、魏了翁皆予以迁升，但并未在第一时间将之召还，直至亲政一两年后二人方陆续回到朝中。

实际上，理宗亲政后要求召还真德秀、魏了翁的呼声不绝于耳。绍定六年十一月，礼部郎中洪咨夔进对："今日急务，进君子，退小人，如真德秀、魏了翁当聚之于朝。"⑧ 太常博士徐清叟入对称其时"选用之要术，犹有阙略而未之讲明者"，所指即"召用真德秀、魏了翁也"。⑨ 但理宗依

---

① ［元］脱脱等：《宋史》卷 414《郑清之传》，中华书局 1977 年版，第 12420 页。

② 如王迈称："十数年来，系天下望者，闽、广、蜀大儒而已。"其中，"闽""蜀"二儒即分别指真德秀与魏了翁。（［宋］王迈：《臞轩集》卷 2《乙未闰七月轮对第二札》，影印文渊阁四库全书本，台湾商务印书馆 1983 年版，第 1178 册，第 475 页）

③ 《宋史》卷 41《理宗本纪》，第 799 页。

④ ［宋］刘克庄撰，辛更儒笺校：《刘克庄集笺校》卷 168《西山真文忠公行状》，中华书局 2011 年版，第 6517—6518 页。

⑤ 《宋史》卷 41《理宗本纪》，第 799 页。

⑥ 魏了翁称："改元半载，始叨命召；亲政二年，获忝近臣。"［宋］魏了翁：《重校鹤山先生大全集》卷 26《三辞免佥枢督视奏札》，四部丛刊初编本。

⑦ 《重校鹤山先生大全集》卷 26《辞免督视军马乞以参赞军事从丞相行奏》。

⑧ 《宋史》卷 41《理宗本纪》，第 799 页。

⑨ 《宋史》卷 420《徐清叟传》，第 12572—12573 页。

旧迟至端平元年年中方下诏征召二人。这在南宋时就遭到了不少批评，赵汝腾称：“当时诸贤莫不悉聘，然德秀、了翁号忠直之尤，乃逾年而后召。”① 方回称：“当是时，天下属望以为相者在真、魏，虽理宗之意亦然。清之忌此二公，迟迟其召。”② 两人皆将迟召的罪责归咎于宰相郑清之，自然有为理宗开脱之嫌。理宗既已亲政，真德秀、魏了翁这样士大夫领袖的召还与否自非郑清之所能左右。③ 鉴于真德秀、魏了翁在士大夫群体中的崇高声望，照常理而言，理宗亲政后首先征召两人，本身就可以体现出革新政治、厉行更化的决心，同时两人也可以成为凝聚人心、推行新政的重要辅佐。然而，面对要求召还真、魏的呼声，理宗却似乎刻意延迟两人入朝。理宗并非昏君庸主，看似反常的行为背后必然有着独特的政治考量。本文将从理宗迟召真、魏还朝这一具体问题入手，结合史弥远去世带来的政治形势变化，对理宗亲政所面临的政治困境，理宗为突破困境所做的种种努力，以及这些努力对于端平更化产生的影响等问题进行探讨。

二、真、魏之召与济王案

端平元年，理宗下诏求言，淮西总领吴潜应诏上疏，指出理宗虽“躬揽权纲，收召人物”，但这些人物或“迟而未至”或“至而未言”。究其原因，则在于“闽一贤而置之福，蜀一贤而置之庐（泸?），润一贤而置之家食”④。“三贤”分别对应福建的真德秀、四川的魏了翁和镇江的刘宰。吴

---

① ［宋］赵汝腾：《庸斋集》卷 4《内引第一札（壬子六月三日以春官夕郎召对）》，影印文渊阁四库全书，台湾商务印书馆 1983 年版，第 1181 册，第 270 页。

② ［元］方回：《桐江集》卷 7《郑清之所进圣语考二》，续修四库全书本，上海古籍出版社 2002 年版，第 1322 册，第 473 页。

③ 洪咨夔称：“陛下亲政以来，威福操柄，收还掌握，扬廷出令，震撼海宇，天下始知有吾君。”（《宋史》卷 406《洪咨夔传》，第 12265 页）刘克庄称史弥远死后，郑清之为相，“举大阿倒持之柄归之于上，一二大黜陟大因革，独断赫然，咸曰：‘英主出矣’”。（《刘克庄集笺校》卷 170《丞相忠定郑公行状》，第 6586 页）

④ ［宋］吴潜：《宋特进左丞相许国公奏议》卷 1《应诏上封事条陈国家大体治道要务凡九事》，续修四库全书本，上海古籍出版社 2002 年版，第 475 册，第 112 页。

潜认为正是这三位贤人君子的领袖未能及时收召，才使得朝野对于理宗革新朝政之心有所怀疑。他言道：

> 臣谨按祖宗朝常先用以言去国之人，风示天下。章献上仙，仁宗擢范仲淹为台谏。蔡确罢政，宣仁用司马光为宰相是也。况真德秀、魏了翁，皆以言事及送胡梦昱，与洪咨夔皆去。陛下既召咨夔为察官，而二人乃置远方，是使人犹得以前憾议圣德也。①

仁宗亲政，启用曾得罪章献太后的范仲淹为台谏官；哲宗即位，宣仁太后启用反对新法的司马光为宰相主持朝政。在吴潜看来，理宗若要显示亲政的新气象，就必须与此前的史弥远时期进行切割，而切割的最好办法就是启用被史弥远排挤贬谪之人。真德秀、魏了翁作为因言事获罪于史弥远的代表性人物，理应率先擢用以风示天下。吴潜此言有何深意？理宗是否可以接受吴潜的建议呢？这就需要从真德秀、魏了翁究竟如何因言获罪进行考察。

真德秀、魏了翁的双双获罪源于理宗初年的济王案。济王案是关系理宗朝乃至整个南宋后期政治走向的重要事件，围绕济王案的争论一直延续到南宋灭亡，历来为学者关注。② 不过，既有研究多将关注重点放在理宗与道学士大夫、道学与政治关系等议题上，对济王案如何影响理宗在端平更化中的具体人事安排等问题，似乎尚未予以充分注意。理宗即位后，史

---

① 《宋特进左丞相许国公奏议》卷1《应诏上封事条陈国家大体治道要务凡九事》，第475册，第112页。

② 如张金岭：《济王之死与晚宋政局》，中国宋史研究会第十届年会暨唐末五代宋初西北史研讨会（兰州·2002年）会议论文；张金岭、吴擎华：《晚宋理学家对僭越权力的加入、疏离与抗争——立足于晚宋时期理学家为济王鸣冤的考察》，《四川师范大学学报（社会科学版）》2003年第4期；榎并岳史：《“湖州之变”再考——以南宋后期济王事件的应对为中心》，“10至13世纪中国国家与社会”国际学术研讨会暨中国宋史研究会第16届年会（杭州·2014年）会议论文；方震华：《破冤气与回天意——晚宋济王争议的历史意义》，“10至13世纪中国国家与社会”国际学术研讨会暨中国宋史研究会第16届年会（杭州·2014年）会议论文；陈晓杰：《朱子学公私观的一种政治史考察——以“霅川事变”为线索》，《复旦学报（社会科学版）》2016年第3期；等等。

弥远征召道学清流入朝。然而，随后发生的霅川之变打破了史弥远与道学群体和谐相处的可能。霅川之变后，济王被史弥远暗中毒杀。在盛章等史氏亲信的要求下，朝廷又将济王追夺王爵，降封巴陵县公。① 如此行事引起了道学群体的极大不满，真德秀、魏了翁成为其时为济王鸣冤的代表性人物，并因此遭到废黜，尤其魏了翁更是被流放靖州六年之久。理宗亲政若立即召还二人，无异于承认此前对济王处置失当。吴潜要求理宗"先用以言去国之人"以"风示天下"当即此意。在前引奏疏中吴潜就要求"笃人伦以为三纲五常之宗主"，希望理宗能效仿太宗待秦王故事，为济王复爵赐谥。② 可知他也是为济王鸣冤的积极支持者。但这对于理宗来说恰恰是难以接受的。理宗在史弥远策划下取代济王继承皇位在当时尽人皆知，霅川之变中，潘壬、潘丙兄弟谋划拥戴赵竑，所张名目就是讨伐史弥远擅自废立之罪。③ 若济王无罪，理宗即位便为非法，这是理宗断难容忍的。吴潜称："一时奸邪之臣，如盛章、王塈之在给舍，李知孝、莫泽、梁成大之在台谏，创为危言以恐动陛下，必欲明正典刑，显加罪罚，谓是非不足以压天下之心，安陛下之位。"④ 于理宗而言，盛章等人要求严惩济王以"压天下之心"的言论，恐怕正是切中要害。

随着史弥远去世，理宗很容易就会预想到，伴随朝政更新而来的必然是对济王案的旧事重提。除吴潜外，朱熹弟子徐侨端平初还朝后"侍讲，开陈友爱大义"⑤。黄榦弟子吴昌裔端平元年转对之际，"凡君臣之纲，兄弟之伦，举世以为大戒而不敢言者，皆痛陈之"⑥。类似言论无疑会触动理宗的敏感神经，为避免再次出现如宝庆初那般要求为济王平反的浪潮，对

---

① 《宋史》卷246《镇王竑传》，第8737页。

② 《宋特进左丞相许国公奏议》卷1《应诏上封事条陈国家大体治道要务凡九事》，第475册，第109—110页。

③ 《宋史》卷246《镇王竑传》，第8737页。

④ 《宋特进左丞相许国公奏议》卷1《应诏上封事条陈国家大体治道要务凡九事》，第475册，第110页。

⑤ 《宋史》卷422《徐侨传》，第12614页。

⑥ 《宋史》卷408《吴昌裔传》，第12302页。

于当年因济王案获罪官员的处置就必须格外小心。若贸然召还真、魏，就等于向朝中发出了一个明确信号，即为济王平反昭雪的时机已经到来，这将引发怎样的政治后果实难设想。端平元年正月，理宗下诏求言，尚在四川的魏了翁奏上《应诏封事》，其中言及济王事："往岁臣尝以狂瞽野言告于陛下，不谓诸臣继亦有言，凡皆出于爱君忧国之同然，非可以强合者。而当时言者朱端常、莫泽、李知孝、梁成大诸人，乃以此间君臣之合，疏骨肉之亲。臣虽独遭重谴，不复自辨，以羞当世之士。臣今幸而生返，尚不知惩创，欲为陛下终言之。又虑人心所同，一开其端，言者不已，益重臣过。故臣不敢复言。"① 魏了翁就是因在济王案中"首倡异论"而遭重责，他担心此时若就此事上疏，很可能会再一次引起同情济王者的共鸣，造成"言者不已"的情况。他能见及于此，理宗自更能晓然个中利害。后来真德秀、魏了翁相继还朝，确实在某种程度上重新激起了朝野对于济王案的热情。刘克庄称："初，远相讳言纲常，窜谪相望，世以为戒。及上亲政，复故王爵，召真、魏、洪三公，褒赠前评事胡梦昱，于是稍有续前说者。"② 可以说，吴潜希望理宗召还真德秀、魏了翁以"风示天下"的意图，恰恰是理宗要极力避免的，故真、魏之迟召也就在情理之中了。

在理宗心目中，为革新朝政首先需要召还的是哪些人呢？绍定六年十月十六日，史弥远进封会稽郡王致仕。三天后，理宗即"诏崔与之、李埴、郑性之赴阙"。十一月，又任命洪咨夔、王遂同为监察御史。③ 这五人构成了理宗亲政后最先启用者的代表。他们究竟有何特点，能够得到理宗如此青睐呢？简单梳理一下五人在理宗亲政前的政治经历，很容易就可以发现，他们大致表现出两方面的共性：首先，他们在当时都有着良好的政治声望。洪咨夔曾向理宗推荐崔与之，称其"护蜀而归，闲居十年，终始全德之老臣"④。李埴，后世史官称其"有得于伊洛之正传，而其所至皆有

① 《重校鹤山先生大全集》卷19《应诏封事》。

② 《刘克庄集笺校》卷151《铁庵方阁学墓志铭》，第5965页。

③ 《宋史》卷41《理宗本纪》，第799页。

④ 《宋史》卷406《洪咨夔传》，第12265页。

吏声。要属有用之才，固不徒以文章，亦非迂谈道学者比也”①。郑性之，时人称其“立朝正直忠厚，无所附丽”②。洪咨夔，理宗称赞其“鲠亮忠悫，有助亲政”③。在更化革新之际，招收这些具有良好声望者入朝，自然可以起到振奋人心的作用。其次，除洪咨夔曾在济王案后极力上疏为济王鸣冤并遭贬谪外④，其他四人皆与济王案无甚关联。崔与之早在宁宗朝就已辞官还乡。⑤ 郑性之宝庆初一直在地方任职，后亦辞官家居。⑥ 李埴被史弥远委以四川制置使重任。⑦ 王遂官位不显，多数时间供职于州县或地方幕府。⑧ 他们可能对史弥远的长期专权有所不满，崔与之、郑性之的屡召不起当即有这方面原因，但尚未见到双方直接冲突。济王案发生之际，也未见他们发表过何种看法，可知与济王案未有牵涉，或牵涉不深。洪咨夔是其中的例外，他与真德秀、魏了翁一起被视作为济王鸣冤的代表性人物。他在理宗亲政后首先被召入朝可能是出于三个考虑：一是理宗要利用洪咨夔的直言敢谏来对史弥远党羽进行弹劾，以帮助收揽权柄；二是洪咨夔虽曾积极为济王鸣冤，但声望与资历较真德秀、魏了翁尚有差距，避开真、魏而召洪咨夔不至会向朝野发出错误信号；三是洪咨夔曾为崔与之幕僚，关系匪浅，在征召崔与之同时召收洪咨夔，可以显示启用崔与之的真心与善意。

理宗亲政后征召贤人君子入朝，在征召谁与不召谁，先召谁与后召谁的问题上，显然有着深刻的政治考量。真德秀、魏了翁因卷入济王案过

① ［清］陆心源撰，吴伯雄点校：《宋史翼》卷25《李埴传》，浙江古籍出版社2017年版，第581页。

② ［清］李清馥撰，徐公喜、管正平、周明华点校：《闽中理学渊源考》卷17《文定郑信之先生性之》，凤凰出版社2011年版，第286页。

③ 《宋史》卷406《洪咨夔传》，第12267页。

④ 《宋史》卷406《洪咨夔传》，第12264—12265页。

⑤ 《宋史》卷406《崔与之传》，第12257—12262页。

⑥ 《刘克庄集笺校》卷147《毅肃郑观文神道碑》，第5805—5812页。

⑦ 《宋史翼》卷25《李埴传》，第581页。

⑧ ［宋］佚名：《京口耆旧传》卷7《王遂传》，影印文渊阁四库全书，台湾商务印书馆1983年版，第451册，第190—192页。

深，贸然启用很可能会让朝野误以为朝廷有意为济王平反昭雪，进而引发对皇位合法性的冲击，故理宗有意迟召二人，且二人后来入朝亦未被委以主持朝政的重任。对理宗而言，除旧布新固然需要启用一批贤人君子，这些人须有着与真德秀、魏了翁类似的良好政治声望，但此外还须具备另一条件，即与济王案无甚关联。崔与之、李埴、郑性之、王遂等人就大致符合这样的要求，从而成为理宗最初的征召者。但是，真德秀、魏了翁作为深负时望的道学领袖，迫于舆论压力，理宗只能延迟其还朝时间，而难以力抗公议坚决不予征召。何况，即便真、魏不入朝，亦不能从根本上消除对其合法性的质疑。为塑造皇位合法性，理宗还需要采取更为积极的举措，而这某种程度上构成了真、魏迟迟不能还朝的另外一个重要原因。

三、真、魏之召与收复三京

理宗为史弥远一手拥立，造成了皇位合法性的先天不足，史弥远的去世迫使其直接面对朝野的质疑，济王案就是其中一道难以逾越的障碍。因此，亲政后的理宗面临的迫在眉睫的问题就是重塑皇位合法性。俗话说，日有所思，夜有所梦，端平元年初的一段梦境透露出理宗的焦虑。

端平元年三月二日，理宗自称梦见了太祖皇帝，在《端平纪梦诗并序》中详细叙述了梦境内容：

> 端平改元春三月庚子，斋居恭默，夜梦一真人，峩冠佩玉，略似艺祖，色黧而貌和，亟延朕殿上，授之坐，亲承面命，圣谟洋洋，敬听无斁。俄而梦觉。越三日，宗臣善来以旧藏昌陵御容捧进，一瞻天日之表，如梦中真人，无毫发异，乃知在天之灵，将启佑我后，与龄锡祉，用昭眷命，厥惟休哉！①

---

① ［宋］潜说友：《（咸淳）临安志》卷 7，《宋元方志丛刊》，中华书局 1990 年版，第 4 册，第 3422 页。

在梦中，理宗见到了一位貌似太祖之人，颇为殷勤和善，不仅延请理宗坐于殿上，还对理宗进行了一番殷切教诲。梦醒后三日，宗室赵善来以旧藏太祖御容奉进，恰与梦中所见之人相同，确证梦中人即为太祖。理宗梦见太祖本就带有很大的偶然性，赵善来却又能适逢其会将太祖御容进入，一切似乎过于巧合，令人不禁怀疑其是否为刻意安排。不过，无论此事是否属实，理宗的意图却是较为明确的，就是凸显自身与太祖非同寻常的关系。

自高宗选立孝宗始，宋代帝统再度转入太祖一系，孝宗以后诸帝皆为太祖子孙，单就此而言，理宗作为太祖十世孙，血统较此前诸帝并无特别之处。然而，理宗与孝宗以下诸帝有一显著区别，即孝宗乃出自太祖少子秦王德芳一脉①，理宗则是出自太祖长子燕王德昭一脉。相较孝宗以下诸帝，理宗在血统上无疑更为纯正，这应当就是理宗希望向世人呈现的重点。淳祐年间，吴泳在奏疏中言道：“皇帝陛下以艺祖嫡传，奉宁皇丕训，入继大统二十有二年。”② 将“艺祖嫡传”与奉宁宗“丕训”同时作为理宗入继大统的前提，可见这一身份对于理宗皇位合法性具有的重要意义。梦见太祖完全出自理宗之口，真伪已无法核实，却凸显出理宗对自身合法性不足的焦虑。只是，单纯借助于虚幻不实的梦境来解决合法性问题是远远不够的，理宗还需采取更为积极的举措。执意出兵收复三京，某种程度上正是这种焦虑下的产物。

端平元年六月，南宋趁蒙古撤军之机挥师北上，收复了包括三京在内的中原地区，但在蒙古的反击下很快失败，这是理宗亲政后发生的第一个重大事件，一定程度上改变了宋蒙关系的走向，拉开了宋蒙战争的大幕。对于此事，时人或者归咎于极力主战的赵范、赵葵等边帅③，或者归咎于宰相郑清之④，但在理宗业已亲政的情况下，若无他的决断，这一行动显

---

① 《宋史》卷 33《孝宗本纪》，第 615 页。

② ［宋］吴泳：《鹤林集》卷 22《缴进嘉绍本议状》，影印文渊阁四库全书，台湾商务印书馆 1983 年版，第 1176 册，第 211 页。

③ 《刘克庄集笺校》卷 170《丞相忠定郑公行状》，第 6587 页。

④ 《庸斋集》卷 4《内引第一札（壬子六月三日以春官夕郎召对）》，第 1181 册，第 270 页。

然是难以展开的。其实，理宗用兵中原以图恢复的设想在亲政前业已出现。绍定六年八月，秘书丞吴泳上疏："迩者辅臣奏事，制阃宣对，讲官侍燕清闲，窃闻训谟屡有'中原好机会'之叹。"① 此时史弥远尚在，理宗还未亲政，无法独自决定用兵与否，不过考虑到一个多月后史弥远即病逝，理宗可能已开始考虑亲政后的政治安排，收复中原正是重点所在。他在宰辅、边帅、侍从近臣面前流露对中原的关注，当是在试探朝廷上下的反应。吴泳敏锐地感受到了理宗的意图，随即上疏劝阻。

理宗很清楚皇位合法性的不足是亲政后必须要解决的问题，而收复中原旧河山，建立前所未有之功业，则是值得考虑的选项，尤其是在金朝灭亡已成定局这一千载难逢的时机面前。若能趁金朝覆亡之机收复中原，理宗就可超越前代帝王成为"中兴圣主"②，如此朝野对于其皇位合法性的质疑势必可以平息。③ 只有在这一思路下，才能理解理宗在出兵收复三京上所表现出的近乎情绪化的偏执。理宗并非庸主，史弥远当政的十年间，他收敛锋芒，韬光养晦，"心计之深沉、才干之练达、策略之高明昭然若见"④。拥有这样性格的君主，在军国大事上似乎不会意气用事。但在出兵收复三京上理宗却表现得近乎偏执，面对史嵩之、赵彦呐等边帅的不合作，面对朝野士大夫的群起反对，执意出兵。

为保证收复三京的顺利进行，理宗除了要在军事上进行各种安排外，还需要对各种反对意见做出回应。理宗援引贤人君子入朝，自然希望他们成为自己的支持者。收召士人中，如孝宗朝名臣尤袤之子尤焴就成了与赵

---

① 《鹤林集》卷19《论中原机会不可易言乞先内修政事札子》，第1176册，第185页。

② 后来南宋在出兵中原的初期顺利收复了三京，李鸣复在上疏中恭贺理宗称："高宗皇帝三十六年经营而不可得，孝宗皇帝二十八年图回而不能有者，陛下总揽权纲，不一载而坐复之。功光祖宗，业垂后嗣。"（［明］黄淮、杨士奇等：《历代名臣奏议》卷99，台湾学生书局1985年版，第1362页）已将理宗视作超越高宗、孝宗的南宋第一君主。这应该就是理宗用兵中原所希望达到的效果。

③ 黄宽重就指出理宗是鼓动出师复三京的主角，目的在于"欲掩饰前夺位之不德"，"苟能一举而复三京，既能慰北宋一祖八宗在天之灵，自己也能登中兴贤君之列"。见氏撰《辨"端平入洛"败盟》，《南宋史研究集》，台北新文丰出版公司1985年版，第27页。

④ 胡昭曦：《论宋理宗的"能"与"庸"》，《中国史研究》1998年第1期。

范兄弟一样的主战派[①]，但大部分收召者在收复三京问题上都站在了理宗的对立面。理宗对此自难漠视，为压制异议，一些反对者遭到了整肃。《宋史·吴渊传》载：

> 适政府欲用兵中原、以据关守河为说，渊力陈其不可，大要谓“国家力决不能取，纵取之决不能守”，丞相郑清之不乐而罢。出知江州，改江、淮、荆、浙、福建、广南都大提点坑冶，都司袁商令御史王定劾渊，罢。侍御史洪咨夔不直之，劾定左迁。[②]

吴渊，字道父，其父吴柔胜为朱熹弟子，端平初担任枢密副都承旨兼右司兼检正之职[③]，为宰相属官，但他旗帜鲜明地反对用兵，以致引起郑清之不满，遭到外放。事情并未就此终结，都司袁商嗾使御史王定对其进一步弹劾。端平元年四月，有臣僚言：“江淮、荆襄诸路都大提点坑冶吴渊，恃才贪虐，籍人家资以数百万计，掩为己有，其弟潜违道干誉，任用非类。”理宗下诏罢黜二人。[④] 结合上引材料，该臣僚当即是王定。王定则是受都司袁商嗾使。袁商，是被尊为“甬上四先生”之一的袁燮之子，与郑清之为同乡。他能够在端平年间出任都司，表明与郑清之的关系较为密切[⑤]，其嗾使王定背后应该也有郑清之的意思。而王定早年依附史弥远[⑥]，理宗亲政后入朝担任宰属，这当与其“阴附用兵”有关。吴昌裔后来就弹劾王定：“更化之初，例叨收召，方为宰椽，阴附用兵，及分台察，专仇

① 李鸣复称：“今（赵）范守襄岘，（赵）葵守维扬，（尤）焴守合肥，皆曩时之主战者也。”（《历代名臣奏议》卷338，第4406页）

② 《宋史》卷416《吴渊传》，第12466页。

③ 《宋史》卷416《吴渊传》，第12466页。

④ 《宋史》卷41《理宗本纪》，第801页。

⑤ 关于宰相与都司的关系，可参见尹航《宰属与史弥远专权》，《文史》2019年第2辑。

⑥ 佚名撰，王瑞来笺证：《宋季三朝政要》卷1载，“王定者，附史弥远，为右司郎官”。中华书局2010年版，第31页。

善类。”[①]不久他又由宰属改任监察御史。理宗在谋划收复三京的当口任命主战的王定出任监察御史，或者就是意图利用他来压制反对舆论。与吴渊同时遭弹劾的还有其弟吴潜，吴潜恰恰也是收复三京的反对者，他致书郑清之“论用兵复河南不可轻易”[②]，结果“以直论忤时相，罢奉千秋鸿禧祠”[③]。当时遭王定弹劾而又反对用兵者还有蒋重珍，他在史弥远去世后召为秘书郎，“丞相主出师关、洛，重珍力争”[④]，随后“王定入台察，力诋蒋重珍”[⑤]。

此前对于端平更化的叙述多关注朝廷对贤人君子的积极征召，却未注意到在征召的同时已出现将一些贤人君子驱逐出朝的情形。从吴渊兄弟的遭遇来看，朝廷明显有借此压制反对收复三京舆论之意。既然吴渊等业已在朝者会因反对用兵而被外放，对于尚未还朝的反对用兵者，理宗自也不愿再积极征召，真德秀与魏了翁恰恰就属于后一类。

端平元年正月，理宗诏求直言。[⑥] 二月，还在福建任上的真德秀随即上疏，明确表示反对用兵。真德秀直言：“移江、淮甲兵以守无用之空城，运江、淮金谷以治不耕之废壤，富庶之效未期，根本之弊立见。”[⑦] 河南之地经过数十年的战乱，不过是“无用之空城”“不耕之废壤”，朝廷耗费兵力、财力致力于此，实是徒劳无益。他同时指出史弥远专权的二十余年，“政出私门，谋犹回遹，隳祖宗之法度，坏朝廷之纪纲，民力朘剥而无余，人材衰飒而不振”，故南宋亦无能力经营中原。理宗若要振作，“非坚持一意，行之十年，未可以冀中兴之效也”[⑧]。只是对于急于出兵恢复以实现

---

① 吴昌裔：《论王定等状》，载傅增湘编：《宋代蜀文辑存》卷 85，江安傅氏刊行，1943 年。

② 《宋史》卷 418《吴潜传》，第 12516 页。

③ 《宋史》卷 418《吴潜传》，第 12517 页。

④ 《宋史》卷 411《蒋重珍传》，第 12354 页。

⑤ 《宋史》卷 406《洪咨夔传》，第 12266 页。

⑥ 《宋史》卷 41《理宗本纪》，第 800 页。

⑦ ［宋］真德秀：《西山先生真文忠公文集》卷 13《甲午二月应诏上封事》，四部丛刊初编本。

⑧ 《西山先生真文忠公文集》卷 13《甲午二月应诏上封事》。

“中兴”的理宗来说，十年实在太长了。

魏了翁似乎未如真德秀那般专门上疏论及用兵，但其立场在这一时期给友人的信中亦有反映。魏了翁致信李性传时提到：“此闻御笔付敏若，有‘控扼关河，羁縻秦巩’等语，又相君有书，大抵有乘机拓境之意，却恐自今愈多事矣。”① 敏若指赵彦呐，时任四川安抚制置使。《宋史·赵彦呐传》载：“丞相郑清之趣其出兵，以应入洛之役，不从。”② 可见，为促成收复三京之役，理宗与郑清之同时督促赵彦呐在四川积极展开攻势予以配合。魏了翁感慨“自今愈多事矣”，流露出对收复的不以为然。赵葵等业已收复三京后，在《次韵赵制置制胜轩诗》中，魏了翁在对收复表示祝贺的同时写道：“书生喜极还太息，天下忧端尚非一。经营分表竟何益，盍护本根保成绩。”③在他看来，与其开疆拓土不如致力于保护根本。在收复三京上，魏了翁表现出了与真德秀一样的反对立场，只不过他的态度可能不如真德秀那般鲜明。

理宗意图推动的收复三京计划，在朝廷上已经遭到了众多批评与抵制，若真德秀、魏了翁这样深孚众望的大儒亦还朝加入其中，面临的阻碍势必更大。但恢复于理宗而言又攸关皇位巩固，值得孤注一掷。为减少阻碍，在驱逐吴渊、吴潜等反对者的同时，有意延迟对真、魏的征召，自是顺理成章。④

四、宰执身份的二重性

史弥远去世带给理宗的是一个危与机并存的局面：一方面在经历了十年“渊默”之后，终于可以独揽大权；另一方面，也让理宗失去了一道保护屏障，不得不直面有关皇位合法性的种种质疑，诚如蒋重珍所言：“隐

① 《重校鹤山先生大全集》卷 37《与李舍人书》。

② 《宋史》卷 413《赵彦呐传》，第 12400 页。

③ 《重校鹤山先生大全集》卷 6《次韵赵制置制胜轩诗》。

④ 魏了翁就曾自言：“臣方被命于元年之秋，则是时三京之师已衄。”见《重校鹤山先生大全集》卷 25《再乞祠奏状》。

蔽君德，昔咎故相，故臣得以专诋权臣；昭明君德，今在陛下，故臣以责难君父。”[①] 正是这种危与机的并存，使得端平更化呈现出不同于元祐更化的特色。哲宗即位，宣仁太后临朝，作为神宗的母亲，宣仁太后在“以母改子”的名义下，可以在没有多少阻碍的情况下立即进行重大的人事调整，启用司马光、吕公著等旧法派元老入朝主政，彻底扭转神宗以来的变法路线，短时间内就令朝政焕然一新。理宗却没有这样的便利，他需要对朝政进行更新以显示新政气象，但碍于同史弥远的特殊关系，又不能对史弥远彻底否定，否则势必危及皇位的合法性。[②] 这就决定了理宗的更化只能是有限度的、局部的，在给人以新政气象的同时，又要防止出现如同元祐更化那般根本的政治转向。刘克庄在为郑清之所作祝寿诗中写道：“王吕纷更尚治安，史韩椓代始凋残。乃知元祐调弦易，却是端平变局难。”[③] 正是端平年间这种危机并存、进退两难政治形势的写照。这种形势直接促成了理宗端平更化中人事安排的鲜明特色，就是既要援引此前因种种原因为史弥远所压制之人入朝，又不能完全断绝与史弥远所用官员间的关联，体现出一种明显地折中调和倾向。这在端平年间宰执群体的选任上体现得至为明显。

通常而言，宰执作为皇帝制定和推行政策最重要的助手，无疑是中央政治的核心，对宰执群体做出何种安排可以直接反映出皇帝的政治倾向。绍定六年十月，史弥远进左丞相兼枢密使，郑清之迁右丞相兼枢密使。[④] 自嘉定元年以来，史弥远一直以右丞相兼枢密使的身份独掌朝政，但随着

---

① 《宋史》卷 411《蒋重珍传》，第 12351 页。

② 胡昭曦曾指出：“‘端平更化’还显示出宋理宗维护统治的高明手法，一方面他要‘务革前弊’，针对史弥远的许多作为；另一方面，他又不能公开否定史弥远，而且还得继续施与恩惠。‘端平更化’就是在这样矛盾和微妙的情况下进行的。这也反映出宋理宗治理朝政的一种才略。”（胡昭曦：《论宋理宗的“能”与“庸”》，《中国史研究》1998 年第 1 期）其实理宗的这种两面做法，与其认为是一种“高明”的统治手法，倒不如说反映出了一种进退两难，不得已而为之的无奈。

③ 北京大学古文献研究所编：《全宋诗》卷 3042《郑丞相生日口号十首（二）》（刘克庄），北京大学出版社 1998 年版，第 58 册，第 36282 页。

④ 《宋史》卷 41《理宗本纪》，第 798 页。

史弥远的病重，中枢政治开始更新，郑清之由参知政事兼同知枢密院事迁任右丞相，这显然只是为接替史弥远做出的过渡性安排。次日，史弥远致仕，郑清之独相。同时，迁薛极为枢密使，乔行简为参知政事兼同知枢密院事，陈贵谊为参知政事兼签书枢密院事。[①] 由此，在史弥远去世理宗亲政之初，中枢的格局是，郑清之接替史弥远独相，执政则由薛极、乔行简、陈贵谊三人组成。理宗为何对亲政之初的中枢做出这样的安排呢？这四人又有着怎样的特征呢？

四人中郑清之接替史弥远出任宰相，至端平二年六月迁左丞相，三年九月罢相。乔行简，端平元年六月迁任知枢密院兼参知政事，二年六月拜右丞相兼枢密使，与郑清之并相，三年九月与郑清之同时罢相，但随即又于十一月升任左丞相兼枢密使。郑清之、乔行简差不多共同经历了端平更化的全过程。薛极则在升任枢密使两个月后罢政。[②] 陈贵谊于端平元年六月迁任同知枢密院兼参知政事，同年十月病逝。[③] 从这个简单的梳理可以看出，薛极只是一个过渡性人物。这应与薛极的特殊身份有关，史弥远的亲信中有所谓“四木”之说，薛极正是其中之一。他长于理财，可能因此在士林中声名狼藉，以至有“草头古，天下苦”的民谣。[④] 理宗亲政后为显示除旧布新，类似薛极的官员自然在清除之列。不过，郑清之等人亦与史弥远关系密切，何以成为理宗亲政后倚重的对象呢？

郑清之与史弥远为同乡，少年时期师从吕祖谦弟子楼昉。嘉定十六年，迁国子学录。[⑤] 在此期间，他接受史弥远邀请参与到拥立理宗的密谋中，史弥远承诺事成后“弥远之坐即君坐也”[⑥]。郑清之随即兼任魏惠宪王府教授，负责对潜邸中的理宗进行教育。宁宗去世，史弥远策立理宗，

① 《宋史》卷41《理宗本纪》，第798页。

② 《宋史》卷41《理宗本纪》，第799页。

③ 《宋史》卷214《宰辅表》，第5613页。

④ ［宋］叶绍翁撰，沈锡麟、冯惠民点校：《四朝闻见录》丙集《草头古》，中华书局1989年版，第128页。

⑤ 《宋史》卷414《郑清之传》，第12419页。

⑥ 《宋史》卷246《镇王竑传》，第8736页。

“诏旨皆清之所定”。理宗即位后，他继续以崇政殿说书身份担任理宗老师。此后可谓平步青云，一路升迁，历任给事中、翰林学士、签书枢密院事、参知政事等职。绍定六年史弥远死后，继任为相。① 郑清之能够参与到废立密谋，表明其与史弥远关系的非同寻常。而在长期担任理宗老师的过程中，又与新君建立了深厚的感情基础。他在史弥远之后接替相位自在情理之中。

不过，郑清之虽为史弥远心腹，却也有着相对良好的政治品质。首先，史弥远时期，郑清之曾对部分受到打压的贤人君子予以保护。宝庆三年爆发了著名的“江湖诗案”，真德秀弟子刘克庄牵涉其中，郑清之“时在琐闼，力为辨释以免”②。其次，郑清之比较有容人之量，能容纳不同政见者。《宋史》称：“清之不好立异，汤巾尝论事侵清之，及清之再相，巾求去，清之曰：‘己欲作君子，使谁为小人。’力挽留之。徐清叟尝论列清之，乃引之共政。”③ 这就决定了他继任宰相后能够协助理宗积极援引清流入朝。元代史官称：“清之自与弥远议废济王竑，立理宗，骎骎至宰辅，然端平之间召用正人，清之之力也。”④

再看乔行简，他从学于吕祖谦，亦可视作道学中人。嘉定年间，出任淮南转运判官兼淮西提点刑狱、提举常平，因赞成维系与金朝的和议得到史弥远赏识。⑤ 理宗即位，乔行简上疏对朝廷的用人政策多有批评，他言道：“彼风节素著、持正不阿、廉介有守、临事不挠者，论荐虽多，固未尝收拾而召之也。”希望真正召收贤人入朝。面对济王案后的朝廷纷争，他劝诫理宗：“群贤方集，愿勿因济王议异同，致有涣散。”⑥ 可见，乔行简在政治上具有调和倾向，希望朝廷对不同政治立场的官员兼容并包。绍定三年十二月，他自刑部尚书拜同签书枢密院事。次年，又进签书枢密院

---

① 《宋史》卷414《郑清之传》，第12419—12420页。

② 《刘克庄集笺校》卷194《后村先生刘公行状》，第7549页。

③ 《宋史》卷414《郑清之传》，第12422页。

④ 《宋史》卷414《郑清之传》，第12423页。

⑤ 《四朝闻见录》甲集《请斩乔相》，第23页。

⑥ 《宋史》卷417《乔行简传》，第12489—12491页。

事。端平二年，朝廷上出现了要求用乔行简取代郑清之为相的声音，王迈在上疏中针对乔行简言道：“行简之贤固不可与韶同日语，而人之多言盖亦有故。行简为人素号多智，弥远在时，善事惟谨，其性姿多苛，其荐举多私，弥远喜其顺已，每事委曲从之。”① 一方面并不否认乔行简之贤，但同时又指出其对史弥远“善事惟谨”，并非刚正无私之士。是则乔行简的角色与郑清之颇为相似，既与史弥远有所牵扯，又有着一定的政治声誉。

理宗亲政之际的执政陈贵谊，字正甫，福州福清人，庆元五年进士，后中博学宏词科。嘉定中担任太常博士期间，对朝廷更换楮币之法颇有微词，引起主持币法改革者的侧目，“乃摘新法等语激怒时相，且谓‘贵谊引类植党’”。后迁将作监丞兼魏惠宪王府小学教授，在转对中批评时政，引起史弥远不满。迁秘书郎，出知江阴军。理宗即位，以为宗正少卿兼侍讲，兼权直学士院，又迁中书舍人，“内侍滥受恩赏，辄封还诏书”②。绍定五年七月，自礼部尚书除同签书枢密院事。③ 元代史官称陈贵谊“无所附丽”④，可知其并不能视作史氏党羽，但同时他也正是在史弥远时期被提拔至执政高位，表明他亦不是史氏坚定的反对者与批判者。

此后，理宗在端平年间对中枢宰执又进行了一些调整。端平元年六月，擢曾从龙与郑性之进入政府，前者出任参知政事，后者任签书枢密院事。⑤ 二年三月，真德秀迁参知政事，陈卓除同签书枢密院事。六月，崔与之除参知政事。十一月，魏了翁除同签书枢密院事，督视京、湖军马。三年七月，李鸣复除签书枢密院事。九月，又拜崔与之为右丞相兼枢密使。⑥ 崔与之的职位虽不断迁升，但一直未曾赴任。真德秀、魏了翁为当时深孚众望的大儒，但真德秀拜参政前一月已“感疾谒告”，执政未足一

① 《臞轩集》卷 2《乙未六月上封事》，第 1178 册，第 468 页。

② 《宋史》卷 419《陈贵谊传》，第 12545—12546 页。

③ 《宋史》卷 41《理宗本纪》，第 796 页。

④ 《宋史》卷 419“论”，第 12565 页。

⑤ 《宋史》卷 41《理宗本纪》，第 802 页。

⑥ 《宋史》卷 214《宰辅表》，第 5615 页。

月便罢政，随即去世①，未真正进入过政府。魏了翁虽有执政之名，但只系带衔，主要职务是出任督视京、湖军马，次月即改任湖南安抚使，同样未成为真正意义上的执政。至于李鸣复的任命已在端平之末，其时理宗下诏罪己，宣告更化失败。因此，端平更化期间理宗任命的宰执，除前面提到的郑清之等人外，真正就任的就只有曾从龙、郑性之、陈卓三人。三人在一定程度上与郑清之等人有着类似特点。郑性之虽在嘉定年间遭到过史弥远亲信朱端常弹劾，但与史弥远似未见直接冲突，且在理宗即位后的大部分时间皆赋闲家居，未明显介入济王案中。曾从龙，早在嘉定中就官拜执政。② 在任期间，与史弥远亲信胡榘发生冲突，“疾胡榘憸壬，排沮正论，陈其罪”。胡榘遂嗾使言官弹劾，致其罢政。此后任湖南安抚使颇有政绩，“抚安峒獠，威惠并行，兴学养士，湘人纪之石”。改知隆兴府，复提举洞霄宫，改万寿观兼侍读，奉朝请。③ 可知其自罢执政后大部分时间皆在地方任职或家居，与济王案亦无直接关联。陈卓，字立道，明州人，绍熙元年进士，历知江州、宁国府，“有清白名”，颇得史弥远赏识，但似乎有意与史弥远保持距离，“其守宁国也，以中书舍人补外，道繇临安，将之官，丞相以故欲见之，卓谢不往”，不过却因此而得史弥远赏识，“繇是卒为翰苑官”。理宗即位后一直在朝任职④，其经历与乔行简、陈贵谊等相近。

以上对端平更化期间理宗所任用宰执的情况进行了简单梳理，可以发现，与史弥远关系过于密切且声誉不佳的薛极，以及与史弥远处于对立地位且极富声望的真德秀、魏了翁，在理宗亲政后皆未获得重用。真正得到重用的乃是一些介于两者之间的人物，他们一方面与史弥远有着不同程度的渊源，至少并不处于截然对立的地位，在济王案中抑或支持理宗，或无甚介入；另一方面，又有着较好的政治声望，可以为道学清流接受。理宗

① 《刘克庄集笺校》卷168《西山真文忠公行状》，第6526页。

② 《宋史》卷39《宁宗本纪》，第762页。

③ 《宋史》卷419《曾从龙传》，第12548页。

④ 《宋史》卷406《陈卓传》，第12274—12275页；[元] 袁桷：《（延祐）四明志》卷5《陈卓传》，《宋元方志丛刊》，中华书局1990年版，第6册，第6209—6210页。

任用这些具有双重身份特征的官员出任宰执，既可以利用他们的良好声望来征召道学清流入朝共同推行新政，又可因他们与史弥远的渊源而不至要求彻底否定史弥远和为济王平反。端平三年九月，王迈上疏要求朝廷择相"必以伸故王之冤、正远相之罪为第一义"，他言道："前者二相虽所用有先后，均为受远相之知，岂无是非之心，而动有牵制，不得以直遂其欲。"① 王迈已认识到，宰执个人与史弥远的渊源决定了他们对史弥远以及济王案的态度。"前者二相"即是指郑清之与乔行简，两人之所以不能为济王鸣冤，不能正史弥远之罪，就在于他们皆为史弥远擢用，行事难免受到牵制。若想摆脱羁绊，就必须任用一批与史弥远无关者出任宰执。理宗当然深明个中因由，而这也恰是他选择郑清之等人的初衷所在。

结　论

理宗亲政后为彰显新的政治气象，实行更化。真德秀与魏了翁作为深孚众望的大儒，本应成为首选的启用对象，但理宗却有意迟滞了对两人的征召。看似反常现象的背后，凸显出的是理宗亲政后面临的政治困境。理宗由史弥远一手拥立的事实导致了皇位合法性的先天不足，尤其是济王案后道学清流与史弥远的尖锐对立，造成了政治上的严重撕裂。理宗亲政后，如何弥合这种政治撕裂，并重塑皇位合法性，成为不得不面对的重要问题。这直接影响到了理宗对真德秀与魏了翁的启用。首先，真德秀、魏了翁因济王案而与史弥远决裂并遭贬谪，对于两人的启用无异于向朝野发出一个认可为济王平反的危险信号，很可能会引发新一轮为济王鸣冤的浪潮。其次，理宗亲政后，正在积极谋划收复三京。这一行动若能成功，理宗就可以成为实现复兴宋室的"中兴圣主"，朝野对其皇位合法性的质疑也将烟消云散。这实际上是理宗为打破眼前政治困境采取的重要举措。而真德秀、魏了翁在这一问题上却持反对立场，贸然召还两人，其他的反对者就可能围绕在他们周围，对理宗的意图形成有力抵制，故必须等恢复行

---

① 《臞轩集》卷2《丙申九月封事》，第1178册，第481页。

动业已准备就绪，箭在弦上之际，方征召二人入朝。

可惜收复三京很快以失败告终，且因此恶化了与蒙古的关系，理宗不仅未能解决合法性问题，反而使自身威望进一步受损。因此，在整个端平年间，理宗在政治上都表现出明显的折中调和特色，既不允许对史弥远彻底否认，又积极援引道学清流入朝辅助新政。以宰执群体的任用来看，无论作为宰相的郑清之、乔行简，还是作为执政的陈贵谊、陈卓、郑性之，在身份上都有着较为明显的双重特征：一方面与史弥远存在着不同程度的渊源，在济王案上也未见明显异议；另一方面又有着良好的政治声望，能够与清流和睦相处。这种身份上的二重性与理宗本身有着类似之处，这样的身份特征无疑有利于维护理宗皇位的合法性，有助于理宗亲政后政治上的稳定有序。只是看似一碗水端平式的折中调和，一方面，不能彻底断绝与史弥远时期的政治联系，难以从根本上开启新的政治进程；另一方面，也不能满足道学中人的政治诉求，既无法平息他们为济王鸣冤的渴望，更无法让他们放手推行自身的政治主张。这就决定了端平更化只能是局部的、有限的，决定了理宗与道学中人的合作只能是短暂的、浅层的，从而也就决定了更化最终走向失败的命运。

朱子对孟子“养夜气”的诠释及其持敬工夫*

李　涛
（青岛大学　历史学院）

如何克制自我的欲念，需要我们在日用之间涵养心体，敬贯动静。孟子以牛山之木被伐为喻提出了“养夜气”的涵养心体工夫，宋代以前对此重视并不够，后来在二程等儒者的阐述下，更多宋儒对其开始关注。朱子的老师李侗十分重视“养夜气”的工夫，他教导朱子曰：“大凡人理义之心何尝无，惟持守之即在尔。若于旦昼间不至牿亡，则夜气存矣，夜气存则平旦之气未与物接之时，湛然虚明气象自可见。此孟子发此夜气之说，于学者极有力。若欲涵养，须于此持守可尔。”① 李侗在给朱子的书信中要其重视孟子“养夜气”的工夫，曰：“但常存此心，勿为他事所胜，即欲虑非僻之念自不作矣。孟子有夜气之说，更熟味之，常见涵养用力处也。于涵养处着力，正是学者之要，若不如此存养，终不断己物也。”②

一、“夜气”的内涵

孟子以山之性说人之性，表面上是说养气，实质上是说养心，孟子将人心之欲与理分析得精辟透彻，朱子对此评价曰：“孟子激发人。说放心、

* 泰山学者工程专项科研资助项目“儒学修身典籍及其思想研究”（tsqn201812048）。

① ［宋］李侗：《李延平集》，上海商务印书馆1935年版，第17页。

② ［宋］朱熹：《延平李先生师弟子答问》，朱杰人、严佐之、刘永翔主编：《朱子全书》，上海古籍出版社、安徽教育出版社2002年版，第13册，第309页。

良心诸处，说得人都流汗！”[①] 夜气说来自《孟子·告子上》，曰：

> 牛山之木尝美矣，以其郊于大国也，斧斤伐之，可以为美乎？是其日夜之所息，雨露之所润，非无萌蘖之生焉，牛羊又从而牧之，是以若彼濯濯也。人见其濯濯也，以为未尝有材焉，此岂山之性也哉？虽存乎人者，岂无仁义之心哉？其所以放其良心者，亦犹斧斤之于木也，旦旦而伐之，可以为美乎？其日夜之所息，平旦之气，其好恶与相近也者几希，则其旦昼之所为，有梏亡之矣。梏之反复，则其夜气不足以存；夜气不足以存，则其违禽兽不远矣。人见其禽兽也，而以为未尝有才焉者，是岂人情也哉？故苟得其养，无物不长；苟失其养，无物不消。孔子曰："'操则存，舍则亡；出入无时，莫知其乡。'惟心之谓与？"

首句“牛山之木尝美矣”是此章的基本定位，朱子认为“‘牛山之木尝美矣’是喻人仁义之心”的理解是非常正确的。下面我们从以下两个方面来分析：

第一，怎样理解“夜气”的含义。朱子对以往儒者对夜气的理解进行了纠正。一种理解以为孟子“夜气”说的就是良心，朱子说：“人多将夜气便做良心说了，非也。”另一种理解是将夜气理解为“只是夜气”[②]，朱子同样进行了否定。朱子认为“夜气”同“平旦之气”一样，是一种与物未接的清明之气，[③] 夜气是存放良心的居所，因为夜气至清，清净无杂，故可以存放清明至澈的良知本心。“夜气不足以存”，虽然孟子在文中未明确说明，但是根据前后的文义来看，朱子非常赞同程伊川的看法，“熹尝谓只有程先生‘夜气之所存者，良知也，良能也’，诸家解注，惟此说为

---

① ［宋］黎靖德编：《朱子语类》卷59，第4册，崇文书局2018年版，第1045页。

② 《朱子语类》卷59，第4册，第1047页。

③ ［宋］朱熹：《四书章句集注》，中华书局2011年版，第310页。

当”[1]，反复表示其暗含的意思是“盖言夜气至清，足以存得此良心尔”。那么，为什么说“夜气不足存”也即是说不足存此心呢？这就与修养的工夫相关，我们下面将要谈到它。

从另外一个角度来看，夜气显然说的不只是一种气，更多是指心灵经过修养达到一种境界后所显示出的清明之气，如只说夜气是清，那平旦之气亦一样，李景林认为：“这个‘夜气’或‘平旦之气’，正是人心未受到外界环境左右时，与仁义之心或良心同时俱存的一种存在状态，是为人的实存或‘气’之本真、本然。”[2] 正如朱子所说：“且如气，不成夜间方会清，日间都不会清。”[3] 所以，“日夜之所息底”应当是良心。在这里，“息”不是止息之义，而是生息之义。有儒者谓“梏”为梏其“夜气”。汉代以赵岐《孟子正义》为代表的解释曰：“人之平旦之气，尚未有利欲汩之，则气犹静，莫不欲为之善也，而恶为之恶也。但人平旦之气，则其旦昼之所为利欲有以梏亡之矣。”[4] 此种理解本质上与梏其夜气没有区别，亦是将夜气理解只是一种气。朱子认为这是不对的，不是“梏亡其夜气”，而是“梏亡其良心”。[5] 良心，亦即仁心、仁性或仁义之心，为人所本来具有，如孟子所说，“是天之所与，我固有之”。此良心正如牛山之木美的本性是一样的，木之失去其美，是因为树木刚萌长之时，便有“牛羊从而牧之”，从而使牛山显示出“濯濯”的样子。但这并不表示，树木不具有繁茂之美的本性或能力。这亦如人之良心一样，朱子曰：“人之良心，虽是有梏亡，而彼未尝不生。梏，如被他禁械在那里，更不容他转动。亡，如将自家物失去了。”[6] 人之良心虽梏亡了，但并没有丧失生长的能力，只要

---

① ［清］黄宗羲原著，全祖望补修：《宋元学案》卷48《晦翁学案》，中华书局1986年版，第2册，第1547页。

② 李景林：《教化儒学论》，孔学堂书局2016年版，第77页。

③ 《朱子语类》卷59，第4册，第1047页。

④ ［汉］赵岐注，［宋］孙奭疏：《孟子注疏》，李学勤主编：《十三经注疏》，北京大学出版社1999年版，第306页。

⑤ 《朱子语类》卷59，第4册，第1047页。

⑥ 《朱子语类》卷59，第4册，第1045页。

人愿意在存养上用功，良心会在一定的条件下再次焕发生机。

第二，养夜气是一种心性修养工夫。程子说：“夜气之所存者，良知也，良能也。”[①] 而这似乎与孟子所说的“夜气不足以存”之语相抵牾。夜气是一种清明之气，是能够存放人的良心的，但反过来讲，如果人之旦昼之所为使此心陷溺之甚，那么即使是清明的夜气，亦不足以存此心。所以朱子这样说：“‘夜气不足以存’，先儒解多未是。不足以存此心耳，非谓存夜气也。此心虚明广大，却被他梏亡。日间梏亡既甚，则夜一霎时静亦不存，可见其坏了。”[②]“养”为心灵产生道德行为注入一种动力，只有动力俱足，才能产生源源不断的道德行为。养的内在依据在于心灵具有一种不可抗拒的向善生长的力量，当人没有培植它，或放弃它时，便会梏亡，但它向善生长的根基依旧还存在，只要人施以操存之功，才会积累向善生长的力量。养夜气，就是为良心的生长创造条件和空间，因为夜气是一种清明之气，可以滋润良心的生长，“心之存不存，系乎气之清不清。气清，则良心方存立得；良心既存立得，则事物之来方不惑”[③]。所谓“夜气不足以存”就是说夜气的清明之度还不够存放良心或安顿良心，需要继续加以存养之功，就如井里的水一样，如果白天搅动得太浑了，则夜间不够清明。所以养夜气就是要醇化人性中的杂质，不断地注入清明之气，让良心能够有萌生的空间。日间良心发动，接事应物，放逸于外，易于为物欲所牵引，如果良心放得多而收得不够，就会出负平衡，放逸得不远，良心可以生长；放逸得太远，为物欲引诱得过甚，则难以收回，最终良心生长的空间和条件彻底失去，则会梏亡。朱子曰：“夜间长得三四分，日间所为又放了七八分，却折转来，都消磨了这些子意思，所以至于梏亡也。”[④]

这里，我们也需要注意，良心虽然是梏亡了，但并非良心彻底失去生长的能力，所谓的梏亡并不是真的梏亡，而是一种生长空间与条件的失去，但是良心生长的能力并未失去。就如同种子一样，当外在的气温、空

---

① ［宋］程颢、程颐：《河南程氏粹言》卷2，《二程集》，中华书局2014年版，第1260页。

② 《朱子语类》卷59，第4册，第1049页。

③ 《朱子语类》卷59，第4册，第1045页。

④ 《朱子语类》卷59，第4册，第1045页。

气湿度达不到种子萌芽生长的条件时，则种子不会生长，但是种子生长的能力并未失去，一旦达到条件，则种子又能生长。这里说的良心、种子不是指某个具体的良心、种子，而是指普遍意义上的良心、种子。也即是说，作为单个的种子，当没有合适的温度和空气湿度等外在条件时，种子不会萌发，会失去生长的机会，会梏亡，但种子所具有的生长能力并未随着而消失，良心亦然。所以朱子说：“梏，如被他禁械在那里，更不容他转动。亡，如将自家物失去了。”①

二、“敬”的三层意蕴

持敬，亦可称为居敬，实质上就是要人们随时随处保持一颗谨慎之心。孔子云：“修己以敬”（《论语·宪问》），强调“敬”在个体修养中的基础性作用。张栻曰：“修己之道，不越乎敬而已。”② 朱子曰：“‘敬’字工夫，乃是圣门第一义。”“‘敬’之一字，真圣门之纲领，存养之要法。一主乎此，更无内外精粗之间。”③ 朱子认为程颐是儒家持敬理论的重要贡献者，给予其非常高的肯定和评价，曰：“伊、洛拈出此字，真是圣学真的要妙工夫”④，“程先生所以有功于后学者，最是‘敬’之一字有力。”⑤在朱子看来，“居”可以训为“主”，所以居敬亦可谓主敬。从朱子的理学体系出发，在继承二程持敬论思想的基础上，形成了周详细密的持敬工夫体系。

持敬工夫之所以重要，还在于它是人之修养工夫的下手处。修养工夫

---

① 《朱子语类》卷 59，第 4 册，第 1045 页。

② ［宋］张栻：《张栻集》，中华书局 2015 年版，第 1 册，第 249 页。

③ 《朱子语类》卷 12，第 1 册，第 157 页。王阳明不认同朱子此观点，认为有个诚意的工夫就够了，不须再添个“敬”字，曰：“若须用添个‘敬’字，缘何孔门倒将一个最紧要的字落了，直待千余年后要人来补出？正谓以诚意为主，即不须添‘敬’字，所以提出个诚意来说，正是学部的大头脑处。”见王晓昕译注《传习录译注》，中华书局 2018 年版，第 184 页。

④ 钱穆：《朱子论敬》，《朱子新学案》（二），九州出版社 2011 年版，第 2 册，第 401 页。

⑤ 《朱子语类》卷 12，第 1 册，第 157 页。

的重要目的就是克制人不良的欲望，使心恢复纯净光明的状态，周濂溪的“一者，无欲也”① 便可表征此目的，但是一般的寻常人如何才能做到无欲呢？这就需要找到一个工夫的下手处，“一者，无欲也”的话头太高，而“敬”恰可弥补传统工夫无下手处的缺失，正如朱子言：“有个下手处。纵不得，亦不至失。”② 南宋学人，对持敬工夫的理解存在缺陷，要么是注重内心的存养，“只说能存此心，自然中理”，而忽略外在日用伦常的洒扫应对的礼仪形式，“至于容貌词气，往往全不加工”，这显然违背了孔子“克己复礼”的修身旨归，易落于佛老之学，所以朱子批评说“与释、老无异”③；要么就是只注重整齐严肃的外在形式，而无内心的实理之然，是虚拘，即是孟子所批评的“恭敬而无实，君子不可虚拘”（《孟子·尽心上》）。朱子亦曾痛斥近世学者“只是合下欠却持敬工夫，所以事事灭裂”，并就自己对持敬工夫意旨领悟所经历的过程回忆说：“熹哀苦之余，无他外诱，日用之间，痛自敛伤，乃知‘敬’字之功亲切要妙乃如此。而前日不知于此用力，徒以口耳浪费光阴。人欲横流，天理几灭，今而思之，怛然震慄，盖不知所以措其躬也。”④ 下面我们就朱子持敬工夫的要旨着重从以下三个层面来阐述。

首先，敬是敬畏。我们常言，要有敬畏之心，朱子将“敬”与“畏”联系并进行了系统的阐述。朱子曰：“‘敬’有甚物，只如‘畏’字相似……只收敛身心，整齐纯一，不恁地放纵。”⑤ 以“畏”释“敬”，此是朱子的一个创新。与二程以“主一”“涵养”“操约”“整齐严肃”等阐释“敬”的含义有所不同的是，朱子更赋予了“敬”以新的含义。畏的基本含义是畏惧、惧怕。所谓“畏”并不是真要让人惧怕的意思，“较戒慎恐惧为轻”，而是强调小心谨慎，有“如临深渊”“如履薄冰”之意，目的是

① 《通书注》，《朱子全书》第13册，第113页。

② 《朱子语类》卷12，《朱子全书》第14册，第370页。

③ ［宋］朱熹：《答林择之》，顾宏义：《朱熹师友门人往还书札汇编》（三），上海古籍出版社2017年版，第1524页。

④ ［宋］朱熹：《答林择之》，第1523—1524页。

⑤ 《朱子语类》卷12，第1册，第156页。

让人收拾自家精神，使心志专一，行为不放肆，精神不怠惰，始终保持一种警觉、警醒的状态，目标纯一，念兹在兹，身心收敛，这种身心的状态就如人有畏惧的情状相似，“敬是竦然如有所畏之意”①。孔子在谈到君子人格时曰：“君子有三畏：畏天命，畏大人，畏圣人之言。”（《论语·季氏》）在朱子看来，此“三畏”要紧都在“畏天命”上。为什么会如此讲呢？朱子曰：“‘才畏天命，自是于大人、圣言皆畏之。’问：‘固是当先畏天命，但要紧又须是知得天命。天命即是天理。若不先知这道理，自是懵然，何由知其可畏？此小人所以无忌惮。’曰：‘要紧全在知上。才知得，便自不容不畏。’”② 天命即是天理，要言之，天命之可畏在于天理之可畏。之所不畏，在于对天理缺乏真知，即知之未至，“若知得尽，自是无所不畏，惟恐走失了”。所谓“无知者无畏”是也。天理自有个不容已处，事事皆有个所当然之则。只有真知，才能真行。朱子曰：

问：“知有浅深。大抵才知些道理，到得做事有少差错，心也便惕然。这便见得不容于不畏。”曰：“知固有浅深。然就他浅深中，各自有天然不容已者。且如一件事是合如此，是不合如此，本自分晓。到临事又却不如此，道如此也不妨，如此也无害，又自做将去。这个是虽知之而不能行。然亦是知之未尽，知之未至，所以如此。圣人教人，于《大学》中劈初头便说一个格物、致知。‘物格而后知至’，最是要知得至。人有知不善之不当为，及临事又为之，只是知之未至。人知乌喙之杀人不可食，断然不食，是真知之也。知不善之不当为，而犹或为之，是特未能真知之也。所以未能真知者，缘于道理上只就外面理会得许多，里面却未理会得十分莹净，所以有此一点黑。这不是外面理会不得，只是里面骨子有些见未破。所以《大学》之教，使人即事即物，就外面看许多一一教周遍；又须就自家里面理会体验，教十分精切也。”③

① 《晦庵先生朱文公文集》卷53《答胡季随》，《朱子全书》第22册，第2522页。

② 《朱子语类》卷46，第3册，第878页。

③ 《朱子语类》卷64，第3册，第878—879页。

敬畏的目的是让心能自作主宰。人心易受各种利欲的干扰而把捉不定，易散乱。朱子认为人心“操则存，舍则亡，出入无时，莫知其乡”，只是状人之心是个难把捉底物，因此，要有一个主使心定。他在批判释、老的“求放心”如入定一般时云：“吾辈却要得此心主宰得定，方赖此做事业，所以不同也。如《中庸》说‘天命之谓性’即是此心也；‘率性之谓道’，即是此心也；‘修道之谓教’，亦此心也；以至于‘致中和’，‘赞化育’，亦只是此心也。致知，即心知也；格物，即心格也；克己，即心克也。”① 所谓存，所谓收，就是要唤醒本自光明的心。人心被各种不好的欲望牵引，自己往往不知根源在哪里，这是没有体察警醒造成的。朱子所谓的“敬”，就是让此心自我做主宰。朱子在《答廖子晦》的书信中回答唐臣所问“吕与叔尝言思虑多，不能驱除”时曰：

> 此正如破屋中御寇，东面人来未逐得，西面又一人至矣。左右前后，驱逐不暇。盖四面空疏，盗固易入，无缘作得主定。……学者先务，固在心志，然有谓欲屏去闻见知思，则是绝圣弃智。……人心不能不交感万物，虽为使之不思虑。若欲免此，唯是心有主。如何为主？敬而已矣。有主则虚，虚则谓邪不能入；无主则实，实为物来夺之。大凡人心不可二用，用于一事，则它事更不能入者，事为之主也。②

我们在修养的实践中，常常会遇到“思虑多，不能驱除”的问题，朱子分析认为原因在于心失去了对身的控制，当心不能发挥对身的主宰作用时，心就犹如破屋一般，当各种世情欲念的敌人来犯时，心之破屋很容易被攻破。但人心又有接事应物的客观必然性，若不能发挥心的自我主宰功能，则必然会导致心被邪念攻破的结果。因此，须要发挥心对身的主宰功

---

① 《朱子语类》卷12，第1册，第151页。

② 《朱熹师友门人往还书札汇编》（三），第1431—1432页。

能，而心对身的主宰就是敬的工夫，心能主于敬，则心对恶欲的提防之墙就非常坚固，牢不可破，各种邪念难以入侵。朱子所说“有主则虚”之“虚”就是指心没有丝毫不良的欲念，所以谓之为虚，即心灵之屋没邪欲之敌就会虚灵不昧，保持一种湛然纯明的状态。反之，如果心失去自我主宰的功能，不做主于敬的工夫修养，则心灵之屋就会被各种邪念攻破，各种邪念充塞心灵，则易受外物的牵引而不能主于身，即“无主则实”，沦为欲念的奴隶。

这里需要注意，朱子特别强调心的自我主宰之意，表明敬不是以心治心，心只有一个心。这是对以胡宏为代表的“识心”学派的一种理论警觉与批判。所谓“识心”的工夫即是察识人欲之善恶，善欲则存养，恶则去除。因为在他们看来，如果心不能察识欲望的“端倪”，那么涵养就会没有依托的对象，就会落空。朱子在“己丑之悟”之后提出了心统性情的理论，未发指心的静止状态，已发指心的活动状态。未发时心体寂然不动，性具于其中而呈形显象；已发时则心体感物而通，性发为情而见心之用。在此之前，朱子在心性之修养上还没有从湖湘学派的察识本心的工夫阴影中走出来。心体发动时若为良心就存养，若为人欲则制而去之，这在修养实践中典型的表现就是，先察识端倪而后加以涵养。不难看出，察识工夫的理论预设是心为已发。“己丑之悟”之后朱子渐渐从湖湘学派的工夫泥潭中走出来，对察识本心的工夫提出批判。在朱子看来，心本有“知觉灵明”的功能，所谓“识心”是不存在的。如果真有所谓“识心”，似乎存在另外一个心去“识”自我的心，这样就变成两个心，这是朱子特别要批判的，即“心只是一个心，非是以一个心治一个心。所谓存，所谓收，只是唤醒”①。心之体只有一个，不能在心体之上另设一个心体，同时，识心工夫也容易滑向心既是知觉的主体，亦是知觉的客体的理论。朱子在《答张敬夫》的一封书信中发表对此问题的看法说：

以敬为主，则内外肃然，不忘不助而心自存。不知以敬为主而欲

① 《朱子语类》卷12，第1册，第150页。

存心，则不免将一个心把捉一个心，外面未有一事时，里面已是三头两绪，不胜其扰扰矣。就使实能把捉得住，只此已是大病，况未必真能把捉得住乎？儒释之异，亦只于此便分了。①

另外，朱子在《答林择之》的书信中亦对以张敬夫为代表的湖湘学者的识心工夫提出了批评，信曰：

近看南轩（张敬夫）文字，大抵都无前面一截工夫（按：存养在前，察识为后）也。大抵心体通有无、该动静，故工夫亦通有无、该动静，方无透漏。若必待其发而后察，察而后存，则工夫之所不至多矣。惟涵养于未发之前，则其发处自然中节者多、不中节者少，体察之际，亦甚明审，易为著力，与异时无本可据之说大不同矣。②

古人只从幼子常视无诳以上、洒扫应对进退之间，便是做涵养底工夫了。此岂待先识端倪而后加涵养哉？但从此涵养中渐渐体出这端倪来，则一一便为己物。又只如平常地涵养将去，自然纯熟。今曰“即日所学，便当察此端倪而加涵养之功”，似非古人为学之序也。又云“涵养则其本益明，进学则其智益固，表里相互发也”，此语甚佳。但所引《三传》语，自始学以至成德节次，随处可用，不必以三语分先后也。盖义理、人心之固有，苟得其养而无物欲之昏，则自然发见明著，不待别求。格物致知，亦因其明而明之尔。今乃谓“不先察识端倪，则涵养个甚底”，不亦太急迫乎？③

这表明：第一，心只是一个心，心具有知觉的功能，能随物感通，但如果依照识心工夫的进路则是将“一个心把捉一个心”，究其实是以觉求心，以觉用心，就是将心撕裂为二，则是支离之病，而解决此支离之病的药方就是——以敬为主，也就是在日用之间，“今以觉求心，以觉用心，

① 《晦庵先生朱文公文集》卷31《答张敬夫》，《朱子全书》第21册，第1345—1346页。

② 《朱熹师友门人往还书札汇编》（三），第1509—1510页。

③ 《朱熹师友门人往还书札汇编》（三），第1510—1511页。

份拏迫切，恐其为病不但揠苗而已。不若日用之间以敬为主而勿忘焉，则自然本心不昧，随物感通，不待致觉而无不觉矣”①。孟子所谓的“求放心”，“只是说日用之间收敛整齐，不使心念向外走作，庶几其中许多合做底道理渐次分明，可以体察，亦非捉取此物藏在胸中，然后别分一心出外以应事接物也。”② 第二，不以敬为主而以觉求心，心在接事应物时，因为有两个心，就会导致一个心既要应接事物之来，另一个心应接事物之过程中判断是良心还是人欲，不免繁杂，让心无头无绪，不胜其扰扰。即使能把捉得住，也是大病。第三，是否以敬为主，是儒释的一个重要分别。之所以如此说，是因为在朱子看来，心只是一个心，不存在另一个心，如果现实之外，还存在一个心，实则是说心有两个主宰，即是释氏所言“常见此心光烁烁”，那是释氏之论。

其次，敬贯动静、合内外。当然，朱子在自己的理学体系中推论以胡宏为代表的湖湘学派的识心工夫必然会导致心会撕裂为二的理论后果，但反过来看，我们亦要清楚，这并不一定完全符合胡宏识心工夫的本意。

无论心之体处在未发的静状态还是处在已发的动状态，都要以“敬”贯之。朱子曰：“‘敬’字通贯动静，但未发时则浑然是敬之体，非是知其未发，方下敬底工夫也。即发而随事省察，而敬之用行焉，然非其体素立，则省察之功亦无自而施也。故敬义非两截事。‘必有事焉而勿正，心勿忘，勿助长’，则此心卓然，贯通动静。敬立义行，无适而非天理之正矣。”③ 朱子在“己丑之悟”之后，一个重要的转变就是上文谈到的强调敬的心之自我主宰意，避免陷入湖湘学派以一个心去把捉另一个心即以心识心的理论谬误。如果用湖湘学派的理论作为工夫指导，在工夫修养的实践中，就会只是心的已发状态察识心体，如为良心则存养，若为人欲则去之，那么在心之体未发时如何涵养？而敬的工夫恰好能弥补此一工夫缺陷。心没有接事应物时，须要存养心之本体，也就是令心提撕唤醒、令其警觉之意。朱子曰：“‘涵养当用敬，进学则在致知。’无事时，且存养在

① 《晦庵先生朱文公文集》卷45《答游诚之》，《朱子全书》第22册，第2060—2061页。

② 《朱熹师友门人往还书札汇编》（三），第1446页。

③ 《朱熹师友门人往还书札汇编》（三），第1510—1511页。

这里，提撕警觉，不要放肆。到那讲习应接，便当思量义理。”① “敬是个莹彻底物事。……提撕便敬；昏倦便是肆，肆便不敬。”② “此一个心，须每日提撕，令常惺觉。”③ 敬不仅要在外面表现出庄严肃穆的样子，收敛身心，心里也要坦率正直，内外要保持一致，朱子曰：“敬者，非但外面恭敬而已，须是要里面无一毫不直处，方是所谓‘敬以直内’者是也。”④ 在《答项平父》的书信中亦曰：“持守之要，大抵只是要得此心常自整顿，惺惺了了，即未发时不昏昧，已发时不放纵耳。”⑤

然而，人心不能无感，常会受到思虑纷扰，此时同样需要持敬的工夫，但在接事应物的心之发时，如何运用持敬的工夫？《语类》载曰：

> 问：“敬通贯动静而言。然静时少，动时多，恐易得扰乱。”曰：“如何都静得！有事须着应。人在世间，未有无事时节；要无事，除是死也。自早至暮，有许多事。不成说多事多扰乱，我且去静坐。敬不是如此。若事至前，而自家却要主静，顽然不应，便是心都死了。无事时敬在里面，有事时敬在事上。有事无事，吾之敬未尝间断也。且如应接宾客，敬便是应接上；宾客去后，敬又在这里。若厌苦宾客，而为之心烦，此却是自扰乱，非所谓敬也。故程子说：‘学到专一时方好。’盖专一，则有事无事皆是如此。程子此段，这一句是紧要处。”
>
> 学者当知孔门所指求仁之方，日用之间，以敬为主。不论感与未感，平日常是如此涵养，则善端之发，自然明着。少有间断，而察识存养，扩而充之，皆不难乎为力矣。造次颠沛，无时不习。此心之全体皆贯乎动静语默之间，而无一息之间断，其所谓仁乎！⑥

---

① 《朱子语类》卷 115，第 7 册，第 2108 页。

② 《朱子语类》卷 14，第 1 册，第 201 页。

③ 《朱子语类》卷 16，第 1 册，第 250 页。

④ 《朱子语类》卷 44，第 3 册，第 856 页。

⑤ 《朱熹师友门往还书札汇编》（五），第 2848 页。该书信约写于 1180 年春。

⑥ 《朱子语类》卷 12，第 1 册，第 159 页。

另外，关于敬贯动静的理解，朱子的学生陈淳对敬之修养工夫的体悟深得朱子赞同，可以作为我们的一个重要参考：

> 盖敬贯动静，而穷理者又所以栽培其未发，而精明其所已发；克己者又所以提防其未发，而洒落其所已发。平时之穷理克己，所以为今日未发已发之趾。而今日之穷理克己，又所以为后日未发已发之基。理之穷也日益精，则敬之致也日益密，而动静灼然纯天理之公。己之克也日益力，敬之存也日益固，而动静粹然无人欲之间。夫是以未发之前，全体完莹，而真有大本之中；已发之际，大用通畅，而实得其达道之和矣。此心地上工夫之大概，动静无端，与日周流，至死而后已也。①

综上所述，我们可看出，朱子强调：其一，敬不是静，因为人总是处在接事应物的过程中，“未有无事时节”，因此纯粹的心之静是不存在的，否则，人就如同一具死尸。其二，心不能刻意地去排斥接事应物，因为敬不只是形式上的静坐，如果事物之来，心不应接，那与死物没什么区别。事物来时，心则顺应，当如何便如何。凡事皆有所当止之地，随其所当止而止之，正如朱子所言“无事时敬在里面”，即心在没有接事应物时要提撕警觉，这就像骑马一样，“自家常常提掇，及至遇险处，便加些提控。不成谓是大路，便更都不管它，恁地自去之理”②。“有事时敬在事上”③即顺应事物之来，使理于事上发见。其三，无论有事时还是未有事时，敬之工夫都不能间断，因为心体通有无、该动静，相应的工夫自然也应通有无、该动静，“日用而有天理，则于君臣、父子、夫妇、长幼之间，应对、酬酢、食息、视听之顷，无一而非理者，亦无一之可紊。一有所紊，天理

① 《朱熹师友门人往还书札汇编》(一)，第190页。

② 《朱子语类》卷62，第4册，第1137页。

③ 《朱子语类》卷12，第1册，第159页。

丧矣。故君子无所不用其敬”①。即敬贯动静，或者心之体在已发和未发时都须敬，有事时应事——动时顺应，无事时念兹在兹——静时涵养，“未发已发，只是一件工夫，无时不涵养，无时不省察耳”②。

最后，敬谓主一。所谓主一，就是内心要做到专一、纯一，要做到“主一无适，心无旁骛”。所谓一，“无适之谓一。且欲涵泳主一之义不一，则二三矣”③。即使心体保持一种湛然纯明的状态，主一实际上就是发挥主体自我的控制作用，将心放在天理上，以实现心与理合一的状态。从这个角度上来讲，主敬就是穷理的工夫。伊川曰：“主一之谓敬”，“无适之谓一”。④ 朱子解释“主一”曰：“心只要主一，不可容两事。一件事了，更加一件，便是贰；一件事了，更加两件，便是叁。‘勿贰以二，勿叁以三’，是不要二三；‘不东以西，不南以北’，是不要走作。”⑤ 当学生问如何做到“主一无适”时，朱子答：“于无事之时这心却只是主一，到遇事之时也是如此。且如这事当治不治，当为不为，便不是主一了。若主一时，坐则心坐，行则心行，身在这里，心亦在这里。若不能主一，如何做得工夫?”⑥ 朱子的这一看法与明代大儒王阳明的看法基本上是一致的，王阳明即强调主一就是将心放在天理上，不论是有事无事，都将心放在天理上，阳明曰：“一者天理，主一是一心在天理上。若只知主一，不知一即是理，有事时便是逐物，无事时便是着空。惟其有事无事，一心皆在天理上用功，所以居敬亦即是穷理。就穷理专一处说，便谓之居敬；就居敬精密处说，便谓穷理；却不是居敬了别有个穷理，穷理时别有个心居敬。”⑦

---

① 《朱熹师友门人往还书札汇编》（三），第 1409—1410 页。

② 《朱子语类》卷 62，第 4 册，第 1137 页。

③ ［宋］朱熹、吕祖谦编：《近思录》，上海古籍出版社 2016 年版，第 173 页。

④ 程颐、程颢：《河南程氏粹言》卷 1，《二程集》（下），第 1173 页。伊川举例解释“主于一”曰：“有人旁边作事，己不见，而只闻人说善言者，为敬其心也，故视而不见，听而不闻，主于一也。主于内则外不入，敬便心虚故也。”参见程颐、程颢《河南程氏遗书》卷 15，《二程集》（上），中华书局 2014 年版，第 154 页。

⑤ 《朱子语类》卷 105，第 7 册，第 1996 页。

⑥ ［宋］黎靖德：《朱子语类》卷第 119，第 7 册，第 2182 页。

⑦ 王晓昕译注：《传习录译注》，中华书局 2018 年版，第 160 页。

将阳明的论述和朱子比较而言，朱子的居敬主一强调的是收敛心，发挥心对身的主宰功能，将放失的心收回来，让心体保持一种粲然纯明的状态，即所谓的穷理，居敬是工夫，穷理是工夫修养所达到的层次，即心与理一，不是当下的、直接的同一。也即是说，居敬是穷理的工夫，穷理是居敬的目的。当心能够完全实现对欲望的控制时，则心与理是同一的。

而在实际的道德修养实践中，许多人容易将持敬工夫理解为主观上刻意追求一种心的平静状态，似乎只有心在没有杂事纷扰的状态下，心体才会回归到纯明无私之境，这种对持敬主一工夫的理解是有很大问题的。持敬工夫的关键是要落实到日用之间的行动之中，而南宋时期的儒者，往往是口头上的“说敬”多，落实行动上的“持敬”少，朱子斥曰：“今之言持敬者，只是说敬，非是持敬。”所以呼吁儒者不要再停留在形式的“闭眼默坐”，要真正将敬的工夫转化到日用伦常的生活中，包括格物、致知、诚意、正心、修身、齐家、治国、平天下等，“随事致敬”，努力做到“节节常要惺觉执持，令此心常在，方是能持敬”①。

心体清静纯一、无杂念纷扰就是使心向天理靠近，远离不良的欲念。我们不否认，心体未感物而动的平静之时欲念会少一些，但心是个活物，不可能与外物完全隔绝，刻意追求这样一种状态显然是对现实的一种回避，非理之自然。因为既有平静的时候，亦有接事应物、颠沛流离的非平静之时，如果只是追求心体的这样一种平静状态，那么当心体未有平静之时，抑或是身处逆境曲折之中，那是不是意味着不用涵养心体呢？因此，持敬是一个贯彻始终的工夫，无论是身处顺境的平静之时，还是造次颠沛的非平静之时，心都要提撕收敛，努力做到主一无适，朱子曰：“所谓齐心致敬于平旦之顷，以求理之所在者，亦恐徒劳而无补也。古人之学欲其造次颠沛之不离，今乃独求之平旦之顷，则其他时节，是勾当甚事耶？”②

---

① ［宋］黎靖德：《朱子语类》卷第13，第1册，第169页。

② 《朱熹师友门人往还书札汇编》（三），第1714—1715页。

三、“养夜气”与持敬工夫

如何存养夜气，在修养时要注意哪些方面，朱子将“养夜气”与持敬工夫联系起来，主要强调以下几点：

第一，养夜气是一个渐进不已的持敬工夫。夜气的存养不能一蹴而就，其工夫之要不仅在于夜间的存养，而且也在于旦昼间的所为，也即是说，涵养心体的工夫不能有间断。人之所以不能够存养夜气，一个重要的原因就是旦昼之所为破坏了夜气的清明，朱子曰：“不能存得夜气，皆是旦昼所为坏了。”① 夜气的存养就是要有足以容纳良心存放的空间，这是靠点滴的积累实现的。关于此，朱子有比较多的强调和论述，曰：

> 今日长得一分，夜气便养得一分；明日又长得一分，明夜又养得两分，便是两日事。日日积累，岁月既久，自是不可御。今若坏了一分，夜气渐薄，明日又坏，便坏成两分，渐渐消，只管无。②

又曰：

> 日间进得一分道理，夜气便添得一分；到第二日更进得一分道理，夜气便添得二分；第三日更进行一分道理，夜气便添得三分。日间只管进，夜间只管添，添来添去，这气便盛。恰似使钱相似，日间使百钱，使去九十钱，留得这十钱这里；第二日百钱中使去九十钱，又积得二十钱；第三日如此，又积得三十钱。积来积去，被自家积得多了，人家便从容。日间悠悠地过，无工夫，不长进，夜间便减了一分气；第二日无工夫，夜间又减了二分气；第三日如此，又减了三分气。如此梏亡转深，夜气转亏损了。夜气既亏，愈无根脚，日间愈见

---

① 《朱子语类》卷59，第4册，第1046页。

② 《朱子语类》卷59，第4册，第1046页。

作坏。①

第二，养夜气的实质不是养气，而是养心。养夜气表面上看，似乎是要存养夜气，但其实质是存养心，关键在于发挥心的主宰功能，即“为仁由己”（《论语·颜渊》），“我欲仁，斯仁至矣”（《论语·述而》），所以当敬子问：“旦昼不梏亡，则养得夜气清明？”朱子答：“不是靠气为主，盖要此气去养得那仁义之心。如水之养鱼，水多则鱼鲜，水涸则鱼病。养得这气，则仁义之心亦好，气少则仁义之心亦微矣。”② 由此看来，主体自我的道德心是完全能发挥对气的主宰作用的，人心要自我主宰运用，控制导引气的发生，剔除气中的杂质。人是气化生命，气禀的厚薄、明暗、精粗、偏正等会客观地对人之道德理性形成遮蔽，这是人所无法改变的，亦是人之实存的生命形态，朱子说的“气强理弱”就是对人之生命实存形态的描述。而怎样从人之实存形态中超拔出来，挺立起人的精神生命，不顺着气禀所自然形成的身体欲望的方向，是人之修养的重要工夫。孟子曰：“口之于味也，目之于色也，耳之于声也，鼻之于臭也，四肢之于安佚也，性也，有命焉，君子不谓性也。”（《孟子·尽心下》）味色声臭是人之自然生命所具有的欲性，是人无法改变的实然形态，即由“命”之必然性所定，然人之为却不在于“命”的客观实存形态，人并不是完全一味地顺命、认命，而是要力图通过修养的手段来扭转生命的形态，由被动转为主动，“仁之于父子也，义之于君臣也，礼之于宾主也，知之于贤者也，圣人之于天道也，命也，有性恶，君子不谓命也”（《孟子·尽心下》）。朱子引程子的话释曰：“仁义礼智天道，在人则赋于命者，所禀有厚薄清浊，然而性善可学而尽，故不谓之命也。”③ 也即是说，厚薄清浊的气禀之命虽是客观存在的，人无法改变气之赋予人的生命形态。人无法选择气禀的条件，此即所谓的“命”，气禀之决定人之夭寿、长短、贫贱富贵、贤愚等，这些都是人无法选择的，说到底，气禀对人之道德理性的遮蔽是必然的，

① 《朱子语类》卷59，第4册，第1046页。

② 《朱子语类》卷59，第4册，第1047页。

③ 《四书章句集注》，第346页。

是人不能自主选择的。但这并非完全由“气禀”决定，人之不同于动物，就在于人之气禀并非像动物一样，完全阻隔不通，而是具有可通之理，发挥人心的主宰作用，通过修养的手段将被气禀遮蔽的道德理性彰显出来，让心中之理的光芒绽放，恢复它本有的光明。所以，修养就是将“气强理弱”扭转为“理强气弱”的过程，亦即“君子不谓命”，也即张载所说的“养则付命于天，道则责成于己”。

第三，养夜气更强调日间之所为。人心不是一个死物，而是活泼泼的道德发动之源，但人心在日间和夜间的活动强弱是不一样的。相对来讲，日间之时，人心应事接物的活动频度要多，心受物欲牵引的可能性大，心也在与物相交的过程中对气的管束相对弱化，“天地生生之理，本自不息，惟旦昼之所为，有所梏亡”①。而夜间人体之气相对处于一种虚静的状态，“夜气只是不与物接时”②，气的杂质更易得到澄治而变得清明，所以夜间生成的气是一种清明之气，“夜间生底，则聚得在那里，不曾耗散，所以养得那良心”③。如果白昼之时存养的工夫不够，“盖心既放，则气必昏，气既昏则心愈亡”④，平旦之时所具有的清明之气就会慢慢消散，抵消掉夜间所形成的清明之气，“日间目视耳听，口里说话，手足运动，若不曾操存得，无非是耗散底时节”⑤，“旦昼所为，坏了清明之气。夜气微了，旦昼之气越盛。一个会盛，一个会微。消磨得尽了，便与禽兽不远。”⑥ 也即是说，如果旦昼之时，任由身体欲望而行，而不注重发挥心之理的主宰作用，以理制气，则会耗散夜间所形成的清明之气，如此循环往复，则会梏亡人心，而人心一旦梏亡，便与禽兽没有什么区别了，朱子以贮水与放水来比喻曰：

---

① 《朱子语类》卷 59，第 4 册，第 1049 页。

② 《朱子语类》卷 59，第 4 册，第 1049 页。

③ 《朱子语类》卷 59，第 4 册，第 1048 页。

④ 《朱子语类》卷 59，第 4 册，第 1050—1051 页。

⑤ 《朱子语类》卷 59，第 4 册，第 1048 页。

⑥ 《朱子语类》卷 59，第 4 册，第 1048 页。

> 如水之流，夜间则闸得许多水住在这里，这一池水便满，次日又放干了；到夜里，又聚得些小。若从平旦起时，便接续操存而不放，则此气常生而不已。若日间不存得此心，夜间虽聚得些小，又不足以胜其旦昼之梏亡，少间这气都干耗了，便不足以存其仁义之心。①

第四，气清与存养是一个互相作用的过程。清——虽然是夜气的一种属性或特征，但并非只是夜气才具有“清”的属性，它实际上是存养功夫达到一定层次后气的一种外在显现，只要存养工夫下得够，日昼之时的气同样亦能显现出“清”之相。如果日用之间我们不注重涵养心体，任由气行事应物，“心为气所动”，则心会日渐梏亡，当积累达到一定程度后，即使是清明的夜气，也不足以存放“陷溺之甚”的心。养夜气工夫的要点在于使良心能有一个归宿安顿的清纯之所——清气，朱子提醒时儒曰：“到后面归宿处极有力。今之学者最当于此用功。”正因为如此，故朱子曰：“若存得这个心，则气自清，气清，则养得这个心常存。”② 发挥心之理对气的主宰作用至关重要。人之存养工夫做得好，则气自然清明，气清明，便又自然能存放仁义之心。

孟子所言“山之性”就是指山具有使草木生生的本能，也就是天地的生生之道，《中庸》曰：“今夫山，一卷石之多，及其广大，草木生之，禽兽居之，宝藏兴焉。”所以，山“日夜之所息”的生生之道，也即是仁道。朱子曰：“日夜之所息，谓气化流行未尝间断，故日夜之间，凡物皆有所生长也。”③ 山的本性虽是如此，而由于牛山位于大国的郊外，砍伐树木的人众多，树木都被砍伐得很多，再加上牛羊又吃掉了山上刚刚长出的草，牛山便因此显现出一片秃废的濯濯之象，当人们见此濯濯之象后，以为此山本来就不生长木材，这种外在的砍伐和牛羊之牧使山生养草木的生生之道受到严重的损害，弥而不彰。

孟子表面上是说山，其实是说人心，意为人心亦如山一样本有生生之

---

① 《朱子语类》卷 59，第 4 册，第 1048—1049 页。

② 《朱子语类》卷 59，第 4 册，第 1047 页。

③ 《四书章句集注》，第 309 页。

道，但受到外在的东西遮蔽隐而不彰一样。人亦具有仁义的本性，只是人放逸了人之本有的良心，孟子曰："虽存乎人者，岂无仁义之心哉？……梏之反复，则其夜气不足以存；夜气不足以存，则其违禽兽不远矣。人见其禽兽也，而以为未尝有才焉者，是岂人之性也哉？"（《孟子·告子上》）

人之所主在心，故人之修养的根源也在于心。然人非不勉而中、不思而得的圣人，心难免会有放失之时，如同牛山之草木有砍伐、放牧之害一样。山之草木虽在白天有砍伐、放牧之害，但草木的生意未尝止息，夜间之时，被伐牧的草木开始萌生，特别是在未有外物砍伐和放牧的清明之时，气之滋养草木生长的意象最为明显，此气就是孟子所说的"平旦之气"。人与山相似，人也具有一种生养仁义之道的平旦之气，此气在朱子看来，就是一种清明之气，朱子曰："平旦之气，谓未与物接之时，清明之气也。"① 人的耳目之官没有心之官的"思"功能，只具有自然的感应性能，当遇到外物时，"物交物，则引之而已矣"（《孟子·告子上》）。这种外物的牵引，如果没有心之官的御导，则人的良心就会被遮蔽。人之放失的良心在人心未与物相接的"静"之时，本明的良心会因气的清明发显出来，心之体易得于这种清明之气的滋养而生长，这如同山之草木在没有被砍伐和放牧的清明之时亦有生长一样，朱子曰："人之良心虽已放失，然其日夜之间，亦必有生长。故平旦未与物接，其气清明之际，良心犹必有发见者。"② 良心因外物牵诱而导致的丧失会在清明之时平旦之气的滋养下再次缓慢回归生长，正如草木被伐牧之后慢慢生长一样。但如果白昼的砍伐和放牧行为的破坏程度超过了夜间草木的生长时，则夜间草木的养长不能克胜白昼的破坏行为，就会造成"辗转相害"的危险，日日浸薄，最终夜气之生的部分难以敌过日昼的破坏行为。以此来说人之修养，则人之"夜气之生，日以浸薄，而不足以存其仁义之良心，则平旦之气亦不能清，而所好恶遂与人远矣"③。欲望愈长，则心之好好善、恶恶臭的仁性本体日渐梏亡，与人日渐远离，与禽兽日渐近矣！孟子由此推出，不仅木山失去

① 《四书章句集注》，第 310 页。

② 《四书章句集注》，第 310 页。

③ 《四书章句集注》，第 310 页。

滋养会造成这样的结果，万物亦然，“苟得其养，无物不长；苟失其养，无物不消”（《孟子·告子上》）。人同样如此，因此人不能不重视修养。

结　语

综上所述，在朱子的思想体系中，“夜气”不只是一种气，而是一种修养达到一定境界后所显现的一种状态——清明之气。养夜气是一种心性修养工夫，就是发挥人所本有的道德觉知能力，为良心的生长创造条件和空间，使人本有的善性之光能绽放出来。朱子继承伊川的“涵养须用敬”的思想，将持敬与涵养统一起来，持敬工夫就其实质来讲，就是所谓养夜气的工夫。敬即敬畏、主一，贯动静、合内外，其目的是使人发挥心之良知、良能的自主作用，在自己的内心深处建立起一道遏制人欲的防火墙，并且时刻反省自己的行为（包括意识、念头）是否合乎“天理”，由此做到随时处中。养夜气的工夫是一个持续不已的过程。人之所养的关键在心，如果人心失去其养，则人日趋近于禽兽，孟子引用孔子的话曰：“‘操则存，舍则亡；出入无时，莫知其乡。’惟心之谓与?”（《孟子·告子上》）朱子认为孟子引用孔子之言意在表明“以明心之神明不测，得失之易，而保守之难，不可顷刻失其养”①。人要在心静之时做好存养工夫，由静入敬，积聚人之抵御使生命向下堕落的向上力量。朱子闻其师曰：“人，理义之心未尝无，惟持守之即在尔。若于旦昼之间，不至于梏亡，则夜气愈清。夜气清，则平旦未与物接之时，湛然虚明气象，自可见矣。”由此观之，孟子的夜气之说，实则为人心由静而敬的持敬工夫，意在表明存养心体对于人的重要性，朱子认为“此于学者极有力，宜熟玩而深省之也”②。

① 《四书章句集注》，第 310 页。

② 《四书章句集注》，第 309 页。

苏轼视域中的北宋动物世界

刁培俊　华颖锐
（厦门大学　历史与文化遗产学院）

宋朝苏轼在诗、词、文、书法、绘画各领域均有巅峰般建树，从而成为中国文化史上的标杆性人物。他的创作生涯长达四十多年，“眼界穷大千”①，与其他文人士大夫不同②，其诗文中记录了大量的生物名目。更由于苏轼人生历经大江南北，“身行万里半天下”③，除在开封任职外，还辗转黄、惠、儋、杭、密、徐、湖、颍、扬、定等多地任职和生活。这一特

---

① ［宋］苏轼撰，［清］王文诰辑注，孔凡礼点校：《苏轼诗集》卷18《端午遍游诸寺得禅字》，中华书局1982年版，第951页。下文《苏轼诗集》的版本信息均同，不赘。

② 郭郛、〔英〕李约瑟、成庆泰《中国古代动物学史》（科学出版社1999年版）对中国上古时代动物的解剖、生理、生态、行为、发育、生殖、遗传、进化等进行归纳。〔英〕胡司德《古代中国的动物与灵异》（蓝旭译，江苏人民出版社2016年版）考察中国古代关于动物的文化观念，分析动物与人类的认识联系，探讨动物在古圣贤、社会政治权力等概念中所扮演的角色，颇具文化意象。黄复生主编《中国古代动物名称考》（科学出版社2017年版）呈现出古代动物不同时空的分类和名称。文榕生编著《中国古代野生动物地理分布》（山东科学技术出版社2013年版）整理了我国部分历史文献中野生动物栖息、繁衍、分布的记录，并以现代动物分类原理，呈现出不同历史时期部分野生动物的分布特征。文榕生《中国珍稀野生动物分布变迁》（山东科学技术出版社2009年版）、《中国珍稀野生动物分布变迁（续）》（山东科学技术出版社2018年版）、《中国珍稀野生动物分布变迁地图集》（山东科学技术出版社2019年版）等，对这一议题做了大量细密扎实的工作，尤其是对猕猴、大熊猫、老虎、亚洲象、野马野驴和野骆驼、犀牛、麝与獐等部分珍稀动物更为翔实，涉及古今，可资参考。但是，前揭著作并不适用于苏轼视域的生物世界。

③ 《苏轼诗集》卷6《龟山》，第291—292页。

殊宦游经历，使其诗文中的生物名目更为丰富而多元，颇能凸显区域性特征。而其诗文中写实与意象虚构的动物名目，则更多彰显了苏轼创作的无穷想象力，蕴含了诸多巧思妙悟。按照当代通用的动物分类方法，就苏轼书写涉及的动物种类，谨列表如下。

表 1　苏轼诗文中所见动物表

动物分类	苏轼诗文所见动物
软体动物门	鳆鱼、蜗牛、牡蛎、蛤蜊、红螺
节肢动物门	虾、蟹、蚊、虻、蛩、蜂、蝶、蝇、白蚁、蝗虫、蜘蛛、萤火虫
鱼类（纲）	鲂鱼、鲤鱼、鲈鱼、鳊鱼、鳜鱼、鲟鱼、鲫鱼、河豚、鲴鱼、子鱼、白鱼、沙鱼
两栖动物（纲）	蛙
爬行动物（纲）	蛇、壁虎、鼍、龟、玳瑁
鸟类（纲）	鸡、鸭、鹅、雁、鹤、鹰、隼、鸥、鹭、燕、鸽、鹘、鹌鹑、鸬鹚、鹈鹕、喜鹊、乌鸦、鹏鸟、白鹇、鸳鸯、鸺鹠、斑鸠、黄鸟、快活鸟、姑恶鸟、蕲州鬼、提壶鸟、百舌鸟、五色雀、桐花鸟、鸡鹊、竹鸡、杜鹃
兽类（哺乳动物纲）	牛、羊、猪、狗、鼠、马、豺、狼、虎、猿、狨、狐、鹿、麋、犀、獐、蝙蝠、鼯鼠、竹鼬、牛尾狸

我们先按动物分类展开苏轼视域动物书写之具体呈现，借以辨别其中的写实与虚饰意象，进而探索“动物的自然史”方法论未来的适用性。

一、苏轼视域的无脊椎、鱼纲、两栖和爬行纲动物

（一）无脊椎动物（软体和节肢动物）

苏轼诗文中映现的无脊椎动物包括鳆鱼、蜗牛、牡蛎、蛤蜊、红螺、虾、蟹、蚊、虻、蛩、蜂、蝶、蝇、白蚁、蝗虫、蜘蛛、萤火虫等。苏轼

在元丰八年（1085）曾经短暂知登州，撰有《鳆鱼行》，并向友人滕元发赠送了“鳆鱼三百枚”①。鳆鱼即鲍鱼，登州地靠黄海，应是本地所产。在黄州时，他怀念杭州风物，吟诗“脆酽红螺酱”②，红螺酱应当是以红螺所制作的酱菜。初入仕途的苏轼，在游览凤翔东湖时吟诗“浅有螺与蚶”③。苏轼在岭南还食用蟹与蛤，他曾记录“久戒杀，到惠州，忽破戒，数食蟹蛤”④。

多水之地常常多蚊，苏轼在湖州就有“千顷菰蒲聚斗蚊”之语。聚集的蚊常常成群结队，噪声扰人如雷。苏轼在黄州时就曾说“独与蚊雷共圭荜”。苏轼言徐州五、六月“飞蚊殷回廊”。蚊在苏轼笔下尚有各种别名，如豹脚、花鹰、白鸟。豹脚指一种脚部有花纹的蚊子，蜇人尤痛。苏轼之“不怕飞蚊如立豹”与“风定轩窗飞豹脚”，均写的是湖州之豹脚蚊。此外，苏轼“肯随白鸟过垂虹”中的“白鸟”或指蚊子，乃是用典。苏轼还将蚊子比作鹰，称其“飞蚊猛捷如花鹰”，后世遂有以“花鹰”喻蚊。⑤

苏轼多次提及蜜蜂：在杭州有吟“蜜蜂未许辄先甜”；于密州送春则言“蜜熟黄蜂亦懒飞”；在开封南园听闻“惟有黄蜂喧”；他游徐州云龙山又观“喧蜂集晚花”。⑥苏轼既有对蜂采集喧闹之状的描绘，还注意到了蜂

① ［宋］苏轼撰，孔凡礼点校：《苏轼文集》卷51《与滕达道六十八首·其五十七》，中华书局1986年版，第1493页。下文《苏轼文集》的版本信息均同。

② 《苏轼诗集》卷21《杭州故人信至齐安》，第1091页。

③ 《苏轼诗集》卷3《凤翔八观·其五·东湖》，第112页。

④ 《苏轼文集》卷73《食鸡卵说》，第2373页。

⑤ 本段七句分别见于《苏轼诗集》卷19《与王郎夜饮井水》，第978页。《苏轼诗集》卷21《次韵孔毅父久旱已而甚雨三首·其一》，第1122页。《苏轼诗集》卷16《次韵黄鲁直见赠古风二首·其一》，第836页。《苏轼诗集》卷19《次韵孙秘丞见赠》，第3册，第968页。《苏轼诗集》卷19《次韵周开祖长官见寄》，第982页。《苏轼诗集》卷19《次韵孙秘丞见赠》，第968页。《苏轼诗集》卷19《送渊师归径山》，第981页。

⑥ 此四句分别见于《苏轼诗集》卷11《常润道中，有怀钱塘，寄述古五首·其四》，第555页。《苏轼诗集》卷13《和子由四首·其二·送春》，第628页。《苏轼诗集》卷15《送鲁元翰少卿知卫州》，第725页。《苏轼诗集》卷16《闻公择过云龙张山人，辄往从之，公择有诗，戏用其韵》，第815页。

脾蜜满，安静休憩，懒怠不飞的景象。对于蜂所产之蜜，苏轼记载更多。陆游曾记载一则逸事：仲殊和尚嗜好食蜜，饮食多为蜜渍，旁人“多不能下箸。唯东坡性亦酷嗜蜜，能与之共饱”①。苏轼在定州所见“蜜渍生荔支”②。苏轼在食用茯苓、何首乌、熟地黄等中药时，常有“入少白蜜”“炼蜜和入木臼”“蜜和丸”之语。③ 此外，苏轼还曾在黄州以蜂蜜为原料酿制蜜酒，该法传自道士杨世昌。④ 宋朝已出现了人工养殖的蜜蜂，养蜂业获得了极大的发展。⑤ 苏轼曾言“山家为割千房蜜”，可能就是指人工养殖的蜜蜂。他还吟有“蜂闹黄连采蜜花”之句⑥，所言乃施州（今湖北恩施）所产之黄连蜜。

蜂蝶常常并举，当然蝴蝶的价值多限于观赏。苏轼笔下出现蝶的地点有：于凤翔延生观见“晚来蝴蝶入疏帘”；于杭州寿星院看“伶俜寒蝶抱秋花”；在徐州有“落花胡蝶作团飞”之语；于开封观侍女“手弄黄花蝶透衣”，可见蝶之分布广泛。⑦ 夏蝉又名蜩，在苏轼笔下蝉鸣蜩吟亦处处可闻，如“高柳鸣蜩午更喧”“荒林蜩蛰乱”“蝉声杂鸟声”“日高山蝉抱叶响”“绿槐高处一蝉吟”。⑧ 苏轼在惠州所见石盐木“坚若铁石”，且“白蚁

---

① ［宋］陆游：《老学庵笔记》卷8，中华书局1979年版，第89页。

② 《苏轼诗集》卷37《次韵曾仲锡承议食蜜渍生荔支》，第1996页。

③ 以上三句分别见于《苏轼文集》卷54《与程正辅七十一首·其五十三》，第1613页；卷58《与欧阳知晦四首·其三》，第1755页；卷73《四神丹说》，第2360页。

④ 《苏轼诗集》卷21《蜜酒歌，并叙》，第1115页。

⑤ 张显运：《宋代畜牧业研究》，中国文史出版社2009年版，第295—305页。曾雄生：《中国农业通史·宋辽夏金元卷》，中国农业出版社2013年版，第669—672页。

⑥ 《苏轼诗集》卷14《送乔施州》，第698页。

⑦ 分别见于《苏轼诗集》卷3《留题延生观后山上小堂》，第130页；卷10《次韵周长官寿星院同饯鲁少卿》，第512页；卷18《作书寄王晋卿，忽忆前年寒食北城之游，走笔为此诗》，第930页；卷30《韩康公坐上侍儿求书扇上二首·其一》，第1565页。

⑧ 此五句依次出自《苏轼诗集》卷28《次韵刘贡父独直省中》，第1505页；卷17《张安道见示近诗》，第874页；卷19《吴江岸》，第998页；卷32《寿星院寒碧轩》，第1685页；卷26《溪阴堂》，第1367页。

不敢跻”。[①]

蝗灾往往绵延多地，为害颇广，苏轼曾言“近在钱塘，见飞蝗自西北来……此京东余波及淮浙者耳”[②]，蝗灾面积之广可见一斑。[③] 熙宁年间，任职杭州时，苏轼便曾捕蝗至浮云岭。[④] 此外，苏轼于杭州秋怀有感，目睹并记有“熠耀亦有偶，高屋飞相追”[⑤] 之景，应指夜空中闪耀飞舞的萤火虫。苏轼在过淮时，于舟中曾见蜘蛛，留下了“落月挂柳看悬蛛”[⑥] 的诗句。在徐州，苏轼写有闻“床下鸣络纬”[⑦] 之句，络纬是一种昆虫，夏秋夜晚常振翅，发声如纺线之音，俗称纺织娘、络丝娘。

就历史书写意义而言，我们反复斟酌前文所呈现的苏轼诗文内容，几乎每一则记载均难以发掘出动物的“自我告白”，呈现出动物自我的历史。

（二）鱼类（纲）动物

苏轼笔墨间的鱼类（纲）动物相当丰富，鲂鱼、鲤鱼、鲈鱼、鳊鱼、鳜鱼、鲟鱼、鲫鱼、河豚、鲴鱼、子鱼、白鱼、沙鱼等，均有出现。鳊鱼早在苏轼出川途经襄阳时就有所见，由其吟诗《鳊鱼》可证。在《上堵吟》中，他特意描绘了当地“鳊鱼冷难捕”。在游览凤翔大老寺时，苏轼亦有“池浚落河鲂”之句。鲂鱼即鳊鱼，苏轼咏退圃曾言“一钩归钓缩头鳊”。苏轼在儋州还记载了自己买鲫鱼、鲤鱼放生之事。[⑧]

苏轼在湖州曾品食鲈鱼，留下了“紫蟹鲈鱼贱如土”的诗句。苏轼在惠州亦再次提及鲈鱼。儋州峻灵王庙旁山中所产“紫鳞鱼”，可能是一种

---

① 《苏轼诗集》卷 40《两桥诗，并引》，第 2199 页，第 2201 页。

② 《苏轼文集》卷 48《上韩丞相论灾伤手实书》，第 1396 页

③ 丁建军、郭志安：《宋代依法治蝗论述》，《河北大学学报》2005 年第 5 期；金城、刘恒武：《北宋时期的蝗灾及治蝗措施》，《农业考古》2015 年第 6 期；等等。

④ 《苏轼诗集》卷 12《捕蝗，至浮云岭，山行疲苶，有怀子由弟二首》，第 576 页。

⑤ 《苏轼诗集》卷 8《秋怀二首・其一》，第 382 页。

⑥ 《苏轼诗集》卷 18《舟中夜起》，第 942 页。

⑦ 《苏轼诗集》卷 17《与顿起、孙勉泛舟，探韵得未字》，第 865 页。

⑧ 分别见于《苏轼诗集》卷 2《上堵吟》，第 74 页。《苏轼诗集》卷 5《大老寺竹间阁子》，第 199 页。《苏轼诗集》卷 11《退圃》，第 546 页。《苏轼文集》卷 71《书城北放鱼》，第 2276 页。《苏轼文集》卷 73《食鸡卵说》，第 2372 页。

淡水鱼。鳜鱼分布广泛，苏轼在杭州时，曾经收到了钱勰赠送的竹笋，他在感谢之余，特意分享了自己的做法，其中就提到“取笋蕈菘心与鳜相对”。苏轼在金陵时曾有诗句写鮰鱼，即江团，这是长江中的一种特色鱼类。该鱼肉质鲜美，苏轼吟有“粉红石首仍无骨，雪白河豚不药人”之句，乃是以石首鱼与河豚比鮰鱼。石首鱼即黄花鱼。河豚是著名的江淮风物，虽有剧毒，但因滋味鲜美，多有人嗜食之。①

华南产子鱼。苏轼在开封收到过吕希彦所赠的子鱼，称之为“通印长鱼”②。这种鱼多产于福建莆田，滋味鲜美。苏轼曾以“通印子鱼犹带骨，披绵黄雀漫多脂”③ 描绘之。宋人洪迈记载，苏轼创造了“通印子鱼”：该鱼起初作“长鱼”，苏轼为与黄雀相对，借用了“子”字，后人沿而用之。当地人甚至因而改“显应庙”为“通应庙”，以坐实此诗所言。④ 白鱼是苏轼笔下的另一种知名鱼类。苏轼吟有“白鱼犹喜似江淮”⑤ 与“明日淮阴市，白鱼能许肥”⑥，表明此乃江淮特产。苏轼在今浙江湖州提及淮鱼，并吟“恣看修网出银刀”⑦，可见是银白色的刀型鱼，很有可能就是白鱼。蜀地同样出产白鱼。⑧ 苏轼在黄州时，吴子野赠送给他沙鱼和赤鲤。⑨ 沙鱼即鲨鱼。宋人杨彦龄认为鳆鱼（即鲍鱼）味美，便以沙鱼作比，“沙鱼翅

① 分别见于《苏轼诗集》卷19《泛舟城南，会者五人，分韵赋诗，得“人皆苦炎”字四首·其三》，第976页。《苏轼诗集》卷39《二月十九日，携白酒、鲈鱼过詹使君，食槐叶冷淘》，第2102页。《苏轼文集》卷17《峻灵王庙碑》，第511页。《苏轼文集》卷51《与钱穆父二十八首·其十四》，第1506页。《苏轼诗集》卷24《戏作鮰鱼一绝》，第1257页。《苏轼文集》卷49《答陈师仲主簿书》，第1428页。

② 《苏轼诗集》卷28《走笔谢吕行甫惠子鱼》，第1498—1499页。

③ 《苏轼诗集》卷21《送牛尾狸与徐使君》，第1091页。

④ [宋] 洪迈：《容斋随笔·四笔》卷8《通印子鱼》，中华书局2015年版，第565页。

⑤ 《苏轼诗集》卷34《送欧阳主簿赴官韦城四首·其三》，第1793页。

⑥ 《苏轼诗集》卷6《发洪泽，中途遇大风，复还》，第293页。

⑦ 《苏轼诗集》卷8《赠孙莘老七绝·其五》，第409页。

⑧ 《苏轼诗集》卷16《春菜》，第790页。

⑨ 《苏轼文集》卷57《与吴子野七首·其三》，第1735页。

鳔之类，皆可北面矣”①。

鱼类多生存于水中，就前揭诸诗文所述，苏轼历史书写中的鱼类，它们能否“自言自语”并有可用于历史研究的文献存世，寻求其间的“动物的自然史”，我们颇感为难。

（三）两栖纲、爬行纲动物

苏轼视域的两栖纲动物只有蛙一种。早在宋朝，华南一带就有食用蛙类的习俗。苏轼特书一笔云“稍近虾蟆缘习俗”②。虾蟆便是指蛙。蜀地有食蛙的习惯。张世南乘舟过眉州“见钓于水滨者，即而观之，篮中皆大虾蟆”，这一动物被当地人称为“珍味”；成都人最喜食蛙，不仅自己享用，亲朋好友还互相馈赠，做法就是将蛙“以料物和酒炙之，曰炙蟾”③。

苏轼视域的爬行纲动物有蛇、壁虎、鼍、龟、玳瑁等。岭南地区居民吃蛇。宋人朱彧记载“广南食蛇，市中鬻蛇羹”④，似相当普遍。苏轼于惠州有“何以侑一樽，邻翁馈蛙蛇”⑤ 之语。苏轼在徐州还看见了蝎虎、络纬的身影。蝎虎即壁虎，又名守宫，形似蜥蜴，苏轼曾言“窗间守宫称蝎虎”⑥。鼍即扬子鳄，其鸣声如鼓，故有“鼍鼓”之称⑦；在无锡道中曾听闻“鼍鸣窟中如打衙”⑧。苏轼在华南地区见到的爬行动物还有龟。⑨玳瑁作为一种海洋动物，常被制成饰品，苏轼赠送的“玳簪”已有七八十年历史，可谓珍贵之礼。⑩

---

① ［宋］杨彦龄：《杨公笔录》，《全宋笔记》第一编第十册，大象出版社2003年版，第147页。

② 《苏轼诗集》卷41《闻子由瘦》，第2258页。

③ 《游宦纪闻》卷2，第11页，第12页。

④ 《萍洲可谈》卷2，第137页。

⑤ 《苏轼诗集》卷40《丙子重九二首·其一》，第2204页。

⑥ 《苏轼诗集》卷15《蝎虎》，第745页。

⑦ 文焕然等著，文榕生选编整理：《中国历史时期植物与动物变迁研究·扬子鳄的古今分布变迁》，重庆出版社2019年版，第184页。

⑧ 《苏轼诗集》卷11《无锡道中赋水车》，第558页。

⑨ 《苏轼诗集》卷43《葛延之赠龟冠》，第2354页。

⑩ 《苏轼文集》卷59《与王庆源十三首·其十三》，第1816页。

爬行纲动物极可能将其生活历程留存于世，但是，如何就“动物的自然史”而深入探考，就前揭苏轼历史书写中的文献而言，似无从措手。

二、苏轼视域的鸟纲和哺乳纲动物

（一）鸟纲动物

在苏轼笔下出现频率较高的鸟类，还包括雁、鸥、乌、鹊等。乌、鹊常常并举，乌即乌鸦，鹊乃喜鹊，两者都是鸦科动物，颜色、体型相近。在杭州，苏轼有句“野庐半与牛羊共，晓鼓却随鸦鹊兴”①。苏轼笔下鹊鸟同样多见。②

宋人在野外还能经常目睹鹤的身影。苏轼在凤翔于溪边见之，吟有“溪边野鹤冲人起”；游湖州道场山、何山，闻“至今山鹤鸣夜半”，其他如“惟有孤栖旧时鹤”“孤舟鹤踏翻”“玄鹤舞长翮”。③ 苏轼在润州写有“落红处处闻啼鴂”④ 之语。杜鹃鸟即子规，即鴂。鹘鸟是鹰隼一类。苏轼与李委泛舟赤壁之下，李委吹笛，风起水涌，“山有栖鹘，亦惊起”⑤。鸡鹊是水鸟，又被称为池鹭。元丰七年上巳日苏轼出游，见到了“对立鸡鹊

① 《苏轼诗集》卷 8《盐官部役戏呈同事兼寄述古》，第 391 页。

② 苏轼诗句中的鹊可见于《苏轼诗集》卷 21《雪后到乾明寺遂宿》，第 1096 页；卷 31《异鹊，并叙》，第 1659—1660 页；卷 1《巫山庙上下数十里，有乌鸢无数，取食于行舟之上，舟人以神之故，亦不敢害》，第 36 页；卷 6《陪欧阳公燕西湖》，第 276 页；卷 25《正月一日，雪中过淮谒客回，作二首·其二》，第 1318 页；卷 11《虎丘寺》，第 560 页；卷 16《携妓乐游张山人园》，第 822 页。

③ 以上五句分别见于《苏轼诗集》卷 4《溪堂留题》，第 185 页；卷 8《游道场山何山》，第 405 页；卷 11《夜至永乐文长老院，文时卧病退院》，第 529 页；卷 40《新年五首·其一》，第 2181 页；卷 42《和陶使都经钱溪》，第 2308 页。

④ ［宋］苏轼：《苏轼词编年校注》中册《蝶恋花·春事岚山芳草歇》，中华书局 2016 年版，第 686 页。

⑤ 《苏轼文集》卷 50《与范子丰八首·其七》，第 1453 页。

相媚妩”①。

鸺鹠是常见于中国南方的一种鸮类，别称小猫头鹰。苏轼在惠州曾“夜枕闻鸺鹠”，在儋州又听闻“孤城啸鸺鹠”。有关白鹭，苏轼在惠州时写有“北渚集群鹭”。在惠州时，苏轼曾收到表兄程正辅馈赠的黄雀，他曾言“披绵黄雀漫多脂”。燕是常见鸟类，苏轼在儋州有“新巢语燕还窥砚”之句。岭南地区还有白鹇，该鸟翎毛长而华丽，体色洁白，有黑色花纹，面部为红色。嘉祐年间，在过秭归新滩时，苏轼见到了鸬鹚与白鹭：“鸬鹚不敢下，飞过两翅轻。白鹭夸瘦捷，插脚还敧倾。”②

苏轼在徐州所见的鸟类较多。野鸭即凫，多与雁并举，是为“凫雁”③。提壶鸟鸣声酷似“提葫芦”，便以声命名。④ 鹰乃是猛禽。苏轼在徐州时便见到武将“狄生臂鹰来”⑤。在当地，苏轼还提到了用于祭祀祈雨的鹅，即“宰鹅祈雨法”⑥。苏轼曾言“（鹅）有祈雨之厄”⑦ 便是指此。他吟“苍鹅无罪亦可怜”，“而况刑白鹅”，均与此相关。⑧

苏轼视域中还有两种奇特的鸟类，其一为倒挂子。这种鸟绿毛，红

---

① 《苏轼诗集》卷 22《上巳日，与二三子携酒出游，随所见辄作数句，明日集之为诗，故辞无伦次》，第 1189 页。

② 以上分别见于《苏轼诗集》卷 39《闻正辅表兄将至，以诗迎之》，第 2142 页。《苏轼诗集》卷 41《谪居三适三首·其三·夜卧濯足》，第 2286 页。《苏轼诗集》卷 40《新年五首·其二》，第 2182 页。《苏轼文集》卷 54《与程正辅七十一首·其十三》，第 1593 页。《苏轼诗集》卷 21《送牛尾狸与徐使君》，第 1091 页。《苏轼诗集》卷 43《庚辰岁人日作，时闻黄河已复北流，老臣旧数论此，今斯言乃验二首》，第 2343 页。《苏轼文集》卷 27《缴进陈绎词头状》，第 775 页。《苏轼诗集》卷 1《新滩》，第 42 页。

③ 《苏轼诗集》卷 18《游桓山，会者十人，以“春水满四泽，夏云多奇峰”为韵，得泽字》，第 923 页。《苏轼诗集》卷 17《百步洪二首·其一》，第 891—892 页。

④ 《苏轼诗集》卷 16《携妓乐游张山人园》，第 822 页。

⑤ 《苏轼诗集》卷 17《赠狄崇班季子》，第 901 页。

⑥ 《续资治通鉴长编》卷 281，熙宁十年三月壬寅条，中华书局 2004 年版，第 6894 页。

⑦ 《苏轼文集》卷 73《记钱塘杀鹅》，第 2375 页。

⑧ 《苏轼诗集》卷 17《次韵舒尧文祈雪雾猪泉》，第 898 页。《苏轼诗集》卷 18《答郡中同僚贺雨》，第 934 页。

喙，如鹦鹉而小，苏轼在惠州见过，留下了诸如“绿衣倒挂扶桑暾”和“倒挂绿毛么凤”等句。① 苏轼笔下另一种特殊的鸟是五色雀，该鸟毛色多样，有青、黄、黑、红诸色，据苏轼所言，这种鸟还能预示晴雨，或云祥瑞之鸟。苏轼在惠州游览白水山时，也吟有“仙山一见五色羽”之句。②

苏轼所见鸟类动物还有桐花凤、鸬鹚、山胡鸟、鹘鸟、鹰等。桐花凤是蜀地的一种小鸟，相传因栖集于桐花而得名。苏轼在回忆其母程氏不伤害鸟雀的逸事之时，也留下了旧居“有桐花凤四五百，日翔集其间”的语句；此外，他还在诗文中回忆“故山何所有，桐花集么凤”。③

苏轼在黄州所见鸟类颇多。他特意作《五禽言》诗，记录了当地五种特别的鸟类。禽言诗中的鸟常常以鸣声命名。苏轼所写之五种鸟分别是蕲州鬼、布谷、快活、蚕丝一百箔、姑恶。其中布谷即杜鹃，又名子规，黄州当地人因其鸣声也称之为“脱裤”；姑恶是一种水鸟，或为今人所谓的苦恶鸟，其声凄恻。其余三种暂难考辨。这种以鸣声名鸟的做法，还可见于竹鸡。该鸟又名为泥滑滑，乃因鸣声类似此音而得名。苏轼在黄州写有“泥深竹鸡语”之句。他还在“泥深厌听鸡头鹘”下注明，蜀地人称呼鸡头鹘为“泥滑滑”。④

---

① 《苏轼诗集》卷39《十一月二十六日，松风亭下，梅花盛开·其二·再用前韵》，第2077页。《苏轼词编年校注》中册《西江月·玉骨那愁瘴雾》，第785页。王颋、程民生在研究中将倒挂鸟归于极乐鸟科，参见王颋《凤薮丽羽——海外珍禽“倒挂鸟”考》，《西域南海史地研究》，上海古籍出版社2005年版，第111—127页。程民生：《宋代物价研究》，人民出版社2008年版，第325页。

② 《苏轼诗集》卷43《五色雀，并引》，第2347页。《苏轼诗集》卷39《次韵正辅同游白水山》，第2148页。

③ 《苏轼文集》卷73《记先夫人不残鸟雀》，第2374页。《苏轼诗集》卷19《次韵李公择梅花》，第980页。颋经考证后认为，这种鸟属太阳鸟科，且根据各种文献对照，该鸟毛色翠碧，间杂红色，故而应当为绿喉太阳鸟。参见王颋《凤薮丽羽——海外珍禽“倒挂鸟”考》，《西域南海史地研究》，上海古籍出版社2005年版，第121页。

④ 以上分别见于《苏轼诗集》卷20《五禽言五首》，第1045—1047页。《苏轼诗集》卷20《二月二十六日，雨中熟睡，至晚，强起出门，还作此诗，意思殊昏昏也》，第1040页。《苏轼诗集》卷21《送牛尾狸与徐使君》，第1091页。

俗谚：雁过留声，人过留名。但是，就苏轼诗文中的动物历史书写而言，如何让这些天上飞的动物“留声”，并以之探究“历史上的动物转向”及其“动物的自然史”，还待更多考察。

（二）哺乳纲动物

苏轼视域之中的哺乳纲的动物主要包括牛、羊、猪、狗、鼠、马、豺、狼、虎、猿、狨、狐、鹿、麋、犀、獐、蝙蝠、鼯鼠、竹鼬、牛尾狸等。宋朝的牛多用于耕地与交通。① 牛之皮、筋、角等均可用于制作军需器具，即“近者军器监须牛皮”②。牛在古代还用以祭祀，苏轼过今湖北秭归时，有诗云“赖此牛酒盈”③。苏轼还记载岭南普遍存在杀牛风气。④ 宋朝的牛以南方为胜。⑤ “黄州出水牛”⑥，这种水牛毛色乌黑，苏轼幽默地形容“老妻犹解接黑牡丹”⑦。岭南地区无疑也多牛，苏轼所言之“牛羊满空渎”⑧，正是惠州之景。

苏轼笔下的马出现较为频繁。苏轼曾提及产于麟州的骏马，即“子河骏马方争出”⑨。他还见到秦州所产之“肉鬃马”⑩，应也属骏马之列。苏

---

① 《苏轼文集》卷 52《与王定国四十一首·十三》，第 1520—1521 页。《苏轼文集》卷 25《上神宗皇帝书》，第 733 页。

② 《苏轼文集》卷 48《上韩丞相论灾伤手实书》，第 1397 页。

③ 《苏轼诗集》卷 1《新滩》，第 42 页。

④ 《苏轼文集》卷 66《书柳子厚牛赋后》，第 2058 页。

⑤ 参见〔日〕斯波义信《宋代商业史研究》，稻香出版社 1997 年版，第 221—223 页；程民生《宋代地域经济》，河南大学出版社 1992 年版，第 143 页。

⑥ 《苏轼诗集》卷 20《过新息留示乡人任师中》，第 1022 页。

⑦ 《苏轼文集》卷 55《与章子厚二首·其一》，第 1639 页。

⑧ 《苏轼诗集》卷 39《江涨用过韵》，第 2119 页。

⑨ 《苏轼诗集》卷 29《次韵孔常父送张天觉河东提刑》，第 1531 页。

⑩ 《苏轼文集》卷 67《书子美骢马行》，第 2102 页。

轼在京为官时，曾多次被朝廷赐马。①

宋朝高层多食羊肉，羊肉做法各异，以《东京梦华录》所载之开封城为例，有旋煎羊白肠、入炉羊、羊头签、软羊诸色包子等。② 在儋州时，苏轼就曾回忆汴梁生活“十年京国厌肥羜，日日烝花压红玉”③。陆游描述蜀地推崇苏轼作品之风，有一谚语：“苏文熟，吃羊肉；苏文生，吃菜羹。”④ 此之可谓宋代食羊之风的绝佳注脚。宋人也将产于契丹等北国之羊引入国内。苏轼在密州时，谈及当地“剪毛胡羊大如马”⑤。苏轼的故乡蜀地也豢养羊。苏轼本人早年也曾亲自放牧羊，即所谓“前有百尾羊，听我鞭声如鼓鼙”⑥ 是也。

猪与羊虽同为重要的肉食来源，但在北宋，两者有一定的差别。苏轼在开封时多食羊肉，而在黄州有言“黄州好猪肉”。在苏轼的故乡巴蜀，食用猪肉乃常见之事。早在岐下时，苏轼就曾听闻“汧阳猪肉至美”，并命人购买。众所周知，作为美食家的苏轼对于如何食猪肉亦有自己的心得。⑦

---

① 苏轼在这四年获赐马所上的表状名称类似，前三年分别是《谢赐对衣金带马表二首》《谢赐对衣金带马状二首》(《苏轼文集》卷 23，第 667、672、682 页)。元祐七年为《谢除兵部尚书赐对衣金带马表状二首》，《苏轼文集》卷 24，第 699 页。《苏轼文集·苏轼佚文汇编》卷 6《赠李方叔赐马券》，第 2539 页。

② ［宋］孟元老：《东京梦华录》卷 2《州桥夜市》《饮食果子》，中华书局 2006 年版，第 115、189—190 页。

③ 《苏轼诗集》卷 41《闻子由瘦》，第 7 册，第 2258 页。关于宋代食羊之风，已有成果如王启屏《宋代的食羊文化》，台湾师范大学 2002 年博士学位论文。程民生：《宋代饮食生活中羊的地位》，《中国烹饪》1986 年第 12 期。

④ ［宋］陆游：《老学庵笔记》卷 8，第 100 页。

⑤ 《苏轼诗集》卷 13《和蒋夔寄茶》，第 654 页。

⑥ 《苏轼诗集》卷 36《书晁说之〈考牧图〉后》，第 1967 页。

⑦ 分别见于《苏轼文集》卷 20《猪肉颂》，第 597 页。《苏轼诗集》卷 41《闻子由瘦》，第 2257 页。《苏轼文集》卷 52《与王定国四十一首·其八》，第 1518 页。《苏轼文集》卷 11《眉山远景楼记》，第 353 页。《苏轼文集》卷 66《跋王氏华严经解》，第 2060 页。《苏轼文集》卷 20《猪肉颂》，第 597 页。

苏轼视域内哺乳动物有狗。他在儋州时豢养了一条名曰“乌觜”的狗，或是因为狗嘴部为黑色，故而名之。这种命名方式或许也参照了“黄耳传书”的典故。这只犬颇为灵通。苏轼被朝廷宽赦后，该犬“掉尾喜欲舞”，与主人同乐。苏轼作《记徐州杀狗》，所言正是“（徐州）厢界有杀狗公事”①。

哺乳动物老鼠和蝙蝠也出现在苏轼视域之中。元丰三年（1080），苏轼夜宿黄州禅智寺，吟有“佛灯渐暗饥鼠出”②。蝙蝠是一种特殊的哺乳动物。苏轼在杭州、湖州、濠州均有见之。蝙蝠常常以“仙鼠”之名出现。③苏轼在途经濠州涂山、荆山时，与苏迨、苏过父子三人一同游览，“归时蝙蝠飞”④。在岭南时，苏轼记录了当地食用老鼠和蝙蝠的饮食习惯，即“荐以薰鼠烧蝙蝠”⑤。

豺、虎这类猛兽均生活于山林中。苏轼过宜宾（今四川宜宾），言此处“路有豺虎迹”⑥。依据文榕生的研究，老虎分布广泛。程民生则指出，北宋除了京城开封府外，其他诸路都有老虎分布。⑦

---

① 分别见于《苏轼诗集》卷43《余来儋耳，得吠狗，日乌觜，甚猛而驯，随予迁合浦，过澄迈，泅而济，路人皆惊，戏为此作诗》，第2364页。《苏轼诗集》卷39《连雨江涨二首·其一》，第2120页。《苏轼文集》卷73《记徐州杀狗》，第2375页。

② 《苏轼诗集》卷20《少年时，尝过一材院。见壁上有诗，云：“夜凉疑有雨，院静似无僧。”不知何人诗也。宿黄州禅智寺，寺僧皆不在，夜半雨作，偶记此诗，故作一绝》，第1031页。

③ 苏轼游杭州洞霄宫，写道“洞中飞鼠白鸦翻”。这里的“飞鼠”与“白鸦”或许都是指蝙蝠，其中“白鸦”所指更可能是白化的蝙蝠。无独有偶，苏轼在湖州卞山龙洞祈晴时，也有留下“飞鼠翻白鸦”之句。这应当与上句属同一用法，即“飞鼠”与“白鸦”或许依旧指的是蝙蝠。分别见于《苏轼诗集》卷10《洞霄宫》，第503—504页，《苏轼诗集》卷19《和孙同年卞山龙洞祷晴》，第965页。

④ 《苏轼诗集》卷35《上巳日，与二子迨、过游涂山、荆山，记所见》，第1867页。

⑤ 《苏轼诗集》卷41《闻子由瘦》，第2258页。

⑥ 《苏轼诗集》卷1《过宜宾见夷中乱山》，第9页。

⑦ 文焕然等：《中国历史时期植物与动物变迁研究·历史时期虎在中国分布变迁研究新进展》，第331、340页。程民生：《宋代老虎的地理分布》，《社会科学战线》2010年第3期，第64页。张全明：《两宋生态环境变迁史》，中华书局2015年版，第394—396页。

蜀地的狨，即金丝猴。在开封，苏轼曾经收到杨礼先、李廌赠送的狨皮。① 何业恒研究表明，古代金丝猴分布地域由北至南，跨渭河、长江、珠江、澜沧江等流域，分布范围更广于现代。直到18世纪以后，受人类活动的影响，金丝猴的分布领域开始急遽缩小，体现出“人进兽退”的特点。② 北宋时金丝猴应有较为广泛的分布。人们猎杀金丝猴取皮，用以制作各色物品，其中最出名的就是“狨座”。这种制品仅“文臣两制、武臣节度使以上许用”；用作此物的狨可能是川金丝猴，因为该狨“生川中，其脊毛最长，色如黄金”。③ 据程民生研究，受质量、大小等因素的影响，绒皮的价格也有所变动，但在南宋前期价格有所下降。④

兔、狐乃苏轼在司竹监苇园狩猎时所见。治平元年（1064），苏轼留下“黄狐老兔最狡捷……风回焰卷毛尾热，欲出已被苍鹰遮”之语。⑤ 麚即公鹿。此处鹿之种类不明，但根据何业恒的研究，晚至清代乾隆年间，西安周边依然出产麋鹿，而直到20世纪50年代，当地还有野生的梅花鹿。历史上包括黄州在内的湖北地区一直盛产麋鹿，黄冈县（今黄冈市）在明朝弘治时期仍有关于麋的记录。梅花鹿在诸历史时期也都广泛见于湖北境内，一直到20世纪，当地都有野生梅花鹿。⑥ 鹿、獐乃黄州当地盛产之

① 《苏轼文集》卷59《答杨礼先三首·其一》，第1801页；卷53《答李方叔十七首·其七》，第1578页。

② 何业恒：《中国珍稀兽类的历史变迁·金丝猴》，湖南科学技术出版社1993年版，第62—83页。相关研究还可参阅文焕然等《中国历史时期植物与动物变迁研究·历史时期中国金丝猴的分布变迁》，第313—319页。

③ ［宋］朱彧：《萍洲可谈》卷1，中华书局2007年版，第116页。

④ 程民生：《宋代物价研究》，第321—322页。

⑤ 《苏轼诗集》卷5《司竹监烧苇园，因召都巡检柴贻勖左藏，以其徒会猎园下》，第217页。

⑥ 何业恒：《中国珍稀兽类的历史变迁·麋鹿》《中国珍稀兽类的历史变迁·梅花鹿》，第183、188、205、210页。王利华：《中古华北的鹿类动物与生态变迁》，《中国社会科学》2002年第3期。文榕生对中国各历史时期麝与獐的分布进行了考察，具体参阅文焕然等《中国历史时期植物与动物变迁研究·历史时期中国野生麝的分布变迁》《中国历史时期植物与动物变迁研究·历史时期中国野生獐的分布变迁》，第294—308页。

物，苏轼言黄州一带“猪、牛、獐、鹿如土”①。苏轼在途经郿县（今眉县）南山盘龙寺时，有“月黑惊麏窜修竹”② 之语。麏为獐子，也是鹿科动物。獐分布较为广泛，古时宝鸡、凤翔、岐山等地均有此兽，但如今在陕西，野生獐已踪迹难寻。③

鼯鼠又名飞鼠，熙宁七年（1074）除夕夜，苏轼有句“饥鼯嗅空案”④，应是在密州所见。竹鼱，即今人所知之竹鼠，可以食用。苏轼所得乃“野人献竹鼱，腰腹大如盎”⑤。盩厔县（今周至县）设有司竹监，专门打理凤翔的官竹，凤翔之多竹由此可见一斑。⑥ 何业恒曾通过研究竹鼠的分布区域，来探讨古代竹林的分布。⑦

牛尾狸，又名玉面狸，即果子狸，滋味鲜美，食用历史相当悠久。⑧ 牛尾狸被宋人视为馈赠佳品。苏轼在黄州将之赠送给当时知黄州的徐大受。⑨ 苏辙记录筠州风物，也曾记载牛尾狸。⑩ 这一地区文人圈，馈遗牛尾狸的行为相当普遍。⑪

要之，苏轼视域的动物种类相当丰富，钩沉索隐之间，它们近乎纯属“沉默的大多数”，很难“自言自语”“自暴遗痕”，并呈现“历史上的动物

① 《苏轼文集》卷 52《答秦太虚七首・其五》，第 1536 页。

② 《苏轼诗集》卷 4《二十七日，自阳平至斜谷，宿于南山中蟠龙寺》，第 176 页。

③ 文焕然等：《中国历史时期植物与动物变迁研究・历史时期中国野生獐的分布变迁》，第 307 页。

④ 《苏轼诗集》卷 12《除夜病中赠段屯田》，第 607 页。

⑤ 《苏轼诗集》卷 5《竹鼱》，第 212 页。

⑥ 文焕然遗稿，文榕生整理：《二千多年来华北西部经济栽培竹林之北界》，载《中国历史时期中植物与动物变迁研究》，第 122—135 页。张全明：《两宋生态环境变迁史》上册，第 138—141 页。

⑦ 何业恒：《中国竹鼠分布的变迁》，《湘潭大学学报》1980 年第 3 期。

⑧ 曾雄生：《中国农业通史・宋辽夏金元卷》，第 828—831 页。

⑨ 《苏轼诗集》卷 20《送牛尾狸与徐使君》，第 1091 页。

⑩ ［宋］苏辙：《栾城集》卷 10《筠州二咏・牛尾狸》，上海古籍出版社 2009 年版，第 1127 页。

⑪ 曾雄生：《中国农业通史・宋辽夏金元卷》，第 829 页。

转向”和“动物的自然史”。

三、苏轼视域动物书写的虚与实

本文使用苏轼诗文作为基础史料，自然受文学作品特性之影响，其中有历史真相之写实之笔，也难免作者的虚化、用典、假借和意象，更难免偏颇的见与不见。① 虽然前者是本文重点关注的对象，但后者同样不能忽视，对意象书写的探究或有助于揭示宋代社会生活中文化元素的嬗变。② 两者相合，方是苏轼视域下完整的动物世界。当然，就记载北宋动物的文本类别而言，尚可有地方志、正史、笔记小说、文人文集等不同的来源，或可因形态各异而相互印证。譬如，苏轼笔下的黄鸡即具有一种特殊的意象。苏轼引用这一典故，异于前人，反“时光易逝，而人易老”之意用之。③ 再者，苏轼笔下之马千姿百态，亦有丰富的文学内涵。苏轼一生中为数量众多的画马题跋，而今存世者相当罕见。④ 他笔下之马神态各异：

---

① 陈寅恪先生的以诗证史、以史说诗，影响深远，但其方法论之陷阱依然存在。宋人及其此后的笔记小说如何恰当地运用于宋史研究，仍有更多探讨的空间，参阅漆侠《〈三言二拍〉与宋史研究》，《漆侠全集》第十卷，河北大学出版社 2008 年版，第 159—161 页，第 180 页。胡晓明：《尚意的诗学与宋代人文精神》，《文学遗产》1991 年第 2 期。等等。

② 〔英〕胡司德《古代中国的动物与灵异》（蓝旭译，江苏人民出版社 2016 年版）探讨文化史视野的中国古代动物，涉及动物与职官和管理、化及鸟兽等，其中有关音乐的起源与动物，动物、音乐与道德教化，德化动物，有德的复合动物，礼仪性的动物，动物与神灵等议题，含有更多譬喻和意象的成分。历史中的动物及其在古圣贤、社会政治权力等概念中所扮演的角色，颇具文化意象。

③ 南文化等：《原意与意义：苏轼的黄鸡意象研究》，《长春工程学院学报》2019 年第 1 期。就笔者来看，苏轼笔下的黄鸡出现频率相当高，虚实兼有，其含义不能等同而语。例如“十日一遇黄鸡粥”应为写实。

④ 苏轼所题有关画赞包括《九马图赞》《李潭六马图赞》《三马图赞，并叙》等，诗作则有《书韩幹〈牧马图〉》《韩幹马十四匹》《次韵子由书李伯时所藏韩幹马》《次韵黄鲁直画马试院中作》《和王晋卿题李伯时画马》《戏书李伯时画御马好头赤》《和叔盎画马》《书韩幹二马》《韦偃牧马图》等。

普通平凡、负重行路者有之，多写日常行路生活；矫健俊美、迅疾快速者亦有之，多用以喻人；更有瘦弱憔悴之病马羸骖，这一特殊的病兽意象，常常体现了苏轼对现实生命的思考。①

在苏轼笔墨之间，牛也拥有丰富的文学内涵。“卖剑买牛”“羊牛下来”“带牛佩犊”“牛马风”等与牛有关的典故，俱被他频繁使用。此外，他也多以“老牛”“羸牛”“磨牛”自喻，常写人生穷苦、境遇困厄。

在苏轼笔下，另一种广泛出现的鸟类——鸥鸟，是常见的水鸟，主要栖息在湖泊、河流附近。这种鸟在《列子》中已有出现，相关记载衍生出“鸥鸟忘机”之典。在苏轼笔下，鸥鸟屡屡出现，涉及多个地点，其间写实与意象或兼而有之：苏轼与时在京东路的李邦直唱和，言其“日向城南看浴鸥”“坐看鸥鸟没”；苏轼吟咏的“水天鸥鹭静”“江鸥渐驯集”。② 景中有人，人中有景，虚实难辨。

在苏轼笔下，诸种鸟类的出现频率都明显逊色于鹤与雁。这两种鸟均是候鸟，有迁徙的习性。其中，雁的迁徙性更为人熟知。故而在各类文学作品中，常有北雁南翔之语。对于屡遭贬谪的苏轼而言，“归雁”无疑是特殊的意象，尤其在被谪海南后，他更将怀人、思乡之情寄托于北归的鸿雁之上。经过历代诗人的反复摹写，归雁、飞鸿、北雁、南飞雁等，都是常见的固定意象，虚中有实，虚实结合，往往难以辨别。出于严谨性、追求历史真相的考虑，本文将列举苏轼笔下一些现实指向性较为清晰的雁：苏轼游凤翔凌虚台，见“台前飞雁过”；游徐州云龙观，观“惊飞堕伤雁”；过河南新息，留诗“竹陂雁起天为黑”；写惠州江畔，则言“水暖鸿

---

① 高云鹏：《苏轼诗中的“病兽”意象研究》，《乐山师范学院学报》2005 年第 7 期，第 22 页。

② 以上分别见于《苏轼诗集》卷 15《次韵答邦直、子由五首・其五》，第 742 页；卷 20《游武昌寒溪西山寺》，第 1049 页；卷 34《小饮西湖，怀欧阳叔弼兄弟，赠赵景贶、陈履常》，第 1827 页；卷 39《和陶归园田居六首・其二》，第 2105 页。

北翥”。[1] 诸如此类，我们都在虚实相间的理念中，将之呈现出来。

鹤、雁有时并提，两者同样是具备深厚文学意蕴的动物。因其优雅的体态、高洁的寓意，鹤得到了文人墨客的青眼。在汉代，便出现了“鸣鹤之士”一词，指的是有才德而未出仕的贤者。自唐宋以降，士人常常豢养、调教鹤用以观赏。在养鹤风气的推动下，《相鹤经》一类的书籍广泛传播。[2] 苏轼于定州所作的《鹤叹》，便描绘了在园中饲养的鹤。及至宋徽宗朝，鹤的地位陡然上升，它的出现常常被视为祥瑞而加以庆祝。这一现象应与宋徽宗对道教的推崇有关。至此，基于其观赏价值、文化意义，鹤衍生出了别样兴味。与特殊的政治背景下，鹤的价格不断攀升。在北宋末期，因花石纲所需，官员们不得不采购鹤，甚至因此秀州华亭地区的白鹤每只贵至千贯。[3] 古人对于鹤的分类是比较模糊的。经过对方志等记载的研究，文榕生认为，被古人称为鹤或白鹤的，应该多指丹顶鹤。[4] 但具体到苏轼笔下，由于出现的鹤大多不具备鲜明的指向性，故而很难判断他所言之鹤究竟属于哪一种类。更何况苏轼写鹤以典故性、比喻义的虚指为多。在他笔下，鹤常用以描写人体态清癯消瘦，即为“鹤骨”。此外，“北山猿鹤”“鹤归华表”“华亭鹤唳”等，俱是苏轼笔下与鹤有关的常见典故。

高罗佩对中国诗文中“猿啼”等猿意象做了细致考证，并在《长臂猿考》中详细梳理了中国古代“猿”意象的嬗变。他认为，在公元 14 世纪之前，因为长臂猿的栖息地相当广泛，人们对它也不陌生，故而此时诗文中的“猿”就为长臂猿；此后因气候变化、森林破坏等缘故，长臂猿的分布界限不断南移，数量也变得越来越稀少，“猿”字开始出现混用，即逐渐

---

① 以上分别出自《苏轼诗集》卷 5《凌虚台》，第 214 页；卷 17《云龙山观烧得云字》，第 895 页；卷 20《过新息留示乡人任师中》，第 1021 页；卷 39《次韵正辅表兄江行见桃花》，第 2109 页。

② 余欣：《敦煌的博物世界》，甘肃教育出版社 2013 年版，第 315—322 页。

③ 程民生：《宋代物价研究》，第 325—326 页。

④ 文焕然等：《中国历史时期植物与动物变迁研究 · 中国历史动物地理学的研究》，第 368 页。

用来指代狒狒、猕猴等其他灵长类动物。[①] 高耀亭等人的研究也佐证了这一点。[②] 依此而言，“巫山猿啼”的典故由来已久，苏轼曾途经三峡一带。在犍为（今四川犍为）时，他曾吟“山猿悲啸谷泉响”[③]，所写所闻正是猿啼，自然体现了写实与意象融汇其间的方法。

此外，在惠州时，苏轼还提到一种较为特殊的动物，即犀。犀乃犀牛，其角可以用来制作各类饰品，尤其以腰带装饰为出名。他所提之犀，乃是为营造惠州两新桥而捐出的犀带，所谓“叹我捐腰犀”[④]。元符二年（1099），苏轼在儋州尝作诗言“鹤鬓惊全白，犀围尚半红”[⑤]。苏轼这些有关鹤、犀的描述，无疑都蕴含虚化之意象。

要之，虽前文罗列、举证了苏轼笔墨间存在的不同动物种类，但是，其间亦多属虚实相应，一一分辨，清晰呈现，洵为不易。进而言之，当下诸多动物史研究作品的比勘文献，再三举证，恐亦须持此一理念，反复审视分辨之。而若就此探究“动物的自然史”，似颇陷方法论之困窘。以文献考订为方法、以名物考订为目标的动物文献学研究，能否名之曰“动物史转向”视域的学术研究，尚需学者再行拓展和创新。

四、历史上的动物转向、动物的自然史与动物史学

无论是写实还是意象，由苏轼视域前揭诸种动物的呈现，不免更多思考这类资料究竟如何赋予其研究价值，方才更具学术意义。“动物转向”是近40年欧美学界兴起的一股学术浪潮，学者或认为，这是受到后现代主义理论的影响，受到了动物权利保护主义者的直接倡议，所以赋予动物以

---

① 〔荷〕高罗佩著，施晔译：《长臂猿考》，中西书局2015年版，第42页。

② 文焕然等：《中国历史时期植物与动物变迁研究·历史时期中国长臂猿分布的变迁》，第280页。蓝勇：《历史时期西南经济开发与生态变迁·西南灵长目动物分布变迁》，云南教育出版社1992年版，第100—112页。

③ 《苏轼诗集》卷1《犍为王氏书楼》，第7页。

④ 《苏轼诗集》卷40《两桥诗，并引·其一·东新桥》，第2200页。

⑤ 《苏轼诗集》卷42《用过韵，冬至与诸生饮酒》，第2325页。

主观能动性，或称之为新动物史、批判动物研究，是“去人类中心主义”话语下的新的探索理路。在此之前，在欧洲肇兴的近代自然史时代，对动物史重视文献考订与田野调查相结合，着重于对动物的分类、分布进行详尽的观察和描述，对于野生动物尤其关注，或可谓之“动物的自然史”。在中国博物学传统中，有关动物的研究应该被视为前现代史学（premodern historiography）中的动物历史研究，即以文献考订为方法、以名物考订为目标的动物文献学研究（textual studies of animals in history）。①

近年以来，学界有关动物史的议题，成果丰硕。譬如，伊懋可著《大象的退却：一部中国环境史》（江苏人民出版社 2014 年版），切特·凡·杜泽著《海怪：中世纪与文艺复兴时期地图中的海洋异兽》（北京联合出版公司 2018 年版），杨斌著《海贝与贝币：鲜为人知的全球史》（社会科学文献出版社 2021 年版），邹振环著《再见异兽：明清动物文化与中外交流》（上海古籍出版社 2021 年版），Jennifer Bonnell 和 Sean Kheraj 合编的《雪泥鸿爪：动物史中的方法论挑战》（*Traces of the Animal Past—Methodological Challenges in Animal History*，Alberta of Canada：University of Calgary Press，2022），尤其是马立博撰《虎·米·丝·泥：帝制晚期华南的环境与经济》（江苏人民出版社 2010 年版），等等，成果繁富。但是，对前揭开创性成果的初步了解，给人印象却存在学者们多忽略动物历史书写隐含的种种陷阱。如此，揆诸中国宋朝历史之实况，以及天水一朝存世文献既有面貌，结合苏轼视域的动物书写，我们以为，持“以今准古”的观

---

① 〔美〕丹·范德萨默斯倡导“The ‘Animals Turn’ in History”（“历史上的动物转向”），*Perspectives on History*（《历史诸面相》）2016 年 11 月号网络版。参阅陈怀宇《历史学的“动物转向”与“后人类史学”》，《史学集刊》2019 年第 1 期；陈怀宇《动物史的起源与目标》，《史学月刊》2019 年第 3 期。吴国盛有关中国博物学传统的洞见，请参阅其《自然史还是博物学》，《读书》2016 年第 1 期；吴国盛《博物学：中国的传统科学》，《学术月刊》2016 年第 4 期。另请参阅陈怀宇《动物与中古政治宗教秩序》，上海古籍出版社 2012 年版；其 2020 年增订本《导论：动物、宗教与秩序》分别从引言，理论框架与方法论的检讨，主题的阐释：动物、政治与宗教，材料的解释：叙事、隐喻与象征等四个方面展开，以及有关中国佛教的生物分类标准，均可参阅，第 1—48 页。熊钿：《“动物转向”与中国古代动物史研究》，《中国博物学评论》第 6 期，商务印书馆 2022 年版，第 1—13 页。

念回溯，难免扞格隔阂；以宋人的视域为“再现”北宋时期动物历史之现场，或可更能揭示传统中国之真相。

取法于“动物史学”而警惕其方法论之得失，并非执着于建构“动物的自然史”，持前现代史学中以文献考订为方法、以名物考订为目标的动物文献学研究法，对苏轼视域内的各类动物进行汇总、分类与阐释，与同时代其他儒士的记载相比、与前代后世的相关记载相比，或能寻找出动物品类和社会环境变迁某些痕迹。将之与北宋时期社会经济进程相关联，以重现中国 11 世纪前后的生物世界及生态环境，持长时段、整体史之视野，取法于同时段中西（宋朝中国与欧洲）南北（契丹、女真、蒙古等游牧区域）之比较，考察大宋之变在官宦儒士笔墨之间的表现、气候和生态环境变迁视域下北方游牧民族南下的真正原因等，尤其是借鉴欧美博物学研究传统，在全球史视域下重审这一议题，展现与后世相联系的变动不居的璀璨动物历史景观，是我们未来积极探索的方向。

麦积山石窟与宋代秦州*

杨小敏
（天水师范学院　历史文化学院）

天水麦积山石窟是古丝绸之路东端的一颗明珠，为我国佛教艺术的重要宝库。麦积山石窟的发展从历史及其艺术变化来看，主要出现过六个高潮。①宋代是大规模重修期，也是麦积山石窟发展的最后一个高潮。宋代麦积山石窟及高超的艺术成就无疑大大提高了秦州的知名度和影响力。

一、宋代麦积山石窟发展的条件

李西民认为秦州灿烂的历史文化，政治军事上的要冲地位，麦积山本身幽深奇特的自然环境，丝绸之路和蜀道的交汇点，构成了麦积山佛教艺术在此地兴起和发展的四大要素。② 董广强认为在宋代由于皇室和政府的支持，佛教世俗化的进一步加深，秦州地区繁荣发达的经济贸易，秦州处于丝绸之路节点重要的地理位置，秦州农业生产力的提高和稳定的外部环

* 基金项目：本文系国家社会科学基金“宋夏对峙下的北宋秦州地位研究”（项目批准号：23BZS042）阶段性成果。

① 李西民：《试论麦积山石窟艺术史上的六个高潮》，郑炳林、魏文斌主编：《天水麦积山石窟研究文集》（上册），甘肃文化出版社 2008 年版，第 280 页。

② 李西民：《试论麦积山石窟艺术史上的六个高潮》，《天水麦积山石窟研究文集》（上册），第 280 页。

境，秦州高僧的个人作用等，共同促进了麦积山石窟的蓬勃发展。[①] 屈涛认为，宋代秦州繁荣的地方经济，为麦积山石窟的营造活动提供了必要的经济条件。[②] 本文将主要从秦州地区吐蕃民族的佛教信仰，秦州地区商贾云集对麦积山石窟带来的经济支持，能工巧匠在麦积山石窟创造的艺术成就，各阶层人士对佛教的热情等方面来论证麦积山石窟在宋代的再度兴盛。

（一）秦州地区吐蕃等族的佛教信仰和宋政府利用佛教维护地区稳定

秦州地区吐蕃聚居。刘建丽对秦州吐蕃的具体情况和北宋政府修筑堡寨招纳安抚吐蕃、利用佛教经略吐蕃有过论述。[③] 陈守忠专门考述了秦州地区吐蕃部族的居地。[④] 唐末吐蕃国势衰弱，族种分散，秦州乃吐蕃人散居地之一。[⑤] 韩琦知秦州时曾说："秦州古渭之西，吐蕃部族散居山野，不相君长，耕牧自足，未尝为边鄙之患。"[⑥] 吐蕃人"尊释氏"[⑦]，信仰佛教由来已久。宋岷州《广仁禅院碑》记载了吐蕃人的"佞佛"风俗。"西羌之俗，自知佛教，每计其部人多寡，推择其可奉佛者使为之。"[⑧] "羌

① 董广强：《宋代麦积山石窟发展的社会背景》，《敦煌学辑刊》2001 年第 2 期。

② 屈涛：《麦积山石窟 10 世纪—13 世纪的营造》，郑炳林、魏文斌主编：《天水麦积山石窟研究文集》（上册），甘肃文化出版社 2008 年版，第 513 页。

③ 参见刘建丽《北宋的秦州蕃部与堡寨》，《西北史地》1995 年第 1 期；《宋夏战争中的秦州吐蕃》，《宁夏社会科学》1996 年第 4 期。刘建丽《宋代西北吐蕃研究》"第八章 西北吐蕃的文化"专门论述了吐蕃尊佛重佛和宋朝政府以佛事羁縻吐蕃的问题。甘肃文化出版社 1998 年版，第 362—372 页。

④ 参见陈守忠《北宋时期秦陇地区吐蕃各部族及其各居地考》（上），《西北师大学报》1996 年第 2 期；《北宋时期秦陇地区吐蕃各部族及其各居地考》（下），《西北师大学报》1996 年第 3 期。

⑤ ［元］脱脱：《宋史》卷 492《吐蕃传》载，"自仪、渭、泾、原、环、庆及镇戎、秦州暨与灵、夏皆有之，各有首领，内属者谓之熟户，余谓之生户"。中华书局 1977 年版，第 14151 页。

⑥ ［宋］李焘：《续资治通鉴长编》卷 262，熙宁八年四月丙寅条，中华书局 2004 年版，第 6387 页。（以下简称《长编》）

⑦ 《宋史》卷 492《吐蕃传》，第 14163 页。

⑧ 张维：《陇右金石录》卷 3，甘肃省文献征集委员会 1943 年版，第 16038 页。

人……最重佛法。居者皆板屋，惟以瓦屋处佛，人好诵经，不甚争斗。”[①]吐蕃人大肆兴修佛寺，安放佛像礼佛。李远《青唐录》记载青唐城外的西郊大寺院，“广五六里，缭以冈垣，屋至千余楹。为大像以黄金涂其身，又为浮图三十级以护之”[②]。吐蕃人爱惜浮图。“（凉州）郊外数十里，尚有汉民陷没者耕作，余皆吐蕃。其州帅稍失民情，则众皆啸聚。城内有七级木浮图，其帅急登之，绐其众曰：‘尔若迫我，我即自焚于此矣。众惜浮图，乃盟而舍之。’”[③] 吐蕃人重信喇嘛，僧侣地位崇高。往往参与政治活动，立文法，建立政权。[④] 鉴于吐蕃对佛教的推崇，宋朝政府利用佛事羁縻吐蕃，维护地区稳定。宋朝统治者对佛教的作用、佛教在民众心目中的地位有明确认识。乾德三年（965）十二月，“沧州僧道圆诣西域还，表献贝叶梵经四十二夹。道圆晋天福中往……太祖召问所历山川道里，赐紫衣、器（弊）〔幣〕，馆于京寺”[⑤]。四年（966）三月，“僧行勤等一百五十七人请游西域取经，各赐钱三万遣之”[⑥]。乾德五年（967）七月丁酉，宋太祖诏曰：“顾惟像教，民所瞻仰。”[⑦] 开宝五年（972）正月，又有“塔庙之设，像教所宗”[⑧] 之诏。开宝七年（974），“知鄜州王龟从表上中天竺摩伽陀国僧法天、河中府梵学僧法进所译《圣无量寿》《尊胜》二经、《七佛赞》，诏法天等赴阙，召见慰劳，赐紫衣”[⑨]。宋太宗更是推崇佛教，尊崇

---

① 孔平仲撰，池洁整理：《谈苑》卷1，朱易安、傅璇琮等主编：《全宋笔记》第二编（五），大象出版社2006年版，第301页。

② ［宋］李远撰，马志辑注：《青唐录》，载青海省民委少数民族古籍整理规划办公室编《青海地方旧志五种》，青海人民出版社1989年版，第10页。

③ 《宋史》卷492《吐蕃传》，第14152页。

④ 参见刘建丽《宋代西北吐蕃研究》，第365、366页。

⑤ ［清］徐松辑，刘琳等校点：《宋会要辑稿》道释2之5，上海古籍出版社2014年版，第9997页。

⑥ 《宋会要辑稿》道释2之5，第9997页。

⑦ 佚名：《宋大诏令集》卷223《道释上·存留铜像诏》，中华书局排印本1962年版，第860页。

⑧ 《宋大诏令集》卷223《道释上·禁以铁铸佛像诏》，第860页。

⑨ 《宋会要辑稿》道释2之5，第9998页。

佛僧，主张翻译佛经。太平兴国三年（978）三月，“开宝寺僧继从等自西天回，献所得梵夹经等，诏赐继从等紫衣。自是每献者多诏赐方袍焉”。五年（980），“北天竺迦湿弥罗国僧天息灾、乌填曩国僧施护至京，诏赐紫衣，又令天息灾等与法天阅旧献梵夹。太宗崇尚释教，又以梵僧晓二方言，遂有意于翻译焉”①。良好的政治环境，为佛教在宋代的重新繁荣提供了基本的政治保障。②

对于吐蕃，宋朝统治者通过广建寺院，重用僧侣，赐紫衣、师号等③具体措施怀柔之。如景德元年（1004）正月，潘罗支遣使厮陁完、押衙郑延美以六谷蕃马三千匹来贡，且献捷。“潘罗支又言洪元寺坏，乞给工匠及赐金碧绢彩修缮之。诏以尚方工匠难以远去，余从其请。”④ 景德二年（1005）三月二十五日，以潘罗支子潘失吉为归德将军，仍赐银、綵。者龙七族悉补其首领，月给千钱。“时厮铎督又贡马，求易金綵修洪元佛寺，诏如所求赐之，还其马直。”⑤ 天圣三年（1025）十月，陕西转运司言，秦州蕃官军主策拉等请于来远寨置佛寺，以馆往来市马人，从之。⑥ 天禧三年（1019）正月，“赐秦州永宁寨蕃僧策凌班珠尔、伊朗颇斡二人紫衣，以部署曹玮言其屡经指使故也”⑦。天禧四年（1020）十二月，“赐故秦州蕃僧努卜诺尔弟子莽布玛喇干紫衣，以本州钤辖言其干事故也”⑧。熙宁六年（1073），王韶始复洮岷，朝廷为了稳定新地，利用吐蕃人“盖有佛氏之道大焉”的心理习俗，“乃敕数州皆建佛寺”⑨。吐蕃人对此热情很高。如岷州广仁禅院的修建情形：“于是守臣为之力，哲僧为之干，酋豪为之

① 《宋会要辑稿》道释 2 之 5，第 9998 页。

② 杨维中：《中国佛教史的历史分期及其历史线索》，《五台山研究》2023 年第 2 期。

③ 参刘建丽《宋代西北吐蕃研究》，第 368—372 页。

④ 《宋会要辑稿》方域 21 之 19，第 9707 页。

⑤ 《宋会要辑稿》方域 21 之 21，第 9708 页。

⑥ 《长编》卷 103，仁宗天圣三年十月庚申条，第 2390 页。

⑦ 《长编》卷 93，天禧三年正月丁卯条，第 2135 页。

⑧ 《长编》卷 96，天禧四年十二月己丑条，第 2229 页。

⑨ 张维：《陇右金石录》卷 3，第 16038 页。

助，虽经历累岁而数百区之盛若一旦而就。初，前守种侯度爽垲之地于川之西南，背山面川，规可以容数百区之广，以为不如是之宏大则不足称佛宇之尊……长道有僧曰海渊……州乃迎海渊以主其事……始至则程其力之所及，必使力胜其事……郡之豪酋曰赵醇忠、包顺、包诚皆施财造像，荆榛薙而宫殿巍然，门扉辟而金人焕然。次则范钟以鼓其时，藏经以尊其道。徒有长居，客有攸舍……最其凡四百六十区，其众瞻之于高山大川深林巨郭之际，来者趋过者下咸曰：壮哉!”① 在统治者看来，佛教寺院和塔庙对吐蕃人起着“知佛而不知戒，则塔庙尊严以示之”② 的教化和震慑作用。崇宁四年（1105）八月二十八日，宋徽宗诏曰：“陕西新造之郡，犹用蕃字，可置蕃学，选通蕃语、识文字人为之教授。训以经典，译以文字，或因其所尚，令诵佛书，渐变其俗。”③

不仅吐蕃，秦州也曾是回鹘人的居住地。洪皓《松漠纪闻》载：回鹘，自唐末浸微。本朝盛时，有入居秦川为熟户者，女真破陕，悉徙之燕山。甘、凉、瓜、沙旧皆有族帐，后悉羁縻于西夏。唯居四郡外地者，颇自为国，有君长。……回纥奉释氏最甚，共为一堂，塑佛像其中，每斋，必刲羊。或酒酣，以指染血涂佛口，或捧其足而鸣之，谓为亲敬。诵经则衣袈裟，作西竺语。燕人或俾之祈祷，多验。妇人类男子，白皙，著青衣……其居秦州时，女未嫁者，先与汉人通，有数子，年近三十，始能配其种类。④ 可见秦州回鹘人也很多，信仰佛教。仁宗天圣三年（1025）三月，秦州回纥紫衣僧法会以乾元节贡马十匹。因诏秦州自今如有似此僧进奉者，不须发遣诣阙。⑤ 河西回鹘重视佛教⑥，宋朝统治者也给予怀柔之策。景德四年（1007）十月，甘州夜落纥遣尼法仙等二人来朝，献马十

① 张维：《陇右金石录》卷 3，第 16038 页。

② 张维：《陇右金石录》卷 3，第 16038 页。

③ 《宋会要辑稿》崇儒 2 之 11，第 2767 页。

④ 《宋会要辑稿》蕃夷 4 之 10，第 9772—9773 页。

⑤ 《宋会要辑稿》蕃夷 4 之 8 至 9，第 9772 页。

⑥ 杜斗城、杨富学：《河西回鹘之佛教》，《世界宗教研究》1997 年第 3 期。

匹，且乞游代州五台山。从之。① 是年，夜落纥遣僧翟大秦来献马十五匹，欲于京城建佛寺，祝延圣寿，求赐名额。不许。② 大中祥符二年（1009）二月，“时夜落纥本道二尼向慕声教，思欲瞻礼，今随供奉使赴阙，望赐紫衣，亦从其请”③。十一月，礼宾院言：“回纥僧花藏贡奉赴阙，乞赴五台山（赡）〔瞻〕礼。”真宗曰：“戎羯之人崇尚释教，亦中国之利也。”④ 大中祥符三年（1010）十二月五日，“时宝物公主没孤氏……又发愿修寺，并无金粉，并求赐妆粉钱，房卧金银盘之类。诏并从其请”⑤。明道元年（1032）七月，王博文言：“河西回鹘多缘互市家秦、陇间。”⑥ 自然，这些人也是佛教信仰的重要人群。熙宁元年（1068）七月二十九日，回鹘国可汗遣使来贡方物，且言乞买金字《大般若经》。诏特赐墨字《大般若经》一部。⑦ 此外，公元三世纪至八世纪，于阗、龟兹等国佛教也很兴盛。⑧ 虽然之后衰落下去，但这些地区和国家必然还会有一些佛教信徒以使节、商人、僧人等身份来到秦州，他们也需要有佛教信仰场所。这就是麦积山石窟发展的背景之一。

（二）秦州地区商业的发达为麦积山石窟发展提供了经济支持和保障

秦州既处丝绸之路东西要道，又南通巴蜀，这一交通优势便利了商旅和僧团、使节来往，又使秦州商业经济呈现繁荣局面。

长期以来，秦州是北宋重要的战马交易中心和茶叶贸易基地。咸平元年（998），秦州置市马务，以布帛、茶叶交换马匹。宋夏战争以后，一段时间唯秦州为北宋市马重地。“自西事后，止置场于秦州。”⑨ 至和二年

① 《宋会要辑稿》蕃夷 4 之 3，第 9768 页。

② 《宋会要辑稿》蕃夷 4 之 3，第 9769 页。

③ 《宋会要辑稿》蕃夷 4 之 4，第 9769 页。

④ 《宋会要辑稿》职官 25 之 7，第 3684 页。

⑤ 《宋会要辑稿》蕃夷 4 之 5，第 9769 页。

⑥ 《长编》卷 111，明道元年七月甲戌条，第 2584 页。

⑦ 《宋会要辑稿》蕃夷 4 之 9，第 9772 页。

⑧ 阎万钧：《于阗与龟兹佛教之兴衰》，《北京图书馆馆刊》1998 年第 3 期。

⑨ 《长编》卷 177，至和元年十二月丙午条，第 4295 页。

(1055)，诏陕西转运使司每年以银十万两市马于秦州。嘉祐元年(1056)，诏三司出绢三万，市马于秦州以给河东军。秦州马匹交易数额巨大，“嘉祐以前，原、渭、德顺凡三岁市马至万七千一百匹，秦州券马岁至万五千匹”[①]。熙宁年间(1068—1077)，在秦州设立了买马务，大量购买或利用茶马贸易获取战马。熙宁七年(1074)九月，以秦州买马务隶提举熙河路买马司，仍以秦州通判兼提举牧养，岁终计纲拨发。[②] 绍圣年间(1094—1098)，秦州依然是茶马贸易的重镇，且带动了当地对粮草刍粟需求的增加，吸引更多人到此进行交易。秦州还设有卖茶场，主要购销川茶。熙宁七年，“始遣三司干当公事李杞入蜀经画买茶，于秦凤、熙河博马”[③]，规定川茶“只得于熙、秦州、通远军及永宁寨茶场中卖入官”[④]。熙宁八年(1075)四月十九日，提举成都府等路茶场司言：“雅州名山县发往秦、熙州等处茶，乞听官场尽买，不许商贩。”[⑤] 川茶销售收入主要用于购买马匹、籴买粮草。熙宁十年(1077)五月，同提举成都府等路茶场公事蒲宗闵，请求每年起发茶四万驮赴秦州、熙河路依市价卖，仍认定税息钱，应副博马籴买粮草。[⑥] 为了便于管理秦州的茶叶销售，元丰二年(1079)八月，徙提举茶场司于秦州。[⑦] 除卖茶场外，秦州还有榷茶司管理茶叶销售。[⑧] 卖茶场、榷茶司的存在，不仅吸引众多客商到秦州购买茶叶，而且自然也促进了秦州的商业经济发展。

秦州是北宋商贸集散地。西夏控制河西后，商旅及使者便改走青唐道。由于阗(今新疆和田)至青唐(今青海西宁)，再至熙州(今甘肃临

---

① 《宋史》卷198《兵志十二》，第4936页。

② 《长编》卷256，熙宁七年九月壬子条，第6255页。

③ 《宋史》卷184《食货志下六·茶下》，第4498页。

④ 《宋会要辑稿》食货30之11至12，第6660页。

⑤ 《宋会要辑稿》食货30之12，第6660页。

⑥ 《长编》卷282，熙宁十年五月庚午条，第6914页。

⑦ 《长编》卷299，元丰二年八月己亥条，第7277页。

⑧ 《宋史》卷374《李迨传》，“自熙、丰以来，始即熙、秦、戎、黎等州置场买马，而川茶通于永兴四路，故成都府、秦州皆有榷茶司”。第11593—11594页。

洮）或河州（今甘肃临夏），然后至秦州进入中原，秦州遂成为东去西来商旅的必经之地和驻足之地，前引“河西回鹘多缘互市家秦、陇间”① 和天圣三年（1025）十月陕西转运司言“秦州蕃官军主策拉等请于来远寨置佛寺，以馆往来市马人”② 即是。由于陇蜀道畅通，蜀商至秦州者颇多。庆历七年（1047）二月，诏取益州交子三十万于秦州，募人入中粮草。“时议者谓蜀商多至秦”③。熙宁年间，王安石变法，在边境地区也设立了市易务。④ 秦州市易务成了西北商人与官方进行交易的正规场所。“盖秦州南通巴蜀，控引诸蕃，自关中诸路商旅之所萃止，又自展置古渭一带堡寨，深在蕃界，蕃部交易为便，故货利凑集。”⑤秦州贡赐贸易频繁。大中祥符九年（1016），“厮啰、立遵等献马五百八十二匹。诏赐器币总万二千计以答之。数使人至秦州求内属”⑥。元丰元年（1078）十二月二十五日，诏：“熙河路经略司指挥熙州，自今于阗国入贡，唯赍国王表及方物听赴阙，毋过五十人，驴马头口准此。余物解发，止令熙州、秦州安泊，差人主管卖买。”⑦ 元祐二年（1087）十月，诏于阗国使以表章至，则间岁听一入贡，余令于熙、秦州贸易。⑧ 这直接扩大了秦州的商贸活动，促进了秦州商品经济的繁荣。宣和三年（1121）十月八日，臣僚言：“回鹘因入贡，往往散行陕西诸路，公然贸易，久留不归者有之。……乞除入贡经由去处，其余州郡严立法禁。”从之。⑨ 此亦可证秦州贡赐贸易和其他类型商贸活动的兴盛。

秦州是中外僧团、使团的遣散地。除商人外，西去求法的中原僧人和

---

① 《长编》卷111，明道元年七月甲戌条，第2584页。

② 《长编》卷103，仁宗天圣三年十月庚申条，第2390页。

③ 《长编》卷160，庆历七年二月己酉条，第3862页。

④ 漆侠：《王安石变法》，河北人民出版社2001年版，第152页。

⑤ ［宋］张方平：《乐全先生文集》卷22《秦州奏唃厮啰事·奏第二状》，《宋集珍本丛刊》第6册，清钞本，线装书局2004年版，第11页。

⑥ 《宋史》卷492《吐蕃》，第14161页。

⑦ 《宋会要辑稿》蕃夷4之16，第9775页。

⑧ 《长编》卷406，元祐二年十月丙申条，第9884页。

⑨ 《宋会要辑稿》蕃夷4之9，第9772页。

东来传法的西域僧人也多路过秦州，如“建隆四年（963），诏秦凉可通，可遣僧往西竺求法，时沙门行勤一百五十七人应诏”，说明此次庞大的僧团是经秦州西行求法的。大中祥符三年（1010）十二月，补秦州牙（枚）〔校〕杨知进为三班借职，“知进累入番接送甘州使故也”①。大中祥符九年（1016），厮啰、立遵等献马五百八十二匹，“数使人至秦州求内属”②。天禧元年（1017）四月，秦州曹玮请自今甘州进奉人回，止于秦州选牙校同共赍送国信物往彼，不烦朝廷遣使伴送。从之。③ 天禧四年（1020）四月二十一日，令甘州回纥进奉自今并于秦州路出入。④ 于阗国使团入贡或者北宋使团出使于阗，秦州都是必经之地。《宋史》卷490《于阗传》记载了天禧初有个叫王贵的人往返于阗经过秦州的故事。⑤ 事虽荒诞，但秦州在中西交流中的中转作用却无疑。苏轼撰《陈公弼传》载：“于阗使者入朝，过秦州，经略使以客礼享之。使者骄甚，留月余，坏传舍什物无数，其徒入市掠饮食，人户昼闭。”⑥此亦可见秦州的中转地位和承担接待遣散中外使团的重要职责。“景祐中，以厮啰为保顺军节度观察留后，岁以奉钱令秦州就赐。”⑦ 大食使者至北宋进贡在改海路之前，也是先至秦州，“先是，其入贡路繇沙州，涉夏国，抵秦州”⑧。

秦州是北宋粮草入中重地。天禧四年正月，屯田员外郎杨峤请于秦州入中商贾刍粮，就川界给见钱。从之。⑨ 天圣四年（1026）三月六日，三司言：“陕府西转运司勘会：‘辖下秦州所入纳粮草，取客稳便指射，赴永

---

① 《宋会要辑稿》蕃夷4之5，第9770页。

② 《宋史》卷492《外国八·吐蕃》，第14161页。

③ 《宋会要辑稿》蕃夷4之8，第9771页。

④ 《宋会要辑稿》蕃夷4之8，第9771页。

⑤ 《宋史》卷490《于阗传》，第14107—14108页。

⑥ ［宋］苏轼撰，孔凡礼点校：《苏轼文集》卷13《陈公弼传》，中华书局1986年版，第418页。

⑦ 《宋史》卷492《吐蕃传》，第14161页。

⑧ 《宋史》卷490《大食传》，第14121页。

⑨ 《宋会要辑稿》食货36之15，第6793页。

兴、凤翔、河中府及西川嘉、邛等州请领钱数。’”[①] 前引庆历七年（1047）二月，“诏取益州交子三十万，于秦州募人入中粮草”[②]。熙宁五年（1072）九月，权三司使薛向言：“延、秦、庆、渭等九州旧皆有折博务，召商人入刍粮钱帛，偿以解盐，岁收缗钱一百六十六万，而秦州当四十万。”[③] 秦州是抗击西夏的前沿，驻军多，也使其成为酒的生产和消费重地。熙宁年间全国酒课收入达三十万贯以上的地区只有三个，秦州与开封府、杭州并驾齐驱。[④] 熙宁年间，秦州的商税在陕西路也是最高的。[⑤] 所有这些无疑使秦州成为麦积山石窟发展的经济支持和保障。另外，如前所述，商人、使节中自然有很多人信仰佛教，他们既对佛教场所有需求，也会愿意出资兴建。

（三）能工巧匠在麦积山石窟创造的高超艺术成就

与此前不同，宋代麦积山石窟的营建活动，主要是重修前期洞窟及塑像，并对前期塑像进行大量的妆彩活动，其重修规模之大前所未有。现存麦积山石窟宋代的碑碣和题记数十处，涉及了太宗至理宗等13代皇帝的年号和修窟龛等重大活动。[⑥] 经宋代重修的洞窟有50余个，将近占麦积山洞窟总数的1/3。其中的13（东崖摩崖大佛）、98（西崖摩崖大佛）、3、4、9、28、30、43、165等洞窟重修规模之大令人惊叹。1982年修复第13号摩崖东崖大佛时，从主佛眉间白毫相中取出宋代定窑出品白瓷碗一个，碗外壁有修复大佛时的墨书榜题两圈，环读：秦州甘谷城塑迦高□同行□□，□绍兴二十七年八月廿五日高振中。[⑦] 这个题记让我们重新看到了埋藏在历史尘埃中的能工巧匠的身影，是他们创造了一个个一批批高水平

---

① 《宋会要辑稿》食货36之18，第6794—6795页。

② 《长编》卷160，庆历七年二月己酉条，第3862页。

③ 《长编》卷238，熙宁五年九月丙午条，第5787页。

④ 李华瑞：《宋代酒的生产和征榷》，河北大学出版社2001年版，第77页。

⑤ 《宋会要辑稿》食货15之18，第6313—6314页。

⑥ 魏文斌：《麦积山石窟的重修——以初期洞窟为主考察》，麦积山石窟艺术研究所编：《石窟艺术研究（第一辑）》，文物出版社2016年版，第114页。

⑦ 张锦秀：《麦积山石窟志》，甘肃人民出版社2002年版，第136页。

的雕塑艺术作品，如 43 窟的力士、165 窟的供养人、133 窟释迦牟尼会见其子罗睺罗等都是宋代雕塑的精品。[①] 宋代麦积山石窟雕塑的艺术成就和作品表现出的世俗性都值得关注。

宋代麦积山石窟塑像中的力士像体现出了高超的艺术水准，在全窟群中最为人所称赞。麦积山石窟的宋代力士，一改前代之风，在表达形象上，不仅能表现出筋肉隆起、赳赳雄武的样子，而且在精神上，能从全身的姿态动作中，体现出侍卫主人，呵斥、驱逐恶魔的精神。李西民写道：43 窟拜廊两端的两身力士，“其结构和解剖关系高度准确，肌肉夸张，健美有力，风带卷动高悬，姿态勇猛，有气吞山河之势，为国内宋代力士杰作”[②]。温廷宽写道：“散花楼和下面第 43 号崖阁各有两个力士，很像宋代的作品，力士两肩飞舞着一条锦帛，腰部围了一条长裙，也飘动着；全身大部赤裸，神态夸张，肌肉暴起，面部表情带着一种威猛的力量，浓重的眉下凸起圆睁的眼，下巴上翘，咬筋强韧，使人感到牙齿都蕴蓄着力量；这种气势，在别处的佛窟庙宇中，是不易见到的。”[③] 刘晓毅等认为，“宋第 4、43 窟力士；……从五官、体魄、服饰等特征看，皆有不同程度体现出西域、北方、秦地少数民族人的特点和着装特征。”[④] 这正好印证了秦州吐蕃、回鹘等民族聚居和秦州作为丝绸之路东西交通线连接点、商业重镇和使团、僧团遣散地的特点。

第 165 窟，宋代重修，在庆元二年（1196）前完成。重修时正壁重塑一坐姿观音，两侧壁原作菩萨改塑为二立观音，形成三壁三观音的组合，正壁两侧加塑两身女供养人。观音均戴观音兜，高发髻，面形丰圆，眉毛弯曲，凤眼上挑，胆鼻小嘴，具有女性特征。袒胸，两手交叠平置腹部。

---

① 董广强：《宋代麦积山石窟发展的社会背景》，《敦煌学辑刊》2001 年第 2 期。

② 李西民：《试论麦积山石窟艺术史上的六个高潮》，《天水麦积山石窟研究文集》（上册），第 287 页。

③ 温廷宽：《麦积山石窟》，麦积山石窟艺术研究所编：《麦积山石窟研究论文集》，甘肃人民出版社 2006 年版，第 36 页。

④ 刘晓毅、项一峰：《麦积山石窟北方少数民族因素之探析》，《敦煌学辑刊》2018 年第 1 期。

衣饰厚重，衣褶凸起，写实性极强。二女供养人身高两米以上，着交领长衣，裙腰高束，袖口宽大。脸型方圆饱满，头戴束发冠，发丝根根可辨，眉毛挑立，凤眼斜挑，鼻若悬胆，唇分四瓣，颈刻三道纹。制作技艺细腻流畅，朴实自然，造像未敷彩，仍不失其动人风采与魅力，是宋代泥塑作品中不可多得的上乘之作。①

值得一提的是宋代麦积山石窟造像的世俗性，表现在佛像的可亲近性和生活性。第 133 窟雄立麦积山洞窟之首，宋代在洞窟前部中央塑造了大型泥塑释迦牟尼会见罗睺罗。释迦牟尼佛通高 3.50 米，罗睺罗通高 1.44 米。这组泥塑造像为麦积山现存宋代重塑作品的经典之作，也最具世俗性和生活化。主佛体量高大，身体前倾，重心稳定。头布螺髻，顶塑肉髻珠，面相圆满，眉弓弯长，双目下视，神态慈悲，袒胸，着通肩袈裟，双手前伸，右手下抚，左手仰举，跣足站于仰莲合座上。罗睺罗双手合十于胸前，头下附，膝微弯，跣足恭立于仰莲合座。面容沉寂，神态恭敬，专注聆听父佛之教诲。释迦佛神情含而不露，威仪中流露出深沉的慈爱。最富艺术感染力的是那双前伸的手，特别是上举的左手，手指颀长，曲线优美，指尖微微上翘，饱满如蕾，从侧面看极像摇曳在微风中绽放的兰朵，"泥巴被赋予了生命活力，成为肌肤富有弹性、体溢温热的活化的可视、可亲、可抚的生命体"②。台湾著名雕塑家李再钤对这组雕塑的艺术性评价道："看释迦牟尼的两只手，它吸引和牵制了多少人的目光，已不是印相，也不是手语，而是一项舞蹈动作的凝固，是一个塑家对人体美的重大发现和卓越技巧的表露。"③ 这组造像人性化、世俗化的因素大为增强，表现出较高的审美价值，因此，历来被视为麦积山宋代重塑作品的代表作。④

---

① 魏文斌：《麦积山石窟的重修——以初期洞窟为主考察》，《石窟艺术研究（第一辑）》，第 118 页。

② 屈涛：《麦积山石窟 10 世纪—13 世纪的营造》，《天水麦积山石窟研究文集》（上册），第 504—505 页。

③ 李再钤：《中国佛教雕塑》上卷，台北历史博物馆 1998 年版，第 104 页。

④ 屈涛：《麦积山石窟 10 世纪—13 世纪的营造》，《天水麦积山石窟研究文集》（上册），第 505 页。

第165窟的宋塑的世俗性，吴作人先生如是评价："到了宋代，杰出作品如165号魏窟里宋重塑的菩萨和供养女人像，更感觉到和我们接近。我们看到从早期的造像发展到这个时期，很清楚地看出从神的、理想的，逐渐发展到人的、现实的。"[①] 宋代麦积山石窟高超的艺术成就不得不令人叹为观止。

（四）各阶层人士对佛教信仰的热情和支持

宋代诸帝认识到佛教对世俗社会统治的积极作用，给予佛教以较为宽松的发展环境，正如绍兴十三年（1143）六月八日，宋高宗对三省官员曰："……朕观昔人有恶释氏者，欲非毁其教，绝灭其徒；有喜释氏者，即崇尚其教，信奉其徒，二者皆不得其中。朕于释氏，但不使其大盛耳。"[②] 国家主持佛经的翻译和印刷，使更多的民众接触和阅读到佛经，促进了佛教信仰向普通民众的普及。政府派出僧人西行求法和高规格接待礼遇西域高僧，发放度牒等政策和措施，都使得僧众和寺院大量增加。[③] 宋代寺院经济极度发达，寺院生活与世俗生活在经济和政治上日益接近。中国佛教严格意义上的世俗化是从宋代开始的。[④] 麦积山石窟寺院规模急剧扩大与这些因素有关。各阶层民众信奉佛教，是麦积山石窟发展的重要保证。

麦积山石窟第59号摩崖是宋仁宗景祐二年（1035）二月二十一日墨书重妆塑像舍钱记，凡1200余字，记述了麦积山当寺主持赐紫沙门惠珍及太原王秀，募捐钱物妆修东西崖塑像的施主姓名及钱物数量等。此记可见大量民众参与了捐款捐物，题记中有如赵大郎、王大郎、高大郎、杨二郎、车大郎、李大郎等，所捐钱多者十八贯，少者二贯，还有塑佛麻皮、钉子等均有具体数量。这些捐款民众涉及秦州附近的陇城县、长道县（今甘肃

---

① 吴作人：《麦积山勘察团工作报告》，麦积山石窟艺术研究所编：《麦积山石窟研究论文集》，甘肃人民出版社2006年版，第21页。

② 《宋会要辑稿》道释1之34，第9991页。

③ 董广强：《宋代麦积山石窟发展的社会背景》，《敦煌学辑刊》2001年第2期。

④ 杨维中：《中国佛教史的历史分期及其历史线索》，《五台山研究》2023年第2期。

西和县境内）、天水县（今天水市）、米谷寨、乾涧口、乾涧谷、崖石等地。[①] 第10号窟有宋淳熙十一年（1184）七月十五日题记。题记是舍钱妆銮记。施舍者官职有承信郎、队将、保义郎、忠翼郎、郡指挥使等。姓名有张□、冯仲、马玉宗、骆进、郭仲、朱显及姓名模糊者数人。施钱有半道有一道者。[②] 第4号崖阁第1龛外上部垂幔之下，墨书：西康马珍、孟逊、杨征、刘仲威、泰绥同故道杜昌等六人，于庆元己未（1199）正月上元佳节，施灯油于圣寺，祈愿永得，瞻上圣者谨记。[③] 第10号窟右壁近门处刻画：西康权珪同四友人魏璋，带佃户毕□到此拜佛。庆元乙卯记。[④] 不难想象，难以计数的佛教信徒和民众会在佛教节日及闲暇之时，克服困难来到麦积山石窟，对着佛像虔诚地顶礼膜拜。

稳定的外部环境，佛教高僧的努力也是麦积山石窟得以发展的重要因素。[⑤]

二、宋代秦州知名度和影响力的提高

宋代，麦积山石窟的发展吸引了众多军政官员、普通民众、供养人和僧人来参观游览和拜佛。目前所见麦积山石窟有宋一代题记30多处，历太祖、太宗、仁宗、英宗、神宗、哲宗、徽宗、孝宗、光宗、宁宗、理宗等11个统治者，共250多年，为历史上各代最多的一处题记。[⑥] 现将宋代的游人题记按照时间顺序列表如下：

---

① 张锦秀：《麦积山石窟志》，甘肃人民出版社2002年版，第136—137页。

② 张锦秀：《麦积山石窟志》，第135页。

③ 张锦秀：《麦积山石窟志》，第143页。

④ 张锦秀：《麦积山石窟志》，第149页。

⑤ 参见董广强《宋代麦积山石窟发展的社会背景》，《敦煌学辑刊》2001年第2期。

⑥ 阎文儒：《麦积山石窟的历史、分期及其题材》，《麦积山石窟研究论文集》，第185—187页；阎文儒《麦积山石刻跋识》一文对李师中等题刻有论述，《天水麦积山石窟研究文集》（下册），第546—559页。

表 1　麦积山石窟宋代游人题记①

时间	题记	所在窟、龛位置	备注
乾德四年（966）	乾德四年□月二十日□□□	第 123 号窟正壁右上角刻画	
开宝四年（971）	凤翔押衙买省木赵仁蕴、雷司马同游圣境。时开宝四年五月十三日记之	第 127 号窟正壁之龛左侧菩萨头光内，刻画	
开宝六年（973）	开宝六年四月六日□□□□记	第 135 号窟右壁右下部刻画	
开宝九年（976）	开宝九年四月七日到此，赵……	第 123 号窟右壁左侧刻画	
太平兴国六年（981）	太平兴国六年□月八日行记	第 135 号窟右壁右下部刻画	
太平兴国七年（982）	太平兴国七年四月□□，五人重□佛□□□□……	第 11 号窟前壁右侧帐柱上部刻画	
太平兴国九年（984）	太平兴国玖年□□□王浩等□□□	第 123 号窟前壁上部刻画	
雍熙三年（986）	雍熙三年□（二）□（月）	第 127 号窟正壁中龛左菩萨头光内，刻画	
雍熙三年（986）	雍熙三年，秦州王觉、禅院僧□□□□□□□□□□兴元府□寺	第 114 号窟左壁龛右侧刻画	
天圣二年（1024）	天圣二年□（建）日□□□	第 131 号窟前壁窟门左侧刻画	
天圣四年（1026）	宋国李琦、许元仲、□高□（成）章以□（天）圣四年闰二月七日同拜	第 15 号窟左壁左侧刻石	

① 此表格参考张锦秀《麦积山石窟志》之“历代游人题记”完成，甘肃人民出版社 2002 年版，第 142—158 页。

续表 1

时间	题记	所在窟、龛位置	备注
天圣七年（1029）	天圣七年正月初三日到此贵寺游	第 54 号龛右壁左侧墨书	
庆历年间（1041—1048）	庆历□年，仙人崖僧如亮□□	第 87 号窟右壁龛龛楣刻画	
至和三年（1056）	至和三年□（二）月七日，天水李桂成、□清甘二人到此留念	第 123 号窟前壁左下方刻画	
至和三年（1056）	至和丙申□□	第 5 号崖阁长廊西侧外、天桥东端崖壁残存刻石	
治平二年（1065）	治平二年四月上山□□	第 114 号窟右壁左菩萨背光右侧刻画	
熙宁元年（1068）	熙宁元年三月十六日，一行马四哥	第 114 号窟左壁龛左侧刻画	
熙宁元年（1068）	熙宁元年三月十七日，壹行四哥乙仇三	第 85 号窟左壁右侧头光内，刻画	
熙宁三年（1070）	留题二首试之 路入青松翠霭间，斜阳道影下溪湾；此中猿鹤啼相顾，谢傅东归自有山。 大抵襟怀要自然，圣贤事业本优闲；东山不负苍生望，更有何人继谢安？ 陈留李师中罢使与傅君亶、陈君琪、庞君元直、吕君大忠游遂宿，弟纯中、男偁伉侍行。熙宁三年六月廿四日□，令吴安规供职事□	第 168 号崖阁李师中题诗刻石	

续表 2

时间	题记	所在窟、龛位置	备 注
熙宁六—七年（1073—1074）	□州随王绍（韶）制下虞候孙赟、随贾文□（桥）巡游到此	第 26 号窟刻画题记	洮河安抚使王韶制下虞候孙赟等，游历麦积山
熙宁八年（1075）	熙宁八年三月二十四日，试校书郎赵瞻，自秦州陇城寨薄权陇城县尉来观麦积山石佛阁，因书	第 5 号崖阁中龛龛口右下部刻石	
熙宁八年（1075）	大宋熙宁八年三月二十六日，赵瞻书石	第 133 号窟第 9 号造像碑背面朱书	
熙宁八年（1075）	熙宁八年四月，吴□哥……	第 123 号窟正壁左侧刻画	
元丰四年（1081）	武昌陈康民按部独游。元丰辛酉三月四日，大中题	第 5 号崖阁（牛儿堂）中龛龛口右侧中部刻石	
元丰四年（1081）	蒋之奇登麦积山，观悬崖置屋之处，知杜诗为不诬矣。元丰四年三月廿六日	第 5 号崖阁（牛儿堂）中龛龛口左侧下部刻石	
元祐三年（1088）	元祐三年四月三日，勾氏□	第 109 号窟前壁窟门左上方刻画	
元祐六年（1091）	提点秦凤等路刑狱公事游师雄、提举茶马公事仇伯玉，同登麦积山寺七佛瑞阁。元祐六年二月三日。陇城县令杨塑，巡铺□马震巡、赵远偕至。京东副将段缄题	第 4 号崖阁上七佛阁长廊西壁上部刻石题记	

续表 3

时间	题记	所在窟、龛位置	备 注
绍圣二年（1095）	阎令、薛适绍圣乙亥七月丁酉同至	第 4 号崖阁上七佛阁西端前檐石柱上刻石	
绍圣二年（1095）	武城李琦□、河南赵明伯同游，乙亥七夕	第 168 号崖阁石窟东门石梯左下侧壁面刻石	
崇宁元年（1102）	张保淳、刘□（合）同游。崇宁壬午十二月望日，张闳中后至	第 4 号崖阁长廊西侧石柱刻石	
崇宁元年（1102）	陇城县事赵希安东廷□以檄，尝游于此。岁崇宁壬午二月拾有捌日闲志	第 4 号崖阁西侧石柱上刻石题记	
崇宁五年（1106）	崇宁五年□（四）月初一至此	第 5 号崖阁中龛右壁刻画	
	仲文中秋十三日独登，下观茂林泉，顿觉神往	第 5 号崖阁中龛龛口右侧上部刻石	宋人无纪年刻石
大观元年（1107）	大观元年四月□□□□	第 87 号窟左壁龛外右侧刻画	
政和七年（1117）	南岐故道何□君泽……赵辅之长举石坡□□□往清水迴继程，登阁瞻礼圣容，领叹之久，抵暮还寺，来之前归□。政和七载丁酉仲冬望日题	第 4 号崖阁长廊西侧石柱外壁面墨书	
政和八年（1118）	前住持僧智有邑上石，刘永安、赵沂登顶。政和戊戌闰月	第 4 号崖阁长廊左侧石柱下部刻石	
政和八年（1118）	贾源真按部游，政□（和）戊戌九月□（十）八日书	第 168 号崖阁东门口石斛梯壁面刻石	

续表4

时间	题记	所在窟、龛位置	备注
宣和三年（1121）	宣和三年六月初一日……	第174号窟顶部，墨书	
绍兴二十七年（1157）	麦积山胜迹，始建于□（姚）秦，成于元魏。经七百年□□名额。绍兴二年岁在壬子兵火毁。历至十三年，尽境□宁，国泰□□。二十七年丁丑六月□□游此□□□□□特刻石以记之	第3号崖阁千佛廊至上七佛阁（第4号崖阁）栈道旁的崖壁刻石题记	
乾道六年（1170）	同谷银作张十二，六月廿日同藏念二郎到此记耳，乾道六年	第100号窟右壁佛头光内刻画	
乾道九年（1173）	乾道九年四月初八日，藏念三同王十五□吉□□□	第100号窟右壁佛头光内刻画	
淳熙二年（1175）	郭小普到此，淳熙二年四月十八日也	第27号窟左壁刻画	
淳熙七年（1180）	右益昌王国用，同张进、赵君玉、李押清、王木敬并湫池会官文德天到此。时淳熙七年三月初二日，瞻仰圣像谨题	第4号崖阁第1龛外左侧墨书	
绍熙五年（1194）	时绍熙五年正月中旬后五日，同谷□润夫同鸣佳到此记道	第65号窟前壁右角柱刻画	
庆元二年（1196）	维大宋庆元丙辰四月初八日，仙堂□□□□……只（之）后再来记	第165号龛左壁观音菩萨右侧背光泥层上，墨书	

续表 5

时间	题记	所在窟、龛位置	备注
庆元三年（1197）	圣佛复回时庆元丁巳四月十三日，法属直□夫□□□马□□□□□长庆释慧明□同府城昌明	第 4 号崖阁第 1 龛外左侧墨书	
庆元三年（1197）	庆元三年□（十）□（一）月初八日，王□锋□军步□□□	第 83 号窟左壁龛头光内刻画	
庆元四年（1198）	秦州雄武军□□□归朝保□（天）□（水），庆元四年	第 3 号崖阁栈道下东起第 36 身千佛旁墨书	
庆元五年（1199）	西康马珍、孟逊、杨征、刘仲威、秦绶同故道杜昌等六人，于庆元己未正月上元佳节，施灯油于圣寺，祈愿永得，瞻上圣者谨记	第 4 号崖阁第 1 龛外上部垂幔之下墨书	
庆元六年（1200）	庆元六年四月初五日，成州□忠显亲□□□□到此兴州无尽□达意□□社吕	第 65 号窟右壁刻画	
嘉泰元年（1201）	嘉泰元年□□□□	第 43 号崖阁正壁右侧刻画	
嘉泰元年（1201）	嘉泰元年三月二十九日	第 101 号窟左壁右侧背光内刻画	
嘉泰二年（1202）	长□（进）□□□二回□山，张伯一、姚念三同行，三人到此记耳，嘉泰二年三月初六日	第 83 号窟窟顶右侧刻画	
嘉泰三年（1203）	本寺童行戴留哥同赵小□因困到此，嘉泰三年六月初七日	第 133 号窟第 9 号造像碑碑阴刻石	

续表 6

时间	题记	所在窟、龛位置	备 注
嘉定十四年（1221）	嘉定十四年六月十九日，承节郎□□□前游步四队时武章到此□记游……正月桃花浪……天水军天水县□司王昌□□李镇生	第 114 号窟正壁左侧墨书	
嘉定十四年（1221）	策马一队将薛□□于嘉定十四年九月十七日，提辖□兵送陈宣□□□	第 3 号崖阁上部第一排西起第 3 身千佛头光右侧墨书	
嘉定十五年（1222）	成州选步二将校乔森到此，时嘉定十五年正月初四远游	第 54 号龛左壁右侧，墨书	

由此表可见，游览麦积山石窟者，有中高级官员，亦有普通民众；有地主佃农，亦有手工业者；有本地僧人，亦有外地僧人；有行政官员，亦有军政官员；有当地人，亦有外地人；有专程来游者，亦有借公事来游历者；有初次来游者，亦有复次来者。这些人无疑都是麦积山石窟最好最直接的宣传者。从麦积山走出去的名僧秀铁壁还得到宋神宗的邀请，去首都开封传扬佛法。下面就几处重要题记和秀铁壁相关史事进行叙述，以此说明麦积山石窟在宋代的发展提高了秦州的知名度和影响力。

（一）李师中题诗

麦积山石窟第 168 号崖阁李师中题诗刻石，留题二首：

路入青松翠霭间，斜阳道影下溪湾；此中猿鹤啼相顾，谢傅东归自有山。

大抵襟怀要自然，圣贤事业本优闲；东山不负苍生望，更有何人继谢安？

陈留李师中罢使与傅君亶、陈君琪、庞君元直、吕君大忠游遂宿，弟纯中、男偁伉侍行。熙宁三年六月廿四日□，令吴安规供职事□。

《宋史》载：李师中，字诚之，楚丘人。年十五，上封事言时政。……熙宁初，拜天章阁待制、河东都转运使。西人入寇，以师中知秦州。诏赐以《班超传》，师中亦以持重总大体自处。前此多屯重兵于境，寇至则战，婴其锐锋，而内无以遏其入。师中简善守者列塞上，而使善战者中居，令诸城曰："即寇至，坚壁固守；须其去，出战士尾袭之。"约束既熟，常以取胜。……王韶筑渭、泾上下两城，屯兵以胁武胜军，抚纳洮、河诸部。下师中议，遂言："今修筑必广发兵，大张声势，及令蕃部纳土，招弓箭手，恐西蕃及洮、河、武胜军部族生疑。……"诏师中罢帅事。韶又请置市易，募人耕缘边旷土，师中奏阻其谋。王安石方主韶，坐以奏报反覆罪，削职知舒州。……去之日，民拥道遮泣，马不得行。杜衍、范仲淹、富弼皆荐其有王佐才。然好为大言，以故不容于时而屡黜，气未尝少衰。①

《长编》载：熙宁三年四月乙丑，"给度僧牒五百，付秦凤路。经略使李师中言制置招纳蕃部及募敢死士，须金帛以备支费。三司乞赐银绢各五千。上批银绢必不免科散坊郭户，乃以度僧牒赐之"②。六月壬戌，知秦州李师中言："奉诏勘会昨展置甘谷城所拘占汤谷地界，系与不系心波等三家，仍令王韶、刘希奭与蕃部首领指引标定界至闻奏。臣已令体量其间有蕃户标拨入官地土数多，而今耕种不足者，欲却于元献纳数内给还三分之一，而弓箭手亦不得执元额，止据合入官地招人，庶几不害边计。"诏令王韶等依前降指挥，体问元献地蕃部的实愿献多少地，如不系元初献者，并还之。③ 丙寅，殿前都虞候、邕州观察使、秦凤路副总管窦舜卿知秦州，李师中于永兴军听旨。王韶之议开边也，师中赞成之，及韶改提举蕃部兼营田、市易，师中始言其不便。④

---

① 《宋史》卷332《李师中传》，第10676—10679页。

② 《长编》卷210，熙宁三年四月乙丑条，第5094页。

③ 《长编》卷212，熙宁三年六月壬戌条，第5143页。

④ 《长编》卷212，熙宁三年六月丙寅条，第5144页。

据以上可知，李师中年少便关心时政，熙宁前在地方任职，能干实事，为民着想，深得民众拥护，主管军事亦是有胆有识有谋略，在民族地区恩威并用，使其折服。因其阅历丰富治理有方，熙宁年间，得到朝廷重用，派其知秦州，兼秦凤路经略使。然而，熙宁三年（1070）六月，李师中因为与王韶经略西部的想法不合，阻挠王韶行事，被王安石劝说宋神宗罢经略使，削职知舒州。在离开秦州之前，李师中游历了麦积山。李师中性格豪迈，为人洒脱，敢说敢干，好为大言，又自视能力超群，所以才有了上述两首表露心迹的诗作留在麦积山石窟岩壁上。

（二）蒋之奇题记

麦积山石窟牛儿堂的中洞，第26窟门东下有石刻：

> 蒋之奇登麦积山观悬崖置屋之处，知杜诗为不诬矣。元丰四年三月廿六日。

蒋之奇，字颖叔，常州宜兴人。《宋史》载："新法行，为福建转运判官。时诸道免役推行失平，之奇约僦庸费，随算钱高下均取之，民以为便。迁淮东转运副使。岁恶民流，之奇募使修水利以食流者。如扬之天长三十六陂，宿之临涣横斜三沟，尤其大也，用工至百万，溉田九千顷，活民八万四千。历江西、河北、陕西副使。之奇在陕西，经赋入以给用度，公私用足。比其去，库缗八十余万，边粟皆支二年。移淮南，擢江、淮、荆、浙发运副使。元丰六年，漕粟至京，比常岁溢六百二十万石，锡服三品。请凿龟山左肘至洪泽为新河，以避淮险，自是无覆溺之患。诏增二秩，加直龙图阁，升发运使。凡六年，其所经度，皆为一司故事。"①

《长编》载：熙宁五年闰七月戊申，权淮南转运判官、金部员外郎蒋之奇权发遣转运副使。② 熙宁六年八月丙戌，三司言："淮南发运司岁冬乘北风以汴纲输盐于湖北，春乘南风发上供粮入汴。闻去冬今春风不顺，发

---

① 《宋史》卷343《蒋之奇传》，第10916—10917页。

② 《长编》卷236，熙宁五年闰七月戊申条，第5725页。

盐百二十纲，而风水坏五百余艘，兵工水死甚众。”诏蒋之奇根究以闻。后之奇言汴船出江，覆溺人船，实比递年数多，诏皮公弼、罗拯具析以闻。① 熙宁七年四月丙戌，以权发遣淮南东路转运副使、提举楚州市易司蒋之奇奏景彰违法籴买商人物货，及虚作中籴入务，立诡名籴之，白纳息钱，谓之“乾息”；又勒商贩不得往他郡，多为留难以阻抑之。② 元丰二年四月乙巳，提举成都府等路茶场李稷言：“经制司擅榷买熙河岷州、通远军商人货。”诏经制司具析以闻。后李宪言：“自置司以来，除蕃商水银及盐川寨、盐官镇两场依法禁私贩外，市易卖买，并取情愿交易，未尝拘拦。臣以浅疏，终恐难逃吏议，乞独坐臣罪。”乃诏宪赴阙，令转运使蒋之奇根治，劾有罪之人。又诏之奇宜以朝廷所降事目推治虚实，无令支蔓。③

《宋会要》载：元丰六年七月九日，尚书户部言：“江淮等路发运使蒋之奇奏，诸路欠本司钱约二百万缗，若朝省不主张，则其钱皆不肯偿，乞本司申理诸路欠负钱物并同负朝省钱物法。”从之。④ 元祐元年三月十八日，“江西湖南路发运使蒋之奇特展二年磨勘，仍罚铜十斤”⑤。

将《宋史》《长编》和《宋会要辑稿》等史料进行比对，大致可以看出，元丰二年蒋之奇已经升任陕西转运使一职。且蒋之奇在担任各路转运副使、转运使、发运副使、发运使等职务的过程中，都表现出色，能力突出。也正是其担任陕西转运使时，在元丰四年三月廿六日游历了麦积山石窟。当他目睹麦积山悬崖绝壁处修建的房屋时，联想起杜甫的诗词“山寺”，感慨“知杜诗为不诬矣”。所谓“乱石通人过，悬崖置屋宇”。同年五月，蒋之奇还游历了甘肃成县大云寺和狮子洞。⑥

---

① 《长编》卷246，熙宁六年八月丙戌条，第5992页。

② 《长编》卷252，熙宁七年四月丙戌，第6171页。

③ 《长编》卷297，元丰二年四月乙巳条，第7231页。

④ 《宋会要辑稿》职官42之26，第4084页。

⑤ 《宋会要辑稿》职官66之32，第4843页。

⑥ 蔡副全：《陇南金石题壁萃编》，中华书局2021年版，第134—135页。

（三）游师雄题记

麦积山石窟上七佛阁（第 4 号崖阁）长廊西壁有游师雄摩崖题名：

> 提点秦凤等路刑狱公事游师雄、提举茶马公事仇伯玉，同登麦积山寺七佛瑞阁。元祐六年二月三日。
>
> 陇城县令杨塑，巡铺□马震巡、赵远偕至。京东副将段缄题。①

游师雄，西路备边的重要人物。《宋史》载：游师雄，字景叔，京兆武功人。元祐初，为宗正寺主簿。执政将弃四寨，访于师雄。师雄曰："此先帝所立，以控制夏人者也，若何弃之，不惟示中国之怯，将起敌人无厌之求。……"不听。因著《分疆录》。迁军器监丞。吐蕃寇边，其酋鬼章青宜结乘间胁属羌构夏人为乱，谋分据熙河。朝廷择可使者与边臣措置，诏师雄行，听便宜从事。……捷书闻……将厚赏师雄，言者犹以为邀功生事，止迁一官，为陕西转运判官、提点秦凤路刑狱。……入拜祠部员外郎，加集贤校理，为陕西转运使。……哲宗数访边防利病，师雄具庆历以来边臣施置之臧否，朝廷谋议之得失，及方今御敌之要，凡六十事，名曰《绍圣安边策》，上之。……师雄慷慨豪迈，有志事功，议者以用不尽其材为恨。②

《长编》载：元祐二年十月丙午，熙河兰会路勾当公事、宣德郎、军器监丞游师雄为奉议郎，充陕西转运判官。③ 元祐五年三月辛卯，陕西路转运判官游师雄为提点秦凤等路刑狱。④ 七月戊辰，枢密院言：见议熙河路定西城等处疆界，欲知城寨相去地里。诏秦凤路提点刑狱游师雄按视以闻。⑤

元祐六年二月三日游师雄在提点秦凤等路刑狱公事任上与提举茶马公

---

① 张锦秀：《麦积山石窟志》，第 143 页。

② 《宋史》卷 332《游师雄传》，第 10689 页。

③ 《长编》卷 406，元祐二年十月丙午条，第 9890 页。

④ 《长编》卷 439，元祐五年三月辛卯条，第 10585 页。

⑤ 《长编》卷 445，元祐五年七月戊辰条，第 10711 页。

事仇伯玉，同登麦积山寺七佛岩阁。此前，他于元祐四年十一月初四日游览了甘肃西和县普明寺；元祐六年正月初九游览了甘肃成县凤凰山大云寺、狮子洞；正月十七日和十九日游历了甘肃武都万象洞。[①]

游师雄后来又知熙州、秦州。游师雄一生与北宋西北拓边紧密相连。游师雄在与吐蕃、西夏的对抗中，能够灵活运用战守之策，战取得大胜，守保存军力。在任陕西转运使时，也能够按照备边粮食的储备情况，及时调整政策，缓解百姓的挽输之苦。

以上三人作为北宋政府派往西北地区的高级别重要官员，前后来到麦积山。雄奇险峻秀丽的麦积山，及麦积山崖壁洞窟气势宏伟、美轮美奂，有着极强世俗性、现实感的佛教造像，对他们来说是一种艺术享受，也是在繁忙公务间隙的一种身心放松。由于其身份特殊，他们的游历自然会引起当地官员和僧众的重视，他们的题刻及他们自身的地位也成为宣传秦州的重要名片。

（四）秀铁壁

神宗时代的圆通禅师即法云法秀禅师，时号“秀铁面”或“秀铁壁”[②]，为赵宋一代麦积山应乾寺（大观元年，1107 年改瑞应寺）所出最为显赫的得道高僧。法秀生于宋仁宗天圣五年（1027），卒于元祐五年（1090），天水陇城人。“法云圆通法秀禅师，秦州陇城人也，生辛氏。”[③]法秀三岁至十九岁依师应乾寺鲁和尚，之后南游到湖北随州护国寺，再至安徽无为县的铁佛寺，所依云门宗义怀（989—1060）禅师，当时的嗣法弟子有八十三人之多，法秀位列上首。离开义怀禅师后，法秀先至浙江越州天衣寺，再至湖北宜昌四面山，后又至栖贤蒋山长芦寺，待到“冀国大

① 蔡副全：《陇南金石题壁萃编》，第 137—139 页。

② 关于秀铁壁的事迹，主要参考屈涛《麦积山宋僧秀铁壁考》一文，在此对屈涛先生表达谢意。郑炳林、花平宁主编：《麦积山石窟艺术文化论文集》上，兰州大学出版社 2004 年版，第 291—320 页。

③ ［元］念常：《佛祖通载》卷 28《法云圆通法秀禅师》，江苏广陵古籍刻印社 1993 年版，第 330 页。

长公主逮法云寺成，有诏秀为开山第一祖”①。法秀自此开始了在东京开封的住锡活动，声誉之盛，宗门之荣达到极致。“开堂日，神宗遣中使降香并磨衲，仍传圣语，表朕亲至之礼。皇弟荆王致敬座下，士大夫日夕问道。”②

法秀的一生主要活动在麦积山、安徽、江苏、江西及京城一带。法秀“十九通经为大僧，天骨峻拔，轩昂万僧中，凛如画。讲大经章分句析，机锋不可触，京洛著闻”③。但他并不满足，拜谒义怀禅师，经过一番机锋悟对，终至不能对答，发现不足，此后法秀从教入禅，将华严学与禅学结合起来，强调直观的体验，而不仅仅自足于专肆讲经，解说义理。法秀平生的传禅机语，以詈骂接引，其性刚直，面目峻冷，因此时号“秀铁面”。前述蒋之奇元丰年间在淮上漕运任上，至长芦寺拜访法秀禅师。

《罗湖野录》卷 4 载：枢密蒋公颖叔与圆通秀禅师为方外友。公平日虽究心宗，亦泥于教乘，因撰《华严经解》三十篇，颇负其知见。元丰间漕淮上，至长芦访秀，而题方丈壁曰：“余凡三日遂成《华严解》，我于佛法有大因缘，异日当以观此地比觉城东际，惟具佛眼者当知之。”于时秀辩之曰：“公何言之易耶？夫《华严》者，圆顿上乘，乃现量所证。今言‘比觉城东际’，则是比量，非圆顿宗。”又云：“异日且一真法界，无有古今，故云‘十世古今，始终不离于常念’，若言异日今日，岂可非是乎？”又云：“具佛眼者方知，然经云平等真法界，无佛无众生。凡圣情尽，彼我皆忘，岂有愚智之异？若待佛眼，则天眼、人眼岂可不知哉？”公于是悔谢。及秀示寂，公以文祭之曰：“方外之友，惟余与师。念昔相见，一语投机。师来长芦，我漕淮沂。亦复交臂，笑言熙怡。我论《华严》，师为品题。陷虎机缘，脱略径畦。曷为舍我先其往！而蔬奠致诚，庶其歆之。”④

① ［元］念常：《佛祖通载》卷 28《法云圆通法秀禅师》，第 330 页。

② ［元］念常：《佛祖通载》卷 28《法云圆通法秀禅师》，第 330 页。

③ ［元］念常：《佛祖通载》卷 28《法云圆通法秀禅师》，第 330 页。

④ ［宋］释晓莹：《罗湖野录》卷 4，《全宋笔记》第五编（一），大象出版社 2012 年版，第 265—266 页。

从蒋之奇的祭文中我们不难看出他对法秀禅师的敬仰之情与追思之痛，方外情谊，跃然纸上。

法秀正是通过自身深湛的华严学素养，从教入禅的实践，重视“现量”“比量”的差别，加之机智冷峻的辩才，成就了其宋代云门宗重要法嗣的历史地位。元丰八年（1085），法秀被宣就神御前，“入内升座，讲演宗乘”，并受“圆通禅师”号，他的荣誉和地位至此达到巅峰。而麦积山作为法秀的起迹之地，惠泽所及，山僧们获赐田土二百余顷得以供赡。宋徽宗大观元年（1107）在麦积山顶舍利塔旁产灵芝三十八本，经秦州经略陶龙图（陶节夫）进上，宋朝政府谓之为祥瑞，其寺名由应乾寺敕赐改为瑞应寺。宋神宗赐法秀圆通禅师号，给应乾寺赐田及后来大观元年宋徽宗改赐应乾寺为瑞应寺，说明朝廷对麦积山佛教地位的看重，而秦州的声名自然得以远播。

三、结语

麦积山石窟经过后秦创始阶段、北魏辉煌发展期、西魏的精炼提高阶段、北周艺术的创新高潮、隋代的新发展，到宋代为大规模重修期。由于宋代统治者重视佛教，利用佛教进行统治，尤其是对西北吐蕃、回鹘等族，针对这些民族崇信佛教的习俗，通过修建寺院、建造塔庙、造像、赐紫衣师号等对僧侣和民众从心理上加以抚慰，使其接受宋朝统治。秦州作为吐蕃聚居地，回鹘也是杂处其间，麦积山石窟在宋代得到大规模重修自有其必然性。秦州在宋代又是商贸重地，商贾云集，大小商人从事着茶叶贸易、茶马贸易、粮草交易、茶盐贸易、酒类和其他物品贸易，甚至各种外国奢侈品贸易和贡赐贸易，他们的活动不仅极大丰富了秦州的商品市场，而且给秦州也带来更多的商业税收，这为麦积山石窟的大规模重修提供了经济保障。加之吐蕃、回鹘民族的佛教信仰，不仅会给麦积山石窟的重修出力，捐钱捐物，也会潜移默化进一步影响到秦州及周边汉族对佛教的信仰和从事施舍、造像、拜谒等佛教活动。佛教和普通民众的社会生活紧密联系，佛教进一步世俗化。

总之，政治因素、经济因素、佛教世俗化因素带来宋代麦积山石窟的繁荣。麦积山石窟及其造像艺术吸引众多官员、信众、僧侣和普通民众来到麦积山，他们被麦积山的奇特险峻所折服，被麦积山的雄奇秀丽所折服，他们惊叹于能工巧匠在悬崖峭壁上开凿的麦积山石窟，他们更惊叹于麦积山石窟塑像的艺术之美。正是这些人士的游走和留下的碑刻、文字，以及许许多多人士的口口相传，提高了麦积山石窟的知名度，也提高了秦州的知名度和影响力。

宋代官司出入人罪法研究

杨高凡

（河南大学　法学院）

官司出入人罪法主要是指唐宋以来用来规范司法官员故意或过失而导致量刑不当行为的法律规范。作为一个独立的罪名，官司出入人罪首次在《唐律疏议》中出现，并在宋代司法实践中得到充分发展和完善。现今学界相关研究成果主要有：季怀银《宋代法官责任制度初探》①，巩富文《中国古代法官出入人罪的责任制度》②，伍天翼《中国古代出入人罪的历史脉络与制度构造》③、李晓燕、李麒《我国古代司法官责任制度的历史演变》④、马玉臣《宋代官吏失入死罪法规初探》⑤ 等。在这些成果中，关于宋代官司出入人罪法的发展、内容、特点、评价问题的研究尚显不足，本文拟通过对宋代官司出入人罪法的全面研究，厘清其发展脉络、特征、不足之处等，以期为我国现阶段的法治建设提供借鉴。

---

① 季怀银：《宋代法官责任制度初探》，《中州学刊》1993 年第 1 期。

② 巩富文：《中国古代法官出入人罪的责任制度》，《政法论坛》1990 年第 1 期。

③ 伍天翼：《中国古代出入人罪的历史脉络与制度构造》，《长江大学学报》2014 年第 4 期。

④ 李晓燕、李麒：《我国古代司法官责任制度的历史演变》，《理论探索》2003 年第 3 期。

⑤ 马玉臣：《宋代官吏失入死罪法规初探》，《一隅斋宋史文存》，中国社会科学出版社 2021 年，第 63—105 页。

一、宋代官司出入人罪法发展概况

中国古代的官司出入人罪包括故出入人罪和失出入人罪，它作为一个独立罪名首次正式出现是在《唐律疏议》“断狱”篇中①，这是中国古代官司出入人罪法发展的重要阶段。但作为规范司法官员责任制度的具体规定早在春秋时期就已经出现，《史记》载李离因“过听杀人”，妄杀无辜，晋文公欲为之脱罪，但李离坚持“失刑则刑，失死则死”，最终“伏剑而死”。② 李离自裁证明当时晋国是有追究法官失入人死罪责任的；秦朝的“纵囚”“不直”和汉代的“故纵”“故不直”则是当时官司出入人罪的具体罪名。延至唐朝，《唐律疏议》“断狱”篇正式对此类犯罪行为做了详尽规定。在唐律发展基础上，宋代的官司出入人罪法有了进一步的发展。

（一）宋初：出入人罪法沿袭唐律无变化

北宋初年修订的《宋刑统》几乎照搬了《唐律疏议》，成为宋代最早的官司出入人罪法：

> 诸官司入人罪者（谓故增减情状，足以动事者。若闻知有恩赦，而故论决，及示导令失实辞之类），若入全罪，以全罪论；从轻入重，以所剩论。刑名易者，从笞入杖，从徒入流，亦以所剩论。从笞杖入徒、流，从徒、流入死罪，亦以全罪论。其出罪者，各如之。即断罪失于入者，各减三等。失于出者，各减五等。若未决放，及放而还获，若囚自死，各听减一等。即别使推事，通状失情者，各又减二等。所司已承误断讫，即从失出入法，虽有出入，于决罚不异者勿论。③

---

① ［唐］长孙无忌撰，刘俊文笺解：《唐律疏议笺解》卷30《断狱·官司出入人罪》，中华书局1996年版，第2069页。

② ［汉］司马迁：《史记》卷119《李离》，中华书局1982年版，第3103页。

③ ［宋］窦仪撰，吴翊如点校：《宋刑统》卷30《官司出入人罪》，中华书局1984年版，第486—487页。

这一规定将概念、种类和处罚原则混同在一起，且有其他相关法规散见于《宋刑统》其他篇章中，其内容与形式皆原文照搬唐律，不够完善，未见改进。总结起来，宋代的官司出入人罪基本概念、分类和处罚原则如下：

1. 官司出入人罪的概念与分类

依《宋刑统·官司出入人罪》规定，宋代的出入人罪分四类：

第一，故入人罪。司法官员故入人罪又可分为“故增减”“故论决”和“示导令失实辞”三种情况。“故增减”，是指司法官员“虚立证据”“妄构异端”，即“虚立”“妄构”不利于罪囚之情状，加重罪囚罪责；“故论决”，宋代赦降活动频繁，对罪囚多所减免，故相关官员在已知将有赦降而判决的行为无疑属于故入人罪；“示导令失实辞”，司法官员“示导”或“恐喝”导致罪囚“改词”者。①

第二，故出人罪，即“增减情状之徒，足以动事之类”。司法官员故意“增减情状”足以减轻判决结果者。

第三，失入人罪，即司法官吏因过失而导致罪囚处罚加重的犯罪行为。相对于故入人罪而言，失入人罪没有犯罪故意的意图，只是因为客观原因或失误导致案件判决加重。

第四，失出人罪，即司法官吏因过失而导致罪囚处罚减轻的犯罪行为，与失入人罪一样，失出人罪者无故意犯罪的意图。

2. 处罚原则

第一，故出入人罪者处罚重、失出入人罪者处罚轻。

宋承唐制，刑罚分为笞（十、二十、三十、四十、五十）、杖（六十、七十、八十、九十、一百）、徒（一年、一年半、二年、二年半、三年）、流（二千里、二千五百里、三千里）、死（绞、斩）五刑二十等，其五刑又可以划分为身体刑（笞、杖）、劳役刑（徒、流）、死刑（绞、斩）三个级差。司法官员在不同级差之间与同一级差之内出入人罪处罚不同。其

① 《宋刑统》卷30《官司出入人罪》，第487页。

一，不同级差间故出入人罪者，以全罪论。即司法官员将“本无负犯”者，“虚构成罪”；笞杖入徒流或死刑，徒流入死刑；从死罪出至徒流杖笞，从徒流出至笞杖，甚至无罪开释，皆以所出入罪之全罪责之。其二，同一级差内（含同一刑等内）故出入人罪者，其刑责以司法官员出入人罪之所剩罪论处，即“刑名易者，从笞入杖，从徒入流，亦以所剩论”，“从轻入重，以所剩论”。若司法官员故出入人罪，以全罪或剩罪论，处罚较重；若乃失出入人罪，则是在故出入人罪剩罪、全罪基础上，“失于入者，各减三等；失于出者，各减五等”处罚，过失犯罪处罚轻于故意犯罪。

第二，减等处罚原则。

特殊情况下，出入人罪者可减一等论处：（1）“未决放”，即故入、失入死罪及杖笞罪未实施者；（2）故出、失出死罪以下未放或者“已放而更获”者；（3）“囚自死”，只要囚徒死亡，不问死因，皆减一等论处。但司法官员若非原审官员，仅“别使推事，通状失情者”①，即充使别推者出入人罪，可减二等处罚。

宋初的官司出入人罪法沿袭唐制，几无变化，另有其他律条散见于《宋刑统·名例律·同职犯罪》《宋刑统·名例律·八议》《宋刑统·名例律·请减赎》《宋刑统·名例律·以官当徒除名免官免所居官》《宋刑统·断狱·遇赦不原》等篇目中，一方面造成司法实践操作不便，另一方面因特权法的存在，司法官员犯罪后所受惩戒有限，直接导致这一法规形同虚设。

（二）宋太宗、真宗、仁宗朝：失入人死罪法初步发展时期

随着社会的发展，规范司法官员司法行为，维护法制健全、公正的需求日渐迫切，“时天下甫定，刑典弛废，吏不明习律令，牧守又多武人，率意用法”②，出入人罪案件增多，因此进一步发展、完善官司出入人罪法的需求逐渐提上日程。宋太宗雍熙三年（986），判刑部张佖即上言：“果州、达州、密州、徐州官吏枉断死罪，虽已驳举，而人命至重，死者不可

① 《宋刑统》卷30《官司出入人罪》，第487页。

② ［元］脱脱：《宋史》卷199《刑法一》，中华书局1977年版，第4968页。

复生，非少峻条贯，何以责其明慎！按《断狱律》，从徒罪失入死罪者减三等，当徒二年半，公罪分四等。望自今断奏失入死刑者，不得以官减赎，检法官削一任，更赎铜十斤，本州判官削一任，长吏并勒停见任。”宋太宗下令“从之”。① 即失入死罪者不再按照旧律，全罪减三等即徒二年半后，再享受官当、例减、赎等特权，而代之以长官（知州、通判）勒停现任、检法官削一任罚铜十斤、判官削一任的行政处罚，官当等特权取消，法律“少峻”，有利于强化司法官员的责任意识，减少出入人罪案件的发生。

宋太宗雍熙三年的诏令显然触动了部分特权阶层的利益，遭到他们的强烈抵制，故宋真宗咸平初年新修《咸平新删定编敕》时被迫删去。随后，“长吏渐无畏惧，轻用条章”②，失入死罪案件又增多。景德二年（1005），上封者提出折中建议并得到宋廷认可：

> 刑部举驳外州官吏失入死罪，准《断狱律》，从流失入死罪者减三等，徒二年半。公罪分四等，定断官减外徒二年半，③ 为首者追官，余三等徒罪，并止罚铜。伏以法之至重者死，人之所保者生，傥官司

---

① ［宋］徐松辑：《宋会要辑稿》刑法 4 之 69，上海古籍出版社 2014 年版，第 8482 页。《宋史》卷 199《刑法一》，第 4971 页。二处记载文字略有不同。

② ［宋］李焘：《续资治通鉴长编》卷 60，景德二年七月辛亥，中华书局 2004 年版，第 1349 页。

③ “二年半”，《续资治通鉴长编》卷 60（景德二年七月辛亥，第 1349 页）误作“三年”，《宋会要辑稿》刑法 4 之 69（第 8482—8483 页）误作“二年”。据《宋刑统·同职犯罪》（第 79 页）规定，“诸同职犯公坐者，长官为一等，通判官为一等，判官为一等，主典为一等，各以所由为首（若通判官以上异判有失者，止坐异判以上之官）”。其责任顺序为长官、判官、检法官、主典，“各以所由为首”，即若是主典检法有失，则主典为第一从，判官为第二从，通判官为第三从，长官为第四从；若是判官判断有失，则判官为第一从，通判官第二从，长官第三从，主典第四从，失出死罪为全罪减三等徒二年半，则第一从判徒二年半，第二从判徒二年，以此类推。《宋会要辑稿》《续资治通鉴长编》所谓“定断官”即案件的最终决断者乃“为首者”或第一从，应是徒二年半的处罚，对应行政处罚是“追官”，“余三等徒罪”则是其余第二、三、四从的处罚结果，对应的行政处罚皆为赎铜。

不能尽心，则刑辟乃有失入。盖幕职州县官初历宦途，未谙吏事，长吏明知从坐，因循不自详究。雍熙三年七月敕，权判刑部张佖起请，失入死罪不许以官当赎，知州、通判勒停。咸平二年编敕之时，辄从删去。臣以为若依格法旧条，似亏惩劝；或准张佖起请，又未酌中。欲望自今失入死罪不至追官者，断官冲替，候放选日注僻远小处官，系书幕职州县官注小处官，京朝官任知州、通判，知、令、录、幕职授远处监当，其官高及武臣、内职奏裁。①

景德二年（1005）宋廷认可的建议折中了《宋刑统》过宽和宋太宗朝过严的惩处原则，详分类型、区别对待，其为首者即应徒二年半者，追官；其余“失入死罪不至追官者”即第二、三、四从官员亦不再依据《宋刑统》规定可以赎铜代替徒刑，而是断官充替，及放选日注僻远小处为官处罚；高阶文官、武臣、内职者，则上奏朝廷裁决。此次敕令温和、有效，责轻者罚宽，特权者宽贷，适应当时的政治现状，既坚持了行政处罚、限制了特权法原则，又不至于沦为官员激烈抵制下的无效法令，此后宋代的失出人死罪法一直沿袭此趋势发展。

（三）宋神宗朝：失入人死罪法成熟完善期

熙宁二年（1069），宋神宗颁布诏书，规定：

十二月十一日诏：“今后失入死罪，已决三名，为首者手分刺配千里外牢城，命官除名编管，第二从除名，第三、第四从追官勒停；二名，为首者手分远恶处编管，命官除名，第二从追官勒停，第三、第四从勒停；一名，为首者手分千里外编管，命官追官勒停，第二从勒停，第三、第四从冲替。以上赦降、去官不免，后合磨勘、酬奖、转官，取旨。未决者，比类递减一等，赦降、去官又递减一等。内使相、宣徽使、前两府，取旨；大卿监、阁门使以上，比类上条降官、

① 《宋会要辑稿》刑法4之69，第8482—8483页。

落职、分司或移差遣；其武臣知州军、自来不习刑名者，取旨施行。”①

熙宁二年敕：“今后官员失入死罪，一人追官勒停，二人除名，三人除名编管。胥吏，一人千里外编管，二人远恶州军，三人刺配千里外牢城。”自后法寖轻，第不知自何人耳！②

熙宁二年（1069）诏令明确区分官员、吏员分别失出死罪一人、二人、三人在已决、未决不同情形下不同处罚标准以及可否享有赦降、去官不追责之特权等规定。且高品文官即使相、宣徽使、前两府和武臣知州军、不习刑名者可以取旨处理，特殊照顾。这一敕令总结了北宋建国以来失入人死罪法的发展成果，并将之纳入海行敕中，标志着宋代官司出入人罪法发展到成熟完善时期，故熙宁六年（1073）修订《熙宁编敕》时将之纳入其中，《元丰编敕》沿用，宋哲宗初年元祐更化时，这条敕令被删除，旋即恢复：

哲宗元祐元年十二月十七日，尚书省言：“左司状：‘失入死罪未决并流徒罪已决，虽经去官及赦降原减，旧中书例各有特旨。昨于熙宁中，始将失入死罪修入海行敕，其失入流、徒罪例为比死罪稍轻，以此不曾入敕，只系朝廷行使。近准朝旨，于敕内删去死罪例一项，其徒、流罪例在刑房者依旧不废，即是重者不降特旨，反异于轻者，于理未便。’本房再详，徒流③罪已决例既不可废，即死罪未决例仍合存留，乞依旧存留《元丰编敕》全条。”从之。④

《宋会要辑稿》此处记载的熙宁二年敕令仅仅适用于失入人死罪者，而未

---

① 《宋会要辑稿》刑法 4 之 75—76，第 8486—8487 页。

② ［宋］吴曾：《能改斋漫录（下）》卷 13《赦官吏失入死罪》，《全宋笔记》第五编，大象出版社 2012 年版，第 117 页。

③ “流”原脱。

④ 《宋会要辑稿》刑法 4 之 77，第 8487—8488 页。

提及失入流、徒罪官员的处罚问题，但据元祐元年尚书省上言可知熙宁二年敕令中必含有失入徒流罪规定。考《宋史·刑法三》：

> 未几，（宋神宗）复诏："失入死罪，已决三人，正官除名编管，贰者除名，次贰者免官勒停，吏配隶千里。二人以下，视此有差。不以赦降、去官原免。未决，则比类递降一等；赦降、去官，又减一等。令审刑院、刑部断议官，岁终具尝失入徒流①罪五人以上，京朝官展磨勘年，幕职、州县官展考，或不与任满指射差遣，或罢，仍即断绝支赐。"以前法未备，故有是诏。②

可以肯定，此处宋神宗的"复诏"与《宋会要辑稿》所载熙宁二年敕令是后者的后续补充，且二者记载各有偏重，《宋史·刑法三》所载失入人死罪不及《宋会要辑稿》详尽，但其关于失入徒流罪之记载却弥补了《宋会要辑稿》之疏漏。二者相互补充，完善了宋代官司出入人罪法③，此后宋代司法官员失入人罪法一直沿袭至南宋，是两宋一直通行的失入人罪法。

（四）宋哲宗、徽宗朝：失出人罪法立而复废

元祐七年（1092），有臣僚上书言："伏见法寺断大辟，失入一人有罚，失出百人无罪；断徒、流罪，失入五人则责及之，失出虽百人不书过。常人之情，能自择利害，谁出公心为朝廷正法者！乞令于条内添入'失出死罪五人比失入一人，失出徒、流罪三人比失入一人。'"宋哲宗诏令"从之""著为令"。④ 自此，宋代失出死、流、徒罪行为正式立法。惜此诏令实施时间不长，绍圣四年（1097）改为"失出死罪或徒流罪各三

---

① "流"原脱。

② 《宋史》卷201《刑法三》，第5022页。

③ 失入人罪减故入人罪三等处罚，故司法官员失入杖笞罪的处罚基本可以忽略。

④ 《宋会要辑稿》刑法4之78，第8488页；《续资治通鉴长编》卷476，元祐七年八月丙辰，第11338页；《宋史》卷201《刑法三》，第5023、5024页。三处史料对此皆有记载，文字略有不同。

人，比失入一人”[①]，元符三年（1100）五月宋徽宗初即位后即废止[②]，此后失出者不罚，失出之法被废止，延至南宋灭亡，宋廷再未立失出人罪法。

（五）宋孝宗朝：县级官员被纳入官司出入人罪法规范范畴

南宋初年，官司出入人罪法沿袭北宋旧制，“如祖宗法”[③]。孝宗朝起，县级官员出入人罪亦被纳入立法范畴：

> 淳熙元年六月四日，敕令所言：“大辟翻异，后来勘得县狱失实，乞止依乾道敕条科罪；如系故增减情状，合从出入法施行。”从之。《乾道敕》增立“县以杖笞及无罪人作徒、流罪，或以徒、流罪作死罪送州，杖一百；若以杖笞及无罪人作死罪送州者，科徒一年刑名”。先是，臣僚言县狱失实，当将官吏一等推坐出入之罪。刑寺谓县狱与州狱刑禁不同，故是看详之。[④]

宋代县级官员无审断徒、流、死罪之权，但他们必须甄别区分所辖范围内所有案件，其中杖笞刑直接审决，徒流死刑则负有侦查、初审的权力和义务，之后上报州府审断。若县级官员误将杖、笞、无罪之人作徒、流、死罪或误将徒、流罪作死罪送至州级司法机构者可依乾道敕令处罚，若为故意为之，可依出入人罪法科断。

自唐以来，官司出入人罪法管辖范围一直不包括县级官员，宋孝宗乾道年间敕令虽对县级官员出入徒流死罪行为有所规范，但亦未将之纳入出入人罪法范畴。淳熙元年（1174）始将县级官员故出入人罪纳入管辖范围，这是宋代出入人罪法进一步完善的一个表现。

（六）宋宁宗朝：失入人死罪法之调整、定型

宋宁宗嘉泰二年（1202）修订《庆元条法事类·出入罪》，进一步调

---

① 《续资治通鉴长编》卷493，绍圣四年十一月丁丑，第11705页。

② 《宋会要辑稿》刑法4之78，第8488页。

③ 《宋会要辑稿》刑法4之79—80，第8489页。

④ 《宋会要辑稿》刑法4之95，第8502页。

整官司出入人罪法：

> 诸官司失入死罪，一名，为首者，当职官勒停，吏人千里编管，第二从，当职官冲替，事理重吏人五百里编管，第三从，当职官冲替，事理稍重吏人邻州编管，第四从，当职官差替，吏人勒停；二人，各递加一等（谓如第四从依第三从之类），为首者，当职官追一官勒停，吏人二千里编管；三人，又递加一等，为首者，当职官追两官勒停，吏人配千里（以上虽非一案，皆通计），并不以去官、赦降原减。未决者，各递减一等（谓第三从依第四从，第四从三人依二人之类）。会赦恩及去官者，又递减一等（以上本罪仍依律，其去官会恩者，本罪自依原减法），即事涉疑虑，若系强盗及杀人正犯各应配，或中散大夫以上及武官犯者，并奏裁。①

相较于熙宁二年敕令，《庆元条法事类·出入罪》弥补了前者对官、吏第三从、四从责任划分不明晰、处罚等级无区别的不足，且总体上减轻了熙宁二年敕令的处罚力度，增加了享有特权的官员范围，官司出入人罪法自宋神宗后“法寖轻”② 矣。

二、宋代官司出入人罪法的特点

官司出入人罪法首次出现在《唐律疏议》中，但在此后的二百多年时间内，唐朝统治者一直未曾对其进行修订、补充，延至宋代，官司出入人罪法的发展尽管尚有诸多不足之处，但其中故出入人罪法进步明显，且形成了自身独有的特色。

（一）形成独立适用的特别法

官司出入人罪法早在先秦时期已经出现，但一直到唐代为止，都未能

① ［宋］谢深甫：《庆元条法事类》卷 73《出入罪》，《中国珍稀法律典籍续编》，黑龙江人民出版社 2002 年版，第 752 页。

② 《能改斋漫录（下）》卷 13《赦官吏失入死罪》，第 117 页。

形成独立的特别法，其主要法规散见于《唐律疏议》之《断狱律·官司出入人罪》《名例律·同职犯罪》《名例律·诬告比徒及出入罪比徒》等不同篇目中，《宋刑统》几乎完全照搬《唐律疏议》，使得这一法规在实际操作中有着诸多不便。且宋代官员的法律素养普遍较低，“近世士大夫多不习法”①，因而“刑罚失中”就成为普遍现象，司法官员出入人罪亦为多见。宋代的官司出入人罪法尤其是失入人死罪法建立起以行政处罚代替五刑本刑的处罚模式，取代了唐律以五刑本刑判，以官当、减、赎等特权法执行的处罚传统，标志着宋代官司出入人罪法形成了独立的特别法，这与唐代官司出入人罪法从法律适用、罚则、责任划分等皆混同适用一般法则的司法实践形成鲜明对比。

（二）发展的不平衡性

官司出入人罪包括故出人罪、故入人罪、失入人罪、失出人罪四类犯罪种类，司法官员所出入之罪轻重亦不等，含死、流、徒、杖、笞五刑二十等、三个级差（身体刑、劳役刑、死刑），对社会造成的危害程度不等，故官司出入人罪法涵盖内容丰富。但规范四类犯罪行为的法规并非同步发展，而是各自独立发展，具有不平衡性。其中故出人罪法、故入人罪法沿袭唐律未见变动；失出人罪经历了短暂的立而复废反复后继续沿用唐律；失入人死罪法发展充分。经由宋太宗、真宗、仁宗三朝的发展、反复，宋代的失入人死罪法最终在宋神宗朝发展成熟、完善，区别于《唐律疏议》《宋刑统》用“同职犯罪”条区分司法官员责任的规定，熙宁二年敕令将相关司法官员直接分为承担主要责任者即为首者、第二从、第三从、第四从，明确区分各自的责、权等级；又将相关吏员群体亦纳入规范范畴，区分已决、未决分别处罚，依据入罪人数多少分类处罚等。这是官司出入人罪法在宋代发展的一个重大进步，这一进步成果直至宋亡一直沿用，《庆元条法事类·出入罪》仅在惩罚力度上、责权等级方面稍有调整，其基本原则、内容未有变革。总体而言，宋代的官司出入人罪法明显呈现出发展不平衡的特征，其中失入徒、流罪、失出人罪、县级官员出入人罪法等虽

---

① 《宋史》卷155《选举一》，第3618页。

有所发展，但远远逊色于失入死罪法的完善、发达，更不用提故出入人罪法沿袭唐制略无变化了。

（三）法律适用对象扩充

中国古代官司出入人罪法的规定皆是针对司法官员而制定，地位低下的吏人群体从未被纳入其规范范畴。宋代的官司出入人罪法首次将之纳入其中，熙宁二年敕令和《庆元条法事类·出入罪》皆将吏员群体与官员群体同等规范，依据其责任轻重、失入人数多少、判决是否实施等不同情况制定了相应的惩罚标准，这是唐代乃至此后的明清二朝皆未能达到的高度。

大量的吏员群体活跃在中国古代各级政府机构之中，对于吏治、法制是否清明的影响不言而喻，但其身份卑微、地位低下、升迁空间狭小，故他们利用熟悉业务和地方人情世故之优势谋一己私利就成为普遍现象。官员多儒家知识分子出身，听讼本非所长，再加上政务生疏，故“诸州大狱，长吏不亲决，胥吏旁缘为奸”① 的现象经常出现，吏员营私舞弊、愚弄上司的案例比比皆是，如以能吏著称之包拯亦不能避免：

> 包孝肃尹京，号为明察。有编民犯法当杖脊，吏受赇，与之约曰：“今见尹，必付我责状，汝第号呼自辩。我与汝分此罪，汝决杖，我亦决杖。”既而包引囚问毕，果付吏责状，囚如吏言，分辩不已。吏大声诃之曰：“但受脊杖出去，何用多言?”包谓其市权，捽吏于庭，杖之七十，特宽囚罪，止从杖坐，以抑吏势。不知乃为所卖，卒如素约。②

民有徒罪当受脊杖，吏违法受贿后诱使长官包拯误判以杖刑，为失出人徒罪。在案件的最终判决中，此吏员之作用极其明显，依宋律，收受贿赂数

① 《宋史》卷199《刑法一》，第4968页。

② ［宋］沈括：《梦溪笔谈》卷22《谬误（谲诈附）》，《全宋笔记（第二编）》，大象出版社2006年版，第169—170页。

额较大为赃罪，数额较小则为故出人徒罪。包拯所处时代为宋仁宗朝，熙宁二年敕令尚未颁布，此吏员若受赃数额不足以构成赃罪，则此吏人之行为不构成犯罪，不受法律制裁。猾吏如斯，廉能如包拯者亦不免为之所欺，庸碌、无知之主官受制于吏员之普遍现象可想而知，故将吏员这一影响巨大、数目众多之群体纳入法律规范范畴之内本身即是宋代官司出入人罪法的一大显著进步，是其法制完备的重要标志。

（四）高品阶文官、内官、武将等享有特权

宋代自雍熙三年规定“自今断奏失入死刑者，不得以官减赎”后，司法官员皆不得再享受“官当”这一法律特权，终宋一朝，这一原则一直被严格遵照执行。较唐代而言，宋代的官司出入人罪法更严格，对司法官员更有约束力，遭到官员的反对更激烈，故其具体内容多有立而复废、不断修订的经历。经过反复斗争、修订，从宋真宗朝“官高及武臣、内职”①，至宋神宗朝“使相、宣徽使、前两府”“武臣知州军、自来不习刑名者”②，再至宋宁宗朝“中散大夫以上及武官犯者”皆上奏皇帝裁决的规定，高品文官、武臣、内职者的司法特权得以保留，宋代官司出入人罪法中依旧保留有一定的特权法残留。

除了高品文官、武臣、内臣等依旧享受特权外，宋代的官司出入人罪法的特权法特征还体现在失出人死罪之官员所受处罚远远低于吏员群体的处罚，且受罚官员经过一定时限或赦降即可叙复，而违法吏员则无此待遇，这是整体官员阶层特权法的体现，亦是中国古代法制等级制本质的体现。

三、宋代官司出入人罪法发达原因及其评价

经过持续的修订、反复，宋代的官司出入人罪法规则细密、管辖范围扩充，发展到了前代所未能达到的高度，甚至后世的元明清亦未能在其基

① 《宋会要辑稿》刑法4之69，第8482—8483页；《续资治通鉴长编》卷60，景德二年七月辛亥，第1349页。二者记载略有不同。

② 《宋会要辑稿》刑法4之75—76，第8486—8487页。

础上进一步发展、完善。

（一）宋代官司出入人罪法发达原因

因社会进步、经济发达、儒家思想盛行等因素影响，宋朝社会法制健全、制度完善、司法实践活跃，这是宋代官司出入人罪法发达的直接原因。

其一，法制发达是宋代官司出入人罪法完善的时代背景。宋代是一个法制文明高度发达的朝代，徐道邻指出“中国的传统法律到了宋朝，才发达到最高峰”①，“成就最辉煌”②，其制度完备、法规细密，叶适言其“细者愈细，密者愈密，摇手举足，辄有法禁”③。如此昌盛的法制文明大背景孕育出了完善、发达的官司出入人罪法。宋代“多明法之君”④，尤其是宋神宗“思立法度以宰天下”⑤，在位期间制定了大量的法令法规。⑥ 梁启超评价中国古代立法概况云：“其真可称为立法事业者，惟神宗时代耳！”⑦正是基于此时代背景，宋代的官司出入人罪法得到了长足的发展，达到中国古代法制发展的最高峰，较其前之唐代更加细密、操作性更强，惜其后的元明清法制未能继承这一传统，进一步发展。

其二，出入人罪案件增多客观上需要宋廷制定完善、健全的出入人罪法。宋代私有观念发达，为维护其私有财产，宋人诉讼活动的需求量随之增多，“编户之内，学讼成风；乡校之中，校律为业”⑧，“有开讼学以教人

---

① 徐道邻：《徐道邻集·中国法制史论集》，商务印书馆 2021 年版，第 450 页。

② 张晋藩：《中国法制文明的演进》，中国政法大学出版社 1999 年版，第 316 页。

③ ［宋］叶适：《叶适集·水心别集》卷 12《法度总论二》，中华书局 2010 年版，第 789 页。

④ 《徐道邻集·中国法制史论略》，第 289 页。

⑤ ［宋］陈亮：《陈亮集》卷 11《铨选资格》，中华书局 1974 年版，第 125 页。

⑥ 据郭东旭《宋代法律与社会·宋代编修敕令格式一览表》（人民出版社 2008 年版，第 280—305 页）统计，两宋共编修法典 263 部，其中宋神宗一朝共 92 部，占比 1/3 略多。

⑦ 梁启超：《梁启超法学文集》，中国政法大学出版社 2000 年版，第 155 页。

⑧ ［明］严嵩：《（正德）袁州府志》卷 13 杨侃《新建郡小厅记》，《天一阁藏明代方志选刊》，上海古籍书店 1963 年版，第 2 页。

者”①。宋代甚至还出现了专职助人诉讼的讼师，“讼师哗徒”“饵笔之人”“讼师哗鬼”等记载在宋代史料中时有出现，地方上诉讼案件增多，州县官员日常工作量增加，但他们多为儒生出身，甚或有武人出身者，“远方官吏于文法既疏，于职事亦怠，故刑罚失中”②，官员不能胜任其职责，则“势必委之于下，老胥猾吏得以为奸”③，冤假错案增多：

五代以来，典刑弛废，州郡掌狱吏不明习律令，守牧多武人，率恣意用法。金州民马从玘子汉惠无赖，尝害其从弟，又好为敓歗，闾里患之。从玘与妻及次子共杀汉惠，防御使仇超、判官左扶，悉按诛从玘妻及次子。上怒超等故入死罪，令有司劾之，并除名，杖流海岛。④

绍兴七年十月九日，知信州永丰县事李景山上书：“伏见黄冈强盗初无事发之日，复无被盗之人，彼警捕之官贪功妄作，悉系平民二十有五人，违法锻练，致诬服者十有三人。有司观望，肆其惨毒，卒成其罪。审问之吏，属之武人，既不能辨其冤滥；议法之官，公事诞慢，又不能条其可否。而奸吏得以舞文，不俟闻而诛戮……移邻路别勘，委监司亲鞫，果皆平人而释之。”⑤

地方官员不亲其职，吏人从中渔利，甚至连最基本的司法程序都不遵守，导致张冠李戴，错杀嫌犯：

（绍兴）十一年五月二十七日，臣僚言：“知泉州富直柔因本州奏勘杀人海劫黄□□，州院官吏将合断配陈翁进作陈进哥，领□□□

① ［宋］周密：《癸辛杂识》续集上《讼学业觜社》，《全宋笔记（第八编）》，大象出版社2017年版，第283页。

② 《宋会要辑稿》刑法6之58—59，第8562页。

③ ［元］马端临：《文献通考》卷167《刑考六》，中华书局2011年版，第5015页。

④ 《续资治通鉴长编》卷2，建隆二年五月戊寅，第46页。

⑤ 《宋会要辑稿》刑法4之94，第8501页。

重杖处死，却将陈进哥作翁进解押上州。……臣契勘直柔身为前执政而不亲郡事，致僚属弛慢如此。"①

（绍兴）十八年闰八月七日，大理寺丞石邦哲言："伏睹《绍兴令》，决大辟皆于市，先给酒食，听亲戚辞诀，示以犯状，不得窒塞口耳、蒙蔽面目及喧呼奔逼。而有司不以举行，殆为文具，无辜之民至有强置之法。如近年抚州狱案已成，陈四闲合断放，陈四合依军法。又如泉州狱案已成，陈翁进合决配，陈进哥合决重杖。姓名略同而罪犯迥别，临决遣之日，乃误以陈四闲为陈四，以陈翁进为陈进哥，皆已决而事方发露。"②

知泉州富直柔误将陈翁进作陈进哥处死、知抚州误将陈四闲作陈四处死，如此严重的失误显然是当职官员敷衍公事的恶果，此种现象应该不是个案，"今之勘官往往出入情罪，上下其手。或捶楚煅炼，文致其罪；或衷私容情，阴与脱免。虽在法有故出故入、失出失入之罪，几为文具"③，司法官员懒政、不作为，放纵吏员弄法，致有几多冤魂枉死！因此，制定出完善、细密的官司出入人罪法规范司法官员、吏员的司法行为就成为宋廷必须完成的任务，这应是官司出入人罪法在宋代发达、完善的客观需要。

（二）宋代官司出入人罪法之评价

就法律制度设计的角度分析，宋代的官司出入人罪法尚有诸多不足之处，但与宋之前、之后各朝代相比，它显然是最发达的，远非唐、明、清所能媲美。尽管如此，在政治斗争激烈、司法官员专业素质整体不高以及频繁赦降影响之下，就最终实施效果而言，宋代官司出入人罪法与其他朝代类似，其司法实践效果有限，我们不应该对其评价过高。

其一，宋代官员相互之间因私人恩怨、党派之争等导致出入人罪之案

① 《宋会要辑稿》刑法 4 之 82，第 8490 页。

② 《宋会要辑稿》刑法 4 之 83，第 8491 页。

③ 《宋会要辑稿》刑法 4 之 84，第 8491 页。

件的判决或复审多不能依法进行，致使制度设计上的自我纠错功能失效，未能在司法程序最后一个环节中阻止出入人罪结果的最终形成。

> 福津尉刘莹携酒肴集僧舍，屠狗聚饮，杖一伶官，日三顿，因死。权判大理寺王济论以大辟，经德音从流。知审刑院王钦若素与济不相得，又以济尝忤宰相张齐贤持法尚宽，钦若乃奏莹不当以德音原释。齐贤乘其事，断如钦若所启，济坐故入，停官。①

权判大理寺王济审断福津尉刘莹杖杀伶人之事，并无不当。但知审刑院王钦若、宰相张齐贤因私人恩怨在核准此案时枉断王济故入之罪，人为地制造出一例故入人死罪案。

有宋一代党争不断，双方“不问事实，而一切有非而无是”②，必然导致官司出入人罪法沦为党争之工具，失去其本真价值。如熙宁初年，反变法重要成员宰相韩琦任相州（今安阳）知州期间处决了三名劫盗。多年之后，韩琦已去世，变法派、刑房堂后官周清提出“相州杀之，刑部不驳，皆为失入死罪”，从而引发牵连大理寺、刑部、御史台、谏院、审刑院等诸多官员在内的一场大纷争，案件最终以变法派、原知谏院蔡确拜相，而原宰相、反变法派吴充罢职为结案标志，“牵连得罪者数十人”，“狱成，人以为冤。”③ 自始至终，双方争论的焦点皆非案件本身，而是借此作为党同伐异的工具和借口，是否为失入死罪的结果完全取决于胜出一方的身份，法制败于政治，其法设立之价值难觅矣。

其二，赦降太频导致犯罪官员所受处罚等同虚设，官司出入人罪法之实际震慑效果有限。宋代赦降种类繁多，主要包括大赦、曲赦、德音、录囚、特赦等，释放有罪官员等罪囚是其内容之一。因大赦、曲赦、德音、录囚各自赦降等级不同，其减免、宽宥等级亦不同，大致可分为五个等

---

① 《续资治通鉴长编》卷47，咸平三年五月甲辰，第1018页。

② 熊公哲：《王安石政略》卷5《边备政策》，商务印书馆1937年版，第151页。

③ 此案牵连极广，散见于李焘《续资治通鉴长编》卷287，元丰元年闰正月庚辰、庚子，第7025、7034页；卷290，元丰元年六月辛酉，第7090—7091页。

格，其中第一等格的赦降可减免包括出入人罪之司法官员在内的所有罪囚，而经由二次第二等格的赦降，受责官员亦可免罚，因此，犯罪官员经过等级不一的赦降后即可恢复官员身份。虽然第一等格的赦降有限，但宋代第二等格的赦降则比较普遍。据统计，北宋168年间，大赦、曲赦、德音、录囚共计425次，针对一人一事的特赦则无数。频繁的赦降严重干扰了司法公正，许多犯罪官员得以逃脱惩罚，“徒紊国家之纪纲”，“益令群吏慢于奉法，且使天下有以窥时之尚姑息”①，直接导致“虽在法有故出故入、失出失入之罪，几为文具”② 的现象。如哲宗绍圣四年（1097），李适任职临江军判官时失入三人死罪，依律当追两官勒停，恰好两遇大礼赦而减免惩罚，宋哲宗特下诏书令李适免勒停，仅与小远处差遣。③ 类似记载极多，违法官员“虽暂废，他日复得叙官”④，出入人罪法徒为文具，失去其应有的约束力和震慑效果。

小　结

宋代儒家思想盛行，其慎刑、法治等思想直到今日依然具有重要的借鉴意义，其官司出入人罪法的发展和完善是我国古代法制文明的一抹异彩。但其不足之处亦不能忽视，如特权法依然保留，高阶文官、武臣和内臣依然享有“奏裁”的特权，多数能够逃避制裁。而频繁的赦降则是所有犯罪官员的特赦机会，经过若干次赦降，犯罪官员即可全免或减降惩罚力度，既而叙复为官，如除名者六年后即可叙复、冲替者一年可得差遣等，宋仁宗朝敕令“一坐失入死罪，皆终身不迁”⑤ 的规定显然只是一纸空文。宋代是“与士大夫共天下”的时代，全体官员群体的权益自然是法律保障

---

① ［宋］张方平：《乐全集》卷25《论席平推狱》，影印文渊阁四库全书，第1104册，第256页。

② 《宋会要辑稿》刑法4之83—84，第8491页。

③ 《宋会要辑稿》刑法4之78，第8488页。

④ 《文献通考》卷167《刑考六》，第4996页。

⑤ 《宋史》卷12《仁宗四》，第251页。

的重点，再加上政治因素的影响，宋代官司出入人罪法的实际实施效果有限，与其制度设计相对发达并不完全匹配，无法真正起到维护司法公正、听讼清明的目的，这大概是帝制时代不可避免的宿命。

宋代亲属制度之变迁

——以妇与舅姑亲等变化为中心*

邵育欣

（河北大学　宋史研究中心）

亲属制度是人类学、社会学关注的重要议题，以亲属关系及其代表称谓的社会规范为研究对象，由摩尔根开创，关注不同地域和民族亲属制度的多样性和文化差异。对中国亲属制度的研究，主要以近现代宗族为对象，通过宗族组织、宗族之间的关系等视角来理解中国乡土社会的亲属制度，进而加深对乡土社会结构的认识。① 近年来，人类学、社会学学者开始注意到丧服制度与传统中国亲属制度的密切关系。② 而历史学界则早已从礼制、法制史等角度对丧服制度进行了广泛且深入的研究，既有通史类

* 本文系国家社会科学基金项目“宋代家庭秩序与社会变迁研究”（22BZS036）阶段性成果。

① 刁统菊：《亲属制度的另一路径——姻亲关系研究述评》，《西北民族研究》2009 年第 2 期，第 179—192 页；刘铁梁：《亲属制度研究的反思与再定位》，《民族艺术》2017 年第 3 期，第 165—168 页。

② 吴飞：《五服图与古代中国的亲属制度》，《中国社会科学》2014 年第 12 期，第 162—175 页；周飞舟：《差序格局与伦理本位：从丧服制度看中国社会结构的基本原则》，《社会》2015 年第 1 期，第 26—48 页；秦鹏飞：《传统父系宗族中“族”第意义：以九族亲属制度的建构为例》，《社会》2023 年第 1 期，第 84—108 页。

研究[1]，也有自先秦至清代的断代研究[2]。其中，服叙是丧服制度的主干，也是相关研究的着力点。虽然丧服制度研究已有深厚的基础，但史学界对与之密切相关的亲属制度的关注仍较为有限。[3] 而已有亲属制度相关成果多来自人类学、社会学领域，由于学科差异，偏重理论阐述，并主要以丧服礼制为依据。事实上，魏晋南北朝以后“准五服以制罪”原则的确立及陆续修入令、格、敕等法条中，丧服制度已是礼、法制的融合体。因此，对中国传统社会特别是魏晋以后亲属制度的研究，仅关注丧服礼制尚嫌不足。

唐代既是服叙制度发生重大变革的时期，又是法律中“准五服以制罪”原则确立的时期，具有承上启下的关键作用，所以也是丧服制度断代研究中成果最突出的朝代。宋朝的礼、法制多上承唐制，但经过看似动乱失序却在乱中求变的五代，加之时代发展和社会变迁，宋朝的制度建设在唐、五代基础上又有诸多改革与创新[4]，亲属制度也不例外。有鉴于此，

---

① 马建兴：《丧服制度与传统法律文化》，知识产权社 2005 年版；丁凌华：《五服制度与传统法律》，商务印书馆 2019 年版；吴丽娱：《终极之典：中古丧葬制度研究》，中华书局 2012 年版。

② 丁鼎：《〈仪礼・丧服〉考论》，社会科学文献出版社 2003 年版；章景明：《先秦丧服制度考》，（台湾）中华书局 1971 年版；张焕君：《情礼交融：丧服制度与魏晋南北朝社会》，商务印书馆 2023 年第 2 版；任爽：《唐代礼制研究》，东北师范大学出版社 2000 年版；吴丽娱：《唐礼摭遗——中古书仪研究》，商务印书馆 2002 年版；赵澜：《唐代丧服制度研究》，福建师范大学 2008 年博士学位论文。

③ 史学领域已有相关成果可分为两类：一类是在关注家庭、婚姻中某种亲属关系时论及，如刘燕俪《唐律中的夫妻关系》，台北五南图书出版股份有限公司 2007 年版，第 111—115 页；郑雅茹《情感与制度——魏晋时代的母子关系》，凤凰出版社 2021 年版，第 17—50 页。另一类是在讨论与家庭有关的儒家伦理、法律规定时论及，如伊沛霞《内闱——宋代婚姻和妇女生活》，江苏人民出版社 2004 年版，第 43—45 页；柳立言《宋代的家庭与法律》，上海古籍出版社 2008 年版，第 247—324 页。

④ 王美华：《礼制下移与唐宋社会变迁》，中国社会科学出版社 2015 年版；郭潇博：《唐宋五服制度变革研究》，广西师范大学 2014 年硕士学位论文；杨逸：《宋代四礼研究》，浙江大学出版社 2021 年版；徐渊：《从〈仪礼・士丧礼〉看〈书仪〉和〈家礼〉对宋代士庶丧礼的损益和革新》，《现代儒学（第九辑）：理学的思想空间》2021 年 12 月。

本文尝试通过梳理礼、法制文献中的相关内容，以宋代服纪变革最突出的“妇为舅姑三年服制”为中心，在梳理其自唐至宋由俗礼入正礼递迁的基础上，分析服制变革带来的亲等变化及影响，进而探讨亲等变化产生的制度与社会背景。

今所存宋代记载服叙的主要文献，礼典有《政和五礼新仪》卷二四《五服制度》；法典有《天圣令》卷二九《丧葬令》后所附《丧服年月》，《庆元条法事类》卷七七《服制格》；私人撰著礼书则有司马光《书仪》卷六《五服年月略》，朱熹《家礼》卷四《丧礼》；服叙图谱见于黄榦《仪礼经传通解续》，杨复《仪礼图》，车垓《内外服制通释》。

一、唐宋时期妇为舅姑服制之递迁

有宋一代，服叙制度最突出的变革莫过于宋初出台的妇为舅姑三年之制，历来为学者所关注。① 这一变礼的意义并不在于此制乃宋代新创，而是原为民间俗礼的三年之制首次在国家礼法典中得以确立，由国家最高行政权力实现对古礼的变革。今存宋代服叙文献中均载为三年制，说明其不仅载入国家典制，也为士庶家礼所采纳并传播推广，影响深远。

《仪礼·丧服》中载妇为舅姑服不杖期，与父母服制相同。② 东汉马融解释此服周之制源于从服，“从夫而为之服也。从服降一等，故夫服三年，妻服周也”③。唐前期先后出台的国家礼典《贞观礼》《显庆礼》《开元礼》中，妇为舅姑的期服未有变化。不仅如此，贞观十四年（640），颜师古提出“至如舅姑为妇，其服太轻，冢妇（嫡子妇）止于大功，众妇小功而已”，“略其恩礼，有亏慈惠”，建议实行“冢妇周服，众妇大功”④，获得

---

① 宋代礼制、法制史涉及服叙制度的研究中对此服制均有提及，而徐爽的《宋初妇为舅姑服制的变革》则是从礼制角度对此制的专文研究（《民俗研究》2017 年第 5 期，第 59—65 页）。

② ［汉］郑玄注，［唐］贾公彦疏：《仪礼注疏》卷 31《丧服》，影印阮元《十三经注疏》校刻本，中华书局 2013 年版，第 2402 页。

③ ［唐］杜佑撰，王文锦等点校：《通典》卷 90《凶礼》，中华书局 1988 年版，第 2466 页。

④ ［宋］王溥：《唐会要》卷 38《服纪》，上海古籍出版社 1991 年版，第 786 页。

批准。《开元礼》中就载有舅姑与嫡妇互报为齐衰不杖周。① 这实际是提高了舅姑为妇的服制，实现了舅姑与儿媳服制的对等互报。

不过，虽然官方正礼沿用古礼，民间俗礼却在发生变化，这在保留于敦煌写本的唐代书仪中有所呈现。成书于玄宗登基前的 S.1725《唐前期书仪》所载服制中，已有“妇为姑妐齐衰三年”的内容。② P.3637 杜友晋《新定书仪镜》中包括内族、外族和［妇为］夫族三幅服制图，显示出三族亲属关系及行服范围。［妇为］夫族服图是以“夫”为中心，展示出妇女为丈夫及夫族亲属的服制。其中有规定，为夫及夫父母均服三年丧。③ 另《唐会要·服纪》中载有贞元十一年（795）河中府仓曹参军萧据请礼院详定堂兄侄女为舅姑服制的奏状，原因是他认为“今时俗妇为舅姑服三年，恐为非礼”。详定判官则据《开元礼》认为“父母之丧，尚止周岁；舅姑之服，无容三年”④。可见，妇为舅姑三年服制至唐中期依然是民间盛行的俗礼，官方仍以《开元礼》为据而未改。

那么，《书仪镜》夫族服图中的“三年”具体指哪一种服制呢？《仪礼·丧服》中以父为至尊、母为至亲，所以父母之服并不平等，父在则为母之服“压降”至齐衰杖期，父虽亡，而“余尊犹在”，为母之服仍须“压降”为齐衰三年。即便是武则天当年奏请提升父在母服时，也未突破“压降”原则，仍以齐、斩之别，以示父尊。因而，一般认为此处的三年，分别是为舅斩衰、为姑齐衰。⑤ 但是，这样的服制违背了丧服制的另一个原则，即“妇人不贰斩”，“不贰斩者，不贰尊也”。即在此原则下，女子

① ［唐］萧嵩：《大唐开元礼》卷 132《凶礼·五服制度》，汲古书院 1972 年版，第 622 页。

② 赵和平：《敦煌写本书仪研究》，台北新文丰出版公司 1994 年版，第 395 页。

③ 吴丽娱发现敦煌写本 S.3637 中三幅丧服图出现了 17 种与《开元礼》不同的服制，虽然对杜友晋《书仪镜》成书年代没有疑问，但具体到该卷的年代则认为可能是唐后期五代的抄本，并认为 17 种服制也是唐后期五代所改。（吴丽娱：《唐礼摭遗——中古书仪研究》，商务印书馆 2002 年版，第 450—455 页）虽然妇为舅姑三年是吴先生梳理的 17 种新服制之一，但据 S.1725 写本内容来看，笔者以为此服制似应是杜氏原书内容，而非唐后期五代时所改。

④ 《唐会要》卷 38《服纪》，第 804 页。

⑤ 吴丽娱：《唐礼摭遗——中古书仪研究》，第 448 页；徐爽：《宋初妇为舅姑服制的变革》，《民俗研究》2017 年第 5 期。

出嫁前以父为天，为父服斩衰，出嫁后便“移天”于夫，只能为夫服斩衰，为父则压降为不杖期。然而，为舅服升至斩衰三年的话，便出现了“贰斩”“贰尊”的问题。按前述古礼为舅姑服同为不杖期，敦煌书仪S. 1725中也载有为舅姑同服齐衰三年，又女子出嫁后为父母服同降至不杖期，都没有区别舅与姑、父与母的服制，据此笔者推测唐前期民间流行的俗礼中为舅姑同为齐衰三年，而明确区别舅、姑三年服制为斩、齐衰则要到宋朝了。

萧据提出的俗礼与正礼不统一的问题直到宋初仍然存在，并且情况更加复杂和严重。论者多以《宋史·礼志》中的一段记载作为宋初确立三年之制的缘起。乾德三年（965），时任判大理寺的尹拙奏言：“按律及《仪礼·丧服传》《开元礼仪纂》《五礼精义》《三礼图》等书，所载妇为舅姑服周；近代时俗多为重服，刘岳《书仪》有奏请之文。《礼图》《刑统》乃邦家之典，岂可守《书仪》小说而为国章邪?”判少卿事薛允中等人补充说：“《书仪》：‘舅姑之服斩衰三年。’亦准敕行。”[①] 问题由作为司法机构的大理寺官员提出，说明妇为舅姑服制在礼与法、律与敕中不统一，造成司法实践的困境，所以奏请太祖裁定。朝廷随即召集魏仁浦等臣僚集议。参与商议的二十一位臣僚同意定为三年制，并在奏议中给出理由：一是依据《礼记·内则》的“妇事舅姑，如事父母”，舅姑如同父母；二是五服制的演变趋势是增服和加服；三是“夫妇齐体，哀乐不同，求之人情，实伤至治”；四是妇人为夫有三年之服，于舅姑而止服一年，是“尊夫而卑舅姑也”。十二月，太祖下诏，确定“妇为舅姑三年齐、斩，一从其夫”。[②]

此后，三年之制被逐渐收入宋代礼、法典中。开宝四年（971）六月，在《开元礼》基础上损益而成的官方礼典《开宝通礼》依上述诏令，将妇为舅姑服制定为与夫同。天圣五年（1027），翰林侍讲学士孙奭从《开宝通礼》中录出五服制度，是为《五服年月敕》。虽然《五服年月敕》已散佚，但司马光《书仪·五服年月略》乃其节略版，保存了孙奭整理的服叙

① ［元］脱脱等：《宋史》卷125《礼志·凶礼四》，中华书局2004年版，第2930页。

② ［宋］李焘：《续资治通鉴长编》卷6，乾德三年十二月丁酉，中华书局2004年版，第160—161页。

制度，从中可以看出孙奭取消了《开元礼》以后丧服改制的多数内容，却保留了妇为舅姑三年之制。由此，三年服制被编为敕文，进入法典。而今存《天圣令·丧葬令》后所附《丧服年月》中，也分别在斩衰三年和齐衰三年条下记有"为夫之父""妇为夫之母"。南宋《庆元条法事类·服制门·服制格》中，也记载了这一服制。

二、宋初妇与舅姑亲等之变化及影响

在唐至宋妇为舅姑三年之制由俗礼列入官方礼、法典的过程中，为人妇与夫父母之间的亲等关系也在由民俗走向制度，并产生多方面的影响，其中受影响最深者莫过于为人妇。服叙制和丧服图已显示出男女在婚娶后服叙的变化是不同的，男子娶妻后与本宗亲属的服叙不变，而女子出嫁后与本宗亲属的服叙要相互降服，最突出的便是为父母服降为不杖期。所以在古礼至唐正礼中，妇为舅姑与为父母的服制是一样的。反过来，唐礼规定舅姑为嫡子妇服齐衰不杖期，基本体现了"服者报也，虽有加降，不甚相悬"[①] 的原则。然而，宋代官方礼法将舅姑服升至三年，不但使得舅姑的礼数远超父母，也使得舅姑相较于儿媳的亲属等级大幅提升，造成原来相对平衡的亲等关系严重失衡。

与舅姑亲等关系的变化，使得儿媳在家中的处境越发艰难。从礼制的角度来说，夫与舅并为"至尊"，出现了"家有二尊"的局面，这就预示着儿媳不但不能与舅姑分庭抗礼，还必须像对待丈夫那样尊重和服从。从法制的角度来说，亲等的变化会关联到定罪量刑的依据，一旦儿媳与舅姑卷入法律程序，亲等的改变可能导致儿媳陷入无意识犯罪甚至有冤难雪的困境，变成无助的弱者。

以卑幼告尊长为例，《宋刑统》中"十恶"的第七种是"不孝"，而"告言祖父母、父母"在所列五条罪行中居于首位。律文的具体规定是除谋反、大逆及谋叛以上罪，"诸告祖父母、父母者，绞"。疏议补充说"若

① 《唐会要》卷38《服纪》，第805页。

故告余罪者，父祖得同首例，子孙处以绞刑”。所谓“首例”，就是同自首免罪。对于严惩子孙告父母的原因，疏议解释是“父为子天，有隐无犯，如有违失，理须谏诤，起恭起孝，无令陷罪。若有忘情，弃礼而故告者，绞”①。

而对卑幼告周亲及以下服制的尊长则是准许的。《告周亲以下》律文的内容，根据卑幼控告尊长所犯事与本人有关与否决定卑幼是否需陪罪，如是互相侵犯，则准许相告，尊长罪行得实，卑幼不需陪罪。②

若反过来，父母告子孙，律文的规定是“即诬告子孙、外孙、子孙之妇妾，及己之妾者，各勿论”。即使是诬告也依然无罪。周亲及以下亲的尊长如若告卑幼，卑幼罪行得实，尊长也要依据亲等陪罪。③

结合妇与舅姑亲等变化再来看上述刑律的话，会发现宋之前舅姑是儿媳的周亲尊长，儿媳是准许控告舅姑，但宋初确立三年之制后，舅姑在法律中的亲等对儿媳来说等同于父母与子孙，所以自宋初始儿媳与儿子一样，控告舅姑要获绞刑（实际量刑一般以折杖为多）。这样的类推同样也适用于“不孝”的其他罪行，包括诅骂、供养有阙等。由此来看，对儿媳而言，虽然服叙上存在“家有二尊”的问题，但在法律层面，舅与夫作为父子，父终究是尊长，子则是卑幼，所以法律只承认家中只有一尊，就是夫之父即妇之舅。那么，在与舅姑同居家庭中，儿媳一旦遇到舅姑犯事或受其侵犯，处境或陷入孤立和被动，这在宋代的不少案例中有所体现。

《名公书判清明集》中胡颖的一篇判词，名为《妇以恶名加其舅以图免罪》。通过判词内容了解到的案情大致是：蒋八在一年之内两次控告儿媳阿张不孝，在审理过程中，阿张辩称因遭舅性侵不遂，才与夫蒋九出外别居。胡颖对此案的分析与判决依据以下几个方面：一是“妇之于舅姑，犹子之事父母，孝子扬父母之美，不扬父母之恶”；二是即便蒋八侵犯，阿张拒之则可，而“彰彰然以告之于人，则非为尊长讳之义”；三是“阿

① ［宋］窦仪等详定，岳纯之校证：《宋刑统校证》卷1《名例律·十恶》，北京大学出版社2015年版，第7页。

② 《宋刑统校证》卷24《斗讼律·告周亲以下》，第314页。

③ 《宋刑统校证》卷24《斗讼律·告周亲以下》，第316页。

张乃一过犯妇人”，若果遭侵犯，“决非能以礼自守而不受欺凌者”。据此胡颖判断阿张的自辩与反告“不过欲侥幸以免罪”，故以恶名加于舅。他在判决结果中将教化对象指向了阿张的丈夫蒋九，并以《礼记·内则》的“子甚宜其妻，父母不悦，则出之”为据，认为蒋九是因阿张而弃父别居，杖六十以示惩戒后，“押归供侍”，并警告蒋九如其父再有诉讼，定当处以不孝之罪。至于阿张，不但“决十五”，还被强制离婚，“射充军妻”。①

可以看到，胡颖的判词中对阿张自辩是否真实并不关心，自然也不接受阿张对舅侵犯的反告，反而在意阿张没有为尊长讳，甚至先入为主推测阿张即便遭到侵犯也不会自守，并且在没有调查事实的前提下，凭主观推断阿张是为免罪而诬舅。从对阿张“射充军妻”的处罚来看，阿张的自辩非但没有得到胡颖的同情，反而从重量刑，因为“射充军妻”在宋代通常是对“淫滥之妇”的刑罚。这一看似既不合情又不合法的判决，曾引起众多学者的非议。柳立言先生对此案件有过深入细致的分析，虽也认为胡颖量刑过重，但从宋代司法程序的角度来看，胡颖依据的是不得因事告事的法令，所以不接受阿张作为被告的反告也是合法的。然而问题是，既然不接受阿张的反告，判词却都在围绕此事指责阿张，并且最后的量刑也与之有关。②

此外，柳立言先生还指出，若阿张所言是真，被侵害在先，却因成为被告而反告无效，原因在于当初没有借助法律程序，而采取与夫出居来逃避，触犯别居异财的法令，成为犯事者。③ 那么，假设阿张在舅告不孝前先告舅侵犯，是否能获得法律的保护呢？根据前述的律文规定，阿张是不可以告舅的。那丈夫蒋九是否可以控告呢？按律同样也不行。《名公书判清明集》所收胡颖的另一篇判词，名为《子妄以奸妻事诬父》，便是子告

---

① ［宋］佚名：《名公书判清明集》卷10《乱伦·妇以恶名加其舅以图免罪》，中华书局2002年版，第387—388页。

② 柳立言：《从法律纠纷看宋代的父权家长制——父母舅姑与子女媳婿相争》，《宋代的家庭与法律》，上海古籍出版社2008年版，第297—298页。

③ 柳立言：《从法律纠纷看宋代的父权家长制——父母舅姑与子女媳婿相争》，《宋代的家庭与法律》，第296页。

父奸妻案。判词中未提对父奸妻是否真实进行查明，却在强调“父有不慈，子不可以不孝”，如因妻言兴讼，“惟恐不胜其父，而遂以天下之大恶加之，天理人伦，灭绝尽矣”。最后夫妻同时被处罚，夫“从轻杖一百，编管邻州”，妻“杖六十”。[①] 另有一案例，舅因儿媳不顺从怒剪其发，子闹到公府。然经人提醒子告父乃重罪后，在审理时竟伙同其父一起说是媳妇自断发以图诬陷。[②] 既然丈夫帮不上忙，是否可以寻求夫族之外本宗亲属的帮助呢？《续资治通鉴长编》中载有一案，真宗时，有媳知姑杀舅，在省亲时告知父亲，由父亲代为告发。虽然姑认罪，但州级执法官员判决媳妇“告其夫父母，罪流三千里，仍离之”，而姑“同自首，原其罪”。后经转运司和大理寺认作州官量刑有误，进行了改判，改判的原因在于姑杀的是舅，须据“五服内亲自相杀”律条定罪，然如若姑杀的人是无服亲，媳仍要按原罪论处。[③] 由此可见，即便阿张控告在先，恐怕也仍然难逃刑罚与离婚的结局。

上述案例中执法官员的判词与量刑从重的判决结果，体现出宋代公权力对父系家长权与儒家伦理秩序维护的加强。而妇与舅姑亲等的失衡，则是从制度层面强化了为人妇这一身份的从属地位。由此可见，无论是礼、法制度还是实际生活，儿媳在与舅姑的关系中极为被动。舅姑在时不能与夫出外别居，同居家庭遭受舅或妇的侵犯也不能轻易自诉，否则轻则强制离婚，重则获刑。

---

① 《名公书判清明集》卷 10《乱伦·子妄以奸妻事诬父》，第 388 页。

② ［宋］郑克编撰，刘俊文译注点校：《折狱龟鉴译注》卷 8，上海古籍出版社 1988 年版，第 506—508 页。

③ 《续资治通鉴长编》卷 81，大中祥符六年十一月，第 1852 页。

三、亲等变化的制度与社会背景分析

已有成果注意到妇为舅姑服叙的变化对女性家庭地位的影响。[①] 为进一步理解这一服制变革所引发的亲等变化，本文尝试将观察视角拓宽，从更大的制度和社会背景下做一分析。

妇与舅姑服制和亲等的变化，如以丈夫为中心的话，也可看作是外亲与本宗的关系。在古代的亲属范围中，外亲既包括妻族，也包括母族。通观唐宋时期外亲与本宗的服制，会发现变化的远不止妇为舅姑的服叙。

前述已提及宋初修订的《开宝通礼》是以唐《开元礼》为蓝本，而《开元礼》又是唐初以来变礼的结果。唐前期，经贞观、显庆、开元礼的修订，对古礼中的丧服服制做了重大修改。安史之乱至五代，变礼仍在继续。宋朝建立之初，即着手统一服制，直到天圣五年《五服年月敕》颁行后才告结束。所以，讨论宋朝服制的变化，有必要回溯至唐前期。

古礼中外亲服制相较于父系亲属要轻很多。如《仪礼·丧服传》称“外亲之服皆缌也”。贾公彦义疏中解释为“以其异姓，故云外亲，以本非骨肉，情疏，故圣人制礼无过缌也”[②]。或许是由于服轻，很多相关内容不甚详明，但随着时代和社会发展，开始受到关注。

唐朝是在魏晋丧服学兴盛的基础上开启了服叙改革之路，这一时期官方的变礼主要发生于太宗、高宗及玄宗朝，而外亲服制则是改革的主要内容。兹梳理如下：

1. 舅甥服报提高。古礼服叙中姨母为小功，舅为缌麻三月。贞观十四年（640），唐太宗指出“舅之与姨，亲疏相似，而服纪有殊，理未为得”[③]。经魏征等官员集议，改为舅服小功五月，与姨母同服，但舅报甥服

---

① 王楠：《唐代女性在家族中地位的变迁——对父权到夫权转变的考察》，《中国社会历史评论》第3卷，中华书局2001年版，第153页；赵澜：《唐代丧服制度研究》，福建师范大学2008年博士学位论文，第71—73页。

② 《仪礼注疏》卷33，第3250页。

③ ［后晋］刘昫：《旧唐书》卷27《礼志·礼仪七》，中华书局2002年版，第1019页。

未改，仍为缌麻三月。高宗显庆二年（657），在长孙无忌的建议下，改舅为甥报服与甥为舅服同。人类学和社会学对舅甥关系关注较多，舅与甥的关系被认为是与母家关系的重要标尺。由此也可以看出唐朝对舅甥乃至母家关系的重视。

2. 舅姑为子妇服提高。前文已述及，贞观十四年（640），在颜师古的建议下，舅姑为众子妇大功，为嫡子妇服齐衰不杖期，使得舅姑与嫡妇服报对等。嫡庶之别的实质也是对母亲身份及其母家的重视。

3. 父在为母服提高。高宗上元元年（674），武后上表奏请父在为母终齐衰三年之服，获得批准，但未通行。垂拱末年，始编入格。

4. 增加嫁母之服。古礼原无为嫁母服叙，开元二十年（732）修订的《开元礼》中将嫁母服定为齐衰杖期，嫁母为子女报服同，但为父后者为嫁母无服。

5. 增加同母异父兄弟姊妹服。古礼原无此服制，《开元礼》增定为小功服叙。

上述变礼都已收入《开元礼》中。除此之外，唐前期还陆续颁布了一些补充或调整服制的敕令。如龙朔二年（662）明确母服的区别和非承重者为出嫁继母服杖期。开元二十三年（735），玄宗下旨令礼官详议服纪不足之处，臣僚希旨，奏请增加舅母服为缌麻，堂姨、舅服为袒免，获得批准。天宝六年（747），玄宗敕令为出嫁母服三年。以上服制变化显示出安史之乱前唐朝官方服制的重点改革对象在于外亲服叙，特别是母服，改革的趋势是增服或加服。学界对于太宗、高宗、玄宗朝重要服制改革的具体政治原因和意图已有研究①，并早已注意到隋唐皇室所具有的北朝遗风，正如陈寅恪先生曾指出李武韦杨婚姻集团是关中、代北婚姻观念的产物。②所以外族服制改革，既是李武韦杨集团的“黏合剂”，也是承袭北朝母系社会文化遗俗重母家、重舅家的产物。可以说，唐前期的变礼既有对南朝

① 吴丽娱：《唐礼摭遗——中古书仪研究》，第495—520页。

② 陈寅恪：《记唐代之李武韦杨婚姻集团》，《金明馆丛稿初编》，上海古籍出版社2020年版，第237—240页。

议礼、改礼的继承，也受到北朝少数民族习俗的影响。①

然而，在皇室和官方热火朝天地提升外亲服制之际，唐前期民间俗礼中出现的妇为舅姑三年服制看似反骨，实则可看作是汉魏六朝以来逐渐强化的父系意识在民间俗礼中的渗透。

安史之乱之后，唐代政局和官制体系都发生了变化。随着科举制的发展，凭借个人才识参加科举入仕和投身藩镇取得功勋的机遇较多，士族子弟依靠家族和姻亲关系进入仕途的优势逐渐消退。“五代以来，不崇门阀”②，伴随士族的进一步衰落，婚姻也基本不问阀阅，因而母族、妻族对夫家的影响也日益弱化，由此引发女性在本家与夫家亲属关系的变化。③前文提及的杜友晋《书仪镜》三幅丧服图的敦煌写本，学者已指出其中的服制与《开元礼》有多处差异，体现出唐后期至五代的服叙变化。虽然这一时期服制较为混乱，但其中也出现一种趋势，即男女同辈中女性服叙的降制增多。如姨舅虽同加至大功，但姨有在室与出嫁之分，实则姨服低于舅；伯叔母自期服减为大功，而伯叔父未变；兄女服降至小功五月，但侄服未变。④

宋人深感五代“礼废乐坏”的“乱世”，“世道衰，人伦坏，而亲疏之理反其常”⑤。针对五代混乱礼制，北宋建国初期便着手进行统一。由于对五代礼法道德的鄙夷，宋人盛行“宋承唐制”之说，包括《开宝通礼》，朱熹曾说“全体是《开元礼》，但略改动”⑥。然而，“略改动”中最引人注意的一项就是抛弃《开元礼》中为舅姑期服之制，并确认了后唐刘岳《书

① 侯旭东指出汉魏六朝母方亲属在家庭生活中发挥着重要作用，认为隋唐妇女地位高的原因应考虑到汉代以来的固有传统，不过他也注意到父系意识在逐渐强化。（《汉魏六朝父系意识的成长与“宗族”》，《北朝村民的生活世界——朝廷、州县与村里》，商务印书馆 2005 年版，第 60—107 页）

② ［明］胡应麟：《少室山房笔丛》卷 39《华阳博议下》，上海书店 2009 年版，第 394 页。

③ 王楠：《唐代女性在家族中地位的变迁——对父权到夫权转变的考察》，《中国社会历史评论》第三卷，第 151 页。

④ 吴丽娱：《唐礼摭遗——中古书仪研究》，第 494 页。

⑤ ［宋］欧阳修：《新五代史》卷 36《义儿传》，中华书局 2002 年版，第 385 页。

⑥ ［宋］黎靖德编，王星贤点校：《朱子语类》卷 84，中华书局 1986 年版。

仪》中收录的三年服制。而孙奭在从《开宝通礼》中录出五服制度作《五服年月敕》时，取消了《开元礼》以后丧服改制的多数内容，但仍保留了妇为舅姑三年之制。那么，为何不惜修改《开元礼》而保留此服制，甚至忽略“父者子之天”与“夫者妻之天”之间的平衡及“妇不贰斩”的古礼原则呢？前引魏仁浦等臣僚同意立妇为舅姑三年之制的理由中其实已有提及，此服制的保留正是在于其与宋初以孝治天下的标榜、儒家复兴、伦理秩序的强化、父权的加强等趋势相吻合，所以此服制也可说是这一趋势的缩影。这样看来，宋代依然在延续前朝改礼的惯性，所不同的是将唐俗礼中蕴含的父系意识彰显于官方正礼中。不仅如此，宋代在服制的表述上，也开始突出夫族。通过对比《天圣令·丧服年月》与《开元礼》，可发现前者多出不少妻为夫族的服制，如大功服的“为夫兄弟子之妇”条，小功服的“为夫兄弟之孙”“为夫同堂兄弟之子”条，缌麻服的“为夫兄弟之曾孙”“为夫兄弟孙之妇”“为夫同堂兄弟之孙”“为夫再从兄弟之子”“为夫之同堂兄弟子之妇”。[①] 这些多出来的条目其实并不是《天圣令》新增，而是由于不是服制主体，《开元礼》中被并入其他条之下。《天圣令》将这些条目一一列出，而且多为夫族中的小辈，如此刻意显示妻为夫族服制的内容，正是为突出和强调妻在夫家地位的从属性与所尽的义务。而妇为舅姑服制与亲等关系的调整，其意图与效果也正在于此。

① 吴丽娱：《终极之典：中古丧葬制度研究》，第569—570页。

宋代湖南地区市镇分布研究*

周方高　蒲艳婷
（湖南科技大学　人文学院）

市镇作为商品流通的新环节，是连接乡村与城市的纽带。一方面农村中的农副产品通过市镇流通到更高层次的市场之中，另一方面城市中的各种商品也通过市镇流入农村市场，极大地加强了农村与城市之间的联系。入宋以来，在全国商品经济大发展的背景之下，湖南地区的市镇有较大的进步。但有关宋代湖南地区市镇的史料相当匮乏且十分零散，学界的研究相对薄弱。举其要者，相关成果大致如下：20 世纪 80 年代，傅宗文《宋代草市镇研究》① 附录"宋代草市镇名录"，对两湖地区的草市镇略有涉及；杨果《宋代两湖平原地理研究》②"市镇篇"就对当时洞庭湖平原地区的市镇进行了较详细的论述；鲁西奇《汉宋间长江中游地区的乡村聚落形态及其演变》③ 提出汉宋之间长江中游乡村聚落规模不断扩展，逐渐发展成为草市，其中对湖南部分地区略有涉及；何书林《宋代荆湖南路的社会经济之发展》④ 对荆湖南路地区草市的勃兴与镇市的成长进行了一定的讨论。综观现有的相关成果，学界对宋代湖南各区域市镇缺乏全面系统的研究。根据地理环境的差异性和经济发展水平的高低，本文拟对湘中、湘

---

* 湖南省社会科学规划基金项目："宋元明清时期湘江流域人地关系演变研究"（21YBA214）。

① 傅宗文：《宋代草市镇研究》，福建人民出版社 1989 年版。

② 杨果：《宋代两湖平原地理研究》，湖北人民出版社 2001 年版。

③ 鲁西奇：《汉宋间长江中游地区的乡村聚落形态及其演变》，《历史地理》2008 年第 1 期。

④ 何书林：《宋代荆湖南路的社会经济之发展》，云南大学 2018 年硕士学位论文。

北、湘南、湘西四大区域的市镇略做探讨，疏漏之处望方家指正。

一、湘中地区的市镇

湘中地区，包括潭州、衡州、邵州。本区主要处于全省中部偏东的湘江中下游丘陵起伏地带，总面积约 82 200 平方公里。东部为湘赣边境山地，西部为湘、资两水之间的丘陵，中部除衡山兀立突起，大部分为丘陵河谷盆地。地形的多样性，也使得该区市镇的分布状况具有一定的差异性。

（一）潭州

潭州，是整个荆湖南路的政治、经济和文化中心，地理位置优越，故其市镇发展程度相对较高。潭州下辖长沙、宁乡、湘潭、湘乡、浏阳、湘阴、醴陵、攸县、益阳、衡山、安化等县，见于史籍记载的市镇约 24 个。

长沙县下辖有桥（乔）口镇、大阳市、黄花市、长乐市（今长乐区）和南岳市。桥（乔）口镇①，在“长沙县西北六十里”，处于长沙、益阳和湘阴三县交界之处，商贾往来，多于此贸易。②《读史方舆纪要》又载其在“府西北九十里”，当益阳乔江之口，“五代周广顺二，王逵等自朗州袭潭州，克益阳，进克乔江及湘阴，至潭州是也”③。大阳市，位于长沙县雾阳乡。④ 黄花市和长乐市，均见于《永乐大典》。⑤ 南岳市，在岳麓山南。开庆元年（1259），向士壁与蒙古兀良合台战于潭州，遣将王辅祐与蒙古援

① ［宋］王存：《元丰九域志》卷 6《荆湖路》，第 261 页。

② ［清］徐松辑：《宋会要辑稿》职官 48 之 14，第 4398 页。

③ ［清］顾祖禹：《读史方舆纪要》卷 80《湖广六》，中华书局 2005 版，第 3751 页。

④ ［清］苏佳嗣纂修：（康熙）《长沙府志》卷 20《拾遗志》，《稀见中国地方志汇刊》第 37 册，中国书店 2007 年版，第 1041 页。

⑤ ［明］解缙等：《永乐大典》卷 5769《长沙府》引《古罗志》，第 2525 页。

军战于南岳市，使蒙古军稍退。[①] 太平兴国二年（977），析长沙县地置宁乡县，县治为玉潭镇，在潭州西，见于《九域志》。[②]

湘潭县辖下摄市和槠州市。下摄市，在“县西三十里”。[③] 乐雷发诗中有言此处：“楚女越商相杂沓，淮盐浙楮自低昂。”[④] 可见此处人口聚集，各州商品汇集于此，商品交易繁盛。戴复古在《石屏诗集》卷2《访陈与机县尉于湘潭下摄市》中也曾提及下摄市。[⑤] 槠州市，在“县西南七十里”，“为舟车更易之冲……交易甚伙，敌壮县”[⑥]。《陈傅良先生文集》载：潭州槠州市酒课岁尝至缗钱二十万。[⑦]

湘乡县下辖迪田镇和定胜镇。迪田镇，在湘乡县北，“五代汉乾祐三年楚马希萼侵潭州，遣群蛮攻迪田，破之，即此”[⑧]。定胜镇，据《永乐大典》载，在湘乡县“西南一百里”[⑨]。《读史方舆纪要》又载定胜镇在“县西八十里”。唐末邵州将蒋勋遣兵屯定胜镇以寇湘潭。[⑩]

浏阳下辖永兴镇、千丘市、黄簳场和旧溪银场。黄簳场在治平元年（1064）设置，熙宁九年（1076）废除。永兴场为熙宁七年所置[⑪]，到元丰

---

① ［清］顾祖禹：《读史方舆纪要》卷80《湖广六》，“在岳麓山南。宋开庆元年，蒙古兀良合台围潭州，向士壁坚守，闻其后军且至，遣将王辅祐视之，遇于南岳市，大战，蒙古兵少却”。中华书局2005年版，第3751页。

② ［宋］司马光：《资治通鉴》卷289，第9426页。

③ ［清］吕肃高：（乾隆）《长沙府志（一）》卷9，岳麓书社2008年版，第222页。

④ ［宋］乐雷发：《雪矶丛稿·下摄市》，岳麓书社1986年版，第80页。

⑤ ［宋］戴复古：《石屏诗集》卷2《访陈与机县尉于湘潭下摄市》，影印文渊阁四库全书，第1165册，第579页b。

⑥ ［宋］范成大：《范成大笔记六种·骖鸾录》，中华书局2003版，第54页。

⑦ ［宋］陈傅良：《陈傅良先生文集》附录二，蔡幼学《宋故宝谟阁待制致仕赠通议大夫陈公行状》，第691页。

⑧ ［清］顾祖禹：《读史方舆纪要》卷80《湖广六》，“在县北。五代汉乾祐三年楚马希萼侵潭州，遣群蛮攻迪田，破之。杀镇将张延嗣，即此”。第3764页。

⑨ ［明］解缙等：《永乐大典》卷57770《长沙府十九》引《湘潭志》，第2528页。

⑩ ［清］顾祖禹：《读史方舆纪要》卷80《湖广六》，第3764页。

⑪ ［清］徐松辑：《宋会要辑稿》食货33之2，第6717页。

初年（1078）时已经升格为永兴镇。这两处设立之时，不仅商业贸易往来频繁，且银矿资源也十分丰富。熙宁十年，永兴场的商税额就高达八千九百五十一贯五百九十文，位居潭州第三。① 此外元丰二年（1079）五月二十五日，三司又请于永兴银场置酒税务，选派官员监管，可见其酒的交易量也是十分可观的，这都为其升格为镇奠定了经济基础。焦溪银场②，庆历六年（1046）置③，银矿资源丰富。千丘市，见于李增伯《可斋续稿后·宿千坵市晓行》④，具体地望已无资料可考。

湘阴县有暴家岐、菱子市、营田市和锡浦。因乔口镇“地狭不足以居，则于夹江地名暴家歧者，又为一聚落，亦数百家”，即为暴家岐。此地水陆交通便利，“总括三湘，并吞沅鼎，商摧涓汇，网络群流”，“舳舻蔽江，财货通阜”，商业贸易往来繁盛，成一时之盛景。⑤ 锡江寨又称锡浦，在（湘阴）县西北，湘江西岸。“江畔有岐，平起如冈”，洲岛之民聚而居之，以打鱼为生，少事耕稼，通过市场交换来获得生活必需品。⑥ 又营田市，张孝祥作：“鼓发营田市，帆收磊石山。”⑦ 可见该市是处于水道交通附近，往来便利，民聚而为市。菱子市，纪念屈原的行祠之一，即今湘阴县西临资口镇，见之《永乐大典》所载。⑧

益阳县下辖弄溪镇、苍水市和竹头市。弄溪镇，见于《元丰九域志》。⑨ 苍水市，见于《永乐大典》，具体地望已不可考。⑩ 竹头市，在益

---

① ［清］徐松辑：《宋会要辑稿》食货16之133，第6331页。

② 《元丰九域志》的焦溪银场，《宋史》《读史方舆纪要》的旧溪银场，《宋会要辑稿》坑冶的蕉溪银场，皆为同一处银场。

③ ［清］徐松辑：《宋会要辑稿》食货33之2，第6717页。

④ ［宋］李增伯：《可斋续稿后》卷10《宿千丘晓行》，影印文渊阁四库全书，第1179册，第798页b。

⑤ ［明］解缙等：《永乐大典》卷5769《长沙府》引《古罗志》，第2525页。

⑥ ［清］顾祖禹：《读史方舆纪要》卷80《湖广六》，第3751页。

⑦ ［宋］张孝祥：《于湖居士文集》卷9《磊石》，上海古籍出版社2009年版，第79页。

⑧ ［明］解缙等：《永乐大典》卷5769《长沙府》引《古罗志》，第2525页。

⑨ ［宋］王存：《元丰九域志》卷6《荆湖路》，第259页。

⑩ ［明］解缙等：《永乐大典》卷5770《湘乡县》引《湘潭志》，第2528页。

阳县东南，“五代汉末楚马希萼争潭州，马希广遣将张晖屯益阳，希萼遣兵攻之，晖惧，自竹头市遁归长沙，益阳遂没于希萼”①。

衡山县下辖岳市和吴集市。岳市②，见于《吏部条法》，具体地望已不可考。吴集市，“（绍兴二年十一月）甲戌，潭、鼎、荆、鄂帅守李纲等四人约日会兵，收捕湖寇。……时马友之将步谅，有兵二万，掠衡山，泊吴集市”③。

安化县辖七星一镇，见于《元丰九域志》。④ 七星镇本为七星寨，宋太平兴国中，平梅山蛮，立七星寨以为防御之处。到熙宁六年（1073），章惇开梅山，改置安化县，改立七星寨为镇。⑤《宋会要辑稿》亦载“潭州安化县七星镇，熙宁六年以寨改”⑥。

（二）衡州

衡州，属荆湖南路，下辖县五，衡阳、茶陵、耒阳、常宁和安仁县，共21处市镇。其中安仁县原为安仁场，于乾德三年（965）升格而来，咸平五年（1002）又析衡阳、衡山二县之地进入其中。⑦ 安仁县下辖茭源场，明道二年置⑧，矿产资源十分丰富，除银矿外，每年还会征收大量的铜矿和铅矿。矿产资源的丰富也带动了其他行业的发展，熙宁十年（1077），此地开始每年征收商税约三百三十一贯有余⑨，表明其商品经济开始逐渐活跃起来。衡阳县下辖寒溪、西渡、泉溪、白竹四镇市，青草渡、七里

---

① ［清］顾祖禹：《读史方舆纪要》卷80《湖广六》，第3762页。

② ［宋］佚名：《吏部条法·差注门三·监当·侍郎左选申明》，《中国珍稀法律典籍续编》第2册，黑龙江人民出版社2003年版，第116页。

③ ［宋］李心传：《建炎以来系年要录》卷60，第1202页。

④ ［宋］王存：《元丰九域志》卷6《荆湖路》，中华书局1984年版，第264页。

⑤ ［清］穆彰阿、潘锡恩等纂修：《嘉庆重修一统志》卷355，中华书局1986年影印本，第23册，第18069页。

⑥ ［清］徐松辑：《宋会要辑稿》方域12之15，第9524页。

⑦ ［宋］王存：《元丰九域志》卷6《荆湖路》，第260页。

⑧ ［清］徐松辑：《宋会要辑稿》食货33之2，第6717页。

⑨ ［清］徐松辑：《宋会要辑稿》食货16之13，第6331页。

津、松柏市、梓夏等草市。寒溪、西渡、泉溪、白竹四镇见于《元丰九域志》。[1] 据《宋会要辑稿》食货记载，这四处市镇都设有税盐场。[2] 其中寒溪镇，在“县西一百里”[3]，其他各处地望不可考。青草渡，在衡阳“县北一里”蒸水。[4] 七里津，在衡阳“县北四十里”[5]。松柏市，据（清）穆彰阿、潘锡恩等纂修《嘉庆重修一统志》载，在“县南七十里”[6]。梓夏，载于《宋会要辑稿》食货，设有税盐场。[7] 耒阳县有安阳、新城二镇，见于《元丰九域志》。[8] 新城镇，在耒阳“县北五十里”接衡阳县界，古新城县，宋为镇。[9] 常宁县有大沩镇和黄茅墟。大沩镇，见于《元丰九域志》。[10] 黄茅墟，载于《舆地纪胜》。[11] 又有彭蠡驿、高滩、李家团、高店塘等，以上各市都设有税务机构，于每岁征收税盐。[12] 虽然各处税额均只在几百贯之内，但设置了如此高密度的税盐场，可见当地的食盐交易量是十分巨大的。茶陵县，“绍兴九年，升县为军，仍隶衡州。嘉定四年，析康乐、云阳、常平三乡置酃县，亦尝隶衡州”[13]。《舆地纪胜》载茶陵有永安镇、霞

---

① ［宋］王存：《元丰九域志》卷6《荆湖路》，第260页。

② ［清］徐松辑：《宋会要辑稿》食货22之22，第6476页。

③ ［清］和珅：《大清一统志》卷281《衡州府二》，影印文渊阁四库全书，第480册，第504页a。

④ ［宋］王象之：《舆地纪胜》卷55《衡州》，第2096页。

⑤ ［宋］王象之：《舆地纪胜》卷55《衡州》，第2093页。

⑥ ［清］穆彰阿、潘锡恩等纂修：《嘉庆重修一统志》卷363《衡州府二》，“在县南七十里”，第23册，第18397页。

⑦ ［清］徐松辑：《宋会要辑稿》食货22之22，第6476页。

⑧ ［宋］王存：《元丰九域志》卷6《荆湖路》，第260页。

⑨ ［清］和珅：《大清一统志》卷281《衡州府二》，“新城市，在耒阳县北五十里接衡阳县界，古新城县，宋为镇，《九域志》县有新城镇”。影印文渊阁四库全书，第480册，第504页a。

⑩ ［宋］王存：《元丰九域志》卷6《荆湖路》，第261页。

⑪ ［宋］王象之：《舆地纪胜》卷55《衡州》，第2093页。

⑫ ［清］徐松辑：《宋会要辑稿》食货22之22，第6476页。

⑬ ［元］脱脱等：《宋史》卷88《地理志四》，“（安仁县）本唐衡山县之安仁镇，属潭州。五代、唐升为安仁场隶衡州。宋升为安仁县，咸平五年析衡阳、衡山二县地以益之，徙治永安镇，元仍旧”。第2200页。

阳镇、茶陵镇、船场镇等市镇。①

（三）邵州

邵州，属荆湖南路，“宝庆元年，以理宗潜藩，升府”②，即宝庆府。与潭州相比，这一地区居住着较多的“蛮族”，开发较晚，且长期处于一个汉蛮杂居的状态，故其经济发展速度较为缓慢。下辖四县，邵阳、新化、武冈和莳竹，共5处市镇。虽然市镇分布较少，但是其地“郭外相连排殿阁，市中多半用金银”。可以看出，此地的商品交易活动有一定的规模，并且其市场交易的货币主要以金银为主，也是市场兴盛之所在。其中，以白沙场为例，神宗熙宁十年（1077）岁征商税七百七十四贯一百四十七文，并且还设有征收酒税的场务机构，可见该地商业贸易和酒的交易额应该是比较大的，市场发展水平较高。元丰初，升白沙场为白沙镇。③此外还有邵阳县的谷周驿镇、新化县的龙溪镇④等。又有小天明墟，见于明《永乐大典》，“元祐四年，提刑张授都捕蛮寇，师次小天明墟而爱之”⑤。武冈县，“崇宁五年，以邵州武冈县升为军”⑥。下辖龙潭镇，于大观元年置。⑦

总之，湘中地区，由于地理环境的差异性和政治经济地位的不同，故其市镇的问题呈现一定的差异性。其中，潭州市镇数量为最。一方面因其为全省的政治经济中心，为人口汇集之处，经济发展快，市镇相对密集。另一方面，它也处于全省的水陆交通汇集之处，交通便利，有利于商品转运业的发展。衡州位于湘江中流，是湖南南边的屏障，也是通往岭南的必由之路，故市镇的发展水平也不低。而邵州地区，由于少数民族杂居较

---

① ［宋］王象之：《舆地纪胜》卷63《茶陵军》，第2286页。

② ［元］脱脱等：《宋史》卷88《地理志四》，第2200页。

③ ［宋］王存：《元丰九域志》卷6《荆湖路》，第264页。

④ ［清］关培钧等修，刘洪泽等纂：（同治）《新化县志》卷4《舆地志》，江苏古籍出版社2002年版，第23页。

⑤ ［明］解缙等：《永乐大典》卷9763《天明岩》引《宝庆府志》，第4191页。

⑥ ［元］脱脱等：《宋史》卷88《地理志四》，第2200页。

⑦ ［清］徐松辑：《宋会要辑稿》方域12之15，第9524页。

多，生产方式还较为落后，生产力水平较低，人口都流向了经济发展水平较高的地区，经济发展与其他两州相比较为迟缓，市镇发展水平不高，数量较少。根据以上分析，该区域各州具体市镇分布状况如下：

表 1　湘中地区各州市镇分布统计

区域	州	市镇	数量
湘中区	潭州	桥口镇、大阳市、黄花市、长乐市、南岳市、庙岳市、吴集市、七星镇、迪田镇、定胜（市）镇、下摄市、槠州市、弄溪镇、苍水市、竹头市、永兴镇、千丘市、黄簳场、旧溪银场、暴家岐、菱子市、营田市、玉潭镇、锡浦	24
	衡州	茭源坑（银场）、寒溪镇、西渡镇、泉溪镇、白竹镇、松柏市、梓夏、青草渡、七里津、安阳镇、新城镇、大沩镇、黄茅墟、彭蠡驿、高滩、李家团、高店塘、永安镇、霞阳镇、茶陵镇、船场镇	21
	邵州	谷周驿镇、白沙（场）镇、龙溪镇、小天明墟、龙潭镇	5

以上数据来自《元丰九域志》卷 6《荆湖路》；《舆地纪胜》卷 55—75；《读史方舆纪要》卷 77—82；《宋史》卷 88《地理志四》；《宋会要辑稿》食货；《中国地方志集成（湖南卷）》；等等。

二、湘北地区的市镇

湘北区，包括岳州、鼎州和澧州。自然地理上以洞庭湖盆地为中心，滨湖为海拔 50 米以下开阔坦荡的平原，环湖多属于 200 米以内起伏和缓的丘岗，东西边缘为 500 米以上的山地余脉所裹挟，总面积约 38 000 平方公里。她镶嵌在这个向东北开口不对称的马蹄形的“缺口”部分，土地肥沃，地形平缓，适合社会经济的发展。

（一）岳州

岳州，属荆湖北路，下辖巴陵、华容、平江、临湘、沅江五县，有史料可考的市镇约16处。巴陵县，即岳州府治，下辖乌沙、阁子、公田、鹿角四镇，并有新墙市、船场步、金鸡驿等草市多处。王朝场，“本巴陵县旧地，后唐清泰三，潭州节度使析巴陵县置王朝场，以便人户输纳”①。该地产茶，故该场以茶叶交易为主，人户往来，贸易众多。淳化五年（994），“升王朝场为县，至道二年改王朝县为临湘”②。乌沙镇③，南宋王十朋曾在此避风，作《乌沙镇避风》④ 一诗。《永乐大典》载：“洞庭又西抵乌沙镇，东小通江自南未注之。刘备既与鲁肃画湘为界，遂筑城乌沙与之对垒，俗谓之金门。”⑤《岳阳风土记》称其“在州北六十里，俗呼为刘备城”⑥。可见该镇可考时间较早，一直都是洞庭湖区的一个重要港口城市。阁子镇⑦，其“地毕岁苦水患”⑧，“多重屋以居，故曰阁子镇”⑨。公田镇⑩，可考时代为唐、五代时期，后梁开平四年（910）和后唐天成二年（927），都先后在白田发生战争。⑪《读史方舆纪要》载，其在府北，“《九域志》巴陵县有白田镇”。《资治通鉴》载：“《九域志》岳州巴陵县有白田镇。”⑫ 而根据《元丰九域志》中所载，只有公田一镇，故白田疑为公田之误。鹿角镇，唐、五代时期已存，《永乐大典》载“（洞庭湖）又东抵鹿角镇。退之尝于此避风”⑬。《读史方舆纪要》载，其地理位置在“府南五十

---

① ［宋］乐史：《太平寰宇记》卷113《江南西道》，第2304页。

② ［宋］王存：《元丰九域志》卷6《荆湖路》，第272页。

③ ［宋］王存：《元丰九域志》卷6《荆湖路》，第272页。

④ ［宋］王十朋：《王十朋全集·诗集》卷24《乌沙镇避风》，上海古籍出版社2012年版，第444页。

⑤ ［明］解缙等：《永乐大典》卷2261《洞庭湖》，第736页。

⑥ ［宋］范致明：《岳阳风土记》，成文出版社1977年版，第11页。

⑦ ［宋］王存：《元丰九域志》卷6《荆湖路》，第272页。

⑧ ［清］顾祖禹：《读史方舆纪要》卷77《湖广三》，第3631页。

⑨ ［明］解缙等：《永乐大典》卷2261《洞庭湖》，第736页。

⑩ ［宋］王存：《元丰九域志》卷6《荆湖路》，第272页。

⑪ ［清］姚诗德、郑桂星：（光绪）《巴陵县志》卷4，岳麓书社2008年版，第31页。

⑫ ［宋］司马光：《资治通鉴》卷276，中华书局1956年版，第9023页。

⑬ ［明］解缙等：《永乐大典》卷2261《洞庭湖》引《岳阳志》，第735页。

里”，后梁开平初，淮南将冷业败楚将许德勋，追至鹿角镇，擒之。[①] 除商品集散地功能之外，此地也为当时的戍守要害之地。洞庭湖延袤千里，自古盗贼猖獗，建炎初（1127），李纲为荆湖制置使，设防戍要害之处于岳州，即为鹿角镇。[②] 可见其地理位置的重要之处。新墙市，在“县南六十里”[③]。船场步和金鸡驿，均见于《舆地纪胜》，其载“金鸡驿，《岳阳志》云：金鸡之石，在船场步”[④]。华容县有顾市和澧口二草市，设有商税场。[⑤] 平江县有土灶一金场。[⑥] 临湘县有新店市，《宋会要辑稿》云：“鄂州蒲圻县四十里有市曰新店，民户夹溪而居，南岸数百家则属蒲圻，北岸百余家则属岳州。”[⑦] 其他还有羊角、磊石、澧口、领市、乌沙、候景等，均设有税务场征收商税，然受资料所限，具体地望不详。[⑧]

（二）鼎州

鼎州，属荆湖北路，“乾道元年，以孝宗潜藩，升府”[⑨]，即常德府，下辖县三，武陵、桃源和龙阳，约 8 处市镇。武陵县下辖赵塘、崇孝二镇和周家、沙头二市。赵塘镇与崇孝镇都见于《元丰九域志》。[⑩] 据载，崇孝镇在“县东北八十里”，一名崇孝街。[⑪] 周家市，见于《夷坚志》。[⑫] 沙头市[⑬]，唐代地望遗存，元稹于元和五年（810）贬官至江陵，与友人攀月泛

① ［清］顾祖禹：《读史方舆纪要》卷 77《湖广三》，第 3632 页。

② ［明］钟崇文纂修：（隆庆）《岳州府志》卷 6《军政考》，《天一阁藏明代地方志选刊》，上海古籍书店 1982 年版，第 57 册。

③ ［明］钟崇文纂修：（隆庆）《岳州府志》卷 10《建置考》。

④ ［宋］王象之：《舆地纪胜》卷 69《岳州》，第 2484 页。

⑤ ［清］徐松辑：《宋会要辑稿》食货 16 之 14，第 6333 页。

⑥ ［宋］王存：《元丰九域志》卷 6《荆湖路》，第 272 页。

⑦ ［清］徐松辑：《宋会要辑稿》职官 48 之 80，第 4365 页。

⑧ ［清］徐松辑：《宋会要辑稿》食货 16 之 14，第 6333 页。

⑨ ［元］脱脱等：《宋史》卷 88《地理志四》，第 2195 页。

⑩ ［宋］王存：《元丰九域志》卷 6《荆湖路》，第 269 页。

⑪ ［清］应先烈：（嘉庆）《常德府志（一）》卷 3，岳麓书社 2008 年版，第 40 页。

⑫ ［宋］洪迈：《夷坚志》三志辛卷 4《管先生祠》，第 1416 页。

⑬ ［宋］洪迈：《夷坚志》三志辛卷 4《鼎州市藏心木》，第 1413 页。

舟，过沙头市，作“阛咽沙头市，玲珑竹岸窗”①。《方舆胜览》载：“其至江陵城有十五里。”② 桃源县有缘罗市，见于《夷坚志》，“鼎州缘罗市渔者张翁，因往故里买船篷，还至白马渡”③。龙阳县下辖查市、半道脑口市和高居市。查市，载于《夷坚志》，“常德府查市富户余翁家，岁收谷十万石”④，除自给自足之外，也会减价出售给同村之人，足见其地粮食产量之高。高居市，据《宋会要辑稿》载，在仁宗末年就已经开始设税务场征收酒税⑤，到熙宁十年（1077）又设有征税场，征收商税。⑥ 此外还有半道脑口市⑦，具体地望已经无从考证。

（三）澧州

澧州，属荆湖北路，下辖四县，澧阳、安乡、石门和慈利，约 9 处市镇。澧阳县，下辖有清化镇、涔河镇和陶家市。清化、涔河二镇，见于《元丰九域志》。⑧ 陶家市，在澧州澧阳郡，“建炎四年，寓治陶家市山寨，随复旧”⑨。作为当时澧州州府所在地，陶家市对人口有很大的吸引力，一定程度上促进了其市镇经济的发展。安乡县有石龟市，在“县西四十里澧水上，旧为商民环聚处”⑩。《舆地纪胜》又载：“在安乡县西有巨石枕澧水，其形似龟，因名。岁首刲羊以祭而灼其石，润则丰，焦则歉。”⑪ 此地商民环聚，有一定的商品贸易活动，且每岁会举行祭祀活动，预测农业生

---

① ［唐］元稹：《元氏长庆集》卷 11《泛江玩月十二韵》，上海古籍出版社 1994 年版，第 62 页。

② ［宋］祝穆：《方舆胜览》卷 27，中华书局 2003 年版，第 482 页。

③ ［宋］洪迈：《夷坚志》三志辛卷 4《白马洞天》，第 1415 页。

④ ［宋］洪迈：《夷坚志》甲志卷 7《查市道人》，第 60 页。

⑤ ［清］徐松辑：《宋会要辑稿》食货 19 之 16，第 6411 页。

⑥ ［清］徐松辑：《宋会要辑稿》食货 16 之 14，第 6332 页。

⑦ ［宋］岳珂编，王曾瑜校注：《鄂国金佗稡编续编校注》卷 25《鼎澧逸民叙述杨么事迹一》，中华书局 2018 年版，第 1566 页。

⑧ ［宋］王存：《元丰九域志》卷 6《荆湖路》，第 270 页。

⑨ ［元］脱脱等：《宋史》卷 88《地理四・荆湖路》，第 2195 页。

⑩ ［清］顾祖禹：《读史方舆纪要》卷 77《湖广三》，第 3642 页。

⑪ ［宋］王象之：《舆地纪胜》卷 70《澧州》，第 2524 页。

产的丰歉。慈利县有汤口市、铁冶场，车渚场和太平镇。汤口市，据《舆地纪胜》载："汤泉，慈利县有三，一在义镇寨之南，一在县南澧鼎界上汤口市，一在龙洑潭之北。"① 又有铁冶场、车渚场和太平镇，均设有税务场征收盐税。② 新城镇，所属县无考，其在"州东三十里"，"晋车胤所寓，唐李泌筑。元立新城镇，至正间，徙路于此"③。

总的来说，整个湘北地区，主要分布于洞庭湖平湖周围。入宋以来，随着对洞庭湖地区土地开发的进一步扩大，耕地面积大大增加，粮食产量也大为提高，整体社会经济发展较快，在宋代湖南属于开发条件较好的区域。故受社会经济发展水平和便利的交通条件的影响，所属三个州的市镇也有一定的规模，部分市镇的商税额甚至超过了其上属的县城。入宋以来市镇的数量也一直呈增加态势，据杨果在《宋代两湖平原地理研究》中的不完全统计，南宋时期，同一地区新增市镇的数量是北宋同一地区市镇数量的两倍，由此可见其市镇经济发展蓬勃。根据以上分析，各州市镇统计如下：

表2 湘北地区各州市镇分布统计

区域	州	市镇	数量
湘北区	岳州	乌沙镇、阁子镇、公田镇、鹿角镇、新墙市、船场步、金鸡驿、顾市、澧口、土灶场、新店市、磊石、羊角、候景	14
	鼎州	赵塘镇、崇孝镇、周家市、沙头市、缘罗市、查市、半道脑口市、高居市	8
	澧州	清化镇、涝河镇、陶家市、石龟市、汤口市、铁冶场、车渚场、太平镇、新城镇	9

以上数据来自《元丰九域志》卷6《荆湖路》；《舆地纪胜》卷55—75；《读史方舆纪要》卷77—82；《宋史》卷88《地理志四》；《宋会要辑稿》食货；《中国地方志集成（湖南卷）》；等等。

① ［宋］王象之：《舆地纪胜》卷70《澧州》，第2520页。

② ［清］徐松辑：《宋会要辑稿》食货22之25，第6478页。

③ ［清］顾炎武：《肇域志》第3册，上海古籍出版社2004年版，第1827页。

三、湘南地区的市镇

湘南区，包括永州、道州、郴州和桂阳监，在自然地理上包括湘江上游地区，本区属南岭山地中段偏北部分，地势东部和东南部高，向中、北部倾斜，海拔多为 200—1000 米，地形复杂多样，面积约 48 000 平方公里。山地面积约占全区面积的一半，崎岖的地理环境本不利于市镇的发展，因此处蕴藏丰富的矿产资源，市镇也有一定的规模。

（一）永州

永州，属荆湖南路，下辖三个县，零陵县、祁阳县和东安县，约 16 处市镇。其中东安县，原为东安场，“雍熙元年以零陵县东安场置县”[①]，可见，入宋以来，东安场的经济发生了较大的进步，人口和税收都有了很大的增长，故而升格为县。零陵县下辖雷石镇、杉木镇、鸣水镇、顺化驿、有鼻墟和曲涡市。雷石镇，“当泷水口，有触石声如雷霆”[②]，故名雷石。《太平寰宇记》载：御史赵履温置此镇，“以押泷口兼断水陆奸虞”[③]，乃防御之所在。杉木镇，置于杉木岭。鸣水镇，置于鸣水岭，皆为五代时期所置。又顺化驿，五代时置镇于此，宋朝改为顺化驿。[④] 有鼻墟，见于《舆地广记》。[⑤] 又曲涡市，在零陵“县北四十里”[⑥]。祁阳县有乐山镇和白水场。乐山镇，在“县北二十里”，宋置寨于此，熙宁六年废为镇。[⑦] 白水场，在祁阳“县西四十里”，其地盛产竹子，“霸国时，税竹四十余万竿，

① ［宋］王存：《元丰九域志》卷 6《荆湖路》，第 262 页。

② ［宋］王象之：《舆地纪胜》卷 56《永州》，第 2130 页。

③ ［宋］乐史：《太平寰宇记》卷 116《江南西道 · 永州》，第 2350 页。

④ ［清］顾祖禹：《读史方舆纪要》卷 81，第 3798 页。

⑤ ［宋］欧阳忞：《舆地广记》卷 26《荆湖南路》，四川大学出版社 2003 年版，第 755 页。

⑥ 见杨万里《杨万里集笺校》卷 1《除夕前一日归舟夜泊曲涡市宿治平寺》，第 30 页；刘道著修、钱邦芑纂（康熙）《永州府志》卷 2《舆地》，江苏古籍出版社 2002 年版，第 77 页。

⑦ ［清］顾祖禹：《读史方舆纪要》卷 81《湖广七》，第 3800 页。

以备战船缆索，国朝黄河桥索亦出于此”①。其丰富的竹产量作为一种特色市场带动了当地市场经济的发展。此外又有宝兴场，据《舆地纪胜》载，“每岁征铁数万斤”②，可见其铁矿资源十分丰富，带动了市镇的发展。鲁家源场，依靠其丰富的银矿资源而设立的税银场，后来随着银矿产量的降低于熙宁九年被废。③ 此外，又存镜田店④、石山虚⑤、大塘市⑥、台步虚⑦等市镇，都只见于有关史籍记载之中，但具体地址已不可考。

（二）道州

道州，属荆湖南路，下辖三个县，营道县、江华县和宁远县，约 6 处市镇。营道县，据《元丰九域志》载，下辖永明一镇。该镇本为县，熙宁五年降格为镇，并入营道县。⑧ 据《宋会要辑稿》所载，其每岁征收盐税一万一千一百八十六贯七百四十文，可见其食盐交易的繁荣。⑨ 此外，道州的矿产资源也十分丰富，随着采矿技术的进步，当地的矿产开采量大增，当地设有大量的税务场。⑩ 营道县，至和三年（1056）设营道乡税务场。江华县设有黄富场，建隆中（960—963）置有铁矿场，天圣五年（1027）又置有锡矿场。此外还设有填头坑税铁场，“元额五百四斤”⑪。江华县如此密集的铁矿场设置，可见当地铁矿开采量之大。宁远县在铁矿方

① ［宋］王象之：《舆地纪胜》卷 56《永州》，第 2227 页。

② ［宋］王象之：《舆地纪胜》卷 56《永州》，第 2227 页。

③ ［清］徐松辑：《宋会要辑稿》食货 33 之 9，第 6721 页。

④ ［宋］杨万里著，辛更儒笺校：《杨万里集笺校》卷 1《视旱憩镜田店》，第 13 页。

⑤ ［宋］杨万里著，辛更儒笺校：《杨万里集笺校》卷 1《水西野店皆不著宿夜抵石山虚》，第 14 页。

⑥ ［宋］李曾伯：《可斋杂稿后录》卷 10《晚宿大塘市》，影印文渊阁四库全书，第 1179 册，第 804 页 a—b。

⑦ ［宋］沈辽：《云巢编》卷 4《湘中宿台步寺》，影印文渊阁四库全书，第 1117 册，第 559 页 b。

⑧ ［宋］王存：《元丰九域志》卷 6《荆湖路》，第 261 页。

⑨ ［清］徐松辑：《宋会要辑稿》食货 22 之 23，第 6476 页。

⑩ ［清］徐松辑：《宋会要辑稿》食货 22 之 23，第 6476 页。

⑪ ［清］徐松辑：《宋会要辑稿》食货 33 之 13，第 6723 页。

面，太平兴国五年（980）设宁远县坑，随即罢置。据《元丰九域志》载，还设有上下槽一银场。[①] 据此可见该州的矿产资源不仅丰富，而且种类较多，极大地促进了当地以矿产资源为基础的市镇经济的发展。

（三）郴州

郴州，属荆湖南路，下辖四县，郴县、桂阳县、宜章县和永兴县，约10处市镇。郴县，下辖蠓石镇。据《读史方舆纪要》载，“五代周广顺二年湖南王逵攻郴州，与南汉兵战于蠓石，为南汉将潘崇澈所败，即此”[②]。永兴县有安福驿和高亭镇。据《天下郡国利病书》载，“永兴西南五十里为高亭镇，西北六十里为安福镇”[③]。桂阳县有延寿坑，据《宋会要辑稿》所载，延寿坑同时设有商、盐、银、铜四种税务场，可见其商品交易的繁荣。[④] 据《宋会要辑稿》所载，该州所设的商税、盐税以及各色矿产的税务场十分密集。新塘坑、浦溪坑俱设有商、盐、银三种税务场，雷溪坑设有商、银、锡三处税务场，流江坑设有盐和银两处税务场，高亭镇、安福驿、资兴场、征陂场、共江桥场都设有盐税务场，桂阳监坑则设有铜税务场。[⑤] 如此密集的税务场设置，可见当地的市镇因矿产而兴盛。

（四）桂阳监

桂阳监，“绍兴元年，隶荆湖东路。三年，升军”[⑥]，后属于荆湖南路，下辖县二，平阳县和蓝山县，共13处市镇。平阳县有香风镇，见于《元丰九域志》[⑦]，《宋会要辑稿》食货22载其地设有税盐场。五渡镇，见于《舆地纪胜》，刘接曾在其诗中写道：“水来五渡若铺练，山对九疑如画图。”[⑧]

---

① ［宋］王存：《元丰九域志》卷6《荆湖路》，第261页。

② ［清］顾祖禹：《读史方舆纪要》卷82《湖广八》，第3841页。

③ ［清］顾炎武撰，黄坤等校：《天下郡国利病书·湖广上备录·全省图经》，上海古籍出版社2012年版，第2707页。

④ ［清］徐松辑：《宋会要辑稿》食货16之13，第6331页。

⑤ 据《宋会要辑稿》食货16至18，第6330—6725页所统计。

⑥ ［元］脱脱等：《宋史》卷88《地理志四》，第2200页。

⑦ ［宋］王存：《元丰九域志》卷6《荆湖路》，第265页。

⑧ ［宋］王象之：《舆地纪胜》卷61《桂阳军·诗·刘接题五渡镇》，第2260页。

可见其分布于河流附近，为交通便利之所，利于往来贸易。又《宋会要辑稿》食货所载，桂阳监的矿冶业发达，有一定规模的商业活动，商、盐、酒、矿产等各类税务场分布十分密集。仅《元丰九域志》载就有大凑山、大板源、龙冈、毛寿、九鼎、白竹、水头、石笋、大富九银坑。① 其中大凑山、大板源、龙冈、毛寿、九鼎五坑，在大中祥符以前置，而白竹、水头、石笋、大富四坑，在景祐以前置。② 大凑冈，在县监西，出银、铅矿砂。③ 九鼎冈，在"监北七十里"，出银、铅矿砂。④ 白竹冈，在"监西南八十里"。出银、铅矿砂。⑤ 毛寿坑，在"监西北二十里"。⑥ 此外又有石燕场，在"监北城门外二里"。⑦ 此外又有大宜坑，《太平寰宇记》载为太宜坑，在监西南城内。⑧ 小马竹坑，设有商税场，每岁征收商税一贯一百六十八文，可见其商业活动的规模是非常小的。⑨ 以上各坑都是由频繁的矿产资源交易发展而来，而后带动了当地商业经济的发展，不仅设有税矿场，还设有盐、酒、商等税务场。如小白竹坑和龙冈坑设有商、酒、盐、银四类税务场，板源坑、九鼎坑和石笋坑设有商、酒、盐三类税务场，大富坑、毛寿坑和水头坑设有商、盐、银三类税务场，大凑山、锡平、太岩和都银坑设有税银场，香风镇设有税盐场，小马竹坑设有商税场。⑩ 如此多税务场的设置，可见盐、酒、银以及各类商业往来在此处的繁盛。

综上所述，整个湘南地区，虽然自然条件恶劣，但是得益于该区有银、铁、铜、锡等各类丰富的矿产资源，税务场十分密集。矿产交易的发展带动了当地其他商品经济的发展，市场较活跃，故其市镇发展初具规

① ［宋］王存：《元丰九域志》卷6《荆湖路》，第263页。
② ［清］徐松辑：《宋会要辑稿》食货33之2，第6717页。
③ ［宋］乐史：《太平寰宇记》卷117《江南西道·桂阳监》，第2369页。
④ ［宋］乐史：《太平寰宇记》卷117《江南西道·桂阳监》，第2369页。
⑤ ［宋］乐史：《太平寰宇记》卷117《江南西道·桂阳监》，第2369页。
⑥ ［宋］乐史：《太平寰宇记》卷117《江南西道·桂阳监》，第2369页。
⑦ ［宋］乐史：《太平寰宇记》卷117《江南西道·桂阳监》，第2369页。
⑧ ［宋］乐史：《太平寰宇记》卷117《江南西道·桂阳监》，第2369页。
⑨ ［清］徐松辑：《宋会要辑稿》食货16之13，第6331页。
⑩ 据《宋会要辑稿》食货16至18，第6330—6721页所统计。

模。总的来说，郴州、永州和桂阳监的开发程度应该是高于道州的。主要是由于这一时期，江西地区移民的涌入，为这一片区带来了先进的生产技术和充足的劳动力，直接带动了当地经济的发展。而道州地区，由于处在少数民族聚居的地区，且交通不便，故其经济发展较为缓慢，也未能吸引到人口来进一步开发其地，故市镇的发展水平相对落后于其他地区。根据以上分析，该区域各州县具体市镇分布情况如下：

表 3　湘南地区各州市镇分布统计

区域	州	市镇	数量
湘南区	永州	有鼻墟、雷石镇、顺化驿、杉木镇、鸣水镇、曲涡市、乐山镇、白水场、宝兴场、鲁家源场、镜田店、石山虚、大塘市、台步虚	14
	道州	永明镇、黄富（坑）场、宁远县坑、镇头坑、营道乡、上下槽银场	6
	郴州	高亭镇、蠔石镇、延寿场、安福驿、资兴场、征陂场、共江桥场、新塘坑、浦溪坑、雷溪坑	10
	桂阳监	香风镇、五渡镇、板源场、龙冈坑、小马竹坑、石笋坑、大富坑、小白竹坑、毛寿坑、水头坑、九鼎坑、石燕场、大宜坑	13

以上数据来自《元丰九域志》卷 6《荆湖路》；《舆地纪胜》卷 55—75；《读史方舆纪要》卷 77—82；《宋史》卷 88《地理志四》；《宋会要辑稿》食货；《中国地方志集成（湖南卷）》等。

四、湘西地区的市镇

湘西区，包括辰州、沅州和诚州，在自然地理上包括沅水中游和澧水上游，面积约为 47 000 平方公里。该地区山地广，起伏大，山地约占湘西地区总面积的 80%左右。海拔一般在 500—1000 米，以中低山为主。湘西北屹立着武陵山，湘西南为雪峰山所盘绕。发展山区农业的条件好，但是可垦地受到了一定的限制。宋朝时，湘西地区分布着三大“蛮族”，它们分别是：北江蛮区、南江蛮区、诚徽蛮区。三大蛮族之间彼此的经济发展是不平衡的，故其市镇发展也具有一定的差异性。

（一）辰州

辰州，属荆湖北路，下辖县四，沅陵县、叙浦县、辰溪县和卢溪县，约 9 处市镇。陶弼“草市人朝醉，畬田夜火明。泷江入地泻，栈道出云行”① 一诗，生动描述了当时辰州草市的繁荣之景。其中沅陵县下辖有落鹤镇，为熙宁五年（1072）废县而置。② 叙浦县下辖有长律镇和窗口镇。《元丰九域志》载有长律一镇，在叙浦县东。③ 窗口镇，于嘉祐六年（1061）废。④ 卢溪县下辖有浦口镇，在“县南九十里”⑤，嘉祐六年废。⑥ 怡容、普安二镇，于嘉祐六年废。⑦ 辰溪县下辖有铜安镇和龙门镇，嘉祐六年废。⑧ 又月池镇于熙宁七年废。⑨

（二）沅州和诚（靖）州

诚州，于“崇宁二年，改为靖州”⑩。沅、诚二州都属于荆湖北路，并处于“蛮族”聚居之处，开发较晚，生产力水平低下，经济发展缓慢，市镇的发展相对落后于其他地区。根据目前搜集到的史料，暂时未发现有关市镇的记载，但这并不意味着此处不存在商品交换关系。宋朝建立以后，

---

① ［宋］王象之：《舆地纪胜》卷 75《辰州》，第 2654 页。

② ［清］徐松辑：《宋会要辑稿》方域 12 之 16，第 9524 页。

③ ［宋］王存：《元丰九域志》卷 6《荆湖路》，第 274 页。

④ ［清］徐松辑：《宋会要辑稿》方域 12 之 16，第 9524 页。

⑤ ［清］顾炎武撰，黄坤等校：《天下郡国利病书·湖广上备录·辰州》，卢溪县“南三十里为蛮溪堡。六十里为浦口镇”，第 2746 页。

⑥ ［清］徐松辑：《宋会要辑稿》方域 12 之 16，第 9524 页。

⑦ ［清］徐松辑：《宋会要辑稿》方域 12 之 16，第 9524 页。

⑧ ［清］徐松辑：《宋会要辑稿》方域 12 之 16，第 9524 页。

⑨ ［清］徐松辑：《宋会要辑稿》方域 12 之 16，第 9524 页。

⑩ ［元］脱脱等：《宋史》卷 88《地理志四》，第 2197 页。

为防御和镇压“蛮族”的叛乱，在收复一个“蛮族”地区之后，都会设立寨或堡等机构，用以戍守和防御。宋朝的寨堡是和镇市同级的行政机构，但二者的形成原因不同。市镇是在商品交换频繁、人口聚集的基础上设立而成的。而寨堡则一般设在交通要道、地势险要之处或者是“蛮族”聚居之地，是为了防御和镇压叛乱而设立的带有浓厚军事性质的机构。但是按其居民的结构来分，寨大体又可以分为两种。一种是以驻军为主，称为“巡检寨”，寨内除了军队和随军家属以外，没有独立的民户，其中一些会有少量的商业活动。如黔阳县的托口寨，“当九溪诸蛮之冲”①，菱托铺为“溪洞徭贼出没要道”②，皆为蛮族出没之所，宋置寨于此，以为捍御。另一种是军队与民户杂居的寨，这种寨一般都有固定的商业活动，其中不少寨还征有商税。如沅州的镇江寨，在卢阳县，本为蛮寨，熙宁中收复后改置镇江寨，除戍守一方以外，寨内也设有商税和盐税的税务场。安江寨，在黔阳县，“宋初蛮置寨峡州，谓之峡州新城”③，后收复，改为安江寨。除防御蛮族动乱之外，也设有盐税场。又安仁寨、朝安铺和洪江铺，据《宋会要辑稿》所载，都置有商税场于此，其每岁商税额甚至与麻阳县相差无几。④ 锦州寨，宋设税盐场于此，其每岁税盐额居沅州第二位。⑤

湘西地区大部分为山地地形，交通条件落后，阻碍了当地市镇经济的发展。但是该区域森林覆盖面积广，适合发展山地农业，当地人民靠山吃山，利用其丰富的山林资源，依旧可以与外界进行商业往来。史载：“徽宗政和七年三月二十四日，诏：访闻湖北新边辰、沅、靖州多出板木，自来客人兴贩，与傜人交易，争讼引惹，今后可令禁止。”⑥ 可见其木材交易活动在当时已具有一定的规模。后为了规范其交易活动，开始“委官措置

---

① ［清］顾祖禹：《读史方舆纪要》卷81《湖广七》，第3832页。

② ［清］顾祖禹：《读史方舆纪要》卷81《湖广七》，第3832页。

③ ［清］顾祖禹：《读史方舆纪要》卷81《湖广七》，第3830页。

④ ［清］徐松辑：《宋会要辑稿》食货16之15，第6333页。

⑤ ［清］徐松辑：《宋会要辑稿》食货22之26，第6478页。

⑥ ［清］徐松辑：《宋会要辑稿》食货36之33，第6802页。

收买，赴鼎州置场出卖，许令客人出息就买”①。随着宋代湖南内河航运业的发展，造船技术的进步，其对船材的需求与日俱增。当时在荆湖南、北路，船材的主要供给地就有辰州、沅州和靖州，主要供应木材为松木。②木材贸易活动的兴盛，在一定程度上也带动了当地经济的发展。为了进一步促进本区域与其他地区的贸易活动，政府也开始着手修建新的交通通道。靖州的收溪寨，“元丰六年，知州周士隆始遣人由小径趋广西观视山川形势”③，修建道路与广西相通，修成之后，自寨至广西佛子坡仅 15 公里，方便了两地区之间的经济文化交流。

纵观整个湘西地区，由于其分布在“蛮族”聚居之处，开发时间较晚，且本身处于山区，交通不便，故其整体的市镇发展程度不高。但是为了镇压“蛮族”的叛乱，政府在此区域设立了大量的寨、堡、铺等机构用于戍守，一方面稳定了该区域的社会环境，另一方面也为此地带去了先进的生产技术，促进了其进一步的开发。此外，该区由于处于山区，森林资源丰富，随着其对外交流的扩大，该地区人民积极利用当地丰富的森林资源，形成了大量以木材为中心的特色商品交易市场，促进了其商品经济的进一步发展。

表 4　湘西地区各州市镇分布统计

区域	州	市镇	数量
湘西区	辰州	落鹤镇、怡容镇、普安镇、浦口镇、月池镇、长律镇、窗口镇、龙门镇、铜安镇	9
	沅州		不详
	诚州		不详

以上数据来自《元丰九域志》卷 6《荆湖路》;《舆地纪胜》卷 55—75;《读史方舆纪要》卷 77—82;《宋史》卷 88《地理志四》;《宋会要辑稿》食货;《中国地方志集成(湖南卷)》等。

① ［清］徐松辑：《宋会要辑稿》食货 36 之 33，第 6803 页。

② ［清］徐松辑：《宋会要辑稿》食货 50 之 15、29，第 7129、7136 页。

③ ［宋］王象之：《舆地纪胜》卷 72《靖州》，第 2566 页。

结　语

综上所述，宋代湖南地区的市镇以草市为主，镇市的分布相对较少，这也说明当时湖南地区的市镇发展规模还较小，整体水平不高。市镇的发展状况和各地区开发程度与经济发展水平息息相关，各区域之间差距较大。湘中地区则是整个湖南地区市镇最为发达之处。一方面是其居于全省的政治、经济和文化中心，人口大多都聚集于此。另一方面它也是水路交通要道的汇集之处，有利于商品的转运贩卖，适合商品经济的发展。湘北地区的市镇大体分布在洞庭湖平原的周围，故各州的市镇分布较为均衡，差距不大。但是相对来说，这一区域的总体发展水平却低于湘中区，这也与其自然条件有很大关系。正如马正林在研究中国古代城市的选址与其水源关系的时候指出："湖面的盈缩不定，洪水威胁城市安全。"① 故总体而言，位于湖边的城市较少。而洞庭湖作为一个湖面盈缩剧烈的湖泊，其周边市镇的发展情况可见一斑。而湘南地区则是完全依靠当地丰富的矿产资源而发展起来的区域。该区域的市镇，多是由采矿场逐渐发展而成，故虽市镇规模较小，但其分布十分密集。湘西地区，由于长期处于"蛮族"聚居的状态，生产方式十分落后，开发时间较晚，故该地市镇经济的发展水平十分低下。湘西市镇经济的发展，主要是依靠当地的人民利用其丰富的森林资源与外界进行交换，从而带动当地经济的进一步发展。

---

① 马正林：《中国城市历史地理》，山东教育出版社1998年版，第313页。

宋代官收寄库制度研探

黎良基
（昭通学院　人文学院）

无论是习俗信仰范畴，抑或行政司法领域，“寄库”集中出现均可追溯到宋代，而“寄库”这一概念在宋代也得到系统发展。学界目前对寄库习俗在宗教学意义上已有了较为清晰的研究[①]，而对官府主导下的官收寄库仍限于附带性考察，缺少系统认知。[②] 本文联系宋代始见的寄库习俗，研析官收寄库，系统阐述宋代社会官收寄库的制度设定、实际运行及社会影响。

---

① 宋坤《填还阴债与预寄珍财——古代“受生”“寄库”观念考辨》（《敦煌研究》2017 年第 3 期，第 121—131 页）辨析“受生”与“寄库”的不同特质，该文指出寄库主要为预存财产入阴府给死后支用，认为寄库受到民间生活习俗的极大影响；姜守诚《“寄库”考源》（《宗教学研究》2019 年第 1 期，第 247—256 页）系统梳理了寄库信仰的发展脉络，并展现了寄库实质交融了民间丧葬礼俗文化和生活习惯的特质；韦兵《储蓄来生：宋代以来的寿生寄库信仰》（巴蜀书社 2022 年版）探讨了寿生寄库的起源、流变和影响，指出这一信仰存在对现实的反应与投射；寄库信仰的新近研究为徐汉杰《寄库信仰之渊源再探——兼论“寄库”与“受生”信仰之关系》（《宗教学研究》2022 年第 3 期，第 251—254 页），此文认为寄库信仰并无宗教经典，推测其参考了世俗制度。

② 参见王文书《宋代借贷业研究》（河北大学出版社 2014 年版，第 144—148 页），该书提及南宋时期对孤幼检校财产放贷的实施状况；李伟国《宋代财政和文献考论》（上海古籍出版社 2007 年版，第 67—68 页），简要介绍了宋代的检校库；戴建国《宋代刑法史研究》（上海人民出版社 2008 年版，第 290 页），提到寄库钱在判罚中作为一种轻刑罚保金。

一、寄库的概念缘起与制度设定

“寄库”一词系最早出现在《旧唐书》中，庐州刺史郑綮因黄巢之乱时保护地方安宁，离职后“有钱千缗，寄州帑。后郡数陷，盗不犯君寄库钱。至杨行密为刺史，送所寄于京师还綮”①，这里的寄库宋人解释为“留贮库之钱”②，表留存意，意指临时寄放、寄存，更多形容一种行为而非正式制度。

宋代，寄库更出现辅助和托管的意味，也包含着时人对于另一时空的发展性期待。宋人述史“古者，天子寄库政于六卿”③ 意为天子把部分政务托管给六卿，六卿辅助天子治理政务。叶隆礼描述契丹风俗，谓君臣纸造兵器衣甲连同“书状”一并焚祭“木叶山神”也叫“寄库”④，这里的寄库从行为分析体现出存储力量、沟通不同时空并希冀护佑的意蕴。

在幽冥观念领域，唐宋之际产生了“受生寄库”⑤，研究者认为这是当时观念中的重要变化，幽冥世界中“增添了新的金融与契约成分”⑥。南宋时，民间风起“预修寄库”习俗“宝叔塔寺每岁春季，建受生寄库大斋

---

① 《旧唐书》卷179，中华书局1975年版，第14册，第4662页。

② ［宋］郑兴裔：《郑忠肃奏议遗集》卷下，影印文渊阁四库全书，台湾商务印书馆1986年影印本，第1140册，第217a页。

③ ［宋］罗泌：《路史》卷23，影印文渊阁四库全书，第383册，第1b页。

④ ［宋］叶隆礼撰，贾敬颜、林荣贵点校：《契丹国志》卷27，中华书局2014年版，第284页。

⑤ 严格讲，受生与寄库本为两事，前者为“填还阴债”，后者为“预寄珍财”，参见宋坤《填还阴债与预寄珍财——古代“受生”“寄库”观念考辨》（《敦煌研究》2017年第3期，第121—131页）；本文以宋代现实社会的官收寄库为研究对象，为示区分，后文将宋代的寄库信仰称为“预修寄库”。

⑥ 韦兵：《储蓄来生：宋代以来的寿生寄库信仰》，巴蜀书社2022年版，第2页。

会”①，预修寄库谓“以往生经为据，以夷坚志为验”②，即生前预先焚纸质财物至阴府寄库。宋人从功效解读，一说死后修福仅得七一而预修寄库其福无量“可拔彼地狱之苦”③，一说生前寄库财富可供死后依凭据取用④，均明确表达出发展性期待，而且具备以契约对抗不确定性的意蕴。

幽冥观念实质同现实关系密切，预修寄库滥觞的时代亦催生出现实世界的官收寄库制度，两宋时作为现实制度的官收寄库也应运而生并逐渐系统化，《咸淳临安志》便专门记载了官府的“寄收库”⑤。官收寄库最初指称较为模糊，由官府检收孤幼财产寄存行为上叫“寄库”，名目上称“检校”。诉讼纠纷中权属不明的财产寄存于官府则“谓之寄库”，实务里“寄库”“检校”“检校寄库”常见混用，含义混同，但均被视作“法”。⑥ 法定官收寄库制度的系统诠释载于《庆元条法事类》，即：

> 民间或有纷争未决之财，或有取赎未定之讼，孤幼检校未该年格，或盗贼赃物未办主名，或亡商失货未有所归，或理逋督责未及元数，如是之类，则其财皆寄于官，谓之寄库钱。⑦

---

① ［宋］吴自牧：《梦粱录》卷19，影印文渊阁四库全书，第590册，第11a页。

② ［宋］志磐撰，释道法校注：《佛祖统纪校注》卷34，上海古籍出版社2012年版，第754页。

③ ［宋］志磐撰，释道法校注：《佛祖统纪校注》卷34，第753页。

④ 《夷坚志》载，鄂渚王媪生前买纸钱作寄库，托仆人书押，死后仆人入冥府认押，王媪终得享用寄库财物。参见［宋］洪迈《夷坚志》支甲志卷8，中华书局1981年版，第775页。

⑤ ［宋］潜说友：《咸淳临安志》卷55，载《宋元方志丛刊》第4册，中华书局1990年版，第3844页。唐朝白居易被罢杭州职务时“俸多留官库，继守者公用不足，则假而复填，如是五十余年”，后来黄巢之乱焚毁文籍“俸乃亡”，《咸淳临安志》记载陈振孙追述此事时感慨“犹有寄留官库者，岂亦如今世有事例，而治不应得者乎”。参见《咸淳临安志》卷93，第4213页。

⑥ 参见［清］徐松辑、刘琳等校点《宋会要辑稿》职官79，上海古籍出版社2014年版，第9册，第5243—5244页。

⑦ 戴建国点校：《庆元条法事类》卷36，《中国珍稀法律典籍续编》，黑龙江人民出版社2002年版，第1册，第561页。

《庆元条法事类》的表述中，寄库的一边是民，另一边是官，“民”是寄库者，“官”是管理者，基本特征是民财受寄于官。官收寄库虽涉及的具体门类较广①，但核心始终是财产“寄于官”，由官府权摄管理。北宋有“州县寄纳人户物色在官库”②，南宋时判文表述更为简要，是“官库寄留民钱”③ 且通常“给据与照”④。《宋会要》库簿类载，寄库信息记录入册，同检计一道收载于“承受公牒检计簿”⑤，属厩库形成的重要账目文书。从实务描述、法令定义与记录入档分析，宋代官收寄库已衍生为制度，并且在成为制度后亦演化、膨胀，权摄的范围扩大并相当程度上具备了强制执行力，常现法弊。联系民俗宗教领域的预修寄库与行政司法概念的官收寄库，两者具体出现时间的先后，启发与引发的关系，虽不可考，但精神与现实的相互影响、民俗宗教与行政司法相互渗透，确有迹可循。

二、实际运行中的官收寄库

宋代官收寄库主要涉及税赋征收和行政司法。其中有的属规范制度行为，有的系地方非规范性政策，有的甚至明显违规。

---

① 吴越国归降宋朝，原皇族钱氏“临安有田园房廊，岁收一千三百四十贯有奇。太平兴国已后，寄纳本县”，元丰年间钱氏坟庙摧塌，即便“寄纳钱数虽多”，但“年岁深远，不敢更乞支给”，只得请乞“降指挥下杭州”拨还“旧田园房廊”。苏轼为钱氏不平，奏言“坟庙荒毁，行路嗟伤。就使朝廷特赐钱物，为之修完，犹不为过，而况本家自有地利房钱，可以支用。岂忍利此毫末，归之有司?”奏后，苏轼特请钱氏寄库钱“官私不得别行支借使用”。参见［宋］苏轼《乞桩管钱氏地利房钱修表忠观及坟庙状》，载《苏轼全集校注》文集卷 32，第 14 册，河北人民出版社 2010 年版，第 3359—3361 页。

② ［宋］李焘：《续资治通鉴长编》卷 445 哲宗元祐五年秋七月乙亥，中华书局 1980 年版，第 10717 页。

③ 《名公书判清明集》卷 7《房长论侧室父包并物业》，中华书局 1987 年版，第 232—233 页。

④ 《名公书判清明集》卷 8《同业则当同财》，第 283—284 页。

⑤ ［清］徐松辑，刘琳等校点：《宋会要辑稿》食货 55，第 12 册，第 7256 页。

（一）税赋征收寄库

税收中的寄库不见于制度明文但实际存在，为预借之变体“易预借之名而以寄库为说”，是其替代名目，因“预借非法”，其目的是绕过预借的违法性质而规避禁令。税收中官收寄库的实施主体主要是地方基层官府，行为逻辑主要从政绩出发“急于趣办，故未及省限而敷借于民”，部分民众“幸官司之急，故不言名色而输于官”，从而可以“当催夏绢，则曰有钱在官；及督秋苗，则曰未曾倒折”借口脱赖。此外更有“顽民豪户乐与官为市”通同“吏胥之为奸，纽折之减价，头合等钱之欠折”，形成的“渗漏之端”举不胜举。寄库经常导致实际入库的数额是“所寄者才一半，而所逋者亦已半”，成为“州县匮乏之由”。[①] 税收预借性质的寄库，因运行没有规范可依，缺乏监管，官吏“伪作回札”导致“出公库而入宅库千万”[②]。一方面，豪民可以凭借政治关系脱漏应纳税额；另一方面，寄库也成为税赋强征多征的一大吏弊，“如去年预借今年秋科，今年预借明年夏科。有给钞而不销簿者，有盗印钞而匿财者，有私立领而官不受理者，有公吏揽取而不归公上者。一遇赦恩，吏之罪释然而民之忧如故”[③]。除预借外，折纳钱未入本库而入他库也称“寄库钱”，地方主官有较大支用自由。如黄震为官时“契勘仓职，先来有解到人户折纳谷钱，见寄留常平库。今将上项寄库钱，就近城置买水田，委局官岁收租利，为扶助九乡社仓之基本”[④]，行为实质是将寄库常平库的折纳谷钱改变用途置买官田。

（二）司法寄库

1. 孤幼检校寄库

检校寄库为管护孤幼财产，旨为朝廷考虑孤幼“其在孩提之时，不能自有其有而委之官”[⑤]，由官府做财产代管人。“诸有财产而男女孤幼，官

---

① ［清］徐松辑，刘琳等校点：《宋会要辑稿》食货70，第13册，第8160页。

② ［宋］华岳：《翠微先生北征录》卷1平戎十策财计，影印清光绪二十六年刘氏石簃刻本。

③ ［元］马端临：《文献通考》卷5，中华书局1986年版，第65页。

④ ［宋］黄震：《黄氏日抄》卷第74，影印文渊阁四库全书，第708册，第13b—14a页。

⑤ “令甲所载，孤幼财产官为检校。注云：并寄常平库”，论者赞曰“所以爱护甚至，堤防甚密矣”。见［清］徐松辑、刘琳等校点《宋会要辑稿》帝系7，第1册，第170页。

为抄札寄库，谓之检校，俟该年格则给还”① 是司法行政类代管，以“封寄县库，给据与照，候出幼日给还”② 为常规模式，目的系爱护孤幼防止侵夺。

孤幼财产寄库确有保护孤幼权益的一面，但情形复杂，运行困难。李介翁女一案体现了孤幼财产寄库的社会需求，也表现了孤幼权益保护的复杂性。“李介翁死而无子，仅有一女，曰良子，乃其婢郑三娘之所生”定为孤幼。官府“与之立嗣，又与之检校”，良子应分物产由其生母代管以抚养至其出嫁，（良子）“其钱、会、银器等，则官为寄留之”。官府虽已“为抚孤幼计”，无奈亲属无情，郑氏随即占用良子田业为资“不待其主之葬，以身出嫁宗子希珂”。良子无依由“房长李义达抚养”，李义达“从幼婚之议，纳余日荧男震子之聘，更以良子就养于余，且半年矣”。后郑氏同其夫希珂贪图良子寄库财产，乘丧仪夺回良子成“改嫁赵必惯之谋，脱所寄库之物”。希珂图财，伙同林端“脱取李良子寄库物件……欺官脱罪，羽翼宗子”。该案难点在于孤幼女良子尚无辨别力，“希珂与林端等皆得假良子之名，次第以罔官司”。唯审判官员认为，良子“一时乐归于所生之旁”不知“他日之利害何如”，判定“良子之方十二，不问而知其为欺”，从而留意提防寄库财物，主动实施孤幼保护。即使如此，良子无依、亲属无情，两任监护人皆“反复变诈，放利而行”，良子原婚嫁因“希珂作良子名陈词，所以指斥余日荧者，无所不至”名分断裂已不可弥合，最终的司法效果只能是“虽不能回良子婚姻之正，姑以为敚攘矫虔者之惩”③。

2. 司法实务中的未决型寄库

未决型寄库指争议财产由官府暂管，主要“应民户纷争未决之财并取赎未定之讼，其财皆寄于官”④，待争议定夺之后给还，防止财产因纠纷而造成损失，是理讼中的标的物保护。

官收寄库在田业争讼中发挥着冻结产权和官断权属的作用。如典卖与

① ［清］徐松辑，刘琳等校点：《宋会要辑稿》职官 79，第 9 册，第 5243 页。

② 《名公书判清明集》卷 8《同业则当同财》，第 283—284 页。

③ 《名公书判清明集》卷第 7《官为区处》，第 230—232 页。

④ ［清］徐松辑，刘琳等校点：《宋会要辑稿》职官 79，第 9 册，第 5243 页。

断卖有争议，“争辩不明”则将欲赎钱数纳寄库钱到官，起到“寄库之钱既已在官，争辨未定，旧会限迫，约束分明，未得为业”① 的法律效果。南宋初年民众流离，官卖民众逃产，后来逃户复归申请还业，朝廷规定可按原估卖官价收赎。程序是“就赎者仰即日寄库纳钱”，然后官府“给据还产”。寄库在逃产收赎中是官定强制性交易的财物中转渠道，寄库纳钱给据后产权确定，可将当前占有人变为非法，州县协助理取，占有人“如或怙强恃势，尚复非理执占，州县徇情，迁延不为理取，许经朝廷越诉，仍专委提举常平官觉察奏劾”②。

《名公书判清明集》可见司法实务中的收赎寄库。收赎寄库的前提是收赎有据，不可“无据收赎”。县衙应检查其凭证“干照”才可“与之交钱寄库，与之出据管业”③，但实际运行中“无契据”亦有官府违规施行寄库收赎。对此类情形的纠正是将相关“所有寄库钱”给还本人，非法占有期间孳息等“地利合入有理之家”④。

收赎寄库中官府本为中间见证人，若双方无异议，官府不做实质性审查。“漕司送下互争田产”案中，一方计价，另一方入钱寄库，若当时“无异词”不当“曲法承勘契内价贯”，具体寄库钱业追照原契。⑤ 寄库，在司法裁断的交易程序中更是重要环节，官府通过寄库强制完成交易、明确权利。如有背弃契约拒不退赎，即可采取强制措施。守约人纳钱入寄库，官府将背约人“押下县，交领寄库钱、会退赎”，合同文约等交还给合法所有者管业。⑥

田业收赎寄库虽以凭据为证，但若审查不细致伪契惑官，收赎寄库也

---

① ［宋］程珌：《洺水集》卷 19，影印文渊阁四库全书，第 1171 册，第 7b 页。

② ［宋］洪适：《盘洲文集》卷 41，影印文渊阁四库全书，第 1158 册，第 4b 页。此提案为朝廷采纳“从之”，见［清］徐松等辑、刘琳等校点《宋会要辑稿》食货 69，第 13 册，第 8079 页。

③ 《名公书判清明集》卷 5《典卖园屋既无契据难以取赎》，第 149 页。

④ 《名公书判清明集》卷 5《典卖园屋既无契据难以取赎》，第 150 页。

⑤ 《名公书判清明集》卷 4《漕司送下互争田产》，第 122 页。

⑥ 《名公书判清明集》卷 9《揩改契书占据不肯还赎》，第 315 页。

会造成产权错断并给日后争讼留下隐患。具体的典卖绝卖纠纷里，因时日已久直接交易者去世，已绝卖一方赖为典并伪造契书，买方后人契约丢失一时无法对证，县令轻信伪契依契约赎买价钱“将钱二十八贯足寄库”，并用官府权威给据令原卖方收赎为业①，后买方虽几经申诉，但运司以县令收赎寄库干照为据，审断维持原判，直至买方找到砧基经“部断、府断、西通判审断”② 才终断田还买方。然而卖方此后又持“运司断由两本”与寄库干照继续脱判赖产，至迁延日久“强割他人布种田苗四年”。③ 此案中，卖方昏赖的重要支撑正是表达官断权属的“断由”与“寄库干照”，一旦形成、持有收赎寄库干照，纠正权属极为困难。另有“侄假立叔契昏赖田业”案，因欺诈情节收赎非法，官府几经审断，为避免日后争讼即“将伪契毁抹附案”，“寄库官会”责还交事主，其间孳息“苗利钱”追理给合法所有者④，是干净利落的纠纷财产权属裁断。

在具有无权处分情节的盗卖侵占案中，原业赎回，契约寄库。叔父念“侄女失怙，且贫无奁具”，赠送田地“令侄石辉求售，为营办之资”不期被石辉盗卖给他人自占钱财，后侄女婿廖万英得知，追索来讼，终判石辉“引监日呈纳上项价钱，交付刘七，赎回田产付廖万英，契仍寄库”⑤。契约寄库既是纠纷处理的痕迹保留，也是官府对合理所有者的权属保护。

3. 其他类型的官收寄库

官收寄库的“理逋督责”即官府代为强制执行，类似扣押、冻结。实践中有各类“茶盐客欠，催理寄库”⑥，也有北方蕃户“本主未归”田业无人照看而由县官管理检校⑦。《申乞免监赃钱状》载盐场因盐课未能纳足，官府汲追挂欠，妄加攀扯出百姓七十五户，监追到的钱物“就寄库钱数内

---

① 《名公书判清明集》卷 13《以累经结断明白六事诬罔脱判昏赖田业》，第 509 页。

② 《名公书判清明集》卷 13《以累经结断明白六事诬罔脱判昏赖田业》，第 509 页。

③ 《名公书判清明集》卷 13《以累经结断明白六事诬罔脱判昏赖田业》，第 510—511 页。

④ 《名公书判清明集》卷 5《侄假立叔契昏赖田业》，第 148 页。

⑤ 《名公书判清明集》卷 5《诉奁田》，第 184—185 页。

⑥ ［宋］华岳：《翠微先生北征录》卷 1 平戎十策财计，影印清光绪二十六年刘氏石簃刻本。

⑦ ［清］徐松辑，刘琳等校点：《宋会要辑稿》食货 63，第 13 册，7703 页。

申解"①财产"封留在库"②。此种寄库亦出现"客死不还"的侵夺现象，即使责任官吏被披露而受处罚，仍可能因"阁罚请俸，任满不还"③而罚不足偿。

地方官府衍生出非规范性的官收寄库"契钱"，类似预交的田业财产争讼保护费。郡一级设置了"白契"库，对私下交易的"匿契"行为可以"从便投税而贷其罪"。县级官府将白契库的运行模式创造性发展，设立更有主动性且更易入库更易支用的"契钱"，甚有"县官到任，未暇理民事，而先议借契钱"。对百姓而言，在县库交契钱后，可获得官府的产权保护和倾向性司法。"设有交易，必纳新钱，而向之寄留县帑者方许参用"，日后出现产权纠纷到官府争讼，则"以纳契钱之有无为重轻"。这样一种运行模式，"县给由子，谓之寄库"，寄库的钱财形同交给官吏的保护费，官吏支用便宜经常"太半已成干没矣"。④

三、官收寄库制度的优势、弊端与腐化情由

（一）官收寄库的优势与弊端

寄库在立法时本符合一定社会需求，包含方便保护孤幼、官民两便减少纠纷、便利处理不定之财、促进行政效率等，如论者言"立法所以为民，其始也未尝不善"⑤。纠纷财产处理中，官收寄库确可防治"非理执占"⑥、应退赎而不退赎等情形，亦能在争讼时发挥保护争议财产安全的法律功能。黄清仲昏赖田业一案中，因买方无法提供买卖契书，赵知县正是

① ［宋］黄震：《黄氏日抄》卷71，影印文渊阁四库全书，第708册，第28a页。

② ［宋］黄震：《黄氏日抄》卷71，影印文渊阁四库全书，第708册，第29a页。

③ ［宋］华岳：《翠微先生北征录》卷1平戎十策财计，影印清光绪二十六年刘氏石篴刻本。

④ ［清］徐松辑，刘琳等校点：《宋会要辑稿》食货64，第13册，第7793页。

⑤ ［清］徐松辑，刘琳等校点：《宋会要辑稿》职官79，第9册，第5243页。

⑥ ［清］徐松辑，刘琳等校点：《宋会要辑稿》食货69，第13册，第8079页。

以匿契不出故典业应退赎为由，判令将赎金寄库，并给据令退赎还产。[①]上述检校寄库中李介翁女一案，虽表现出孤幼权益保护的复杂，但从保护孤幼财产角度分析，正是官府“爱护甚至，堤防甚密”[②] 的主动性挽回了无依者的财产损失，这种保护孤幼权益防止他人侵占的官收寄库行为，在许多案例中都可观察到其积极作用。[③] 在保障合理合法权属利益的事务里，官府主动的官收寄库制度的确可发挥重要作用。

官收寄库虽有如上优势，然而在实际运行中也因其从便而走样，库存继守尤难，往往经阴消、侵移、搬撰等途“有化为无，实化为虚”[④]。随着民众主张权利时“虽有官据，徒执虚文”，“攒库移易之弊”[⑤] 大兴，代管扭曲为侵夺、要索，官收寄库显现出“强制托管而又托而无信”[⑥] 的特征。

检校寄库中侵夺孤幼财产，官吏内部动机是“彼其初籍之［日］，已有利之之心”，客观条件则为寄库时间颇久，从寄到还“近亦不下十载”，检校寄库“责在州县，其家于乡村者，县（之）［乏］专责”官员“应办窘迫，苟且目前，罕不于此移借”。[⑦] 寄库中“吏辈既因以侵欺，用度务侈，遂视为公帑之储”，连孤幼宗子的财产也未能幸免[⑧]，寄库“财一入州县，则视同官物，季给所须则多方要阻，年及有请则故意占吝，而必待宛转，或支移他用者有之，或侵欺规隐者有之”[⑨]。即使持有证明文书“执券

① 参见《名公书判清明集》卷 13《以累经结断明白六事诬罔脱判昏赖田业》，第 510—511 页。赵知县虽被批评因偏词错断，但其司法的行为、逻辑、效力仍可分析研究。

② ［清］徐松辑，刘琳等校点：《宋会要辑稿》帝系 7，第 1 册，第 170 页。

③ 参见《名公书判清明集》卷 7《房长论侧室父包并物业》（232—233 页）及卷 8《同业则当同财》（283—284 页）。北宋时王子舆及其幼子王道宗相继身死，仅余三名幼女，王子舆从弟上请“鬻京师居第，以钱寄楚州官库，备三女资送”，此处是依申请寄库，可参见［宋］李焘《续资治通鉴长编》（卷 51 真宗咸平五年二月庚午，第 1114 页）。

④ ［宋］潜说友：《咸淳临安志》卷 55，第 3844 页。

⑤ 《名公书判清明集》卷 7《房长论侧室父包并物业》，第 232—233 页。

⑥ 季怀银：《两宋债法研究》，李鸣编：《青蓝集》，法律出版社 2002 年版，第 356 页。

⑦ ［清］徐松辑，刘琳等校点：《宋会要辑稿》帝系 7，第 1 册，第 170 页。

⑧ ［清］徐松辑，刘琳等校点：《宋会要辑稿》帝系 7，第 1 册，第 170 页。

⑨ ［清］徐松辑，刘琳等校点：《宋会要辑稿》职官 79，第 9 册，第 5243 页。

就索”，仍以年岁久远等各种理由脱赖“十或不能还一二”①。仅宋孝宗乾道年间，元年、三年、六年、九年四次发出敕文斥责“州县检校孤幼财产，官司侵用，暨至年及，往往占吝，多不给还”②，检校寄库受侵夺已是不可忽视的高频率顽疾。研究者指出“南宋以后，官吏的贪污、挪用等现象日益严重”③，本来的检校寄库在于优恤，可“南宋后期，因追逐盈利，已冲破这一界限”④。

争讼未定的寄库财产“州县之间，幸其在官则睨为已有，两讼既决，财合有归，而迁延不给。逮其陈诉明白，越月逾时，物已羽化，或称前官用过者有之，或指为交割之数者有之”⑤。宋代官员虽然直接上书指出寄库法弊，认为“立法所以为民，其始也未尝不善，（未）［末］流一失，则善意泯而弊独存，是非法之罪，有诸负法之罪也”⑥，为存善去恶不失立法本意，朝廷依奏论加强监管，严格惩处，“严饬有司，申明前禁，应检校、寄库钱物，官司不得妄自侵移，合给还而不给还者，许民户经台省越诉，其官吏必罚无贷”⑦。然而随着制度运行，寄库制度出现的若干弊端已不可回逆，“今之州县幸其在官，不复给还。又其甚者，不应检校辄检校，不应追罚辄追罚。本非盗赃，指为盗赃；本非户绝，指为户绝，强入之官，洎至翻诉明白，其财已不复存矣”⑧。

（二）官收寄库的腐化情由

检校寄库从恤孤弱到牟利、争讼寄库从保护争议财产到主动要索，寄库制度由良法堕落为财产侵夺与权力寻租的直接手段，同政治生态息息相关。平常时期“往往便行侵用”，“洎至年及陈乞”时原官员调任，官吏

① ［清］徐松辑，刘琳等校点：《宋会要辑稿》帝系 7，第 1 册，第 170 页。

② ［清］徐松辑，刘琳等校点：《宋会要辑稿》食货 61，第 12 册，第 7474 页。

③ 王文书：《宋代借贷业研究》，河北大学出版社 2014 年版，第 145 页。

④ 王文书：《宋代借贷业研究》，河北大学出版社 2014 年版，第 148 页。

⑤ ［清］徐松辑，刘琳等校点：《宋会要辑稿》职官 79，第 9 册，第 5243 页。

⑥ ［清］徐松辑，刘琳等校点：《宋会要辑稿》职官 79，第 9 册，第 5243 页。

⑦ ［清］徐松辑，刘琳等校点：《宋会要辑稿》职官 79，第 9 册，第 5244 页。

⑧ 戴建国点校：《庆元条法事类》卷 36，《中国珍稀法律典籍续编》，第 1 册，第 561 页。

“多称前官用过，不即给还”①，成为历史糊涂账。地方治理腐败时，有豪强同官吏勾连以寄库为机共同侵夺民财，如诬赖平民借以兴讼，从而“取媚县道，令纳千缗寄库以从和”，借用腐化权力的豪强“以此逼写膏腴之业，又以此没其寄库未尽之钱”。② 豪强借权势侵夺平民的情形下“为贪令作囊橐”③，官府事实上作为豪强保护伞共同分赃，官收寄库亦成为司法程序中侵夺民财便利而又强力的工具。

北宋哲宗时期，“州县寄纳人户物色在官库者，若有毁失”，曾据刑部建议“依弃毁亡失及误毁官私器物律备偿”④，然收效微弱。南宋为明晰寄库财物归属，避免侵夺民财，规定“可戒郡县应民间寄库钱，皆令刷具，别置簿历，专作库眼，俟其陈请，即时给还。或非理没入，既经翻诉给还者，亦仰依限支给。如或循习弊，并许人户越诉。委自省部、御史台取其违慢悖理尤甚者，具职位姓名取旨责罚”⑤。按律文规定，寄库弊端管理主要是纠正库管混乱，要求寄库钱专门管理，但用语仅是“可戒”，为一种倡议性规定，对违规官员，仅是“违慢悖理尤甚者”才明确表态处置，而具体处罚并未规定，只是由上级主管部门主动上报以“取旨责罚”。律文承认了官收寄库钱的腐坏现象及其恶性，可相对地，对违法行为并没有系统明确的制度化处罚，甚至直接表现出宽松倾向。至宋理宗景定元年（1260），方有敕令明确检校寄库侵用“自今如尚违戾，以吏业估偿，官论以违制，不以去官、赦、降原减”⑥，然此时宋廷已入晚暮。

司法实务中，以寄库为侵夺手段的案件审查，情势悬殊。地方官吏为利互保，“自州县而至本司，将及一年，狱官则为其奇玩钓饵，推吏则为其厚赂沉迷，越历两官，托廷百计，及其终也，反将词人两手两脚缚烂终

---

① 《宋史》卷173《食货上一》，中华书局1977年版，第13册，第4180—4181页。

② 《名公书判清明集》卷12《与贪令捃摭乡里私事用配军为爪牙丰殖归己》，第463页。

③ 《名公书判清明集》卷12《与贪令捃摭乡里私事用配军为爪牙丰殖归己》，第464页。

④ ［宋］李焘：《续资治通鉴长编》卷445，哲宗元祐五年秋七月乙亥，第10717页。

⑤ 戴建国点校：《庆元条法事类》卷第36，载《中国珍稀法律典籍续编》，第1册，第561页。

⑥ 《宋史》卷173《食货上一》，第13册，第4181页。

死定论”，直到另行委派专员审查，任用专官专吏“索齐干照案牍，不特豪强依然得志，而被害之家反被诬罔之刑矣”①。

结　语

行政司法范畴的官收寄库同宗教民俗领域的寄库，在同一个时代出现，两者本同具良善愿望，但愿望的归途终不可测。预修寄库的愿景是加强功德与福报，官收寄库的愿景则是希求官府作为财产尽职的代管者和争讼时公正的保护者。综上所述，受政治生态影响，官府于官收寄库存在特殊利益，部分腐化官吏将官收寄库变成侵夺、侵吞的便利手段。无独有偶，宋代论者在批判预修寄库时言其为“志在阴府，死必入阴府矣。譬如有人，不为君子之行以交结贤人君子，乃寄钱于司理院狱子处，待其下狱，则用钱免罪”②，同样表述了官吏的腐化形象。幽冥观念中的寄库愿景本基于冥府的公正，相信其“尊重契约，堪对严格，执行有力，完全不受世间权力财富干预”③，然精神与现实终相互影响，民俗宗教与行政司法亦相互渗透。正如宋代入冥故事中，冥界的形象同世间神似，幽冥观念中的寄库同官收寄库虽是一则面向冥界一则面向世间，但人心相通。如宋人言，用纸钱寄库“冥中藏积缗镪金银缯彩”本质“与世间所用无少异”，总归是“由心法之能变造故”。④

---

① 《名公书判清明集》卷 12《与贪令捃摭乡里私事用配军为爪牙丰殖归己》，第 464 页。

② ［宋］王日休：《龙舒增广净土文》卷 4，《大正新修大藏经》，台北新文丰出版公司 1983 年版，第 47 册，第 265 页。

③ 韦兵：《储蓄来生：宋代以来的寿生寄库信仰》，第 5 页。

④ ［宋］志磐撰，释道法校注：《佛祖统纪校注》卷 34，第 759 页。

宋代静江府城城防系统分析

聂　定
（保定学院　文物与博物馆学院）

蒙古宪宗二年（1252）至四年（1254），忽必烈先后降服吐蕃、剪灭大理，广南西路已经从宋蒙战场的大后方转变为战略前线。与此同时，蒙哥汗发动了大规模的对宋战争。谗臣当道、国力衰微的南宋，面对蒙古大军的攻势只能采取被动防守，在广南西路通往川蜀、沅湘地区的必经之路上加筑城池，希望借此来阻挡蒙古大军，由大理出兵广西，与川蜀、襄樊战场相互配合，进而护其偏南一隅。

自唐李靖始建静江府城，至北宋余靖筑新城，其防御性能未有重大突破。[①] 宋蒙战争开始后，南宋宝祐六年（1258）静江府知府李曾伯开始受命大规模修筑静江府城，在修葺旧城的同时新筑城墙，“自雪观起至马王山，转过桂岭至宝积山下北城堂脚止……南门月城”[②]，形成北侧第一新城；（图 1 D）之后朱禩孙新筑“自南阳江起，至西北临桂县背，接连旧城暗门过道止”[③]，形成西侧新城；（图 1 G）赵与霦新筑护险墙，胡颖新筑“北自鹁鸠山下至华景洞前……东自粟家山下起，至马王山下……远北关城一座……西月城一座……宝积山城”[④]，形成北侧第二新城与宝积山城。（图 1 E、F），才最终完成静江府城池防御系统构建。

① ［宋］章时发：《静江府修筑城池记》，现存桂林鹦鹉山。

② 《修筑桂州城图并记》，现存桂林鹦鹉山。

③ 《修筑桂州城图并记》，现存桂林鹦鹉山。

④ 《修筑桂州城图并记》，图 1 为作者根据存于鹦鹉山的《静江府城池图》改绘。

《静江府城池图》（下文简称《城池图》）作为南宋时期静江府城防建设落成图，详细绘制了城防设施，是探讨宋蒙战争中城防演变与发展不可多得的材料。目前研究宋代静江府和《城池图》的学术成果主要有：苏洪济与何英德的《〈静江府城图〉与宋代桂林城》，对《城池图》中的军事设施做了统计与分析，并且对北门附近的防守做了着重分析，为之后研究提供了重要资料；① 傅熹年的《静江府修筑城池图简析》，通过《城池图》与修城记相结合，对城防设施进行了介绍与初步分析，得出静江府城城防的发展，是吸取宋金、宋蒙战争经验的结果，为之后相关研究提供了重要基础；② 张益桂的《南宋〈静江府城池图〉简述》通过军营与军事设施分析，认为兵力部署得当是静江府城能够防守成功的重要因素，并指出了静江府城修筑过程中给人民带来的沉重负担，为后来研究打开了不同思路。③ 此外还有张驭寰的《中国城池史》、黄宽重的《南宋军政与文献探索》、马继业的《宋代城池防御探究》等，分别从地图学、城市史、单个城防设施等角度进行了研究，为进一步的系统研究提供了地图识辨、设施划分、史料梳理等相关研究基础。④ 在前人研究基础之上，结合实地考察，利用《城池图》对宋蒙战争中静江府城城防系统的构成要素、特点以及形成原因进行综合性研究。

一、城防要素构成

静江府城作为宋蒙战争西南战场的中心城市，在城防系统的构建过程

---

① 苏洪济、何英德：《〈静江府城图〉与宋代桂林城》，《自然科学史研究》1993 年第 3 期。

② 傅熹年：《傅熹年建筑史论文集》，文物出版社 1998 年版，第 314—325 页。

③ 张益桂：《南宋〈静江府城池图〉简述》，《广西地方志》2001 年第 1 期。

④ 参见张驭寰《中国城池史》，百花文艺出版社 2003 年版，第 172—181 页；黄宽重《南宋军政与文献探索》，新文丰出版公司 1990 年版，第 190 页；马继业《宋代城池防御探究》，山东师范大学 2005 年硕士学位论文；洪德善《桂林古代外城墙保存现状及相关问题探讨》，《湖南省博物馆馆刊》2020 年第 16 辑。上述论著对《城池图》中出现的团楼、硬楼、羊马墙、瓮城、月城等防御设施进行了介绍或初步论述，但对宋静江府城的整体防御系统缺乏专门研究。

中充分利用了自然要素与人工构筑物相结合的筑城思维，将广西地区喀斯特地貌、天然水系、独特植被与城墙、城门、硬楼、烽烟楼等人工防御设施相结合，组成了静江府城复杂的防御系统。

（一）天然险阻

静江府城位于南岭西南部，属于喀斯特地貌区，峰丛、河流较多。这些峰丛、河流被利用为静江府的天然外围防线：最外侧西与北以峰丛为防线，东与南以河流为防线。（图1）

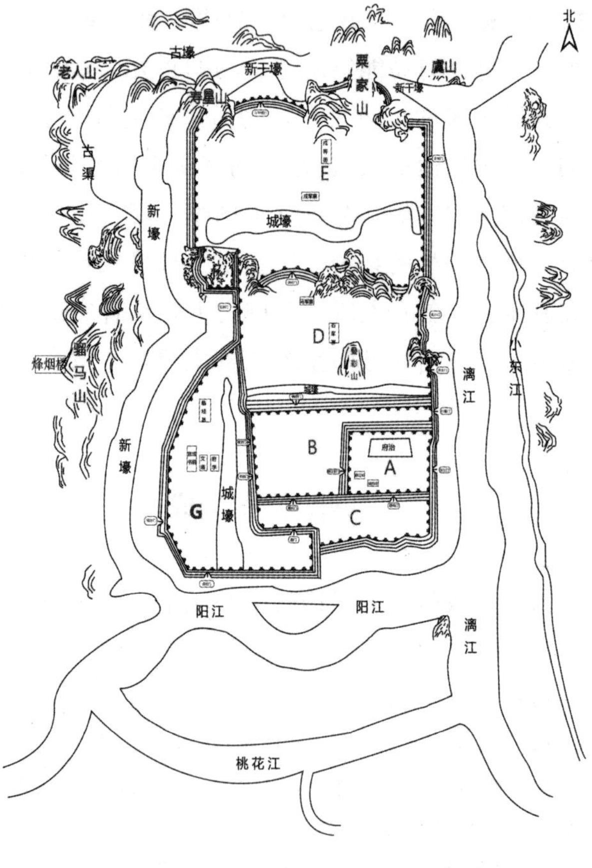

图1　静江府城池示意图

A. 内城区域　B. 外城区域　C. 南守卫城　D. 北侧第一新城

E. 北侧第二新城　F. 宝积山城　G. 西侧新城

具体而言，静江府城外西侧为老人山、骝马山等峰丛，城池北侧为粟家山、虞山等峰丛。一方面在山顶设置烽火楼用于预警；另一方面将距离较近的峰丛用干壕、城墙连接。寿星山与粟家山之间拥有干壕、古旧城和关城，形成多层防线。城东七星山一带也用城墙将山体进行连接，并设置城门。城池南城墙与东城墙外则充分利用漓江、阳江与不远处的桃花江等环绕城墙，形成天然防线。

图 2　宝积山东北方向的城壕和峰丛

（二）城壕、钓桥、城墙

城池的围合设施一般是由城墙及其附属的城壕以及建造于城壕上的钓桥组成，静江府城的整体城防系统中人工构筑围合设施主体部分仍为城壕、城墙。

1. 城壕、钓桥

一般城池的最外围防御设施就是城壕，从《城池图》中可以看出静江府城的城壕达到八条，分别为漓江、阳江、新壕、新干壕、朝宗门北侧城壕、镇岭门北侧城壕、平秩门西侧城壕以及寿星山外古壕（图 1）。东城墙与南城墙外以天然河道漓江、阳江为城壕，因天然城壕宽窄不一，宋代静江府修葺过程中多次对漓江、阳江城壕不同区域进行扩修；西侧城墙外为新壕，人工从鹁鸠山一直挖到阳江，引水入壕，增强防御力；北城墙外为新干壕，作为人工开挖的城壕，虽向东沟通了漓江，但由于地势的原因，北关门外城壕中无水，不过壕宽达二十二丈、深二丈二尺①，同样具有很强的防御性。另外三条在静江府城扩建完成之后被囊括到城内，其中东西向第一条从东城墙雪观起经朝宗门外，到达中心城区西城墙；东西向第二条从宝积山下西城墙硬楼起经过镇岭门到东城墙；南北向一条从南城墙威德门右侧阳江起向北经平秩门、尊义门外到达团楼，应是西部新城区修建之前的西侧城壕。通过《城池图》与卫星地图对照，测出外部四面城壕长大约八千米，庞大的城壕系统，为静江府城的防御提供了坚实的基础。

《城池图》中丽泽门外城壕上铺设的桥标有拖板桥，也就是俗称的钓桥。② 具体结构与操作为："桥上施三铁环，贯以二铁索，副以麻绳，系属于城楼上。桥后去城约三步，主二柱，各长二丈五尺。开上山口，置熟铁转输为槽，以架铁索并绳，贵其易起。若城外有警，则楼上使人挽起，以断其路，亦以护门。"③《城池图》中的拖板桥共有四处，除去丽泽门外城壕上的，其余分别位于尊义门、镇岭门及主城墙西南角的城壕上。

2. 城墙

通过《城池图》可以看出静江府城城墙建筑比较复杂，与平江府城（图 3.1）④、庆元府城（图 3.2）⑤、泸州神臂城（图 3.3）⑥ 等的布局有很大不同。静江府城历经多次修建，由最初连接东江门、胜仙门、静江军门

---

① 《修筑桂州城图并记》，现存桂林鹦鹉山。

② 《傅熹年建筑史论文集》，第 314—325 页。

③ ［宋］曾公亮、丁度：《武经总要》前集卷 12，《中国兵书集成》编委会编：《中国兵书集成》第三册，解放军出版社 1987 年版，第 540 页。

④ 郭黛姮：《南宋建筑史》，上海古籍出版社 2018 年版，第 58 页。

⑤ 《南宋建筑史》，第 80 页。

⑥ 蒋晓春、林邱：《宋代泸州神臂城城防体系分析》，《中国国家博物馆馆刊》2017 年第 9 期。

的城墙围成的内城区域逐步扩展到连接顺庆门、平秩门、尊义门、朝宗门、行春门、静江军门的城墙围成的外城区域，连接南门、顺庆门、胜仙门的城墙围成的南守卫城，连接朝宗门、宝贤门、镇岭门、就日门、癸水门的城墙围成的北侧第一新城，连接古旧城门、东镇门、镇岭门的城墙围成的北侧第二新城，围绕宝积山而筑成的宝积山城，连接南门、平秩门、尊义门、丽泽门、威德门的城墙围成的西侧新城，形成七个独立的区域（图 1）。复杂的城池布局下可将其城墙分为主城墙、内部防御城墙、护险墙、羊马墙、护门墙五类。

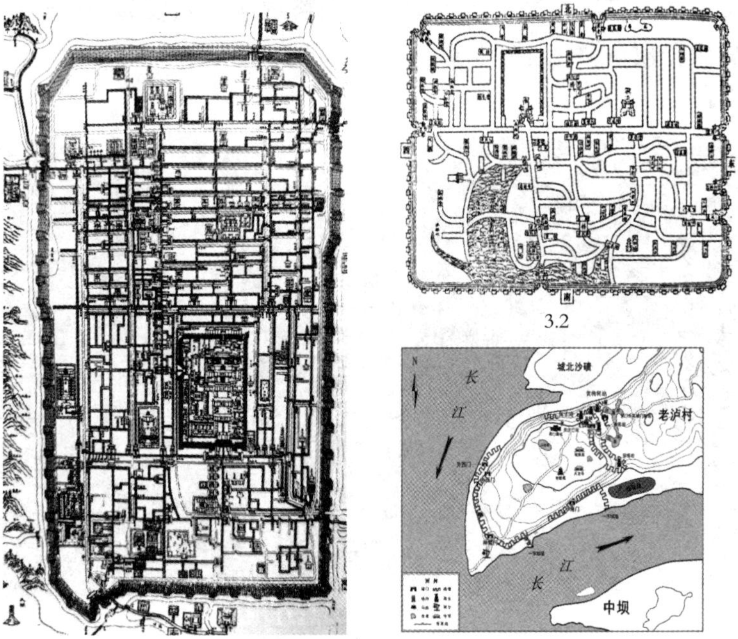

3.1　　3.2　　3.3

图 3　城池对比图

3.1 平江府　3.2 庆元府　3.3 神臂城

（图 3.1、3.2、3.3 分别出自：郭黛姮《南宋建筑史》，上海古籍出版社 2018 年版，第 58、80 页；蒋晓春、林邱《宋代泸州神臂城城防体系分析》，《中国国家博物馆馆刊》2017 年第 9 期，第 62 页）

（1）主城墙（图 4）

主城墙，为沿漓江、阳江、新壕以及寿星山、粟家山依山傍水而修建的合围成近似长方形的城墙。通过《城池图》与卫星地图对照研究，测出主城墙周长大约七千米，结合《城池图》关于城墙材质不同绘制方法可知，其中东南西三面为下石上砖包砌而成，北部连接寿星山、粟家山的城墙则完全为石头包砌而成，相对于其他三面而言更加坚固。[①] 据《修筑桂州城图并记》（以下简称《图记》）记载："城身高二丈，面阔二丈，脚阔四丈五尺。……共用石七万二千二百二十块，砖六百二十三万八百七十片。"[②] 现场调研中位于翊武路的一面城墙，高约三米，墙用石粗大，石材大小相近，表面打磨较光滑，丁砌，墙面略内倾，北段为现代包砌，石砌城墙应属宋代遗留（图 4）。

图 4　静江府城墙（翊武路段）

① 《城池图》中对不同元素使用了不同绘制符号，结合马崇鑫在《宋代〈静江府城池图〉评述》（《地图》1988 年第 1 期）一文中对静江府城池图符号的研究可知宋代静江府城墙东南西三面为下石上砖包砌而成，北部连接寿星山、粟家山的城墙则完全为石头包砌而成。

② 《修筑桂州城图并记》，现存桂林鹦鹉山。

（2）内部防御城墙

内部防御城墙，是由静江城整体完工以后，之前的主城墙被包裹在内部演变而来，总共有六条，分别为马王山至镇岭门一线城墙、独秀山南侧城墙、南门至西侧便门一线城墙、府治西侧和北侧城墙及顺庆门至胜仙门一线城墙（图 1）。在主城墙修建完成之前曾经作为主城墙承担防御任务，到静江府城最终完成后，其作用发生转变，在主城墙失守后可以迅速形成二次防御阵地，给城市提供了横向防御空间，为等待支援与组织反攻提供机会。

（3）护险墙①

护险墙，指主城墙外自南门青带桥东起至马王山脚下这一段城墙（图 5）②，长七百五十八丈四尺，从地面到护险墙顶部达一丈九尺多。整个墙体由砖石包砌而成，且城墙之上筑有敌楼三十座，展现出极强的防御能力。③ 护险墙作为局部加固城墙的重要手段，在南宋行都建康城“近濠岸，木栅一路，护险墙一路，长四丈五尺”④，军事重镇襄阳城“子城西角除女头、鹊台、护险墙、荷叶渠外，止有战道六尺至七尺”⑤。静江府城东南方内城与主城共用城墙，外也无高山为险，城池防御相对薄弱，在此修筑护险墙突出其局部城防的作用。

---

① 有学者将护险墙归为羊马墙，笔者认为不妥，其一，《静江府城池图》中在主城墙西侧、南侧都筑有羊马墙（图 5），与此段城墙在图中所绘用的符号完全不相同。从地图学上看，在同一张图中针对同一种实物，一般都会采用相同的绘制符号，很少出现不同；其二，在《静江府城池图记》中对此段城墙的修建有明确的文字记载，“赵经略任内创筑沿江泊岸石城，自南门青带桥东起至马王山脚，共长七百五十八丈四尺，高一丈五尺，在上砌护险墙四尺五寸”，可以看出先建石城，在其上再筑护险墙，而在这一时间段修筑的羊马墙在《静江府城池图记》中均无记载，足以显示两者之不同；其三，护险墙之上“虎蹲门五座，敌楼大小共三十座”，在《静江府城池图》中的羊马墙之上均无敌楼，在《守城录》《武经总要》等相关书籍中所记载的宋代羊马墙为低矮而薄的城墙，其上不可能筑敌楼。可见护险墙是为加强城址东南部城防所特意修建的城墙。

② 图 5 为作者根据存于鹦鹉山的《静江府城池图》改绘。

③ 《修筑桂州城图并记》，现存桂林鹦鹉山。

④ ［宋］马光祖修，周应合纂：《景定建康志》第二册，南京出版社 2010 年版，第 425 页。

⑤ ［清］徐松辑：《宋会要辑稿》，中华书局 1957 年版，第 7468 页。

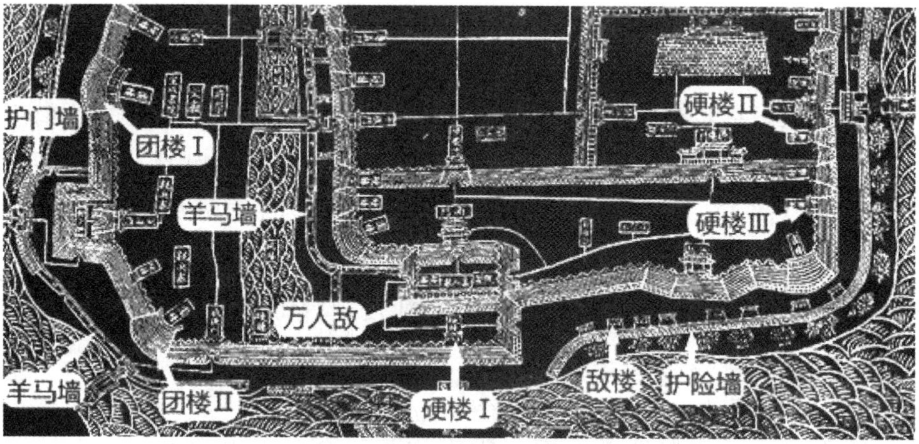

图5　《静江府城池图》局部

（4）羊马墙

羊马墙（图5），作为主城墙外与城壕之间的城防措施，虽然防御能力相对于主城墙而言较小，但是符合唐宋的政治、军事发展，在城防中发挥着不可替代的作用。[①]《通典》载“城外四面壕内，去城十步，更立小隔城，厚六尺，高五尺，仍立女墙（谓之羊马城）”[②]，《守城录》载“当于大城之外，城壕之里，去城三丈，筑鹊台，高二尺，阔四尺……不可去城太远，太远则大城上抛砖不能过，太近则不可运转长枪……凡攻城器械，皆不可直抵城脚”[③]。《城池图》中的羊马墙主要分为主城墙西侧与南侧西半部分、镇岭门北侧、平秩门外以及南门月城外四部分，建筑结构与《守城录》所载相同，墙上均匀分布有箭孔以及方便进出的小门。

静江府的羊马墙有一个突出特点就是通过横向羊马墙与主城墙相互连接。以主城墙西侧与南侧部分的羊马墙为例，此处羊马墙从最南端威德门外一直延伸到寿星山下，与城壕、竹丛及寿星山组成作战区域的同时，依靠横向羊马墙向内与主城墙又组成了四个相对独立的作战区域，分别为：

① 马剑：《羊马城考——兼考成都羊马城》，《中国历史地理论丛》2011年第2辑。

② ［唐］杜佑：《通典》卷152《兵五》，中华书局1988年版，第3894页。

③ ［宋］陈规撰，林正才译：《守城录注译》，解放军出版社1990年版，第77页。

由威德门外至丽泽门外羊马墙与丽泽门北横向羊马墙、主城墙构成的第一个作战区域；丽泽门外至宝贤门外羊马墙与丽泽门北横向羊马墙、宝贤门南横向羊马墙及主城墙构成第二个封闭作战区域；宝贤门外羊马墙与宝贤门南北横向羊马墙及主城墙构成类似于瓮城的第三个封闭作战区域；宝贤门外至寿星山下羊马墙与宝贤门北横向羊马墙及寿星山构成第四个封闭作战区域。这些作战区域既能各自为战，又可相互配合形成合力，极大增加了城防强度。

（5）护门墙

护门墙，是为防止外面观察到城门情况而建立的设施，《守城录》载“于城门十步内横筑高厚墙一堵。亦设鹊台，高二丈。墙在鹊台上，高一丈三尺，脚厚八尺，上收三尺，两头遮过门三二丈，所以遮隔冲突。门之启闭，外不得知；纵使突入墙内，城上炮石雨下，两边羊马墙内可以夹击”①，可见护门墙相对于羊马墙更高、更坚固，可以与城门两侧羊马墙构成共同防御系统。从某种意义上来说，护门墙就是羊马墙在城门前经过再加工的一段。《城池图》中的护门墙只有一处，位于丽泽门外，上筑有垛口、城楼，其防御性甚至高于东南侧的护险墙，在阻挡墙外敌人观察丽泽门是否开启的同时还能与威德门外至丽泽门外羊马墙、丽泽门北横向羊马墙、主城墙构成独立作战区域，夹击攻至丽泽门前的强敌，提升丽泽门整体防御力。镇岭门、宝贤门、尊义门等外面之墙不应为护门墙，从《城池图》中可以看出，镇岭门、宝贤门、尊义门外的羊马墙与主城墙其他区域的羊马墙相比并无差异，绘图符号也完全相同。与丽泽门外护门墙相比过于简陋，达不到正常护门墙应该有的高度与坚固程度，为一般羊马墙。（图 5）

（三）城门及其附属设施

《城池图》中的城门大致可分为主城墙与内部防御城墙上的城门、护险墙上的虎蹲门、羊马墙上的小门三种。为加强城门的防御性能，静江府城还在战略地位突出的城门外加筑月城、瓮城、关城等。

---

① 《守城录注译》，第 62 页。

1. 城墙城门

主城墙与内部防御城墙之上的城门在《城池图》中总共绘有 26 座，其中 16 座标注了名称，这 26 座城门在主城墙上分布有 13 座。内部防御城墙上的城门交通职能已经远超过其防御职能，故不再赘述。主城墙上的 13 座城门分布极不均匀，北城墙 1 座、西城墙 3 座、南城墙 2 座，剩余 7 座城门均分布于东城墙之上，这种明显差距的出现应该与静江府城的攻防重点有关。从静江府城周围地势可以看出，东侧紧靠漓江且地势平坦，自然防御条件较差，因而东城墙成为攻防重点。其余三面可以通过减少城门数量来增加城防能力，进而可以降低城防压力及兵力部署，将主要兵力部署于东城墙战线。《守城录》载："城门既多且开，稍得便利去处，即出兵击之。夜则斫其营寨，使之昼夜不得安息，自然不敢近城立寨。又须为牵制之计，常使彼劳我逸。"① 在城池防守过程中，通过出其不意的军事行动，不仅可以减缓城防压力，甚至能出奇制胜击败敌军，静江府城东城墙设置较多城门的战略目的应在于此。

2. 虎蹲门

护险墙上的虎蹲门，在《城池图》中可以看到 3 座。② 其中东江门外的虎蹲门最为坚固，城楼建筑远比护险墙高大，甚至超过主城墙上的一般城门，城楼上为扩大版的敌楼，用于攻击的孔格远多于一般敌楼。将虎蹲门开设于东江门外，向内直接连接由西侧新城穿过平秩门到达东江门沟通城内东西交通的要道，向外为漓江上的唯一一座跨江桥，连接通往其他州

---

① 《守城录注译》，第 64 页。

② 《静江府城池图记》中记载修建护险墙时有 5 座城门，有学者将就日门外半坡上的建筑以及马王山到漓江间的石墙归为两门，再加上护险墙上的 3 门共成 5 门。笔者以为不妥，首先，《图记》中明确指出 5 门都在城墙之上；其次，就日门外半坡上的建筑以及马王山到漓江间的石墙与护险墙上的剩余 3 座虎蹲门在建造结构上有明显不同，尤其是石墙，虽然图中标注为石门，但是没有门的任何结构，应该取门的寓意。那《静江府城池图记》与《静江府城池图》之间的不同又作何解释，因为两者本为同一摩崖石刻的一部分，不能用某一个记载错误来解释，其原因可能是《静江府城池图》在绘制过程之中因为空间有限或者地理位置不太重要，将另外 2 座虎蹲门简化去掉了，这也符合绘图原则。如护险墙上的敌楼，《图记》说是 30 个，图中只画出了 25 个（含城门楼），东部南段有大段空白，正好可以分布 5 座敌楼，应该就是省略了。

县的对外交通。在和平时期既可保证国家传递的信息以最快的速度到达府治，又可方便货物运输、贸易交流、旅人行走等人民生活。因其独特的地理位置自然成为战争时期军事进攻的重点方向，这就注定了它必须通过加高、加固来增加防御性。而筑于伏波山下癸水门外护险墙上的虎蹲门，大小基本与护险墙上的敌楼保持一致，此处开设城门远离内城区域，不会给内城行政中心造成巨大军事防御压力，又直接对应癸水门方便北侧新城驻军支援。最后一个虎蹲门位于就日门外的护险墙上，形制大小与癸水门外虎蹲门一致。就日门外护险墙与马王山、就日门段主城墙、伏波山形成了完全封闭的空间，使得此处护险墙上必须开设城门，不然主城墙上的就日门及旁边的城门就丧失了其存在的意义。

3. 羊马墙城门

羊马墙上的城门数量较多，《城池图》中绘制出的数量就达到了45座。这45座城门分布在三段羊马墙之上，其中自威德门起到寿星山下西侧主城墙外羊马墙上分布有17座，尊义门、平秩门外羊马墙上分布有10座，镇岭门外羊马墙分布有13座，南门月城外羊马墙分布有5座。羊马墙设置如此多门既可以在敌寇来袭之际提升百姓及牲畜进入羊马墙的速度，又可以“遇有缓急，即出兵在羊马墙里作伏兵，正是披城下寨”①，多设门为伏兵提供更多出击方位。

4. 瓮城、月城、关城

城门作为城防的薄弱点，防御设施一般较为多样和复杂。其中瓮城、月城、关城是在城门附近比较相似的设施，有学者将其归为一类，认为它们同属于瓮城。通过《城池图》可以看出，三者大小、具体位置、形状及附属设施等存在明显不同。

瓮城作为重要的城门防御设施，《武经总要》中载，“门外筑瓮城，城外凿壕，去大城约三十步……其城外瓮城，或圆或方。视地形为之，高厚与城等，惟偏开一门，左右各随其便”②，可见宋代瓮城的形状主要为方形

① 《守城录注译》，第77页。

② 《武经总要》前集卷12，第525—526页。

或者圆形。《城池图》中瓮城的设施共三座，分别在镇岭门、南门、丽泽门外，这三座瓮城皆为方形，在城门对面城墙上建造万人敌，左右城墙建造硬楼，瓮城开门同《武经总要》记述一样均在左右。瓮城之外羊马墙与主城墙又合围成一个小瓮城，小瓮城再开侧门，这样一来，敌人如果想从某一城门攻入，以南门为例，从其跨过南护城河后，需要转弯六次，经过两道侧门，才能达到南门前，在这一过程之中四周城墙之上都可以进行攻击，进入瓮城的敌人也很容易被分割成几段各个击破，大大提升了城门的防御力。

月城一般为城门最外层的外防御设施，《资治通鉴》卷293《后周纪四》胡三省注："月城者，临水筑城，两头抱水，形如却月。"①《城池图》中的两座月城分别建在南门瓮城外与丽泽门瓮城外，建造位置与《资治通鉴》中所记载的一样皆在城壕外面，城墙两端紧贴城壕，由月城城墙与城壕形成一个半月形的密闭空间，其中南门外月城构造最坚固。南门月城建在阳江中间的半月形小岛之上，月城城墙除去正门外，还在左右设置暗门，用来增强月城的防御。南月城之外加筑临江羊马墙，与月城及城壕构成新的半月形城防。在月城到达主城墙的桥头还修筑有城门，既能防止敌人从月城跨过城壕到达主城下面，又能防止敌人从其他区域突进到城墙下，反攻月城。多层防护下的月城坚不可摧，即使整个静江府城陷落后，二百多残兵也能凭借月城坚守十日之久。②

关城面积比瓮城与月城都要大，一般会修筑在两山之间的重要隘口。《城池图》中的关城位于粟家山与寿星山之间，面积远大于静江府城的瓮城与月城。关城北门外还筑有包围城门的一段城墙，类似于瓮城，虽然比较简陋没有配套城防设施，但也能给关城加强防御。而且由《城池图》可以看出，关城修建用材从上到下完全一致，不同于其他区域上下使用不同的材料，这样更能加强关城的防御。险峻的自然条件加上坚实的城防使得北部关城固若金汤，历次来犯静江府城之敌皆未选择北侧作为进攻重点。

---

① ［宋］司马光：《资治通鉴》卷293《后周纪四》，中华书局1976年版，第9574页。

② ［元］脱脱等：《宋史》卷451《马塈传》，中华书局2013年版，第13270页。

（四）硬楼、团楼、敌楼、万人敌

硬楼、团楼、敌楼都是城墙上的防御设施。关于它们之间的关系，《武经总要》载，“凡城上皆有女墙，每十步及马面，皆上设敌棚、敌团、敌楼……敌楼，前高七尺，后五尺，每间阔一步，深一丈。其棚上下约容二十人”①，再结合《武经总要》关于敌楼（图 6）②、团楼（图 6）③ 的配图可知，《武经总要》中敌楼建在马面之上，团楼建在拐角处。《守城录》载，“门外筑瓮城，瓮城上皆敌楼”，“马面，旧制六十步立一座，跳出城外不减二丈，阔狭随地利不定，两边直觑城脚，其上皆有楼子……马面上筑高厚墙，中留‘品’字空眼，以备觇望”④，对硬楼、团楼、敌楼未能

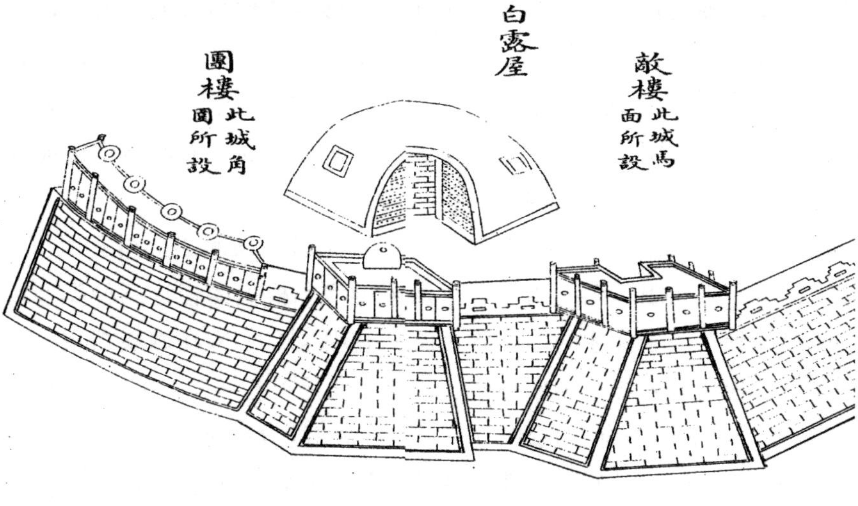

图 6 《武经总要》中敌楼、团楼对比图

（出自［宋］曾公亮、丁度《武经总要》前集卷 12，《中国兵书集成》第三册，解放军出版社 1987 年版，第 535、536 页）

---

① 《武经总要》前集卷 12，第 525、537 页。

② 《武经总要》前集卷 12，第 535 页。

③ 《武经总要》前集卷 12，第 536 页。

④ 《守城录注译》，第 62、74 页。

进行系统的说明与解释。现代学者对其关系也有不同的看法。张驭寰认为硬楼是方形马面，团楼是圆形马面，敌楼在城墙之上或者单独设立在城外①；傅熹年认为硬楼就是修筑在马面上的敌楼，团楼是城池转角处弧形墙角上的敌楼②；苏洪济、何英德认为，硬楼是建立在马面上，平时用作军事物资储备与士兵休息，战时作为军事设施应敌，团楼是没有方角的马面等。③ 可见由于史料记述不详以及考古发掘资料不足，对于三者的关系一直存在疑惑。《城池图》中同时出现了三者，或许可以通过图中三者对比，得出相对清晰的认识。

《城池图》中标注为硬楼的共有 39 座，分为在城墙上直接修建的（图 5 硬楼Ⅰ）、在方形马面上修建的（图 5 硬楼Ⅱ）、在方形马面上修建的带阁楼的（图 5 硬楼Ⅲ）三种类型。《图记》中载，“护险墙四尺五寸，虎蹲门五座，敌楼大小共三十座”④。对照《城池图》，可以找到护险墙上的敌楼（图 5），与第一种硬楼构造完全相同，因此在《城池图》中硬楼就等同于敌楼，两者已无明显区分。根据硬楼三种形式，静江府城池中还能找到未明确标注的硬楼 40 座，总共可达 79 座。

团楼，在《城池图》中标出有 8 座，分为圆形马面之上带孔眼（图 5 团楼Ⅰ）与不带孔眼（图 5 团楼Ⅱ）两种类型。根据团楼这两种类型，还能从图中找到 1 座未标注的，总共 9 座。其中仅有 2 座在城墙拐角处，可见并非只有拐角处才存在圆形马面及团楼，而是根据城防需要而设立。

《城池图》中标出有万人敌 3 座，皆在城墙的瓮城之上，通过《武经总要》载“瓮城上各设战棚，其制与敌楼同，间数视城之广狭”⑤，再结合《城池图》中万人敌的结构（图 5），明显能看出，就是硬楼在瓮城上的扩大版。总体来看，硬楼、团楼、敌楼、万人敌是同一类型的城防设施，是因所处位置、大小不同而出现的变种，但基本结构与功能是相似的。

---

① 《中国城池史》，第 332 页。

② 《傅熹年建筑史论文集》，第 314—325 页。

③ 《〈静江府城图〉与宋代桂林城》，第 277—286 页。

④ 《修筑桂州城图并记》，现存桂林鹦鹉山。

⑤ 《武经总要》前集卷 12，第 527 页。

（五）烽烟楼与望火楼

烽烟楼，又称烽火台、烽燧等，是用来传递敌情的重要军事设施。修建历史久远，西周就有“烽火戏诸侯”的传说，在西汉简牍、隋唐史书中也有相关记载。宋代《武经总要》中强调“烽火烽燧，军中之耳目，豫备之道，不可阙也”，并且要建设在“山岭高峻处”①，对烽烟楼烽烟燃放的时间、规格都有明确的规定。《城池图》中的烽烟楼位于静江府城西高山之上，应为今骝马山上。②

望火楼，作为古代城市消防的重要设施，在平时和战争期间都具有重要作用。《营造法式》载其结构“四柱各高三十尺，基高十尺，上方五尺……博风版二片，右各共六厘功……坐版六片共三分六厘功”③，在战争爆发后“置望子一人，手执白旗，以候望敌情，无寇常卷旗，寇来则开之，旗杆平则寇近，垂则至矣，寇退徐举之，寇去复卷之”④，肩负着守望敌情的重责。《城池图》中的望火楼位于宝积山顶，既能随时收到烽烟楼传递来的信号，又能俯视整个静江府城，让指挥者随时掌握全城情况。

（六）其他

《城池图》中与城防相关的设施还有竹林、小教场、武台、军寨等。

竹林，在《城池图》中主城墙东侧、南侧东半部分护险墙外及西侧南半部分养马墙外绘有一种植物，前人已经考证该植物应该是竹子。⑤ 图中竹林主要分布在缺少天险防御的东侧、南侧及西侧南半部分，而且位于城壕边缘距对应羊马墙、护险墙较大空间的地方，空间较小的地方如主城墙南侧西半部分未见竹林，可见竹林是人工栽培用于增加城池防御的措施。

小教场位于西侧新城，远离州府所在市中心，地势平坦宽阔利于军队训练。军寨 7 处、戍将衙 2 处皆在北侧、西侧新城内，皆有主干道到达最

---

① 《武经总要》前集卷 5，第 205—209 页。

② 《〈静江府城图〉与宋代桂林城》，第 277——286 页。

③ ［宋］李诫撰，梁思成注：《营造法式注释》卷 19，梁思成：《梁思成全集》第七卷，中国建筑工业出版社 2001 年版，第 306 页。

④ 《武经总要》前集卷 13，第 706 页。

⑤ 马崇鑫：《宋代〈静江府城池图〉评述》，《地图》1988 年第 1 期。

近的城墙，利于士兵在最短时间内进入战斗。武台位于全城西北角主城墙之上，既能提升登台拜将的威严，又可作为战时的瞭望台。

二、城防系统特点

由上述城防要素构成的静江城城防系统特点在1276年宋蒙静江府城战役中具有明确体现，具体而言有以下五个方面。

（一）因地制宜，充分利用山川资源

首先，利用山丘。依据桂林城北部山峰走向，在宝积山、碧霞岩、马王山之间修筑第一道城防，将其与之前的城池相连，使北侧御敌城墙推至碧霞岩一带的山峰。为进一步加强城防又在位置更北、山势更加险峻的寿星山、粟家山一线再筑城墙并与之前城池相连，使整个城池北侧防御拥有了两条山脉构成的双层自然城防。1276年11月，多次劝降无果后，阿里海牙兵至静江府前沿阵地严关，拉开宋蒙静江府城战役的序幕，马塈依据严关两侧山脉的天险“凿马坑，断岭道”①，凭借天险阻挡了元军南下，迫使阿里海牙“以偏师入平乐，过临桂，夹攻塈”②，才拿下严关，宋军开始退守孤城静江府。静江府战役的初次交锋充分发挥出了山脉天险的防御优势，有效阻挡了元军进攻的步伐。

其次，利用河流。城池东侧、南侧城墙紧邻漓江、阳江天然河流，充分发挥天然河流水宽流急特点，并通过修筑护险墙、羊马墙等与河流组成多条防线。在马塈退守静江府城后“以水为固”③，使元军3个月未踏进静江府城池寸步，迫使元军“筑堰断大阳、小溶二江，以遏上流，决东南埭，以涸其隍”④，才攻破城池。当然临河建城限制了城池向东、向南的发展扩张，历次城池修建东侧、南侧城墙一直未出现较大变动。此外宋朝还一直有利用植被加强边防的传统，宋初就在宋辽对峙前沿种植杨柳，应对

① 《宋史》卷451《马塈传》，第13270页。

② 《宋史》卷451《马塈传》，第13270页。

③ ［明］宋濂等：《元史》卷128《阿里海牙传》，中华书局2013年版，第3127页。

④ 《元史》卷128《阿里海牙传》，第3127页。

骑兵侵扰。[①] 静江府城池防御系统在建设之中沿袭了这一传统，在西侧、南侧、东侧沿城壕地带广泛种植竹子，用于阻挡敌军攻城器械、骑兵等的推进。

（二）模块化城防，进退裕如

宋代大部分城池布局为单城、双城相套、三城相套形式。如北宋东京城为宫城、内城、外城三城相套，南宋平江府城为子城、外城双城相套，神臂城则为单城模式。静江府城与这些皆不相同，平面布局由城墙和城壕分隔出的 7 个城区拼接而成。模块化的布局使得城池每一个区域都可以成为一个独立作战空间，组合起来又能构成一个统一的城防系统。在作战过程之中，某一区域被攻占，可以快速切断与其他区域的沟通，将攻入敌军限制在此区域内，伺机歼灭。就算府治所在区域被攻占，也不会造成全面溃败，同样可将其割裂，集中兵力防守未沦陷区域，退可固守待援，进可伺机而动收复沦陷区域。在阿里海牙攻破静江府外城后，“塈闭内城城守，又破之。塈率死士巷战，刀伤臂被执，杀之断其首，犹握拳奋起，立逾时始仆”[②]。马塈及其部将在外城被破后能继续依托内部城池布局，步步设防，在各个城区进行巷战，充分发挥了模块化城池的优势。

（三）弥补劣势，重点布防

静江府城池四周地理环境的不同，影响敌军进攻的位置。通过《城池图》可以看出，整个城址在东侧、南侧、丽泽门缺乏地理优势。东侧、南侧、西南虽然依据天然河流与人工城壕建设城防，但缺乏山脉作为依托，而以水为城防本身就喜忧参半，“凡水，因地而成势，谓源高于城，本高于末，则可以遏而止，可以决而流，或引而绝路，或堰以灌城，或注毒于上流，或决壅于半济，其道非一”[③]，再加上东侧城墙外漓江对面地势平坦，非常有利于大规模军团作战。故静江府城的修建者，有意加强了这三个区域的城防，在漓江东侧远处修建岗哨，主城墙东南沿河修建护险墙，

---

① 《宋代城池防御探究》，第 16 页。

② 《宋史》卷 451《马塈传》，第 13270 页。

③ 《武经总要》前集卷 11，第 478 页。

其上再筑敌楼，护险墙两端直达城壕形成护险城，护险墙外种植竹林阻挡敌军，东南主城墙的硬楼还建筑有高台楼阁便于远望。南城门修建有瓮城，瓮城外再由羊马墙与主城墙形成羊马城，羊马城外阳江上设立月城，月城外再设立羊马墙，羊马墙外又是阳江水，多达六七层防御。整个城池西侧只有丽泽门外缺乏天然山脉，存在缺口，需增强其防御。故其外修筑瓮城，瓮城前修筑护门墙，护门墙外城壕中修建双向钓桥，城壕外再修筑月城。针对性重点布防之下，在静江府城主帅战死，“静江破，邕守马成旺及其子都统应麒以城降，独塈部将娄钤辖犹以二百五十人守月城不下”①，充分发挥出了城池重点防御的效果，但最终因寡不敌众而失败，至此静江府战役基本结束。

（四）攻守兼备，灵活多变

静江府城池修建过程之中，注重军事上的攻防互补，城池建设中多设便门、暗门等，尤其是在东城墙上开有城门 7 座，便于被围后从不同区域出兵偷袭，让敌军防不胜防，进而扭转战争局势，变被动为主动。因为城池防御作战并不等于被动挨打，更需要的是主动防御，甚至变守为攻，这样才能取得防守战争的胜利。《守城录》也载“城门既多且开，稍得便利去处，即出兵击之”②，宋朝多次对元军的作战中就使用了变守为攻的方法取得城池防守战的胜利，如：南宋端平三年（1236）孟珙在黄州通过主动出击、夜袭敌营成功粉碎了元军的攻势，南宋嘉熙元年（1237）杜杲在安丰联合附近友军一举击败围城蒙军等。③ 在宝祐六年（1258）宋蒙广西之战中静江府城池的主动性防御表现尤为突出，桂阃多次从静江府出兵，偷袭蒙军驻地，阻击元军去路，取得胜利，在一定程度上延缓了蒙军向湖南挺近的步伐。④

（五）料敌战前，强化预警机制

在漓江东侧远处城郊区域的山隘之中修筑岗哨，可在敌军到达静江府

---

① 《宋史》卷 451《马塈传》，第 13270 页。

② 《守城录注译》，第 64 页。

③ 《宋代城池防御探究》，第 131—132 页。

④ 覃旺：《桂林宝积山抗蒙摩崖碑考》，《广西地方志》2009 年第 5 期。

城之前发现敌情，传入府城早作准备，也能暂时阻挡来犯之敌。城池外西侧高山之上修筑烽烟楼，可以俯瞰城池东南西北四方来犯之敌，勘察围城之敌军队阵容与战阵布局，通过烟火传递给城内，进而随时调整城中军队的布防。城中望火楼，可查城防四周及城池各处战况，及时派遣军队查漏补缺，并且可以与烽烟楼交相呼应。城墙之上武台、楼阁、硬楼等，可随时眺望防御区内敌情，及早应变。在整个静江府城战役过程之中，哨岗、烽烟楼、望火楼、驿站、武台、雪观等相互配合，形成一整套由远及近的预警机制，为城池的整体防守做出了重要贡献。

三、城防系统特点的形成原因

静江府城城防系统特点的形成，一方面与桂林地区的自然条件以及静江府城独特的建城历史密切相关；另一方面与两宋时期军事理论与武器设备的发展，尤其是火器的军事应用密不可分。

（一）自然环境

静江府城整体城防系统建设，依据的基础就是桂林地区的山川草木。在城市布局上，东侧、南侧为自然河流，无法再进行扩建，导致后期屡次筑城只能单方向向北或者向西，从地理因素上阻止了重城的出现，形成了模块化城区；在城墙修建上，东侧、南侧紧紧依托漓江、阳江，增强城池防御力。西侧通过开凿人工城壕，沟通与天然河流间的连接，形成三面联动的城壕系统。北侧则依靠寿星山、粟家山修筑城墙，利用自然天险巩固北侧城防，而受到地势影响北侧城墙外虽挖掘城壕，但无法引入水源形成干壕。此外，还种植、修剪竹木于城壕内侧，形成植物屏障，利用东郊关隘修建哨岗，依托城池西郊高山建造烽烟楼，占据阳江小岛筑造月城等，一系列城防措施皆依托自然环境，形成严密的防御系统。

（二）建城历史

静江府城不是一次性规划兴建的，从唐朝李靖建城到南宋末年胡颖修建，跨越四五百年，缺乏统一的城池规划，从而造成城池布局、用地空间、城防布置等方面出现不符合常规的现象。李靖最早修筑城池时，城池坐落于独秀山下、漓江西岸，大体遵循依山傍水、中轴布局、主次分明的建城理念。随着时代发展，尤其是南宋末年因战事紧迫而需要进行城池扩建，最初建城时未留足发展空间的问题就显现出来，只能因地制宜打破原有建城格局。1258年李曾伯到任静江府后，新筑城墙自雪观起至马王山再向西到宝积山，接着向南连接北城堂脚，形成北侧第一新城。朱禩孙从阳江绕过临桂县衙到原城墙暗门，形成西侧新城。赵与霦主要新筑东南处的护险墙。最后胡颖新筑北侧第二新城、宝积山城、西月城、北侧关城，这种向北、向西的单向扩建，使得城池中政治中心偏向东南，在敌军进攻之时易受到直接威胁，不得不通过在有限空间内筑护险墙、增建敌楼、种植竹子等方式增强城防，但依旧不能完全弥补城池东南位置成为整个城防系统薄弱环节的缺陷。

（三）守城战术

宋朝建立后，随着与契丹、西夏、女真等游牧民族的不断交战以及军事武器的发展，筑城者不得不与时俱进，将传统的城防系统进一步完善，以应对不断变化的战争形势。

军事理论方面，两宋时期从曾公亮、丁度的《武经总要》到陈规、汤璹的《守城录》，再到秦九韶的《数书九章》，以及《虎钤经》《襄阳守城录》《勉斋集》等军事著作都对筑城、城池防御、守城设施等的建造位置、方式、方法进行了探索，静江府城池的防御系统中部分设施就与当时的军事理论相符合。军事武器方面，两宋时期普遍出现火球、火药箭、突火枪、霹雳炮、“火炮”等燃烧性火器与爆炸性火器。大型抛石机与火器相结合广泛应用到攻城战之中，使得传统城防系统面临严峻的挑战。静江府城池修筑的过程中，不得不将这些问题考虑其中，进而改善城防系统，在提升城墙厚度的同时，广泛应用比较坚硬的砖石修筑城墙；在易受到攻击的城门处修建瓮城、护门墙、月城加强防御；在对战策略上，由被动防守到攻守结合，城防中多开城门、便门、暗门利于主动出击。战术方面，静江府修筑时期的蒙军已不是仅仅靠骑兵冲杀的游牧民族，蒙军攻打布达佩斯便是通过“速不台出奇计，诱其军至瀰宁河”[1] 诱敌主力出城，进而结筏潜渡攻下敌城；1209 年水淹中兴府迫使西夏纳女请和，此时的蒙古军队已经将抛石机、火球、“火炮”等重型攻城武器与围城、火攻、水攻相结合，再结合诱敌出击、迂回包围、重点进攻等形成了完善的攻城战术。故在构筑防御系统的过程之中，用多层预警机制增强对战争局势的把握；种植竹子增强防御，以免城壕断水后攻城器械直达城下；修筑护险墙重点布防，防止蒙军集中优势火力攻击一点。总之，静江府城通过疏通水源、依靠山脉、加筑城池等方式积极应对蒙军不断革新的攻城战术。

结　语

李曾伯大规模修筑静江府城时已是南宋末年，远到宋辽、宋金、宋与西夏的战争，近到宋蒙沔州之战、荆襄之战、川蜀之战等，宋朝军队对于城防作战已经极富经验。此时的蒙古军队经过灭金之战、灭西夏之战、西征等，也已成为极具攻城战术的军队。大型抛石机广泛应用于战争之中以及火药在军事应用上取得重要突破，火球、震天雷、竹火鹞、铁火床、突火枪等火器出现并大量应用到攻城战中。这一系列的变革与发展都是作为西南首府战略要地的静江府城防修筑过程中不得不考虑的因素。从整体上看，静江府城防由外到内依次为山丘、城壕、竹林、护险墙或羊马墙、城墙组成的五道防御线，在关键城门处还加筑瓮城、护门墙、月城用于提升城门防御，城墙上还建造了 6 种不同类型相互配合的敌楼加强城防，城内各驻军分布于城墙及主干道附近以保证快速到达战场，再加上预警设施，形成了一套非常完善的城防系统。

首先，静江府城不仅是军事性城市，还是守卫广南西路的军事支柱，更是联防川渝、支援湖南的重要基地。其次，它不是一座临时性军事城市，而是历史性城市。宋代静江府城由唐代桂林城发展而来，并未因宋蒙战争的结束而荒废，而是一直延续，基本奠定了元、明桂林城的格局，相

---

① 《元史》卷 121《速不台传》，第 2978 页。

对于临时性山城而言更具有传承性，对后世城池的建设与发展影响更加深远。再次，静江府城是一座典型的地方性城市，具有经济、文化、交通等多种职能，因此在钓桥的布局、城门的开设等方面兼有军事、政治、经济考量，与单一的军事性城市相比，其城防系统的建设更具有普适性，对中国古代地方性城市的发展意义更深远。在城防功能、技术、结构与理念上更加完善，为研究宋代城防的发展提供了宝贵资料；在防御体系与战略布局中，作用更大，是抵抗蒙军入侵、抗击南越、平定叛乱的依托；在城市传承与发展上更具代表性，是中国古代地方性城市发展不可多得的例子。

两种《陈氏宗谱》新见宋代浸铜史料考论

胡荣明[1]　黄　鹤[2]

（1. 上饶师范学院　朱子学研究所；2. 德兴市档案馆）

萌芽于汉唐、发展成熟于宋代的浸铜技术，是中国古代化学史、矿冶技术史上的一项重大成就，在世界化学、冶金史上也具有重要地位。早在民国时期，刘兴唐就对宋代的“浸铜”进行了梳理①；日本学者中嶋敏也在1940年以宋代的胆铜炼制为核心，考察了中国古代湿式收铜技术的沿革情况②。此后，李仲均则考证了宋代胆铜的高产与降雨量的关系③，宋史名家漆侠、汪圣铎以及王菱菱等人则对宋代胆铜生产的起始、规模工艺以及铁原料的供给等问题进行了考察④。宋会群在梳理我国胆铜思想的起源和发展的基础上，区分了浸铜、淋铜、煎铜在原料选用和工艺上的不同⑤。韩吉绍研究了道教炼丹术“化铁为铜”现象与宋代“胆水炼铜”的技术源

---

① 刘兴唐：《宋代矿业之史的考察》，《文化批判》1934年第6期。

② 〔日〕中嶋敏：《支那湿式收铜的沿革：主要关于宋代的胆铜炼制》，《东洋学报》27—3，1940年。

③ 李仲均：《试论宋代胆铜的高产与降雨量的关系》，《有色金属》1987年第2期，第59—62页。

④ 漆侠：《宋代经济史》下册，上海人民出版社1988年版，第561页；汪圣铎：《关于胆铜生产的起始》，《中国钱币》1996年第3期；汪圣铎：《两宋货币史（修订版）》，社会科学文献出版社2016年版，第281—291页；王菱菱：《宋代矿冶业研究》，河北大学出版社2005年版，第88—108页。

⑤ 宋会群：《胆铜思想及其生产技术考：以韶关宋代岑水铜场为例》，《韶关学院学报（社会科学）》2005年第11期。

流关系[1]。可见，学术界对胆铜技术的源流以及生产工序等问题已经展开了比较深入的研究，取得了不少富有成效的研究，这些成就显然离不开学界对胆铜史料长期细致的挖掘整理工作。如郭正谊较为细致地梳理了早期水法炼铜的史料情况[2]；孙承平、江巧珍在婺源《甲道张氏宗谱》中发现两篇《浸铜要略》序，并进一步明确了德兴张氏对浸铜法的贡献[3]。

近年来，两位作者在从事宋代赣东北地区的矿产、矿冶与矿域社会研究时，就特别注重通过田野调查搜集当地有关胆铜技术的新史料，并有幸发现德兴市档案馆与上海市图书馆藏《［江西婺源］大汜陈氏宗谱》《［浙江上虞］陈氏西墙门支宗谱》。两种宗谱保存了大量德兴陈源陈氏（即今德兴市泗洲镇潭埠王村陈充村）发展历程的材料，其中有关陈源陈氏在宋真宗、仁宗时期对于胆铜事业之贡献的记载更是弥足珍贵。因此，本文将对这些材料进行初步整理并做简单考证，以就教于大方之家，期待能为研究胆铜法的技术源流问题提供新的证据。

一、两种陈氏宗谱简介与浸铜史料摘录

《［江西婺源］大汜陈氏宗谱》藏于江西省德兴市档案馆，陈公具纂修，清嘉庆间木活字印本，该谱无封面，书名据版心题为《大汜陈氏宗谱》，谱本完整清晰，有目录，共二卷（首一卷、末一卷），其中卷首计有序、凡例、条例与祖像，卷末为大汜祠图基址与墓图，卷一卷二为派图。《［浙江上虞］陈氏西墙门支宗谱》七卷，民国十一年（1922）木活字本，由陈荫镜纂修，上海图书馆收藏。是谱依次载谱序、分迁各派、名公奏

---

① 韩吉绍：《炼丹术与宋代冶铜业革命》，《自然科学史研究》2006 年第 2 期，第 95—109 页。

② 郭正谊：《水法炼铜史料溯源》，《中国科技史杂志》1981 年第 4 期；郭正谊：《唐代的水法炼铜史料》，《自然辩证法通讯》1981 年第 5 期；郭正谊：《水法炼铜史料新探》，《化学通报》1983 年第 6 期。

③ 江巧珍：《三篇〈浸铜要略〉序的剖析》，《黄山学院学报》2004 年第 5 期；孙承平：《〈浸铜要略〉序的发现与剖析》，《中国科技史料》2003 年第 3 期。

疏、明经拔萃、历代世系、传赞、本支世系、艺文等，有王守仁序。两谱同宗同源，史料丰富，更加难能可贵的是，它们还共同记述了德兴陈源陈氏在宋真宗、仁宗时期的胆铜事迹，反映了德兴张潜之前宋代浸铜事业的重要面貌。为便于讨论，兹将相关材料节录如下。

第一，《［江西婺源］大汜陈氏宗谱》卷首所载明永乐十二年（1414）陈源陈氏后裔所撰《陈源谱后旧序》有云：

> 咸平元年，善、亶兄弟以父知府前庄寮基址创立宇就，徙朱砂沥泗洲院佛像入寺供奉，名云山泗洲寺。……复于六都凿山，穿石透顶，寻泉浸铜，货计二十八泉。天圣二年将所浸铜课贡于朝。景祐元年朝廷委官专职浸炼，铜利遂归州县。康定元年庚辰，奉诏旨诰封左班殿直。……元丁未，国宾等赍关书诣铜场省委官谭章前投呈，就于场畔南岸山麓建殿直庙，早暮祈祝，险翊铜利……①

又该谱卷1“德兴陈源派”有记：

> ……善，字文善，幼有识量，才智过人，尝于县东六都凿透南山二十二泉，浸炼新铜。至天圣二年，将所浸铜货进于朝，景祐元年都大提举司保奏，康定元年奉诏旨敕封左班殿直，载德邑志。按公浸铜之法，用抚州无底锅，婺源木炭，沉铁累日，铁类朽木，洗屑为泥，烹炼色如黄金。五日一次举洗，矿木屡浸且洗，其坑泉三十二处，计一百三十八沟。至明永乐甲辰年间，复差行人（昊）吴至开场浸炼，惟黄牛、永丰二泉有验。宣德复遣监浸，寻废。②

第二，与《［江西婺源］大汜陈氏宗谱》相比，《［浙江上虞］陈氏西墙门支宗谱》的记述相对简单。该谱卷4“台州迁德兴谱”云：

---

① ［清］陈公具纂修：《［江西婺源］大汜陈氏宗谱》卷首《陈源谱后旧序》，江西省德兴市档案馆藏，清嘉庆间木活字印本。

② 《［江西婺源］大汜陈氏宗谱》卷1《德兴陈源派》。

名善，字文善，妣程氏。开山滃水浸铜，宋天圣二年进于朝，论其得利之功，诰封左班殿直……①

又该谱卷 7“德兴云山泗洲寺重修碑记”云：

德兴为饶郡剧邑，去邑二十余里有泗洲教寺，肇建于宋咸平间。时邑里有著姓陈善字文善者，为唐礼部尚书陈庆之裔也。读书乐善，好施与，家故饶财。当时能滃泉浸铜。宋天圣间以铜进贡于朝，寻以功承制诰封为左班殿直……②

由于这些材料不见于其他典籍，故在全面分析使用之前有必要对其可信度进行辨析。

二、对两种陈氏家谱所录浸铜史料的考辨

粗略言之，德兴地区铜矿资源丰富、铜业生产历史悠久，加之地处多雨地带，因此天然胆水特别丰富。同时，唐代炼丹师在本地铜坑中发现“土绿”这种铜矿物③，可以说德兴地区具有浸铜生产所需的自然地理条件。另外，恰如学界所周知的，德兴张潜曾在宋哲宗元祐元年（1086）就掌握了成熟的胆水浸铜技术，并在绍圣元年（1094）命其子张甲向朝廷进献《浸铜要略》。因此，从技术演进的立场看，德兴地区在张潜之前完全有可能就已经存在胆水浸铜技术的雏形，也就是说陈善凿山浸铜并非毫无依据。不过，以上所述只是一个推断，这些史料的可信度还是会面临诸多质疑，以下分而释之。

---

① 陈荫镜纂修：《［浙江上虞］陈氏西墙门支宗谱》卷 4《台州迁德兴谱》，上海市图书馆藏，1922 年木活字本。

② 《［浙江上虞］陈氏西墙门支宗谱》卷 7《德兴云山泗洲寺重修碑记》。

③ 参见郭正谊《水法炼铜史料新探》，《化学通报》1983 年第 6 期。

（一）从陈源陈氏的源流、迁徙及各族支的社会关联看

使用这些材料可能面临的第一点质疑是，发生在宋代德兴陈源地方的浸铜事迹，为何会出现在近100公里外的婺源大汜村，甚至更远的浙江上虞西墙门的家谱中。对此，可以从陈源陈氏的源流、迁徙及其各族支间的社会关联等方面予以解释。

先看婺源大汜陈氏与德兴陈源陈氏的关系。据《［江西婺源］大汜陈氏宗谱》所录乾隆十六年（1751）江南徽州府婺源县儒学教谕郑栋撰《东林陈氏世谱序》，以及嘉庆五年（1800）四川梁山县知县武溪程琄撰《大汜陈氏谱序》，可知陈清在宋仁宗嘉祐间（1056—1063）由饶州德兴陈源迁婺源东城，历五世又有名怀德者迁居婺北大汜，即今上饶市婺源县段莘乡大汜村，是为大汜陈氏。① 中国传统谱牒修纂的一般习惯，编修宗谱时往往都会寻根问祖，而援引甚至抄录同宗族支家谱的谱序（俗称谱头）。前引第一条中的两则陈善浸铜材料，就是出自大汜陈氏宗谱所抄录的永乐十二年（1414）陈源陈氏后裔所撰《陈源谱后旧序》以及卷一“德兴陈源派”所录陈善的小传之中。那么明代《陈源谱》的记述可靠吗?

由于明代陈源谱已经亡佚，以下只能就《陈源谱后旧序》本身的记述并结合其他材料做出推断。按该序文不仅追溯了陈氏的得姓源流，更细致地勾画了陈氏如何在唐宋之际逐步迁徙至德兴陈源的迁徙路线，其中有明确纪年的迁徙历程主要有以下阶段：

先是隋仁寿间（601—604）陈春由会稽迁往台州银城县土名山口。唐广明初年（880），陈德与弟陈庆以黄巢之乱迁至徽州歙县黄墩。中和四年（884）又迁信州辉山顺城乡黄釜社，不久复迁玉山衣锦乡。在景福二年（893）又迁往德兴银山柘坑，一年后即乾宁元年（894）再迁至南部乡距县12.5公里的古郭家村并定居下来，郭家村也因此改名陈源。此后，陈氏族人又散居于周边的瓦窑源、井塝、南冲、松林墩、上大坞、住前寺坞等地。从迁徙路线尤其是他们在德兴的活动来看，陈氏很可能是一个从事矿冶事业的家族，因为银山柘坑是德兴银山银矿的重要区域，而陈源至德兴

---

① 《［江西婺源］大汜陈氏宗谱》卷1《东林陈氏世谱序》《大汜陈氏谱序》。

铜矿循山路步行也就几公里路程。或者说，陈氏正是在此过程中接触并掌握了各种矿产的采冶技术，其中也包括浸铜之法。不仅如此，从序文可以发现，当元明时期德兴铜矿短暂恢复浸铜生产时，陈源陈氏也都有深度参与。所以明代陈氏族人大概也愿意将家族中这一段荣光编入家谱以传诸后世，并被大汜陈氏以及上虞陈氏族人所采信。

与大汜陈氏一样，上虞陈氏也是出自德兴陈源。据《［江西婺源］大汜陈氏宗谱》所录署名上虞嗣孙陈兖于宋绍兴辛巳（1161）四月所书的《上虞谱旧序》，以及明正统十四年（1449）江西副使四明顾侃书《陈源旧谱序》，上虞陈氏开山祖为陈兖先为陈源人，于建炎年间扈跸南渡，而定居于上虞。不仅如此，虽然两族相距甚远，但他们之间的关系一度非常密切，上虞陈氏不仅有陈璇昭续修德兴家谱，其族人更在明代参与了德兴泗洲寺的兴复重修工作。

据家谱资料记述，上虞陈氏自认为“我族系出德兴，云山泗洲寺乃祖遗香火之祠”，因此他们在“德兴族寒不能支”的情况下“往理其事”。①可以想见，这在他们看来是一件事关祖先荣耀的大事，所以在编修本支宗谱的过程中，不仅“述其颠末”，还“将各祖所置祭产暨碑记书词、祭文悉敬录之”。前引史料就是分别录自该谱卷 7“德兴云山泗洲寺重修碑记”与卷 4“台州迁德兴谱”所作陈善小传。在该部分，宗谱编修者还为陈善的三位弟弟分别作有小传，分别是：

> 宝，字文宝，妣倪氏。宋景德乙巳及第，任江州仓使，升金华主簿。亶，字文亶，妣吕氏。宋祥符丁巳及第，任扬州仓使，迁永嘉县主簿。述，字述文，妣许氏。宋天禧戊午及第，任宿松主簿，升江山知县，赠中大夫。②

传文所述行迹基本可以与《德兴县志》的相关记载相对应，具有较强的可

① 此事反映了德兴在明代正德嘉靖年间的重大社会变迁，值得另文详述。

② 《陈氏西墙门支宗谱》卷 4《台州迁德兴谱》。

信度。[①] 实际上，如果不考虑陈善浸铜之事，则不论是《陈源谱后旧序》还是《陈源旧谱序》抑或《上虞谱旧序》，其中有关陈源陈氏族人的记载大都可以与《德兴县志》相佐证。

（二）从《德兴县志》所述陈源陈氏史迹看

细心的读者可能会发现，上引《［江西婺源］大汜陈氏宗谱》卷1“德兴陈源派”曾言及陈善浸铜之事“载德邑志”，但翻检存世各种版本的《德兴县志》，都未见有相关记述，也没有一丝关于陈善浸铜的痕迹。那么，所谓“载德邑志”之说，会是家谱编修者为了掠美而作的妄言吗？这是利用这些材料可能面对的第二点质疑。对此，本文认为，陈氏族人妄言的可能性不大，只不过是他们所查阅利用的《德兴县志》已经亡佚不存，而存世《德兴县志》在某一时期漏录甚至刻意删除了陈氏族人所用县志中有关陈善浸铜的材料。其始作俑者，当是康熙十一年（1672）在任的德兴知县毛九瑞。

按：毛九瑞为河南郑州人，康熙十一年德兴县令，《（同治）德兴县志》称他：

> 性耿介仁惠，礼士恤民。邑之宿弊尽剔，人不敢干以私。遇甲寅变，未竟所施。士民至今仰风轨焉。……邑之安，公之力也。[②]

并将其列为“名宦”。不过，毛九瑞对德兴历史上的矿冶事业并不看好，他在自己编修的《（康熙）德兴县志》卷1《地理·物产》“引言”部分说：

> 邑所产菽粟麻麦、茶药竹木、禽鱼，皆世所恒有也。无珍禽、奇兽、怪石、铅砂、金锡之属，谈者陋焉。夫物之所产，多为民累，甚者明珠远徙，翡翠自残，怨天之不爱宝也晚矣。王政首重五穀不，畜

① 有“宋景德二年乙巳李迪榜，陈宝，五都人官金华主簿”；“天禧三年己未王整榜，陈述，五都人，官江山县令，府志载”。［清］孟庆云修，杨重雅纂：《（同治）德兴县志》卷7《选举志·进士》，《中国方志丛书》华中地方（第259号），成文出版社1975年版，第701、702页。

② 《（同治）德兴县志》卷6《职官·名宦》，第668页。

珍奇，乌在其有异物哉。①

可见，知县毛九瑞对德兴丰富的金属矿产是非常讳言的。又如他对当地与矿冶文化密切相关且一直备受崇褒的“白鹿”或“五通神”就持负面看法，其评价“白鹿”云：“要之白鹿之为物，一见而破亡数百年之民命，亦大可畏哉”，评价“五通”则云：“五神人者，言一时之利而遗数百年之害，庙祀侥无愧乎。”② 之所以会有这种负面评价，显然与毛九瑞对德兴矿冶事业持有一种非常消极的态度有关。所以，并不能因为存世《德兴县志》中没有记述而否认陈氏宗谱的可信性。其实，张潜及其家人的浸铜事业也不见于存世《德兴县志》。因此基本可以断定，毛九瑞在在编修县志时对前志中有关矿冶业的很多材料进行了删改。

不过对于陈氏宗谱所述陈善的事迹，存世德兴县志还是有一些史料可作佐证。首先，陈善并非陈氏族人所虚构，他的名字还是出现在被删节的《德兴县志》有关“泗洲寺”的记述当中。其中，毛九瑞修《（康熙）德兴县志》卷2《建置·祠庙》有记云：“泗洲寺　在五都，唐殿直陈善施田地建。洪武间僧修，万历间陈氏重建。”③《（民国）德兴县志》卷1《地理志·寺观》也有类似记载：

泗洲寺　在五都，唐太和间殿直陈善施地，暨僧熙建宇。洪武八年僧本立修，万历间毁。陈姓并僧性阔、海源重新。④

两志在一些细节方面存在出入，但所述泗洲寺的历史与陈氏诸宗谱的

---

① ［清］毛九瑞修，严济明等纂：《（康熙）德兴县志》，《国家图书馆藏地方志珍本丛刊》第407册，天津古籍出版社2015年版，第168页；《（同治）德兴县志》卷1《地理·物产》，第233页。

② 《（同治）德兴县志》卷10《杂类志·祥异》，第1863—1865页。

③ 《（康熙）德兴县志》卷2《建置·祠庙》，第46页。

④ 沈良弼修，董凤笙纂：《（民国）德兴县志》卷2《建置志·寺观》，民国八年（1919）刻本，第154页。

记载基本相符。先看关于泗洲寺的创修年代，康熙志只说唐代，而同治志更具体到唐太和间。这一时间段是有可能的，因为陈善、陈亹兄弟在咸平元年（998）也仅是"徙朱砂溪泗洲院佛像入寺供奉，名云山泗洲寺"，而泗洲院可能很早就有。实际上，根据实地考察，德兴铜矿附近现在仍有两座署名"泗洲"的庙宇，一是坐落于泗洲镇祝家朱砂碶的"泗洲禅寺"，一是坐落于泗洲镇金家胡家畈村的"泗洲庙"。考虑到唐大和间是827—835年，但据永乐十二年（1414）陈氏后裔所撰《陈源谱后旧序》所载，陈源陈氏是在景福二年（893）才迁居到德兴银山柘坑，乾宁元年（894）又迁居陈源，那么此所谓的"殿直"陈善不会是泗洲院的创修者。因此，有必要对陈善受封"左班殿直"一事进行辨析。

（三）从陈善受封"左班殿直"看

据《陈源谱后旧序》，陈善因向朝廷进献所得胆铜有功，被敕封"左班殿直"，两志也都称陈善为"殿直"。按，"殿直"之官始见于五代后梁开平二年（908）七月敕，北宋初沿置，为三班之一，称左、右班殿直。[①]其实，宋代民间矿冶人士通过经营矿冶有方而获封"殿直"并非无例可循。比如兴国军大冶县程昭、程叔良父子以冶铸而得官，程昭因承买经营磁湖铁冶有方而被补授为三班奉职，而程叔良则是被补授为"右班殿直"。[②]

此事存在的另一问题是，该序称陈善在景祐元年（1034）经"都大提举司"保奏而得封左班殿直。学界一般认为，江淮等路提点坑冶铸钱司始设于宋仁宗景祐二年（1035）八月己卯，提点官名衔中加入"都大"两字则更晚。[③] 那么，能不能由"都大提举司"这一官职的年代误植而否认该条史料的真实性呢？显然不能，其实都大提举司设置于景祐元年的说法在南宋时期也颇为流行，比如提点坑冶铸钱司韩球在绍兴十二年（1142）的一份奏文中说："坑冶铸钱，祖宗以来系发运司兼提点，至景祐元年专置

① 参见龚延明编著《宋代官制辞典（增补本）》，中华书局2017年版，第650页。

② 参见《宋代矿冶业研究》，第187—189页。

③ 参见《宋代官制辞典（增补本）》，第544—545页。

都大提点坑冶铸钱官一员。”① 又如绍兴二十九年（1159），鄱阳洪遵在其有关恢复提点坑冶铸钱司的奏文中也提到，是景祐元年“置江淮、荆、浙、福建、广南等路都大提点银铜铅锡坑冶铸钱公事一员”②。因此，陈氏家谱的说法虽然没有详细考察此职官的沿革，但并不影响这条材料的可信度。另外，《（同治）德兴县志》所言“陈善施地，暨僧熙建宇”之事，《陈源谱后旧序》所记泗洲庙的兴建历史与此基本类似，但更加详细，陈善兄弟曾“招婺源灵山寺熙、意二僧来住持，又将大王岭下早晚田壹百单八亩舍入膳僧”。

（四）从陈善的浸铜技术内涵看

《大汜陈氏宗谱》概述了陈善的浸铜方法：“用抚州无底锅，婺源木炭”，说到浸铜原料要用到抚州所产之铁和婺源木炭，这与宋代赣东北地区浸铜业中铁料与木炭的供给路线基本一致。③ 另外，《大汜陈氏宗谱》记述陈善所凿胆泉为“五日一次举洗，矿木屡浸且洗，其坑泉三十二处，计一百三十八沟”，并补充了这些胆泉在明代中期的生产情况，所谓“至明永乐甲辰年间，复差行人昊（吴）至开场浸炼，惟黄牛、永丰二泉有验”。这些信息基本可以与元代危素《浸铜要略序》有关胆泉的记述相佐证。在胆泉、沟总数上，两者所述一致，都是泉三十二处、一百三十八沟。其中重要的不同之处在于，《大汜陈氏宗谱》仅记“五日一次举洗”，并只保留了明代仍然具有生产能力的“黄牛”“永丰”二泉之名，而危素《浸铜要略序》将胆泉做了进一步细分，包括五日一洗举、七日一举洗与十日一举洗者，并记下了各胆泉的名称。④ 之所以有胆泉浸染时间的不同，其原因或者是陈善浸铜时胆泉浓度相对均匀而后来有了变化，又或者是陈善草创

---

① ［清］徐松辑，刘琳等校点：《宋会要辑稿》职官43之151，上海古籍出版社2014年版，第3349页。

② 《宋会要辑稿》职官43之153，第3350页。

③ 胡荣明：《宋代饶信地区的矿产、矿冶与矿域社会研究》，华东师范大学2021年博士学位论文。

④ ［元］危素：《浸铜要略序》，李修生主编：《全元文》卷1471，江苏古籍出版社1998年版，第234页。

浸铜之法还未能对胆泉进行细致的区分，而张潜对胆泉的认识进一步提升并能做出类分。

综上，由于毛九瑞在编修《德兴县志》过程中，剔除了此前县志中有关矿冶生产的很多信息，导致包括陈善浸铜之事在内的很多德兴矿产信息亡佚。而《大汜陈氏宗谱》与《上虞西墙门陈氏宗谱》史料所记基本可信，陈善开凿铜山寻泉浸铜、献铜之事并非《大汜陈氏宗谱》所传抄的德兴陈源谱所虚构，大体反映了陈源陈氏在宋仁宗时期进行胆水浸铜生产的状况。其具体情形是陈善大概在咸平元年（998）与其弟陈亶营建泗洲寺之后，为寻泉浸铜，乃在六都即现德兴铜厂附近“凿山，穿石透顶，寻泉浸铜”，得二十八泉，一说为“南山二十二泉”，并在天圣二年（1024）将所浸铜课贡于朝。至景祐元年（1034），朝廷才将其收归国有，“委官专职浸炼，铜利遂归州县”，并经都大提举司保奏，康定元年（1040）“论其得利之功”，奉诏旨敕封陈善左班殿直。

三、从宋仁宗景祐年间胆铜技术的徘徊看陈善浸铜

据前文所述，德兴陈善在宋真宗咸平元年开始凿山浸铜，近20年后将所得胆铜献给朝廷，宋廷长达10年之久才将陈善所凿胆泉收归官造，又经过6年才“论其得利之功”，敕封陈善为左班殿直。那么，宋廷的各项举措为何会间隔这么长时间呢？又或者说陈善所开创的浸铜事业在获得短暂的成功之后为何又会“销声匿迹”呢？这是考证陈善浸铜事业可信度时需要解决的问题。对此，由于史料限制，以下只能根据宋仁宗景祐年间胆铜技术的发展状况给出一个符合常理或逻辑的猜测。

（一）三司度支判官、江东转运使许申“以药化铁成铜”

景祐初年，三司度支判官、江东转运使许申以药化铁成铜的相关活动最受瞩目。对此，《续资治通鉴长编》有详细记载，兹节录如下：

> （景祐二年正月壬寅）度支判官、工部郎中许申为江东转运使。……申在三司（原注：景祐元年十月丁巳朔，申始以工中权度

判），乃建议以药化铁与铜杂铸，轻重如铜钱法，而铜居三分，铁居六分，皆有奇赢，亦得钱千，费省而利厚。因入内都知阎文应以纳说，朝廷从之，即诏申用其法铸于京师。然大率铸钱杂铅锡则其液流速而易成，杂以铁则流涩而多不就，工人苦之。初命申铸万缗，逾月才得万钱。申性诡谲，自度言无效，乃求为江东转运使，欲用其法铸于江州。朝廷又从之，诏申就江州铸百万缗，无漏其法。中外知其非是，而执政主之，以为可行，然卒无成功。……天章阁待制孙祖德言："伪铜，法所禁，而官自为之，是教民欺也。"固争之，不从，遂出知兖州。①

对于本条史料所反映的史实，学界有不同的解读。比如张子高认为许申"是以药化铁，使铁掺在铜内成合金来铸钱币"②，汪圣铎主张许申的建议是指胆铜法生产③，王菱菱则力主"许申在京师和江州进行的铸钱试验应该是用铁和铜作原料而进行的，与胆铜生产并无关系"④。对此，本文较为认同汪圣铎的看法，并尝试提出一些新的佐证以回应王菱菱的论断。

王菱菱针对汪圣铎有关"只是由于史官对胆铜不了解，不承认胆铜是铜，仍然认为胆铜是铁，是'伪铜'，故而在记述上有些失误"的观点提出反驳，认为南宋人李焘不至于不识胆铜为何物，而将胆铜法"误记"为"铜铁杂铸"。对此，我们认为，这不是李焘对胆铜有没有认识的问题，而是仁宗时期的史官没有对胆铜的正确认知，他们与程琳、孙祖德一样，认为胆铜是"铁"，是"伪铜"，并将许申的行为记为"以药化铁与铜杂铸"，而李焘只是实录下来而已。宣和元年（1119）正月二十六日，检会金部员外郎朱尹在奏书中称胆铜生产为"以铁蘸铜事"。⑤

---

① ［宋］李焘：《续资治通鉴长编》卷116"仁宗景祐二年正月壬寅"条，中华书局2004年版，第2718—2719页。

② 参见张子高《中国化学史稿》，科学出版社1964年版。

③ 参见汪圣铎《关于胆铜生产的起始》，《中国钱币》1996年第3期。

④ 《宋代矿冶业研究》，第95页。

⑤ 《宋会要辑稿》职官43"提点坑冶铸钱司"，第4180页。

对于许申的建议活动，还应该放在胆铜法发展的整体脉络中加以理解。许申先是在景祐元年（1034）任职度支判官、工部郎中时，“建议以药化铁与铜杂铸”，并在宦官阎文应的帮助下，在京师试行其法。不获成功之后，又于景祐二年以江东转运使的身份，“用其法铸于江州”。对此，王菱菱认为：

> 受当时各方面条件的限制，生产胆铜应该是在胆水（或胆土）充沛的矿区中进行，而《续资治通鉴长编》只是提到许申初在京师、后在江州直接进行铸钱试验。这两个地方仅是铸钱场所，并不生产胆铜，如果许申使用了胆铜作为铸钱材料，官府必定要先在某些矿场生产出胆铜，再运至京师或江州铸钱，但是对于这样重要的生产活动，北宋仁宗时期的各类记载中却只字未提。①

其实，景祐元年的京师并非全无胆铜原料，因为德兴陈善曾在天圣二年（1024）向朝廷进献所浸胆铜。那么，这些胆铜是由哪个部门接管的呢？我们认为，如果陈善真的献过铜的话，那最大可能就是，献给主管全国坑冶事务的“三司”。② 因此，许申作为度支判官工部郎中，显然是可以接触到这批胆铜的。另外，许申为什么要选择江州作为试产基地，而非离德兴更近的饶州永平监呢？这其实也好解释，江州在咸平二年（999）就创立了广宁监铸造铜钱③，已然具有较好的技术基础，同时离德兴也并不是太远，便于通过鄱阳湖转运获取德兴所产胆铜。与之相比，饶州永平监作为宋代最为重要的铜钱监，显然不适合用来开展这种充满变数的生产试验。

（二）东头供奉官钱逊在铅山烹炼石碌为铜

在许申之外，仁宗景祐年间还有人试图通过别的方法获取胆铜，以供

① 参见《宋代矿冶业研究》，第 95 页。

② 参见《宋代矿冶业研究》，第 229—230 页。

③ ［宋］王禹偁：《江州广宁监记》，曾枣庄、刘琳主编：《全宋文》卷 157，第 8 册，上海辞书出版社/安徽教育出版社 2006 年版，第 74 页。

铸钱之需。《续资治通鉴长编》卷一二〇“景祐四年（1037）九月丙寅”条有记：

> 三司言：“东头供奉官钱逊奏信州铅山产石碌，可烹炼为铜。今池、饶、江三州钱监并阙铜铸钱，请遣逊与本路转运使试验以闻。”从之。①

从本条史料看，本次胆铜生产是由东头供奉官钱逊在宋仁宗景祐四年（1037）九月上奏提议，经坑冶主管机构“三司”请求，朝廷乃派遣钱逊与江南东路转运使至信州铅山进行石碌烹铜的试验，以期解决池、饶、江三州钱监铸钱铜料的短缺问题。

（三）对宋仁宗景祐年间胆铜事业的反思

从上可见，宋仁宗景祐年间，政府高层对于新的胆铜技术是非常支持的，虽然其间有官员反对。具体来看，除了德兴的浸铜事业与新设提点坑冶铸钱司有关外，其他“以药化铁”、以石碌烹炼成铜都源于内廷宦官与三司之间的联合，由江南东路转运使负责具体的试验工作，而作为具体负责诸路坑冶铸钱事务的提点坑冶铸钱司却被排除在外。为什么会出现这样一种分工格局呢？由于史料不足，暂时无法给出合理的解答，只能存而待考。只是从最终的结果来看，三地的胆铜事业都不大顺利，铅山的试验结果如何无明文记载，但显然并不理想。许申在京师、江州的试验也都没有获得成功。

与之相比，从陈善被敕封为左班殿直来看，德兴胆泉可能在饶州府或德兴县的主导下运行到康定元年（1040）左右，但显然没能持续下去。而且，众所周知，铜在宋代一直都是属于国家管控的战略资源，朝廷也是厉行“铜禁”政策，不允许民间私自生产和买卖。② 前文孙祖德“伪铜，法所禁而官自为，是教民欺也”之言也是有感于此。如果宋廷真正掌握了浸

① 《续资治通鉴长编》卷 120“景祐四年九月丙寅”条，第 2837 页。

② 《宋代矿冶业研究》，第 396—402 页。

铜技术和对胆铜有清晰认知的话，那么很难想象，在陈善之后的张潜及其家人乃至德兴、铅山两地民众如何还能争趋铜利，而政府会不加管涉。至于宋廷之所以放弃了德兴已经具有一定规模的浸铜生产，很可能是因为当时陈善的浸铜技术还未臻成熟，尤其是没能完全去除胆铜中的铁质，以致许申的工作被认为是以铁杂铜铸钱。与民间将这种技术条件下生产出来的胆铜用于铸造铜镜等日用器物不同，宋廷是将所得胆铜用于铸造铜钱。但由于所含铁质较多，显然不能达到铜钱铸造的技术标准，也就因此没有继续在德兴从事浸铜生产。这对于宋代冶铜业来说无疑是一桩憾事，而陈善也错失了浸铜之祖的荣光。

余　论

综上所述，由于史料缺失，现在已无从得知陈善浸铜技术的来源，但可以肯定的是，陈善能成功地实现胆铜法从炼丹术到采铜技术的转化，显然与德兴地区独特的道教矿冶文化体系有密切关系。自魏晋以降，随着葛玄、葛洪等道家人士进入到饶信地区修道炼丹，在唐宋之际，德兴地区形成了一个集道教炼丹与矿冶生产于一体的群体网络，他们之间既有竞争，也有着极为亲密的交往与合作，共同推动了道教炼丹之术向矿冶技术的转变。当然，在陈善之后，德兴张潜不仅可以在陈善经营的当地浸铜场学习浸铜技术，还可以在改良浸铜技术的基础上，通过一系列的话语策略，完成新技术的社会沟通工作，促进了浸铜法向社会全面推广的步伐，对此笔者将另文讨论。

宋辽夏金时期的文物及价值刍议

史金波
（河北大学　宋史研究中心）

在中国历史上，宋辽夏金时期民族政权分立，除宋朝外，还有辽朝、西夏、金朝，另外还有大理、吐蕃、回鹘等地方政权，民族关系错综复杂。揭示这一历史时期的真实面貌，提炼出有价值的认识，对全面了解中国历史具有重要价值。

这一时期留存下大量文物，不可移动文物和可移动文物都非常丰厚。漆侠先生主编的《辽宋西夏金代通史》曾指出："辽、宋、西夏、金朝遗存至今的文物古迹数目很大，颇为分散，其中不乏引人注目的精品名址"。① 随着考古事业的发展，这一时期的文物在发掘、整理、研究、利用和保护方面都取得了令人瞩目的成就。

文物是人类宝贵的历史文化遗产，具有历史价值、艺术价值和科学价值。王国维先生提出二重证据法，用地下之新材料补正纸上之材料，坐实史情，同时还能得到文献记载中没有的新资料，补充史实，突显了文物在历史研究中的特殊作用。

本文拟对宋辽夏金时期的文物，以举例的方式做初步梳理，并分析其价值，以飨同好。因此时期文物众多，本人学识有限，不当之处敬请专家

① 漆侠主编：《辽宋西夏金代通史》柒（文物考古史料卷），人民出版社 2010 年版，第 1 页。

教正。

一、不可移动文物

宋辽夏金时期的不可移动文物包含都城、墓葬、寺庙及佛塔、石窟、碑刻等。

（一）都城

这一时期王朝并立，且有的王朝实行多京都制，致使都城众多，成为特色。

宋代

北宋都城为东京汴梁（今河南省开封市），素有八朝古都之称。因黄河泛滥，开封城多次被淤埋。目前所见市内龙亭地址为宋朝皇宫所在地。[①] 地面遗存尚有始建于北宋皇祐元年（1049）的开宝寺塔以及大相国寺等。

南宋都城为临安（今浙江省杭州市），现上杭区尚存南宋皇城和太庙遗址。[②] 杭州六和塔是北宋时吴越王为镇钱塘潮而建，后改寺名为开化寺。

辽代

辽朝实行五京制，境内设置五京，即上京临潢府（今赤峰市巴林左旗林东镇）、东京辽阳府（辽宁省辽阳市）、南京析津府（北京市）、中京大定府（内蒙古赤峰市宁城县）、西京大同府（山西省大同市）。临潢府分皇城和汉城。[③] 考古学家确定了上京宫城位置。作为辽朝南京的北京市和作为西京的大同市，都保留有辽代的重要文物遗迹。如北京市广安门外的天宁寺塔、房山云居寺的多座辽塔等。[④] 大同市有始建于辽重熙七年（1038）、金代重修的华严寺塔。辽代其他三京虽已成遗址，但也保留和出

---

① 丘刚、董祥等：《北宋东京皇城的初步探查与试掘》，开封市文物工作队编：《开封考古发现与研究》，中州古籍出版社 1998 年版，第 163—172 页。

② 杭州市文物考古研究所：《杭州发现南宋临安太庙遗址》，《中国文物报》1995 年 12 月 31 日。

③ 李逸友：《辽朝城郭营建制度初探》，《北方考古研究》（一），中州古籍出版社 1994 年版。

④ 宋大川主编，于璞著：《北京考古史·辽代卷》，上海古籍出版社 2012 年版。

土了大量辽代文物。

西夏

西夏初兴起以夏州（在今陕西省靖边县）为中心，后夺取灵州（今宁夏吴忠市境内）并以之为中心，最后定都贺兰山与黄河之间的怀远镇（今宁夏银川市），称兴庆府，后改称中兴府。至今城内留有重修过的承天寺塔、海宝塔等。

金代

金代也实行五京制，起初是上京、东京、西京、南京、北京，海陵王迁都后是中都、东京、西京、南京、北京。也就是说，金国曾建有六都，为上京会宁府（今黑龙江阿城南）、东京辽阳府（今辽宁辽阳）、北京大定府（今内蒙古宁城县）、西京大同府（今山西大同）、中都大兴府（今北京）、南京开封府（今河南开封）。

大理

大理古城位于云南省大理市，在城内分布多处重要文物。如大理三塔中的南北两座小塔为大理国时期修建。

吐蕃

宋代吐蕃的一支在10世纪建立古格王朝。其王城位于今西藏阿里地区札达县托林镇。遗址城池格局基本保存，留下了大量珍贵的文物。

曾位于今青海一带的吐蕃唃厮啰政权，其先王城为宗哥城（今青海西宁东南），后迁王城于青唐（今青海省西宁市）。

回鹘

宋代高昌回鹘的中心城市为高昌故城（今新疆吐鲁番市东），是西汉至元明时期吐鲁番盆地中心城镇。该城包括外城、内城和宫城，内有大量宗教建筑遗址和宫殿遗址，遗物丰富，出土有不同文字的文书。

这一时期的都城多，很有特色，其中很多是全国重点文物保护单位。

（二）陵墓

宋代

北宋陵集中在河南省巩县（今巩义市），涵盖了北宋除徽钦二帝之外的其余七帝帝陵，加上宋太祖赵匡胤父亲赵弘殷的墓，统称“七帝八陵”。

围绕8座帝陵有300余座陪葬墓，开创集中设置陵区的先河。①

河北省保定市清苑区有宋代祖陵，俗称宋三陵，为宋太祖的先祖陵墓。近年发现不少文物遗存。②

南宋陵在杭州绍兴市皋埠镇，有南宋六帝陵寝，称宋六陵。每座陵寝均设上下宫。元代杨琏真伽率人盗掘宋六陵，窃取随葬珍宝。现陵区尚有部分墓冢石。

宋代尚有很多其他墓葬，如河南省禹州市白沙宋墓③，以及河南省卫辉市唐庄镇大司马墓等。

南宋有宰相史嵩之墓，位于浙江省余姚市河姆渡镇，墓中有1500斤的金丝楠木棺材，墓志铭纠正了多处文献记载的失误。江苏金坛周禹墓，墓主人遗体保存完整。④ 其他有成都东郊北宋张确夫妇墓等。

辽代

辽代有五处帝陵，内蒙古巴林左旗的祖陵、巴林右旗的怀陵和庆陵，辽宁北镇的显陵和乾陵。⑤ 祖陵是辽太祖的陵墓，庆陵是辽圣宗、兴宗、道宗三帝及其后妃陵的总称。

其他辽墓包括契丹族和汉族墓葬。河北省宣化市辽代壁画墓群，其中一号墓墓主人为辽代归化州右班殿直张世卿，墓葬中发现了大量壁画，并出土了包括木俑、棺箱等木器。

西夏

西夏陵位于宁夏银川市西郊贺兰山下，有9座帝陵及270余座陪葬墓，

---

① 郭后胜：《河南巩县宋陵调查》，《考古》1964年第11期。

② 丁建军、韩毅：《河北省清苑县“宋三陵”遗址考古调查及其相关问题》，《全南史学》（韩国）第23期，2004年。

③ 宿白：《白沙宋墓报告》，生活·读书·新知三联书店2017年版。

④ 肖梦龙：《江苏金坛南宋周瑀墓发掘简报》，《文物》1977年第7期。

⑤ 董新林：《简论辽代祖陵遗址考古发掘及其学术意义》，《东亚都城和帝陵考古与契丹辽文化国际学术研讨会论文集》，科学出版社2016年版。

规模宏伟，出土了石雕、金属文物以及大量西夏文和汉文残碑块。①

西夏境内其他墓葬有宁夏永宁县闽宁村西夏墓地，为西夏野利氏家族墓。② 内蒙古乌海地区有西夏墓葬遗址，墓主人是不见文献记载的一位西夏参知政事。③ 此外，甘肃省武威地区发现了多处西夏下级官员和平民墓葬，出土了很多文物。

金代

金陵位于北京市房山区西南大房山东麓，共葬金代始祖至章宗 17 个皇帝、后妃及诸王。金代墓葬受辽墓的影响，而更多的是继承北宋的墓制。④

吉林舒兰小城子一带是包括大臣完颜希尹墓在内的金代早期贵族墓地。大定以后的金代墓葬发现较多，如内蒙古宁城大明城西城外及小榆树林子金墓、巴林左旗砖室墓等，黑龙江绥滨、吉林镇赉的墓葬，绥滨中兴金代墓群等。⑤

黑龙江省阿城巨源乡的金齐国王墓，出土文物丰富。棺上有丝织品覆盖，棺盖正中置一阳文篆书“太尉开府仪同三司事齐国王”银质铭牌。⑥

北京、河北地区的金墓，正隆以前者为土葬，大定以后实行火葬。河北省高碑店市时立爱父子墓和山西井陉柿庄墓均为金代初年壁画墓。⑦ 大同市城西有金代阎德源墓，墓主人生前是西京玉虚观宗主大师，出土随葬品 90 余件。⑧

---

① 银川西夏陵区管理处编：《西夏陵》，宁夏人民出版社 2013 年版。银川西夏陵区管理处编：《西夏陵突出普遍价值研究》，科学出版社 2013 年版。

② 宁夏文物考古研究所编著：《闽宁村西夏墓地》，科学出版社 2004 年版。

③ 陈国灿：《乌海市所出西夏某参知政事碑考释》《内蒙古大学学报》1997 年第 4 期。

④ 宋大川主编，丁利娜著：《北京考古史·金代卷》，上海古籍出版社 2012 年版。

⑤ 黑龙江省文物考古工作队：《黑龙江畔绥滨中兴古城和金朝墓葬》，《文物》1977 年第 4 期。

⑥ 黑龙江省文物考古工作队：《黑龙江阿城巨源金朝齐国王墓发掘简报》，《文物》1989 年第 10 期。

⑦ 苗霖霖：《时立爱碑志考释》，《博物馆研究》2012 年第 3 期。

⑧ 大同市博物馆：《大同金代阎德源墓发掘简报》，《文物》1978 年第 4 期。

大理

云南省玉溪市通海县白塔心火葬墓群，发掘火葬墓 175 座，葬具以陶罐为主，出土一批有纪年的墓碑，为研究火葬习俗和大理国历史研究提供了重要的实物资料。

（三）寺庙及佛塔

宋代

宋朝著名寺庙很多，多数为前代所建。如开封府大相国寺，始建于北齐，北宋时期多次扩建，成为当时佛教中心。宋朝另有所谓十大寺庙，为河南白马寺、河南少林寺、浙江灵隐寺、浙江国青寺、江苏大明寺、江苏栖霞寺、江西东林寺、陕西法门寺、福建南普陀寺、江苏寒山寺，也多为前代所建。

辽代

辽代华严寺位于大同市，主要建筑大雄宝殿和薄伽教藏殿，是辽代艺术的典范。①

独乐寺位于天津市蓟州区内，始建于唐初，山门和观音阁为辽代重建，是中国古代木结构建筑的代表作。

涿州双塔位于河北省涿州市东北隅，一为智度寺塔，一为云居寺塔，皆为辽代所建。

西夏

西夏的都城兴庆府重要寺院多为西夏时期兴建。如天授礼法延祚十年（1047）建高台寺，贮宋朝所赐《大藏经》，并在此译经。又有承天寺及其佛塔，建于西夏毅宗时期。海宝塔是方形楼阁式砖塔，也建于西夏时期。②宏佛塔位于银川市贺兰县境，是楼阁塔与喇嘛塔的复合形式。

甘肃省武威市的西夏凉州的宏藏寺，西夏时期称护国寺。该寺及寺内感通塔西夏时期因地震受损，崇宗天祐民安四年（1093）重修。甘肃省张

① 王银田、曹彦玲：《大同华严寺研究》，《文物季刊》1999 年第 2 期。

② 史金波：《西夏首都兴庆府（中兴府）》，《西夏学》第 19 辑，甘肃文化出版社 2019 年版。

掖市的大佛寺，为西夏时期始建。寺内大佛殿为木构建筑，正中塑释迦牟尼涅槃像，木胎泥塑，金装彩绘。①

金代

金代的佛寺也很多。其中宝胜寺在黑龙江哈尔滨市阿城，是金代的皇家寺庙，原地面建筑皆损毁。

金代龙岩寺，建在山西省晋东南陵川县境，其佛殿至今保存完好，十分难得。

大理

大理三塔中，两座大理国时期建造的塔出土南诏、大理国时期的珍贵文物680多件，承载着南诏、大理时期的历史文化。②

由上可见，中原地区寺庙多为继承前代寺庙，或加以增建或重修。而辽、西夏、金朝的寺庙则新修建者多。

（四）石窟

宋代

宋朝初期曾在莫高窟修建一批洞窟，如莫高窟第55窟是莫高窟大型洞窟之一，在壁画中有生动的社会生活画面，如屠宰图、照镜图等。

杭州飞来峰石窟造像多达340余尊，其中卢舍那佛会浮雕、布袋和尚分别为北宋和南宋作品。

大足石窟位于重庆市大足区，为唐、五代、宋时所凿造，以宝顶山摩崖造像规模最大，其中宋代造像最多。造像有儒、佛、道三教造像，具有浓郁的社会生活气息。③

辽代

云冈石窟先后为辽、金属地。辽、金二朝对云冈石窟进行了修造和保护。辽皇室曾对石窟寺进行十年修整，维修1000余尊佛像。

内蒙古赤峰市福峰山有辽代开凿的五大石窟，其中响洞石窟附近有辽

---

① 史金波：《西夏佛教史略》，宁夏人民出版社1988年版，第110—134页。

② 丘宣充：《大理三塔的塔藏文物》，《云南社会科学》1981年第2期。

③ 黎方银：《大足石窟艺术》，重庆出版社1998年版。

代所建昊天寺遗址。

西夏

西夏境内分布有很多石窟，以敦煌莫高窟和瓜州榆林窟为主，还有东千佛洞等很多中小型石窟。① 西夏自占领沙州、瓜州后，莫高窟、榆林窟成为西夏佛教信仰的圣地。西夏洞窟以重修前代洞窟为主。经调查初步确定莫高窟、榆林窟有 80 多座西夏洞窟。② 莫高窟北区主要是敦煌僧人居住、坐禅的场所。其中在不少洞窟中发现了西夏文文献，证明西夏时期有僧人在这里生活。③

宁夏和内蒙古地区也有西夏石窟。位于内蒙古鄂托克旗的百眼窑石窟，其中属西夏时期的多为中型石窟。

金代

金军攻占大同后，云冈石窟曾“寺遭焚劫”。金皇统年间，住持法师禀慧重修“灵岩大阁”，云岗复现旺盛。

陕西省渭南市合阳县的千佛洞，始建于金皇统九年（1154），是陕西省规模最大的金代佛教造像石窟。陕北地区也有不少宋、金代石窟，其中有延安清凉万佛寺等。

金代石窟在山东省济南市有黄花山石窟，洞壁雕佛像 20 余尊。

吐蕃

青海省化隆回族自治县发现 5 座岩窟，其中属于唃厮啰时期的约有 200 平方米佛教壁画遗存。

（五）碑石

宋代

宋代所立碑石十分丰赡。有很多碑石尚存，有的已失，但尚存拓本。宋代著名书法家多留存碑刻。如山西省夏县有苏轼撰并书《司马温公神道碑》，黄庭坚撰写的碑刻有《狄梁公碑》。《章吉老墓表》为米芾晚年代表

---

① 张宝玺：《东千佛洞西夏石窟艺术》，《文物》1992 年第 2 期。

② 刘玉权：《敦煌莫高窟、安西榆林窟西夏洞窟分期》，《敦煌研究文集》1982 年第 3 期。史金波、白滨：《莫高窟榆林窟西夏文题记研究》，《考古学报》1982 年第 3 期。

③ 史金波：《敦煌莫高窟北区出土西夏文文献初探》，《敦煌研究》2000 年第 3 期。

作。蔡襄著名碑刻有《万安桥记》。

《元祐党籍碑》原刻于宋崇宁三年（1104），宋徽宗书。碑文列司马光、苏轼等 309 人为奸党。后蔡京又自书颁行各州军立石，后石碑多毁。今广西有两碑传世，一在桂林龙隐岩石壁间，一在融安真仙岩内。

河南省新乡又有《大观圣作之碑》，徽宗瘦金书，蔡京行书题额。河南登封少林寺有蔡京书《面壁塔题字》。

苏州碑刻博物馆陈列着四大宋碑，即《平江图》《地理图》《天文图》《帝王绍运图》。①

又有《宋代针灸穴位碑》，现存北京石刻艺术博物馆，是研究我国古代医学的重要碑刻。

宋高宗时刻《石经刻石》于临安，共 200 石，现存 70 余石。

辽代

辽代碑石非常丰富。辽上京出土的辽代碑刻主要是哀册和墓志。巴林左旗出土 20 多件辽代碑刻，巴林右旗出土辽圣宗、兴宗和道宗皇陵的汉字和契丹小字哀册，以及陪葬墓出土的哀册与墓志，是研究辽代皇族和后族的重要资料。

辽代碑刻在东北和华北一带的其他地区也有不少发现。

西夏

甘肃省武威市的西夏《凉州重修护国寺感通塔碑》，碑阳、碑阴分别为西夏文和汉文。又西夏仁宗时所立甘肃省张掖市的《黑水建桥碑》，两面系汉文和藏文合璧。

在西夏陵中，9 座帝陵和部分陪葬墓多有碑亭遗址，各有碑亭 1—3 处不等。部分碑亭遗址出土了 3000 余块汉文和西夏文残碑石，记录了很多西夏历史和社会的重要信息。②

---

① 漆侠主编：《辽宋西夏金代通史》柒（文物考古史料卷），人民出版社 2010 年版，第 18 页。

② 宁夏博物馆发掘整理，李范文编释：《西夏陵墓出土残碑粹编》，文物出版社 1984 年版。史金波：《西夏陵园出土残碑译释拾补》，《西北民族研究》试刊号，1986 年。

金代

金代碑石有的是汉文，有的是汉文和女真文合璧。吉林省扶余县（今扶余市）的《大金得胜陀颂碑》，立于金世宗大定十五年（1185）。金代有女真文字石刻10方，其中4方为女真文和汉文合璧。金代出土墓志不少，如出土于山西省朔州市的《张温妻智氏墓志》。金代的经幢也有不少。

河北省高碑店市的金代时立爱墓，有《大金故崇进荣国公忠厚时公神道碑》，碑记时立爱为官事迹。

另有吉林省梅河口市的庆云女真摩崖，有女真文和汉文，记载金太祖时的地方历史。

关于这一时期的刻石，有《辽金元石刻文献全编》① 和《散见宋金元墓志地券辑录》②。

大理

云南省玉溪市通海县白塔心火葬墓群，发现一批有纪年的墓碑，记录了大理国的14位皇帝年号，对研究大理国的历史提供了丰富的史料。

二、可移动文物

这一时期的可移动文物中包含金属器、陶瓷器、书籍、绘画、服饰等。

（一）金属器

宋代

随着城市的兴盛与市场经济的发展，宋代金银器日益商品化。现所存金银器琳琅满目。

四川省彭州市西大街窖藏是规模最大的宋代金银器窖藏，出土各式器物350件，展现了宋代金银器的风貌。

---

① 国家图书馆善本金石组：《辽金元石刻文献全编》（3编），北京图书馆出版社2004年版。

② 周峰：《散见宋金元墓志地券辑录》（5辑），台湾花木兰文化事业有限公司2021年版；二编，2021年版；三编，2022年版；四编，2022年版；五编，2023年版。

宋代官印除皇帝御宝有玉、金之别外，基本为铜铸。现存宋代官印均为中下级机构的官印，如“宜州管下羁縻都黎县印”等。官印书体被称为“九叠篆”，小篆和楷书也偶被用于官印书体。

宋代铜镜铸造以浙江省湖州最为有名。存世宋代铜镜多有题记铭文。

宋代的钱币适应市场流通需要，数量远超唐代，以年号钱为主。两宋铸年号钱 48 种，另铸国号钱“宋元通宝”等。此外还有铁、金、银等钱币。辽、夏、金各朝都使用宋币，全国各地出土大量宋钱。

已发现多处宋代炼铁炉。河南省南召县发现宋代炼铁竖炉 14 座，均用耐火石砌筑。河南省林县铁牛沟宋冶铁遗址有炉址 11 座。河南安阳唐坡出土了 9 块宋代铁锭。宋代铁器多数含硫较高，应为煤炭所炼。

辽代

辽代金银器多为契丹贵族用品，有冠带佩饰、马具、饮食器皿、首饰、符牌及葬具等。内蒙古奈曼旗辽陈国公主驸马合葬墓出土金银器很多，精致丰富。① 内蒙古赤峰市、辽宁省建平县都出土有刻契丹文金银器。另有河北省承德市发现的契丹文金银符牌，北京市房山区的鎏金银面具、辽宁省建昌县的银杯、内蒙古巴林右旗窖藏的银器，以及赤峰市郊区窖藏的银器，均具代表性。

河北省张家口市蔚县小五台山脚下出土铜盆内有链子壶、三足熏炉。辽代古城遗址和墓葬中出土有多种铜镜。辽代的菊花纹镜，独创出以花为形的镜形。

辽朝所铸钱币皆仿中原地区圆形方孔钱，上铸汉字年号加“通宝”或“元宝”，共铸 20 多个年号 30 多种钱币。② 辽朝因主要使用宋代钱币，本朝所铸钱币流通使用较少。内蒙古的扎兰屯市出土了一批钱币，其中有辽朝的钱币，而唐、宋年号的钱币可能为辽朝翻铸。③ 有个别契丹文钱币，

---

① 内蒙古文物考古研究所：《辽陈国公主驸马合葬墓发掘简报》，《文物》1987 年第 11 期。

② 卫月望：《契丹钱币中之新品·续闻》，《辽宁金融·钱币专辑》1994 年第 16、17 辑合刊。

③ 刘绍棣：《从扎兰屯市辽代出土的钱币窖藏看辽朝翻铸的唐和北宋钱》，《中国北方地区钱币发现与研究学术研讨会专集》（二），2005 年。

其中有大铜钱“天朝万岁”和同文字银币，皆非实用货币。①

西夏

西夏有精美的金银器。内蒙古临河县（今临河区）西夏城址出土一批金器，其中有莲花盏托、金佛、金碗、金莲花盘和金指剔、金耳饰等。西夏陵园也发现多种金饰品。②

宁夏灵武县横山出土银钵、银碗，底部标明自身重量。宁夏闽宁村西夏墓4号墓出土多件鎏金银带饰。③

出土西夏铜器很多。西夏陵出土的鎏金大铜牛重188公斤，工艺水准高超。另有小铜牛形象古朴自然。④ 在银川市内出土一批鎏金铜造像，工艺精湛。

中国国家博物馆和西安博物院所藏两盒铜符牌，上端为镀金西夏文“敕”字，下块正面刻双线西夏文楷书“敕燃马牌”四字，是传达皇帝紧急命令的牌符。

西夏依司品和官职的高低有金、银、铜镀银、铜质四种官印。出土的西夏印皆为方形铜印，除少量六字、四字印外，绝大多数是西夏文二字“首领”印，已逾百枚，印文仿九叠篆法，背有印纽，纽两侧分别錾刻年款和持印者人名。

出土西夏钱币有铜钱和铁钱，为年号钱，形制仿中原王朝，有西夏文和汉文钱两种。西夏故地出土的钱币多数是宋钱，可知西夏主要使用中原钱币。⑤

黑水城出土的铜双金刚和铜金刚铃，是藏传佛教使用的法器。宁夏永

---

① 刘凤翥编著：《契丹文字研究类编》第二册，中华书局2014年版，第652—653页。

② 史金波、白滨、吴峰云：《西夏文物》，文物出版社1988年版，图205、207、209、210、211。

③ 宁夏文物考古研究所编著：《闽宁村西夏墓地》，科学出版社2004年版，第37－38页，图版四。

④ 史金波：《西夏文化》，吉林教育出版社1986年版，第156页。

⑤ 牛达生：《西夏钱币和官印研究浅述》，《大夏寻踪·西夏文物辑萃》，中国社会科学出版社2004年版。

宁县闽宁村西夏墓出土铜铃、铜泡饰和铜带扣。①

西夏时期铁器有兵器和工具，最著名的是夏国剑。宋朝太平老人著书列举享誉境内外“天下第一”的事物包括“夏国剑”，甚至宋朝皇帝也随身佩夏国剑。西夏帝陵中出土有铁剑和铁矛头。② 内蒙古准格尔旗出土了西夏时期的铁锄、铁铧、铁犁镜等。

金代

金代出土的金银器不少。如陕西临潼金代窖藏中的金步摇等饰品，反映了女真族和汉族文化上的融合。

黑龙江省鹤岗市绥滨县金墓出土有金耳坠等饰品和银鞍饰、银碗等金银器。又绥滨县奥里米金墓中出土了金多种金饰件，有的与中原地区相同，有的则具有地方特色。

金代印章多处有存藏。如河南省濮阳市藏 3 方金代印章：都统所醴字印、行元帅府经历司印、都统所印，对研究金代官制和兵制有重要参考价值。

金代铜镜较多，主题纹饰非常丰富。江苏省太仓市博物馆藏金代双鱼铜镜，形态生动。

金朝开始铸造了少量年号钱，后效仿宋和辽立新年号即铸新钱。③ 在东北地区多处发现金代窖藏铜钱。如辽宁省沈阳新民市出土一缸铜钱，内有历代铜钱 13 万多枚。锦州义县出土一缸铜钱，内有唐、宋、金代铜钱 65 公斤。丹东新农乡出土金代窖藏铜钱 320 公斤。本溪市千金沟地区发现金代窖藏铜钱 550 多斤。窖藏钱币皆以宋铜钱为大宗。④ 可见金朝主要使用宋钱。

黑龙江省阿城金代冶铁遗址出土炼铁炉，近处有矿井 10 余个。

---

① 宁夏文物考古研究所编著：《闽宁村西夏墓地》，科学出版社 2004 年版，第 25 页，彩版一；第 36—37 页，彩版二、三。

② 史金波、白滨、吴峰云：《西夏文物》，文物出版社 1988 年版，图 201、202。

③ 李卫：《辽金钱币》，紫禁城出版社 2009 年版。

④ 商越：《辽宁省发现大量金代窖藏铜钱，研究表明—— 宋钱成为金朝主要流通货币》，《辽宁日报》2022 年 5 月 9 日。

（二）陶瓷器

宋代

中国以瓷器精美著称于世。北宋官瓷代表着中国陶瓷艺术的最高成就。当时有五大名窑：汝窑、官窑、哥窑、钧窑和定窑。汝窑在今河南省汝州市区张公巷。官窑和哥窑窑址不明。钧窑在河南禹州市。定窑在河北曲阳。[①] 此外还有耀州窑，在今陕西铜川黄堡镇，形成了青瓷的独有特征。北京广安门外曾发现大批刻有龙凤及花卉图案的耀州青瓷，证实耀州窑烧过贡瓷。

出土的宋代精美瓷器很多，不少博物馆都有收藏。近期还有出土，如在陕西西安市宋代家族墓中出土精美耀州窑瓷器 60 多件。

辽代

辽代的陶瓷器在黑龙江、吉林、辽宁、内蒙古及河北等地都曾有发现，具有鲜明的地方色彩和民族风格，与中原地区的陶瓷工艺属同一系统。

辽代瓷器分为中原类和契丹类。中原类的瓷器有流入契丹的，也有在当地烧造的。契丹类的瓷器主要有鸡冠壶、长颈瓶、凤首壶、穿带壶、鸡腿瓶、海棠式盘等。鸡冠壶原型是契丹族游牧时用的皮囊壶。

西夏

西夏瓷器以宁夏灵武的磁窑堡和甘肃省武威市的塔尔湾出土最多。西夏瓷有粗细之分。粗瓷主要有瓮、缸、釜等器。细瓷主要有碗、盘、罐、壶、瓶等生活用具及板瓦、滴水等建筑用材。釉色主要以黑（褐）、白釉为主，其中白瓷质量较高。

西夏瓷器中剔刻釉扁壶、四系瓶、帐钩等独具特色，与党项人的游牧生活密切相关。西夏瓷器纹饰题材有植物纹、动物纹、图案纹及反映民间生活习俗的纹饰。

西夏陵出土的鸱吻高 152 厘米，陶胎绿釉，龙头鱼尾，遍饰鳞纹，今

---

① 李辉柄：《宋代官窑瓷器》，紫禁城出版社 1992 年版。

藏国家博物馆。[①]

金代

金代的陶瓷器多利用辽瓷旧窑烧造。辽宁抚顺大官屯窑和辽阳江官屯窑是金前期日用陶瓷产地。迁都燕京后的陶瓷生产集中在定窑、观台窑、钧窑和耀州窑等，各窑仍烧制原来的产品。山西境内的浑源窑，安徽境内的萧窑、宿州窑与泗州窑，分别烧制钧窑、定窑、磁州窑风格的产品。金代出土陶瓷器类以盘、碗、罐、瓶、壶为多。日用器物造型有双系、三系、四系瓶，双系罐和高体的长颈瓶、鸡腿瓶等。

大理

大理国时期的陶瓷，一是使用宋朝瓷器，如现存有景德镇窑影青狮纽盖、影青普贤菩萨像、文殊菩萨像等；二是大理国本身烧制的瓷器，如绿釉陶行炉等。

云南省玉溪市通海县西山脚墓群发现大量陶瓷残片，年代为大理国时期到明中晚期。通海县白塔心山火葬墓群，葬具以陶罐为主，少部分为瓷器。

（三）木器

宋代

宋代是中国家具由低矮向高坐的全面过渡，适应了垂足而坐的方式，然而保存下来的宋代木器较少。以桌子为例，宋代桌子升高，桌腿较长，又分为三类：粗腿桌、细腿桌、花腿桌，分别见于出土实物或壁画中。[②]

辽代

现存辽代木器多为墓葬中出土。河北省宣化市张文藻墓中出土了包括木俑、棺箱等木器。墓室中棺前有大木桌，桌前有木质盆架，大木桌上放满了食具。此外还有小木桌、木椅。[③]

北京市房山区天开塔地宫辽代木桌，属于粗腿桌。同地出土的四出头

① 史金波：《西夏社会》上册，上海人民出版社 2007 年版，第 113—114 页。

② 邵晓峰：《中国宋代家具》，东南大学出版社 2010 年版。

③ 河北省文物管理处、河北省博物馆：《河北宣化辽壁画墓发掘简报》，《文物》1985 年第 8 期。

木扶手椅和木箱，木箱表面有梵文以及类似汉字的文字。

西夏

西夏贺兰山拜寺口西塔出土木雕供桌，以传统木工卯榫工艺制成，前后各有双枨，镂空雕花挡板和花牙板装饰，通体彩绘，工艺精致。塔中还有一对描金木质花瓶，光彩夺目。①

武威西郊林场西夏墓中出土一批陪葬木器，有木条桌、木衣架、小木塔、木笔架、木宝瓶和木缘塔。木缘塔共四个，呈八角形，制作精巧，造型稳重。②

西夏还出土有非器具类木雕、木俑、木版画、西夏文雕版、西夏文木牌、西夏文木简、汉文朱书木牍等。

金代

金代的木器在壁画中有很多显现，近来在墓葬中也发现了不少木器实物。大同市的金代阎德源墓出土了各类随葬品，仅木器即达 20 多件。棺床南侧东西并列三张木供桌，桌上放了小件随葬木器，如影屏、巾架、榻、茶几、盆架、桌椅等。

（四）书籍

宋代

宋版书因刻印精工和流传稀少，呈现出独特的文物价值。北宋刻本大都是蝴蝶装、白口，南宋中叶开始流行黑口。宋人工书法，也反映在印书事业中。宋版书有竹纸和皮纸两类，有的纸张至今光鲜如初。

国内外所存宋版书约 3000—3500 部，皆为善本。宋代首次刊印大藏经，称为《开宝藏》，为卷装，共 6000 余卷，目前国内外仅存留了 12 号 13 件，皆为珍籍。

另有辽代行均编纂汉文字典《龙龛手镜》4 卷，在宋朝出版，改为《龙龛手鉴》，今藏国家图书馆。

宋代也有重要手抄本存世，最著名的是司马光手书《资治通鉴》残

---

① 雷润泽、于存海、何继英编著：《西夏佛塔》，文物出版社 1995 年版，第 254 页。

② 史金波、白滨、吴峰云：《西夏文物》，文物出版社 1988 年版，图 255。

稿，现藏国家图书馆。

黑水城出土的古籍中有一批宋刻本，如《吕观文进庄子义》，多种佛经以及《平水韵》《广韵》《汉书》残本等。

浙江省金华市武义县南宋徐谓礼墓出土了徐谓礼文书，包括告身、敕黄等 17 长卷文书，对研究宋代职官制度有重要意义，今藏武义博物馆。

辽代

辽代刻印出版了很多书籍，但传世的很少。辽代曾刻印汉文大藏经数千卷，称为《辽藏》。近代在山西省应县释迦塔和河北省丰润区都发现了部分《辽藏》卷册。在应县木塔中还发现了世俗著作《蒙求》和卜筮书。

西夏

黑水城遗址出土了大量西夏时期的西夏文和汉文文献，其他如甘肃省武威小西沟岘、宁夏贺兰山方塔等，都出土了西夏文献。其中的刻本如西夏文法典《天盛改旧新定律令》、军法《贞观玉镜统》、类书《圣立义海》、韵书《文海宝韵》、字书《音同》等。翻译著作有《论语》《贞观政要》《十二国》《类林》《孙子兵法》《六韬》《三略》等，此外还有大量西夏文和汉文佛经。

西夏留存下很多活字本。如甘肃武威出土的泥活字本《维摩诘所说经》和宁夏贺兰山方塔所出木活字本《吉祥遍至口合本续》等。这些实物可以坐实中国活字印刷术的发明。

西夏也保留下大量手写本。如西夏文本《新法》《五音切韵》《诗集》《将苑》等，汉文本《杂字》以及大量佛经。西夏的书籍有卷装、蝴蝶装、经折装、缝缋装、梵夹装等多种装帧形式。①

金代

金代的刻书、藏书有一定规模，平阳为金代重要的刻书中心。

释、道二藏在金代都曾刊印。保存在国家图书馆的《金藏》是这一时期存世最大规模的图书。

存世的金刻本有出土于黑水城、现存于国家图书馆的金朝的汉文本

① 史金波：《西夏出版研究》，宁夏人民出版社 2004 年版。第 138—147 页。

《刘知远诸宫调》唱本。金刻本还有《新修絫音引证群籍玉篇》和丘处机撰《磻溪集》，都藏于国家图书馆。

大理

云南大理三塔在维修中发现了很多文物，其中包括不少重要写本文献，如《诸佛菩萨金刚等启请》《密教散食仪》等多种佛经。

（五）绘画

宋代

宋代绘画在隋唐五代的基础上继续发展。人物画从唐代反映重大历史事件和贵族生活，扩展到描绘城乡市井平民生活。如张择端《清明上河图》、卫贤《闸口盘车图》、王居正《纺车图》等。《清明上河图》长 5 米多，生动记录了当时东京的城市面貌和各阶层的生活，具有很高的历史价值和艺术价值。

描绘贵族文人生活的绘画有李公麟《西园雅集图》、赵佶《听琴图》等。故宫收藏的《文姬归汉图》是南宋宫廷画家陈居中所画，情境辉映，动静结合，是人物画的精品。

宋代还有墓室壁画。如著名的白沙宋墓赵大翁墓，墓室西壁雕画墓主人夫妇对坐宴饮，墓室四壁、甬道、墓门两侧绘多种人物，表现墓主人内宅生活情景。

宋代还编纂了《宣和画谱》，系统著录皇家秘藏魏晋以来至北宋名画，总计画家 231 人、作品 6396 件，是我国历史上第一部系统记录宫廷藏画的巨著。[①]

辽代

辽代绘画多保存于辽墓壁画，其中有辽宁省朝阳市木头城子壁画墓、北票季杖子壁画墓、姑营子耿氏墓、林四家子墓等。壁画墓的墓主既有汉人，又有契丹人，壁画题材和内容主要包括山水、人物、花鸟、禽兽、建筑物等。

前述辽代张文藻墓中，壁画上有男子吹奏乐器、舞蹈表演，以及孩童

---

① ［宋］佚名撰，王群栗点校：《宣和画谱》，浙江人民美术出版社 2012 年版。

嬉戏的壁画图，十分生动。

西夏

西夏绘画种类多样，达到很高艺术水平，其中主要为莫高窟和榆林窟壁画。两窟早期壁画以佛像、说法图、经变图、菩萨像等为主；中期以后逐渐突出本民族特点，人物及服饰具有党项族特点；中后期则受到藏传佛教的影响。①

西夏壁画图案有不少精美之作，以龙或凤为图案的藻井很多。409 窟东壁的皇帝供养像，额头秃发，身着圆领窄袍，上有皇帝特有团龙图案。榆林窟第 2 窟是西夏晚期壁画，西壁有《水月观音图》，其中有玄奘取经图。榆林窟和东千佛洞的西夏壁画中有最早的 6 幅玄奘取经图。榆林窟第 3 窟还有《五十一面千手观音变》，其中左右对称地绘《犁耕图》《踏碓图》《酿酒图》《锻铁图》各两幅。此外，还有《行旅图》和锹、镐、锄、犁等工具，有浓郁的生活气息和时代特点。榆林窟第 29 窟有成列男女供养人像，表现了西夏多种人物的特色。② 莫高窟第 61 窟甬道北壁的供养比丘群像，每人近旁有汉文、西夏文合璧的人名榜题。

黑水城出土 200 多帧西夏卷轴画，现藏俄罗斯。其中有的受中原绘画艺术影响，有的是藏传佛教的密宗画唐卡。此外还有《西夏皇帝和随员图》《相面图》等。③

夏拜寺口西塔、贺兰县宏佛塔、青铜峡 108 塔和甘肃武威亥母洞也出土了西夏唐卡，反映出藏传佛教在西夏广泛流行。④

西夏时期也有不少木刻版画，如黑水城出土《观弥勒菩萨上生兜率天经》卷前的经图中有佛、菩萨、天王、神、僧、人等像 100 余身，形象

---

① 刘玉权：《西夏对敦煌艺术的特殊贡献》，《中国国家图书馆学刊》（西夏研究专号）2002 年版。

② 敦煌研究院编：《中国石窟·安西榆林窟》，文物出版社 1997 年版。

③ 〔俄〕米开罗·皮欧特洛夫斯基编：《丝路上消失的王国——西夏黑水城的佛教艺术》，（台北）历史博物馆，1996 年，第 180—189 页、105—236 页。

④ 雷润泽、于存海、何继英编著：《西夏佛塔》，文物出版社 1995 年版，第 251 页。谢继胜：《西夏藏传绘画——黑水城出土西夏唐卡研究》，河北教育出版社 2002 年版。

各异。

甘肃武威西郊西夏墓中发现了29块木版画，内容有重甲武士、侍从、牵马人等，生活气息很浓。① 黑水城出土的两幅大型坛城木版画《佛顶尊胜曼荼罗图》，右角下分别绘有男、女供养人。②

金代

金代有寺庙壁画。如位于山西省繁峙县五台山北麓的岩山寺壁画，作为佛传、经变故事的载体，把佛教题材内容穿插融合在山水画建筑界画中。

黑水城出土有金朝刻印的《四美图》，其上标明“平阳姬家雕印”，应是来自金朝平阳。此外还有《关羽图》。③ 平阳的精美印刷品也流传到了西夏。

《明妃出塞图》是金代宫素然创作的历史人物画，现藏于日本大阪市立美术馆。该画将在寒风中的和亲队伍的情境绘制出来，再现了昭君出塞的动人场面。

（六）服饰

服装不易长期保存，所留实物稀少，而金银、珠宝等首饰却保存下来不少，主要是墓葬中出土。

宋代

宋代服饰出土实物的有福建省福州市南宋黄昇墓、湖南省衡阳市何家皂墓、江苏省金坛茅麓周瑀墓、浙江省黄岩赵伯澐墓等。

黄昇是宋代皇族赵与骏的妻子，其葬具及遗物保留完整，有大量精美的丝绸织物，共得354件，面料囊括了古代高级织物，款式有20多种，有着高超的制作工艺。

赵伯澐是北宋太祖赵匡胤的七世孙，其墓出土服饰丰富，纹饰题材多样，织物品种齐全，体现了南宋手工业的发达，表现出南宋贵族服饰

---

① 宁笃学、钟长发：《甘肃武威西郊林场西夏墓清理简报》，《考古与文物》1980年第3期。

② 史金波、白滨、吴峰云：《西夏文物》，图84—87。

③ 史金波、白滨、吴峰云：《西夏文物》，图79、80。

风貌。

南宋宰相史嵩墓中出土了大量保存完好的丝织品，包括罗、绫、绝、纱等。

宋代的很多墓葬中出土了首饰，质料有金、银、铜、玉、骨、玻璃等，形式多样。①

辽代

辽代南北方的服饰不同。北方主要为契丹人服饰，左衽是其特点。辽代服装以长袍为主，后片开衩，便于骑马。贵族的长袍，多较精致，通体平绣花纹。辽金时北方流行连袜裤，称为“吊敦”。

辽代南部服饰为“汉服”，百姓和汉族的官吏都可以穿。腰带有蹀躞带，本为胡制，用作佩挂各种随身应用的物件。

契丹贵族还喜欢佩戴各种精美的佩饰。他们还学习汉族，在配饰上区分等级高低。辽代南面官制遵循唐宋制度，以玉带、金带为上，银次之，铜又次之。②

西夏

出土的《番汉合时掌中珠》所记服饰种类甚多。西夏汉文本《杂字》“衣物部”中有关衣服的记载有 30 多种。③

西夏的服饰在绘画中丰富多彩。敦煌莫高窟第 409 窟男供养人为西夏帝王形象，穿大型团龙绣花袍，两位后妃供养像穿翻领窄袖长袍，十分华丽。

榆林窟第 29 窟绘制众多西夏供养人，其中有三身武官供养像，是沙州和瓜州监军司高级官员，头戴云镂冠，垂结绶，身着窄袖圆领紫袍，下摆有褶皱，是为军服。

黑水城附近达兰库布镇东南古庙中出土的彩塑像，显示出男女供养像

---

① 扬之水：《南方宋墓出土金银首饰的类型与样式》，《考古与文物》2008 年第 4 期。

② 都惜青：《辽代契丹人饰品述论》，《辽宁省博物馆学术论文集（1999—2008）》第 1 册，2009 年。

③ 史金波：《西夏汉文本〈杂字〉初探》，《中国民族史研究》（二），中央民族学院出版社 1989 年版。

的服饰样貌。①

黑水城出土唐卡《观音菩萨图》中有两身女供养人，皆外穿红色交领窄袖花长袍，各有汉字榜题。

西夏平民的服饰多种多样。榆林窟第3窟东壁51面千手观音变的生产图中，真实地描绘出农夫、踏碓人、锻铁者、酿酒者的服饰，各具特色，便于劳作，朴实无华。②

榆林窟第29窟前壁东侧有鲜卑国师供养像，着高僧服饰，戴棕色山形冠。

西夏饰品也很丰富。前述内蒙古临河县高油房遗址出土的金耳坠和金指剔，工艺水平很高。③ 武威亥母洞出土鸟形鞋6件，其中两只刺绣华丽，做工细致，造型美观。

西夏军人作战的服装是铠甲和战披。西夏陵园出土了铜质铠甲片52片，每片都有缀孔。

总之，西夏的服饰，既有民族之分，又有阶层、行业之别。

金代

金朝进入中原后，受到丰富灿烂的服饰文化的熏陶，女真人纷纷效仿汉人服饰。

前述黑龙江省阿城巨源乡的金齐国王墓出土的服饰，展示了绚烂的金代服饰文化。棺内男性齐国王身着8层服装，女性身着9层服装，质料、品种繁多，制作工艺精湛。各类佩饰和用具丰富多彩，质量考究，反映出金代手工业已达很高水平。

金朝仿照中原官制制定服饰制度，用汉人的工匠纺织丝绸。女真人在服饰方面还保持了一些本民族特色，如齐国王墓中男女主人穿着基本上是带、巾、盘领衣、乌皮靴，穿有吊敦。盘领衣左衽，显示出女真人着装的民族风俗。

---

① 盖山林：《绚丽多彩的艺术奇葩——记额济纳旗西夏彩塑》，《内蒙古文物考古》1981年创刊号。

② 史金波、白滨、吴峰云：《西夏文物》，图37、38、39、40。

③ 陆思贤、郑隆：《内蒙古临河县高油房出土的西夏金器》，《文物》1987年第11期。

三、宋辽夏金时期文物的特点

由以上对这一时期文物的简要梳理，可归纳出以下特点：

（一）文物丰富多彩

这一时期文物分布广泛，在全国范围内都有文物遗存，显得丰富而多彩。

以都城为例。这一时期都城有十多处，各具特色，并扩大都城的分布范围，使中国的大城市建设多处并举。汴梁无疑仍是规模最大、处于中心位置的最繁荣的大城市。北京此时地位上升，为其后成为首都奠定了基础。西夏的兴庆府，从边远小镇提升到中国西部的王朝都城，为发展成银川市打下了基础。

又以皇陵为例。这一时期有北宋陵、南宋陵、辽陵、西夏陵、金陵，形制有同有异，存留大量文物。

再以书籍为例。这一时期留下了大量古籍，特别是数千种宋版书引人注目。黑水城出土的大量文献和有近5000卷的《赵城藏》，各显风采，都是中华民族文化中的瑰宝。

（二）突显中华文化的共性

这一时期的文物显示出各王朝都有相类似的政治制度。宋朝有法典《宋刑统》，辽、金的法典未能保存下来，但文献记载其法典继承了中原地区的法统。出土的西夏法典吸纳了唐、宋等律书，继承了中原法典的传统。

在经济方面，中原地区的先进生产技术和工具传至各少数民族王朝。辽上京遗址出土的铁犁、铁锄等农具证明中原农耕文化已传至长城以北。榆林窟第3窟壁画中的《犁耕图》说明西夏农具与中原地区趋同。特别是在钱币方面，不仅宋朝使用宋币，辽、夏、金朝以及大理出土的钱币也主要是宋币。尽管辽、夏、金朝都铸有本朝的货币，但使用不多，显示出各王朝共性增强的趋势。

在文化上，中原书籍受各王朝青睐，辽、夏、金朝都存留下很多汉文古籍。辽朝编纂汉文字典《龙龛手鉴》，反映出汉字是辽朝文字的主流。辽、夏、金都创制了民族文字。西夏出土的西夏文古籍甚多，其中包括很多译自汉文的著作，也有大量译自汉文的佛经。辽、金刻印汉文大藏经，而未刻民族文字大藏经，也表明各王朝文化上的趋同。

辽宁省阜新出土的《永清公主墓志》汉文墓志铭中写道："盖国家系轩辕皇帝之后……"① 又萧氏墓志铭提及其丈夫时，也有"其先出自禹舜"之说，表现出在民族史源上对中华民族的认同。出土的西夏文类书《圣立义海》中有"国属金"的记载。② 这是西夏认同中国的帝统，讲究"德运"的真实记录。

（三）体现各民族的交往交流交融

这一时期民族之间的交往交流交融深入进行。西夏党项族和其他民族友好往来，互通婚姻。在多种文物中的人名中，姓氏第一个音节为汉姓，第二、三个音节为番姓。这种复姓现象是父姓与母姓共用，表明了族际婚姻关系。黑水城出土的户籍也表明在西夏的底层社会存在番汉通婚现象，如户籍账中显示夫妻是不同民族。③

出土的《番汉合适掌中珠》是一部方便西夏党项族和汉族学习对方民族语言、文字的工具书。作者在序言中强调"不学番言，则岂和番人之众；不会汉语，则岂入汉人之数"，明确主张通过语言的沟通达到相互认同。④

前述黑龙江绥滨金代墓群中出土一枚带有汉字"郎"的私人石印。"郎"是女真人女奚烈氏改的汉姓，可见在女真人故乡也出现改用汉姓的社会现象。

辽代的《龙龛手鉴》编于辽朝，刻于宋朝。金代的《伤寒明理论》也在宋朝刻印。这些都反映了宋、辽、金之间密切的文化交流。

---

① 袁海波、李宇峰：《辽代汉文〈永清公主墓志〉考释》，《中国历史文物》2004 年第 5 期。

② 克恰诺夫、李范文、罗矛昆：《圣立义海研究》，宁夏人民出版社 1995 年版，第 55 页。

③ 史金波：《西夏户籍初探》，《民族研究》2004 年第 5 期。

④ 史金波：《一部深度反映民族间交往交流交融的奇书——〈番汉合时掌中珠〉》，《中华民族共同体研究》2022 年第 3 期。

这一时期大规模的民族流动和相互之间的深度交往，为此后民族的进一步融汇，乃至契丹、党项、女真等民族的消亡吹响了前奏。

（四）展示民族和地方特色

宋辽夏金时期文物突出地体现出民族和地方特色。

以绘画为例。宋代《清明上河图》如实地描绘了中原王朝汴梁城市的面貌和风土人情。而辽代的墓葬壁画则再现了辽代贵族和贫民的生活场景。西夏石窟壁画中的供养人显示出党项民族的人物形象。

辽、夏、金都出土了用民族文字镌刻的石碑或墓志，真实地记录了那一时代的历史，为中华优秀传统文化增添了新的内容。

也有一些文物反映了民族间的矛盾、冲突甚至战争。如河北省定县开元寺塔，是北宋所建，称为料敌塔（或称瞭敌塔）。河北省雄县一带的宋代地道是宋、辽对立的产物。金代在内蒙古所修“金界壕”，是为防御辽末残余势力侵扰而修建，反映了当时的民族矛盾、对峙和相对稳定的边界。

（五）对中国和世界文明做出突出贡献

这一时期在政治、经济、文化、科技等各个领域都留下了宝贵的文化遗产，为中华文明的发展做出重要贡献。

存世文物中的都城、陵墓、塔寺等建筑，在建筑布局、结构、工艺等方面都达到新的高度。中原地区的宋陵和西北地区的西夏陵，规模宏大，布局严谨，是中国皇陵建设的典型。北宋开封的开宝寺塔、北京的辽代天宁寺塔、银川的西夏承天寺塔、山西应县的金代佛宫寺释迦塔等，各具特色，在中国佛塔中都是表性的杰作。

这一时期的文物显示中国的艺术达到新的高度。宋代的绘画《清明上河图》、山西晋祠的人物泥塑、辽代大同华严寺的佛教泥塑、流失到美国的辽代木雕水月观音像、榆林窟西夏洞窟中的《文殊变》和《普贤变》、金代平阳刊印的《四美图》和《关羽图》等都是艺术珍品，显示出艺术上的辉煌成就。

这一时期以宋朝为中心的印刷业高度繁荣，所存宋版书的书法、雕刻、纸张、印刷，皆达纯熟。宋代的印刷影响到辽、夏、金各朝，使雕版印刷扩展到更边远的地区，推进了中华文化的传播。

北宋毕昇发明了活字印刷，后被西夏继承和弘扬。在出土文物中发现的数十种西夏文和汉文活字印刷古籍，是中国最早的活字印刷实物，此后回鹘也使用活字印刷。这些活字印刷的文物不仅坐实了中国发明活字印刷的史实，还可看出中国活字印刷从中原至西夏，再至回鹘的西传脉络。中国的活字印刷对推动世界文化的发展做出了突出贡献。

余　论

我们应充分认识文物直接反映历史的优势，对研究这一段特殊时期历史具有重要作用。要将文物与历史文献有机结合，尽可能真实地还原历史的本来面貌，并从中得出有益的认知。

要提升对文物的认识，宏观站位，综合利用，提炼价值，使文物真正地“活起来”。充分发挥文物在社会发展进程中的积极作用，是文物保护管理和科学研究的最终目的。

宋辽夏金时期的文物数量巨大，分布广泛，欲全面认识这一时期的文物实为不易。因此应加大力度进行有组织的调研，系统整理，编纂目录，并在此基础上编纂出版宋辽夏金文物，使人们能方便地了解、利用和保护这些文物。这不仅需要全国很多地方文物专家参与，还需要从事这一阶段历史研究的史学家参与。这一时期的不少文物有民族文字，因此还需要有懂得相应民族文字的专家参加。

系统整理、出版这一时期的文物是一项艰巨而复杂的工程，也是一件有益于当代，又惠及后人的基础工作。只要大家认识一致，齐心协力，并争取国家相关部门的支持，一定能顺利完成。

戏台上的皇袍

——宋元民间文艺中君主形象的范式与演化特征

申慧青

（河北大学　历史学院）

宋辽金时期市民文化兴起，商业性质浓郁的表演类活动由此大兴。所谓“勾栏不闲，终日团圆”①，说话、诸宫调、杂剧、唱曲等通俗文艺形式流遍大江南北。作为表演活动的重要底本，话本、拟话本和曲词的通俗文学形式也影响日广。南宋之后刻书经济发展，浙江、福建等地书坊林立，都为通俗文学的传播和扩散提供了支持。通俗文学创作过程中受到的各方面文化的影响较士大夫趣味主导的诗词歌赋更为多元，既要考虑来自商业化的趣味性，也不能忽视儒学、理学、史学、宗教等社会文化的影响。具体到民间文化中的君主形象而言，这一时期民间文化对君主道德与人性两方面的关注都得到了强化，一方面是对“明君”与“昏君”的判定更为明晰和符号化；另一方面，君主的“个性”塑造在文艺作品——尤其是以君主为主角的文艺作品中也得到了弘扬。前者所表现的是通俗文化中道德一元论的教化主张，后者则是强调戏剧冲突和人物塑造的通俗文化的基本要求，与市民文化趣味息息相关。宋辽金元时期文化的多元化发展促进了二者的交融，所建构的君主形象影响深远。

胡士莹《话本小说概论》一书，以《京本通俗小说》、冯梦龙“三言”

① 虞云国：《细说宋朝》卷 83，上海人民出版社 2002 年版，第 567 页。

等为底本，考证流传至今的宋元话本共56种[①]，其中涉及君主题材的有《拗相公》[②]《赵伯升茶肆遇仁宗》《史弘肇龙虎君臣会》《杨思温燕山逢故人》《皂角林大王假形》《汪信之一死救全家》《金海陵纵欲亡身》和讲史话本《五代史平话》等。此外，杂剧如纪君祥《冤报冤赵氏孤儿》、关汉卿《关张双赴西蜀梦》、高文秀《好酒赵元遇上皇》和《刘玄德独赴襄阳会》、郑廷玉《楚昭王疏者下传》、白朴《唐明皇秋夜梧桐雨》、尚仲贤《汉高皇濯足气英布》、狄君厚《晋文公火烧介子推》、郑光祖《辅成王周公摄政》和《立成汤伊尹耕莘》等故事也或以历史上的君主为主角，或与古代君主政治息息相关。以上文本是本文的主要研究对象。

一

宋元说话题材众多，《都城纪胜》中说："说话有四家：一者小说，谓之银字儿，如烟粉、灵怪、传奇。说公案，皆是搏刀赶捧，乃发迹变泰之事。说铁骑儿，谓士马金鼓之事。说经，谓演说佛书。说参请，谓宾主参禅悟道等事。讲史书，讲说前代书史文传、兴废争战之事。最畏小说人，盖小说者能以一朝一代故事，顷刻间提破。合生与起令、随令相似，各占一事"[③]，而所谓"发迹变泰"之事、"士马金鼓"之事，多是以君主——尤其是开国之君起兴的事迹铺陈而成。宋元曾广泛流行《五代史平话》《三国志平话》等话本，后者即是《三国演义》的雏形。这类作品的主要内容皆来自史著，但增加了大量戏剧化的冲突和巫道鬼神情节以满足观众需求，其对君主"发迹"的细节活动描述，尤其可见中下层知识分子对于权力的羡慕和对君权的仰望情结。此类故事中，流传最广的当属被收录于

---

① 胡士莹：《话本小说概论》第7章第4节、第9章第4节，中华书局1980年版，分见第200—234页、第288—298页。

② 《京本通俗小说》题为《拗相公》，冯梦龙《警世通言》第4卷收入，题为《拗相公饮恨半山堂》。

③ ［宋］灌圃耐得翁：《都城纪胜》，《东京梦华录》（外四种），文化艺术出版社1998年版，第86页。

《喻世明言》的《史弘肇龙虎君臣会》，讲述历仕后晋、后汉的武将史弘肇巧遇郭威，并辅佐他成为后周开国皇帝的故事。史弘肇的事迹散见于新、旧《五代史》中，他少年时行侠仗义，后来效忠后晋，在平定王昭战乱中崭露头角，其后辅佐刘知远，又与郭威等受命托孤，他战功彪炳却飞扬跋扈，最终被李业等杀死于宫殿之上。《史弘肇龙虎风云会》就由这段史迹敷衍而来，且与《五代史平话》中的内容多有重复，可见是宋辽金元时期流行的题材。这段故事中的史弘肇是白虎转世，“一个雪白异兽：光闪烁浑疑素练，貌狰狞恍似堆银。遍身毛抖擞九秋霜，一条尾摇动三尺雪。流星眼争闪电，巨海口露血盆”①，而郭威更是“抬左脚，龙盘浅水；抬右脚，凤舞丹墀。红光罩顶，紫雾遮身。尧眉舜目，禹背汤肩。除非天子可安排，以下诸侯压不得”② 的“天生异相”的真龙天子。但两人发迹过程都颇有趣，史弘肇被闫待诏看重，将妹子嫁与他，郭威则是被唐明宗时内廷掌印女官柴夫人看上，主动求嫁，其后二人都受妻家帮助进入官场，经历重重波折，得以归附于刘知远麾下。这一故事夹杂了天命异兆、家族婚姻、武力夺权等诸多情节，既有出自底层的想象，也有唐五代政治变革的影子。这段故事中的郭威性格暴躁，行事鲁莽，与士大夫阶层理想中的君主形象相去甚远，但他天生异相，武力卓绝，又能得到贵族家族的相助，这番际遇无疑暗合了城市中挣扎的中下阶层的理想，是有其市场的。

《史弘肇龙虎君臣会》中郭威勇猛暴躁的形象与五代诸君主的军阀身份暗合，但并不符合史学传统所提倡的“明君”，编者与观众所看重的都是故事情节的曲折，故事的传奇性与教化性比重殊不相当，这种情况在元杂剧中有所变化。收录于《录鬼簿续编》中的杂剧《赵太祖龙虎风云会》，是著于元代末期的杂剧，以赵匡胤“陈桥兵变”为底本，既有缅怀前朝之情，又有借古喻今之意。赵匡胤甫一出场就颇有济世救国之心，“平生踪

---

① ［明］冯梦龙：《喻世明言》卷15《史弘肇龙虎风云会》，人民文学出版社1958年版，第235—236页。

② ［明］冯梦龙：《喻世明言》卷15《史弘肇龙虎风云会》，人民文学出版社1958年版，第237页。

迹遍天涯，四海原来是一家。涂炭生民谁拯救，何时正统立中华”① 四句就点明了其立场，“何时得蛮夷拱手遵王化，我只得纵横海内，游览天涯”②，自陈心迹，表明毫无对帝位的觊觎之心，听闻北汉进攻就即刻领兵北伐，“黄袍加身”之后先是百般推脱，无奈即位之后又严明纪律，优抚后周政权遗民，其后南征北战，平定天下后又强化文教，“既然主四海为一人，必须正三纲谨五常”③，私生活也俭朴节欲，不近女色。《风云会》中的赵匡胤形象，脱胎于两宋士大夫和史学家的叙述，又超越了这些叙述，表现的是义理精神深入之下，底层道德对于君主最直白的想象和要求。一方面，君主是功德并重的圣贤，他受上天护佑，当以民为本，本身毫无权力私欲，但是待人需忠厚诚恳，广结善缘，作战要身先士卒，治国以安抚民生为先，私人生活毫无瑕疵；另一方面，他又是识时务的实干家，能顺应下臣要求实现匡世济民的理想。这种对君主形象的塑造其实是表现了看重实务、强调“经世”的宋代新市民阶层的普遍态度。这种理想完全脱离了历史实际，也不符合历史逻辑，故而并不为士大夫所取，但这些特性却符合市民阶层的“理想”，在《风云会》中的宋太祖身上都体现无遗，而罗贯中更是以此为根基，创作了《三国演义》中更具典型性的刘备形象，成为中国民间文化中“明君”的第一代言人。

二

对于通俗文学的作用与局限，美国文学评论家、法兰克福学派的代表人物洛文塔尔在所著《文学、通俗文化和社会》中有一个判断：“（通俗文化）一方面，是对促进个体社会化的任何机制持肯定态度；另一方面，是

---

① ［明］罗贯中：《宋太祖龙虎风云会》，隋树森编《元曲选外编》，中华书局版 1959 年版，第 617 页。

② ［明］罗贯中：《宋太祖龙虎风云会》，隋树森编《元曲选外编》，中华书局版 1959 年版，第 618 页。

③ ［明］罗贯中：《宋太祖龙虎风云会》，隋树森编《元曲选外编》，中华书局版 1959 年版，第 626 页。

对个体的精神和道德状况的关注，因为个体正艰难地生存于休闲活动的制度化形式巨大的压力之下。”[①]他还说：“现代生活的疯狂活动在试图填补一个不可能填补的真空时制造出了通俗文化。”[②] 通俗文化植根于快节奏发展的城市生活，其根本用意在于满足中下层市民解除压力、获取消遣的需求，宋元话本和戏曲大部分以喜剧形式结局，表达的是小人物在戏剧化冲突中最终获取胜利的过程。在这类故事中，君主往往充当的是小人物人生转折的重要作用。冯梦龙《喻世明言》中收录一则宋代话本故事《赵伯升茶肆遇仁宗》，讲的是秀才赵旭（赵伯升）入京赴考，试卷被宋仁宗赏识，但他将“唯”字的“口”旁写成了“厶”旁，仁宗召见之时举出此字失误，赵旭却以“此字皆可通用”[③] 搪塞，“仁宗不悦，就御案上取文房四宝，写下八个字，递与赵旭曰：‘卿家着想，写着“箪单、去吉、吴矣、吕台”，卿言通用，与朕拆来’”[④]，赵旭不能，被仁宗抹除功名。赵旭后来流落茶肆打杂，遇见了私访的宋仁宗，仁宗因为夜梦金甲神人，扮作白衣秀士于闹市间寻觅人才，结局是仁宗招徕赵旭为官，治理西川。赵旭“文才尽好”，只因宋仁宗一句话而罢黜不用，但他自认“此乃学生考究不精，自取其咎，非圣天子之过也”[⑤]，其后几经波折终被起用，“父母闻知，拱手加额，‘感日月之光，愿孩儿忠心补报皇恩’”[⑥]。这则故事的核心是宣讲君主的知遇之恩，仁宗对赵旭的态度变化构成了整个的戏剧冲突。故

---

① 〔美〕利奥·洛文塔尔：《文学、通俗文化和社会》，中国人民大学出版社 2012 年版，第 20 页。

② 〔美〕利奥·洛文塔尔：《文学、通俗文化和社会》，中国人民大学出版社 2012 年版，第 24 页。

③ ［明］冯梦龙：《喻世明言》卷 11《赵伯升茶肆遇仁宗》，人民文学出版社 1958 年版，第 177 页。

④ ［明］冯梦龙：《喻世明言》卷 11《赵伯升茶肆遇仁宗》，人民文学出版社 1958 年版，第 177 页。

⑤ ［明］冯梦龙：《喻世明言》卷 11《赵伯升茶肆遇仁宗》，人民文学出版社 1958 年版，第 182 页。

⑥ ［明］冯梦龙：《喻世明言》卷 11《赵伯升茶肆遇仁宗》，人民文学出版社 1958 年版，第 185 页。

事中仁宗的形象有其独断专行、刚愎自用的一面，可是无论是故事中人还是故事的创作者，对此都是欣然接受的，即使仁宗自认“今上不明”，赵旭依然秉持“非圣人之过”[①] 的态度。故事中的宋仁宗是绝对权力的化身，是最终的仲裁，宋代选官制度中的复杂程序被说话人和听众完全忽略，君臣之间的复杂制约也被民众所无视，君权被视为至高无上、无可置疑的权力归属，而“臣”和“民”对君主的义务就是无条件的服从。

这种思想发展之下，君主因其强大的权威性，往往成为传奇故事中最终的仲裁者和矛盾的解决者。纪君祥所著杂剧《冤报冤赵氏孤儿》由《左传》中晋灵公事迹改编而成。《左传》中的晋灵公是典型的昏君形象，但在《赵氏孤儿》中，为能够给程婴和赵氏孤儿一干人洗冤，灵公成了“明君”，他对赵盾等人的枉杀是屠岸贾“欺君”所致。结局也是晋灵公“普国多沾降，把奸贼全家尽灭亡。赐孤儿改名望，袭父祖拜卿相；忠义士各褒奖，是军官还职掌，是穷民与收养；已死丧给封葬，现生存受爵赏。这恩临似天广，端为谁敢虚让”[②]，皇权的参与为这桩血亲复仇的故事增添了光明的尾巴，但也削弱了故事的悲剧意味。然而这种“皆大欢喜”的结局既符合市民阶层艰难生活中对“精神真空”的填补，又暗合了宋元理学对于“内圣外王”体系之下君主政治的追求，故而伴随着通俗文学发展大为盛行。明清之后，不仅忠臣昭雪需要君主的最终定夺，就连如男女私订终身的炽烈感情，也要凭借皇帝“据奏奇异，敕赐团圆”[③] 才能得以圆满结束。在这样的潜移默化之中，君主权力在市民阶层得到了更广泛的认同与强化。

---

① 《赵伯升茶肆遇仁宗》中，赵旭自叹过失之时还没有认出宋仁宗就是白衣秀士，不存在故意为仁宗开脱的情节。

② ［元］纪君祥：《赵氏孤儿大报仇》，［明］臧晋叔编：《元曲选》，中华书局 1958 年版，第 1498 页。

③ ［明］汤显祖：《牡丹亭》第 55 出《圆驾》，人民文学出版社 1963 年版，第 267 页。

三

对于话本、杂剧等通俗文艺形式，商业性和戏剧化是其追求的第一属性，故而一旦君主成为故事的主人公，他的个性与人生经历，依然需要得到欣赏者的共鸣才能有其市场。这种考量之下，对于君主“人性”的一面，在宋辽金元时期的通俗文艺作品中也得到了表达。《赵伯升茶肆遇仁宗》中的宋仁宗雅好文学，才思敏捷；《皂角林大王假形》中的宋徽宗迷信道教，书画风流；《好酒赵元遇上皇》中的宋太祖不拘小节，喜交朋友。这些细节在维系君主权威性的同时也拉近了民众与君主的距离，促进了君主题材在通俗文艺作品中的发展。此类故事中最有代表性的，当属白朴杂剧《唐明皇秋夜梧桐雨》中所塑造的唐玄宗形象。唐玄宗与杨贵妃的爱情故事在新、旧《唐书》中就有所记载，其后凭借白居易《长恨歌》和陈鸿《长恨歌传》广为流传。宋人乐史著《杨太真外传》，宋代流传的《杨贵妃私安禄山》《明皇爱花奴羯鼓》《杨贵妃舞霓裳曲》等“说话”都丰富了这一题材。《唐明皇秋夜梧桐雨》剧名出自《长恨歌》中“秋雨梧桐叶落时”之句，白朴生逢金末丧乱，在对李杨二人的爱情描摹中又颇有黍离之痛，对明代洪昇《长生殿》有极大的影响。

《唐明皇秋夜梧桐雨》中的李隆基，荒废政事，“朝歌暮宴，无有虚日”①，又识人不明，宠信杨国忠，轻信安禄山，这些情节都是符合史书记载的，但他对杨贵妃之爱却出自赤诚，不仅是“却早离愁情脉脉，别泪雨泠泠。五更长叹息，则是一夜短恩情”②，还在长生殿中“虽无人窃听，也索悄声儿海誓山盟”③。他与杨贵妃吃荔枝，赏霓裳羽衣舞，“亲捧杯玉露甘寒，你可也莫得留残，拼着个醉醺醺直吃到夜静更阑”④，奢侈靡丽之中亦有浓烈的男女爱恋之欢。随后安禄山攻打长安，仓皇逃亡之时不仅第一

① ［元］白朴：《唐明皇秋夜梧桐雨》，《白朴全集》，三晋出版社 2013 年版，第 310 页。

② ［元］白朴：《唐明皇秋夜梧桐雨》，《白朴全集》，三晋出版社 2013 年版，第 315 页。

③ ［元］白朴：《唐明皇秋夜梧桐雨》，《白朴全集》，三晋出版社 2013 年版，第 316 页。

④ ［元］白朴：《唐明皇秋夜梧桐雨》，《白朴全集》，三晋出版社 2013 年版，第 318 页。

个想到杨贵妃，还要担心她一路颠簸，“端详了你上马娇，怎支吾蜀道难！替你愁那嵯峨峻岭连云栈，自来驱驰可惯，几程儿挨得过剑门关?”① 直至陈玄礼逼宫，依然试图保护杨贵妃，为她主张：“道与陈玄礼休没高下，岂可教妃子受刑罚？他见请受着皇后中宫，兼踏着寡人御榻。他又无罪过，颇贤达。”② 贵妃死后，哀叹“他那里一身受死，我痛煞煞独力难加”③，退位后更是“退居西宫养老，每日只是思量妃子”④。尤为难能可贵的是，《唐明皇秋夜梧桐雨》一改宋元通俗文学“求团圆”的习惯，更改了《长恨歌》中杨贵妃成仙的结局，以玄宗深夜醉酒梦见贵妃作结：“斟量来这一宵，雨和人紧厮熬。伴铜壶点点敲，雨更多泪不少。雨湿寒梢，泪染龙袍，不肯相饶。”⑤ 赐死杨贵妃既有时局逼迫，也有唐玄宗的懦弱自私，而悲剧意味的结局表明的既有对这种怯懦的惩罚，也有作者的同情与惋惜。《唐明皇秋夜梧桐雨》将李杨爱情置于政治的大背景之下，兵变之前，他们的爱情是浓郁深厚而恣意泛滥的，杨贵妃纵情歌舞，李隆基沉湎享乐为所欲为，在其君主威权之下既没有人能够阻止，也少有人能看出不妥，张九龄对安禄山的谏言只换来玄宗“卿休要怨寡人，这是国家典制，非卿可也”⑥ 的回复，“国家典制”成了君主满足私欲的借口。而一旦兵变，君权迅速沦丧，任凭玄宗反复对陈玄礼求情，“总便有万千不是，看寡人也合饶过他”⑦，依然只能赐死杨贵妃以换回自己的性命。兵乱就如“恨无情卷地狂风刮”⑧，君主的权威在强兵压境之下荡然无存。相对于《长恨歌》等作品在爱情题材中寄托讽喻内容的作法，白朴《唐明皇秋夜梧桐雨》对玄宗的执政无能并无太多批评，而是集中于对唐玄宗、杨贵妃

① ［元］白朴：《唐明皇秋夜梧桐雨》，《白朴全集》，三晋出版社 2013 年版，第 319 页。
② ［元］白朴：《唐明皇秋夜梧桐雨》，《白朴全集》，三晋出版社 2013 年版，第 322 页。
③ ［元］白朴：《唐明皇秋夜梧桐雨》，《白朴全集》，三晋出版社 2013 年版，第 323 页。
④ ［元］白朴：《唐明皇秋夜梧桐雨》，《白朴全集》，三晋出版社 2013 年版，第 325 页。
⑤ ［元］白朴：《唐明皇秋夜梧桐雨》，《白朴全集》，三晋出版社 2013 年版，第 329 页。
⑥ ［元］白朴：《唐明皇秋夜梧桐雨》，《白朴全集》，三晋出版社 2013 年版，第 311 页。
⑦ ［元］白朴：《唐明皇秋夜梧桐雨》，《白朴全集》，三晋出版社 2013 年版，第 322 页。
⑧ ［元］白朴：《唐明皇秋夜梧桐雨》，《白朴全集》，三晋出版社 2013 年版，第 323 页。

生离死别遭遇的个性化书写，所表达的不仅有对爱情沦丧的痛惜，更有对人生变幻无常的感慨。宋金元交替之际战乱频仍，无论市井庶民还是钟鸣鼎食之家，战争阴霾之下都甚少完卵，从这一层面上讲，君主与市民阶层的距离又似乎拉得很近，历史的沧桑感跃然纸上。

对君主个性化的塑造丰富了宋元话本和杂剧中的人物形象，是通俗文学发展的重要特征。创作者着力于创作让君主的行为和思想添加更贴合大众、更具人情味的细节，这种作法看似与前述对君主权威属性的强化有所矛盾，但所表现的正是宋辽金元时期民间文化与史学发展结合的重要特征：史著的流行与民间“讲史”之风的盛行都为这一时期公共史学的发展提供了契机，史著中的君主事迹为民间文艺创作提供了题材，而伴随着历史文化在民间的扩散和史著的流行，史学家的观念也对民众造成了潜移默化的影响。史论中对君主政治活动和私人生活的认同或批判，与民间文化朴素的道德情感相结合，成为民间文化塑造君主形象的重要参照，也左右着民间文化对君主的评价。相对于史学家在君主评价方面对于义利、正统、华夷、用人、纳谏等条框的依赖和对于历史时势与君主活动的辩证关系的考虑，民间文化中对于君主的评判虽然也包含上述诸多因素，但更多的是基于普遍道德和直觉情感的强烈爱憎，这也成为左右民间文化中君主形象的主要力量。

四

民间文艺作品在创作君主形象的同时，也表现出了对君主的评价。如果说民间文艺作品中的君主形象之根源多出自史学著述，史著中对君主道德的强化又与大众朴实的道德观念相融合，进而影响到了民间文化中君主形象的构建，那么，民间文艺作品中对君主的评价，就更具备市民阶层的独有特征。史学家们通过历史撰述表达的对君主的评价，对士大夫和普罗大众的影响不尽相同，宋代士人对曹刘的判断基本沿袭了晋唐以来的观感，如范仲淹《剔银灯·与欧阳公席上分题》词“昨夜因看蜀志，笑曹操孙权刘备。用尽机关，徒劳心力，只得三分天地”①，还是以“三国鼎立”的观念看待和评价三位君主，并无厚此薄彼的评判。苏洵说“项籍有取天下之才，而无取天下之虑；曹操有取天下之虑，而无取天下之量；玄德有取天下之量，而无取天下之才”②，将曹刘并称，都有所批评。但民众听到曹刘遭遇的不同反应却是：“涂巷中小儿薄劣，其家所厌苦辄与钱，令聚坐听说话。至说三国事，闻刘玄德败，颦蹙有出涕者；闻曹操败，即喜唱”③，即使幼童也对曹刘有非常分明的爱憎，足见市井文化在君主评价方面与史学家和士大夫阶层的明显差异。具体而言，通俗文艺创作所表现的君主评判，颇具以下两点特征。

其一，君主评判中的市民价值取向。

在前引《东坡志林》所载事例中，“薄劣小儿”对曹刘的反应是非常鲜明和极端的，这固然有少年无知的原因，但也反映出说话、杂剧等民间表演艺术的教化特征。作为被视为“末九流”的小说、话本等文学创作，其所承担的道德说教目的一方面来自社会整体的道德要求，另一方面也来自创作者为提升民间文化地位所做的努力。冯梦龙在较早所作的话本集《古今小说》的序论中讲到明代说话对社会道德水平的意义：“试令说话人当场描写，可喜可愕，可悲可涕，可歌可舞；再欲捉刀，再欲下拜，再欲决脰，再欲捐金，怯者勇，淫者贞，薄者敦，顽钝者汗下。虽日诵《孝经》《论语》，其感人未必如是之捷且深也。噫！不通俗而能之乎？”④ 相比于史学家通过纷乱而交错的历史现象的思考来建构联系，进而寻求历史的规律性与可借鉴性的作法，通俗讲史和历史剧更看重的是让观众能够简单地判断是非，满足其情感与道德的需求。故而通俗文艺创作中的道德二元对立非常明显，从对君主的评价而言，就是“明君”和“昏君”有非常明确的划分。

---

① ［宋］范仲淹：《剔银灯·与欧阳公席上分题》，《范仲淹全集》，四川大学出版社 2007 年版，第 748 页。

② 曾枣庄编：《三苏全书》，语文出版社 2001 年版，第 142 页。

③ ［宋］苏轼：《东坡志林》卷 1《涂巷小儿听说三国语》，中华书局 1981 年版，第 7 页。

④ ［明］冯梦龙：《古今小说》叙，人民文学出版社 1958 年版，第 1—2 页。

元代杂剧家郑光祖善作历史剧，他以上古史入戏，但所讲所论俱是时事。在他所创作的《辅成王周公摄政》中，借周公之口，提出了对明君的要求，非常典型："不肖呵近族削了大权，贤仁的虽草泽呵加与重爵。正韶乐，明礼，开学校。一壁交有司家削减的刑罚省，一壁交关市处征收的税敛薄。释了故杀，饶了强盗。济贫困不敢侮于鳏寡，免差徭而况取于逋逃。"① 在司马光所撰《资治通鉴》中，对君主的第一要求就是"用人"，在士大夫看来，作为国家的领袖，君主有义务选择合适的人才负责国家运行，并通过善听谏言，总体把握国家发展方向，君臣之间是"共治天下"的合作关系。但对于百姓而言，君主是一切活动的仲裁者，故而明君就应当赏罚分明，体恤百姓，节制私欲，事必躬亲……能够"为民做主"，君民才是统一立场。这也是刘备受到最多推崇的原因，在关汉卿《关张双赴西蜀梦》中，刘备是有情有义甘为朋友牺牲的勇士；在郑光祖《虎牢关三战吕布》中，他又是有勇有谋文武双全的英豪；在高文秀《刘玄德独赴襄阳会》中，他顾全大局，得道多助。他的优点，与其说是明君，不如说是义气之交的诤友，正好符合市民阶层社会交往的需要。

相对于史书中以执政能力、用人态度、内外政策等为条件的对君主的批评，宋元通俗文艺作品中对于"昏君"的指责，更多集中于其性情和私生活方面的态度。奸诈、贪婪、纵欲等私人生活空间的瑕疵都被放大，成为时人津津乐道的情节和评判依据。这方面最典型的作品就是被收录入《醒世恒言》的《金海陵纵欲亡身》。这一作品改编自《金史》中的《海陵本纪》，并加入了大量《后妃传》中的内容。《金海陵纵欲亡身》针对海陵王在夺取政权、日常治国和攻打南宋等政治活动中表现出的残暴与短视，"将史书所载废帝海陵之事，敷演出一段话文，以为将来之戒"②，所表达的"以史为鉴"的思想，颇可见史学对于大众文化的影响。但另一方面来说，《海陵本纪》对于完颜亮的批判，主要在于他"欲为君则弑其君，欲伐国则弑其母，欲夺人之妻则使之杀其夫。三纲绝矣，何暇他论。至于屠

① ［元］郑光祖：《辅成王周公摄政》，《郑光祖集》，三晋出版社 2015 年版，第 202 页。

② ［明］冯梦龙：《醒世恒言》卷 23《金海陵纵欲亡身》，人民文学出版社 1956 年版，第 468 页。

灭宗族，剪刈忠良，妇姑姊妹尽入嫔御。方以三十二总管之兵图一天下，卒之戾气感召，身由恶终，使天下后世称无道主以海陵为首"①，从纲常伦理角度对其提出批评，表现出的是理学发展的重要痕迹。而《金海陵纵欲亡身》则是将"妇姑姊妹尽入嫔御"加以扩充和夸张，在"以为将来之鉴"的旗号下，表达的实为一种庸俗的社会品味。

其二，对君主"社会角色"的讽刺。

社会角色是在社会系统中与一定社会位置相关联的符合社会要求的一套个人行为模式，也可以理解为个体在社会群体中被赋予的身份及该身份应发挥的功能。对于民众而言，说话、戏剧等艺术形式中的君主，毋宁说是真实存在的历史形象，更像是某种社会角色，而角色的权利与义务，除了受历史事实限定外，更多的是被创作者和观赏者所共同赋予。民众对君主生活的想象往往受到其所见乡绅士族生活的限制，与真实情况大相径庭。脂砚斋在"脂批《红楼梦》"中曾经讲过一个笑话："一庄农人进京回家，众人问曰：'你进京去可见些个世面否?'庄人曰：'连皇帝老爷都见了。'众罕然问曰：'皇帝如何景况?'庄人曰：'皇帝左手拿一金元宝，右手拿一银元宝，马上稍着一口袋人参，行动人参不离口。一时要屙屎了，连擦屁股都用的是鹅黄缎子，所以京中掏茅厕的人都富贵无比。'"②脂砚斋所讽刺的是明清白话小说"彼实未身经目睹，所言皆在情理之外"③，但对于宋辽金元时期的民间艺术创作，这种对皇帝和皇帝生活的荒诞想象依然存在。所描述的形象，既有粗俗的富贵气，又带有荒诞和愚蠢个性，实有对皇权的讽刺与消解。这种讽刺和消解在元代睢景臣的套曲《高祖还乡》中表现得尤为明确。《高祖还乡》取材自《史记·高祖本纪》："高祖还归，过沛，留。置酒沛宫，悉召故人父老子弟纵酒，发沛中儿得百二十人，教之歌。酒酣，高祖击筑，自为歌诗曰：'大风起兮云飞扬，威加海内兮归故乡，安得猛士兮守四方!'沛父兄诸母故人日乐饮极欢，道旧故为笑乐。十余日，高祖欲去，沛父兄固请留高祖。高祖曰：'吾人

① ［元］脱脱等：《金史》卷6《海陵本纪》，中华书局1975年版，第118页。

② ［清］曹雪芹：《脂砚斋重评石头记》第三回，上海三联书店2011年版，第30页。

③ ［清］曹雪芹：《脂砚斋重评石头记》第三回，上海三联书店2011年版，第30页。

众多，父兄不能给。’乃去。沛中空县皆之邑西献。高祖复留止，张饮三日。”① 司马迁笔下的高祖虽颇有“暴发户”的神色，但依然是亲民且恤民的形象。《高祖还乡》则借一个乡民之口说出刘邦回乡的场景：先是排场十足，“一彪人马到庄门，匹头里几面旗舒”②，绫罗伞盖，前呼后拥，“辕条上都是马，套顶上不见驴，黄罗伞柄天生曲，车前八个天曹判，车后若干递送夫，更几个多娇女”③。对待乡民，刘邦的态度倨傲：“众人施礼数，那大汉觑得人如无物”④，但在黎庶心中，他还是昔日獐头鼠目的无赖“刘三”：“换田契强秤了麻三秆，还酒债偷量了豆几斛。”⑤《高祖还乡》当为元曲中的常见情节，钟嗣成在《录鬼簿》中说：“维扬诸公，俱作《高祖还乡》套数，唯公《哨遍》制作新奇，诸公皆出其下”⑥，睢景臣之另辟蹊径，可能正在于他对民间文化和思潮的吸纳与巧用。

史学家通过史著、史论为政权的更迭做出了各种符合天命与人事的解释，但是在另一方面，君主政治变革传递到民间，其信号只剩下“乱哄哄你方唱罢我登场”，“从这一点上来说，皇帝又是平淡无奇、毫无神圣可言的”⑦，这也成为宋辽金元通俗文艺流行之下，高高在上的皇帝可以被百姓评判、嘲讽乃至痛斥的原因。此种对君主社会角色的讽刺与戏谑淡化了经史之学赋予君权的“神圣”色彩，也反映出这一时期社会思潮中对君主和君主制度的质疑与批评。这种质疑与批评看似与前文所论民间文化中的“皇权至上”观念相矛盾，但实质上依然是这一观念的一体两面，它所强化的依然是“权力”本身。如同《高祖还乡》的旁观者，他所在意的并非刘邦当皇帝后的施政手段或治国结果，而是一个叫作“刘三”“曾在俺庄东住，也曾与我喂牛切草，拽坝扶锄”的乡邻，却一夕“改了姓、更了

---

① ［汉］司马迁：《史记》卷8《高祖本纪》，中华书局1959年版，第389—390页。

② ［元］睢景臣：《高祖还乡》，《全元散曲》，中华书局1964年版，第544页。

③ ［元］睢景臣：《高祖还乡》，《全元散曲》，中华书局1964年版，第544页。

④ ［元］睢景臣：《高祖还乡》，《全元散曲》，中华书局1964年版，第544页。

⑤ ［元］睢景臣：《高祖还乡》，《全元散曲》，中华书局1964年版，第544—545页。

⑥ ［元］钟嗣成等：《录鬼簿》（外四种），上海古籍出版社1978年版，第36页。

⑦ 王学泰：《话说皇帝》，《社会科学论坛》2004年第7期。

名、唤做汉高祖”[①] 这一事实。“皇帝轮流做，明天到我家”，君主的作为已然不重要，更重要的是“君主”作为权力拥有者的身份属性。对权力的崇拜与民间文化中庸俗的实用主义精神结合为一体，对皇权的嘲讽背后又有求而不得的向往和钦羡。但是，这种对君权的嘲讽与消解依然表现出整个社会层面上对于君主和君主制度的认识的深入与矛盾，民间关注的是获得权力后的红利，而政治家和史学家则可以在民间舆论场的推动下，更尖锐地讨论这种获取权力的过程及结果。几乎在《高祖还乡》诞生的同时，历经元世祖至元文宗六朝的政治家张养浩眼见“关中大旱，饥民相食”[②]的情景，写下了《山坡羊·潼关怀古》，“兴，百姓苦；忘，百姓苦”，将批判的矛头直接对准君主制度；至明末黄宗羲提出“今也以君为主，天下为客，凡天下之无地而得安宁者，为君也。是以其未得之也，屠毒天下之肝脑，离散天下之子女，以博我一人之产业，曾不惨然，曰：‘我固为子孙创业也。’其既得之也，敲剥天下之骨髓，离散天下之子女，以奉我一人之淫乐，视为当然，曰：‘此我产业之花息也。’然则为天下之大害者，君而已矣”[③]，君主的神圣性已经完全被消解，对君主和君主制度的讨论，也由此提升到一个新的高度。

---

① ［元］睢景臣：《高祖还乡》，《全元散曲》，中华书局 1964 年版，第 545 页。

② ［明］宋濂：《元史》卷 175《张养浩传》，中华书局 1976 年版，第 4092 页。

③ ［清］黄宗羲：《明夷待访录·原君》，《黄宗羲全集》第一册，浙江古籍出版社 1985 年版，第 2—3 页。

纪念漆侠先生诞辰一百周年国际宋史研讨会暨中国宋史研究会第二十届年会综述

陈博威
（河北大学　宋史研究中心）

由中国宋史研究会、河北大学宋史研究中心共同主办，河北大学期刊社提供学术支持的“纪念漆侠先生诞辰一百周年国际宋史研讨会暨中国宋史研究会第二十届年会”于2023年8月12日至13日在河北保定举行，来自海内外100余所高校和科研机构的300余位学者参会，共提交会议论文290余篇。会议分为1个主会场、6个分会场、7个专题论坛。6个分会场的主题为：“漆侠先生与宋代经济史”“文化与文献”“思想与学术”“民族与边疆”“政治与军事”“科技与社会”；7个专题论坛为：“漆侠先生与辽宋金史研究”“宋金元明纸币的发行和流通——交子发行千年纪念”“文物·文献·文化：‘大宋史’研究资料的拓展与反思”“宋代的思想与政治”“10—13世纪中央与地方军政问题的多维考察”“‘欧阳修学’理论构建研究”“宋代的政治变革与国家治理”。内容涉及宋代政治、经济、思想、文化、军事、社会、民族、漆侠先生与学术史等研究领域。

一、漆侠先生与宋代社会经济史

2023年是著名马克思主义史学家、宋史学界泰斗漆侠先生诞辰一百周年，本次年会在漆侠先生的家属参加并致辞、全体参会人员观看漆侠先生纪录片中拉开帷幕，具有纪念与学术的双重意义。如李华瑞教授在开幕式上所说："漆侠先生治宋史的最大特点是贯通与旁通，亦即始终将宋代历史置于数千年历史长河上下纵横的交汇点上，既考察汉唐到元明的变化，又关照与辽、西夏、金、蒙元错综复杂的交集，所以漆侠先生所建立的宋史研究水平和规模是他所生活的那个时代难以逾越的高峰。在大力呼吁和提倡打通唐宋史，全面关照10—13世纪'大宋史'的今天，漆侠先生的贯通和旁通就特别具有借鉴和学习的现实意义。"漆侠先生一生勤于学术探索，其成果广泛涉猎宋史、辽金史、中国经济史、中国农民战争史、中国史学史等诸多领域。河北大学贾文龙《浮云不足畏：漆侠先生史家道路的前行历程》认为漆侠先生治史方法融合了传统史学与马克思主义史学两大体系，系统总结了漆侠先生的为人立世风范与史家学术思想。西北大学王善军《漆侠先生与辽金史研究》和华侨大学王书华《漆侠先生与宋学研究》分别详细介绍并梳理了漆侠先生有关中国辽金史与宋学研究的成果和贡献。河北大学王晓薇《漆侠先生的历史人物研究和评价》选取漆先生古史理论体系的一个侧面，对历史人物的研究与评价问题进行方法论和研究角度的梳理。河北大学王晓龙《唯有春风最相惜，一年一度一归来——怀念漆侠先生》回忆了漆先生的治史与治学特点，以及对中国宋史学界与宋史研究中心的重大贡献。漆侠先生的成果中，尤以百万字巨著《宋代经济史》影响最为深远。宋代社会经济史研究在学界的热点课题，除传统的货币流通、国家财政外，学者们也更多将视角集中在区域市场与社会治理方面，相关研究成果如下。

（一）货币流通与货币政策

中国钱币博物馆高聪明《从货币的本质看宋代纸币提要》将交子放在人类货币史的视野下探索宋代国家财政与中国传统货币思想的独特性。中国人民大学何平《南宋的"称提之政"与纸币的价值维持机制》认为会子实际依靠有价证券与虚拟证券的转换，尽管具备信用货币的特征，但没有实现真正"国家纸币"的蜕变，其根源在于封建国家的无限权力。河北大学姜锡东《宋代四川交子与东南会子之异同和性质》认为四川交子和东南会子都反映宋代信用关系的高度发展，但也都因失信而没有稳妥的价值保障，最终导致不可避免的纸币贬值。河北大学李金闯《北宋徽宗朝大规模推广纸币过程研究》以交子为核心视角探寻宋徽宗朝纸币系统的嬗变和运用。云南大学李易、昆明学院王文成《乾道六年臣僚〈奏议〉释读——兼论南宋白银货币地位的提升》通过释读《宋会要辑稿》中收录的臣僚《奏议》探讨了南宋银钱楮关系的演变和白银货币化的发展方向。河北大学刘秋根《宋元明清中国存款发展及其货币史延伸效应——以民间票帖为例》以民间票帖为线索，对宋元明清中国存款、货币发行及金融机构的关系进行了深入探讨。云南大学邱永志、冯全镇《北宋四川纸币性质转变与发行管理模式新论——纪念官交子诞生一千年》通过四川交子管理模式，对宋代纸币制度化的演进逻辑进行了研究。河北大学唐晔《宋代货币经济再评价》通过分析钱荒现象，认为宋代货币需求与流通体系存在脱节，其受财经政策刺激而畸形发育，因此宋代货币经济并非完全是生产力的直接反映。昆明学院王文成、何姣《两宋金元时期纸币的性质与功能》认为两宋金元时期的纸币各有其个性并完成了从贱金属货币价值符号到贵金属货币价值符号的转换。中国钱币博物馆杨君《“千斯仓”版、“行在会子库”版考辨》对国家博物馆藏的“千斯仓”版和“行在会子库”版进行了详细考辨，认为二者都是南宋十八界会子组合印版中的主要印版。云南大学赵小平《明初“钱楮并用”的再现及其原因分析》认为明初“钱楮并用”的货币流通格局承接宋元，是自上而下的政府行为与自下而上的市场行为相互妥协、共同推动的结果，最终也因市场和政府对纸币不同的态度而瓦解。

（二）国家财政与市场经济

国家财政方面，河北经贸大学高楠《宋元聘财税与嫁资税初探》从聘、嫁二税为出发点观察宋元女性的社会地位及国家财政的特点。昭通学院黎良基《宋代官收寄库制度研探》通过对官府寄库制度演变的梳理探索宋代官府对民间由财产代管、保护到财产侵夺、侵吞的过程。香港岭南大学刘光临《唐宋变革、资本主义与天道人心——略论陈寅恪保守主义史学思想的魅力》从陈寅恪保守主义的视角获得研究启发，认为对宋代国家财政的研究不该局限于断代，整个中国历史的演进应是非线性发展模式。青海民族大学孙婧婍《宋代地方进“羡余”与逋赋的政府治理——兼论役钱催征对国家财政的影响》认为宋代财赋体系中的增羡目标会造成严重的逋赋现象，南宋尤为严重且难以治理。衡水学院魏彦红《北宋办学经费来源的恒定渠道——学田制》认为宋代学田制开创了中国封建社会教育经费制度的基本模式，强化中央财权的同时助推了教育的发展与普及。北京大学吴同《北宋前期管榷体制的发展与征榷收入的剧增》认为监当职事体系的确立是北宋前期征榷收入持续增长的主要驱动力，实质是中央、地方在收入分配方面的重新调整。西北师范大学杨芳、温浩《宋代仓储思想与粮食安全观》从粮食安全的角度探讨了宋代备荒救灾和调节粮食市场的政策制定与实施。北京师范大学游彪《朱熹社仓法：清代西南边陲地区民间的实践及其变异》以涞滩二佛寺保留清朝社仓制度的碑文为依据，研究清代地方社仓制度的普及和发展，及其与南宋朱熹社仓法的传承关系。昆明理工大学冯芸《北宋均输、市易法与王安石的治国理财之道》详细考察了王安石变法中的均输、市易法，认为二法充分体现了王安石治国理财的逻辑，并且指出王安石的理财逻辑并不能适应当时的时代需要，更易滋生干扰市场运行的非经济因素。福建师范大学朱义群《王安石变法“以理财为先务”新探》深入考察了王安石变法时期的“理财”问题，认为“以理财为先务”是神宗和王安石逐渐达成的共识，但随着宋神宗对变法目的明确，王安石的“理财”逐渐成为“强兵”的手段。王安石罢相后，宋神宗的“理财之法”与王安石的最初设想更加脱离。

市场与经济方面，河北大学郭志安《论宋代粮种的官方运用与管理》认为宋朝对粮种的管理和运用已经较为完善，对后代的农业发展与灾害救助存在相当的积极意义。昆明学院何姣《宋代山海经济联动发展初探》认为宋代构建的山海互济格局是中国古代由中原主导的内陆型社会向江南主导的海陆型社会的重要推动力。齐齐哈尔大学刘晨曦《从“江南铜”到“岭南铜”：北宋中期铜产地的转移》探索了北宋由初期到中期铜矿产地中心的转移及其原因。扬州大学王旭《宋代的市镇官员》对宋代管理市镇经济的职官职权、制度及特点做出了详细的研究。河北省社会科学院杨小敏《宋代羊的药食品种与消费市场》对宋代羊种资源及其药食用法做出详细研究，认为两宋“尚羊”习俗的背后是经济的发展与社会生活的变迁。云南大学张锦鹏、冯全镇《从需求侧和供给侧看北宋“以茶治边”的经济逻辑》以需求和供给两侧考察宋代“以茶治边”的策略，认为它既是中原与边疆商贸往来日益兴盛的结果，也是中原王朝边疆治理的必然产物。湖南科技大学周方高、蒲艳婷《宋代湖南地区市镇分布初探》认为湖南市镇多由采矿场发展而成，规模较小但分布密集，主要依靠当地森林资源带动经济发展。上海大学张呈忠的《“宋元商业资本主义社会”说的学术史意义——王志瑞〈宋元经济史〉探论》详细介绍了1931年由商务印书馆出版的王志瑞的《宋元经济史》，认为其核心观点是宋元中国是商业资本主义社会，具有极高的学术史价值。大阪公立大学董媛《宋代江南市镇的社会结构——以南浔镇的空间为例》以南浔镇为例，分析了南浔镇的范围、区位、水系、交通，并且考察了南浔镇的重要家族，从而对宋代江南市镇结构有了更细致的认识。赣南师范大学黄嘉福《北宋地方牧监牧马草地的选址、形态、利用与耕——反思“农牧争地论”的实证研究》详细考察了北宋牧马草地的选址方式及特点，认为“农牧争地论”不符合历史事实，北宋地方牧监在牧马草地的选择上整体良好。首都师范大学王姣《南宋舒州官酒机构的产销与管理——以〈宋人佚简〉为中心的考察》结合《宋人佚简》与传世文献对南宋舒州地区官酒机构进行研究，从舒州官酒机构的结构及酒的销售出发，认为南宋中央政府对地方酒业的控制并不严格。

（三）区域发展与社会治理

上海师范大学戴建国《宋代大赦内容的扩展和职能的变化》对宋代赦宥、赦书基于唐朝的基础上展开深入的演变研究。河南大学耿元骊《宋代县域社会治理体系中的武力构成》认为武力作为宋朝地方性统治的基础，既体现了乡村结构的变化也展示了治理体系的动态化。河北师范大学郭应彪《宋代司时人考述》以管理计时报时的司时人为研究主体，对宋代时间传报体系与阶层流通展开详细探讨。云南大学田晓忠《北宋的役法问题与国家治理分析》从国家治理的视角出发，探索了宋代役法问题与役法改革。云南师范大学王浩禹《官民互动：宋代城市税收征收活动中的国家与市民之关系》以城市税收为角度，探索了宋代政府与市民的互动关系，认为其是市民力量与意识壮大、国家城市治理能力发展的重要体现。云南师范大学杨瑞璟、叶权胜、杨文睿《墓志所见宋代富民阶层社会形象与社会地位研究》以墓志铭为线索，对其中所载宋代富民阶层的两种社会形象进行辨析，认为其历史书写受背后的复杂社会关系、政治环境与作者心态影响。重庆工商大学游君彦《南宋“四川换给”制度述论》以南宋四川地区为主要切入点，探索朝廷选人的改官制度，认为其背后反映的是宋廷对四川区既倚重拉拢又防范戒备，体现地方特殊性和朝廷的特殊化政策造成的特殊内部权力结构所形成的内在紧张关系。中国人民大学张亦冰《唐宋时期北方乡村的“庄”与资产统计》认为唐宋时期“庄”是民户将分布于村落空间范围内的田土、屋宅、杂产进行归户的单位，因国家税制变化而频繁出现于文献中，其中民户资产的调查、核算，则成为国家赋役的基础。北方乡村的庄与村落空间相联结，最终成为华北村落的名称。

二、文化与文献

正如陈寅恪所说：“华夏文明历数千载演进，造极于赵宋之世”，文化研究是宋史学界经久不衰的闪光点。而对于文献的考证与整理，也是传统史学历久弥新的议题。值得一提的是，本次年会结合二者，开设了“文物·文献·文化：‘大宋史’研究资料的拓展与反思”的专题论坛，成果颇丰，大致如下。

（一）文化构建与文化发展

重庆大学贾国涛《慕遵华制——高丽青瓷官造制度对宋的承袭与变相》通过对高丽青瓷文化动能、官造制度、官样表征追源，认为高丽对宋代名窑形制的“窃仿”和技艺的转化实质是双方文化观念、器用样式与审美意趣的交互过程。江西师范大学李小勇《情境·功能·意义：黄庭坚的应酬书法》对黄庭坚应酬书法为谁而作、为何而作及在具体情境中应酬书法的功能和意义为何等问题展开论述，认为书法在宋代社会交往中承担着重要角色。中山大学梁韵彦《墓室内的狮子形象：一类透视“唐宋之变”的西来动物母题》将装饰有石狮图像的唐宋墓葬进行比较研究，认为石狮这一西来动物母题的传播与演变与唐宋易代、人们审美趣味的改变及宫廷画家的流散与工作方式的变革有着密不可分的联系。重庆师范大学孙继

《宋代的科举经费论略》认为宋代科举经费内容繁杂，名目众多，其经费制度的缺失为科举经费的奢靡化现象埋下伏笔。西北师范大学他维宏《宋代乡饮酒礼演变新考》认为宋代乡饮酒礼在承袭唐代的基础之上具有鲜明的本朝特色，符合社会现实需要。上海师范大学汤勤福《有关〈孝经〉的几个问题》认为朱熹的忠孝观念具有双面性，难以摆脱历史的局限。石家庄学院王慧杰《宋代传统节日的祭拜文化》认为原始的祭拜活动植根于宋人心中，在人们对生命安全和健康的追求、对富贵的向往和对自身社会角色的认定上发挥了巨大的心理作用。大阪公立大学王世桢《从茶会和会茶看宋代士人的交流空间》认为宋代茶会和会茶是维系与发展宋代士人关系网络的重要纽带，官厅及教育设施内的固定饮茶空间和茶馆、酒楼、寺院等私人空间共同构成了宋代士人的交流空间。山西师范大学张彬、延保全《从国家博物馆藏丁都赛砖雕看宋杂剧服饰风尚》认为宋代杂剧服饰时尚与宋人的日常生活密不可分，且杂剧服饰呈现出动态演变趋势，是与辽、金杂剧服饰多种文化碰撞交流的结果。兰州交通大学张小花《宋代知识女性对佛教典籍的接受与研读——以宁夫人〈遗训〉两则为例》认为宋代女性对佛教较为宽容，且积极接受佛教知识，为调和宗教信仰与日常生活做出过较多的尝试与努力。华东师范大学张延和《化曲为词：岳飞〈满江红〉词生成史论》认为岳飞《满江红·怒发冲冠》词是由明初传奇《岳飞破虏东窗记》中的《女冠子·怒发冲冠》曲词演化而来，最终成于明天顺二年。四川师范大学赵艺兰《宋代感化乐队舞本事考》认为宋代队舞不仅是唐代队舞的传承，更能体现宋代的政治社会文化，女子感化乐队舞带有西南少数民族地区与宋文化交流融合的痕迹。苏州科技大学周扬波《宋代小学的建设历程》认为宋代小学的建设以“回向三代”为理论背景，以官学体系发展最有成就。

（二）文献考证与史学理论

晋中学院韩凯《宋代笔记科举史料的书写特色》对宋代笔记科举史料的考证态度、考证内容进行详细论证，认为宋代笔记科举史料独具特色，补正史之不足的同时，也能够为“唐宋变革说”“近世说”及宋元转型等理论学说提供支撑。西北大学胡坤、常志峰《发现南三阁：〈建炎以来系年要录〉版本系统研究之一》将南三阁本《要录》与中大本、南图本、传图本、重图本、文渊阁补配本进行对比，考订各个版本的流传情况与细节差异。中国社会科学院胡楚清《“由史归理”与“以史证理”：李焘与李纲历史理论之不同》以李焘和李纲的历史理论为切入点对比二者史体、内容上的差异并分析其成因，认为无论是“由史归理”还是“以史证理”都表明了中国古代历史理论知识的现实关怀，以及中国古代史学有用于时、有用于世的价值取向。上饶师范学院胡荣明《两种〈陈氏族谱〉新见宋代浸铜史料考论》对德兴市档案馆与上海市图书馆藏《（江西婺源）大汜陈氏宗谱》《（浙江上虞）陈氏西墙门支宗谱》中所保存的有关陈源陈氏在宋真宗、仁宗时期对于胆铜事业的贡献的史料进行梳理与考证，认为浸铜技术的进步与德兴地区独特的道教矿冶文化体系有着密不可分的联系。凤凰出版社林日波、蒋李楠《〈宋史·艺文志〉经部宋人四家佚著考述》对《宋史·艺文志》经部著录的宋人薛季宣《论语少学》、钱文子《白石诗传》《诗训诂》、黄榦《论语通释》、吴如愚《准斋易说》《准斋明象》四家六部佚著的内容、编撰、流传等方面进行考述、辑佚，并揭明《宋史·艺文志》著录的疏误。海南热带海洋学院刘栋《〈乌台诗案〉研究三题》认为《乌台诗案》所载苏轼兼判尚书祠部并非史实，且是多源文书汇编、删减、增补之后形成的文本。湖州师范学院刘方《楼璹〈耕织图〉：政治寓意之外的身份焦虑》认为楼璹《耕织图》在劝农、政治寓意与宣传之外，隐含着南宋初期士大夫精英群体的普遍焦虑。宁夏大学彭向前《吕惠卿著〈孝经传〉的政治目的》认为吕惠卿著《孝经传》的目的是打着“孝治”的旗号为宋哲宗对神宗所实行新法的继承提供理论支持，以期实现自上而下推行改革的目的。东南大学胡石、中国美术学院孙田《枕流一隅：〈万花春睡图〉与重台钩阑》认为南宋绘画中钩阑结构形制重台与次一等的装饰部件结合，正是这一时期变动中的空间等级秩序、工料运用以及在新的都城山水环境与气候条件中形成的生活方式的表现。浙江大学城市学院仝相卿《北宋欧阳修撰“尹洙墓志公案”新探》认为欧阳修所撰尹洙墓志铭蕴含着“避党”理念，庆历新政失败后心态发生变化，遂开始在范仲淹、杜衍、余靖等人墓志铭中将避党理念表面化和公开化。抚州王安石国际研究中心万剑《〈清明上河图〉创作于熙宁变法时期考》认为《清明上河图》很有可能创作于熙宁变法时期，画中的惊马冲突和虹桥冲突有可能寓意当时因熙宁变法北宋社会发生的冲突。中国佛教文化研究所汪海波《侯览夜宴图——“朱鲔石室”画像新观察》认为“朱鲔石室”是东汉桓灵之际中常侍侯览的“豫作寿藏”。韩山师范学院吴榕青《南宋潮州方志〈三阳（图）志〉再探》认为南宋潮州方志最早在绍兴十四年（1144）前后。此后南宋所有的修志均是在淳熙二年（1175）常祎倡修、王中行纂的淳熙《潮州图经》二卷的基础上续修而来。西华师范大学武胜鑫《南宋墓志碑铭史料来源探究》认为南宋墓志碑铭的史料来源呈现显著的多元化特征，主要包括行状、家传、家谱、书信、见闻等，不同的史料相互佐证促成墓志碑铭的书写。南京审计大学肖建新《宋代〈审计院厅壁记〉〈审计院题名记〉发微》充分发掘了《审计院厅壁记》和《审计院提名记》的史料价值，勾勒出宋代审计院的演变轨迹。华侨大学徐华《北宋福建路市舶司设置及相关问题——基于传世文献与石刻文献的互证》认为福建路市舶司的设置需综合元祐更化的经济思路调整与福建地方打通内陆运输通道的基本条件完成等众多因素统一考量。江西省吉水县委宣传部杨巴金《杨万里佚文〈故富川居士罗子高行状〉考论——兼与杭州师范大学方爱龙教授商榷》订正了方爱龙教授关于《故富川居士罗子高行状》的四处错误说法，并认为该材料的发掘为研究庐陵地区的文学、书法、墓葬等提供了实物证据。华东师范大学杨光《〈文献通考·职官考〉中宋制的史源及相关问题再探讨》认为《文献通考》吸收糅合了大量官私文献，包括宋代的国史、会要等官修史书和私人著作，具有多元化特征。四川大学尹航《袁桷与〈宋史·袁韶传〉：对〈宋史〉晚宋传记形成的追溯》认为《宋史·袁韶传》是结合一系列特殊条件而形成的，具有较高的普遍价值。其组织方式提示了辨析《宋史》晚宋传记来源的标志。西北大学张辉《苏轼〈木石图〉图像立意解——从“独立不惧”到“木石同坛”》认为苏轼的《木石图》表现了一种仕途失意后进行心灵修复的艺术痊愈。江苏开放大学赵坤《西夏具注历中的发敛术》认为西夏具注历均是以汉文书写，西夏文历书用的是《百中经》形式，其知识主要源于南宋。重庆大学赵耀文《碑铭与史传：五代武将西方邺的身前事与身后名》认为认识完整的西方邺须通过碑铭与史传将其个人的经历和抉择与时代变迁相结合。金陵科技学院郑利锋《论宋代地方志的文学风格和考据特征》认为宋代地方志文学与考据特征继承了先秦至隋唐地理志书发展的历史传统，又深受时代文化的影响，在继承的基础上产生新变，影响元明清时期志书的编撰。河南师范大学石悦《南宋〈记纂渊海后集〉与万历本〈记纂渊海〉关系考——以“郡县部”为中心》认为万历本《记纂渊海》为明人将潘自牧著《记纂渊海》与宋惠父《记纂渊海后集》整合成一百卷而得，其内容与《记纂渊海后集》有重合之处。临沂大学王海宾、于游《试析朱熹〈八朝名臣言行录〉的流传与影响》认为《八朝名臣言行录》自问世便在南宋至明清广泛流传，版本较多，在明代已流传至国外。该书在史学体例、求实史学、征考文献、教化易俗等方面均产生了深远影响。香港中文大学张晓宇《汪应辰题跋〈本朝史〉意识刍议》认为汪应辰的文献收集和题跋书写为私人历史见证开辟了新道路，其意识正处于追求考察史事“实迹”的“前道学”阶段。河北大学周云逸《逸笔传信：宋人笔记对宋代宫廷医药机构的书写》认为宋人笔记对宋代宫廷医药机构的职官、职掌、建制等的书写具有印证和补充正史的价值，具有较高的可信性。吴兴沈氏宗族研究会沈庆跃《试证吴兴沈括之祖籍地》通过分析存世文献，认为沈括祖籍地为浙江湖州吴兴。北京大学郭洋辰《中原文献所见石重贵入辽事迹考源》从中原传世文献入手，考察了石重贵入辽事迹的史源问题，认为改事迹是由冯玉家族南逃人员传入宋朝。河北大学张婷《张星烺与民国“宋辽金元史”课程浅析》以海外化学专业硕士张星烺为研究对象，梳理了民国时期包括辅仁大学、燕京大学、清华大学等在内的高校“宋辽金元史”的研究内容和学科体系，丰富了民国时期宋史研究的学术史。韩国庆熙大学洪承兑《韩国古籍〈三纲行实忠臣图〉所见南宋岳飞的形象》从《三纲行实忠臣图》入手，分析了《岳飞涅背》的图文故事，认为岳飞“精忠报国”的精神不仅表率于宋代及后世，也对朝鲜王朝起到了借鉴作用。

三、思想与学术

宋代学术承古萌新，以理学为代表的思想与意识为两宋社会的方方面面注入新鲜的血液，渐而成为独具时代特色的知识体系，受到国内外学者的广泛关注。本次年会开设两个分论坛"'欧阳修学'理论构建研究"与"宋代的思想与政治"进行专题研讨。收到的论文如下。

（一）思想家与知识构成

四川大学张尚英《朱熹〈春秋〉学的思想来源》认为朱熹关于《春秋》性质、三传以及解读春秋之法的观点或直承前人或受前人启发而得，其《春秋》学是对前人《春秋》学的扬弃。北京大学李文昊《天地之文：北宋思想史视域下的〈字说〉》认为王安石不仅以文字学重建形而上学思想，更试图以文字学应对北宋中后期的社会矛盾与政治冲突。清华大学方诚峰《史嵩之与道学：从一场毒杀传闻谈起》认为史嵩之与道学之间的关系，首要问题是政治势力之间的冲突。中国社会科学院葛焕礼《胡安国〈春秋〉大义说发微》认为华夷之辨并未被胡安国视为第一要义，其根本观点为夷夏各安其所、不得交通，且将"躬自厚而薄责于人"视为《春秋》褒贬所依据的价值原则。青岛大学李涛《朱子对孟子"养夜气"的诠释及其持敬工夫》认为朱熹通过厘定"夜气"的内涵，强调夜气不只是一种气，而是人通过心灵修养达到一定境界后所显示的状态。四川大学刘复生《苏氏蜀学及其学术特色》认为苏氏蜀学在北宋中期独树一帜，有着鲜明的时代特点，在中国文学史和思想史上占有重要地位。四川大学粟品孝《从普通士人到道学宗主——周敦颐崇高学术地位的建构历程》认为周敦颐从北宋时期的普通士人到南宋升格为"道学宗主"，是一个长达百年的曲折历程，是道学发展总体趋势的必然产物，是道学崇奉者长期渐次推进的结果。湖北大学徐骏、汤文博、王德洲《"寅受天命"释义》认为南宋高宗赵构及其谋臣借用上古君位嬗让之文化，以示其继位的正统性。东京大学佟欣妍《王安石字学再检讨》认为王安石对文字的产生以及对人类世界的意义有着深刻的认识，但字学无法保证其所揭示道理的真实性和非任意性。河北大学王茂华、李雪楠《李纲融通儒释道趋向及其境地观照》认为李纲将儒释道三家心性交融，将出世与入世统一，始终心系国家与人民，但未受重视。荣宝斋出版社席乐《家族记忆与忠奸之辨——从岳珂“心画”看两宋书学风气之迁变》认为岳珂的书学思想是南宋书法文化的一个侧面，其背后隐喻的人的修养、学识、气度、风致历久弥新。湖南大学肖芬芳《“学道爱人”与“政事书判”：南宋道学家政治实践的评价标准》认为南宋道学人士将“学道爱人”视为指导政治实践的行为原则，其不仅是政府实施民生政策的指导原则，也是士人在地方社会展开社会慈善活动的价值原则和普遍规范。上饶师范学院徐公喜《元代官学化朱子学内外学术之争》认为朱子学内外之争主要包括元代理学与其他学派之争，如《宋史》的编撰与正统之争、理学内部朱陆之争、朱子学自身不同学术流派之争等。北京大学杨丁宇《从李东阳〈拟古乐府〉及相关文献看其宋史观念》认为李东阳对宋朝历史的重大事件和人物的评价有其个人独到的见解，但由于其思想保守，因此并未摆脱理学家对宋朝历史人物的偏见。河北大学申慧青《宋元民间文化君主形象的范式与演化特征》认为宋元时期民间文化对君主道德与人性两方面的关注均得到强化，在君主评判中呈现出较为明显的市民价值取向和对君主“社会角色”的讽刺。

（二）学术传承与政治实践

中山大学曹家齐《司马光的“三代”汉唐史论及其现实关照》认为作为史家并经历北宋中后期政局及变法运动的司马光极其推美汉唐两代并将回向“三代”作为最高政治理想。南京中医药大学关素华《“兴学运动”与北宋官方医学教育新探》认为北宋官方医学教育的发展与改革变法的兴衰紧密联系。重庆大学郭畑《词义与所指的张力——“宋学”争议述评》认为“宋学”概念的复杂性根本在于以朝代名来指称一个学派或学术风格，但宋代存在的学术风格不止一种。河北大学贾芳芳《陆游教育经历考——兼及两宋基层士人受教育的若干路径》认为陆游所受教育既有家塾、小学及乡校的机构经历，也受到过名儒的指点，被诸多力量共同成就。中国社会科学院雷博《循“名”以求“实”——郑樵〈通志二十略〉的史学思想与精神寄寓》认为郑樵“循名责实”的理念不仅是一种学问的态度和方法，其中也蕴含着深刻的思想意趣和精神关怀。蚌埠市人大退休干部李丛昕《生而为民死为神——胡则现象的历史反思》认为胡则由人变成“神”，既有统治者的提倡和默许，又有百姓的主动塑造，这与胡则生前一心为民的作风有着密不可分的联系。北京大学李寒箫《亦宋亦金：“政和存留文据碑”初探》认为“政和存留文据碑”具有双重性，既是宋徽宗政和二年至八年颁发给寺院的存留证明，又是金朝入主中原后百姓在剧变中谋求寺院存续、保障自身利益的努力。中国艺术研究院李卫《南宋绍兴十三年宫廷礼乐的重建——以郊祀音乐为例》认为南宋绍兴十三年的礼乐重建既是对北宋礼乐的继承，又是对南宋礼乐的开拓；既影响了礼书的编纂，也是南宋政治的反映。青岛农业大学刘向培《褒表儒宫，士气维新：论宋代书院赐额制度的形成与影响》认为宋代官办书院是宋代官学体系的一部分，民办书院在转变为官办书院后亦被纳入官方教育行列中。赐额制度是宋代书院官学化的一大助力因素。河北大学马晴晴、吕变庭《〈大疑录〉言宋儒“以外道为祖述”考辨》认为贝原益轩反对宋儒之学反映了当时日本德川幕府由“武家政治”逐渐转向“文治政治”的思想需要，为儒学日本化的历史进程迈出了重要一步。首都师范大学缪喜平《历史解释与国家认同——南宋史家的蜀汉正统论研究》认为南宋史家主张蜀汉为正统，“说法”与“做法”的统一意味着蜀汉为三国正统的基调在南宋时期基本定型。四川大学钱云《礼有经权：两宋礼书中的宾礼及其嬗变》认为宋代宾礼有“经”与“权”的两面，既面临着适用度的质疑，又对政治实践产生实际影响。湖南大学杨志刚《司马光历史视野下的礼治追求》基于对历史教训的考察，认为司马光坚持以礼治维稳，展现了自己的政治内涵。重庆大学朱学博《崇佛公案与游酢历史地位的解构——兼论“程门罪人”说》认为游酢逐渐被消解于程门谱系中，这种形象的最终塑造反映了历史演进的过程。京港学术交流中心邹重华《婚姻与学术——宋代四川士人学术交游圈之婚姻关系研究》认为宋代四川地区士族之间的婚姻联系促进了家族间的学术交流与发展。安阳师范学院闫兴潘《〈雁塔先徵〉石刻所见近代京兆府女真学考释》认为《雁塔先徵》题名揭示了金末京兆府学女真学与汉式学校合一，内部又因所教学生和所学内容的差异以相对方位区分为东学和西学的特点。井冈山大学黄惠运《关于构建“欧阳修学”的思考》认为欧阳修作为北宋重要的文学家、政治家，在北宋政坛及文坛中都占有重要地位，因此有必要构建唯物史观下的“欧阳修学”。滁州学院裘新江《由〈南滁会景编〉景欧崇王主题考察明代宋学的复兴》立足于《南滁会景编》中景欧崇王的诸多内容，考察了明代宋学的复兴趋势，认为欧阳修与王阳明的学术理论更能赢得明代文人的崇尚。北京师范大学姜海军《宋朝统治的危机、国家治理与经学的理学化》认为随着宋朝统治危机的加深，儒家士大夫积极用经学应对社会治理的需要，由此推动了经学发展的转型及宋代理学化经学的出现。

（三）宗教信仰与礼制

武汉大学陈曦《山林与“都城”之间：大涤山、径山和南宋临安》认为南宋时期余杭山大涤洞天和洞霄宫、天目山径山寺成为“圣地”，“定都”临安极大影响了该地区的宗教发展和分布格局。江苏第二师范学院崔淼《佛教文化视域下的宋代运河叙事——以“三言”为中心》认为以佛教文化视角观照“三言”宋代运河叙事，可以观察宋代政治和社会生活运河变迁，其中对佛教文化的阐释又能够影响时人的现实生活和精神世界，部分篇目还可窥见冯梦龙的文学思想。韶关学院金建锋《吕洞宾参黄龙故事探源新考》认为吕洞宾参黄龙故事伴随宋代吕洞宾神仙传说的流传而产生，其产生和流传时间的上限可到1163年，其后在佛道和文学界产生深远影响。郑州大学宋彦松《李纯甫〈重修面壁庵记〉评说》认为李纯甫《重修面壁庵记》关于佛教发展历史的总结，达摩作用的认知，儒佛道关系之评论以及回应质疑的《新修学庭西舍记》之进一步申辩等说法有一定的道理，具有符合历史事实的一面。其评论中崇奉佛教而贬抑儒道的倾向略显尖刻和偏激。上海长宁清禄书院吴清《佛俗之间——从传世宋代佛教绘画看佛教用香与文人香事的互相影响》认为两宋时期佛教香事与文人士大夫香事之间相互影响相互趋同，其深层的文化内涵体现了宋代禅宗的盛行与佛教本土化在香事中的体现。四川大学黄博《尚汉仪之有旧：宋代御容崇拜的合法性危机及其消解》认为宋代御容崇拜及衍生出的御容殿、神御殿的建置和相关礼仪是宋代生活中极具创新性的内容，原庙论的提出和实践为御容崇拜的合法性论述提供了一套可以被主流政治文化所接受的话语体系。辽宁大学王美华《宋代皇帝视学礼探论》认为皇帝视学礼经历了一个不断丰富的过程。北宋初期皇帝视学以皇帝亲祭孔庙、听学官讲经论学为主要程序，其后又加入谒祭武成王庙的环节，至南宋后期最终成为幸学亲祭孔庙、论学讲经的固定模式。华东师范大学顾宏义《章惇“在礼律当立母弟简王”说辨析》通过考察宋代礼法，认为章惇主张立简王为帝确实有“礼律”作为依据。

四、民族与边疆

两宋是中国古代民族关系最为复杂的时期之一，政权的并立与外患的频繁发生客观上也促进了民族间的交融，由此衍生的包括民族观念、民族战争、民族交流在内的一系列学术增长点也倍受重视。

（一）民族观念与民族融合

辽宁师范大学常志浩、李玉君《辽金天辅议和发覆——从〈金史·斡鲁古孛堇传〉记载说起》依据《金史》对辽金天辅议和做出再探讨，对学界先前有关议和时间与过程、策略与目的及结果进行了新的阐释。宁夏大学杜建录《西夏史的若干认识》对国内外西夏史研究的诸层面做出梳理，认为宋辽夏金多元杂糅的文化中以汉族文化为主导，是历史上中华民族共同体的重要体现。陕西师范大学郭明明《宋夏藏底河城之战与藏底河城地望新考》以战争为线索，对其经过及藏底河城的地理位置做出考证。浙江大学李华瑞《论党项社会的发展与交融》认为唐朝设置党项羁縻州使其融入华夏民族促进社会发展，这种政策兼具“因俗而治”的特殊性与行政体制一体化的共同性，从而将社会、文化多元性的政治统治区域整合为有别于西汉的大一统政治结构。湖南大学岳麓书院李小霞《对宋人“燕人思汉”话语的政治文化解读》认为“燕人思汉”是宋人运用族群认同与华夷观念，在国防战略趋于收缩、统治重心由对外转向对内的历史前提下构建的情感流向与文化认同，试图在观念层面建立中原王朝的文化自信。香港中文大学林皓贤《十至十二世纪党项夏国在东亚贸易圈中的角色》认为夏国在东亚十至十二世纪东亚贸易圈中扮演着“中介人”的角色，采取“联辽制宋”的方式自保。温州大学邱志诚《宋神宗时期的外交努力及东亚新格局》认为宋神宗出于构建统治合法性、恢复汉唐盛世的动机和目的，改革的同时也积极推动外交，促使了东亚文化圈的更新。中国社会科学院史金波《宋辽夏金时期的文物及价值刍议》认为宋辽夏金时期的文物价值珍贵，数量众多，应充分利用发掘其价值。辽宁师范大学孙建权《金天会初高居庆等使宋史事考》认为金太宗是在天会二年冬派遣正使高居庆、副使杨丘忠使宋贺正旦，而非在天会元年。四川师范大学汤君《试论西夏仁孝“番表汉里”汉学的历史意义》认为西夏“礼法”虽带有难以摆脱的“蕃学”色彩，但拥有儒家内核。仁孝以西夏文字的“旧瓶”来装儒家文化的“新酒”，如此远见是其对中国少数民族文明进程的卓越贡献。辽宁师范大学唐博闻《正统观对辽人墓志书写影响——以辽人墓志所见中原王朝称谓为例》认为在正统观的影响下辽人民间习惯用侮辱性词汇称呼中原王朝来彰显自身的正统性。四川师范大学田晓雷《统一与冲突——辽朝生女真治理新探》认为辽朝在边疆族群中设立节度使司形式的羁縻建置实现了内地与边疆在地方建置上的形式统一。郑州大学王梦雨《北宋时期以画为媒的民族交流》认为北宋末官方在《宣和画谱》中专设“番族门”以示对番族之重视，表达与周边民族通好之意。绘画在民族交往中有特殊的政治意义，是政治思想在艺术领域的表现。首都师范大学武彦赟《唃斯啰政权的困境及原因》认为唃斯啰政权在面对与北宋的外部矛盾时多处于被动状态，其主要原因在于经济依赖、“合法性”和外交局限的逐条递增。安徽大学夏晨曦《“三交史”视域下宋代田猎礼》认为宋代田猎礼有向其他国家传递政治信息，维护、发展国家政权之间的关系秩序的职能，非礼仪性的田猎活动也是使节运用个人外交手段达成目的的外交途径。湖南大学谢一峰《10—12 世纪政权分立下复数五台山的多维“光谱”》认为 10—12 世纪前期宋、辽、西夏复数五台山的并立是其政治实态在佛教层面的体现。河南大学薛培《宋金交聘制度下音乐文化交流管窥》认为“交聘”制度下宋金之间的音乐文化交流内容丰富，形式多样，更具纪实性。宋金之间音乐文化交流呈现出以中国礼乐为核心的“儒家”文化圈层，是宋金政治外交在艺术层面的反映。韩国庆熙大学曹福炫《李继迁和义成公主的和亲及其对国际关系的影响》通过研究李继迁和义成公主的联姻，探究了受此影响下整个东北亚国际关系的变化，认为此次和亲使辽夏获得了满意的结果，北宋面临的外部压力更加复杂。

（二）民族战争与民族政治

武汉大学崔健《金代武卫军初探》认为金代的武卫军既是朝廷对外作战的后备力量也是影响金朝后期政局走向的重要武装力量。内蒙古大学高建国《贺师范生平与建炎二年宋金战争陕西战场的局势》通过对宋朝贺师范墓志铭的解读，补充了宋金之际陕西路军政局势变化的若干细节。兰州大学何强《〈老子〉"图难、为大"思想与北宋王安石经略熙河》以王韶开边为线索，探索在儒家理想与现实存在冲突的前提下，王安石运用道家理念指导战争的思想过程。香港大学中文学院梁若愚《契丹降臣张藏英（894—962）非水军将领辨》认为张藏英未参加收复关南之地的水战，并非水军将领。山西大学马巍《重看官家筑晋阳：北宋经营河东路策略及其转变》认为宋在河东路地区采取措施削弱割据统治基础，至真仁时期"内控"倾向逐渐明显，而后为预防辽夏侵扰又不得不在此部署军事力量以加强外防。中国社会科学院孙方圆《北宋在登州的海疆经略》认为北宋自立国之初便从未放松过对北部海疆的关注，宋廷在登州采取的诸多措施与西北的宋夏以及北方的宋辽边疆态势变化有相应的联系。保定学院崔玉谦《宋辽太平兴国五年雄州之战考论——基于崔彦进、荆嗣协同作战的分析》以太平兴国五年宋辽雄州之战为研究背景，考察了关南都部署崔彦进及雄州守军荆嗣所部的协同作战过程，并认为正是两者合理的协同作战帮助宋军取得胜利。香港树仁大学何冠环《北宋末西北边将苗履事迹考》考证了苗履的军旅生涯和重要事迹，描绘苗履成为北宋西北重要边将的过程，并且肯定苗氏将门在北宋西北边防中的重要地位。齐齐哈尔大学耿涛《辽穆宗怠政嗜杀新解》对辽穆宗的形象提出新的结论，认为这是权贵势力交替的政治斗争所致，在后修的国史实录中被刻意放大。齐齐哈尔大学李秀莲《契丹祖源地潢河对应今西拉木伦河献疑》认为契丹祖源地潢河并非今西拉木伦河。河北大学刘明罡《元代色目人地缘分布与中国认同之形成》认为色目人主要选择经济繁荣、交通便利的关津要地作为主要居住地，各民族杂居相处，文化呈现保留本族文化同时也受儒家影响的特点。河南大学齐德舜《唃斯啰家族姓名藏文回译规范化研究》对唃斯啰家族姓名藏文回译的原则和方法做出了深入的研究。黑龙江省社会科学院孙文政《金代军帅司、都统司、统军司、招讨司设置考》认为金代军帅司、都统司是在金军对辽、宋战争中根据实际需求而设，职官品序、机构规模均无定制，灵活性很大。金代统军司、招讨司则是按照金朝独特的军政制度而设，机构职掌、职官品序、人员编制规模均有明确规定。

五、政治与军事

近年来在“活的制度史”理念影响下，宋代政治史研究呈现出万象更新的特点，除了传统的政治制度外，地方治理、制度变迁与政治运行也系当前学界的研究热点，本次年会为此开设两个分论坛，分别为“宋代的政治变革与国家治理”和“10—13 世纪中央与地方军政问题的多维考察”。

（一）朝堂政治与职官制度

国家政治方面，洛阳理工学院陈朝阳《熙丰二府与所涉要案研究》从熙丰时期的朝政要案入手，探究了二府在这些案件中的重要角色，并认为朝政要案与熙丰改革和新旧党争息息相关。西北大学陈峰《宋仁宗“仁孝宽裕”的特点及其对朝政的影响》认为仁宗时期的朝政呈现“仁孝宽裕”的特点，使北宋朝堂氛围更加宽松，进一步促进了文官政治的发展，但越发保守的政治也加深了边防危机。河南大学程民生《宋代君臣殿上间距考论》认为宋代君臣的殿上间距体现了其间的情感关系和政治联系。宋代君臣殿上距离的亲密，反映了宋代君臣关系的和谐融洽，也体现出宋代与士大夫共治天下的施政逻辑。河北大学丁建军、冯世毓《熙宁六年正月的宣德门事件考论》从熙宁六年宣德门事件入手，认为侍卫挝击王安石坐骑一事反映了变法派与反变法派的斗争，其中王安石并未得到宋神宗的全力支持，使得双方产生嫌隙，也间接导致了王安石的辞职。中央党史和文献研究院郭海龙、徐红霞《超越内圣外王：重新审视宋代文人治国的政治功效》重新审视了宋代的文人治国，认为“内圣外王”的理论存在重大缺陷。当今时代，应该通过科学决策弥补文人治国的不足，从而更好地适应时代发展。湖南省社会科学院李超《“却是端平变局难”——从真德秀、魏了翁之召看宋理宗的政治困境》从宋理宗召回被贬的真德秀、魏了翁切入，考察了宋理宗亲政后所面临的政治困局。认为理宗在端平年间的政治上表现出明显折中调和的特色，因此端平更化的失败是必然的。湖南大学黄晓巍《赵宋先世的五代史——以〈宋史·太祖本纪〉为中心》认为《宋史·太祖本纪》中对于赵匡胤父、祖、曾、高四代先人的概述存在许多由“美化”所致的不确切之处。赵氏家族作为典型个案可以展现出在五代乱世之中个人命运与时代趋势间的复杂纠葛。湖北大学刘广丰《宋代幼主即位模式的确立——以北宋刘太后垂帘听政为论》从北宋刘太后垂帘听政切入，考察了宋代幼主即位中母子关系所带来的听证合法性，认为刘太后的听证树立了基本规范，保证了宋代幼主即位的政治稳定。河北瑞奥文化传媒有限公司滕非《天圣五年包拯两次弃官考》通过分析天圣五年包拯两次弃官，认为其弃官的真正原因是受制于成员众多、背景复杂的大家族。日本学习院大学王瑞来《士大夫政治与宋代皇权——以赵抃个人作为切入的考察》从北宋名臣赵抃的主要事迹入手，分析了北宋士大夫政治与宋代皇权的关系，认为士大夫政治是北宋皇权的重要补充，君臣关系的相互制约，激发了当时传统读书人的独立意识与担当精神。尼山世界儒学中心王盛宇《朱熹与宰辅群体对“治体”类议题的讨论——以上宰辅书为线索》通过分析朱熹的上宰辅书结合南宋的时代背景，认为“治体”类议题为上书论证的中心和关键，也反映出朱熹本人的政治倾向。河南大学王瑜君《改造制度：再论王安石对御史台的政策——以熙宁三年李定入台之争为例》以熙宁三年李定进入御史台为例，分析了王安石变法中对御史台官员选任条例的改动，并指出李定入台之争是变法派与反变法派的一次交锋。上海师范大学燕永成《北宋后期策立功之争探究》通过分析英哲徽三朝定策之功的具体表现，指出定策之功反映出朝堂政治的复杂性，认为定策之功是朝廷内部帝王、后妃及宰执间所展开的特殊政治斗争。北京信息科技大学张云筝《论富弼的国家观、战争与和平的思想》分析了富弼从政五十余年的政治思想，认为富弼坚定维护国家正统观，在军事上提倡防守，主张以夷制夷。香港大学朱铭坚《略论北宋晚年太学中的政治与思想操控》通过研究北宋晚期的政坛与太学的关系，认为北宋晚期朝廷对太学的思想控制不断加强。陕西省社会科学院黄泽凡《宋代所生母封赠制度初探》从宋代封赠制度切入，考察了宋朝所生母封赠制度的变化，天禧元年以前基本延续五代庶出子女不得为亲生母亲请封的规定，此后庶出官员、宗室子弟在特定情况下可以为所生母请封，这一制度基本延续到南宋末年。河北大学廖寅《从真宗〈文臣七条〉到"太宗"〈戒石铭〉：宋代衙署御制官箴更替考》从宋真宗《文臣七条》切入，考察了北宋衙署流行的御制官箴。廖文认为宋高宗御制《戒石铭》是无中生有的仿造，并在宋高宗的推广下逐渐取代了《文臣七条》。四川师范大学刘双怡《神宗即位初年的台谏问题——兼论神宗加强皇权的路径转变》认为"濮议"中宰执群体与台谏群体对立矛盾太大，因此宋神宗即位后从人员任免入手，逐渐使两者的相互制约达到平衡以加强皇权。太原师范学院刘冲《宋神宗熙宁三年"晋阳之甲"事件探析》从宋代文人笔记入手，辨析了熙宁三年"晋阳之甲"事件的众多说法，认为韩琦因遭到条例司疏驳而将兴"晋阳之甲"以除君侧恶人的言论引起政治变动，变法派的胜利大大削弱了朝堂的反对势力。刘敏《赵世居案与熙宁政局》通过梳理赵世居案，对熙宁政局做了更进一步的认识，认为赵案的缘起及过程都与熙宁党争息息相关，体现王安石主导的熙宁变法向神宗主导的元丰变法过渡。首都师范大学钱申《宋神宗选任王安石新探》重新审视了宋神宗与王安石之间的关系，认为宋神宗在任用王安石时经过了细致的考察，具有一定偶然性。山西大学张吉寅《秦桧独相期的瑞异政治文化》考察了绍兴和议后，秦桧为营造中兴气象，大肆宣扬祥瑞文化，鼓吹祥瑞中兴盛世与消解灾异现象共同进行的过程。南开大学王晓欣、西北大学郑旭东《宋元砧基簿再探——以两件砧基文书为中心》认为砧基簿在不同官府、不同理念的操作下，其格式面貌几经变化。河南师范大学宁欧阳《生日、庆典与政治：论宋代的圣节上寿礼》认为上寿礼的制定与执行是一个维护和强调尊卑秩序以及实现权力再生产的过程，是权力与政治之表征。河南师范大学闻轩轩《宋初侧近势力的衰落——立足于宋真宗潜邸旧臣的考察》认为以帝王潜邸亲随为代表的宋初侧近势力在宋真宗朝已走向衰落。北京大学胡斌《法太祖以主恢复：宋孝宗之“孝”新论》认为孝宗之“孝”呈现出孝亲与继志、孝事高宗与效法太祖之政等多层交错的图景。

官制方面，南开大学曹杰《政和二年以降宋代武阶发展的制度史动向》认为北宋政和二年改阶后，武阶制度更加细化，官僚群体的等级结构更加清晰。武阶制度的整顿标志着宋代官制的最终成熟，并直接影响了南宋相关制度的运行稳定。西北大学成明明《“初衷”与“折中”——南宋馆阁正字、校书郎除职研究》认为南宋馆阁在官员选任中做到了制度初衷和现实折中的平衡。通过考察秘书省正字、校书郎除职的选拔过程，能够看出虽然馆阁选拔严格，但为了求取大量人才也会适当放低标准，用“直除”的方式来笼络人才。常州工学院于士倬《试论北宋真宗朝枢密直学士功能转变之完成》认为宋真宗时期枢密直学士从职事官向贴职的转化逐渐完成，其标准在于枢密直学士不再常任职于枢密院，而是频繁用于褒奖荣誉。四川师范大学董春林《使院将校：两宋“衙职”考》就两宋衙职源流、衙职系统的迁补变迁及地位嬗变等问题进行了详细论述，认为两宋衙职的胥吏化成为使院基层吏职补入品官的重要途径。河北大学高士捷《再论北宋前期的侍中及宰相兼官》对唐宋之际侍中职能的转变、宋人对于侍中的理解以及宋代宰相官衔结构的形成原因等问题进行了探讨，认为北宋前期侍中相已然成为名义上的两省长官，是以代表一种宰相的身份的形式而存在。

（二）地方运行与国家治理

香港大学廖玉洁《宣和元年李纲贬谪南剑州沙县考辨》考察了宣和元年李纲被贬的原因和过程，认为李纲被贬不仅与上奏水灾之事有关，更因裁损之计冒犯徽宗及宰执。信阳师范大学纪昌兰《庆酬与传宣：闻喜宴所见宋代国家治理方式探微》从宋代闻喜宴切入，考察了宋代文治国策主导下宴会的时代特色，闻喜宴不仅是庆祝科举及第的荣耀，更是在彰显国家对文教事业的重视，是宋代国家治理多样化的体现。河南大学祁琛云、西北师范大学过轩《宋代地方建设中的官员不作为现象论析》认为两宋时期部分地方官员的不作为影响到基层建设的进展，严重阻碍了区域社会发展和民众的日常生活。广东省社会科学院杨芹《闽广地方官员与南宋海疆经略》认为南宋的立国形势使得闽广沿海地区成为海疆治理的重中之重，为应对日益增强的海防需要，闽广地方官员需要承担更多责任，同时以真德秀知泉州等知名官员为例分析了闽广地方官员在南宋海疆治理中的得与失。上海师范大学赵龙《再论宋代的县望等级——以两浙路属县为例》认为宋代县望等级制度基本源于唐代，并以两浙路为例分析了县望等级制度的唐宋继承性，也指出到南宋中后期，以户口升降县等制度逐渐解体，为明清县等划分孕育了新的标准。河南大学苗书梅、曹璐璐《南宋沿海地区巡检与海患治理》认为南宋“海患”的增加直接导致了南宋位于经济要冲、主要打击盗贼保障货运的沿海巡检的增设。韩国弘益大学裴淑姬《北宋使行路线的 GIS 复原与分析》认为从北宋东京开封府到北京大明府主要经过澶州与雄州。南宋楼钥使金经过的是以唐代驿道为基础的道路。使臣出使路线受到当时政治、军事和自然因素的影响，既有对现有道路的使用，也有对于新的交通路线的开拓。北京师范大学赵成仁《墓志所见定难军与五代王朝之关系》认为定难军的墓志是基于政治形势的塑造，其主导权掌握在藩镇手中，而非中央。无论外部政治形势如何变化，鲜明的割据特色才是定难军的本色。中国社会科学院雒晓辉《其枢在水：唐五代瀛莫地区的地位嬗变》认为瀛、莫二州地位经历了由唐代被塑型为兼具战略经济区和交通枢纽带的内郡转变为备御游牧势力的次边州与边州的过程。河南师范大学祁红伟《宋代地方官员兼带水利职衔研究》认为宋代地方官员兼带水利职衔一定程度上能够弥补秦汉以来水利职官制度的漏洞，有效推动国家水利事业的发展。湖南科技大学徐红《论北宋时期湖南贬谪地的地理空间分布》认为湖南贬谪地的地理空间分布与交通路线的关联较为紧密。交通干线是朝廷贬谪官员的首选之地，其次是交通支线上的州监治所。贬谪地呈现出距离政治中心越来越远和环境越来越恶劣的趋势。

（三）军事体制与战争形势

洛阳师范学院范建文《将兵法与北宋兵制改革》考察了宋神宗朝将兵法的实施渊源和过程，认为其在推行中呈现出明显的在地化表征，并指出将兵法虽未彻底突破祖宗之法，但也有力推动了北宋后期及南宋初年武备建设与军制改革。郑州轻工业大学范帅《论“兼职”在南宋军事领导体制重构中的运用——以御营使司为例》以南宋初期收军权为研究背景，考察了御营使司的转变过程，认为御营使司不断以“兼职”之名收归各路军权，逐渐成为总领军权的中枢机构，起到了稳定政治秩序的作用。西北师范大学何玉红《路径与趋向：如何走进宋代的军事世界》认为宋代军事史研究主要有四种路径，分别为制度、战争、人物与战略文化路径，认为宋史研究需要“大宋史”的关怀与视野、“旧”史料细读与“新”史料拓展并重、突破“内史”与“外史”区隔、关注长时段观察与比较分析。香港大学罗墨轩《湮没的主角：狄青故事的演变特色及其历史因素》从家将小说的视角入手，考证了小说中狄青故事的演变过程和特点，肯定了狄青在宋代军事中的地位，并指出正是狄青的英勇战功影响到相关文学作品的创作。保定学院聂定《宋代静江府城城防系统分析》依据《静江府城池图》分析了静江府的城防系统，认为宋代静江府的扩建充分利用地形优势，有力地抵御了蒙古大军，是宋代完善的城防系统。西北大学贾连港《从宣到札：宋代枢密院主要军政文书的转变》认为宋代枢密院军政文书主要经历了从宣、头子到宣、札子的变化，札子重于宣甚至取代宣的变化过程尤为突出。这一转变适应北宋中期统治形势的需要，有助于枢密院及时应对繁杂、急速的军政事务，提高军政效率。华北理工大学钱俊岭《赏重罚轻：试论宋代军队赏罚之弊及影响》认为“赏重罚轻”一直是宋代军队赏罚制度的弊病，此弊病承袭于五代时期，并在宋代流传下来，使得军队骄纵的习气加重，滋生了腐败现象，直接导致了宋代军队战斗力的下滑。铜仁学院史泠歌《许国心独苦 谋身只觉轻 ——纪念伟大的爱国民族英雄李纲诞辰九百四十周年》通过考察李纲的生平事迹，宣扬了李纲以天下为己任的爱国情怀。西北大学吴红兵《走向内在：宋朝对十国旧疆善后治理路径与模式探析》通过分析宋朝建立后对十国后续的安置处理，总结出宋朝形成了三种善后模式，宋朝在此基础上实现了对十国旧疆的有效统治，逐渐消除了割据政权对当地的影响力。德州市历史学会夏爱民、赵艳娟《两宋诸军事防线浅析》从时间、空间、理论变化等角度梳理了两宋的军事防线，并分析了不同军事防线的设置原因及重要作用。广西民族大学由迅《南宋荆襄战区军事重心变化研究》以时间为序分析了南宋荆襄战区从绍兴四年至德祐元年的军事重心变化，认为荆襄战区军事重心随防务需要的不断调整，使荆襄战区在长江防线中发挥了重要作用。北京大学张希清《岳飞毫无疑义是中华民族英雄》认为岳飞在抗金战争中的卓越功绩使其成为当之无愧的英雄，值得进一步宣扬。安徽师范大学朱德军《招置·番戍·廪给：宋代西北义勇制度考释》详细考证了宋代西北义勇的招置、番戍、廪给，认为宋代义勇基本上实行了"三丁刺一"的原则，并根据防卫需要调整番戍频率，在供给上也很灵活，是宋代国防需要的重要补充。江西省社科院朱国兵《北宋将兵法改革中安抚使权力及其体制的演变》从北宋熙丰变法中的将兵法入手，认为随着将兵法的推广，安抚使的职权不断扩大，虽然宋神宗对此有所控制，但安抚使的职权依然很大，并在宋哲宗时期的开边经略中发挥了重要作用。河北师范大学陈瑞青《〈宋人佚简〉所收黄进、都遇书简考释》对《宋人佚简》所收淮南西路兵马都监黄进、副都监都遇两通书简反映的南宋隆兴元年军事形势等问题进行了探讨。湖南大学孟泽众《一图窥天下：论〈沿江大阃所部图〉与南宋晚期长江防线》认为《沿江大阃图》直观展现出南宋前期与南宋后期江防形势的巨大不同，亦展现出《景定健康志》在南宋的军事史料价值。延安大学上官红伟《宋将杨业败亡的兵制原因考索》认为杨业不能掌领兵权，又不得主导军事指挥权，且未配置护卫亲兵，诸多因素共同造成其失败的悲剧。杨业的失败与当时的兵制有莫大的关系。西北大学王军营《北宋禁军"防制"政策与皇宫宿卫特征论略》认为皇宫宿卫禁军在统领机构、武人将官到具体的制度、法令以及俸禄待遇上都存在明显特点，体现了宋廷统治者对于宿卫禁军复杂和矛盾的态度。西北大学吴海峰《北宋初期文武关系的多元面相：以太祖、太宗朝为中心的考察》认为北宋初期主流治国理念是崇文抑武的主要原因为儒家思想，太祖时期文武关系相对平衡，至太宗时均衡被打破。西北大学张明《宋代军法中的治军原则》认为宋代治军原则始终在于防范将帅专兵，严格惩罚将士任何有可能危及统治的行为，以保证军队的绝对服从与稳定。在这一原则指导下，宋代军法堪称完备，但其自身的固有弊病难以根除。石家庄学院侯天霖《弱势君王——后周末期权力格局与陈桥兵变》考证了后周末期朝廷权力格局以及陈桥兵变的前后过程，探究陈桥兵变与随后北宋初期军事政策转向的内在联系。陕西师范大学张明《后唐闵帝“改六军为侍卫亲军”事发微》认为《资治通鉴》中胡三省对后唐闵帝改六军为侍卫亲军事件存在的质疑难以成立。江西师范大学彭锋《有关南宋后期边防议论的若干分析》认为南宋时期不少士大夫具有较强的忧患意识，对边防问题有较高的自觉性。

六、科技与社会

宋代是中国科技的第一个黄金时期，在某些领域甚至处于历史的顶峰，如水利等科技的极速发展也影响着社会的方方面面。庶民阶层兴起，商品经济发展，文化主体下移，共同构成了宋代社会发展的突破性变革。本次年会围绕科技、社会文化、社会基层等主题的论文如下。

（一）科技工艺与医疗技术

天水师范学院杨小敏《麦积山石窟与宋代秦州》通过研究宋代麦积山石窟的发展，认为宋代麦积山石窟艺术取得了巨大的成就，大大提高了秦州的知名度和影响力。河南大学滕亚秋《运河的节点：宋代州桥的历史与文化意象》通过梳理宋代汴河州桥的历史，探讨了州桥所代表的文化意象，并指出州桥开放式的格局加速了东京城城市公共空间的扩大，这一特点和文化特色也被后世所继承。三峡大学王琳珂《自然抑或人为？北宋仁宗时期黄河改道北流的形成》认为自然地理是宋仁宗时期黄河改道北流的决定因素，但人为因素也深入其中，尤其是仁宗君臣治理北决河道时采取的顺水策略，更是加速了这一进程。衡水学院王文书、石柱君《五代宋金时期的御河》梳理唐、五代、北宋及金代御河的发展变化，通过对各时期有关御河的重要事件考察，认为御河一直发挥着重要的经济、军事作用，同时还重点分析了黄河改道对御河的影响，认为在北宋末年御河的通航能力下降，金朝控制北方后，为增强运输能力，对其开始营修，但最终效果不佳。河南大学王战扬《以水为防：六塔河之案与宋仁宗朝水防之困境》

通过考察宋仁宗时期的六塔河之案，分析了宋仁宗“以水为防”的防辽意图，而河防修建的失败使仁宗朝官员一直笼罩在黄河河患的阴影之下，导致仁宗朝水防意图陷入尴尬境地，最终北宋失去了黄河天险。北京中医药大学孙灵芝《甘肃省博物馆藏西夏医方残片新释》通过考察甘肃省博物馆所藏西夏医术残片，对其中涉及几味本草进行解读，认为该残片记录了五个药方，涉及七味本草，主要为治疗腹痛、溏泄等冷症疾病。山东大学谭景玉《宋代医家钱乙生平再探》通过考察钱乙家世和生平，论述了钱乙家世背景、学术渊源、社会形象等问题，并讨论了宋代医事制度对钱乙的影响。江苏师范大学肖红兵《宋代“宣医纳命”谚俗刍议》从宋朝皇帝对官员病卒时的视疾临问活动入手，分析了宣医诊视彰显出的政治情怀与文化意蕴，但因“中使挟医”现象的不断增多，“宣医纳命”逐渐成为讽刺该现象的谚语。宁夏大学张园园《道与儒：论宋代医学的继承与转型——以医书中的“虫病”书写为中心》以“虫病”为视角，探讨了宋代医学自汉唐以来的继承和发展，并且认为宋代是中国古代医学转型和创新的有一个发轫期，宋代儒医文化为金元医学儒学化奠定了理论基础。

（二）社会文化与基层秩序

社会文化方面，郑州嵩山文明研究院鲍君惠《欧阳修游览嵩山及其影响考述》从欧阳修在明道元年两次游嵩山切入，认为嵩山之行极大提升了欧阳修的文学写作水平，为日后开展诗文革新运动做了重要铺垫。厦门大学刁培俊《苏轼视域中的北宋动物世界》从苏轼的存世诗文入手，在强调动物史学重要性的同时探究了苏轼作品中的动物要素，认为苏轼作品中的动物书写存在虚实两面性。西安电子科技大学刘缙《〈夷坚志〉所见陕西的民间信仰与社会生活》探究了《夷坚志》中涉及的陕西地区民间信仰与社会生活，反映出南宋人对陕西地区的北宋历史问题的态度。河北大学刘云军《略论宋真宗的西祀》梳理了宋以前中国古代帝王的西祀活动，并重点论述了宋真宗西祀活动的具体过程，认为其影响了汾阴厚土信仰，进一步提高了地祇在宋代传统祭祀中的地位。井冈山大学欧阳明亮《清初词坛对欧词的接受与推崇》以清初词坛对欧阳修词的推崇为考察背景，揭示了清初词坛著名词人对欧词的理解和认识，并从中窥探了清代词学理论的发展轨迹。井冈山大学邱炜耀《白鹭洲书院与文人的气节修养》以白鹭洲书院的主要代表人物为研究对象，认为白鹭洲书院注重气节教养的传承。西南财经大学宋晓希《玉隆万寿宫御书阁与宋代皇权的崇奉空间》考察了宋代玉隆万寿宫所受的御书赏赐，认为玉隆万寿宫的地位在不断上升，这源于许真军信仰符合宋朝所宣扬的价值观，也推动了道教与儒家的融合，而御书阁的修建更是在道教中构建了一个皇权空间，使玉隆万寿宫的政治功能得到提升。河北大学田建平《宋代版权的产生及其保护》认为宋代高度繁荣的文化事业催生了宋代版权意识的产生，并且产生了版权保护文本。宋政府形成了从中央到地方完整的出版管理体制，具有进步意义。河南大学夏亚飞《论宋代科举考生跨区流动与户籍管理制度》论述了宋代科举考试中考生跨区流动的多种情况，认为不同地区解额分配不均是考生改变户籍的根本原因。宋政府也加强了科举考生户籍管理制度，不断平衡各地考生的利益。台湾中正大学杨宇勋《制造中兴气象：绍兴和议后宋高宗朝的祥瑞现象》通过考察宋高宗朝的祥瑞现象，认为祥瑞是为了制造中兴气象，尤其这些祥瑞多从绍兴和议后出现，更能证明宋高宗利用祥瑞吹捧中兴盛世。深圳市书法家协会张庆《王瞏生平与米芾两题》考证了王瞏的生平事迹，并考订了王瞏与米芾之间的人际交往活动，从中可以看到王瞏的篆书风貌，也能梳理米芾在崇宁年间的活动轨迹。

社会基层方面，中国社会科学院纪雪娟《助益常住：从清规看宋代寺院财产的分配与管理》通过分析宋代清规中对寺院财产的记载，认为宋代寺院财产管理坚持了“助益常住”的思想，在一定程度上保证了寺院常住财产的合理流动，保障了寺院资产的经济效益。河北大学邵育欣《宋代亲属制度之变迁——以妇与舅姑亲等变化为中心》考察了唐宋时期服叙制度中妇与舅姑等关系的变化，认为宋代在礼法制度层面确立了人妇地位在夫家的从属地位。周口师范学院王丽歌《宋代福建沿海地区人口与土地承载力分析》认为宋代福建地区人多地少，尤其是沿海四州军人地关系更为紧张，在宋代生产力发展水平下，土地承载力已经达到极限。成都大学王瑜《宋代法师群体与基层社会》将宋代法师群体置于整个社会关系中，考察法师群体与基层社会的联系。郑州大学谢松晟、黄明阳《宋代“恶少年”

治理研究》从宋代社会的“恶少年”群体入手，分析了宋代恶少年的来源及分布，并重点考察了宋政府对恶少年群体的惩治。民政部政策研究中心徐富海《我国传统灾害文化中的权力制衡探析——以北宋青苗法为例》立足青苗法考察了灾害文化对王安石变法的影响，认为青苗法执行的五十年中出现了两种截然不同的现象，可见灾害文化深刻影响了政策的执行和权力的变化。河南大学杨高凡《宋代官司出入人罪法研究》认为宋代出入人罪法获得了长足的发展，达到了中国古代官司出入人罪法的高峰，但其实际实施效果有限，无法真正起到维护司法公正的作用。西南大学张文《苏序救荒考：北宋前期一个蜀中乡村富民的行善与处世》通过考察苏序的救荒活动，分析了乡村富农的行事逻辑，认为苏序的慈善活动既是经营之道，也是处世之道。河南大学张文勇《论宋代民事审判中法官的法律水平》立足于宋代史籍，考察了宋代法官法律水平的变化，认为宋初法官有轻视法律的思想，但随着社会发展，宋代法官的专业性逐渐增强，对法律条文不仅能理解透彻，更能结合实践进行创新，展现出独特的时代风貌。西安市社会科学院周荣《武人的浮沉——北宋府州张氏家族研究》以北宋府州张氏家族为背景，考察了张氏家族成员的生平和主要贡献，描绘出武人家族的历史兴衰。香港理工大学张维玲《“制作”文本：宋元明转折期福建莆田木兰陂的历史叙事》认为南宋木兰陂历史叙事的变化反映了当时地方势力的变化。郑州大学袁延胜、未梦娇《〈中书备对〉中特殊客户探析》对《中书备对》中所记载特殊客户的具体含义做了辨析，并认为《中书备对》所载特殊客户的统计对宋代户口分类有重要意义。南昌大学邹锦良《士人社会视域下的南宋江西灾害应对与救助——兼论南宋士人“地方化”问》从南宋江西地方社会应对灾害入手，分析了南宋地方士人在赈灾中所起到的关键作用，认为江西士人的赈灾行为反映了南宋士人参与地方社会的主体意识增强。浙江大学城市学院林建《从暂离到永徙：北宋黄河下游水患影响下的人口流移与政府管控》认为北宋时期黄河下游地区的人口流移情势是在水患为主导的生态环境变化背景下民众自发与政府引导共同催化造成的。上海师范大学刘思佳《宋代省札碑的刻立与基层社会治理》认为宋代省札碑将国家意志与基层社会相结合，展现出二者的双向互动。

综上所述，本次年会议题广泛，包含新方向的同时也涵盖诸多经典领域，体现海内外学者对宋史的高度关注与辛勤耕耘。受到漆侠先生治学精神的感召，宋史研究的阵营日渐广大，学术理念薪火相传才是鼓舞三百五十余位学者来到保定的根本原因。正如何玉红教授在大会闭幕式上总结的："在缅怀漆侠先生诞辰一百周年之时，我们接续前辈们留下的宋史研究的优秀传统，在此基础上深深耕耘，并努力做出不同层面的创新，需要集中关注新的问题意识、新语境、新视角、新史料、新议题、新方法等，要体现对既有研究现状的不满和处处创新的追求，这项挑战，需要我们共同面对。"

编后记

由中国宋史研究会、河北大学宋史研究中心联合主办的“纪念漆侠先生诞辰一百周年国际宋史研讨会暨中国宋史研究会第二十届年会”，于2023年8月11—13日在河北省保定市举行。来自中国大陆（内地）与香港、台湾地区，以及韩国、日本等国家的300余位专家学者参会，会议共收到提交论文290余篇。

依照以往年会的惯例，中国宋史研究会秘书处在本次年会结束后组织参会会员提交论文参加《宋史研究论文集（2023）》的遴选。依据年会分为六个大组以及各组参加遴选论文数量等情况，秘书处将其分为五组并邀请相关理事开展初审。论文初审的具体分工如下：第一组“漆侠先生与宋代经济史”由耿元骊、王晓龙教授负责；第二组“文化与文献”由范立舟、廖寅教授负责；第三组“思想与学术”“民族与边疆”由粟品孝、方诚峰教授负责；第四组“政治与军事”由何玉红、邹锦良教授负责；第五组“科技与社会”由刁培俊、谭景玉教授负责。相关理事对提交的会议论文初选后遴选出49篇，主编依据理事对遴选出来的论文的排序确定其中28篇收入《宋史研究论文集（2023）》。《宋史研究论文集（2023）》所收录的这28篇论文以宋史方面为主，部分兼顾五代、辽夏金等历史时期，同时收录李华瑞教授年会致辞、何玉红教授年会学术总结、刘秋根教授《中国马克思主义经济史学方法论的思考——以〈中国经济通史·宋代经济卷〉为中心》一文、陈博威《纪念漆侠先生诞辰一百周年国际宋史研讨会暨中国宋史研究会第二十届年会综述》一文。对以上诸位教授的辛勤工作和相关作者的大力支持，我们在此深表感谢！

本次年会的顺利召开和《宋史研究论文集（2023）》的出版，获得河北大学宋史研究中心的大力支持，我们对此深致谢忱！河北大学出版社的王红梅老师在审阅和编辑过程中提出了诸多宝贵意见，在此谨致谢意！

《宋史研究论文集（2023）》编委会

2024年2月7日